KB100298

프로젝트 기반으로 배우는
언리얼 엔진 5 게임 개발 2/e

Korean edition copyright © 2023 by aCORN Publishing Co. All rights reserved.

Copyright © Packt Publishing 2022.
First published in the English language under the title
'Elevating Game Experiences with Unreal Engine 5 - Second Edition - (9781803239866)'

이 책은 Packt Publishing과 에이콘출판㈜가 정식 계약하여 번역한 책이므로
이 책의 일부나 전체 내용을 무단으로 복사, 복제, 전재하는 것은 저작권법에 저촉됩니다.

프로젝트 기반으로 배우는 언리얼 엔진 5 게임 개발 2/e

언리얼 엔진 5와 C++를 활용한 게임 아이디어 실현

장세윤 옮김

곤살로 마르케스 · 데빈 쉐리 · 데이비드 페레이라 · 하마드 포지 지음

에이콘

에이콘출판의 기틀을 마련하신 故 정완재 선생님 (1935-2004)

이상하고 불확실한 게임 개발 여정을 언제나 지지해준
부모님과 여자 친구에게 이 책을 바치고 싶습니다.

– 곤살로 마르케스

전 세계에 있는 친구들과 가족 모두에게 이 책과
이 책을 집필하기 위해 개발했던 모든 것을 바치고 싶습니다.
여러분 모두를 사랑합니다. 여러분에게서 사랑, 지지, 친절과 영감을 받지 못했다면
오늘의 제가 없을 것입니다. 감사합니다.

– 데빈 쉐리

이 책을 집필하는 여정에서 여자 친구와 가족 그리고 친구들이
영감을 전해주고 지지해준 것에 감사하고 싶습니다.
저의 할머니인 테레사에게 이 책을 바칩니다.

– 데이비드 페레이라

항상 저를 지지해주면서 웃음을 안겨주신 어머니에게 이 책을 바치고 싶습니다.
지금 어디에 계시든지 제가 이룬 성취를 보며 자랑스러워하실 것입니다.

– 하마드 포지

| 옮긴이 소개 |

장세윤(ronniej@naver.com)

유니티 한국 지사에서 필드 엔지니어로 근무하면서 기술 지원, 유니티 엔진 기술 홍보, 기술 문서 번역 업무를 진행했다. 프리랜서가 된 이후 엔씨소프트, 넥슨, 네오플, 골프존 등 다양한 회사와 게임 교육 학원에서 유니티 엔진 및 언리얼 엔진 교육을 진행했으며, 현재는 프리랜서 강사, 개발자, 기술 서적 번역가로 활동하면서 언리얼 엔진을 활용한 AI 휴먼 제작 프로젝트에 참여하고 있다.

| 옮긴이의 말 |

언리얼 엔진 5를 활용해 게임을 개발하는 데 필요한 기본적인 내용에서부터 언리얼 엔진 5의 멀티플레이어 기능까지 설명하고 있어 언리얼 엔진 5의 기초와 고급 내용을 배우려는 독자들에게 좋은 서적이다.

1장에서 9장까지는 언리얼 엔진을 활용하는 게임 개발에 필요한 기초적인 내용을 다룬다. 언리얼 엔진 소개, C++ 프로젝트 구성 방법, 캐릭터 클래스 및 블루프린트 연동 방법, 플레이어의 입력 처리 방법, 라인 트레이스 활용 방법, 물체 간 충돌 처리 방법, 액터 컴포넌트, 인터페이스 등 언리얼 엔진이 제공하는 유용한 유틸리티를 활용하는 방법과 이를 개발하는 방법, 사용자 인터페이스, 오디오 이펙트 및 파티클 이펙트를 활용하는 방법을 다룬다.

1장에서 9장까지 배운 내용을 활용할 수 있도록 10장에서는 횡스크롤 게임 프로젝트를 시작한다. 횡스크롤 게임 프로젝트는 15장까지 이어지며 스켈레탈 메시의 사용 방법, 블렌드 스페이스, 애니메이션 몽타주 등의 애니메이션 활용 방법, 비헤이비어 트리 Behavior Tree와 블랙보드Blackboard를 활용한 AIArtificial Intelligence(인공지능) 개발 방법, 발사체 제작 방법과 아이템 제작 방법을 추가로 배우면서 9장까지 배운 내용과 새로 배운 내용을 프로젝트로 만들어가는 과정을 거친다.

16장에서는 멀티플레이어에 대한 기본적인 설명을 시작하면서 멀티플레이어 FPS 프로젝트를 시작한다. 서버-클라이언트 아키텍처, 연결, 액터 소유권, 롤role, 리플리케이션replication 등 멀티플레이어에서 핵심이 되는 개념을 소개하고, RPC를 사용하는 방법과 멀티플레이어 환경에서 게임플레이 프레임워크 클래스를 다루는 방법에 대해 배우며 멀티플레이어 FPS 프로젝트를 마무리한다.

이 책은 언리얼 엔진 5 개발자로서 배워야 할 모든 내용을 한 권의 서적으로 담아냈다.

따라서 언리얼 엔진 5를 시작하려는 개발자 지망생은 물론, 언리얼 엔진 5의 각 기능을 참고하려는 기존 개발자에게도 많은 도움이 될 것으로 생각한다.

번역을 진행하면서 문장마다 저자들의 의도를 정확히 파악하려고 많은 노력을 기울였지만, 의도를 제대로 파악하지 못하거나 잘못 번역된 내용이 있을지도 모르겠다. 잘못된 부분에 대한 지적을 포함해 책에 관련된 어떠한 의견이라도 소중히 여겨서 오류를 바로잡고 더 좋은 책으로 만들어가는 데 반영할 것을 약속한다.

항상 옆에서 응원해주는 아내와 건강하게 잘 자라주는 아이들에게 사랑한다는 말을 전하고, 번역 기회를 주신 에이콘출판사에 감사의 말을 전하고 싶다.

지은이 소개

곤살로 마르케스 Gonçalo Marques

6살 때부터 활동적인 게이머였다. 2016년부터 언리얼 엔진을 사용했으며, 언리얼 엔진을 활용한 프리랜서 및 컨설팅 업무를 해오고 있다. UI Navigation이라는 무료 오픈소스 플러그인도 출시했는데, 10만 회 이상의 다운로드를 기록했으며 사용자들로부터 긍정적인 반응을 얻었다. 플러그인의 업데이트와 버그 수정 등 지속적인 관리를 위해 노력하고 있으며, 이 플러그인을 개발한 덕분에 에픽 메가그랜트Epic MegaGrant를 수상했다. 포르투갈 리스본에 위치한 게임 스튜디오인 펀컴 Funcom ZPX(〈코난 엑자일Conan Exiles〉, 〈뮤턴트 이어 제로Mutant Year Zero〉, 〈문즈 오브 매드니스Moons of Madness〉 등의 게임 출시)에서 일하고 있으며, 현재 〈듄Dune〉 세계관을 가진 새로운 펀컴 게임을 개발하고 있다.

데빈 쉐리 Devin Sherry

폴란드에 위치한 피플 캔 플라이People Can Fly의 수석 테크니컬 디자이너로, 언리얼 엔진 4를 사용해 〈아웃라이더스Outriders〉와 〈아웃라이더스: 월드슬레이어Outriders: Worldslayer〉를 개발하는 데 참여했다. 그 전에는 세르비아의 디지털 애로우Digital Arrow 스튜디오에서 테크니컬 디자이너로 근무하면서 〈아쿠아녹스: 딥 디센트Aquanox: Deep Descent〉를 개발했다. 언리얼 개발자 키트Unreal Developers' Kit에서 시작해 새롭게 출시된 언리얼 엔진 5에 이르는 10여 년의 경험을 쌓아왔으며, 플레이어를 위해 기억에 남는 경험을 만들고 게임 메커니즘에 생명을 불어넣는 일에 매우 열정적이다.

데이비드 페레이라^{David Pereira}

클릭팀^{Clickteam}의 더 게임즈 팩토리^{The Games Factory}를 배웠던 1998년부터 게임을 만들기 시작했다. FCT-UNL에서 컴퓨터 과학을 전공하면서 C++, OpenGL, DirectX를 배웠고 해당 기술을 활용해 더 복잡한 게임을 만들 수 있었다. 수년간 IT 컨설팅 분야에서 일한 후 포르투갈의 미니칩^{Minichip}에 합류해 〈8 Ball Pool〉, 〈그래비티 가이 1^{Gravity Guy 1}〉, 〈그래비티 가이 2^{Gravity Guy 2}〉, 〈익스트림 스케이터^{Extreme Skater}〉, 〈iStunt2〉, 〈햄보^{Hambo}〉 등 다양한 인기 모바일 게임을 제작하는 데 참여했다. 그 후에는 MPC의 수석 개발자로 존 루이스 크리스마스 VR 체험^{John Lewis Christmas VR Experience} 개발에 참여했고, 〈모탈 셸^{Mortal Shell}〉의 초기 버전을 개발했으며, 아스퍼거 증후군을 가진 사람들에게 언리얼 엔진 4를 활용해 게임을 만드는 방법을 가르치는 자원봉사 활동을 했다. 현재는 일인칭 액션 RPG 장르인 자신의 게임을 개발하고 있으며, 곧 발표할 예정이다.

하마드 포지^{Hammad Fozi}

게임 개발 경력이 있으며 2017년부터 언리얼 엔진을 다양한 분야에 활용하고 있다. Virtua FanCave(그리고 메타버스), 트리플A Sci-Fi DJ 경험^{AAAA Sci-Fi DJ Experience}, 〈히어로즈 앤 제너럴스^{Heroes and Generals}〉, 〈크리드: 라이즈 투 글로리^{Creed: Rise to Glory}〉 VR과 같은 매우 성공적인 트리플A 프로젝트에 참여했다. 유비소프트^{Ubisoft}, 워너 브라더스 게임즈^{Warner Bros. Games}, 2K 게임즈 등에서 일한 경험이 있는 팀들과 함께 개발했으며, 짧지만 매우 인상적인 자신의 경험을 바탕으로 10~30명의 개발진으로 구성된 팀들을 150명 이상의 규모로 확장할 수 있도록 도왔다. 현재 시니어 C++ 게임 개발자로 일하고 있으며, 언리얼 엔진을 활용해 가상현실^{VR}, 증강현실^{AR}, PC/PS5/Xbox/안드로이드/iOS/맥OS 게임 개발과 Web3/메타버스/NFT 시스템 등에서 다양한 업무 경험을 쌓아가고 있다.

| 기술 감수자 소개 |

레너드 폰테인 Lennard Fonteijn

십 대 초반 시절에 오래된 DOS PC에서 BASIC 프로그래밍을 시작했다. 수년간 자신의 기술을 발전시켰으며 언제나 취미였던 프로그래밍이 일이 되면서 흥미를 잃을 것을 염려해 컴퓨터과학을 공부하기로 결심했다. 첫 번째 인턴십 과정에서 자신이 웹 사이트와 앱을 프로그래밍하는 것을 그다지 즐기지 않는다는 사실을 깨닫고 가장 열정을 느꼈던 게임에 집중하기로 결정했다. 게임이 내부적으로 어떻게 동작하는지에 늘 관심이 많았으며 OpenGL, DirectX와 같은 라이브러리를 다루면서 꽤 많은 시간을 보낸 뒤 이 기술들을 언젠가 자신의 전문 분야로 삼기로 마음먹었다. 그 이후로 게임 관련 Action Script3 수업을 듣고 게임공학을 부전공하면서 컴퓨터과학 공부가 게임 개발에 도움이 되도록 노력했다. 또한 마지막 인턴십 과정을 지역의 한 게임 회사에서 수행했으며, 2013년에 학사 학위를 받았다. 졸업 후 자신이 처음 인턴으로 근무했던 회사의 CTO가 됐고, 대학에서는 컴퓨터과학 강사로 일했다. 여가 시간에는 주로 자신의 게임 관련 프로젝트를 진행한다.

프라나브 파하리아 Pranav Paharia

언리얼 엔진과 유니티 3D로 게임 솔루션을 제작한 경험 많은 게임 프로그래머며 모바일, PC, VR 등 다양한 플랫폼에서 싱글 플레이어 및 멀티플레이어 게임을 개발했다. 2013년부터는 게임 업계에서 일하고 있으며 다른 언리얼 엔진 도서인 『언리얼 엔진 5 블루프린트 비주얼 스크립팅 3/e』(에이콘, 2023년)도 감수했다. 비디오 게임, 애니메이션, AEC, 군사, 교육, 소셜 미디어 등 다양한 산업 분야에서 일했으며, 어린 시절에는 컴퓨터 게임을 하는 것을 즐겼다. 컴퓨터 게임에 대한 애정이 게임을 만들도록 영감을 줬고,

그 열정이 결국 직업으로 이어졌다. 이메일(pranavpaharia@gmail.com)로 의견을 나누며 소통할 수 있다.

카츠퍼 프레드키에비츠^{Kacper Prędkiewicz}

게임 디자인이 주요 역할이지만 언리얼 엔진 5에서 많은 작업을 담당하고 있으며, 비기술적인 사람들이 언리얼 엔진을 활용해 개발하는 방식에 대한 독특한 시각을 제공하고 있다. 유니티^{Unity}, 고도^{Godot}, 게임 메이커^{GameMaker}, 언리얼 엔진과 같은 게임 엔진을 활용해 게임을 개발해오고 있으며 모바일 게임 및 소규모 인디 프로젝트에서부터 대규모 트리플A 게임에 이르기까지 거의 모든 종류의 게임 개발에 참여했다. 게임 디자인을 전공했으며, 현재 피플 캔 플라이 스튜디오에서 게임 디자이너로 일하고 있다. 취미로 열심히 벌꿀을 수확하고 있다.

기술 감수자로 참여시켜주고 많은 것을 가르쳐준 데빈에게 감사한다.

| 차례 |

옮긴이 소개 006

옮긴이의 말 007

지은이 소개 009

기술 감수자 소개 011

들어가며 026

1장   언리얼 엔진 소개   037

기술적 요구 사항 039

    실습 1.01: 언리얼 엔진 5 프로젝트 생성하기 039

언리얼 엔진 살펴보기 040

에디터 창 탐험하기 044

뷰포트 탐색 048

액터 조작하기 049

    실습 1.02: 액터를 추가 및 삭제하기 053

블루프린트 액터 055

    실습 1.03: 블루프린트 액터 생성하기 056

블루프린트 에디터 탐험하기 059

이벤트 그래프 창 탐험하기 061

    실습 1.04: 블루프린트 변수 생성하기 063

    실습 1.05: 블루프린트 함수 생성하기 067

곱하기 노드 이해하기 070

BeginPlay와 Tick 이벤트 탐험하기 071

    실습 1.06: TestActor 클래스를 Z축으로 이동시키기 073

ThirdPersonCharacter 블루프린트 클래스 077

메시와 머티리얼의 사용법 탐험하기 078

메시 079

머티리얼 079

UE5에서 머티리얼 조작하기 080

활동 1.01: TestActor를 Z축으로 계속 이동시키기 086

요약 087

2장   언리얼 엔진을 활용한 작업   089

기술적 요구 사항 091

빈 C++ 프로젝트를 생성하고 설정하기 091

실습 2.01: 빈 C++ 프로젝트 생성하기 091

언리얼 엔진의 Content 폴더 구조 093

비주얼 스튜디오 솔루션을 활용해 작업하기 094

비주얼 스튜디오에서 코드 디버깅하기 096

실습 2.02: 삼인칭 템플릿 코드 디버깅하기 096

필요한 애셋 임포트하기 101

실습 2.03: 캐릭터 FBX 파일 임포트하기 101

언리얼 게임 모드 클래스 107

게임 모드 기본 클래스 108

게임플레이 이벤트 109

네트워킹 110

GameModeBase와 게임 모드 비교하기 110

레벨과 레벨 블루프린트 이해하기 111

언리얼 폰 클래스 111

언리얼 플레이어 컨트롤러 클래스 112

실습 2.04: 게임 모드, 플레이어 컨트롤러, 폰 설정하기 113

애니메이션 활용하기 118

애니메이션 블루프린트 118

이벤트 그래프 119

애님 그래프 120

스테이트 머신 121

트랜지션 룰 122

블렌드 스페이스 122

실습 2.05: 마네킹 애니메이션 만들기 122

활동 2.01: 캐릭터에 애니메이션 연결하기 136

요약 138

3장   Character 클래스 컴포넌트 및 블루프린트 설정   141

기술적 요구 사항 142

언리얼 캐릭터 클래스 143

캐릭터 클래스 확장하기 144

실습 3.01: 삼인칭 캐릭터 C++ 클래스 생성 및 설정하기 144

C++ 클래스를 블루프린트에서 확장하기 148

실습 3.02: 블루프린트로 C++ 클래스 확장하기 148

활동 3.01: 애니메이션 프로젝트에서 C++ 캐릭터 클래스를 블루프린트로 확장하기

.... 159

요약 160

4장   플레이어 입력 시작   163

기술적 요구 사항 164

입력 액션과 입력 콘텍스트 이해하기 164

실습 4.01: Movement와 Jump 입력 액션 생성하기 171

플레이어 입력 처리하기 176

실습 4.02: Movement 및 Jump 입력 액션 수신하기 176

캐릭터 주변으로 카메라 회전시키기 186

활동 4.01: 캐릭터에 걷기 로직 추가하기 191

요약 193

5장   라인 트레이스를 활용한 충돌 처리   195

기술적 요구 사항 196

콜리전 소개 196

프로젝트 설정 197
　　실습 5.01: DodgeballCharacter를 톱다운 시점으로 전환하기 199
라인 트레이스 이해하기 203
EnemyCharacter C++ 클래스 생성하기 205
　　실습 5.02: 라인 트레이스를 실행하는 CanSeeActor 함수 생성하기 206
라인 트레이스 시각화하기 210
　　실습 5.03: LookAtActor 함수 만들기 212
EnemyCharacter 블루프린트 클래스 생성하기 214
스윕 트레이스 217
　　실습 5.04: 스윕 트레이스 실행하기 218
　　Visibility 트레이스 반응 변경하기 220
　　멀티 라인 트레이스 223
　　Camera 트레이스 채널 225
　　실습 5.05: 커스텀 EnemySight 트레이스 채널 만들기 227
　　활동 5.01: SightSource 속성 생성하기 229
요약 231

6장　　콜리전 오브젝트 설정　　　　　　　　　　　　　　　　　233

기술적 요구 사항 234
UE5에서의 물체 간 충돌 234
콜리전 컴포넌트 235
충돌 이벤트 이해하기 236
콜리전 채널 이해하기 240
　　실습 6.01: Dodgeball 클래스 생성하기 246
피지컬 머티리얼 생성하기 254
　　실습 6.02: DodgeballProjectile에 프로젝타일 무브먼트 컴포넌트 추가하기 ... 257
타이머 도입하기 259
액터 생성 방법 이해하기 260
　　실습 6.03: EnemyCharacter 클래스에 발사체 던지기 로직 추가하기 262
Wall 클래스 생성하기 269
　　실습 6.04: Wall 클래스 생성하기 270
빅토리 박스 생성하기 275

실습 6.05: VictoryBox 클래스 만들기 275

실습 6.06: DodgeballProjectile에

ProjectileMovementComponent Getter 함수 추가하기 282

활동 6.01: EnemyCharacter의 SpawnActor를

SpawnActorDeferred 함수로 대체하기 283

요약 285

7장   UE5 유틸리티 활용   287

기술적 요구 사항 288

모범 사례: 느슨한 결합 288

블루프린트 함수 라이브러리 289

실습 7.01: CanSeeActor 함수를 블루프린트 함수 라이브러리로 옮기기 289

액터 컴포넌트 293

실습 7.02: HealthComponent 액터 컴포넌트 만들기 295

실습 7.03: HealthComponent 액터 컴포넌트 통합하기 297

인터페이스 살펴보기 301

블루프린트 네이티브 이벤트 302

실습 7.04: HealthInterface 클래스 만들기 303

활동 7.01: LookAtActor 로직을 액터 컴포넌트로 옮기기 307

요약 311

8장   UMG로 사용자 인터페이스 만들기   313

기술적 요구 사항 314

게임 UI 314

UMG 기초 315

실습 8.01: 위젯 블루프린트 생성하기 315

앵커 소개하기 323

실습 8.02: UMG 앵커 편집하기 324

실습 8.03: RestartWidget C++ 클래스 생성하기 329

실습 8.04: RestartWidget을 화면에 추가하는 로직 만들기 335

실습 8.05: DodgeballPlayerController 블루프린트 클래스 설정하기.....................341

프로그레스 바 이해하기...344

실습 8.06: 체력 바 C++ 로직 추가하기.......................................347

활동 8.01: RestartWidget 향상시키기...354

요약...357

9장　**오디오-비주얼 요소 추가**　　　　　　　　　　　　　359

기술적 요구 사항...360

UE5의 오디오...360

실습 9.01: 오디오 파일 임포트하기...362

실습 9.02: 닷지볼이 표면에 부딪힐 때마다 사운드 재생하기.........365

Sound Attenuation...368

실습 9.03: BOUND SOUND를 3D 사운드로 변경하기.................370

실습 9.04: 게임에 배경 음악 추가하기......................................372

파티클 시스템 이해하기...374

실습 9.05: 닷지볼이 플레이어에 맞았을 때 파티클 시스템 생성하기.....375

활동 9.01: 닷지볼이 플레이어에 맞을 때 오디오 재생하기.............377

레벨 디자인 살펴보기...379

실습 9.06: 레벨 블록아웃 제작하기...381

추가 기능...384

요약...385

10장　**슈퍼 사이드 스크롤러 게임 만들기**　　　　　　　　387

기술적 요구 사항...388

프로젝트 분석...388

플레이어 캐릭터...390

삼인칭 템플릿을 사이드 스크롤러로 전환하기...........................391

실습 10.01: 횡스크롤 프로젝트 생성 및 캐릭터 무브먼트 컴포넌트 사용해보기...391

활동 10.01: 캐릭터가 더 높이 점프하도록 만들기........................399

슈퍼 사이드 스크롤러 게임의 기능 살펴보기.............................401

적 캐릭터 401

파워업 402

수집용 아이템 402

헤드업 디스플레이 403

실습 10.02: 페르소나 에디터와 기본 마네킹 스켈레톤의 가중치 조정해보기 403

활동 10.02: 스켈레탈 본 조작 및 애니메이션 414

언리얼 엔진 5의 애니메이션 이해하기 415

스켈레톤 415

스켈레탈 메시 416

애니메이션 시퀀스 416

실습 10.03: 캐릭터와 애니메이션의 임포트 및 설정 416

활동 10.03: 더 많은 커스텀 애니메이션을 임포트하고 캐릭터의 달리는 애니메이션

확인하기 425

요약 427

11장   블렌드 스페이스 1D, 키 바인딩, 스테이트 머신을 활용한 작업   429

기술적 요구 사항 430

블렌드 스페이스 생성하기 431

1D 블렌드 스페이스 vs. 일반 블렌드 스페이스 433

실습 11.01: CharacterMovement 블렌드 스페이스 1D 생성하기 435

활동 11.01: 걷기와 달리기 애니메이션을 블렌드 스페이스에 추가하기 441

메인 캐릭터 애니메이션 블루프린트 442

애니메이션 블루프린트 442

실습 11.02: 캐릭터 애니메이션 블루프린트에 블렌드 스페이스 추가하기 443

속도 벡터란? 450

실습 11.03: 블렌드 스페이스에 캐릭터의 Speed 변수 전달하기 451

활동 11.02: 게임에서 달리는 애니메이션 미리보기 452

향상된 입력 시스템 454

실습 11.04: 전력 질주를 위한 입력 추가하기 455

실습 11.05: 캐릭터 블루프린트의 부모 클래스 재설정하기 459

실습 11.06: 캐릭터 전력 질주 기능 코딩하기 462

활동 11.03: 던지기 입력 구현하기 470

애니메이션 스테이트 머신 472

　실습 11.07: 플레이어 캐릭터의 이동 및 점프 스테이트 머신 473

　트랜지션 룰 476

　실습 11.08: 스테이트 머신에 새 스테이트와 트랜지션 룰 추가하기 477

　실습 11.09: Time Remaining Ratio 함수 484

　활동 11.04: Movement와 Jumping 스테이트 머신 완성하기 487

요약 489

12장　애니메이션 블렌딩과 몽타주　491

기술적 요구 사항 492

애니메이션 블렌딩, 애님 슬롯, 애니메이션 몽타주 493

　실습 12.01: 애니메이션 몽타주 설정하기 495

애니메이션 몽타주 496

　실습 12.02: 몽타주에 던지기 애니메이션 추가하기 498

Anim Slot Manager 500

　실습 12.03: 새 애님 슬롯 추가하기 500

Save Cached Pose 502

　실습 12.04: Movement 스테이트 머신의 Save Cached Pose 502

Layered blend per bone 505

　실습 12.05: Upper Body 애님 슬롯과 애니메이션 블렌딩하기 506

　실습 12.06: Throw 애니메이션 미리보기 511

슈퍼 사이드 스크롤러 게임의 적 514

　실습 12.07: 기본 적 C++ 클래스 생성하기 514

　실습 12.08: 적 애니메이션 블루프린트의 생성 및 적용 516

머티리얼과 머티리얼 인스턴스 519

　실습 12.09: 적 머티리얼 인스턴스의 생성 및 적용 521

　활동 12.01: 블렌드 웨이트 업데이트하기 524

요약 527

기술적 요구 사항 530

적 AI 530

AI 컨트롤러 532

    Auto Possess AI 532

    실습 13.01: AI 컨트롤러 구현하기 533

내비게이션 메시 535

    실습 13.02: 적을 위한 내비 메시 볼륨 구현하기 536

RecastNavMesh 538

    실습 13.03: RecastNavMesh 볼륨 파라미터 540

    활동 13.01: 새 레벨 생성하기 541

비헤이비어 트리와 블랙보드 543

    태스크 549

    데코레이터 549

    서비스 550

    실습 13.04: AI 비헤이비어 트리와 블랙보드 생성하기 551

    실습 13.05: 비헤이비어 트리 태스크 생성하기 552

    실습 13.06: 비헤이비어 트리 로직 생성하기 558

    활동 13.02: 플레이어 위치로 이동하는 AI 562

    실습 13.07: 적 정찰 위치 생성하기 565

벡터 변환 569

    실습 13.08: 배열에서 랜덤 위치 선택하기 571

    실습 13.09: 정찰 위치 액터 참조하기 575

    실습 13.10: BTTask_FindLocation 업데이트하기 576

플레이어 발사체 579

    실습 13.11: 플레이어 발사체 생성하기 579

    실습 13.12: PlayerProjectile 클래스의 설정 초기화하기 ... 583

    활동 13.03: 플레이어 발사체 블루프린트 생성하기 586

요약 589

14장   플레이어 발사체 생성   591

기술적 요구 사항 592

애님 노티파이와 애님 노티파이 스테이트 593

    실습 14.01: UAnimNotify 클래스 생성하기 597

    실습 14.02: Throw 애니메이션 몽타주에 새 노티파이 추가하기 ... 599

애니메이션 몽타주 재생하기 602

    블루프린트에서 애니메이션 몽타주 재생하기 603

    C++에서 애니메이션 몽타주 재생하기 604

    실습 14.03: C++에서 Throw 애니메이션 재생하기 605

    실습 14.04: 발사체 생성 소켓 만들기 610

    실습 14.05: SpawnProjectile() 함수 준비하기 614

    실습 14.06: Anim_ProjectileNotify 클래스 업데이트하기 618

액터 제거하기 621

    실습 14.07: DestroyEnemy() 함수 생성하기 622

    실습 14.08: 발사체 제거하기 623

    활동 14.01: 적을 파괴하는 발사체 625

비주얼 이펙트와 오디오 이펙트 627

    비주얼 이펙트 627

    오디오 이펙트 628

    실습 14.09: 적이 파괴될 때 이펙트 추가하기 629

    실습 14.10: 플레이어 발사체에 이펙트 추가하기 635

    실습 14.11: VFX 노티파이와 SFX 노티파이 추가하기 640

    활동 14.02: 발사체가 파괴될 때 이펙트 추가하기 647

요약 649

15장   수집 아이템, 강화 아이템, 픽업 아이템   651

기술적 요구 사항 652

URotatingMovementComponent 이해하기 652

    실습 15.01: PickableActor_Base 액터 클래스 생성 및

    URotatingMovementComponent 추가하기 653

    활동 15.01: PickableActor_Base에서 플레이어 오버랩 감지 및 이펙트 생성하기 .. 659

실습 15.02: PickableActor_Collectable 클래스 생성하기 662

활동 15.02: PickableActor_Collectable 액터 마무리하기 665

UE_LOG를 사용해 변수 출력하기 666

실습 15.03: 플레이어가 수집한 코인의 수 추적하기 668

언리얼 모션 그래픽 UI 소개하기 671

Text 위젯 이해하기 671

앵커 672

텍스트 서식 673

실습 15.04: 코인 카운터 UI HUD 요소 생성하기 674

UMG 사용자 위젯의 추가와 생성 681

실습 15.05: 플레이어 화면에 코인 카운터 UI 추가하기 683

타이머 사용하기 690

실습 15.06: 플레이어에게 파워업 물약 동작 추가하기 691

활동 15.03: 파워업 물약 액터 생성하기 697

실습 15.07: Brick 클래스 생성하기 700

실습 15.08: Brick 클래스 C++ 로직 추가하기 706

요약 712

새로운 도전 과제 713

16장 멀티플레이어 기본 715

기술적 요구 사항 716

멀티플레이어의 기본 717

서버 이해하기 721

데디케이트 서버 723

리슨 서버 724

클라이언트 이해하기 725

실습 16.01: 멀티플레이어에서 삼인칭 템플릿 테스트하기 727

프로젝트 패키징하기 730

연결과 오너십 살펴보기 732

롤 살펴보기 735

액터가 서버에서 생성됨 738

액터가 클라이언트에서 생성됨 738

플레이어가 소유한 폰이 서버에서 생성됨 738

플레이어가 소유한 폰이 클라이언트에서 생성됨 738

실습 16.02: 오너십과 롤 구현하기 739

서버 창의 출력 745

서버 캐릭터 746

클라이언트 1 캐릭터 746

OwnershipTest 액터 747

클라이언트 1 창의 출력 747

변수 리플리케이션 이해하기 749

복제된 변수 750

실습 16.03: Replicated, ReplicatedUsing, DOREPLIFETIME,

DOREPLIFETIME_CONDITION을 사용해 변수 복제하기 754

서버 창의 출력 757

클라이언트 1 창의 출력 758

2D 블렌드 스페이스 759

실습 16.04: Movement 2D 블렌드 스페이스 생성하기 760

본 변환하기 766

실습 16.05: 위아래로 보는 캐릭터 만들기 769

활동 16.01: 멀티플레이어 FPS 프로젝트에 사용할 캐릭터 생성하기 774

요약 778

17장   RPC 사용

781

기술적 요구 사항 782

RPC 이해하기 783

서버 RPC 784

멀티캐스트 RPC 786

클라이언트 RPC 787

RPC를 사용할 때 주의할 사항 789

실습 17.01: RPC 사용하기 795

에디터에 열거형 노출시키기 803

TEnumAsByte 805

UMETA 806

BlueprintType 808

실습 17.02: 에디터에서 C++ 열거형 사용하기 810

순환 배열 인덱싱 816

실습 17.03: 양방향 순환 배열 인덱싱을 활용한 열거형 순환 820

활동 17.01: 멀티플레이어 FPS 게임에 무기와 탄약 추가하기 824

요약 830

18장 멀티플레이어에서 게임플레이 프레임워크 클래스 사용   831

기술적 요구 사항 832

멀티플레이어에서 게임플레이 프레임워크 클래스 접근하기 832

실습 18.01: 게임플레이 프레임워크 인스턴스 값 표시하기 835

서버 창 출력 841

클라이언트 1 창 843

게임 모드, 플레이어 스테이트, 게임 스테이트 사용하기 846

게임 모드 846

플레이어 스테이트 850

게임 스테이트 853

유용한 내장 기능들 854

실습 18.02: 간단한 멀티플레이어 아이템 줍기 게임 만들기 857

활동 18.01: 멀티플레이어 FPS 게임에 죽음, 리스폰, 스코어보드, 킬 제한,

아이템 추가하기 882

요약 890

찾아보기 892

| 들어가며 |

언리얼 엔진에 대한 풍부한 경험을 갖춘 네 명의 전문가가 저술한 이 책은 언리얼 게임 프로젝트에 몰입하도록 해줄 뿐 아니라 다양한 게임 제작 프로젝트에 직접 참여하도록 돕고 최신 버전의 언리얼 엔진을 익힐 수 있도록 안내한다. 언리얼 에디터를 시작으로 액터, 블루프린트, 애니메이션, 상속, 플레이어 입력과 같은 핵심 개념을 소개한 다음, 3개의 프로젝트 중 첫 번째 프로젝트인 닷지볼^{Dodgeball} 게임 제작 과정으로 넘어간다. 이 과정에서 라인 트레이스, 충돌, 발사체, 사용자 인터페이스, 사운드 이펙트와 같은 개념을 익힐 수 있으며, 다양한 개념을 결합해 새로운 기술을 선보이는 방법도 배운다. 두 번째 프로젝트인 횡스크롤 게임은 애니메이션 블렌딩, 적 AI, 물체 생성, 수집 아이템과 같은 개념을 구현할 수 있도록 도와준다. 마지막으로 세 번째 프로젝트인 FPS 게임을 제작하면서 멀티플레이 환경을 구축하는 핵심 개념을 다룬다. 이 책을 마칠 무렵에는 게임 엔진이 제공하는 다양한 도구를 사용해 자신만의 게임을 제작하는 방법을 폭넓게 이해할 수 있을 것이다.

꞉ 이 책의 대상 독자

프로젝트에 언리얼 엔진 5^{UE5, Unreal Engine 5}를 처음 사용하려는 게임 개발자를 대상으로 하는 책이다. 하지만 언리얼 엔진을 이미 경험했으며 자신의 기술을 통합하고 향상시켜 적용하려는 이들에게도 유용하다. 이 책에 설명된 개념을 충분히 이해하려면 C++에 대한 기본 지식이 필요하며 변수, 함수, 클래스, 다형성, 포인터를 이해해야 한다. 또한 책에 사용된 통합 개발 환경^{IDE, Integrated Development Environment}과의 완전한 호환성을 위해 윈도우 시스템을 권장한다.

⋮⋮⋮ 이 책에서 다루는 내용

1장. 언리얼 엔진 소개 언리얼 엔진 에디터를 살펴본다. 에디터 인터페이스를 소개하며, 레벨에서 액터를 조작하는 방법과 비주얼 스크립팅 언어인 블루프린트의 기초를 이해하기 위한 내용을 다룬다. 또한 메시^{mesh}에서 사용할 수 있는 머티리얼 애셋을 만드는 방법도 알아본다.

2장. 언리얼 엔진을 활용한 작업 C++ 프로젝트를 생성하고 프로젝트의 콘텐츠 폴더^{Content Folder}를 설정하는 방법과 함께 언리얼 엔진 게임의 기본 사항을 소개한다. 또한 애니메이션 관련 내용도 살펴본다.

3장. Character 클래스 컴포넌트 및 블루프린트 설정 객체 상속에 대한 개념 및 입력 매핑을 활용하는 방법과 함께 언리얼 캐릭터^{Unreal Character} 클래스를 소개한다.

4장. 플레이어 입력 시작 플레이어 입력을 살펴본다. 액션 매핑 및 축 매핑을 활용해 점프나 이동 동작과 같은 인게임 액션^{in-game action}에 키 눌림이나 터치 입력을 연결하는 방법을 배운다.

5장. 라인 트레이스를 활용한 충돌 처리 Dodgeball이라는 새로운 프로젝트를 시작한다. 이 장에서는 라인 트레이스의 개념과 게임 제작에 라인 트레이스를 사용하는 다양한 방법을 배운다.

6장. 콜리전 오브젝트 설정 물체 충돌^{object collision}을 알아본다. 콜리전 컴포넌트, 콜리전 이벤트, 피직스^{physics} 시뮬레이션을 배우고 타이머, 프로젝타일 무브먼트 컴포넌트, 피직스 머티리얼도 함께 살펴본다.

7장. UE5 유틸리티 활용 언리얼 엔진에서 활용할 수 있는 몇 가지 유용한 유틸리티를 구현하는 방법을 설명한다. 여기에는 액터 컴포넌트, 인터페이스, 블루프린트 함수 라이브러리에 대한 설명이 포함된다. 이런 유틸리티는 개발 팀에 합류하는 다른 사람들이 프로젝트를 좋은 구조로 유지하고 쉽게 접근할 수 있도록 도와준다.

8장. UMG로 사용자 인터페이스 만들기 게임 UI를 설명한다. 언리얼 엔진의 UI 시스템인 UMG를 사용해 메뉴, HUD를 만드는 방법을 배운다. 또한 프로그레스 바를 사용해 플레이어 캐릭터의 체력을 표시하는 방법도 살펴본다.

9장. 오디오-비주얼 요소 추가 언리얼 엔진의 사운드 및 파티클 이펙트를 소개한다. 프로젝트에 사운드 파일을 임포트하는 방법과 2D 및 3D 사운드로 사용하는 방법, 기존의 파티클 시스템을 게임에 추가하는 방법을 배운다. 마지막으로, 지난 몇 장에 걸쳐 만든 모든 게임 메카닉을 사용해 Dodgeball 프로젝트를 완성할 새 레벨을 제작한다.

10장. 슈퍼 사이드 스크롤러 게임 만들기 SuperSideScroller 프로젝트의 목표를 상세히 살펴보며, 기본 마네킹 스켈레톤을 조작하는 예제를 통해 언리얼 엔진 5에서 애니메이션이 동작하는 방식을 다룬다.

11장. 블렌드 스페이스 1D, 키 바인딩, 스테이트 머신을 활용한 작업 플레이어 캐릭터의 이동 기반 애니메이션 로직을 제작하기 위해 블렌드 스페이스 1D, 애니메이션 스테이트 머신, 언리얼 엔진 5의 향상된 입력 시스템을 사용하는 방법을 배운다.

12장. 애니메이션 블렌딩과 몽타주 플레이어 캐릭터가 움직이면서 발사체를 던질 때 동시에 애니메이션이 재생되도록 하기 위해 언리얼 엔진 5의 애니메이션 블렌딩과 애니메이션 몽타주 같은 애니메이션 개념을 추가적으로 알아본다.

13장. 적 AI 생성 및 추가 플레이어가 마주할 수 있는 적에 대한 간단한 AI 기능을 만들기 위해 언리얼 엔진 5의 AI 컨트롤러, 블랙보드, 비헤이비어 트리를 사용하는 방법을 배운다.

14장. 플레이어 발사체 생성 게임 물체를 생성하고 파괴하는 방법을 배운다. 또한 애님 노티파이, 애님 노티파이 스테이트와 같은 애니메이션 기능을 추가적으로 사용해 애니메이션 도중에 플레이어 발사체를 생성하는 방법을 살펴본다.

15장. 수집 아이템, 강화 아이템, 픽업 아이템 언리얼 엔진 5의 UMG UI 개념을 소개하고, 플레이어를 위한 수집 아이템, 강화 아이템을 제작한다.

16장. 멀티플레이어 기본 서버-클라이언트 아키텍처가 동작하는 방식을 소개하고 연결, 액터 소유권, 역할, 변수 리플리케이션과 같은 멀티플레이어 개념을 다룬다. 또한 2D 블렌드 스페이스를 살펴보고, 2차원 움직임에 대한 애니메이션 그리드를 생성하고,

Transform Modify Bone 컨트롤을 사용해 본의 트랜스폼을 런타임에 변경하는 방법을 배운다.

17장. RPC 사용 RPC^{Remote Procedure Call}가 동작하는 방식, 다른 타입의 RPC, RPC를 사용할 때 고려해야 할 사항 등을 설명한다. 또한 열거형을 에디터에 노출시키는 방법과 배열 인덱스 래핑을 사용해 양방향으로 배열을 순회하는 방법을 소개한다.

18장. 멀티플레이어에서 게임플레이 프레임워크 클래스 사용 멀티플레이어에서 게임플레이 프레임워크의 가장 중요한 클래스를 사용하는 방법을 설명한다. 게임 모드, 플레이어 스테이트, 게임 스테이트와 몇 가지 유용한 엔진 내장 기능도 살펴본다.

⫸ 이 책을 최대한 활용하는 방법

이 책에서 다루는 소프트웨어	운영체제 요구 사항
언리얼 엔진 5	윈도우, 맥OS, 리눅스

이 책 전체에 걸쳐 링크로 표시된 언리얼 엔진 깃허브^{GitHub} 저장소의 파일에 접근하려면 관련 지침(https://www.unrealengine.com/en-US/ue-on-github)을 따라야 한다.

언리얼 엔진 문서로 연결되는 링크로 이동할 때 404 오류가 표시된다면, 아직 해당 문서가 5.0으로 업데이트되지 않았다는 뜻이다. 따라서 그런 경우에는 해당 페이지 왼쪽 상단의 드롭다운 메뉴에서 이전 엔진 버전을 선택하면 된다.

비주얼 스튜디오 설치하기

언리얼 엔진 5로 작업하는 동안에 C++를 사용할 것이므로 엔진과 함께 사용하기 편리한 IDE가 필요하다. 비주얼 스튜디오 커뮤니티^{Visual Studio Community}는 윈도우 운영체제에서 이 목적에 부합하는 최적의 IDE다. 맥OS나 리눅스를 사용하는 경우에는 비주얼 스튜디오 코드^{Visual Studio Code}, Qt Creator, Xcode^(맥에서만 지원됨) 등의 다른 IDE를 사용해야 한다.

이 책에서 제공되는 지침은 윈도우용 비주얼 스튜디오 커뮤니티에만 적용되며, 다른 운영체제나 다른 IDE를 사용하는 경우에는 작업 환경에 맞게 설정하는 방법을 직접 확인해야 한다. 이 절에서는 UE5의 C++ 파일을 쉽게 편집할 수 있도록 비주얼 스튜디오의 설치 과정을 안내한다.

1. 웹 페이지(https://visualstudio.microsoft.com/downloads)에 방문해 비주얼 스튜디오를 다운로드한다. 언리얼 엔진 5(이 책에서는 5.0.3을 사용)에 권장되는 비쥬얼 스튜디오 커뮤니티 버전은 비주얼 스튜디오 커뮤니티 2022Visual Studio Community 2022이므로, 이 버전을 다운로드한다.

2. 다운로드가 완료됐으면, 다운로드된 설치 파일을 실행한다. 그러면 비주얼 스튜디오 설치 모듈을 선택할 수 있는 창으로 이동하게 된다. 모듈 선택 창에서 **Game Development with C++** 모듈을 선택한 다음, 오른쪽 하단 모서리에 있는 **설치**Install 버튼을 클릭한다. 이 버튼을 클릭하면 비주얼 스튜디오가 다운로드 및 설치를 시작한다. 설치가 완료되면, PC를 재부팅하라는 메시지가 나타날 수 있다. PC를 재부팅하고 나면, 비주얼 스튜디오가 설치되고 사용할 준비가 완료된다.

3. 비주얼 스튜디오를 처음 실행하면 몇 가지 창이 나타날 수 있는데, 그중 첫 번째 창은 로그인 창이다. 마이크로소프트Microsoft의 아웃룩이나 핫메일 계정이 있다면 로그인에 해당 계정을 사용하길 바란다. 계정이 없다면 **나중에 로그인**Not now, maybe later을 클릭해 로그인을 건너뛸 수 있다.

NOTE

> 로그인을 하지 않으면 비주얼 스튜디오를 30일까지만 사용할 수 있다. 30일이 지난 후에는 더 이상 사용할 수 없으므로 이메일 계정으로 로그인해야 한다.

4. 다음에는 색 테마color scheme를 선택하는 창이 나타날 것이다. **어둡게**Dark 테마가 가장 많이 사용되며, 이 절에서도 이 테마를 사용한다.

마지막으로, **비주얼 스튜디오 시작하기**^{Start Visual Studio} 옵션을 선택할 수 있다. 하지만 이 버튼을 눌렀다면 비주얼 스튜디오를 다시 닫자. 비주얼 스튜디오를 활용하는 더 자세한 방법은 2장, '언리얼 엔진을 활용한 작업'에서 살펴본다.

에픽 게임즈 런처

언리얼 엔진 5를 사용하려면 에픽 게임즈 런처^{Epic Games Launcher}를 다운로드해야 한다. 웹사이트(https://store.epicgames.com/en-US/download)에서 다운로드하자.

다운로드하기 전에 먼저 관련 웹 페이지(https://docs.unrealengine.com/5.0/en-US/hardware-and-software-specifications-for-unreal-engine/)에서 권장 하드웨어 사양을 확인하길 바란다.

다운로드 링크를 통해 윈도우 및 맥OS용 에픽 게임즈 런처를 다운로드할 수 있다. 리눅스를 사용하는 경우에는 언리얼 엔진 소스 코드를 다운로드한 뒤 소스 코드(https://docs.unrealengine.com/5.0/en-US/downloading-unreal-engine-source-code/)를 컴파일해야 한다.

1. **Download Launcher** 옵션을 클릭한다. msi 파일이 다운로드될 것이다. 다운로드가 완료되면 msi 파일을 연다. 그러면 에픽 게임즈 런처를 설치하는 창으로 안내할 것이다. 설치 안내에 따라 설치를 진행하고 에픽 게임즈 런처를 실행한다. 설치가 완료된 후 런처가 실행되면 로그인 창이 나타난다.

2. 이미 계정이 있는 경우에는 해당 계정 정보를 사용해 로그인할 수 있다. 계정이 없다면, 아래에 위치한 **가입하기**^{Sign Up} 버튼을 클릭해 에픽 게임즈 계정에 가입해야 한다. 여러분의 계정을 통해 로그인을 완료하면, **Home** 탭으로 이동할 것이다. **언리얼 엔진**^{Unreal Engine} 탭을 선택해 해당 탭으로 이동한다.

3. **언리얼 엔진** 탭으로 이동하면 **스토어**^{Store} 탭이 나타난다. 에픽 게임즈 런처는 언리얼 엔진 5를 설치하고 실행하는 프로그램일 뿐만 아니라 게임 스토어이기도 하다. 런처 왼쪽에 있는 **언리얼 엔진** 탭을 선택한다.

4. 그러면 에픽 게임즈 런처 상단에 위치한 몇 가지 하위 탭을 확인할 수 있다. 첫 번째 탭은 **새소식**^{News} 탭이다. 이 탭은 언리얼 엔진 리소스의 허브와 같은 역할을 한

다. 여기서는 다음과 같은 페이지에 접근할 수 있다.

- 새소식[News] 페이지에서는 언리얼 엔진의 최근 소식을 모두 확인할 수 있다.

- YouTube 채널을 통해 다양한 여러 튜토리얼을 확인할 수 있고, 언리얼 엔진의 다양한 주제를 자세히 다루는 라이브 스트림도 확인할 수 있다.

- Q&A 페이지에서는 언리얼 엔진 커뮤니티의 질문을 확인하거나 답변할 수 있고, 직접 질문할 수도 있다.

- 포럼[Forums] 페이지를 통해 언리얼 엔진 포럼으로 이동할 수 있다.

- 로드맵[Roadmap] 페이지를 통해 언리얼 엔진 로드맵을 확인할 수 있다. 여기에는 이전 버전의 엔진에서 제공되는 기능과 향후 버전을 위해 현재 개발 중인 기능에 대한 내용도 포함된다.

5. 샘플[Samples] 탭에서는 언리얼 엔진 5를 학습하는 데 사용할 수 있는 여러 프로젝트 샘플을 확인할 수 있다.

6. 샘플 탭 오른쪽에 위치한 마켓플레이스[Marketplace] 탭에서는 언리얼 엔진 커뮤니티가 제작한 다양한 애셋과 코드 플러그인을 확인할 수 있다. 마켓플레이스를 통해 여러분의 게임을 향상시키고 게임 개발 기간을 줄여주는 3D 애셋, 음악, 레벨, 코드 플러그인 등을 구매할 수 있다.

7. 마켓플레이스 탭 오른쪽에는 라이브러리[Library] 탭이 있다. 라이브러리 탭을 통해 설치된 언리얼 엔진 버전 전체, 언리얼 엔진 프로젝트, 구매한 마켓플레이스 애셋 보관함을 관리할 수 있다. 아직은 설치한 것이 없으므로 모든 항목이 비어 있을 것이다. 이제 언리얼 엔진을 설치해보자.

8. 엔진 버전[ENGINE VERSIONS] 텍스트 오른쪽의 더하기 아이콘을 클릭한다. 그러면 새 아이콘이 나타나고, 원하는 언리얼 엔진 버전을 선택할 수 있다.

9. 이 책에서는 언리얼 엔진 5.0 버전을 사용할 것이다. 버전을 선택한 다음, 설치[Install] 버튼을 클릭한다.

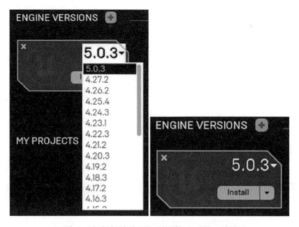

그림 1 언리얼 엔진 5를 설치할 수 있는 아이콘

10. 이 작업을 마치면 이 언리얼 엔진 버전을 설치할 디렉터리를 선택할 수 있다. 원하는 디렉터리를 선택하고 **설치** 버튼을 다시 클릭한다.

NOTE

> 5.0 버전을 설치하는 데 문제가 있는 경우에는 가능한 한 짧은 경로로 D 드라이브에 설치해보자(너무 많은 폴더 경로를 지정하거나 긴 폴더 이름을 사용하지 않도록 유의한다).

11. 그러면 언리얼 엔진 5.0 버전의 설치가 시작된다. 설치가 완료되면, 버전 아이콘의 **실행**Launch 버튼을 클릭해 에디터를 시작할 수 있다.

그림 2 설치가 완료된 후의 버전 아이콘

이 책을 디지털 버전 형태로 보는 경우라면, 코드를 직접 입력하거나 책의 깃허브 저장소(다음 절에서 관련 내용을 안내한다)를 통해 코드를 사용하는 것이 좋다. 이렇게 하면 코드를 복사/붙여넣기하는 과정에서 발생할 수 있는 잠재적인 문제를 방지하는 데 도움이 된다.

예제 코드 다운로드

이 책에서 사용된 예제 코드는 팩트출판사 웹 사이트(http://www.packtpub.com/support)를 방문해 이메일을 등록하면 파일을 직접 받을 수 있으며, 깃허브(https://github.com/PacktPublishing/Elevating-Game-Experiences-with-Unreal-Engine-5-Second-Edition)에서도 예제 코드를 다운로드할 수 있다.

또한 에이콘출판사의 도서정보 페이지(http://www.acornpub.co.kr/book/game-development-ue5)에서도 동일한 파일을 다운로드할 수 있다.

1장, 3장, 4~9장, 16~18장은 영상이 제공되며, 해당 영상을 활용하면 각 장의 내용을 더 잘 이해할 수 있다. 웹 사이트(https://packt.link/1GnAS)에서 영상을 확인할 수 있다.

컬러 이미지 다운로드

이 책에 사용된 스크린샷과 다이어그램의 컬러 이미지를 담은 PDF 파일이 별도로 제공된다. 팩트출판사 웹 사이트(https://packt.link/iAmVj)와 에이콘출판사의 도서정보 페이지(http://www.acornpub.co.kr/book/game-development-ue5)에서 컬러 이미지를 다운로드할 수 있다.

편집 규약

이해를 돕고자 다루는 정보에 따라 글꼴 스타일을 다르게 적용했다. 이러한 스타일의 예와 의미는 다음과 같다.

텍스트 내 코드: 텍스트에서 코드 단어는 다음과 같이 표기한다. "이 코드 라인은 모든 액터 기반 클래스에 기본적으로 포함된 Tick() 및 BeginPlay() 함수의 선언을 나타낸다."

코드 블록은 다음과 같이 표기한다.

```cpp
// 게임이 시작되거나 액터가 생성되면 호출됨
void APlayerProjectile::BeginPlay()

{
  Super::BeginPlay();
}
```

```
// 매 프레임 호출됨
void APlayerProjectile::Tick(float DeltaTime)
{
  Super::Tick(DeltaTime);
}
```

고딕: 화면상에 표시되는 메뉴나 버튼은 다음과 같이 표기한다. "이제 언리얼 엔진으로 돌아가 툴바에 있는 **컴파일**^{Compile} 버튼을 클릭한다."

> **NOTE**
>
> 팁이나 중요한 참고 사항은 이와 같이 표시한다.

▶ 고객 지원

문의: 이 책과 관련해 문의 사항이 있다면 메일 제목에 책명을 적어서 customercare@packtpub.com으로 이메일을 보내주길 바란다. 한국어판에 관한 질문은 이 책의 옮긴이나 에이콘출판사 편집 팀(editor@acornpub.co.kr)으로 문의할 수 있다.

정오표: 내용을 정확하게 전달하고자 최선을 다했지만, 실수가 있을 수 있다. 이 책에서 문제점을 발견했다면 출판사로 알려주길 바란다. 팩트출판사 웹 사이트(www.packtpub.com/submit-errata)에서 책명을 선택하고 **Errata Submission Form** 링크를 클릭한 후 세부 사항을 입력하면 된다. 한국어판의 정오표는 에이콘출판사의 도서정보 페이지(http://www.acornpub.co.kr/book/game-development-ue5)에서 찾아볼 수 있다.

저작권 침해: 인터넷에서 어떤 형태로든 팩트출판사 서적의 불법 복제물을 발견하면 해당 주소나 웹 사이트의 이름을 알려주길 바란다. 의심되는 불법 복제물의 링크를 copyright@packtpub.com으로 보내주면 된다.

01

언리얼 엔진 소개

이 책을 선택한 여러분을 환영한다. 언리얼 엔진 5^{UE5, Unreal Engine 5}를 처음 사용한다면, 시장에서 가장 수요가 많은 게임 엔진 중 하나를 시작하는 데 이 책이 도움이 될 것이다. 또한 게임 개발 기술을 습득하는 방법과 비디오 게임을 만들어 자신을 표현하는 방법도 알게 될 것이다. UE5를 사용해본 적이 있다면, 이 책이 여러분의 지식과 기술을 발전시키는 데 도움이 될 것이며, 게임을 더 쉽고 효과적으로 만들 수 있게 될 것이다.

게임 엔진은 비디오 게임을 처음부터 만드는 데 필요한 기능을 제공하는 소프트웨어 애플리케이션이다. 게임 엔진이 제공하는 기능들은 상당히 다양하지만, 일반적으로 3D 모델, 이미지, 소리, 비디오와 같은 멀티미디어 파일을 임포트할 수 있는 기능을 제공하며 C++, 파이썬, 루아^{Lua}와 같은 언어로 프로그래밍을 통해 이런 파일을 조작할 수 있는 기능을 제공한다.

언리얼 엔진 5는 C++와 블루프린트의 두 가지 주요 프로그래밍 언어를 사용한다. 이 중 블루프린트는 C++가 제공하는 대부분의 작업을 수행할 수 있는 비주얼 스크립팅 언어다. 블루프린트를 조금 살펴보겠지만, 이 책에서는 주로 C++에 초점을 맞출 것이다. 따라서 여러분이 변수, 함수, 클래스, 상속, 다형성 등과 같은 언어의 기본 요소를 이해하고 있다는 전제하에 내용을 진행한다. 필요한 경우에 책 전반에 걸쳐 이런 주제들을 상기시켜줄 것이다.

언리얼 엔진 4(UE5의 기반이 된 언리얼 엔진의 이전 버전)로 제작된 인기 있는 비디오 게임의 예로는 〈포트나이트Fortnite〉, 〈파이널 판타지 VII 리메이크Final Fantasy VII Remake〉, 〈보더랜드 3Borderlands 3〉, 〈스타워즈 제다이: 오더의 몰락Star Wars: Jedi Fallen Order〉, 〈기어스 5Gears 5〉, 〈씨 오브 시브즈Sea of Thieves〉 등이 있다. 이들 모두는 매우 높은 수준의 그래픽 퀄리티를 자랑하며 수백만 명의 플레이어를 보유하고 있다.

유튜브(https://youtu.be/kT4iWCxu5hA)에서 언리얼 엔진 5로 제작된 멋진 게임 몇 가지를 확인할 수 있다. 이 쇼케이스는 UE5를 활용한 다양한 게임을 보여주며, 이는 언리얼 엔진 5를 활용해 비주얼과 게임 스타일 모두를 만족시킬 수 있다는 점을 보여준다.

언젠가 이 쇼케이스에 나오는 것과 같은 게임을 만들고 싶거나, 어떤 식으로든 기여하고 싶다고 느낀다면 여러분은 이미 게임 개발자로서 첫발을 내디딘 것이다.

이 장에서는 언리얼 엔진 에디터를 소개한다. 이 장을 통해 에디터의 인터페이스, 레벨에서 물체를 추가, 제거, 조작하는 방법, 언리얼 엔진의 블루프린트 비주얼 스크립팅 언어를 사용하는 방법, 메시와 함께 머티리얼을 사용하는 방법 등을 배우게 될 것이다.

이 장을 마칠 때쯤이면 언리얼 엔진 에디터를 탐색하고, 액터를 생성하고, 레벨에 있는 액터를 조작하고, 머티리얼을 생성할 수 있을 것이다. 첫 번째 예제를 통해 UE5 프로젝트를 새로 생성하는 방법을 익히는 것부터 시작해보자.

NOTE

이 장의 내용을 계속 진행하기 전에 '들어가며'에서 설명한 필수 소프트웨어를 모두 설치했는지 확인하자.

⁝⁝⁝ 기술적 요구 사항

이 장에서 사용하는 코드는 깃허브(https://github.com/PacktPublishing/Elevating-Game-Experiences-with-Unreal-Engine-5-Second-Edition)에서 확인할 수 있다.

실습 1.01: 언리얼 엔진 5 프로젝트 생성하기

첫 번째 실습에서 새로운 UE5 프로젝트를 생성하는 방법을 배운다. UE5는 미리 정의된 프로젝트 템플릿을 제공하며, 이 템플릿을 사용하면 프로젝트를 위한 기본 설정이 미리 구현돼 있다. 이번 실습에서는 삼인칭^{Third Person} 템플릿을 사용할 것이다.

다음 단계를 통해 이번 실습을 완료할 수 있다.

1. 언리얼 엔진 버전 5.0을 설치한 다음, 버전 아이콘의 **실행**^{Launch} 버튼을 클릭해 에디터를 실행한다.

2. 에디터가 실행되면 엔진의 **프로젝트**^{Projects} 창이 여러분을 반겨줄 것이다. 이 창은 기존 프로젝트를 열어서 작업할 수 있는 목록을 보여주며, 새 프로젝트를 생성할 수 있는 옵션도 제공한다. 기존 프로젝트가 아직 없으므로 **최근 프로젝트**^{Recent Projects} 탭은 비어 있을 것이다. 새 프로젝트를 생성하려면 먼저 **프로젝트 카테고리**^{Project Category}를 선택해야 하는데, 여기서 **게임**^{Games}을 선택한다. **다음**^{Next} 버튼을 클릭한다.

3. 그러면 **프로젝트 템플릿**^{Project Templates} 창이 나타날 것이다. 이 창은 언리얼 엔진에서 사용할 수 있는 프로젝트 템플릿을 보여준다. 새 프로젝트를 생성할 때 빈 상태로 프로젝트를 시작하는 대신, 일부 애셋과 코드를 추가할 수 있는 옵션이 제공된다. 이들은 원하는 대로 수정할 수 있다. 여러 게임 유형에 사용할 수 있는 다양한 프로젝트 템플릿이 있지만, 이번 실습에서는 삼인칭 프로젝트 템플릿으로 진행한다.

4. 템플릿을 선택하고 **다음**^{Next} 버튼을 클릭하면, **프로젝트 세팅**^{Project Settings} 창으로 이동한다.

이 창에서 프로젝트와 관련된 몇 가지 옵션을 선택할 수 있다.

- **블루프린트 또는 C++**[Blueprint or C++]: C++ 클래스를 추가할지 여부를 선택할 수 있다. 기본 옵션은 **블루프린트**[Blueprint]로 선택돼 있지만, C++ 옵션을 선택하자.

- **퀄리티**[Quality] **프리셋**: 프로젝트를 고품질 그래픽으로 설정할지, 고성능으로 설정할지를 선택한다. **최대 품질**[Maximum Quality]로 선택하자.

- **레이트레이싱**[Raytracing]: 레이트레이싱을 활성화할지 비활성화할지를 선택한다. 레이트레이싱은 디지털 환경에서 빛의 경로를 시뮬레이션(광선 사용)해 물체를 렌더링할 수 있는 새로운 그래픽 렌더링 기술이다. 이 기술은 성능 면에서는 다소 비용이 많이 들지만, 특히 조명에 관해서는 훨씬 더 사실적인 그래픽을 제공한다. **비활성화**[disabled]로 설정하자.

- **대상 플랫폼**[Target Platforms]: 프로젝트를 실행할 메인 플랫폼을 선택한다. **데스크톱/콘솔**[Desktop/Console] 옵션을 선택하자.

- **시작용 콘텐츠**[Starter Content]: 프로젝트에 기본 애셋을 추가할지 여부를 선택한다. 옵션을 체크해 추가하자.

- **위치 및 이름**[Location and Name]: 창 하단 메뉴에서 프로젝트를 저장할 위치와 프로젝트의 이름을 선택할 수 있다.

5. 모든 옵션이 원하는 값으로 설정됐는지 확인한 후 **프로젝트 생성**[Create Project] 버튼을 클릭한다. 그러면 설정한 옵션에 따라 프로젝트가 생성되고 완료될 때까지 몇 분 정도 걸릴 수 있다.

이제 UE5의 기본적인 내용을 살펴보자.

⋙ 언리얼 엔진 살펴보기

언리얼 엔진 에디터를 소개한다. 에디터는 UE5를 익히기 위한 기본적인 주제다.

프로젝트 생성이 완료되면, 언리얼 엔진 에디터가 자동으로 열리는 것을 볼 수 있다. 다음 그림은 언리얼 엔진으로 작업할 때 가장 많이 볼 화면이므로 익숙해지는 것이 중요하다.

에디터 창에 표시되는 내용을 살펴보자.

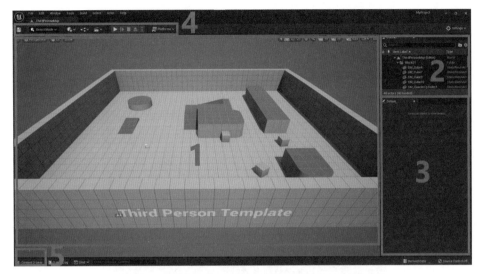

그림 1.1 여러 주요 창으로 나뉘어 있는 언리얼 엔진 에디터

각 창을 자세히 살펴보자.

1. **뷰포트**^{Viewport}: 화면 중앙에서 **뷰포트** 창을 볼 수 있다. 뷰포트를 통해 현재 레벨의 내용이 표시되고 레벨을 탐색할 수 있으며 물체를 추가, 삭제, 편집할 수 있다. 또한 시각적 필터, 물체 필터(볼 수 있는 물체), 레벨의 조명과 관련된 여러 파라미터를 포함한다.

2. **아웃라이너**^{Outliner}: 화면 오른쪽 상단에 **아웃라이너**가 표시된다. 월드 아웃라이너를 통해 레벨에 있는 액터의 목록을 빠르게 확인하고 조작할 수 있다. 뷰포트와 아웃라이너는 함께 동작해 레벨을 관리할 수 있는 기능을 제공한다. 뷰포트는 레벨의 모습을 시각적으로 보여주며 아웃라이너는 레벨을 구성하고 관리하는 데 도움을 준다. 아웃라이너를 사용하면 레벨의 물체를 디렉터리로 구성할 수 있다.

3. **디테일**[Details]: 화면 오른쪽의 **아웃라이너** 아래에서 **디테일** 패널을 확인할 수 있다. **디테일** 패널에서는 레벨에서 선택한 물체의 속성[property]을 편집할 수 있다. 그림 1.1의 스크린샷에서는 선택된 물체가 없기 때문에 **디테일** 창이 비어 있다. 하지만 마우스 왼쪽 버튼을 클릭해 물체를 선택하면 다음 스크린샷에서 보는 것과 같이 해당 속성이 **디테일**에 표시된다.

그림 1.2 디테일 탭

4. **툴바**[Toolbar]: 화면 상단에는 에디터 툴바가 있으며 현재 레벨 저장, 레벨에 물체 추

가, 레벨 플레이 등의 기능을 제공한다.

NOTE

책에서는 툴바의 일부 버튼인 현재 레벨 저장(Save Current), 설정(Settings), 추가(Add), 플레이(Play) 버튼만 사용할 것이다.

5. **콘텐츠 드로어**^{Content Drawer}: 가장 자주 사용하는 창 중에 하나가 바로 **콘텐츠 드로어** 창이다. 이 창을 통해 **콘텐츠 브라우저**^{Context Browser} 창에 빠르게 접근할 수 있다. **Ctrl + 스페이스 바** 키를 사용해 이 창을 여는 것도 가능하다. **콘텐츠 브라우저** 창을 사용하면 프로젝트 폴더 안에 위치한 파일과 애셋을 검색하고 조작할 수 있다. 이 장의 시작 부분에서 설명했듯이 언리얼 엔진을 사용해 여러 유형의 멀티미디어 파일을 임포트할 수 있는데, **콘텐츠 브라우저**는 이런 파일을 검색하고 편집할 수 있는 기능을 제공하는 창이다. 언리얼 엔진 프로젝트를 생성할 때마다 항상 Content 폴더가 생성된다. 이 폴더는 **콘텐츠 브라우저**의 루트^{root} 디렉터리가 되는데, 다시 말해 이 폴더 안에 있는 파일만 찾아볼 수 있다. **콘텐츠 브라우저**의 상단을 살펴보면 현재 탐색 중인 디렉터리를 확인할 수 있다. 화면에서는 **Content ➤ ThirdPersonCPP** 인 것을 볼 수 있다.

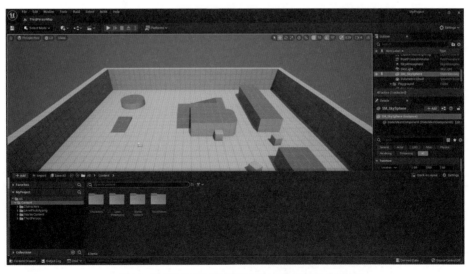

그림 1.3 언리얼 에디터 인터페이스에 보이는 콘텐츠 브라우저

필터^{Filters} 버튼 왼쪽의 아이콘(콘텐츠 브라우저의 가장 왼쪽에 있는)을 클릭하면 Content 폴더의 디렉터리 계층을 확인할 수 있다. 이 디렉터리 뷰를 사용해 프로젝트의 Content 폴더에서 개별 디렉터리를 선택, 확장, 축소할 수 있다.

그림 1.4 콘텐츠 브라우저의 디렉터리 뷰

NOTE

> **콘텐츠 드로어**와 **콘텐츠 브라우저**라는 두 용어는 서로 혼용할 수 있다.

지금까지 언리얼 엔진 에디터의 주요 창에 대해 배웠다. 이제 이 창들을 관리하는 방법 (탭 숨기기 및 보이기)을 살펴보자.

⁙ 에디터 창 탐험하기

앞에서 살펴본 것처럼 언리얼 엔진 에디터는 크기 조절 및 이동이 가능하며, 탭이 있는 다양한 창들로 구성돼 있다. 각 창의 탭을 클릭한 채로 드래그하면 다른 곳으로 이동시킬 수 있다. 또한 탭에서 마우스 오른쪽 버튼을 누르고 **탭 숨김**^{Hide Tabs} 옵션을 선택해 탭을 숨길 수 있다.

그림 1.5 탭을 숨기는 방법

탭이 숨겨져 있을 경우, 다음 그림과 같이 해당 창의 왼쪽 상단 모서리에 있는 파란색 삼각형을 클릭하면 다시 나타난다.

그림 1.6 파란색 삼각형을 클릭하면 창의 탭이 표시된다.

또한 사이드바에 고정해 창을 숨겨두고 언제든지 다시 열어서 사용할 수도 있다.

그림 1.7 사이드바에 창 고정하기

창을 사이드바에 고정한 다음에는 사이드바를 클릭해 창을 보이게 할 수도 있고 숨길 수도 있다.

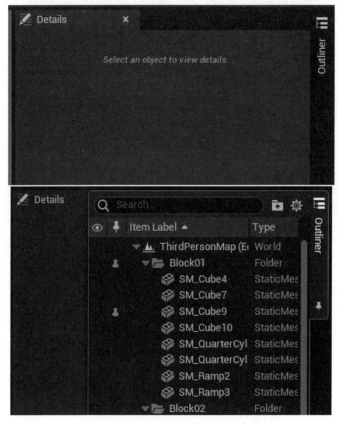

그림 1.8 사이드바에 고정된 창 보이기

콘텐츠 드로어 창과 같이 하단 바에 고정된 창들은 창 오른쪽 상단에 있는 **레이아웃에 고정** Dock in Layout 버튼을 클릭해 고정을 해제할 수 있다.

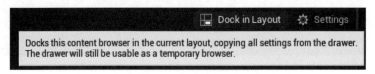

그림 1.9 에디터 하단 바에 고정된 창 해제하기

에디터 왼쪽 상단에 있는 **창**Window 버튼을 클릭하면, 앞서 설명한 창들을 포함해 에디터에서 사용할 수 있는 모든 창을 열어 탐색할 수 있다.

또 살펴볼 중요한 기능은 에디터 안에서 레벨을 플레이하는 기능이다[PIE라고도 함]. 에디터 툴바의 오른쪽 가장자리에서 **플레이**Play 버튼을 확인할 수 있으며, 이 버튼을 클릭하면 에디터에서 현재 열려 있는 레벨이 플레이된다.

그림 1.10 다른 버튼들과 함께 배치된 초록색 플레이 버튼

플레이를 누르면 레벨의 플레이어 캐릭터를 조작할 수 있다. **W, A, S, D** 키를 사용해 플레이어 캐릭터를 이동시킬 수 있고, 스페이스 바를 사용해 점프할 수 있으며, 마우스를 사용해 카메라를 회전시킬 수 있다.

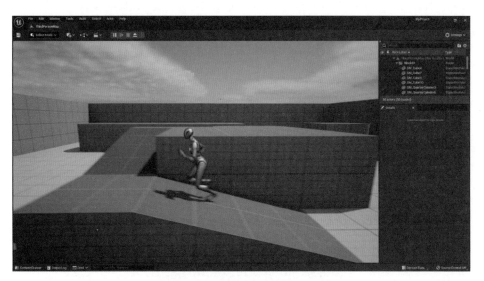

그림 1.11 에디터 안에서 플레이되는 레벨

Shift + **ESC** 키를 눌러 레벨의 플레이를 중지할 수 있다.

이제 에디터의 일부 창에 익숙해졌을 테니 **뷰포트**Viewport 창을 좀 더 자세히 살펴보자.

⠶ 뷰포트 탐색

이전 절에서 **뷰포트** 창은 레벨을 시각화해 보여주고 레벨에 있는 물체를 조작할 수 있다고 설명했다. 이 창은 매우 중요하고 많은 기능을 제공하므로 자세히 살펴보려고 한다.

뷰포트 창을 살펴보기 전에 레벨을 알아보자. UE5에서 레벨은 물체들의 모음이며 물체들의 위치 및 속성을 나타낸다. **뷰포트** 창은 항상 현재 선택된 레벨의 내용을 보여준다. 이 책의 경우에는 삼인칭 템플릿 프로젝트와 함께 생성돼 이미 만들어진 레벨이 표시된다. 이 레벨에서는 벽면 4개, 바닥면 1개, 계단, 올라갈 수 있는 물체와 UE5 마네킹으로 표시되는 플레이어 캐릭터를 볼 수 있다. 여러 레벨을 생성할 수 있으며 **콘텐츠 브라우저**에서 레벨을 열어 레벨을 전환할 수 있다.

현재 선택된 레벨을 탐색하고 조작하려면 **뷰포트** 창을 사용해야 한다. 창 안에서 마우스 왼쪽 버튼을 누른 채 좌우로 움직여 카메라를 수평으로 회전시키고, 앞뒤로 움직여 카메라를 앞뒤로 이동시킬 수 있다. 마우스 오른쪽 버튼을 사용해 비슷한 결과를 얻을 수 있다. 다만 이때는 마우스를 앞뒤로 움직이면 카메라가 수직으로 회전한다.

또한 마우스 오른쪽 버튼으로 뷰포트를 클릭하고 이동하면 레벨을 이동시킬 수 있다(마우스 왼쪽 버튼으로도 동작시킬 수 있지만, 카메라를 회전시킬 때 자유도가 낮기 때문에 마우스 오른쪽 버튼을 사용하는 것만큼 유용하지는 않다).

W, S 키를 이용해 앞뒤로 이동하고, A, D 키를 사용해 옆으로 이동하며, E, Q 키를 사용해 위아래로 이동할 수 있다.

뷰포트 오른쪽 상단 모서리에는 옆에 숫자가 있는 작은 카메라 아이콘이 있다. 이 카메라 아이콘을 사용하면 **뷰포트** 창에서 카메라가 이동하는 속도를 변경할 수 있다.

뷰포트 창에서는 시각화 설정도 변경할 수 있다. **뷰포트** 창에서 **라이팅 포함**^{Lit}이라고 표시된 버튼을 클릭하면 사용 가능한 다양한 조명 옵션 및 기타 시각화 필터가 표시된다.

원근^{Perspective} 버튼을 클릭해 원근 뷰와 직교^{Orthographic} 뷰를 전환할 수 있다. 직교 뷰는 레벨을 빠르게 제작하는 데 도움을 준다.

이제 액터로도 알려진, 레벨에서 물체를 조작하는 주제로 넘어가자.

⠿ 액터 조작하기

언리얼 엔진에서 레벨에 배치될 수 있는 모든 물체를 액터[Actor]라고 한다. 영화에서 액터는 사람이 연기하는 캐릭터지만, UE5에서는 벽, 바닥, 무기, 캐릭터를 포함해 레벨에서 볼 수 있는 모든 물체가 액터다.

모든 액터는 세 가지 속성의 모음인 트랜스폼[Transform]이라는 속성을 가진다.

- **위치**[Location]: 레벨에서 해당 액터의 X, Y, Z축 위치를 나타내는 Vector 속성이다. 벡터는 단순히 각 축의 점의 위치를 나타내는 부동 소수점 숫자의 모음이다.

- **회전**[Rotation]: Rotator 속성은 액터의 X, Y, Z축의 회전을 나타낸다. Rotator 역시 각 축의 회전 각도를 나타내는 부동 소수점 숫자의 모음이다.

- **스케일**[Scale]: 레벨에서 해당 액터의 X, Y, Z축 스케일(크기를 의미함)을 나타내는 Vector 속성이다. 스케일 역시 각 축의 스케일 값을 나타내는 부동 소수점 숫자의 모음이다.

액터는 액터의 트랜스폼 속성을 조절해 레벨에서 이동, 회전이 가능하며 스케일을 변경할 수 있다. 이를 위해 마우스 왼쪽 버튼을 클릭해 레벨에서 아무 물체나 선택해보자. 그러면 이동[Move] 도구가 나타나는 것을 볼 수 있다.

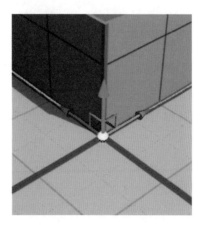

그림 1.12 레벨에서 액터를 이동시킬 수 있는 기능을 제공하는 이동 도구

이동 도구는 3축 기즈모^{Gizmo1}인데, 이를 활용해 3축 중 원하는 방향으로 이동시킬 수 있다. 이동 도구의 빨간색 화살표(위의 이미지에서 왼쪽을 가리키는 화살표)는 X축을 나타내고, 초록색 화살표(위의 이미지에서 오른쪽을 가리키는 화살표)는 Y축을 나타내며, 파란색 화살표(위의 이미지에서 위쪽을 가리키는 화살표)는 Z축을 나타낸다. 3개의 화살표 중 하나를 클릭한 다음, 레벨 주변으로 드래그하면 해당 축(드래그하는 축)으로 액터가 이동한다. 2개의 화살표가 함께 연결된 박스 모양의 핸들을 클릭해 드래그하면 2개의 축에 해당하는 방향으로 한 번에 액터를 이동시킬 수 있다. 그리고 가운데 흰색 구체 모양의 핸들을 클릭해 드래그하면 3축 방향으로 한 번에 액터를 이동시킬 수 있다.

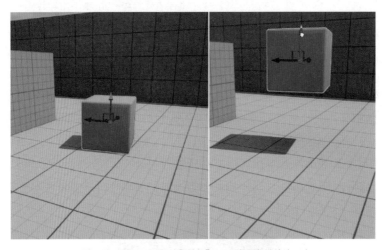

그림 1.13 이동 도구를 사용해 Z축으로 이동된 액터의 모습

이동 도구를 사용하면 레벨 주변으로 액터를 이동시킬 수 있다. 액터를 회전시키거나 스케일을 변경하려면, 각각 회전 및 스케일 도구를 사용해야 한다. W, E, R 키를 이용해 이동, 회전, 스케일 도구를 전환시킬 수 있다. 회전 도구로의 전환을 위해 **E** 키를 눌러 보자.

---

1   개발에 도움을 주는 화면 보조 도구 – 옮긴이

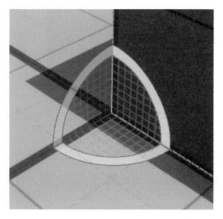

그림 1.14 액터를 회전시킬 수 있는 회전 도구

예상했듯이, 회전 도구를 사용하면 레벨에서 액터를 회전시킬 수 있다. 액터를 회전시키기 위해 아크^{Arc} 중 하나를 클릭해 드래그하면 관련된 축으로 액터가 회전한다. 빨간색 아크(위의 이미지에서 왼쪽 상단)는 X축으로 액터를 회전시키고, 초록색 아크(위의 이미지에서 오른쪽 상단)는 Y축으로 액터를 회전시키며, 파란색 아크(위의 이미지에서 가운데 하단)는 Z축으로 액터를 회전시킨다.

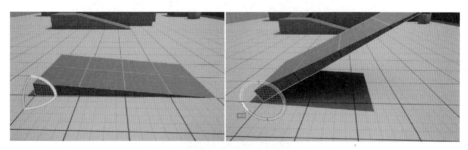

그림 1.15 Y축을 중심으로 30도 회전하기 전과 후의 큐브

X축을 중심으로 물체를 회전시키는 것을 보통 롤^{Roll}로 지정하고, Y축을 중심으로 물체를 회전시키는 것을 보통 피치^{Pitch}로 지정하며, Z축을 중심으로 회전하는 것을 보통 요^{Yaw}로 지정한다는 점을 기억하자.

마지막으로, 스케일 도구를 살펴보자. 전환을 위해 **R** 키를 누른다.

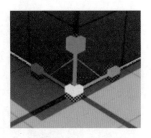

그림 1.16 스케일 도구

스케일 도구를 사용하면 X, Y, Z축의 액터의 크기를 늘리거나 줄일 수 있다. 빨간색 핸들(위의 이미지에서 왼쪽)은 액터의 X축 크기를 조절하고, 초록색 핸들(위의 이미지에서 오른쪽)은 액터의 Y축 크기를 조절하며, 파란색 핸들(위의 이미지에서 위쪽)은 액터의 Z축 크기를 조절한다.

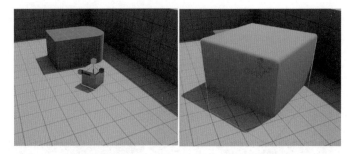

그림 1.17 3축의 크기를 조절하기 전과 후의 캐릭터 액터

뷰포트 창 상단에서 아래의 아이콘을 클릭해 이동, 회전, 스케일 도구를 전환시킬 수도 있다.

그림 1.18 이동, 회전, 스케일 도구 아이콘

또한 이동, 회전, 스케일 도구 아이콘 오른쪽에 있는 그리드^{grid} 스내핑 옵션을 통해 이동, 회전, 스케일을 조절할 때 사용하는 스냅 크기를 조절할 수 있다. 현재 파란색인 버튼을 클릭하면, 스내핑 기능을 비활성화할 수 있으며 현재 스냅 크기를 표시하는 버튼을 눌러 스냅 크기를 변경할 수 있다.

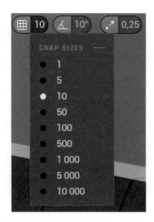

그림 1.19 이동, 회전, 스케일에 사용되는 그리드 스내핑 아이콘

지금까지 레벨에 있는 액터를 조작하는 방법을 살펴봤다. 이제 다음 실습을 통해 액터를 추가하고 삭제하는 방법을 배워보자.

실습 1.02: 액터를 추가 및 삭제하기

이번에는 레벨에 액터를 추가하고 삭제하는 실습을 진행한다.

레벨에 액터를 추가하는 방법은 두 가지가 있다. 첫 번째는 **콘텐츠 브라우저**에서 애셋을 드래그하는 방법이고, 두 번째는 **모드**^Modes 창에서 기본 애셋을 드래그하는 것이다.

다음 단계에 따라 이번 실습을 완료할 수 있다.

1. **콘텐츠 브라우저**에서 **ThirdPersonCPP > Blueprints** 디렉터리로 이동하면 ThirdPersonCharacter 액터를 볼 수 있다. 마우스 왼쪽 버튼을 사용해 이 애셋을 드래그하면 이 액터의 인스턴스^(객체)를 추가할 수 있고, 드래그를 통해 어느 위치든 배치할 수 있다.

그림 1.20 ThirdPersonCharacter 액터의 인스턴스를 레벨에 드래그하기

2. 비슷한 방법으로 **툴바** 창에 있는 **추가**^{Add} 버튼을 사용해서 레벨에 액터를 추가할 수 있다.

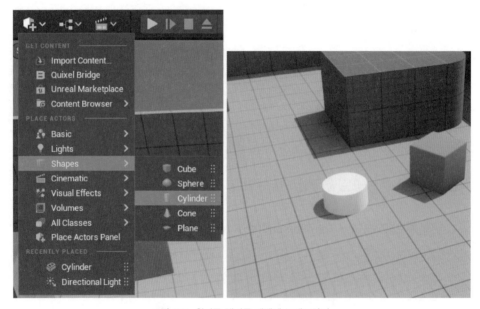

그림 1.21 원기둥 액터를 레벨에 드래그하기

3. 액터를 삭제할 때는 삭제하려는 액터를 선택하고 **Delete** 키를 누르면 된다. 또한 액터에서 마우스 오른쪽 버튼을 클릭하면 액터에 관한 다른 여러 옵션도 확인할 수 있다.

NOTE

여기서는 살펴보지 않겠지만, 개발자가 프로토타이핑 목적으로 단순한 박스, 지오메트리 등으로 레벨을 채울 수 있는 방법 중 하나는 BSP 브러시를 사용하는 것이다. BSP 브러시를 빠르게 원하는 모양으로 만들어 레벨에 배치할 수 있다. BSP 브러시에 대한 더 자세한 정보는 웹 페이지(https://docs.unreal engine.com/en-US/Engine/Actors/Brushes)를 참고하길 바란다.

지금까지 액터를 추가하고 삭제하는 방법을 살펴봤다.

이제 **뷰포트** 창을 탐색하는 방법을 배웠으니 블루프린트 액터를 살펴보자.

⠿ 블루프린트 액터

UE5에서 '블루프린트^Blueprint'라는 단어는 두 가지 다른 의미로 사용될 수 있다. 하나는 UE5의 비주얼 스크립팅 언어 또는 애셋의 특정 타입을 의미하며, 다른 하나는 블루프린트 클래스 또는 블루프린트 애셋을 의미한다.

앞서 설명했듯이, 액터는 레벨에 배치할 수 있는 물체다. 이 물체는 C++ 클래스의 인스턴스이거나 블루프린트 클래스의 인스턴스가 될 수 있다. 두 경우 모두 액터 클래스를 반드시 상속해야만 한다(직접적 또는 간접적으로). 그렇다면, C++와 블루프린트 클래스 사이의 차이점은 무엇일까? 몇 가지 차이점을 살펴보자.

- C++ 클래스에 프로그래밍 로직을 추가하면 블루프린트 클래스를 생성하는 것과 비교해 더욱 고급인 엔진 기능을 사용할 수 있다.

- 블루프린트 클래스에서는 3D 메시나 트리거 박스 콜리전과 같은 해당 클래스의 시각적 컴포넌트를 쉽게 살펴보고 편집할 수 있으며 에디터에 노출시킨 C++ 클래스에 정의된 속성도 변경할 수 있다. 이 방법을 사용하면 훨씬 쉽게 속성을 변경할 수 있다.

- 블루프린트 클래스에서는 프로젝트의 다른 애셋을 쉽게 사용할 수 있다. 반면 C++에서는 다른 애셋을 사용할 수 있지만, 블루프린트에 비해 좀 더 복잡하다.

- 블루프린트 비주얼 스크립팅에서 동작하는 프로그래밍 로직은 C++ 클래스에서 실행되는 로직과 비교할 때 성능 측면에서 속도가 더 느리다.

- 소스 버전 관리 플랫폼에서 두 명 이상의 사용자가 동시에 C++ 클래스를 작업할 때 충돌 없이 관리할 수 있다. 반면 블루프린트 클래스는 텍스트 파일 대신 바이너리 파일로 변환된다. 따라서 두 명 이상의 사용자가 동일한 블루프린트 클래스를 편집할 때 소스 버전 관리 플랫폼에서 충돌이 발생할 수 있다.

NOTE

> 간단히 말해, 소스 버전 관리 플랫폼은 여러 개발자가 같은 프로젝트에서 작업할 수 있는 환경을 제공하며 다른 개발자가 수행한 작업으로 업데이트할 수 있는 기능을 제공한다. 이런 플랫폼에서는 일반적으로 다른 사용자가 해당 파일의 다른 부분을 편집하는 동안 같은 파일을 동시에 편집할 수 있으며, 이 파일에 기록된 작업에 영향을 미치지 않고 다른 프로그래머가 진행한 작업을 업데이트받을 수 있다. 가장 인기 있는 소스 버전 관리 플랫폼 중 하나가 바로 깃허브다.

블루프린트 클래스는 C++ 클래스나 다른 블루프린트 클래스를 상속할 수 있다는 점을 명심하자.

첫 번째 블루프린트 클래스를 생성해보기 전에 마지막으로 알아야 할 중요한 점은 C++ 클래스에서 프로그래밍 로직을 작성한 후 블루프린트에서 이 클래스를 상속할 수 있고 C++ 클래스의 속성 및 메서드를 사용할 수 있다는 점이다(C++ 클래스에서 블루프린트 클래스에 노출을 설정한 경우). 블루프린트 스크립팅 언어를 사용해 C++ 클래스에 정의된 속성을 편집할 수 있으며, C++ 클래스에 정의된 함수를 호출하고 오버라이딩overriding할 수 있다. 이 책에서도 관련 내용을 살펴볼 것이다.

이제 블루프린트 클래스를 어느 정도 살펴봤으니 다음 실습을 통해 블루프린트 클래스를 만들어보자.

실습 1.03: 블루프린트 액터 생성하기

이번에 다룰 짧은 실습을 통해 블루프린트 액터를 생성하는 방법을 배운다.

다음 단계에 따라 이번 실습을 완료할 수 있다.

1. **콘텐츠 브라우저**에서 ThirdPersonCPP ➤ Blueprints 디렉터리로 이동해 마우스 오른쪽 버튼을 클릭한다. 그러면 다음과 같은 팝업 창이 나타난다.

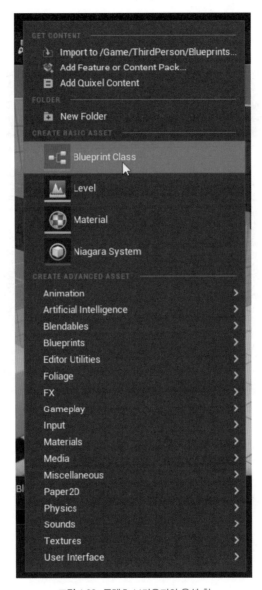

그림 1.22 콘텐츠 브라우저의 옵션 창

이 옵션 메뉴는 UE5에서 생성할 수 있는 애셋의 여러 유형을 포함한다. 블루프린트는 레벨Level, 머티리얼Material, 사운드Sound 애셋과 마찬가지로 애셋의 한 유형이다).

2. 블루프린트 클래스Blueprint Class 아이콘을 클릭해 새 블루프린트 클래스를 생성한다. 그러면 상속을 원하는 C++ 또는 블루프린트 클래스를 선택할 수 있는 옵션 창이 나타난다.

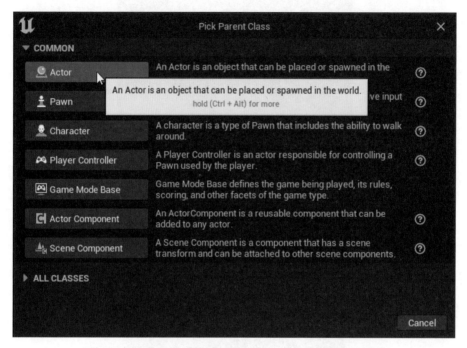

그림 1.23 새 블루프린트 클래스를 생성할 때 나타나는 부모 클래스 선택 창

3. 이 창의 첫 번째 클래스인 **Actor** 클래스를 선택한다. 그러면 새 블루프린트 클래스의 텍스트가 자동으로 선택돼 원하는 이름으로 쉽게 변경할 수 있다. 이 블루프린트 클래스의 이름을 TestActor로 입력하고 **Enter** 키를 눌러 이름을 설정한다.

이 단계들을 거치면 블루프린트 클래스를 생성할 수 있고, 이를 통해 이번 실습을 완료했다. 블루프린트 클래스 애셋을 생성했으면 마우스 왼쪽 버튼으로 더블 클릭해 에디터를 열어보자.

⫸ 블루프린트 에디터 탐험하기

블루프린트 에디터는 블루프린트 클래스를 위한 언리얼 엔진 에디터의 하위 에디터다. 여기서 블루프린트 클래스 또는 부모 클래스의 속성 및 로직을 편집할 수 있고, 블루프린트의 시각적 모습도 편집할 수 있다.

Actor 블루프린트 클래스를 열면, 블루프린트 에디터를 확인할 수 있다. 이 창은 UE5에서 블루프린트 클래스를 편집할 수 있는 기능을 제공한다. 현재 열려 있는 이 창을 살펴보자.

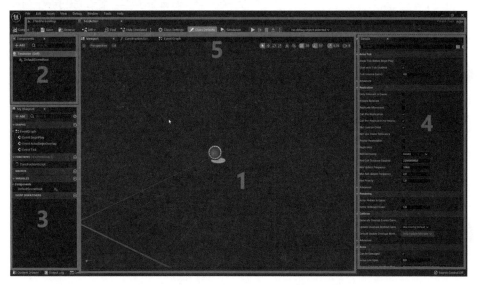

그림 1.24 블루프린트 에디터 창은 5개 부분으로 나뉜다.

이 창들을 자세히 살펴보자.

1. **뷰포트**: 에디터 가운데에 **뷰포트** 창이 자리 잡고 있다. 이 창은 우리가 이미 배운 **레벨 뷰포트**Level Viewport와 유사하게 액터를 시각적으로 보여주며, 관련 컴포넌트를 편집할 수 있는 기능을 제공한다. 모든 액터는 여러 액터 컴포넌트를 가질 수 있다. 메시 컴포넌트, 콜리전 컴포넌트와 같이 이런 컴포넌트 중 일부는 시각적으로 표현된다. 액터 컴포넌트는 나중에 더 자세히 살펴보려고 한다.

기능적으로, 가운데 창에는 3개의 탭이 있는데 이들 중 하나만 **뷰포트** 창이다. 에디터 인터페이스를 살펴본 뒤에 또 다른 중요한 탭인 **이벤트 그래프**^{Event Graph} 탭을 살펴볼 것이다. **Construction Script** 창은 이 책에서 다루지 않는다.

2. **컴포넌트**^{Components}: 에디터 왼쪽 상단에 **컴포넌트** 창이 있다. 이전 설명에서 액터는 여러 액터 컴포넌트를 가질 수 있다고 설명했다. 이 창에서 블루프린트 클래스에 액터 컴포넌트를 추가하거나 삭제할 수 있고, 상속한 C++ 클래스에 정의된 액터 컴포넌트에 접근할 수 있다.

3. **내 블루프린트**^{My Blueprint}: 에디터의 왼쪽 하단에는 **내 블루프린트** 창이 있다. 이 창에서 이 블루프린트 클래스와 상속한 C++ 클래스에 정의된 변수 및 함수를 추가, 삭제, 탐색할 수 있다. 블루프린트는 이벤트라는 특별한 유형의 함수가 있다는 것을 명심하자. 이벤트는 게임에서 발생하는 이벤트를 표현하는 데 사용된다. 이 창에서 BeginPlay, ActorBeginOverlap, Tick이라는 3개의 이벤트를 볼 수 있다. 이 이벤트들을 짧게 살펴볼 것이다.

4. **디테일**: 에디터 오른쪽에 **디테일** 창이 있다. 에디터의 **디테일** 창과 비슷하게 이 창은 현재 선택된 액터 컴포넌트, 함수, 변수, 이벤트와 그 외 블루프린트 클래스 개별 요소의 속성을 보여준다. 현재 선택한 요소가 없으면 이 창은 빈 상태로 나온다.

5. **툴바**: 에디터의 가운데 상단에 **툴바** 창이 있다. 이 창은 작성한 블루프린트 클래스의 컴파일, 저장, **콘텐츠 브라우저**에서의 위치 찾기, 블루프린트 클래스의 세팅과 그 외의 여러 기능을 제공한다.

블루프린트 에디터의 오른쪽 상단을 보면 해당 블루프린트 클래스의 부모 클래스를 확인할 수 있다. 부모 클래스의 이름을 클릭하면, 언리얼 엔진 에디터를 통해 관련 블루프린트 클래스로 이동하거나 비주얼 스튜디오를 통해 관련 C++ 클래스로 이동한다.

또한 블루프린트 에디터 왼쪽 상단의 **파일**^{File} 탭을 클릭하고 **부모 클래스 변경**^{Reparent Blueprint} 옵션을 선택하면 블루프린트 클래스의 부모 클래스를 변경할 수 있다. 이 옵션은 블루프린트 클래스의 새 부모 클래스를 지정하는 기능을 제공한다.

지금까지 블루프린트 에디터의 기본 내용을 살펴봤다. 이제 이벤트 그래프를 살펴보자.

⫸ 이벤트 그래프 창 탐험하기

이벤트 그래프^{Event Graph} 창은 블루프린트 비주얼 스크립팅 코드를 작성하고 변수 및 함수를 생성하고 부모 클래스에 정의된 다른 변수 및 함수에 접근할 수 있는 기능을 제공한다.

뷰포트 탭 오른쪽에서 볼 수 있는 **이벤트 그래프** 탭을 선택하면, **뷰포트** 창 대신 **이벤트 그래프** 창이 보일 것이다. **이벤트 그래프** 탭을 클릭하면 다음 그림과 같은 창이 나타난다.

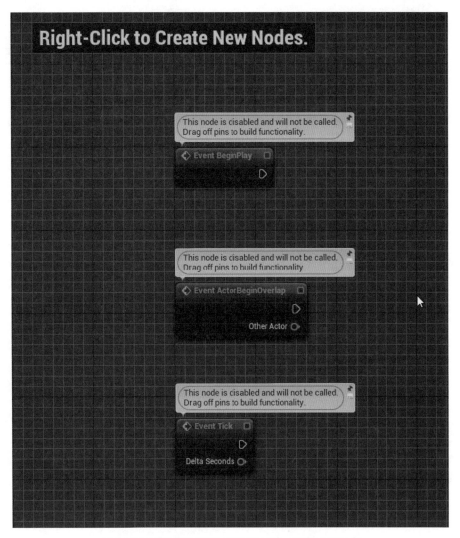

그림 1.25 3개의 비활성화된 이벤트가 보이는 이벤트 그래프 창

그래프 안에서 마우스 오른쪽 버튼을 누른 채 드래그하면 이벤트 그래프를 이동할 수 있다. 마우스 휠 스크롤을 통해 줌인/줌아웃을 할 수 있고, 마우스 왼쪽 버튼 클릭이나 마우스 왼쪽 버튼 드래그를 통해 노드를 선택할 수 있다.

이벤트 그래프 창 안에서 마우스 오른쪽 버튼을 클릭하면 블루프린트의 **액션**Actions 메뉴를 사용할 수 있다. 이 메뉴는 이벤트 그래프에서 사용할 수 있는 액션을 제공하며, 여기에는 변수 값 읽어오기, 변수 값 설정하기, 함수나 이벤트 호출 등 많은 기능이 포함된다.

블루프린트 스크립팅은 핀pin을 이용해 노드를 서로 연결하는 방식으로 동작하며 변수, 함수, 이벤트 등 여러 유형의 노드가 존재한다. 핀을 통해 노드를 연결할 수 있으며, 핀에는 두 가지 종류가 있다.

- **실행 핀**Execute pin: 실행 핀은 실행할 노드의 순서를 결정한다. 노드 1을 실행한 후 노드 2를 실행하려면 다음 그림과 같이 노드 1의 출력 실행 핀을 노드 2의 입력 실행 핀으로 연결해야 한다.

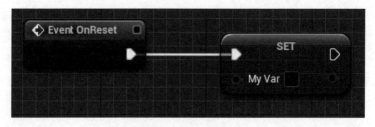

그림 1.26 블루프린트 실행 핀

- **변수 핀**Variable pin: 변수 핀은 특정 타입(유형)의 값을 표현하고(인티저integer, 플로트float, 불리언 Boolean 등), 노드의 왼쪽에서는 파라미터처럼 동작하며(입력 핀으로도 불린다), 노드의 오른쪽에서는 출력 값처럼 동작한다(출력 핀으로도 불린다).

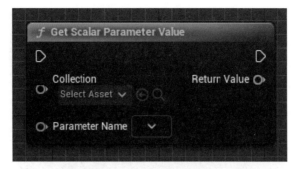

그림 1.27 Get Scalar Parameter Value 노드

다음 실습을 통해 블루프린트의 동작 방식을 이해해보자.

실습 1.04: 블루프린트 변수 생성하기

이번 실습에서는 불리언 타입의 변수를 새로 생성해보면서 블루프린트 변수를 생성하는 방법을 살펴본다.

블루프린트에서 변수는 C++에서 사용하는 것과 비슷한 방식으로 동작한다. 변수를 생성하고 변수의 값을 읽고 변수에 값을 설정할 수 있다.

다음 단계에 따라 이번 실습을 완료할 수 있다.

1. 새 블루프린트 변수를 생성하기 위해 **내 블루프린트**^{My Blueprint} 창으로 이동해 **변수** ^{Variables} 카테고리의 **+** 버튼을 클릭한다.

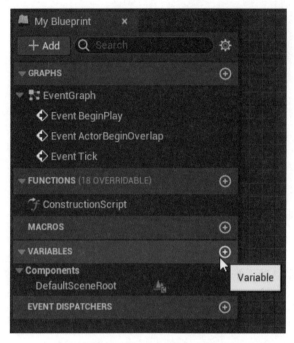

그림 1.28 변수 카테고리의 + 버튼

2. 그러면 새 변수가 추가돼 이름을 설정할 수 있도록 자동으로 선택돼 있을 것이다. 새로 추가한 변수의 이름을 MyVar로 설정한다.

그림 1.29 새 변수의 이름을 MyVar로 설정하기

3. **툴바** 창 왼쪽에서 **컴파일**^{Compile} 버튼을 클릭해 블루프린트를 컴파일한다.

그림 1.30 컴파일 버튼

4. 이제 **디테일** 창을 살펴보면 다음 그림과 같을 것이다.

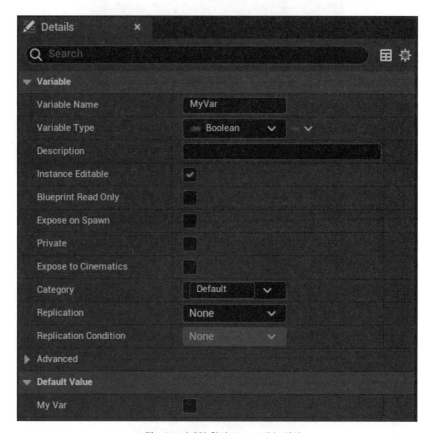

그림 1.31 디테일 창의 MyVar 변수 설정

5. **디테일** 창에서 이 변수에 대한 모든 설정을 변경할 수 있다. 여기서 중요한 설정은 **변수 이름**Variable Name, **변수 유형**Variable Type과 설정 마지막에 있는 **기본값**Default Value이다. 불리언 변수는 오른쪽의 회색 박스를 클릭해 값을 변경할 수 있다.

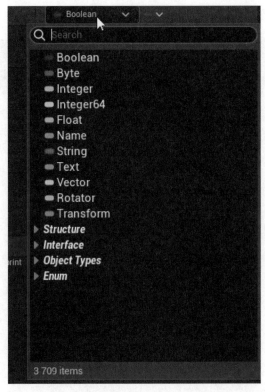

그림 1.32 변수 유형 드롭다운 메뉴를 통해 확인 가능한 변수 유형

6. **내 블루프린트** 탭에서 **이벤트 그래프** 창으로 변수를 드래그해 변수의 Getter와 Setter 노드를 생성할 수 있다.

그림 1.33 MyVar 변수를 이벤트 그래프로 드래그하기

Getter는 변수의 현재 값을 포함하는 노드인 반면, Setter는 변수의 값을 변경할 수 있는 노드다.

7. 이 블루프린트 클래스의 각 인스턴스에서 변수의 값 변경을 허용하려는 경우에는 **내 블루프린트** 창에서 해당 변수 오른쪽에 위치한 눈 모양 아이콘을 클릭하면 된다.

그림 1.34 변수를 노출시켜 인스턴스 편집을 허용하기 위해 눈 모양 아이콘 클릭하기

8. 이 클래스의 인스턴스를 레벨로 드래그한 후 레벨에 배치된 인스턴스를 선택하면 에디터의 **디테일** 창에서 이 변수의 값을 변경하는 옵션을 확인할 수 있다.

그림 1.35 인스턴스의 디테일 패널을 통해 편집할 수 있도록 노출된 MyVar 변수

이번 실습을 통해 블루프린트 변수를 생성하는 방법을 익혔다. 이번에는 블루프린트 함수를 생성하는 방법을 살펴보자.

실습 1.05: 블루프린트 함수 생성하기

이번 실습에서는 블루프린트 함수를 생성해본다. 블루프린트에서 함수와 이벤트는 상당히 비슷하다. 이벤트는 출력 핀만 가진다는 점이 유일한 차이점인데, 이벤트는 일반적으로 블루프린트 클래스 외부에서 호출되기 때문이다.

그림 1.36 이벤트(왼쪽), 출력 핀이 필요하지 않은 순수 함수 호출(가운데), 일반 함수 호출(오른쪽)

다음 단계에 따라 이번 실습을 완료할 수 있다.

1. **내 블루프린트** 창의 **+ 함수** 버튼을 클릭한다.

그림 1.37 새 함수를 실행할 때 사용하는 + 함수 버튼에 마우스 포인터를 가져간 모습

2. 추가된 새 함수의 이름을 MyFunc로 설정한다.

   툴바 창의 **컴파일** 버튼을 클릭해 블루프린트를 컴파일한다.

3. **디테일** 창을 살펴보면, 다음과 같은 모습을 확인할 수 있다.

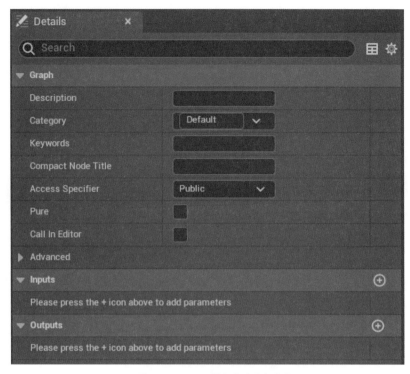

그림 1.38 MyFunc 함수의 디테일 패널

여기서 이 함수와 관련된 모든 설정을 편집할 수 있다. 가장 중요한 설정은 하단의 **입력**Inputs 및 **출력**Outputs 설정이다. 여기서 함수가 입력받고 반환할 변수를 지정할 수 있다.

마지막으로, **내 블루프린트** 창에서 이 함수를 더블 클릭하면 함수를 편집할 수 있다. 그러면 가운데 창에 새로운 탭이 열린다. 여기서 함수가 할 작업을 지정할 수 있다. 다음 그림은 이 함수가 호출될 때마다 단순히 거짓false 값을 반환하도록 한 모습이다.

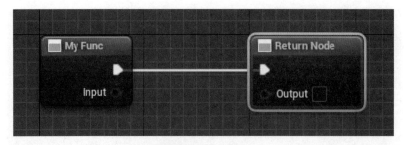

그림 1.39 MyFunc 함수

4. 이 블루프린트 클래스에 작업한 변경 사항을 저장하려면 툴바의 **컴파일**^{Compile} 버튼 옆에 있는 **저장**^{Save} 버튼을 클릭한다. 또는 블루프린트가 성공적으로 컴파일되면 자동으로 저장하는 옵션을 선택해 저장되도록 할 수도 있다.

이제 블루프린트 함수를 생성하는 방법을 익혔을 것이다. 다음에는 이 장에서 사용할 블루프린트 노드인 곱하기^{Multiply} 노드를 살펴보자.

곱하기 노드 이해하기

블루프린트는 변수나 함수와 관련되지 않은 훨씬 더 많은 노드를 제공한다. 한 가지 예로 산술 연산 노드가 있다(더하기, 빼기, 곱하기 나누기 등). 블루프린트 **액션**^{Actions} 메뉴에서 Multiply를 검색하면 곱하기 노드를 찾을 수 있다.

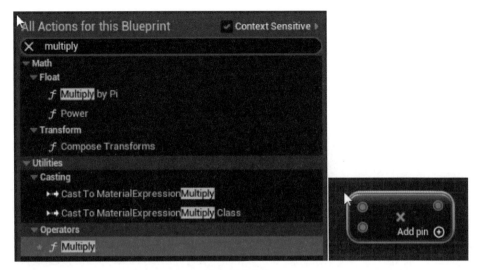

그림 1.40 곱하기 노드

이 노드는 다양한 유형의 2개 또는 그 이상의 파라미터를 입력받을 수 있고(인티저, 플로트, 벡터 등. 핀 추가^{Add Pin} 오른쪽에 있는 + 버튼을 사용해 입력을 더 늘릴 수 있다), 이 입력들을 곱하기한 결과를 출력한다. 이후 이 장의 활동^{activity}에서 이 노드를 활용한다.

BeginPlay와 Tick 이벤트 탐험하기

UE5에서 가장 중요한 2개의 이벤트인 BeginPlay와 Tick 이벤트를 살펴보자.

앞서 설명했듯이, 이벤트는 일반적으로 블루프린트 클래스 외부에서 호출된다. BeginPlay 이벤트는 이 블루프린트 클래스의 인스턴스가 레벨에 배치되고 레벨이 플레이되기 시작할 때 또는 이 블루프린트 클래스의 인스턴스가 게임이 플레이되는 동안 동적으로 생성될 때 호출된다. BeginPlay 이벤트를 이 블루프린트 인스턴스에서 처음 호출되는 이벤트라고 생각할 수 있으며, 이 이벤트를 초기화 작업에 사용할 수 있다.

UE5에서 중요한 또 다른 이벤트에는 Tick 이벤트가 있다. 알다시피, 게임은 특정 프레임 속도로 실행되며 일반적인 프레임 속도는 30FPS^{Frames Per Second} 또는 60FPS다. 이는 게임의 업데이트된 이미지가 1초에 30번 또는 60번 렌더링된다는 것을 의미한다. Tick

이벤트는 게임이 이 작업을 할 때마다 호출된다. 즉, 게임이 30FPS의 속도로 실행된다면 Tick 이벤트는 1초에 30번 호출된다.

블루프린트 클래스의 **이벤트 그래프** 창으로 이동해 회색으로 표시된 3개의 노드를 선택하고 **Delete** 키를 클릭해 3개의 노드를 삭제함으로써 **이벤트 그래프** 창을 빈 상태로 만든다. 그런 다음, **이벤트 그래프** 창에서 마우스 오른쪽 버튼을 클릭하고 검색란에 BeginPlay라고 입력한 후 블루프린트 **액션**^Actions 메뉴에서 BeginPlay 이벤트 노드를 클릭하거나 **Enter** 키를 눌러 이 노드를 선택한다. 그러면 **이벤트 그래프** 창에 노드가 추가될 것이다.

그림 1.41 블루프린트 액션 메뉴를 통해 이벤트 그래프 창에 추가된 BeginPlay 이벤트

이벤트 그래프 창에서 마우스 오른쪽 버튼을 클릭하고 검색란에 Tick이라고 입력한 다음, Tick 이벤트 노드를 선택한다. 그러면 **이벤트 그래프** 창에 Tick 이벤트가 추가될 것이다.

그림 1.42 Tick 이벤트

BeginPlay 이벤트와 달리, Tick 이벤트는 호출될 때 Delta Seconds라는 이름의 파라미터를 제공한다. 이 플로트 파라미터는 이전 프레임이 렌더링된 이후로 지난 시간의 양을 의미한다. 게임이 30FPS의 속도로 실행되면, 렌더링되는 각 프레임 사이의 간격(Delta Seconds)은 평균 1/30초이며, 대략 0.033초(33.33밀리세컨드)다. 프레임 1이 렌더링된 후 프레임 2가 0.2초 후에 렌더링됐다면, Delta Seconds는 0.2초다. 프레임 3이 프레임 2보다 0.1초 후에 렌더링됐다면 프레임 3의 Delta Seconds는 0.1초가 된다(이런 식으로 Delta Seconds를 계산한다).

그렇다면 `Delta Seconds` 파라미터가 왜 중요할까? 다음 시나리오를 살펴보자. Tick 이벤트를 사용해 프레임이 렌더링될 때마다 Z축으로 1 유닛(언리얼 기준 1cm)씩 위치를 증가시키는 블루프린트 클래스를 작성했다. 그런데 여기서 문제에 직면한다. 실제 플레이어(사용자)들은 서로 다른 프레임 속도(30FPS 또는 60FPS)로 게임을 실행할 가능성이 있다. 60FPS의 속도로 게임을 실행하는 플레이어는 30FPS의 속도로 게임을 실행하는 플레이어보다 두 배 더 많이 Tick 이벤트를 호출하며, 이 때문에 블루프린트 클래스는 결국 두 배 더 빠른 속도로 이동한다. 바로 이때 `Delta Seconds`가 중요한 역할을 한다. 60FPS의 속도로 실행되는 게임은 더 작은 `Delta Seconds` 값을 갖고 Tick 이벤트가 호출되기 때문에(렌더링되는 프레임 사이의 간격이 더 작다) 이 값을 Z축의 위치를 변경하는 데 사용할 수 있다. 60FPS의 속도로 실행되는 게임에서 Tick 이벤트가 두 배 더 많이 실행되겠지만, `Delta Seconds` 값이 절반이므로 이를 상쇄시킬 수 있다. 결국 서로 다른 프레임 속도로 게임을 실행하는 플레이어들의 결과가 같아지게 된다.

NOTE

> 이 책에서는 데모를 목적으로 Tick 이벤트를 몇 번 사용한다. 하지만 Tick 이벤트를 사용할 때는 성능 저하 문제를 발생시킬 수 있으므로 주의해서 사용해야 한다. 매 프레임 실행될 필요가 없는 경우에 Tick 이벤트를 사용한다면, 더 효율적이고 더 나은 방법을 찾는 것이 좋다.

NOTE

> 블루프린트에서 이동하는 데 Delta Seconds를 사용하려는 경우에는 초당 이동 속도와 Delta Seconds를 서로 곱해 이동 속도를 빠르게 하거나 느리게 만들 수 있다(예를 들어, 블루프린트를 Z축으로 초당 3 유닛 이동시킬 때는 3 * DeltaSeconds 유닛을 매 프레임 계산해 적용하면 된다).

이것으로 이번 실습을 마치고, 블루프린트 노드와 핀으로 구성된 다른 실습을 진행해보자.

실습 1.06: TestActor 클래스를 Z축으로 이동시키기

이번 실습에서는 `BeginPlay` 이벤트를 사용해 게임이 플레이되기 시작할 때 `TestActor`를 Z축으로 오프셋(이동)시키는 방법을 진행해보자.

다음 단계에 따라 이번 실습을 완료할 수 있다.

1. TestActor 블루프린트 클래스를 연다.

2. **블루프린트 액션**Blueprint Actions 메뉴를 사용해 BeginPlay 이벤트 노드를 그래프에 추가한다(BeginPlay 이벤트가 없는 경우).

3. AddActorWorldOffset 함수를 추가하고 BeginPlay 이벤트의 출력 실행 핀과 이 함수의 입력 실행 핀을 서로 연결한다. 이 함수는 원하는 축(X, Y, Z축)으로 액터를 이동시키는 기능을 제공하며 다음의 파라미터를 입력받는다.

   - **Target**: 이 함수를 실행할 액터를 의미하며, 이 액터가 이 함수를 실행한다. 기본 동작은(이 파라미터에 아무것도 연결하지 않으면) 이 함수가 실행되는 액터에서 이 기능을 실행한다. 이는 실습에서 원하는 동작이며 self 속성이 사용되는 것을 확인할 수 있다.

   - **DeltaLocation**: X, Y, Z 3축에서 이 액터를 이동시키려는 양을 의미한다.

   - 실습에서는 다른 두 파라미터인 Sweep과 Teleport는 살펴보지 않기 때문에 그대로 두면 된다. 두 파라미터는 불리언 타입의 파라미터며 모두 false로 둔다.

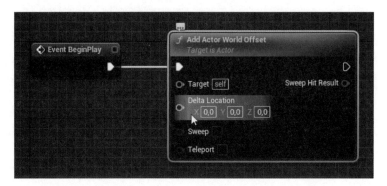

그림 1.43 AddActorWorldOffset 함수를 호출하는 BeginPlay 이벤트

4. Vector 속성이 3개의 플로트 속성으로 나뉘도록 Delta Location 입력 핀을 분할한다. 1개 이상의 하위 타입으로 구성된 모든 변수에서 속성 분할이 가능하다(플로트 타입은 여러 하위 타입으로 구성되지 않았기 때문에 플로트 타입에서는 분할이 불가능하다). Delta Location 속성에서 마우스 오른쪽 버튼을 누르고, **구조체 핀 분할**Split Struct Pin을 선택한다.

그림 1.44 Vector에서 3개의 플로트로 분할된 Delta Location 파라미터

5. **Delta Location**의 *Z* 속성에서 마우스 왼쪽 버튼을 클릭하고 숫자를 입력한 다음, **Enter** 키를 눌러 **Delta Location**의 *Z* 속성을 100 유닛으로 설정한다. 이렇게 하면 게임이 시작될 때 TestActor가 Z축으로 100 유닛만큼 위로 이동할 것이다.

6. 액터를 눈으로 볼 수 있도록 **컴포넌트**^{Components} 창을 사용해 TestActor에 큐브 모양을 더해보자. **컴포넌트** 창에서 **+ 추가**^{+ Add} 버튼을 클릭하고 **큐브**^{Cube}를 입력한 다음, **기본 셰이프**^{Basic Shape} 섹션의 첫 옵션을 선택한다.

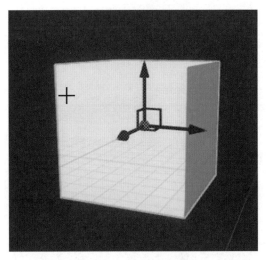

그림 1.45 큐브 모양 추가하기

7. **컴파일** 버튼을 클릭해 블루프린트 클래스를 컴파일하고 저장한다.

8. 레벨의 **뷰포트** 창으로 이동하고, 아직 TestActor를 배치하지 않았다면 TestActor

블루프린트 클래스의 인스턴스를 레벨에 배치한다.

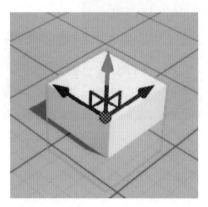

그림 1.46 TestActor의 인스턴스를 레벨에 배치하기

9. 레벨을 플레이하면, 레벨에 추가한 `TestActor`가 위로 올라간 모습을 볼 수 있을 것이다.

그림 1.47 게임이 시작돼 Z축으로 올라간 TestActor의 모습

10. 편집한 내용을 저장하기 위해 **Ctrl + S** 키를 누르거나 툴바 에디터의 **현재 레벨 저장** Save Current 버튼을 클릭한다.

이번 실습을 통해 블루프린트 스크립팅 로직을 가진 블루프린트 클래스 액터를 처음으로 생성해봤다.

> NOTE
>
> 이번 실습의 최종 결과가 적용된 TestActor 블루프린트 애셋과 Map 애셋은 깃허브(https://github.com /PacktPublishing/Elevating-Game-Experiences-with-Unreal-Engine-5-Second-Edition)에서 다운로드할 수 있다.

이제 한 걸음 더 나아가 ThirdPersonCharacter 블루프린트 클래스를 살펴보자.

ThirdPersonCharacter 블루프린트 클래스

플레이어가 조작하는 캐릭터를 표현하는 블루프린트인 ThirdPersonCharacter 블루프린트 클래스와 이 블루프린트가 포함하는 액터 컴포넌트를 살펴보자.

콘텐츠 브라우저에서 **ThirdPersonCPP ➤ Blueprints** 디렉터리로 이동한 다음, **ThirdPersonCharacter** 애셋을 연다.

그림 1.48 ThirdPersonCharacter 블루프린트 클래스

블루프린트 에디터의 **컴포넌트** 창을 소개한 이전 절에서 액터 컴포넌트를 언급했다.

액터 컴포넌트는 액터 안에 존재해야만 하는 엔티티^{entity}며, 액터의 로직을 여러 액터 컴포넌트에 분산시킬 수 있다. 이 블루프린트에서는 시각적으로 표현된 4개의 액터 컴포넌트를 볼 수 있다.

- UE5 마네킹을 보여주는 스켈레탈 메시 컴포넌트

- 플레이어에게 게임 화면을 보여주는 카메라 컴포넌트

- 캐릭터의 방향을 알려주는 화살표^{Arrow} 컴포넌트(이 컴포넌트는 주로 개발 용도로 사용하며 게임이 플레이될 때는 보이지 않는다)

- 이 캐릭터의 충돌 범위를 지정하는 캡슐 컴포넌트^{Capsule Component}

컴포넌트 창을 살펴보면, **뷰포트** 창에서 살펴본 것보다 더 많은 액터 컴포넌트를 볼 수 있다. 일부 액터 컴포넌트는 시각적으로 표현되지 않고 순수하게 C++나 블루프린트 코드로만 구성돼 있기 때문이다. 7장, 'UE5 유틸리티 활용'에서는 액터 컴포넌트를 더 자세히 다룰 것이다.

이 블루프린트 클래스의 **이벤트 그래프** 창을 살펴보면, 상당한 양의 관련 로직을 가졌음에도 TestActor 블루프린트 클래스에서 봤던 것과 유사하게 거의 비어 있는 것을 볼 수 있다. 이는 해당 로직이 블루프린트가 아니라 C++에 정의돼 있기 때문이다. 이렇게 구성하는 방법은 다음 장에서 살펴본다.

이 블루프린트 클래스의 스켈레탈 메시 컴포넌트^{Skeletal Mesh Component}를 설명하려면 먼저 메시와 머티리얼을 살펴봐야 한다.

▷▷ 메시와 머티리얼의 사용법 탐험하기

컴퓨터에서 3D 물체를 시각적으로 표현하려면 3D 메시와 머티리얼이라는 두 가지 재료가 필요하다. 3D 메시를 사용하면 물체의 모양과 크기를 지정할 수 있는 반면에 머티리얼을 사용하면 색상, 시각적 톤^{tone} 등을 지정할 수 있다. 다음 절을 통해 메시와 머티리얼을 자세히 살펴보고, UE5에서 이를 활용하는 방법을 살펴보자.

메시

다음 그림의 원숭이 얼굴을 표현하는 메시와 같이, 3D 메시를 사용해 어떤 물체의 크기와 모양을 지정할 수 있다.

그림 1.49 원숭이 머리 모양의 3D 메시

메시는 여러 정점^{vertex}, 에지^{edge}, 면^{face}으로 구성된다. 정점은 단순히 X, Y, Z축 위치를 나타내는 3D 좌표다. 에지는 두 정점 사이를 연결한 것^(즉, 선)이고, 면은 3개 이상의 에지를 연결한 것이다. 위 그림에서 메시의 개별 정점, 에지, 면을 볼 수 있으며 각 면은 해당 면에 반사되는 빛의 양에 따라 흰색과 검정색 사이의 색상이 적용돼 있다. 최근의 비디오 게임들은 수천 개의 정점을 가진 메시를 렌더링할 수 있는데, 이때 각 정점 사이의 거리가 너무 가까워 개별 정점을 눈으로 구분할 수 없는 수준으로 렌더링한다.

머티리얼

반면에 머티리얼을 사용하면 메시를 어떻게 표현할지를 지정할 수 있다. 메시의 색상을 지정하거나 표면에 텍스처를 적용해 그릴 수 있으며, 심지어 각각의 정점을 조작하는 것도 가능하다.

메시를 만드는 일은 이 책을 집필하는 시점에 UE5 안에서 지원되지 않으므로 블렌더^{Blender}나 오토데스크 마야^{Autodesk Maya}와 같은 다른 소프트웨어에서 작업해야 한다. 따라서 이 책에서 메시를 생성하는 것에 대한 내용은 다루지 않지만, 기존 메시에 적용할 머티리얼을 생성하는 방법은 살펴본다.

UE5에서는 액터 컴포넌트^{Actor Component} 클래스를 상속하는 메시 컴포넌트^{Mesh Component}를 통해 메시를 추가할 수 있다. 여러 종류의 메시 컴포넌트가 있는데, 가장 중요한 두 가지 메시 컴포넌트는 애니메이션이 없는 메시(예: 큐브, 스태틱 레벨 지오메트리 등)에 사용하는 스태틱 메시 컴포넌트^{Static Mesh Component}와 애니메이션을 갖는 메시(예: 이동 애니메이션을 재생하는 캐릭터 메시 등)에 사용할 스켈레탈 메시 컴포넌트^{Skeletal Mesh Component}다. 앞서 살펴본 ThirdPersonCharacter 블루프린트 클래스는 이동 애니메이션을 재생하는 캐릭터 메시를 표현하기 위해 스켈레탈 메시 컴포넌트를 포함한다. 다음 장에서는 메시와 같은 애셋을 UE5 프로젝트에 임포트하는 방법을 배운다.

이제 UE5에서 머티리얼을 조작하는 방법을 살펴보자.

⠿ UE5에서 머티리얼 조작하기

이번 장에서는 UE5에서 머티리얼이 동작하는 방식을 살펴본다. 앞서 설명했듯이, 머티리얼은 특정 물체의 시각적인 특징을 지정한다. 여기에는 색상, 빛에 반응하는 방식 등이 포함된다. 다음 단계에 따라 머티리얼을 더 자세히 살펴보자.

1. **레벨 뷰포트**^{Level Viewport} 창으로 이동한 후 다음 스크린샷과 같이 큐브^{Cube} 물체를 선택하자.

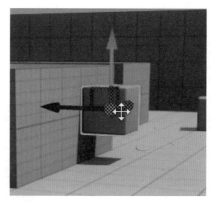

그림 1.50 바닥 면의 Third Person이라는 텍스트 옆에 위치한 큐브 물체

2. **디테일** 창에서 이 물체의 스태틱 메시^{Static Mesh} 컴포넌트와 관련된 메시 및 머티리얼을 모두 살펴보자.

그림 1.51 큐브 물체의 스태틱 메시 컴포넌트의 스태틱 메시와 머티리얼(Element 0) 속성

> NOTE
>
> 메시는 여러 개의 머티리얼을 가질 수 있으며, 최소 1개는 필요하다.

3. **머티리얼**^{Materials} 속성 옆에 있는 돋보기 아이콘을 클릭하면 **콘텐츠 브라우저**에서 해당 머티리얼 애셋의 위치를 찾아준다. 이 아이콘은 에디터 안의 애셋을 사용하는 경우, 어디에서든지 사용할 수 있으므로 큐브 물체의 스태틱 메시를 참조하는 애

셋에도 사용할 수 있다.

그림 1.52 콘텐츠 브라우저(오른쪽)에서 애셋의 위치를 찾아주는 돋보기 아이콘(왼쪽)

4. 머티리얼 애셋을 마우스 왼쪽 버튼을 더블 클릭해 머티리얼 에디터에서 열어보자.
이 머티리얼은 다른 머티리얼의 자식 머티리얼이므로 그 부모 머티리얼을 선택해
야 한다. 이 머티리얼의 **디테일** 패널에서 **Parent**(부모) 속성을 찾을 수 있다. 돋보기
아이콘을 클릭해 **콘텐츠 브라우저**에서 부모 머티리얼을 선택한다.

그림 1.53 – Parent 속성

5. 부모 머티리얼을 찾았으면, 더블 클릭을 통해 이 머티리얼을 머티리얼 에디터에서
연다. 이제 머티리얼 에디터를 구성하는 각 부분을 살펴보자.

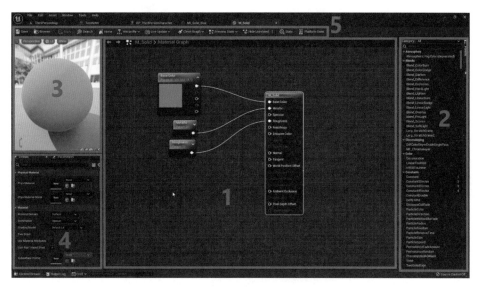

그림 1.54 5개의 부분으로 구성된 머티리얼 에디터

각 창을 자세히 살펴보자.

1. **그래프**: 에디터 가운데에 **그래프** 창이 위치한다. 블루프린트 에디터의 **이벤트 그래프** 창과 비슷하게 머티리얼 에디터의 그래프 창 또한 노드 기반으로 동작하며, 핀으로 연결된 노드를 찾을 수 있다. 하지만 여기서는 실행 핀이 없고 입력과 출력 핀만 있다.

2. **팔레트**^{Palette}: 화면 오른쪽에 **팔레트** 창이 있다. 여기서 **그래프** 창에서 사용할 수 있는 모든 노드의 검색이 가능하다. 블루프린트 에디터의 **이벤트 그래프** 창에서 마우스 오른쪽 버튼을 눌러 검색했던 것과 같은 방법으로, **그래프** 창에서 마우스 오른쪽 버튼을 눌러 창을 띄운 후 추가할 노드를 검색할 수 있다.

3. **뷰포트**: 화면 왼쪽 상단에 **뷰포트** 창이 있다. 여기서 머티리얼의 결과를 미리 볼 수 있고 구체, 큐브, 평면과 같은 기본 모양에서 어떻게 나타나는지를 확인할 수 있다.

4. **디테일**: 화면 왼쪽 하단에 **디테일** 창이 있다. 블루프린트 에디터와 비슷하게 이 머티리얼 애셋이나 그래프 창에서 현재 선택된 노드의 세부 설정을 확인할 수 있다.

5. **툴바**: 화면 상단에 **툴바** 창이 있다. 툴바에서 머티리얼에 반영한 변경 사항을 저장하고 적용할 수 있으며, **그래프** 창과 관련된 여러 동작을 수행할 수 있다.

UE5의 모든 머티리얼 에디터에서 해당 머티리얼 애셋의 이름을 가진 노드를 찾을 수 있는데, 여기서 이 노드의 핀을 다른 노드에 연결해 머티리얼과 관련된 여러 파라미터를 지정할 수 있다.

위 그림에서 Roughness 핀에 **0.7**이라는 이름을 가진 노드가 연결된 것을 볼 수 있다. 이 노드는 상수^{Constant} 노드며, 관련된 숫자 값을 지정할 수 있다(예제의 경우, 0.7). 단일 숫자, 2차원 벡터(예: (1, 0.5)), 3차원 벡터(예: (1, 0.5, 4)), 4차원 벡터(예: (1, 0.5, 4, 0))에 대한 상수 노드를 생성할 수 있다. 그래프 창에서 숫자 **1, 2, 3, 4** 키를 각각 누른 채 마우스 왼쪽 버튼을 클릭해 상수 노드를 생성할 수 있다.

머티리얼은 여러 입력 파라미터를 갖는다. 그중 가장 중요하다고 할 수 있는 몇 가지 파라미터를 살펴보자.

- **BaseColor**: 이 파라미터는 단순히 머티리얼의 색상을 의미한다. 일반적으로 물체에 특정 색상을 적용하거나 텍스처를 매핑하기 위해 단색이나 텍스처 샘플 노드를 이 핀에 연결한다.

- **Metallic**: 이 파라미터는 물체의 표면에 얼마나 금속성을 나타낼지를 결정한다. 0(비금속)에서 1(완전 금속) 사이의 단일 상수 노드를 연결해 설정할 수 있다.

- **Specular**: 이 파라미터는 물체가 얼마나 많은 양의 빛을 반사할지 결정한다. 0(빛을 반사시키지 않음)에서 1(모든 빛을 반사시킴) 사이의 단일 상수 노드를 연결해 이 파라미터를 설정할 수 있다. 물체가 이미 금속성을 매우 많이 띠는 경우에는 이 값을 설정하더라도 변화가 거의 없거나 아예 없다.

- **Roughness**: 이 파라미터는 물체 표면에 반사되는 빛을 얼마나 산란시킬지를 결정한다(빛이 더 많이 산란될수록 물체가 주변의 빛을 덜 반사시킨다). 0(물체가 거울과 같은 효과를 낸다)에서 1(물체 표면의 반사가 흐려진다) 사이의 단일 상수 노드를 연결해 이 파라미터를 설정할 수 있다.

NOTE

위에서 설명한 것과 같은 머티리얼 입력에 대한 더 자세한 정보는 웹 사이트(https://docs.unrealengine
.com/en-US/Engine/Rendering/Materials/MaterialInputs)에서 확인할 수 있다.

UE5에서는 이미지(.jpeg, .png)를 텍스처 애셋으로 임포트한 후 텍스처 샘플 노드를 사용해
머티리얼에서 텍스처를 사용할 수 있다.

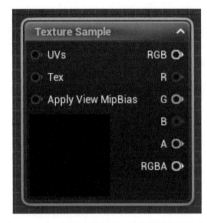

그림 1.55 텍스처를 지정해 텍스처의 색상을 사용하거나
색상의 각 채널을 핀으로 사용할 수 있도록 해주는 텍스처 샘플 노드

NOTE

UE5로 파일을 임포트하는 방법은 다음 장에서 살펴본다.

새 머티리얼 애셋을 생성하려면, 새 애셋을 생성하길 원하는 **콘텐츠 브라우저** 안의 디렉
터리에서 마우스 오른쪽 버튼을 클릭하고 머티리얼을 선택하면 된다.

지금까지 UE5에서 머티리얼을 생성하고 조작하는 방법을 배웠다.

이제 이 장의 활동으로 넘어가보자. 이 책의 첫 번째 활동이다.

활동 1.01: TestActor를 Z축으로 계속 이동시키기

이번 활동에서는 게임이 시작되면 한 번만 실행하는 대신, TestActor의 Tick 이벤트를 사용해 Z축으로 계속 이동시켜본다.

다음 단계에 따라 이번 활동을 완료할 수 있다.

1. TestActor 블루프린트 클래스를 연다.

2. 블루프린트의 **이벤트 그래프**^{Event Graph} 창에서 Tick 이벤트 노드를 추가한다.

3. AddActorWorldOffset 함수를 추가하고 DeltaLocation 핀을 분할한 다음, '실습 1.01: 언리얼 엔진 5 프로젝트 생성하기'에서 했던 것과 비슷하게 Tick 이벤트의 출력 실행 핀을 이 함수(AddActorWorldOffset 함수)의 입력 실행 핀에 연결한다.

4. **이벤트 그래프** 창에 플로트 곱하기 노드를 추가한다.

5. Tick 이벤트의 Delta Seconds 출력 핀을 플로트 곱하기 노드의 첫 번째 입력 핀에 연결한다.

6. 플로트 타입으로 새 변수를 추가하고 이름을 VerticalSpeed로 지정한다. 그리고 기본값을 25로 설정한다.

7. **이벤트 그래프** 창에 VerticalSpeed 변수의 Getter를 추가하고 이 핀을 플로트 곱하기 노드의 두 번째 입력 핀에 연결한다. 그런 다음, 플로트 곱하기 노드의 출력 핀을 AddActorWorldOffset 함수의 Delta Location Z 핀에 연결한다.

8. 서로 연결된 BeginPlay 이벤트와 AddActorWorldOffset 함수를 삭제한다. '실습 1.01: 언리얼 엔진 5 프로젝트 생성하기'에서 두 노드를 추가했다.

9. 레벨에 있는 액터의 기존 인스턴스를 삭제하고 새 액터를 레벨로 드래그한다.

10. 레벨을 플레이해보면 TestActor가 시간이 지남에 따라 지면에서 떠올라 계속 위로 이동하는 것을 볼 수 있다.

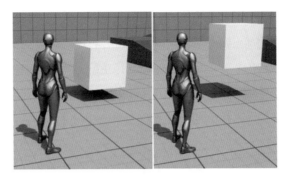

그림 1.56 스스로 수직으로 이동하는 TestActor

앞의 단계들을 완료함으로써 이 책의 여러 활동 중 첫 번째 활동을 마무리했다. 이로써 블루프린트 에디터의 **이벤트 그래프** 창에 노드를 추가하거나 삭제하는 것뿐만 아니라 서로 다른 프레임 속도 사이에 일관성을 유지하는 게임 로직을 생성하기 위해 Tick 이벤트와 DeltaSeconds 속성을 사용하는 방법도 배웠다.

> **NOTE**
>
> 이번 활동에 대한 프로젝트는 깃허브(https://github.com/PacktPublishing/Elevating-Game-Experiences-with-Unreal-Engine-5-Second-Edition/tree/main/Activity%20solutions)에서 다운로드할 수 있다.
>
> TestActor 블루프린트 애셋도 깃허브(https://github.com/PacktPublishing/Elevating-Game-Experiences-with-Unreal-Engine-5-Second-Edition)에서 다운로드할 수 있다.

⠿ 요약

이번 장을 완료함으로써 UE5를 학습하면서 게임을 개발하는 여정의 첫 발을 내디뎠다. 1장을 통해 언리얼 엔진 에디터를 탐색하는 방법, 레벨 안에서 액터를 조작하는 방법, 액터를 직접 생성하는 방법, 블루프린트 스크립팅 언어를 사용하는 방법을 살펴보고 UE5에서 3D 물체가 어떻게 표현되는지를 알게 됐다.

여러분 앞에 무한한 가능성의 세계가 있고 이 게임 개발 도구를 사용해 만들 수 있는 것에는 한계가 없다는 사실을 깨닫길 바란다.

다음 장에서는 이번 장에서 자동으로 생성됐었던 프로젝트 템플릿을 처음부터 다시 만들어볼 것이다. C++ 클래스를 생성하는 방법을 살펴보고, C++ 부모 클래스에 정의된 속성을 조작하는 블루프린트 클래스를 생성해본다. 또한 캐릭터 메시와 애니메이션을 언리얼 엔진 5에 임포트하는 방법을 배우고, 애니메이션 블루프린트 같은 애니메이션과 관련된 다른 애셋에 익숙해질 수 있는 내용을 진행할 것이다.

02

언리얼 엔진을 활용한 작업

1장에서 에픽 게임즈 런처와 언리얼 에디터의 기본적인 내용을 살펴봤다. 물체를 활용해 작업하는 방법과 블루프린트에 관한 기본 지식을 다루고 삼인칭 템플릿을 살펴봤다. 이 장에서는 삼인칭 템플릿, 입력 및 애니메이션에 대한 기본적인 내용을 배울 것이다.

C, C++, 자바^Java, C#, 파이썬^Python과 같은 매우 다양한 언어를 사용해 게임을 개발할 수 있으며, 각 언어들마다 장단점이 있다. 하지만 언리얼 엔진에서 사용되는 주요 프로그래밍 언어가 C++이므로, 이 책에서는 C++를 사용할 것이다.

이 장을 통해 C++ 프로젝트를 생성하는 방법과 UE5에서 사용할 수 있는 기본적인 디버깅 방법을 배울 것이다. 개발자가 버그를 처리할 때 도움이 되므로 코드를 디버깅할 수 있는 능력은 매우 중요하다. 또한 제공되는 디버깅 도구는 매우 유용하며 언리얼 엔진 개발자에게 필수적이다.

이어서 언리얼 엔진에서 게임과 경험을 만드는 것과 관련된 핵심 클래스를 배울 것이다. 게임 모드^Game Mode와 관련 클래스 개념을 살펴본 다음, 해당 내용을 실질적으로 이해하기 위한 실습을 진행한다.

이 장의 마지막 절은 애니메이션에 관한 내용이다. 거의 모든 게임에는 애니메이션이 등장한다. 이런 게임 중 일부는 매우 기초적인 애니메이션을 사용하지만, 더러는 매우 높은 수준의 애니메이션을 제공해 게이머의 마음을 사로잡는다. 애니메이션은 게임플레이 경험과 매우 밀접한 연관이 있다. 언리얼 엔진은 복잡한 그래프와 스테이트 머신 State Machine을 제공하는 애니메이션 블루프린트 Animation Blueprint를 포함해 애니메이션을 생성하고 처리하는 데 사용할 수 있는 여러 도구를 제공한다.

이 장에서는 언리얼 엔진의 여러 기본 개념과 다양한 기능에 중점을 둘 것이다. 이 장을 통해 C++ 프로젝트를 생성하는 방법, 기본적인 디버깅을 진행하는 방법, 캐릭터 애니메이션을 사용하는 방법을 확인할 수 있다.

이 장에서 다루는 주제는 다음과 같다.

- 빈 C++ 프로젝트를 생성하고 설정하는 방법

- 언리얼 엔진의 Content 폴더 구조

- 비주얼 스튜디오 솔루션을 활용해 작업하는 방법

- 필요한 애셋을 임포트하는 방법

- 언리얼 게임 모드 클래스

- 레벨과 레벨 블루프린트 이해하기

- 애니메이션

이 장을 마칠 무렵에는 C++ 템플릿 프로젝트를 생성하고 비주얼 스튜디오에서 코드를 디버깅할 수 있게 되며, 폴더 구조 및 폴더 구조 관련 모범 사례를 이해하고 캐릭터의 상태를 기반으로 캐릭터 애니메이션을 설정할 수 있게 될 것이다.

⫶ 기술적 요구 사항

이 장을 진행하려면 다음과 같은 준비가 필요하다.

- UE5 설치

- 비주얼 스튜디오 2022^{Visual Studio 2022} 설치

- 이 장의 완성된 코드는 이 책의 깃허브^(https://github.com/PacktPublishing/Elevating-Game-Experienceswith-Unreal-Engine-5-Second-Edition)에서 다운로드할 수 있다.

⫶ 빈 C++ 프로젝트를 생성하고 설정하기

프로젝트를 시작할 때마다 에픽^{Epic}에서 제공하는 템플릿_(실행 가능한 기본 코드가 포함됨)을 사용해 이를 기반으로 프로젝트를 제작할 수 있다. 때로는 필요에 따라 변경이 가능하도록 빈 프로젝트에서 시작해야 하는 경우가 있을 수 있다. 다음 실습을 통해 빈 프로젝트를 생성하는 방법을 살펴본다.

실습 2.01: 빈 C++ 프로젝트 생성하기

이번 실습을 통해 에픽이 제공하는 템플릿에서 빈 C++ 프로젝트를 생성하는 방법을 살펴본다. 이는 향후 여러분이 수행할 여러 C++ 프로젝트의 기반이 될 것이다.

다음 단계에 따라 이번 실습을 완료할 수 있다.

1. 에픽 게임즈 런처에서 UE5를 실행한다.

2. **빈 프로젝트**^{BLANK PROJECT} 섹션을 클릭하고 **기본**^{Blank}을 클릭한다.

3. 오른쪽의 **프로젝트 디폴트**^{Project Defaults} 섹션에서 **C++**를 선택한다.

NOTE

> 프로젝트 폴더와 프로젝트 이름을 각각 적절한 디렉터리와 이름으로 설정한다.

4. 모든 항목을 설정한 다음, 프로젝트 **생성**^{Create} 버튼을 클릭한다. 이 책에서는 E 드라이브의 UnrealProjects라는 이름의 폴더에 프로젝트 디렉터리를 생성했다. 프로젝트 이름은 MyBlankProj로 설정했다(이 프로젝트 이름과 프로젝트 디렉터리 이름을 따르는 것을 권장하지만, 원한다면 자신만의 디렉터리 및 프로젝트 이름을 사용해도 좋다).

NOTE

> 프로젝트 이름에는 공백(스페이스)을 사용할 수 없다. 언리얼 디렉터리는 가능한 한 드라이브의 루트에 가까운 위치가 좋다(프로젝트에 애셋을 임포트할 때 256자 문자 제한과 같은 문제가 발생하지 않도록 하기 위함이다. 소규모 프로젝트에서는 괜찮을 수 있지만, 대규모 프로젝트에서는 폴더 구조가 복잡해질 수 있으므로 이 단계가 매우 중요하다).

5. 코드 및 프로젝트 파일 생성이 완료되면, 비주얼 스튜디오 솔루션(.sln) 파일과 함께 프로젝트가 열릴 것이다.

데스크톱 개발을 위해 비주얼 스튜디오 솔루션의 구성^{configuration}이 **Development Editor**로 설정되고 솔루션 플랫폼이 **Win64**로 설정됐는지 확인한다.

그림 2.1 비주얼 스튜디오 개발 설정

이번 실습을 통해 UE5에서 빈 C++ 프로젝트를 생성하는 방법과 이때 고려해야 할 사항들을 알게 됐다.

다음 절에서는 폴더 구조를 살펴본다. 가장 기본적으로 사용되는 폴더 구조와 언리얼 개발자가 가장 많이 사용하는 폴더 구조도 함께 다룰 것이다.

⫶⫶ 언리얼 엔진의 Content 폴더 구조

프로젝트 디렉터리(이 책의 경우 E:/UnrelProjects/MyBlankProj)에서 Content 폴더를 확인할 수 있다. 이 폴더는 여러 유형의 애셋 및 프로젝트 관련 데이터(블루프린트 포함)에 사용하는 폴더다. C++ 코드는 프로젝트의 Source 폴더에 위치한다. 새 C++ 코드 파일을 생성하는 가장 좋은 방법은 언리얼 에디터에서 생성하는 것이다. 과정이 단순하며 오류가 적게 발생한다.

Content 폴더의 데이터를 구성하는 데 사용할 수 있는 여러 전략이 있다. 가장 기본적이며 이해하기 쉬운 방법은 내부 콘텐츠의 종류에 따른 폴더 이름을 사용하는 것이다. 이 방법을 따르면, Content 폴더 디렉터리 구조가 깃허브(https://github.com/PacktPublishing/Game-Development-Projects-with-Unreal-Engine/blob/master/Chapter02/Images/06New.png)에 나온 예시와 비슷하게 구성될 것이다. 이 예제를 살펴보면, 첫 번째 수준에서 콘텐츠 유형을 나타내는 폴더 이름 아래에 범주(카테고리)별로 배치했고 그다음 수준에서 해당 파일을 의미 있는 폴더로 그룹화한 것을 알 수 있다.

> **NOTE**
>
> 모든 블루프린트는 파일 이름의 시작에 BP 접두어를 사용하는 것이 좋다(언리얼 엔진에서 사용되는 기본 블루프린트와 구분하기 위해). 그 외의 나머지 접두어들은 선택 사항이다(하지만 이전에 보여준 것과 같이 접두어를 사용해 구분하는 것이 모범 사례다).

다음 절에서는 비주얼 스튜디오 솔루션을 살펴본다.

⫶ 비주얼 스튜디오 솔루션을 활용해 작업하기

언리얼 엔진의 모든 C++ 프로젝트는 비주얼 스튜디오 솔루션을 가진다. 비주얼 스튜디오는 모든 코드를 구동하며, 실행 로직을 구성하고, 동작 상태의 코드를 디버깅할 수 있는 기능을 개발자에게 제공한다.

솔루션 분석

프로젝트 디렉터리 안에 제공되는 비주얼 스튜디오 솔루션(.sln) 파일은 전체 프로젝트와 프로젝트에 추가된 관련 코드를 모두 포함한다.

비주얼 스튜디오에 있는 파일을 살펴보자. .sln 파일을 더블 클릭해 비주얼 스튜디오에서 솔루션을 연다.

솔루션 탐색기^{Solution Explorer}에서 Engine과 Games라는 이름의 두 프로젝트를 확인할 수 있다.

Engine 프로젝트

기본적으로 언리얼 엔진 자체는 비주얼 스튜디오 프로젝트며 솔루션 파일을 가진다. 이 솔루션은 언리얼 엔진 코드와 언리얼 엔진이 사용하는 서드 파티^{Third Party} 플러그인을 모두 포함하며, 이 프로젝트에 있는 모든 코드를 '소스^{source}' 코드라 부른다.

Engine 프로젝트는 외부 종속성, 구성, 플러그인, 셰이더와 현재 이 프로젝트에서 사용하는 언리얼 엔진의 소스 코드로 구성된다. 언제든지 **UE5 ❯ Source** 폴더에서 엔진 코드를 살펴볼 수 있다.

NOTE

언리얼 엔진은 오픈소스다. 에픽은 개발자들이 필요와 요구에 맞게 소스 코드를 보고 편집할 수 있도록 허락했다. 하지만 에픽 게임즈 런처를 통해 설치된 언리얼 엔진 버전에 있는 소스 코드는 편집할 수 없다. 소스 코드를 빌드하고 수정하려면 언리얼 엔진의 소스 코드 버전을 다운로드해야 한다. 깃허브를 통해 소스 코드 버전 엔진을 다운로드할 수 있으며, 해당 가이드(https://docs.unrealengine.com/en-US/GettingStarted/DownloadingUnrealEngine/index.html)를 따라 언리얼 엔진의 소스 버전을 다운로드할 수 있다.

다운로드가 완료되면 가이드(https://docs.unrealengine.com/en-US/Programming/Development/BuildingUnrealEngine/index.html)에 따라 새로 다운로드된 엔진을 컴파일하고 빌드할 수 있다.

Game 프로젝트

Games 디렉터리 아래에 우리가 만든 프로젝트의 이름을 가진 솔루션 폴더가 있다. 이를 펼쳐보면 여러 폴더를 확인할 수 있다. 여기서 다음 사항들을 주의해 살펴보자.

- **Config 폴더**: 프로젝트와 빌드를 위해 설정된 모든 구성을 포함한다(선택적으로 플랫폼 특화platform-specific(윈도우, 안드로이드, iOS, Xbox, 플레이스테이션 등) 설정도 포함될 수 있다).

- **Plugins 폴더**: 외부 플러그인(에픽 마켓플레이스Epic Marketplace에서 다운로드하거나 인터넷을 통해 다운로드함)을 포함하면 생성되는 폴더다. 이 폴더는 이 프로젝트와 관련된 플러그인의 모든 소스 코드를 포함한다.

- **Source 폴더**: C++로 작업할 때 주로 사용할 폴더다. Build Target 파일과 프로젝트의 모든 소스 코드를 포함한다. 다음 내용을 통해 source 폴더의 기본 파일을 살펴보자.

    ○ **Target 및 Build 파일**: 이 파일들은 (그림 2.2에서 볼 수 있듯이) 게임을 빌드하는 데 사용할 언리얼 빌드 툴Unreal Build Tool(여러분의 게임을 빌드할 프로그램)을 설정하는 코드를 포함한다. 게임에 추가해야 하는 추가 모듈과 그 외의 빌드 관련 설정을 포함한다. 기본적으로, 끝에 Target.cs 확장자와 Build.cs를 가진 2개의 Target 파일이 있다(하나는 언리얼 에디터를 위한 파일이며, 다른 하나는 빌드를 위한 것이다).

    ○ **프로젝트이름 코드 파일**(.cpp와 .h): 기본적으로, 이 파일들은 모든 프로젝트에 생

성되며 기본 게임 모듈 코드를 실행하기 위해 사용된다.

- 프로젝트이름GameModeBase 코드 파일(.cpp 와 .h): 기본적으로, 빈 프로젝트 게임 모드 베이스^{Project Game Mode Base}가 생성된다. 일반적으로 대부분의 경우에서 사용되지 않는다.

- 프로젝트이름.uproject 파일: 프로젝트와 프로젝트 관련 플러그인 목록에 대한 기본 정보를 제공하는 설명 내용을 포함한다.

비주얼 스튜디오에서 코드 디버깅하기

비주얼 스튜디오는 코드에서 중단점^{breakpoint}을 통한 강력한 디버깅 도구를 제공한다. 중단점을 사용해 특정 라인의 코드에서 게임을 중단할 수 있으며, 이를 통해 개발자는 변수의 현재 값을 확인할 수 있고 코드를 한 단계씩 실행할 수 있는 제어권을 가질 수 있다(한 줄씩 실행, 함수 단위 실행 등이 가능하다).

이 기능은 특히 게임 프로젝트에 많은 변수와 코드 파일이 있고 코드를 디버깅하기 위해 한 단계씩 실행해 변수의 값을 확인해가며 발생한 문제를 확인하고 해결하고 싶을 때 매우 유용하다. 디버깅은 개발자의 작업에서 매우 기본적인 과정이며 지속적인 디버깅, 프로파일링, 최적화 과정을 여러 번 거친 후에 비로소 프로젝트가 배포를 위해 충분히 다듬어질 수 있다.

지금까지 비주얼 스튜디오에 대한 기본적인 개념을 살펴봤다. 이제 실제 실습을 진행해 보자.

실습 2.02: 삼인칭 템플릿 코드 디버깅하기

이번 실습에서는 언리얼 엔진의 삼인칭 템플릿을 사용해 프로젝트를 생성하고 비주얼 스튜디오에서 코드를 디버깅한다. 템플릿 프로젝트의 Character 클래스에 있는 Base TurnRate라는 변수의 값을 검사해본다. 코드를 한 줄씩 이동해가며 변수의 값이 어떻게 바뀌는지를 살펴볼 것이다.

다음 단계에 따라 실습을 완료할 수 있다.

1. 에픽 게임즈 런처에서 언리얼 엔진을 실행한다.

2. **게임**^{Games} 섹션을 선택하고 **다음**^{Next}을 클릭한다.

3. **삼인칭**^{Third Person}을 선택하고 **다음**을 클릭한다.

4. **C++**를 선택하고 프로젝트 이름을 ThirdPersonDebug로 지정한 다음, **프로젝트 생성** ^{Create Project} 버튼을 클릭한다.

5. 이제 언리얼 에디터를 닫고 비주얼 스튜디오 솔루션으로 이동한 다음, ThirdPerson DebugCharacter.cpp 파일을 연다.

그림 2.2 ThirdPersonDebugCharacter.cpp 파일 위치

6. 18번째 줄의 왼쪽에 있는 바에서 마우스 왼쪽 버튼을 클릭한다. 그러면 그 위치에 빨간색 점 아이콘이 나타난다(한번 더 클릭하면 토글^{toggle}로 아이콘을 없앨 수 있다).

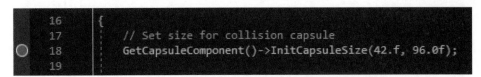

```
16    {
17        // Set size for collision capsule
18        GetCapsuleComponent()->InitCapsuleSize(42.f, 96.0f);
19
```

그림 2.3 콜리전 캡슐 초기화 코드

7. 이 줄에서 일반적으로 루트 컴포넌트인 캐릭터의 캡슐(Capsule) 컴포넌트(3장, 'Character 클래스 컴포넌트 및 블루프린트 설정'에서 더 자세히 살펴본다)를 얻는다. 그런 다음, `InitCapsuleSize` 메서 드를 호출하며 `InRadius` 플로트 파라미터와 `InHalfHeight` 플로트 파라미터를 각각 전달한다.

8. 비주얼 스튜디오에서 구성이 **Development Editor**로 설정돼 있는지 확인한 후 **Local Windows Debugger** 버튼을 클릭한다.

그림 2.4 비주얼 스튜디오 빌드 설정

9. 비주얼 스튜디오 왼쪽 아래 부분에서 다음의 창을 볼 수 있을 때까지 기다린다.

> **NOTE**
>
> 창이 나타나지 않는다면, **디버그**(Debug) ➤ **창**(Windows) ➤ **자동**(Autos) 메뉴에서 **자동**(Autos) 창을 직접 열 수 있다. 또한 **로컬**(Locals)을 사용해도 된다.

그림 2.5 비주얼 스튜디오 변수 확인 창

this는 객체 자신을 보여준다. this 객체는 객체가 저장하는 변수와 함수를 갖고 있다. 메뉴를 확장하면 현재 실행 시점에서 전체 객체의 상태와 변수의 값을 확인 할 수 있다.

10. this를 확장한 다음, ACharacter를 확장하고 CapsuleComponent를 확장한다. 여기서 변수 CapsuleHalfHeight = 88.0과 CapsulRadius = 34.0 값을 확인할 수 있다. 빨간색 점 아이콘을 설정했던 18번째 줄 옆에서 화살표를 볼 수 있다. 이는 코드가 17번째 줄 끝에 위치해 있고 18번째 줄 코드는 아직 실행되지 않았음을 의미한다.

11. 코드의 다음 줄을 실행하기 위해 **한 단계씩 코드 실행**Step Into 버튼을 클릭한다(단축키: F11). 한 단계씩 코드 실행은 코드 라인에서 함수(함수가 있는 경우) 내부로 이동한다. 반면, **프로시저 단위 실행**Step Over은 현재 코드를 실행하고 다음 줄로 이동한다. 현재 코드 라인에는 함수가 없으므로 한 단계씩 코드 실행 기능이 프로시저 단위 실행과 비슷하게 동작한다.

그림 2.6 한 단계씩 코드 실행(Step Into)으로 디버깅하기

12. 화살표가 21번째 줄로 이동하고 변수의 값이 바뀐 것을 볼 수 있다. 빨간색으로 강조 표시된 부분에서 CapsuleHalfHeight = 96.0과 CapsuleRadius = 42.0으로 값이 바뀐 것을 볼 수 있다. 또한 BaseTurnRate 변수가 0.0으로 초기화된 것도 볼 수 있다.

```
18          GetCapsuleComponent()->InitCapsuleSize(42.f, 96.0f);
19
20          // set our turn rates for input
21          BaseTurnRate = 45.f;  ≤ 1ms elapsed
22          BaseLookUpRate = 45.f;
23
24          // Don't rotate when the controller rotates. Let that just aff
25          bUseControllerRotationPitch = false;
26          bUseControllerRotationYaw = false;
27          bUseControllerRotationRoll = false;
28
29          // Configure character movement
```

Name	Value	Type
☑ BaseTurnRate	0.000000000	float
⊿ ● this	0x0000016b30b24100 (Name="Default_ThirdPersonDebugCharacter")	AThirdPersonDebugChara.
⊿ ● ACharacter	(Name="Default_ThirdPersonDebugCharacter")	ACharacter
▷ ● APawn	(Name="Default_ThirdPersonDebugCharacter")	APawn
▷ ● Mesh	0x0000016b30ae3040 (Name="CharacterMesh0")	USkeletalMeshComponen.
▷ ● CharacterMovement	0x0000016b30b34b80 (Name="CharMoveComp")	UCharacterMovementCo..
⊿ ● CapsuleComponent	0x0000016b30acf200 (Name="CollisionCylinder")	UCapsuleComponent *
▷ ● UShapeComponent	(Name="CollisionCylinder")	UShapeComponent
● CapsuleHalfHeight	96.0000000	float
● CapsuleRadius	42.0000000	float
● CapsuleHeight_DEPRECATED	0.000000000	float

그림 2.7 BaseTurnRate 초기 값

13. **한 단계씩 코드 실행**(F11)을 눌러 22번째 줄로 이동한다. 이제 아래의 스크린샷처럼 BaseTurnRate 변수가 45.0으로, BaseLookUpRate 변수가 0.0으로 초기화된 것을 볼 수 있다.

그림 2.8 값이 업데이트된 BaseTurnRate

14. **한 단계씩 코드 실행**(F11)을 눌러 27번째 줄로 이동한다. 이제 BaseLookUpRate 변수 값이 **45.0**으로 설정된 것을 볼 수 있다.

비슷한 방법으로, 디버거를 익히고 내부에서 코드가 어떻게 실행되는지를 이해하기 위해 코드의 다른 부분을 디버깅을 통해 확인해보는 것이 좋다.

이번 실습을 통해 비주얼 스튜디오에서 중단점을 설정하는 방법뿐만 아니라 어떤 한 지점에서 코드 실행을 중지한 후 객체와 해당 변수의 값을 확인하면서 한 줄씩 실행하는 방법을 배울 수 있었다. 이런 디버깅 방법을 익히는 것은 모든 개발자에게 매우 중요하며, 특히 코드 흐름이 많고 변수가 많은 경우라면 코드에서 성가신 버그를 제거하기 위해 이 도구를 사용할 때가 많다.

언제든, 메뉴 바 상단에 위치한 다음 그림의 버튼을 사용해 디버깅 정지, 디버깅 재시작, 디버깅 진행이 가능하다.

그림 2.9 비주얼 스튜디오의 디버깅 도구

이제 언리얼 프로젝트로 애셋을 임포트하는 방법을 살펴보자.

필요한 애셋 임포트하기

언리얼 엔진은 사용자가 자신의 프로젝트를 원하는 대로 구성할 수 있도록 다양한 유형의 파일을 임포트하는 기능을 제공한다. 또한 개발자가 변경할 수 있는 임포트 옵션이 제공되며 필요한 설정 조건을 만족시키기 위해 여러 옵션을 변경해가며 테스트해볼 수 있다.

개발자들이 임포트하는 일반적인 파일 유형으로는 씬scene, 메시, 애니메이션에 사용하는 FBX(마야Maya나 기타 비슷한 소프트웨어에서 추출함), 영상 파일, 이미지(주로 사용자 인터페이스에 사용), 텍스처, 사운드, CSV 포맷의 데이터, 폰트 등이 있다. 이런 파일들은 에픽 마켓플레이스나 다른 방법(인터넷을 통한 방법 등)으로 얻을 수 있으며 프로젝트에서 사용할 수 있다.

Content 폴더로 드래그 앤 드롭하거나 **콘텐츠 브라우저**에서 **임포트**Import 버튼을 클릭해 애셋을 임포트할 수 있다.

FBX 파일을 임포트하는 실습을 통해 임포트 과정이 어떻게 진행되는지 살펴보자.

실습 2.03: 캐릭터 FBX 파일 임포트하기

이번 실습은 FBX 파일로부터 3D 모델을 임포트하는 과정에 초점을 맞춘다. FBX 파일은 머티리얼, 애니메이션, 텍스처를 포함하는 3D 모델의 추출export 및 임포트에 광범위하게 사용된다.

다음 단계에 따라 실습을 완료할 수 있다.

1. 깃허브 페이지에 있는 **Chapter02 ➤ Exercise2.03 ➤ ExerciseFiles** 디렉터리에서 SK_Mannequin.FBX, ThirdPersonIdle.FBX, ThirdPersonRun.FBX, ThirdPersonWalk.FBX 파일을 다운로드한다.

> **NOTE**
>
> ExerciseFiles 디렉터리는 깃허브(https://github.com/PacktPublishing/Game-Development-Projects -with-Unreal-Engine/tree/master/Chapter02/Exercise2.03/ExerciseFiles)에서 찾을 수 있다.

2. '실습 2.01: 빈 C++ 프로젝트 생성하기'에서 생성했던 빈 프로젝트를 연다.

3. 프로젝트의 **콘텐츠 브라우저** 인터페이스에서 **임포트**^{Import}를 클릭한다.

그림 2.10 콘텐츠 브라우저의 임포트 버튼

4. 1단계에서 다운로드했던 파일의 디렉터리를 살펴보고 SK_Mannequin.FBX를 선택한 다음, **열기**^{Open} 버튼을 클릭한다.

5. **Import Animation** 버튼이 체크 해제^{unchecked}됐는지 확인하고 **모두 임포트**^{Import All} 버튼을 클릭한다. '스무딩 그룹이 없습니다^{There are no smoothing groups}'라는 경고 메시지가 발생할 수 있다. 지금은 이 메시지를 무시해도 좋다. FBX 파일로부터 스켈레탈 메시를 성공적으로 임포트했으며, 이제 애니메이션을 임포트할 차례다.

6. **임포트** 버튼을 다시 클릭하고 1단계에서 생성했던 폴더를 확인해 ThirdPersonIdle .FBX, ThirdPersonRun.FBX, ThirdPersonWalk.FBX를 선택한다. 그런 다음,

열기 버튼을 클릭한다.

7. Skeleton 항목에 5단계에서 임포트했던 스켈레톤을 설정하고 **모두 임포트**^{Import All}
버튼을 클릭한다.

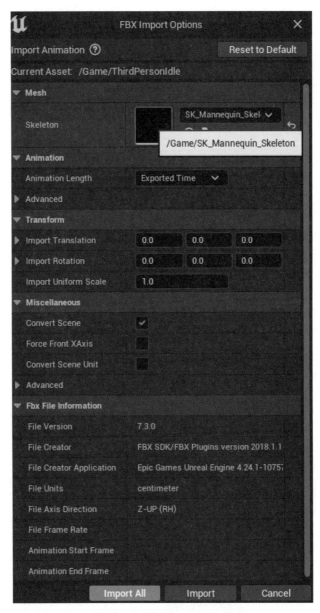

그림 2.11 애니메이션 FBX 임포트 옵션

8. 이제 **콘텐츠 브라우저**에서 3개의 애니메이션(ThirdPersonIdle.FBX, ThirdPersonRun.FBX, ThirdPerson Walk.FBX)이 임포트된 것을 볼 수 있다.

9. ThirdPersonIdle 애니메이션 파일을 더블 클릭하면 왼쪽 팔이 내려와 매달려 있는 것을 볼 수 있다. 이는 리타기팅^{retargeting} 문제가 발생했다는 것을 보여준다. 애니메이션이 스켈레톤과 별도로 임포트되면, 언리얼 엔진은 내부적으로 애니메이션의 모든 본^{bone}을 스켈레톤의 본으로 대응시킨다. 하지만 간혹 이 과정에서 문제가 발생한다. 이제 이 문제를 해결해보자.

그림 2.12 ThirdPersonIdle UE4 마네킹 애니메이션 문제

10. SK_Mannequin 스켈레탈 메시를 열고 **스켈레톤 트리**^{Skeleton Tree} 탭을 연다.

그림 2.13 SK_Mannequin 스켈레톤 트리 탭 선택

11. **옵션**^{Options} 메뉴 아래에서 **리타기팅 옵션 표시**^{Show Retargeting Options} 체크박스를 활성화한다.

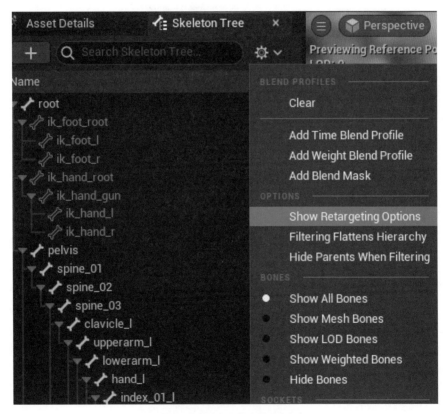

그림 2.14 리타기팅 옵션 활성화하기

12. 이제 스켈레톤 트리 창 안에서 필요한 목록을 더 잘 볼 수 있도록 spine_01, thigh_l, thigh_r 본의 목록을 접는다.

13. spine_01, thigh_l, thigh_r 본을 선택한다. 마우스 오른쪽 버튼을 클릭하고 나타나는 메뉴에서 **트랜슬레이션 리타기팅 재귀적 설정**Recursively Set Translation Retargeting Skeleton 버튼을 클릭한다. 이렇게 하면 이전에 겪었던 본 트랜슬레이션translation 관련 문제가 해결될 것이다.

14. ThirdPersonIdle 애니메이션을 다시 열어 왼쪽 팔이 아래에 걸려 있던 문제가 해결됐는지 확인한다.

그림 2.15 문제가 해결된 ThirdPersonIdle 애니메이션

NOTE

웹 사이트(https://packt.live/2U8AScR)의 **Chapter02 ➤ Exercise2.03 ➤ Ex2.03-Completed.rar** 파일에서 완료된 실습 코드 파일을 찾을 수 있다.

.rar 파일의 압축을 해제한 후 .uproject 파일을 더블 클릭하면, 'Would you like to rebuild now?'라고 묻는 창이 나타날 것이다. 이 창에서 **예**(Yes)를 클릭하면 필요한 중간 파일들을 빌드할 수 있다. 그런 다음, 언리얼 에디터에서 프로젝트가 자동으로 열릴 것이다.

이번 실습을 통해 애셋을 임포트하는 방법을 배웠다. 특히, FBX 스켈레탈 메시와 애니메이션 데이터를 프로젝트로 임포트하는 방법을 배울 수 있었다. 애셋은 전체 게임의 필수 구성 요소이므로 애셋 임포트는 많은 게임 개발자에게 매우 중요한 과정이다.

다음 절에서는 게임 제작을 위한 언리얼 핵심 클래스를 살펴본다. 이 클래스들이 게임 및 경험을 만드는 데 얼마나 중요한지 알아보고 프로젝트에서 이 클래스들을 사용하는 방법을 살펴본다.

언리얼 게임 모드 클래스

게임에 일시 정지 기능을 추가하고 싶은 경우를 생각해보자. 게임을 일시 정지시키기 위한 모든 로직 및 구현 내용이 하나의 클래스 안에 배치돼야 할 것이다. 이 클래스는 플레이어가 게임에 입장하면 게임 흐름을 처리하는 역할을 담당하게 될 것이다. 게임 흐름은 게임에서 발생하는 모든 상황(또는 행동)이 될 수 있다. 예를 들어 일시 정지, 플레이, 재시작 등은 게임 흐름 행동이라고 할 수 있다. 이와 비슷하게 멀티플레이어 게임에서는 네트워크와 관련된 게임플레이 로직이 한 곳에 배치돼야 한다. 게임 모드 클래스는 바로 이런 역할을 한다.

게임 모드는 게임 로직을 실행하고 플레이어에게 게임 관련 규칙을 적용하는 클래스다. 게임 모드는 이 장의 뒷부분에서 설명할 게임플레이 변수 및 이벤트 등 현재 플레이 중인 게임에 대한 정보를 포함한다. 게임 모드는 게임플레이 객체의 모든 관리자를 포함할 수 있다. 게임 모드는 싱글톤Singleton 클래스이므로 모든 객체 및 게임에 배치된 추상 클래스에서 접근할 수 있다.

다른 모든 클래스와 마찬가지로 게임 모드 클래스 역시 블루프린트나 C++로 확장할 수 있다. 이를 통해 게임 안에서 발생하는 상황을 플레이어에게 업데이트하는 데 필요한 추가 기능 및 로직을 포함시킬 수 있다.

게임 모드 클래스에 들어가는 몇 가지 게임 로직의 예를 살펴보자.

- 게임에 입장할 수 있는 플레이어 수 제한
- 새로 연결된 플레이어의 생성 위치 및 플레이어 컨트롤러 로직 제어
- 게임 점수 계산 및 기록
- 게임 승/패 상태 추적
- 게임 오버 및 게임 재시작 시나리오 구현

다음 절에서는 게임 모드가 제공하는 기본 클래스를 살펴본다.

게임 모드 기본 클래스

게임 모드는 그 자체뿐만 아니라 여러 클래스를 사용해 게임 로직을 구현한다. 게임 모드는 다음과 같은 기본 클래스를 지정할 수 있는 기능을 제공한다.

- **Game Session Class**: 로그인 승인과 같은 관리자 수준의 게임 흐름을 처리한다.
- **Game State Class**: 클라이언트가 게임 안에서 발생하는 상황을 볼 수 있도록 게임의 상태를 처리한다.
- **Player Controller Class**: 폰^{Pawn}을 소유하고 제어하는 데 사용되는 메인 클래스다. 어떤 행동을 해야 할지 결정하는 두뇌로 생각할 수 있다.
- **Player State Class**: 게임 안에 있는 플레이어의 현재 상태를 저장한다.
- **HUD Class**: 플레이어에게 보여주는 사용자 인터페이스를 처리한다.
- **Default Pawn Class**: 플레이어가 제어하는 메인 액터다. 이 클래스가 플레이어 캐

릭터가 된다.

- **Spectator Class**: `DefaultPawn` 클래스의 하위 클래스가 되며, 관람자 폰 클래스_{Spectator Pawn Class}는 게임을 관람하는 기능을 담당하는 폰을 지정한다.

- **Replay Spectator Player Controller**: 게임 안에서 게임이 플레이되는 동안 리플레이를 조작하는 기능을 담당하는 플레이어 컨트롤러다.

- **Server Stat Replicator Class**: 서버 네트워크 통계 데이터의 리플리케이션 replication(복제)을 담당한다.

기본 클래스를 그대로 사용하거나 고유 구현 및 동작을 위해 클래스를 지정할 수도 있다. 이 클래스들은 게임 모드와 함께 동작하며 월드에 배치되지 않고 자동으로 실행된다.

게임플레이 이벤트

멀티플레이어 게임에서는 많은 플레이어가 게임에 입장할 때 플레이어가 게임으로 입장할 수 있도록 허용하고 플레이어의 상태를 유지하는 로직을 관리할 뿐만 아니라 다른 플레이어의 상태 및 다른 플레이어와의 상호작용을 처리하는 로직을 처리하는 것이 필수적이다.

게임 모드는 이런 멀티플레이어 게임플레이 로직을 처리할 수 있도록 오버라이딩할 수 있는 몇 가지 이벤트를 제공한다. 다음 이벤트는 네트워킹에 특히 유용하다(대부분 사용되는 이벤트다).

- **On Post Log In**: 이 이벤트는 플레이어가 게임에 성공적으로 로그인한 후에 호출된다. 이 시점 이후에 플레이어 컨트롤러_{Player Controller} 클래스에서 리플리케이션 로직(멀티플레이어 게임에서 네트워킹에 사용)을 호출하는 것이 안전하다.

- **Handle Starting New Player**: 이 이벤트는 `On Post Log In` 이벤트 후에 호출되며, 플레이어가 새로 입장했을 때 처리할 일을 정의할 수 있다. 기본적으로는 새로 입장한 플레이어에게 폰을 생성한다.

- **SpawnDefaultPawnAtTransform**: 이 이벤트는 게임 안에서 실제 폰 생성을 발생시킨다. 새로 연결된 플레이어는 특정 트랜스폼 또는 레벨에 사전 배치된 플레이어 스타트^{player start}(액터 배치 창에서 플레이어 스타트를 레벨로 드래그 앤 드롭해 추가할 수 있음) 위치에서 생성될 수 있다.

- **On Logout**: 이 이벤트는 플레이어가 게임을 나가거나 플레이어가 삭제될 때 호출된다.

- **On Restart Player**: 이 이벤트는 플레이어가 리스폰^{respawn}(재생성)될 때 호출된다. SpawnDefaultPawnAtTransform 이벤트와 비슷하게 플레이어는 특정 트랜스폼이나 미리 설정된 위치(플레이어 스타트 위치를 사용한)에 재생성될 수 있다.

네트워킹

게임 모드 클래스는 클라이언트나 입장한 플레이어에게 복제되지 않으며 게임 모드 클래스의 범위는 생성된 서버로 제한된다. 기본적으로 클라이언트-서버 모델에서 클라이언트는 서버에서 실행 중인 게임 안에서 입력^{input} 역할만 한다. 따라서 게임플레이 로직은 클라이언트에 존재하지 않고 서버에만 존재해야 한다.

GameModeBase와 게임 모드 비교하기

에픽은 4.14 버전부터 AGameModeBase 클래스를 도입했다. 이 클래스는 모든 게임 모드 클래스의 부모 역할을 담당한다. AGameModeBase 클래스는 기본적으로 AGameMode 클래스의 단순 버전이다.

반면, 게임 모드 클래스는 매치 스테이트^{match state} 개념을 구현한 추가 기능을 포함하는데, 이 덕분에 멀티플레이어 슈팅 게임 유형에 더 적합하다. 기본적으로 게임 모드 베이스^{Game Mode Base}는 템플릿 기반으로 새로 생성한 프로젝트에 포함된다.

또한 게임 모드는 플레이어의 상태를 처리하고 추적하는 스테이트 머신을 포함한다.

지금까지 게임 모드 클래스와 관련 클래스를 살펴봤다. 다음 절에서는 레벨과 레벨 블루프린트를 배우며, 이들이 게임 모드 클래스와 어떻게 연결되는지도 살펴본다.

⫶ 레벨과 레벨 블루프린트 이해하기

레벨은 게임의 한 부분이다. 규모가 큰 상당수 게임은 여러 레벨로 나뉘어 구성되며, 플레이어가 플레이할 수 있도록 필요한 레벨을 게임에 불러온다. 플레이어가 해당 레벨의 플레이를 완료하면, 다른 레벨을 로드해(다른 레벨을 로드하면, 현재 레벨은 사라진다) 플레이어가 게임을 계속 진행할 수 있도록 만든다. 게임을 완료하기 위해 플레이어는 일반적으로 특정 작업을 완료한 후 다음 레벨로 이동하고, 이런 과정들을 거쳐 게임을 완료하게 된다.

게임 모드는 레벨에 직접 적용될 수 있다. 레벨이 로드되면 특정 레벨에 대한 모든 로직과 게임플레이를 처리하기 위해 할당된 게임 모드 클래스를 사용하며 프로젝트에 할당된 기본 게임 모드를 덮어 쓴다. 이 설정은 레벨을 연 다음, **월드 세팅**^{World Settings}에서 적용할 수 있다.

레벨 블루프린트는 레벨에서 실행되는 블루프린트다. 하지만 레벨의 범위 밖에서는 접근할 수 없다. 게임 모드는 **Get Game Mode** 노드를 통해 모든 블루프린트(레벨 블루프린트 포함)에서 접근할 수 있다. 이후 원하는 게임 모드 클래스로 형 변환^{casting}해 해당 참조를 얻을 수 있다.

NOTE

> 한 레벨에 하나의 게임 모드 클래스를 할당할 수 있다. 반면, 비슷한 기능과 로직을 적용하기 위해 같은 게임 모드 클래스를 여러 레벨에 할당할 수 있다.

언리얼 폰 클래스

언리얼에서 폰(Pawn) 클래스는 컨트롤러(플레이어 컨트롤러 또는 AI 컨트롤러)가 빙의^{possessed}할 수 있는 가장 기본적인 액터 클래스다. 또한 게임에서 플레이어 또는 봇^{bot}을 그래픽적(시각적)으로 표현한다. 이 클래스 안의 코드는 상호작용, 이동, 능력 등 게임 엔티티가 할 수 있는 모든 내용을 포괄적으로 포함한다. 플레이어는 게임에서 한 번에 하나의 폰만 빙의(소유)할 수 있다. 또한 플레이어는 게임 중에 한 폰에서 탈출(unpossess)한 후 다른 폰으로 빙의할 수도 있다.

DefaultPawn 클래스

언리얼 엔진은 개발자에게 DefaultPawn(부모 Pawn 클래스에서 상속됨) 클래스를 제공한다. Pawn 클래스의 최상위에서 DefaultPawn 클래스는 게임의 에디터 버전에서 이동하는 것처럼 월드에서 이동할 수 있는 추가 코드가 포함돼 있다.

관람자 폰 클래스

어떤 게임은 게임을 관람할 수 있는 기능을 제공한다. 여러분의 친구가 게임을 플레이 중이고 여러분은 친구가 게임을 마무리할 때까지 대기 중이라고 가정해보자. 이런 경우에 친구의 게임을 관람할 수 있다. 플레이어가 플레이하는 게임을 관찰할 수 있는 기능을 제공하는데, 이는 게임의 시점(뷰)이나 플레이어의 시점을 확인하기 위해 카메라의 위치를 변경할 수 있는 기능을 통해 이뤄진다. 또한 어떤 게임은 게임의 특정 시점이나 이전에 발생한 게임의 특정 동작을 확인하기 위해 시간 단위로 플레이를 추적할 수 있는 관람자 모드를 제공하기도 한다.

이름이 말해주듯이 관람자 폰(Spectator Pawn)은 게임을 관람할 수 있는 샘플 기능을 제공하는 특별한 유형의 폰이다. 이 폰은 관람 기능에 필요한 모든 도구를 포함한다(Spectator Pawn Movement 컴포넌트 등).

언리얼 플레이어 컨트롤러 클래스

플레이어 컨트롤러 클래스는 플레이어로 생각할 수 있다. 플레이어 컨트롤러는 기본적으로 폰의 영혼이다. 플레이어 컨트롤러는 사용자로부터 입력을 받아 폰 및 게임에서 플레이어와 상호작용하는 다른 클래스에 입력을 전달한다. 하지만 플레이어 컨트롤러를 다루는 동안에는 다음과 같은 사항들을 주의해야 한다.

- 폰과 달리, 레벨에서 플레이어를 대표하는 플레이어 컨트롤러는 1개만 존재할 수 있다. (엘리베이터 안에서 이동할 때를 예로 들면, 엘리베이터 안에 있을 때는 이 엘리베이터 안에서만 조정이 가능하다. 다른 엘리베이터를 조정하려면 현재의 엘리베이터에서 나와서 다른 엘리베이터를 타야 하는 것과 같다.)

- 플레이어 컨트롤러는 게임이 진행되는 동안 유지되지만, 폰은 그렇지 않을 수 있다(예를 들어, 전투 게임에서 플레이어 캐릭터는 죽고 나서 부활(리스폰)할 수 있지만 플레이어 컨트롤러는 동일하게 유지된다).

- 폰은 일시적인 특성을 갖고 플레이어 컨트롤러는 지속적으로 유지되는 특징을 갖기 때문에 개발자는 어떤 클래스에 추가해야 할지를 결정할 때 이런 특성을 고려해야 한다.

이런 특징을 더 잘 이해할 수 있도록 다음 실습을 진행해보자.

실습 2.04: 게임 모드, 플레이어 컨트롤러, 폰 설정하기

이번 실습에서는 '실습 2.01: 빈 C++ 프로젝트 생성하기'에서 만들었던 빈 프로젝트를 사용한다. 게임 모드, 플레이어 컨트롤러, 폰을 게임에 추가하고 코드가 잘 동작하는지 블루프린트를 통해 확인한다.

다음 단계에 따라 실습을 완료할 수 있다.

1. '실습 2.01: 빈 C++ 프로젝트 생성하기'에서 만들었던 프로젝트를 연다.

2. **콘텐츠 브라우저**에서 마우스 오른쪽 버튼을 클릭하고 **블루프린트 클래스**Blueprint Class 를 선택한다.

3. **모든 클래스**ALL CLASSES 섹션 아래에서 **GameMode** 클래스를 찾아 선택한다.

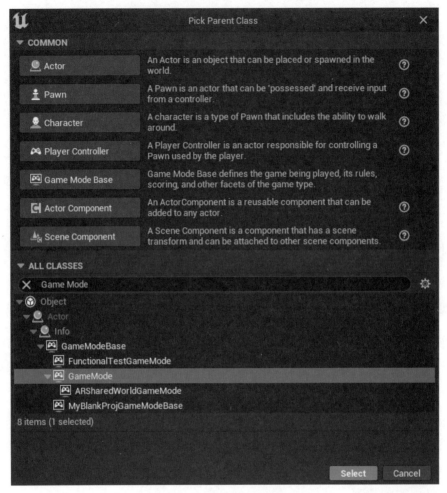

그림 2.16 GameMode 클래스 선택하기

4. 생성된 게임 모드의 이름을 BP_MyGameMode로 지정한다.

5. 2~4단계를 반복한 다음, 앞의 스크린샷과 같이 **일반 클래스**^{Common Classes} 섹션에서 Pawn 클래스를 선택한다. 클래스 이름을 BP_MyPawn으로 지정한다.

6. 2~4단계를 반복한 다음, 앞의 스크린샷과 같이 **일반 클래스** 섹션에서 Player Cont roller 클래스를 선택한다. 클래스의 이름을 BP_MyPC로 지정한다.

그림 2.17 게임 모드, 폰, 플레이어 컨트롤러 이름

7. BP_MyGameMode를 열고 **이벤트 그래프**^{Event Graph} 탭을 연다.

그림 2.18 블루프린트 내 이벤트 그래프 탭

8. BeginPlay 이벤트 노드의 흰색 핀에서 마우스 왼쪽 버튼을 클릭하고 드래그한 다음, 드래그를 해제하면 **옵션**^{Options} 메뉴가 나타난다. Print를 입력하고 강조 표시되는 노드들 중에서 **Print String** 노드를 선택한다.

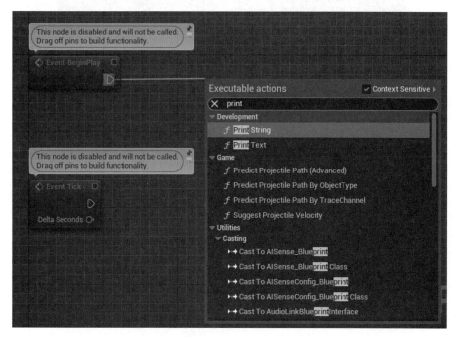

그림 2.19 Print String 노드(블루프린트)

9. 생성된 **Print String** 노드의 **In String** 파라미터에 My Game Mode has started!를 입력한다.

10. 이제 상단 메뉴바에서 **컴파일**^{Compile}과 **저장**^{Save} 버튼을 누른다.

11. BP_MyPawn과 BP_MyPC 클래스에서 7~10단계를 반복하고, **In String** 파라미터에 My Pawn has started!와 My PC has started!를 각각 입력한다.

12. 끝으로, 에디터 오른쪽 상단의 **세팅**^{Settings} 버튼을 클릭한 다음, **월드 세팅**^{World Settings}을 클릭해 연다.

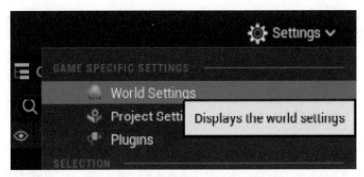

그림 2.20 월드 세팅

13. **Game Mode** 섹션 아래에 드롭다운 버튼을 사용해 **GameMode Override, Default Pawn Class, Player Controller Class** 옵션을 각각 우리가 만든 클래스로 설정한다.

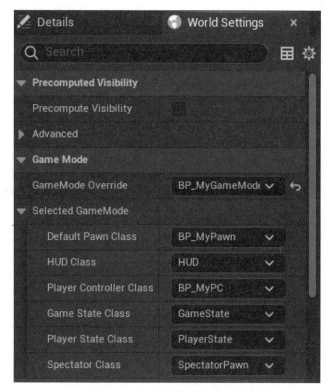

그림 2.21 월드 세팅 및 게임 모드 설정

14. **플레이**^{Play} 버튼을 클릭해 게임을 실행하면 화면 상단에 3개의 메시지가 출력되는 것을 확인할 수 있다. 메시지가 출력됐다는 것은 GameMode Override, Default Pawn Class, Player Controller Class 옵션에 우리가 지정한 클래스들이 설정되고 각 클래스의 코드가 실행되고 있다는 것을 의미한다.

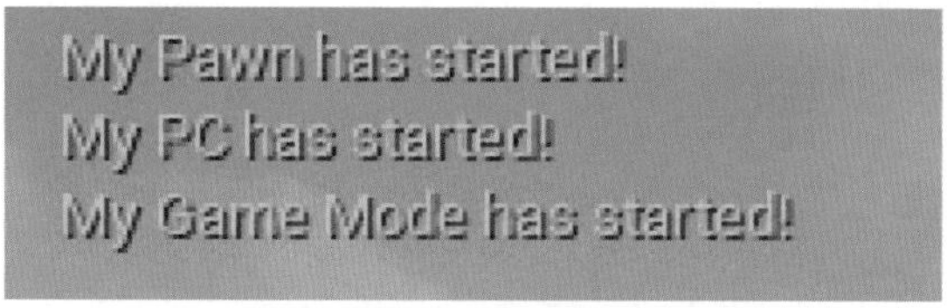

My Pawn has started!
My PC has started!
My Game Mode has started!

그림 2.22 프린트 출력 결과

NOTE

완성된 실습 코드 파일은 깃허브의 **Chapter02 ➤ Exercise2.04 ➤ Ex2.04-Completed.rar**에서 찾을 수 있다(링크: https://packt.live/3k7nS1K).

.rar 파일의 압축을 해제한 후 .uproject 파일을 더블 클릭한다. 그러면 'Would you like to rebuild now?' 라고 묻는 창을 볼 수 있을 것이다. 이 창에서 **예**(Yes)를 클릭하면 필요한 중간 파일(intermediate files) 을 빌드할 수 있다. 작업이 완료되면 언리얼 에디터에서 프로젝트가 자동으로 열린다.

지금까지 언리얼의 기본 클래스들과 각 클래스가 언리얼에서 동작하는 방식을 살펴봤다. 다음 절에서는 애니메이션을 살펴보면서 애니메이션에 관련된 프로세스와 애니메이션을 완료하는 방법을 다룬다. 관련 내용을 실습과 함께 살펴보자.

애니메이션 활용하기

애니메이션은 게임에 생동감을 불어넣기 위해 필수적인 요소다. 뛰어난 애니메이션은 보통 수준의 게임과 훌륭한 게임을 구분하는 주요 요소 중 하나다. 높은 퀄리티의 그래픽은 게이머들의 흥미를 유발하고 게임에 몰입하게 만든다. 따라서 애니메이션은 언리얼 엔진에서 만들어지는 모든 게임과 경험의 핵심적인 부분이라 할 수 있다.

NOTE

이번 장에서는 애니메이션의 기본적인 내용을 다루며, 더 자세한 내용은 11장, '블렌드 스페이스 1D, 키 바인딩, 스테이트 머신을 활용한 작업'에서 살펴본다.

애니메이션 블루프린트

애니메이션 블루프린트^{Animation Blueprint}는 스켈레탈 메시^{Skeletal Mesh}의 애니메이션을 제어할 수 있는 기능을 제공하는 블루프린트의 한 종류다. 애니메이션 블루프린트는 애니메이션과 관련된 작업에 특화된 그래프를 사용자에게 제공한다. 여기서 스켈레톤의 자세^{(포즈)pose}를 계산하기 위해 필요한 로직을 정의할 수 있다.

NOTE

> 스켈레탈 메시는 뼈대(skeleton) 기반의 메시로서 본(bone)과 메시를 형성하는 데 필요한 모든 데이터를 가진다. 반면, 스태틱 메시는 그 이름에서 알 수 있듯이 애니메이션이 불가능한 메시다. 일반적으로 스켈레탈 메시는 캐릭터와 움직이는 물체(예: 플레이어 영웅)에 사용되는 반면, 스태틱 메시는 움직이지 않는 물체(예: 벽)에 사용된다.

애니메이션 블루프린트는 이벤트 그래프와 애님 그래프라는 두 가지 유형의 그래프를 제공한다.

이벤트 그래프

애니메이션 블루프린트의 이벤트 그래프는 애니메이션과 관련된 설정 이벤트를 제공하며 1장, '언리얼 엔진 소개'에서 살펴봤듯이 변수 조작 및 로직에 사용할 수 있다. 이벤트 그래프는 주로 애니메이션 블루프린트 안에서 블렌드 스페이스^{Blend Space} 값을 업데이트하는 데 사용되며, 이를 통해 애님 그래프 안의 애니메이션을 동작시킨다. 여기서 가장 일반적으로 사용되는 이벤트들은 다음과 같다.

- **Blueprint Initialize Animation 이벤트**: 애니메이션을 초기화하는 데 사용한다.

- **Blueprint Update Animation 이벤트**: 이 이벤트는 매 프레임 실행되기 때문에 개발자가 필요에 따라 계산을 수행하고 값을 업데이트할 수 있다.

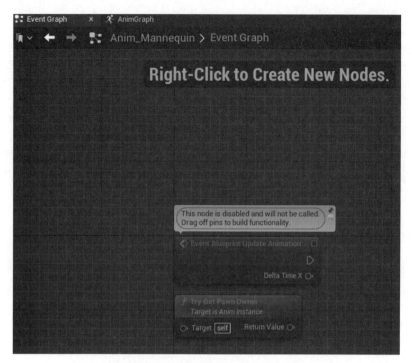

그림 2.23 애니메이션 이벤트 그래프

앞의 스크린샷에서 기본 이벤트 그래프를 확인할 수 있다. 여기에는 `Blueprint Update Animation` 이벤트와 `Try Get Pawn Owner` 노드가 있다. '실습 2.04: 게임 모드, 플레이어 컨트롤러, 폰 설정하기'에서 새 노드를 생성하고 그래프에 추가해 의미 있는 작업을 완료할 수 있다.

애님 그래프

애님 그래프는 프레임 단위로 애니메이션을 재생하고 스켈레톤의 최종 포즈를 출력하는 일을 담당한다. 애님 그래프는 다양한 로직을 실행하는 특수한 노드를 제공한다. 예를 들어, 블렌드 노드는 여러 입력을 받아 현재 실행에 재생할 애니메이션 입력을 결정하는 데 사용된다. 이 결정은 일반적으로 외부 입력(예: Alpha 값)에 의해 좌우된다.

애님 그래프는 사용 중인 노드의 실행 핀 사이의 실행 흐름을 따라 노드를 평가해 동작한다.

다음 스크린샷에서 그래프에 있는 최종 포즈(Output Pose) 노드를 볼 수 있다. 이 노드는 게임 내 관련 스켈레탈 메시에서 보여줄 애니메이션의 최종 포즈 출력이다. '실습 2.05: 마네킹 애니메이션 만들기'에서 이 노드를 사용할 예정이다.

그림 2.24 애니메이션 애님 그래프

스테이트 머신

이미 애니메이션 노드와 로직을 설정하는 방법을 배웠다. 하지만 한 가지 필수적인 구성 요소가 빠졌다. 특정 애니메이션의 재생 시점과 특정 로직의 실행 시점은 누가 결정할까? 바로 여기서 스테이트 머신이 등장한다. 예를 들어, 플레이어가 웅크린 자세에서 서 있는 자세로 전환할 때는 애니메이션도 따라 업데이트해야 한다. 코드에서 애니메이션 블루프린트를 실행하고, 스테이트 머신에 접근해 애니메이션의 상태가 변경됐음을 알리면 애니메이션이 자연스럽게 전환된다.

스테이트 머신은 상태 및 규칙으로 구성되는데, 애니메이션의 상태를 묘사하는 것으로 생각해볼 수 있다. 스테이트 머신은 특정 시점에 항상 하나의 상태에만 있을 수 있다. 특정 조건(룰을 통해 정의)을 충족하면 한 상태에서 다른 상태로 전환된다.

트랜지션 룰

각 트랜지션 룰[Transition Rule]에는 Result라는 이름의 불리언 노드가 포함된다. 이 불리언 값이 참[true]이면 전환이 발생하고, 값이 거짓[false]이면 전환이 발생하지 않는다.

그림 2.25 트랜지션 룰

블렌드 스페이스

여러 애니메이션이 제공되면, 이를 활용해 스테이트 머신을 만들어 애니메이션을 재생할 수 있다. 하지만 한 애니메이션에서 다른 애니메이션으로 전환해야 할 때 문제가 발생한다. 단순히 애니메이션을 전환하면 전환되는 새 애니메이션의 시작 포즈[자세]가 이전 애니메이션의 종료 포즈와 다를 수 있기 때문에 여기서 문제가 발생한다.

블렌드 스페이스는 Alpha 값을 기반으로 서로 다른 애니메이션을 보간[Interpolate]할 때 사용되는 특별한 애셋이다. 블렌드 스페이스는 앞서 설명한 문제를 해결하고 두 애니메이션 사이를 보간해 애니메이션을 부드럽게 변경한다.

블렌드 스페이스는 1차원(블렌드 스페이스 1D) 또는 2차원(블렌드 스페이스)으로 생성된다. 블렌드 스페이스는 1~2개의 입력을 기반으로 원하는 수의 애니메이션을 혼합시킨다.

실습 2.05: 마네킹 애니메이션 만들기

지금까지 애니메이션과 관련된 대부분의 개념을 살펴봤으니 기본 마네킹에 몇 가지 애니메이션 로직을 추가하는 실습을 진행해보자. 실습을 통해 블렌드 스페이스 1D, 스테이트 머신, 애니메이션 로직을 생성해보자.

이번 실습의 목표는 캐릭터의 달리기 애니메이션을 만들고, 이를 통해 애니메이션이 동작하는 방식과 3D 월드에 배치된 실제 캐릭터와 애니메이션이 연결되는 방식을 이해하는 것이다.

다음 단계에 따라 실습을 완료할 수 있다.

1. 깃허브에서 **Chapter02 ➤ Exercise2.05 ➤ ExerciseFiles** 디렉터리의 모든 내용을 다운로드하고 압축을 해제한다. 사용하기 편한 위치에 압축을 해제한다.

> NOTE
>
> ExerciseFiles 디렉터리는 깃허브(https://github.com/PacktPublishing/Game-Development-Projects-with-Unreal-Engine/tree/master/Chapter02/Exercise2.05/ExerciseFiles)에서 확인할 수 있다.

2. CharAnim.uproject 파일을 더블 클릭해 프로젝트를 실행한다.

3. **플레이**^{Play} 버튼을 누른다. 키보드의 **W, A, S, D** 키를 사용해 이동할 수 있고, 스페이스 바를 사용해 점프할 수 있다. 현재는 마네킹에 애니메이션이 없다는 점을 유의하자.

4. Content 폴더에서 **Content ➤ Mannequin ➤ Animations** 폴더로 이동한다.

5. Content 폴더에서 마우스 오른쪽 버튼을 클릭하고 **애니메이션**^{Animation} 섹션에서 **블렌드 스페이스 1D**^{Blend Space 1D}를 선택한다.

6. UE4_Mannequin_Skeletion을 선택한다.

7. 새로 생성된 파일의 이름을 BS_IdleRun으로 설정한다.

8. BS_IdleRun을 더블 클릭해 연다.

9. **애셋 디테일**^{Asset Details} 탭 아래에서 **Axis Settings** 섹션 안의 **가로축**^{Horizontal Axis} 섹션을 펼친 후 **Name**을 Speed로 설정하고 **Maximum Axis Value**를 375.0으로 설정한다.

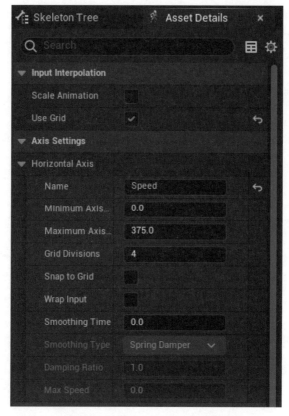

그림 2.26 블렌드 스페이스 1D – 축 설정

10. **Sample Interpolation** 섹션으로 이동해 **Target Weight Interpolation Speed Per Sec** 항목을 5.0으로 설정한다.

11. `ThirdPersonIdle`, `ThirdPersonWalk`, `ThirdPersonRun` 애니메이션을 그래프에 각각 드래그 앤 드롭으로 설정한다.

그림 2.27 블렌드 스페이스 미리보기

12. **애셋 디테일** 탭의 **Blend Samples**에서 다음과 같이 변수 값을 설정한다.

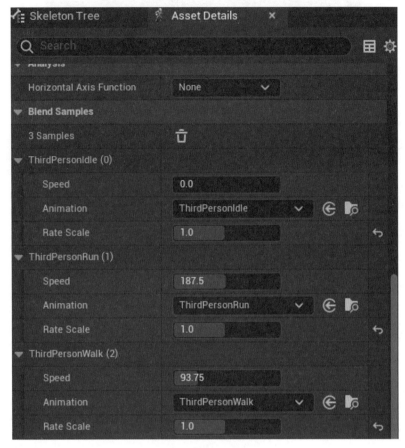

그림 2.28 Blend Samples

13. **저장**^{Save}을 누르고 이 애셋을 닫는다.

14. Content 폴더에서 마우스 오른쪽 버튼을 클릭하고, **애니메이션**^{Animation} 섹션에서 **애니메이션 블루프린트**^{Animation Blueprint}를 선택한다.

15. **타깃 스켈레톤**^{Target Skeleton} 섹션에서 UE4_Mannequin_Skeleton을 선택하고 **확인**^{OK} 버튼을 클릭한다.

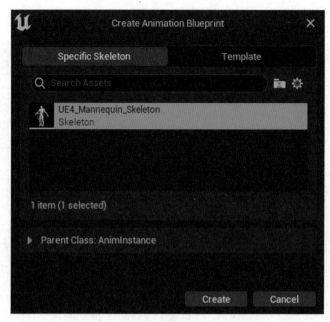

그림 2.29 애니메이션 블루프린트 애셋 생성하기

16. 파일의 이름을 Anim_Mannequin으로 지정하고 **Enter** 키를 누른다.

17. 새로 생성된 Anim_Mannequin 파일을 더블 클릭한다.

18. 이어서 **이벤트 그래프**^{Event Graph} 탭으로 이동한다.

19. 왼쪽 하단의 변수 섹션에서 **+** 아이콘을 사용해 불리언 변수를 생성하고 IsInAir?
    로 이름을 설정한다. 적절한 타입을 할당됐는지 확인한다.

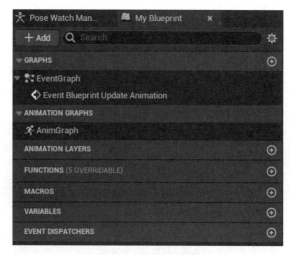

그림 2.30 변수 추가하기

20. Speed라는 이름의 플로트 변수를 생성한다.

21. Try Get Pawn Owner의 Return Value에서 드래그한 다음, Is Valid를 입력하고 검색되는 목록 중에 아래 항목을 선택한다.

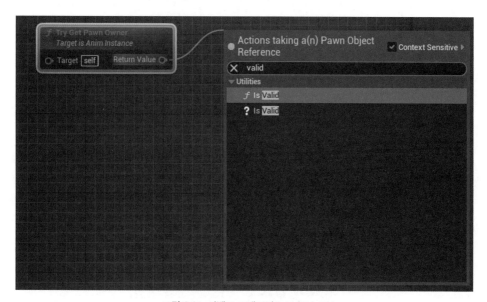

그림 2.31 이벤트 그래프의 Is Valid 노드

22. Blueprint Update Animation 이벤트의 실행 핀을 Is Valid 노드의 Exec 핀에 연결한다.

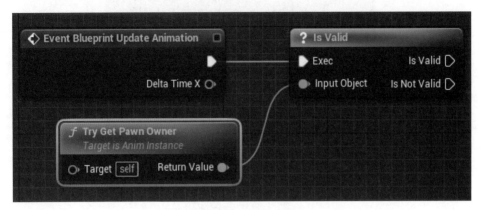

그림 2.32 노드 연결하기

23. Try Get Pawn Owner 노드에서 Get Movement Component 노드를 사용한다.

24. 22단계에서 얻은 노드에서 Is Falling 노드를 얻어온 다음, 출력 값을 IsInAir? 불리언 변수의 SET 노드의 입력에 연결한다. SET 노드의 Exec 핀을 Is Valid의 Exec 핀과 연결한다.

그림 2.33 Is in Air 불리언 변수 설정

25. Try Get Pawn Owner 노드에서 Get Velocity 노드를 사용해 VectorLength 값을 구한 다음, 출력 핀을 Speed 변수의 SET 노드의 입력 핀과 연결한다.

그림 2.34 Speed 플로트 변수 설정

26. **애님 그래프**^{Anim Graph} 탭으로 이동한다.

27. 애님 그래프 안에서 마우스 오른쪽 버튼을 클릭하고 state machine을 입력한다. 그런 다음, **스테이트 머신 새로 추가**^{Add New State Machine}를 클릭한다.

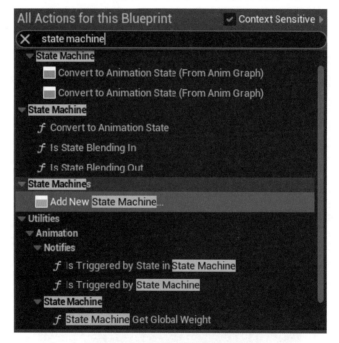

그림 2.35 스테이트 머신 새로 추가 옵션

28. 생성된 노드를 선택하고 **F2** 키를 누른 다음, MannequinStateMachine으로 이름을 변경한다.

29. MannequinStateMachine의 출력 핀을 최종 포즈(Output Pose)의 입력 핀에 연결하고 상

단의 **컴파일** 버튼을 클릭한다.

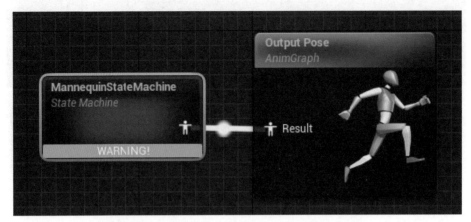

그림 2.36 스테이트 머신의 결과를 최종 포즈 노드로 설정하기

30. MannequinStateMachine 노드를 더블 클릭해 스테이트 머신 안으로 진입한다. 그러면 Entry 노드를 확인할 수 있을 것이다. Entry 노드에 연결되는 상태가 마네킹의 기본 상태가 된다. 이번 실습에서는 Idle Animation을 기본 상태로 사용한다.

31. 스테이트 머신의 빈 공간에서 마우스 오른쪽 버튼을 클릭한 다음, 메뉴에서 **스테이트 추가**^Add State^를 선택한다. 추가된 상태를 선택하고 **F2** 키를 눌러 Idle/Run으로 이름을 변경한다.

32. Entry 텍스트 옆의 아이콘에서 드래그해 Idle/Run 노드를 가리키도록 한 다음 마우스 클릭을 해제해 서로 연결한다.

그림 2.37 추가된 상태를 Entry 노드에 연결하기

33. Idle/Run 스테이트를 더블 클릭해 연다.

34. 오른쪽 하단의 **애셋 브라우저**^{Asset Browser} 메뉴에서 BS_IdleRun 애니메이션을 그래프로 드래그한다. **변수**^{Variable} 섹션에서 Speed 변수를 드래그해 GET 노드를 추가하고 다음과 같이 BS_IdleRun 노드의 왼쪽에 연결한다.

그림 2.38 Idle/Run 스테이트 설정

35. 상단 배너의 이동 메뉴를 클릭해 MannequinStateMachine으로 다시 이동한다.

그림 2.39 스테이트 머신 내비게이션 이동 메뉴

36. **애셋 브라우저** 메뉴에서 ThirdPersonJump_Start 애니메이션을 그래프로 드래그한다. Jump_Start로 이름을 변경한다.

37. ThirdPersonJump_Loop와 ThirdPerson_Jump에 대해 36단계를 반복한 다음, 각각 Jump_Loop와 Jump_End로 이름을 변경한다.

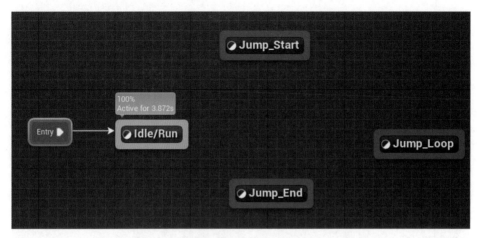

그림 2.40 스테이트 설정

38. Jump_Start 스테이트를 열고 ThirdPersonJump_Loop 재생 노드를 클릭한다. **Settings** 섹션에서 Loop Animation을 해제한다.

39. Jump_Loop 스테이트를 열고 ThirdPersonJump_Loop 재생 노드를 클릭한다. Play Rate를 0.75로 설정한다.

40. Jump_End 상태를 열고 ThirdPerson_Jump 재생 노드를 클릭한다. Loop Animation을 해제한다.

41. Idle/Run에서 Jump_Start로 전환이 가능하기 때문에 Idle/Run에서 Jump_Start 스테이트로 드래그해 연결한다. 이와 마찬가지로, Jump_Start는 Jump_Loop로 전환된 후 Jump_End로 전환되고 최종적으로 Idle/Run으로 다시 돌아온다.

드래그 앤 드롭으로 다음 그림과 같이 스테이트 머신을 설정한다.

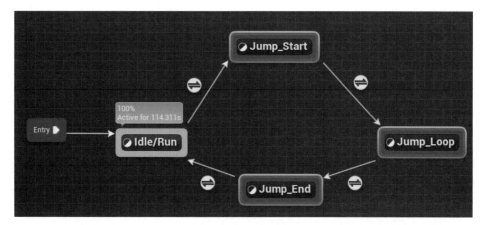

그림 2.41 스테이트 연결

42. Idle/Run에서 Jump_Start로 향하는 트랜지션 룰 아이콘을 더블 클릭하고 Is in Air? 변수의 출력을 Result 노드에 연결한다.

그림 2.42 Idle/Run에서 Jump_Start로 향하는 트랜지션 룰 설정

43. Jump_Start에서 Jump_Loop로 향하는 트랜지션 룰을 연다. ThirdPersonJump_Start에 대한 Time Remaining (ratio)를 추가하고 이 값이 0.1보다 작은지 비교하는 노드를 추가한다. 값을 비교한 bool 결과를 Result 노드에 연결한다.

그림 2.43 Jump_Start에서 Jump_Loop로 향하는 트랜지션 룰

44. Jump_Loop에서 Jump_End로 향하는 트랜지션 룰을 연다. NOT 연산 노드를 통해 Is in Air? 변수의 역^{inverse}을 Result 노드에 연결한다.

그림 2.44 Jump_Loop에서 Jump_End로 향하는 트랜지션 룰 설정

45. Jump_End에서 Idle/Run으로 향하는 트랜지션 룰을 연다. ThirdPerson_Jump에 대한 Time Remaining (ratio) 노드를 추가하고 이 값이 0.1보다 작은지 비교한다. 비교한 값의 bool 결과를 Result 노드에 연결한다.

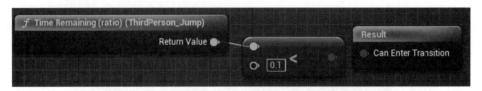

그림 2.45 Jump_End에서 Idle/Run으로 향하는 트랜지션 룰 설정

46. 애니메이션 블루프린트를 닫는다.

47. Content 폴더에서 **Content ➤ ThirdPersonBP ➤ Blueprints** 폴더로 이동한 다음 ThirdPersonCharacter 블루프린트를 연다.

48. **컴포넌트**^{Components} 탭에서 Mesh를 선택한다.

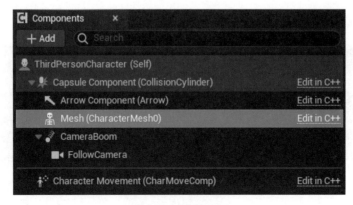

그림 2.46 메시 컴포넌트

49. **디테일**^{Details} 탭에서 **Anim Class** 항목을 앞서 생성한 애니메이션 블루프린트^{Animation Blueprint} 클래스로 설정한다.

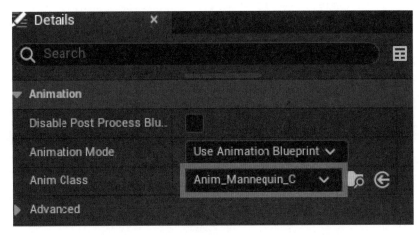

그림 2.47 스켈레탈 메시 컴포넌트에서 애니메이션 블루프린트 지정하기

50. 블루프린트를 닫는다.

51. 게임을 다시 실행하고 애니메이션을 확인해보자.

다음 그림과 같은 결과를 확인할 수 있다. 캐릭터가 달리면, 달리는 애니메이션을 볼 수 있을 것이다.

그림 2.48 캐릭터가 달리는 애니메이션

NOTE

완성된 실습 파일은 깃허브의 **Chapter02 ➤ Exercise2.05 ➤ Ex2.05-Completed.rar** 디렉터리에서 확인할 수 있다(링크: https://packt.live/3kdllSL).

.rar 파일의 압축을 해제한 후 .uproject 파일을 더블 클릭한다. 그러면 'Would you like to rebuild now?' 라고 묻는 창이 나타날 것이다. 이 창에서 **예**(Yes)를 누르면 필요한 중간 파일을 빌드한 다음, 언리얼 에디터에서 프로젝트가 자동으로 열릴 것이다.

이번 실습을 통해 스테이트 머신, 블렌드 스페이스 1D, 애니메이션 블루프린트의 생성 방법을 이해하고 이 모두를 캐릭터의 스켈레탈 메시에 연결하는 방법을 이해했을 것이다. 또한 재생 속도$^{play\ rate}$, 트랜지션의 속도, 트랜지션의 상태를 조정해보면서 복잡한 애니메이션이 서로 어떻게 연결되는지도 이해할 수 있었을 것이다.

이번 실습은 스테이트 머신이 애니메이션 상태를 표현하고 전환하는 데 사용되는 방법을 이해하는 것에서부터 시작했다. 그런 다음, 블렌드 스페이스 1D가 제공하는 애니메이션 간의 전환을 부드럽게 해주는 블렌딩^{blending} 기능을 살펴봤다. 이 모두는 애니메이션 블루프린트에서 캐릭터의 현재 애니메이션이 어떤 것인지를 결정하는 데 사용된다. 앞서 배운 모든 개념을 결합해 다음 활동을 진행해보자.

활동 2.01: 캐릭터에 애니메이션 연결하기

언리얼 게임 개발자로서 캐릭터 스켈레탈 메시와 그 애니메이션을 제공받아 이를 프로젝트에 통합하는 작업을 맡았다고 가정해보자. 이 작업을 위해 이번 활동에서는 새 캐릭터의 애니메이션 블루프린트, 스테이트 머신, 블렌드 스페이스 1D를 생성한다. 이번 활동을 완료하고 나면, 언리얼 엔진에서 애니메이션을 활용한 작업을 하고 이를 스켈레탈 메시에 연결할 수 있게 될 것이다.

이번 활동 프로젝트 폴더에는 새 캐릭터인 Ganfault와 함께 삼인칭 템플릿 프로젝트가 포함돼 있다.

NOTE

이 캐릭터와 애니메이션은 웹 사이트(Mixamo.com)에서 다운로드했다. 이 리소스들은 깃허브 저장소의 **Content > Ganfault** 폴더에 배치돼 있다(링크: https://packt.live/35eCGrk).

Mixamo.com은 3D 캐릭터와 애니메이션을 판매하는 웹 사이트로, 일종의 3D 모델 전용 애셋 마켓플레이스다. 무료 모델과 유료 모델 라이브러리도 포함돼 있다.

다음 단계에 따라 이번 활동을 완료할 수 있다.

1. 걷기(Walking)/달리기(Running) 애니메이션에 대한 블렌드 스페이스 1D를 생성하고 애니메이션 블루프린트를 설정한다.

2. **Content > ThirdPersonBP > Blueprints**로 이동한 다음, ThirdPersonCharacter 블루프린트를 연다.

3. 왼쪽 메뉴에서 스켈레탈 메시 컴포넌트를 클릭하고 오른쪽의 **디테일**Details 탭에서 **Skeletal Mesh** 항목을 Ganfault로 변경한다.

4. 마찬가지로, 스켈레탈 메시 컴포넌트의 **애니메이션 블루프린트**Animation Blueprint 항목을 Ganfault를 위해 생성한 애니메이션 블루프린트로 설정한다.

NOTE

스테이트 머신에서는 Idle/Run과 Jump 상태만 구현한다.

이번 활동을 완료하면, 다음 결과와 같이 Walk/Run과 Jump 애니메이션이 적절하게 동작할 것이다.

그림 2.49 활동 2.01 예상 출력 결과(왼쪽: 달리기, 오른쪽: 점프)

> **NOTE**
>
> 이번 활동에 대한 해답은 깃허브(https://github.com/PacktPublishing/Elevating-Game-Experiences
> -with-Unreal-Engine-5-Second-Edition/tree/main/Activity%20solutions)에서 확인할 수 있다.

이번 활동을 통해 프로젝트 탐색, 코드 디버깅, 애니메이션을 활용해 작업하는 방법을 배웠다. 또한 애니메이션 상태 사이의 트랜지션을 표현하는 스테이트 머신과 애니메이션 트랜지션에 사용되는 블렌드 스페이스 1D도 살펴봤다. 이제 여러분은 게임플레이 이벤트 및 입력을 기반으로 3D 모델에 애니메이션을 추가할 수 있게 됐다.

요약

이 장을 통해 빈 프로젝트를 만드는 방법을 배웠다. 그런 다음, 폴더 구조와 프로젝트 디렉터리에서 파일을 구성하는 방법을 배웠다. 이어서 템플릿 기반 프로젝트를 살펴봤다. 게임이 실행되는 동안 변수의 값을 확인하고 전체 객체를 디버깅할 수 있도록 코드에서 중단점을 설정하는 방법을 배웠다. 중단점을 활용하면 코드에서 버그를 찾아 제거하는 데 도움이 된다.

그다음에는 언리얼 엔진에서 게임 모드, 플레이어 폰, 플레이어 컨트롤러가 게임 흐름

(코드의 실행 순서)의 설정을 위해 어떻게 사용되는 클래스인지를 살펴보고, 이를 프로젝트에 설정하는 방법을 배웠다.

마지막으로, 애니메이션의 기본적인 내용을 살펴보고 키보드 입력에 따라 게임에서 캐릭터를 애니메이션시키기 위해 스테이트 머신, 블렌드 스페이스 1D, 애니메이션 블루프린트에 대한 작업을 진행했다.

이 장을 통해 게임 개발에 필수적인 언리얼 엔진의 강력한 도구에 더 익숙해질 수 있었다. 언리얼 엔진에서 어떤 유형의 게임이나 경험을 만들려면 언리얼의 게임 모드와 기본 클래스가 필요하다. 또한 애니메이션은 캐릭터가 살아 움직이게 만들며 게임에 몰입감을 더한다. 모든 게임 스튜디오는 어떤 게임을 제작하든 게임을 구동하는 핵심 요소인 애니메이션, 캐릭터, 게임 로직을 활용한다. 이런 기술은 게임 개발을 진행하는 긴 여정에서 여러 번 도움이 될 것이다.

다음 장에서는 언리얼 엔진의 캐릭터 클래스와 캐릭터 클래스 관련 컴포넌트를 살펴보고, 추가 설정을 위해 클래스를 확장하는 방법을 다룬다. 다음 장에서는 활동으로 이어지는 다양한 실습을 진행한다.

03

Character 클래스 컴포넌트 및 블루프린트 설정

이전 장에서는 빈 프로젝트를 만들고 파일을 임포트하고 사용할 폴더 구조와 애니메이션을 활용하는 방법을 배웠다. 이 장에서는 언리얼 엔진을 사용할 때 작업하게 될 다른 주요 도구와 기능을 살펴본다.

게임 개발자들은 게임 기능을 만들 때 시간과 에너지를 절약해주는 도구를 종종 사용해야 한다. 언리얼 엔진의 강력한 객체 상속 기능은 개발자들이 더 효율적으로 개발할 수 있도록 도와주는 이점을 제공한다. 개발자는 C++와 블루프린트를 교차하면서 사용할 수 있는데, 이는 게임을 개발할 때 무척 유용하게 여겨진다.

개발자들이 얻을 수 있는 또 다른 부가 가치는 프로젝트에서 나중에 사용할 수 있도록 코드를 확장할 수 있다는 점이다. 고객이 기존 요구 사항을 기반으로 새로운 요구 사항을 전달했다고 가정해보자(대부분의 게임 스튜디오에서 빈번히 발생하는 상황). 이제 개발자는 기능을 확장하기 위해 클래스를 상속하고 더 많은 기능을 추가해 결과를 빠르게 얻을 수 있다. 이런 기능은 매우 강력하며 다양한 상황에서 유용하다.

이 장은 C++에서 Character 클래스에 중점을 둔다. C++에서 Character 클래스를 확장하는 방법을 살펴본 다음, 상속을 통해 새로 생성된 Character 클래스를 블루프린트에서 확장하는 방법을 다룬다. 플레이어 입력 및 이동 로직도 배울 것이다. 이 장을 통해 언리얼 Character 클래스를 살펴보고, C++ 코드를 생성하고, 이를 블루프린트에서 확장한 다음, 최종적으로 게임 내 캐릭터를 생성할 것이다.

이 장에서 다루는 내용은 다음과 같다.

- 언리얼 Character 클래스

- C++를 블루프린트로 확장하는 방법

이 장이 끝날 무렵에는 UE5에서 클래스 상속이 동작하는 방법과 클래스 상속의 이점을 활용하는 방법을 이해할 수 있을 것이다. 또한 플레이어 관련 입력 로직을 구동하는 핵심인 축 매핑^{Axis Mapping}과 액션 입력 매핑^{Action Input Mapping}을 활용한 작업도 할 수 있게 될 것이다.

⁙ 기술적 요구 사항

이 장을 진행하려면 다음과 같은 준비가 필요하다.

- 언리얼 엔진 5 설치

- 비주얼 스튜디오 2019^{또는 비주얼 스튜디오 2022} 설치

이 장의 완성된 코드는 깃허브_(https://github.com/PacktPublishing/Elevating-Game-Experiences-with-Unreal-Engine-5-Second-Edition)에서 다운로드할 수 있다.

⁂ 언리얼 캐릭터 클래스

언리얼 캐릭터(Character) 클래스를 살펴보기 전에 상속 개념부터 가볍게 짚고 넘어가자. C++나 기타 유사 언어에 익숙하다면 이미 상속 개념이 친숙할 것이다. 상속은 한 클래스가 다른 클래스로부터 특징과 동작을 파생하는(물려받는) 과정을 말한다. C++ 클래스를 확장하면 새로운 파생 클래스를 만들 수 있다. 이렇게 생성된 클래스는 상속한 클래스(기반 클래스)의 속성을 유지할 수 있으며, 해당 속성을 수정하거나 새로운 특성을 추가할 수도 있다. 바로 캐릭터 클래스가 그 대표적인 예다.

캐릭터 클래스는 폰의 특별한 유형으로서 언리얼 폰(Pawn) 클래스의 자손이다. 폰 클래스를 확장한 캐릭터 클래스는 여러 입력을 통해 캐릭터에 움직임(이동)을 추가하는 이동 기능을 기본적으로 가진다. 기본적으로 캐릭터 클래스는 캐릭터가 생성된 월드에서 걷고, 달리고, 점프하고, 날아다니고, 수영할 수 있는 기능을 사용자에게 제공한다.

캐릭터 클래스는 폰 클래스를 확장했으므로 폰의 모든 코드와 로직을 포함한다. 개발자는 이 클래스를 확장해 더 많은 기능을 추가할 수 있다. 캐릭터 클래스를 확장하면, 기존 컴포넌트들은 상속된 컴포넌트로 확장한 클래스에 전달된다(예: 캡슐 컴포넌트, 애로우 컴포넌트, 메시 컴포넌트).

> **NOTE**
>
> 상속된 컴포넌트는 제거할 수 없다. 설정은 변경할 수 있지만, 기반 클래스에 추가된 컴포넌트는 항상 확장된 클래스에 존재한다. 여기서는 폰 클래스가 기반(기본) 클래스고, 캐릭터 클래스는 확장(또는 자식) 클래스다.

캐릭터 클래스는 다음과 같은 상속된 컴포넌트를 제공한다.

- **캡슐 컴포넌트**Capsule Component: 캡슐 컴포넌트는 다른 컴포넌트가 계층 구조 안에서 추가되는 '원점' 역할을 하는 루트 컴포넌트다. 또한 이 컴포넌트는 충돌에도 사용되며 여러 형태의 캐릭터(특히 인간형 캐릭터)를 논리적으로 보여주는 캡슐 형태를 사용한다.

- **애로우 컴포넌트**Arrow Component: 애로우 컴포넌트는 단순히 화살표를 사용해 계층 구

조의 앞 방향을 가리킨다. 기본적으로 게임이 시작되면 숨겨져 보이지 않지만, 보이게 설정할 수도 있다. 이 컴포넌트는 필요할 때 게임 로직을 조정하거나 디버깅에 활용할 수 있다.

- **스켈레탈 메시 컴포넌트**^{Skeletal Mesh Component}: 스켈레탈 메시 컴포넌트는 개발자가 캐릭터 클래스에서 주로 관심을 갖는 주요 컴포넌트다. 캐릭터의 모습을 보여주는 스켈레탈 메시를 이 컴포넌트에서 설정할 수 있으며 애니메이션, 충돌 등을 포함해 관련 변수를 설정할 수 있다.

일반적으로 대부분의 개발자는 C++에서 게임 및 캐릭터 로직 코드를 작성하고, 이렇게 작성된 클래스를 블루프린트에서 확장해 클래스에 애셋을 연결하는 등의 단순 작업을 처리하는 것을 선호한다. 예를 들어 개발자가 캐릭터 클래스를 상속하는 C++ 클래스를 생성하고 이동 및 점프 로직을 모두 이 클래스 안에 작성한 후 이 클래스를 블루프린트에서 확장하면, 필요한 애셋(스켈레탈 메시 및 애니메이션 블루프린트 등)으로 컴포넌트 설정을 업데이트하고 필요한 경우 블루프린트에서 코드를 추가할 수도 있다.

캐릭터 클래스 확장하기

C++나 블루프린트를 통해 캐릭터 클래스를 상속하면 이 클래스를 확장할 수 있다. 확장된 캐릭터 클래스는 캐릭터 클래스(이 경우, 부모 클래스로 칭한다)의 자식이 된다. 클래스 확장은 객체지향 프로그래밍의 강력한 부분이며, 이를 통해 클래스는 다양한 깊이와 계층으로 확장될 수 있다.

실습 3.01: 삼인칭 캐릭터 C++ 클래스 생성 및 설정하기

이번 실습에서는 캐릭터 클래스를 기반으로 하는 C++ 클래스를 생성한다. 또한 이 캐릭터 클래스를 확장할 클래스를 위해 기본값으로 설정될 변수도 초기화한다.

다음 단계에 따라 이번 실습을 완료할 수 있다.

1. 언리얼 엔진을 실행하고, **게임**^{Games} 카테고리를 선택한 후 **다음**^{Next} 버튼을 클릭한다.

2. **Blank**를 선택하고 **다음** 버튼을 클릭한다.

3. 프로젝트 유형을 **C++**로 선택하고, 프로젝트 이름은 MyThirdPerson으로 지정한다. 적절한 프로젝트 경로를 선택한 다음, **프로젝트 생성**^{Create Project} 버튼을 클릭한다.

4. **콘텐츠 브라우저** 인터페이스에서 마우스 오른쪽 버튼을 클릭하고 **새 C++ 클래스**^{New C++ Class} 버튼을 클릭한다.

5. 다이얼로그 상자가 열리면, Character를 클래스 유형으로 선택하고 **다음** 버튼을 클릭한다.

6. 이름을 MyThirdPersonChar로 지정하고 **클래스 생성**^{Create Class} 버튼을 클릭한다.

7. 클래스 생성이 완료되면, 비주얼 스튜디오에서 MyThirdPersonChar.cpp와 MyThirdPersonChar.h 탭이 열릴 것이다.

NOTE

일부 시스템에서는 새로 생성된 C++ 파일을 비주얼 스튜디오에서 자동으로 열기 위해 언리얼 엔진 에디터를 관리자 권한으로 실행해야 하는 경우도 있다.

8. MyThirdPersonChar.h 탭을 열고 GENERATED_BODY() 텍스트 다음 줄에 코드를 추가한다.

```
// 플레이어 카메라의 자리 표시자 역할을 담당하는 스프링 암 컴포넌트
// 레벨에 배치된 지오메트리에 가려졌을 때 카메라가 대처하는 방법을
// 자동으로 제어해주기 때문에 이 컴포넌트를 사용하는 것을 권장한다
UPROPERTY(VisibleAnywhere, BlueprintReadOnly, Category =
  MyTPS_Cam, meta = (AllowPrivateAccess = "true"))
class USpringArmComponent* CameraBoom;

// 캐릭터를 따라다닐 카메라
UPROPERTY(VisibleAnywhere, BlueprintReadOnly, Category =
  MyTPS_Cam, meta = (AllowPrivateAccess = "true"))
class UCameraComponent* FollowCamera;
```

앞의 코드에서 2개의 컴포넌트를 정의했는데, 카메라 컴포넌트와 플레이어로부터 특정 거리에 카메라를 위치시키는 카메라붐(CameraBoom) 컴포넌트다. 이 컴포넌트들은 생성자에서 초기화하며, 11단계에서 처리할 예정이다.

9. MyThirdPersonChar.h 파일의 #include "CoreMinimal.h" 코드 아래에 다음 #include 구문을 추가한다.

```
#include "GameFramework/SpringArmComponent.h"
#include "Camera/CameraComponent.h"
```

10. 이제 MyThirdPersonChar.cpp 탭으로 이동해 #include MyThirdPersonChar.h 코드 다음에 아래 #include 구문을 추가한다.

```
#include "Components/CapsuleComponent.h"
#include "GameFramework/CharacterMovementComponent.h"
```

위의 코드는 앞서 추가한 컴포넌트들에 해당하는 클래스를 추가하는 구문이다. 이를 통해 각 컴포넌트의 메서드와 정의에 접근할 수 있다.

11. AMyThirdPersonChar::AMyThirdPeronChar() 함수에서 다음 코드를 추가한다.

```
// 캡슐 콜리전의 크기를 설정한다
GetCapsuleComponent()->InitCapsuleSize(42.f, 96.0f);

// 컨트롤러가 회전할 때 캐릭터는 회전하지 않도록 설정한다
// 캐릭터가 카메라에 영향을 주도록 놔둔다
bUseControllerRotationPitch = false;
bUseControllerRotationYaw = false;
bUseControllerRotationRoll = false;

// 캐릭터 무브먼트를 설정한다
GetCharacterMovement()->bOrientRotationToMovement = true;

// 카메라 붐을 생성한다(충돌이 발생할 경우 플레이어 쪽으로 다가가도록 설정한다)
CameraBoom
  = CreateDefaultSubobject<USpringArmComponent>(TEXT("CameraBoom"));
CameraBoom->SetupAttachment(RootComponent);
CameraBoom->TargetArmLength = 300.0f;
```

```
CameraBoom->bUsePawnControlRotation = true;

// 캐릭터를 따라다닐 카메라를 생성한다
FollowCamera
  = CreateDefaultSubobject<UCameraComponent>(TEXT("FollowCamera"));
FollowCamera->SetupAttachment(CameraBoom,
USpringArmComponent::SocketName);
FollowCamera->bUsePawnControlRotation = false;
```

앞 코드의 마지막 줄은 카메라를 폰의 회전과 바인딩^(연결)되도록 설정한다. 즉, 폰
^(캐릭터)이 회전하면 카메라도 폰의 회전과 함께 회전해야 한다는 것을 의미한다.

12. 언리얼 엔진 프로젝트로 이동해 오른쪽 하단에 있는 툴바에서 **컴파일** 버튼을 클릭
한다.

그림 3.1 언리얼 에디터 오른쪽 하단 툴바에 위치한 컴파일 버튼

'Live Coding Succeeded'라는 메시지가 오른쪽 하단에 나타날 것이다.

NOTE

완성된 실습 파일은 깃허브의 **Chapter03 ▶ Exercise3.01** 폴더에서 찾을 수 있다(링크: https://github
.com/PacktPublishing/Game-Development-Projects-with-Unreal-Engine/tree/master/Chapter03
/Exercise3.01).

.rar 파일의 압축을 해제한 후 .uproject 파일을 더블 클릭한다. 그러면 'Would you
like to rebuild now?'라고 묻는 창을 볼 수 있을 것이다. 이 창에서 **예**^{Yes}를 클릭하면 필
요한 중간 파일을 빌드할 수 있다. 작업이 완료되면 언리얼 에디터에서 프로젝트가 자
동으로 열린다.

이번 실습을 통해 캐릭터 클래스를 확장하는 방법을 배웠다. 또한 캐릭터 클래스의 기
본 컴포넌트를 사용하는 방법과 언리얼 에디터에서 업데이트된 코드를 컴파일하는 방
법을 살펴봤다. 그다음에는 생성한 C++ 클래스를 블루프린트에서 확장하는 방법을 살

퍼보고, 이렇게 확장하는 것이 여러 상황에서 유용한 이유를 배운다.

C++ 클래스를 블루프린트에서 확장하기

앞서 언급했듯이 대부분의 개발자는 C++ 로직을 블루프린트로 확장해 사용할 애셋을 연결한다. 코드에서 애셋을 찾고 설정하는 것보다 블루프린트에서 애셋을 할당하는 것이 쉽기 때문에 이와 같은 방법을 사용한다. 또한 타임라인, 이벤트, 바로 사용 가능한 매크로와 같은 강력한 블루프린트의 기능을 C++ 코드와 함께 사용할 수 있다. 이를 통해 C++와 블루프린트를 함께 사용해 개발하는 것의 최대 이점을 얻을 수 있다.

지금까지 C++ 캐릭터 클래스를 만들었으며, 여기에 여러 컴포넌트와 무브먼트 컴포넌트를 설정했다. 이제 클래스에서 사용할 애셋을 지정하고 입력 및 이동 기능을 추가해 보자. 이를 위해서는 블루프린트로 클래스를 확장하고 블루프린트에서 여러 옵션을 설정하는 것이 훨씬 더 쉽다. 바로 다음 실습을 통해 확인해보자.

실습 3.02: 블루프린트로 C++ 클래스 확장하기

이번 실습에서는 앞서 생성한 C++ 클래스를 블루프린트로 확장하고 기존의 C++ 코드에 블루프린트 코드를 추가하는 방법을 배운다. 또한 캐릭터의 이동을 담당할 키 입력 바인딩을 추가하는 방법도 살펴보자.

다음 단계에 따라 이번 실습을 완료할 수 있다.

1. 깃허브에 있는 Chapter03/Exercise3.02/ExerciseFiles 디렉터리의 모든 내용을 다운로드하고 압축을 해제한다.

NOTE

ExerciseFiles 디렉터리는 깃허브에서 찾을 수 있다(링크: https://github.com/PacktPublishing/Game –Development–Projects–with–Unreal–Engine/tree/master/Chapter03/Exercise3.02/ExerciseFiles).

2. '실습 3.01: 삼인칭 캐릭터 C++ 클래스 생성 및 설정하기'에서 만들었던 MyThird Person 프로젝트의 Content 폴더로 이동한다.

3. 1단계에서 생성한 MixamoAnimPack 폴더를 복사하고 아래 스크린샷과 같이 2 단계에서 열어둔 Content 폴더에 붙여넣기를 한다.

그림 3.2 프로젝트 디렉터리에 배치된 MixamoAnimPack

NOTE

MixamoAnimPack 애셋은 에픽 마켓플레이스에서 제공하는 애셋을 사용했다(링크: https://www.unrealengine.com/marketplace/en-US/product/mixamo-animation-pack).

4. 프로젝트를 연다. **콘텐츠 브라우저** 인터페이스에서 마우스 오른쪽 버튼을 클릭하고 **블루프린트 클래스**를 클릭한다.

5. 검색란에 GameMode를 입력하고, 일치하는 이름을 선택한 뒤 **선택**Select 버튼을 클릭한다. 다음 스크린샷을 참고하자.

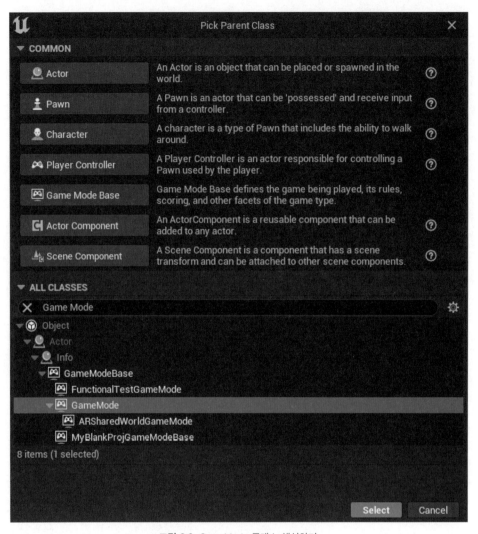

그림 3.3 GameMode 클래스 생성하기

6. 생성한 블루프린트의 이름을 `BP_GameMode`로 지정한다.

7. 5단계를 반복한다.

8. 검색란에 `MyThirdPersonChar`를 입력하고 클래스를 선택한 다음, **선택** 버튼을 클릭한다.

9. 생성한 블루프린트의 이름을 BP_MyTPC로 지정한다.

10. **월드 세팅**^{World Settings} 탭에서 **GameMode Override** 옵션 옆의 **None**을 클릭하고 **BP_GameMode**를 선택한다.

그림 3.4 월드 세팅에서 게임 모드 지정하기

11. **Default Pawn Class** 항목을 BP_MyTPC로 설정한다.

그림 3.5 게임 모드에서 Default Pawn Class 지정하기

12. **BP_MyTPC**를 열고 왼쪽에 있는 **컴포넌트**^{Components} 탭의 계층에서 **Mesh (Inherited)** 컴포넌트를 클릭한다.

13. **디테일**^{Details} 탭에서 **Mesh** 섹션을 찾고 **Skeletal Mesh** 항목을 Maximo_Adam으로 설정한다.

> **NOTE**
>
> 메시와 애니메이션은 11장, '블렌드 스페이스 1D, 키 바인딩, 스테이트 머신을 활용한 작업'에서 살펴 본다.

14. **디테일** 탭에서 **애니메이션**^{Animation} 섹션을 찾아 **Anim Class** 항목을 MixamoAnimBP_ **Adam_C**로 설정한다. 클래스를 선택해 설정하면 이름 마지막에 접미사 _C가 붙는 것을 볼 수 있다. 이는 기본적으로 UE5에 의해 생성된 블루프린트의 인스턴스라 는 것을 나타낸다. 블루프린트는 일반적으로 작업 중인 프로젝트/빌드에서 블루프 린트 클래스와 블루프린트 클래스의 인스턴스를 구분하기 위해 이런 식의 접미사 가 붙는다.

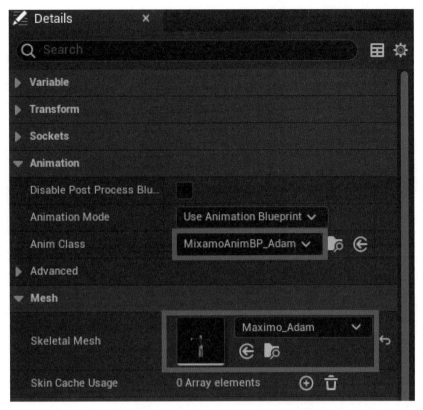

그림 3.6 Anim Class와 Skeletal Mesh 항목 설정하기

15. 에디터 상단 메뉴에서 **편집**^{Edit} 드롭다운을 클릭하고 **프로젝트 세팅**^{Project Settings}을 클릭한다.

16. **입력**^{Input} 섹션을 클릭하면 **엔진**^{Engine} 섹션을 찾을 수 있을 것이다.

그림 3.7 프로젝트 세팅의 입력 섹션

17. **Bindings** 섹션에서 **Axis Mappings** 옆의 + 아이콘을 클릭한 다음, **Axis Mappings** 메뉴를 펼친다.

NOTE

Action Mappings는 점프, 대시, 달리기와 같이 단일 키 입력 동작(액션)인 반면, **Axis Mappings**는 사용자의 키 입력을 기반으로 할당된 플로트(부동 소수점) 값을 반환한다. 아날로그 스틱으로 동작하는 게임 패드 컨트롤러나 VR 컨트롤러의 썸스틱(Thumb-stick)을 생각하면 더 쉽게 이해할 수 있다. 여기서 썸스틱의 상태가 부동 소수점 값으로 반환되며, 이 값은 플레이어의 이동 및 관련 기능을 관리하는 데 매우 중요한 역할을 한다.

18. **NewAxisMapping_0**의 이름을 `MoveForward`로 변경한다.

19. **MoveForward** 섹션에서 드롭다운 메뉴를 클릭하고 **W**를 선택한다.

20. **MoveForward** 옆에 위치한 + 아이콘을 클릭하고 다른 필드를 추가한다.

21. 추가된 필드에서 **S**를 선택한다. **Scale** 값은 **-1.0**을 설정한다(S가 눌리면 뒤로 이동하기 위해).

22. 18단계를 반복해 축 매핑을 더 추가하고 이름을 MoveRight로 지정한다. 2개의 필드를 추가한 다음, **A** 키 입력을 선택한 후 **Scale** 값은 -1.0으로 입력하고 다른 하나는 **D** 키 입력을 선택한 후 **Scale** 값은 1.0을 입력한다.

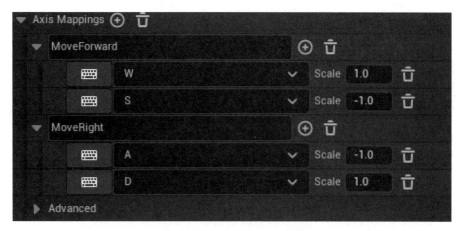

그림 3.8 이동 Axis Mappings 설정

23. **BP_MyTPC**를 열어 **이벤트 그래프**^{Event Graph} 탭을 클릭한다.

그림 3.9 이벤트 그래프 탭

24. 그래프 안에서 마우스 오른쪽 버튼을 클릭하고 MoveForward라고 입력한 다음, 검색되는 첫 번째 노드 옵션을 선택한다.

그림 3.10 MoveForward Axis 이벤트

25. 그래프 안에서 마우스 오른쪽 버튼을 누르고 Get Control Rotation을 검색한 다음, 첫 번째로 검색되는 노드 옵션을 선택한다.

NOTE

플레이어와 연결된 카메라는 폰의 요(yaw), 롤(roll), 피치(pitch)를 보여주지 않도록 선택할 수 있는데, 이 경우 **Get Control Rotation**을 사용하면 폰이 바라보는 방향을 설정할 수 있다. 이 노드는 많은 계산에 유용하게 활용된다.

26. **Get Control Rotation** 노드의 출력 값^{Return Value}에서 마우스 왼쪽 버튼으로 드래그한 다음, Break Rotator를 검색해 노드 옵션을 선택한다.

27. 이벤트 그래프에서 마우스 오른쪽 버튼을 클릭하고 Make Rotator를 검색한 다음, 첫 번째로 검색되는 노드 옵션을 선택한다.

28. **Break Rotator**의 Z(요) 노드에서 **Make Rotator**의 Z(요) 노드로 연결한다.

NOTE

Make Rotator는 피치, 롤, 요 값을 갖는 회전을 생성하는 반면, **Break Rotator**는 이 회전을 각각의 구성 요소(롤, 피치, 요)로 분할한다.

29. **Make Rotator**의 출력 값에서 드래그한 다음, Get Forward Vector를 검색해 선택한다.

30. **Get Forward Vector** 노드의 출력 값에서 드래그한 다음, Add Movement Input을 검색해 선택한다.

31. **InputAxis MoveForward** 노드의 Axis Value를 **Add Movement Input** 노드의 Scale Value에 연결한다.

32. 마지막으로, **InputAxis MoveForward** 노드의 실행 핀을 **Add Movement Input** 노드에 연결한다.

33. 이벤트 그래프에서 마우스 오른쪽 버튼을 클릭하고, InputAxis MoveRight를 검색해 첫 번째로 검색되는 노드 옵션을 선택한다.

34. **Make Rotator** 노드의 출력 값에서 드래그하고 Get Right Vector를 검색해 선택한다.

35. **Get Right Vector** 노드의 출력 값에서 드래그하고 Add Movement Input을 검색해 선택한다.

36. **InputAxis MoveRight** 노드의 Axis Value 핀과 **Add Movement Input** 노드의 Scale Value 핀을 연결한다.

37. 마지막으로, **InputAxis MoveRight** 노드의 흰색 실행 핀을 36단계에서 생성한 **Add Movement Input**에 연결한다.

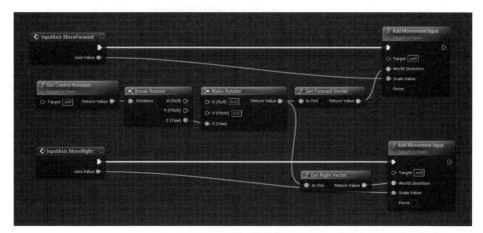

그림 3.11 이동 로직

38. 이제 **뷰포트**^{Viewport} 탭으로 이동한다. 여기서 캐릭터가 바라보는 방향이 화살표의 방향과 다르고 캡슐 컴포넌트 위에 위치한 것을 볼 수 있다. Mesh 컴포넌트를 클릭하고 뷰포트 상단에 있는 물체 이동 메뉴를 선택한다. 그런 다음, 캡슐 컴포넌트의 바닥에 위치하도록 화살표를 드래그해 위치를 조정하고, 회전 메뉴를 선택해 메시가 화살표 방향과 일치하도록 조정한다.

그림 3.12 이동 회전 스케일 선택 메뉴

캐릭터가 캡슐 안에 잘 배치되면 다음 그림과 같은 모습을 하고 있을 것이다.

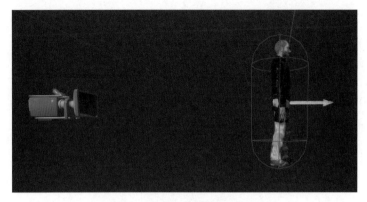

그림 3.13 캡슐 컴포넌트 안에 조정된 메시

39. **툴바**^{Toolbar} 메뉴에서 **컴파일**^{Compile} 버튼을 클릭한 다음, **저장**^{Save} 버튼을 클릭한다.

40. **맵** 탭으로 이동한 다음, **플레이**^{Play} 버튼을 클릭해 게임 내에서 캐릭터의 모습을 확인해보자. **W, A, S, D** 키를 이용해 이동이 가능하다.

NOTE

완성된 실습 파일은 깃허브의 **Chapter03 ➤ Exercise3.02** 폴더에서 찾을 수 있다(링크: https://packt.live/3keGxlU).

.rar 파일의 압축을 해제한 다음, .uproject 파일을 더블 클릭한다. 그러면 'Would you like to rebuild now?'라고 묻는 창을 볼 수 있을 것이다. 이 창에서 **예**^{Yes}를 클릭하면 필요한 중간 파일을 빌드할 수 있다. 작업이 완료되면 언리얼 에디터에서 프로젝트가 자동으로 열린다.

이번 실습을 통해 C++ 코드를 블루프린트에서 확장하는 방법과 이 방법이 개발자들에게 많은 상황에서 유용한 이유를 이해할 수 있었을 것이다. 또한 입력 매핑을 추가하는 방법과 플레이어와 관련된 입력 로직을 실행하는 데 활용하는 방법도 배웠다.

이 장의 활동에서는 이전 실습에서 배운 기술들을 결합해 2장, '언리얼 엔진을 활용한 작업'의 '활동 2.01: 캐릭터에 애니메이션 연결하기'에서 완료한 프로젝트를 확장한다.

이를 통해 직접 생성한 블루프린트로 프로젝트를 제작하고 실제 시나리오에 어떻게 연결되는지를 확인할 수 있을 것이다.

활동 3.01: 애니메이션 프로젝트에서 C++ 캐릭터 클래스를 블루프린트로 확장하기

이제 C++ 클래스를 생성하고 블루프린트로 확장해봤으니, 이 두 개념을 실제 시나리오에 결합할 때가 왔다. 이번 활동의 목표는 2장, '언리얼 엔진을 활용한 작업'에서 찾을 수 있는 '활동 2.01: 캐릭터에 애니메이션 연결하기'의 캐릭터가 키보드의 스페이스 바를 사용해 점프할 수 있도록 만드는 것이다. 하지만 이를 위해서는 C++에서 캐릭터 클래스를 처음부터 만들고 블루프린트로 확장해 우리가 원하는 목표에 도달해야 한다.

다음 단계에 따라 이번 활동을 완료할 수 있다.

1. '활동 2.01: 캐릭터에 애니메이션 연결하기'의 프로젝트를 연다.

2. C++에서 캐릭터 클래스를 생성한다. 이 클래스는 플레이어와 연결된 카메라를 포함해 관련 캐릭터 변수를 초기화하는 역할을 담당한다.

3. 프로젝트 세팅에서 스페이스 바를 Jump 입력에 매핑한다.

4. 애셋 연결_(활당) 및 점프 기능을 추가하기 위해 생성된 C++ 클래스를 블루프린트에서 확장한다.

예상 결과는 다음과 같다.

스페이스 바를 누르면 캐릭터가 점프할 수 있어야 한다. 레벨에 배치된 캐릭터는 C++ 캐릭터 클래스에서 확장한 블루프린트를 사용해야 한다.

그림 3.14 Ganfault 캐릭터의 점프 동작 예상 결과

NOTE

이번 활동에 대한 해답은 깃허브(https://github.com/PacktPublishing/Elevating-Game-Experiences-with-Unreal-Engine-5-Second-Edition/tree/main/Activity%20solutions)에서 확인할 수 있다.

이번 활동을 마치면서 기능 및 로직을 구현하는 과정을 통해 C++ 코드를 블루프린트에서 확장하는 시나리오를 이해했을 것이다. C++와 블루프린트의 이런 조합은 게임 개발자가 언리얼 엔진에서 멋지고 개성 있는 게임을 제작하기 위해 소유할 수 있는 가장 강력한 도구다.

요약

이 장에서는 C++ 캐릭터 클래스를 생성하는 방법과 여기에 초기화 코드를 추가하는 방법을 배웠다. 그런 다음, 블루프린트를 사용해 C++ 코드를 확장하고 애셋 설정과 블루프린트에 코드를 추가하는 방법을 배웠다.

결과는 C++ 코드와 블루프린트 코드를 모두 사용하며, 이 방법은 모든 시나리오에서 사용할 수 있다.

또한 **W, A, S, D** 키에 매핑된 **Axis Mappings**를 설정해 플레이어를 이동하는 방법도 배 웠다(많은 게임에서 기본 이동 매핑으로 사용하는 키 매핑). 그리고 게임 안에서 캐릭터 점프 기능을 만드는 방법도 배웠다.

다음 장에서는 입력 매핑을 자세히 살펴보고 언리얼 에디터에서 모바일 미리보기를 사 용하는 방법을 다룬다. 이는 게임과 플레이어 로직에 매핑된 입력을 활용해 게임을 만 드는 데 도움이 될 것이다. 또한 언리얼 에디터 안에서, 제작 중인 게임이 모바일에서 어 떻게 보이고 실행되는지를 빠르게 테스트할 수 있다.

04

플레이어 입력 시작

이전 장에서는 캐릭터 클래스를 상속하는 C++ 클래스를 만들고, 캐릭터의 시점에서 게임을 보기 위해 필요한 모든 액터^{Actor} 컴포넌트를 추가했다. 그리고 캐릭터 자체를 볼 수 있도록 하는 데 필요한 모든 컴포넌트도 추가했다. 그런 다음, 필요한 모든 컴포넌트를 시각적으로 설정하기 위해 C++ 클래스를 상속하는 블루프린트^{Blueprint} 클래스를 만들었다.

이 장에서는 이런 주제를 더 깊이 알아보고 C++ 사용법도 다룬다. UE5에서 플레이어 입력이 작동하는 방식을 배우고, 엔진이 입력 이벤트(키 누름, 키 누름 해제)를 처리하는 방식과 게임의 로직을 제어하기 위해 입력을 사용하는 방법을 살펴본다.

이 장에서는 다음의 내용을 다룬다.

- 입력 액션^{Input Action}과 입력 콘텍스트^{Input Context} 이해하기

- 플레이어 입력 처리하기

- 캐릭터 주변으로 카메라 회전시키기

이 장을 마치면, 입력 액션과 입력 콘텍스트에 대해 알게 될 것이다. 입력 액션 및 입력 콘텍스트를 생성하고 수정하는 방법, 설정한 각 매핑을 읽고 사용하는 방법, 버튼이 눌렸을 때와 해제됐을 때 인게임 액션을 실행하는 방법을 알게 될 것이다.

> **NOTE**
>
> 이 장에서는 이전 장에서 만들었던 캐릭터 블루프린트인 BP_MyTPC의 다른 버전을 사용한다. 이 장의 버전은 Mixamo가 아닌 기본 UE5 마네킹 메시를 사용한다.

UE5가 플레이어가 누르는 키를 추상화하고 이 이벤트를 더 쉽게 알리는 방법을 배우는 것으로 이 장을 시작해보자.

⁝⁓ 기술적 요구 사항

이 장의 프로젝트는 깃허브(https://github.com/PacktPublishing/Elevating-Game-Experiences-with-Unreal-Engine-5-Second-Edition)에서 다운로드할 수 있다.

⁝⁓ 입력 액션과 입력 콘텍스트 이해하기

플레이어 입력은 비디오 게임을 다른 엔터테인먼트 미디어와 구별해주는 요소다. 비디오 게임은 상호작용하는데, 비디오 게임이 상호작용하려면 플레이어의 입력을 고려해야 한다. 많은 게임에서는 가상 세계에서 움직이는 가상의 캐릭터를 플레이어가 제어(컨트롤)할 수 있도록 만들어 상호작용이 가능케 한다. 캐릭터의 제어는 플레이어가 누르는 키와 버튼에 따라 달라지는데, 이 장에서 바로 이 부분을 살펴본다.

NOTE

UE5는 두 가지 입력 시스템을 제공한다는 점을 주목해야 한다. 하나는 레거시 입력 시스템(Legacy Input System)으로 UE4의 첫 버전부터 사용돼왔다. 다른 하나는 향상된 입력 시스템(Enhanced Input System)으로 지난 버전의 UE5에서는 실험 버전의 시스템으로 도입됐는데, 이제는 UE5에서 완성된 플러그인으로 제공한다. 이 책에서는 향상된 입력 시스템을 사용한다. UE5의 레거시 입력 시스템을 사용하고자 하는 경우에는 웹 사이트(https://docs.unrealengine.com/4.27/en-US/InteractiveExperiences/Input/)에서 관련 내용을 확인할 수 있다.

최근 대부분의 게임 개발 도구들은 키 입력을 액션으로 추상화해 여러 다른 플레이어 입력(버튼 누르기, 썸스틱 움직이기 등)에 이름(예: Jump)을 연결할 수 있도록 한다. UE5에서 이를 지정하는 방법은 입력 액션을 입력 콘텍스트(또는 입력 매핑 콘텍스트Input Mapping Context)와 결합해 사용하는 것이다.

입력 콘텍스트는 관련된 입력 액션과 이 입력 액션을 실행할 키들을 포함한다. 입력 액션은 실행 방법에 대한 명세를 포함한다. 이 애셋들(입력 콘텍스트와 입력 액션)의 조합을 사용하면 입력 액션이 발생했을 때 어떤 작업을 수행할지뿐만 아니라 입력 액션이 어떤 방식으로 발생하며 어떤 키를 통해 발생하는지를 쉽게 변경할 수 있다.

입력 콘텍스트와 입력 액션이 함께 동작하는 방식을 더 잘 이해하기 위해 〈GTA〉와 같은 게임을 예로 살펴보자. 〈GTA〉에서는 다양한 사람과 물체를 제어할 때 서로 다른 게임플레이 콘텍스트를 사용해 서로 다른 키로 제어하도록 한다.

예를 들어, 도시를 뛰어다니는 플레이어 캐릭터를 제어할 때는 이동 키를 사용해 캐릭터를 움직이고 다른 키를 사용해 캐릭터를 점프시킨다. 하지만 차에 탑승하면 컨트롤이 변경된다. 이제 이동 키로 차의 운전대를 조정하고, 점프를 위해 사용했던 키는 브레이크에 사용된다.

이 예를 통해 두 가지 서로 다른 입력 콘텍스트(캐릭터 제어 및 차량 제어)가 있다는 것을 알 수 있으며, 각 입력 콘텍스트에는 고유한 입력 액션 집합이 있다는 것도 알 수 있다. 일부 입력 액션은 동일한 키로 입력을 발생시킨다. 하지만 같은 키로 동작하더라도 서로 다른 입력 콘텍스트에서 처리되므로 문제가 없다(예: 캐릭터를 점프시키거나 차량을 멈추기 위해 동일한 키를 사용).

향상된 입력과 관련된 애셋을 살펴보기에 앞서, 향상된 입력은 플러그인이므로 이 플러그인을 활성화해야 한다. 다음 단계에 따라 플러그인을 활성화하자.

1. **Edit ➤ Plugins ➤ Built-In ➤ Input** 메뉴로 이동한 다음, Enhanced Input 플러그인의 **Enabled** 박스를 체크해 활성화한다. 플러그인을 활성화하면 에디터를 재시작해야 한다는 창이 나타날 것이다.

2. **Restart Now** 버튼을 클릭해 에디터를 재시작한다. 에디터가 재시작되면, 이제 Enhanced Input 플러그인이 활성화된다. 이제 엔진에 플레이어 입력을 처리하는 데 향상된 입력 클래스를 사용하도록 지정할 수 있다.

3. 이를 위해 **Edit ➤ Project Settings ➤ Engine ➤ Input**으로 이동한다. 그런 다음, **Default Classes** 카테고리(거의 끝부분)에서 **Default Player Input Class** 속성을 Enhanced PlayerInput으로 설정하고, **Default Input Component Class** 속성을 EnhancedInput Component로 설정한다. 이제 Enhanced Input 플러그인이 활성화되고 Enhanced Input의 클래스를 사용하도록 설정했기 때문에 이 장의 내용을 진행할 수 있다.

입력 콘텍스트와 입력 액션을 더 자세히 살펴보기 위해 다음 단계에 따라 이 애셋들을 검토해보자.

1. **콘텍스트 브라우저**에서 마우스 오른쪽 버튼을 클릭하고, **Input ➤ Input Action**을 선택한다. 새로 생성된 입력 액션의 이름을 IA_Movement로 지정하고 이 애셋을 연다. 그러면 다음과 같은 파라미터를 가진 입력 액션 창이 나타날 것이다.

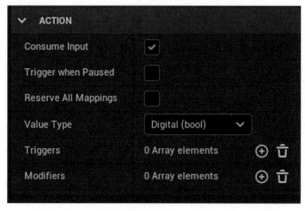

그림 4.1 액션 창

이제 각 옵션들을 자세히 살펴보자.

- **Consume Input**: 이 속성은 동일한 키로 발생하는 다른 액션을 차단할지 여부를 지정한다. true로 설정되면, 동일한 키로 발생하는 우선순위가 낮은 다른 입력 액션이 발생하지 않는다.

- **Trigger When Paused**: 이 속성은 게임이 일시 정지 상태에서도 입력 액션을 발생시킬지 여부를 지정한다.

- **Reserve All Mappings**: 이 속성은 동일한 키로 입력이 발생할 경우 더 높은 우선순위의 입력 액션을 발생시킬지 여부를 지정한다.

- **Value Type**: 이 속성은 입력 액션의 값 타입을 지정한다. 지정할 수 있는 값은 다음과 같다.

  - **Digital(bool)**: 이 값은 바이너리^(두 가지) 상태를 갖는 입력 액션에 사용된다. 예를 들어, 플레이어가 눌렀는지 누르지 않았는지에 따라 동작이 달라지는 점프 입력 액션에 이 값을 사용한다.

  - **Axis 1D(float)**: 1차원의 스칼라^{scalar} 상태를 갖는 입력 액션에 사용한다. 예를 들어, 게임패드의 트리거^{trigger}를 사용해 레이싱 게임에서 가속 페달을 제어하는 경우에 이 값을 사용한다.

  - **Axis 2D(Vector2D)**: 이 값은 2차원의 스칼라 상태를 갖는 입력 액션에 사용한다. 예를 들어, 캐릭터를 이동하는 액션은 전방 축과 측면 축이라는 2개의 축을 사용하기 때문에 이 값을 사용하는 것이 적절하다.

- **Axis 3D(Vector3D)**: 이 값은 3차원의 스칼라 상태를 갖는 입력 액션에 사용한다. 이 값은 다른 값들만큼 자주 사용되지는 않지만, 사용해야 하는 경우도 있다.

- **Triggers**: 이 속성은 입력 액션을 실행할 키 이벤트를 지정한다. 이 값은 다음 목록의 조합으로 구성할 수 있다.

  - **Chorded Action**: 지정된 다른 입력 액션이 발생하는 한 이 입력 액션도

발생한다.

- ○ **Down**: 키가 동작 임계값^{actuation threshold}을 초과하는 모든 프레임에 입력 액션이 발생한다.

> **NOTE**
>
> 동작 임계값은 입력 액션을 실행하기 위해 고려하는 키 입력 값을 의미한다. 바이너리 키(예: 키보드의 키)는 0(눌리지 않음) 또는 1(눌림)의 입력 값을 가진다. 반면 게임패드의 트리거와 같은 스칼라 키는 입력 값이 0에서 1로 연속적으로 이동하며, 썸스틱의 축 입력의 경우 입력 값이 −1에서 1로 연속적으로 이동한다.

- **Hold**: 지정된 시간 동안 동작 임계값을 초과하면 입력 액션이 발생한다. 한 번 또는 매 프레임 입력 액션을 발생시킬지 여부를 선택적으로 지정할 수 있다.

- **Hold and Release**: 키 입력이 지정된 시간 동안 동작 임계값을 초과한 다음, 해당 임계값을 다시 초과하지 않게 되면 입력 액션이 발생한다.

- **Pressed**: 키 입력이 동작 임계값을 초과하면 입력 액션이 발생하며, 키 입력이 해제될 때까지 다시 입력이 발생하지 않는다.

- **Pulse**: 키 입력이 임계값을 초과하는 한 지정한 간격으로 계속해서 입력이 발생한다. 첫 번째 펄스가 입력 액션을 발생시킬지 여부와 호출 가능한 최대 횟수를 지정할 수 있다.

- **Released**: 키 입력이 임계값을 초과하지 않으면 입력 액션이 발생하지 않으며, 키가 동작 임계값을 초과한 후에 키 누름이 해제될 때 입력 액션이 발생한다.

- **Tap**: 키 입력이 동작 임계값을 초과한 후, 지정된 시간 안에 키를 눌렀다가 해제하면 입력 액션이 발생한다.

- **Modifiers**: 이 속성은 입력 액션의 입력을 수정하는 방법을 지정한다.

- **Dead Zone**: 키의 입력 값이 하한 값^{lower threshold}보다 낮으면 0으로 인식하고, 상한 값^{upper threshold}보다 높으면 1로 인식한다.

- **FOV Scaling**: 키의 입력 값이 시야각^(FOV)과 함께 조정된다. 시야각이 증가하면 키의 입력 값도 증가하고, 시야각이 줄어들면 키 입력 값도 함께 줄어든다.

- **Modifier Collection**: 지정된 모디파이어^(modifier)의 목록에 따라 키의 입력이 수정된다.

- **Negate**: 키의 입력 값이 반전된다(예: 입력이 1이면 -1로).

- **Response Curve - Exponential**: 지수형 커브가 키 입력에 적용된다.

- **Response Curve – User Defined**: 사용자가 지정한 곡선이 키 입력에 적용된다.

- **Scalar**: 입력 키의 각 축에 지정한 스칼라에 따라 입력 값이 조정된다.

- **Smooth**: 키의 입력 값이 여러 프레임에 걸쳐 부드럽게 조정된다.

- **Swizzle Input Axis Values**: 키 입력의 순서를 변경할 수 있다.

- **To World Space**: 키 입력의 축이 월드 공간으로 변환된다.

2. 이제 **콘텍스트 브라우저**에서 마우스 오른쪽 버튼을 클릭하고 **Input > Input Context**를 선택한다. 새로 생성된 애셋의 이름을 IC_Character로 지정하고 애셋을 연다.

   입력 액션 콘텍스트 창이 나타날 것이다. 살펴보면 **MAPPINGS** 속성이 비어 있는 것을 볼 수 있다.

그림 4.2 MAPPINGS 속성

3. 새 매핑을 추가해보자. **Mappings** 속성 옆의 + 버튼을 누른다. 새 속성이 나타나고, 여기서 이 매핑에 연결할 입력 액션을 지정할 수 있다.

이 입력 액션은 여러 다른 키를 통해 입력을 발생시킬 수 있으며 각 키는 자체 트리거와 모디파이어를 가질 수 있다. 이는 입력 액션이 갖는 자체 속성과 동일하게 동작한다.

> **NOTE**
>
> 트리거와 모디파이어 속성을 수정하는 일반적인 방법은 입력 콘텍스트 애셋의 **Modifiers**와 입력 액션 자체의 **Triggers**를 변경하는 것이다.

> **NOTE**
>
> 이 책에서는 이 속성들을 사용하지 않지만, 각 입력 매핑 콘텍스트에 대해 **Is Player Mappable** 속성을 선택하고 **Player Mappable Options**를 지정해 플레이어가 입력 액션을 수정할 수 있도록 할지 여부를 지정할 수 있다.

1장, '언리얼 엔진 소개'에서 삼인칭 템플릿 프로젝트를 생성했을 때는 **W, A, S, D** 키와 게임패드의 왼쪽 썸스틱, 스페이스 바와 게임패드 하단 버튼으로 이동과 점프에 대한 입력이 이미 구성돼 있었다.

콘텍스트를 살펴보기 위해 Xbox One 컨트롤러를 생각해보자. 컨트롤러는 다음과 같이 분류할 수 있다.

- 왼쪽 아날로그 스틱은 게임에서 일반적으로 움직임을 제어하는 데 사용된다.

- D-Pad는 움직임을 제어할 때 사용되며 다른 다양한 목적으로도 사용된다.

- 오른쪽 아날로그 스틱은 일반적으로 카메라 및 시야를 제어하는 데 사용된다.

- 전면 버튼(X, Y, A, B 버튼)은 게임에 따라 다양하게 사용되지만, 일반적으로 플레이어가 게임 월드에서 행할 행동을 수행하는 데 사용된다.

- 범퍼bumper 및 트리거(LB, RB, LT, RT)는 조준과 사격 또는 가속과 정지 같은 행동에 사용될 수 있다.

지금까지 입력 액션을 살펴봤다. 다음 실습을 통해 입력 액션을 추가해보자.

실습 4.01: Movement와 Jump 입력 액션 생성하기

이번 실습에서는 Movement와 Jump 입력 액션의 매핑을 추가한다.

다음 단계에 따라 실습을 진행해보자.

1. IA_Movement 입력 액션을 연다.

2. **값 타입**^{Value Type}을 Axis2D로 설정한다. 캐릭터의 움직임은 2개의 축, 즉 전방 축_(입력 액션의 Y축 입력)과 측면 축_(입력 액션의 X축 입력)으로 이뤄지기 때문에 입력 액션의 타입을 Axis2D로 만든다.

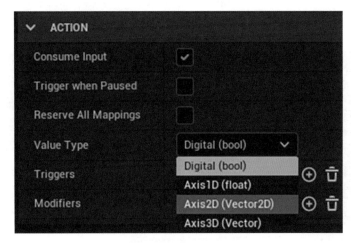

그림 4.3 Value Type 옵션

3. **Down** 타입의 새 트리거를 추가하고, **Actuation Threshold**를 0,1로 설정한다. 이렇게 하면 이 입력 액션은 매핑된 키들 중 하나가 적어도 **0,1**의 동작 임계값을 넘어야 호출된다.

그림 4.4 Down 트리거

4. IC_Character 입력 콘텍스트를 연다.

5. **Mappings** 속성의 오른쪽에 있는 + 버튼을 클릭해 새 매핑을 추가한다.

그림 4.5 새 입력 매핑 추가하기

6. 추가를 완료하면, 속성이 **Empty** 또는 **None**으로 설정된 새로운 빈 매핑을 볼 수
   있다.

그림 4.6 새 입력 매핑의 기본 설정

7. 이 매핑의 입력 액션(None으로 설정돼 있는 첫 번째 속성)을 **IA_Movement**로 설정한다.

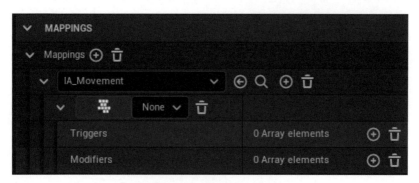

그림 4.7 새 IA_Movement 매핑

8. 이 매핑의 첫 번째 키를 **게임패드 왼쪽 썸스틱 Y축**[Gamepad Left Thumbstick Y-Axis]으로 설정한다.

그림 4.8 Gamepad Left Thumbstick Y-Axis 키

NOTE

설정하려는 키가 연결된 입력 장치(예: 마우스, 키보드, 게임패드 등) 중 하나인 경우, 키 드롭다운 왼쪽에 있는 버튼을 클릭한 다음 원하는 실제 키를 눌러 매핑이 가능하다. 이 방법을 사용하면 목록을 검색하는 대신 키를 눌러 직접 설정하는 것이 가능하다. 예를 들어 키보드의 **F** 키를 사용하도록 설정하려는 경우, 매핑 왼쪽에 있는 버튼을 클릭하고 **F** 키를 누르면 이 키가 매핑에 설정된다.

매핑한 이 키가 입력 액션의 X축이 아닌 Y축을 제어하도록 설정해야 한다. 이를 위해 Swizzle Input Axis Values 모디파이어를 추가하고 **Order**를 YXZ 값으로 설정한다.

그림 4.9 Swizzle Input Axis 모디파이어

9. 입력 액션 세트 오른쪽에 있는 + 버튼을 클릭해 입력 액션에 매핑하기 위한 새 키를 추가한다.

그림 4.10 IA_Movement 오른쪽에 있는 + 버튼

10. 추가된 새 키를 **게임패드 왼쪽 썸스틱 X축**Gamepad Left Thumbstick X-Axis으로 설정한다. 이 키는 이미 입력 액션의 X축 움직임을 제어하기 때문에 모디파이어를 추가하지 않아도 된다.

11. 입력 액션에 새 키를 추가한다. 이번에는 **W** 키를 매핑한다. 이 키는 캐릭터를 앞으로 이동시키는 데 사용할 것이며, 입력 액션의 Y축을 사용하기 때문에 이전에 했듯이 **YXZ** 값을 갖는 **Swizzle Input Axis** 모디파이어를 추가해야 한다.

12. 입력 액션의 새 키를 추가한다. 이번에는 **S** 키를 매핑한다. 이 키는 캐릭터를 뒤로 이동시키는 데 사용할 것이며, 입력 액션의 Y축을 사용하기 때문에 이전에 했듯이 **YXZ** 값을 갖는 **Swizzle Input Axis** 모디파이어를 추가해야 하며, 새로운 모디파이어인 **Negate**도 추가해야 한다. **Negate**가 필요한 이유는 이 키를 누를 때(입력이 1일 때) Movement 입력 액션의 값을 Y축에서 -1로 설정하기 위해서다.

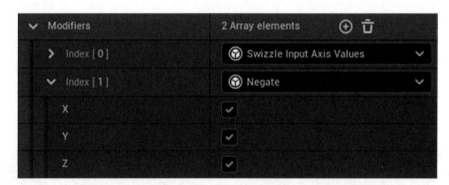

그림 4.11 Swizzle Input Axis Values와 Negate 모디파이어

13. 입력 액션에 새 키를 추가한다. 이번에는 **D** 키를 매핑한다. 이 키는 캐릭터를 오른쪽으로 이동시키는 데 사용할 것이며, 입력 액션의 양의 X축을 사용하기 때문에 모디파이어는 필요하지 않다.

14. 입력 액션에 새 키를 추가한다. 이번에는 **A** 키를 매핑한다. 이 키는 캐릭터를 왼쪽으로 이동시키는 데 사용할 것이며, 입력 액션의 음의 X축을 사용하기 때문에 **S** 키와 같이 **Negate** 모디파이어가 필요하다.

15. 새 입력 액션 애셋을 생성하고 IA_Jump로 이름을 지정한 다음, 애셋을 연다.

16. **Down** 트리거를 추가하고 **Actuation Threshold**를 0.5로 설정한다.

그림 4.12 Down 트리거

17. IC_Character 입력 콘텍스트 애셋으로 다시 돌아가 **Mappings** 속성에 새 입력 액션을 추가한다. 이번에는 방금 생성한 **IA_Jump** 입력 액션을 지정한다.

그림 4.13 IA_Jump 매핑

18. 이 매핑에 **스페이스 바**^{Space Bar}와 **게임패드 전면 아래 버튼**^{Gamepad Face Button Bottom}이라는 2개의 키를 추가한다. 여러분이 Xbox 컨트롤러를 사용한다면, 이 버튼은 **A** 버튼에 해당한다. 플레이스테이션 컨트롤러를 사용한다면, **X** 버튼에 해당한다.

그림 4.14 IA_Jump 매핑 키

이 단계를 완료함으로써 이 장의 첫 번째 실습을 완료했다. 이번 실습을 통해 UE5에서 입력 액션 매핑을 지정하는 방법을 배웠고, 이를 통해 게임 내 작업을 담당하는 키를 추상화할 수 있었다.

이제 UE5가 플레이어 입력을 어떻게 다루고 게임 내에서 어떻게 처리하는지를 살펴보자.

⠿ 플레이어 입력 처리하기

플레이어 캐릭터의 점프를 위해 플레이어가 스페이스 바와 연결된 점프 입력 액션을 누르는 상황을 생각해보자. 플레이어가 스페이스 바를 누르는 순간과 게임이 플레이어 캐릭터를 점프하게 만드는 순간 사이에 두 이벤트를 연결하려면 꽤나 많은 일이 벌어져야 한다.

한 이벤트에서 다른 이벤트로 이어지는 데 필요한 모든 단계를 살펴보자.

1. **하드웨어 입력**: 플레이어는 스페이스 바를 누른다. UE5는 이 키 누름 이벤트에 반응하기 위해 기다린다.

2. **PlayerInput 클래스**: 키가 눌리거나 해제되면 그 후에 이 클래스가 이 키 입력을 입력 액션으로 변환한다. 해당하는 입력 액션이 있으면, 이 입력 액션을 수신하는 모든 클래스에 키 눌림, 키 해제, 업데이트된 내용을 알린다. 앞의 예의 경우, 스페이스 바가 점프 입력 액션과 연결돼 있다는 것을 알린다.

3. **플레이어 컨트롤러 클래스**: 게임에서 플레이어를 나타내는 데 사용되는 이 클래스는 이런 키 입력 이벤트를 가장 먼저 수신하는 클래스다.

4. **폰 클래스**: 폰 클래스(이 클래스를 상속하는 캐릭터 클래스도 포함)는 플레이어 컨트롤러가 빙의하고 있는 한, 플레이어 컨트롤러로부터 이런 키 입력을 받을 수 있다. 플레이어 컨트롤러가 빙의하고 있다면, 플레이어 컨트롤러가 입력을 받은 후에 이런 입력 이벤트가 폰에 전달된다. 이 장에서는 C++ 클래스를 사용해 액션 및 축 이벤트를 수신한다.

지금까지 살펴본 내용을 통해 UE5가 플레이어 입력을 다루는 내용을 배웠다. 이제 다음 실습을 통해 C++에서 입력 액션을 수신하는 방법을 살펴보자.

실습 4.02: Movement 및 Jump 입력 액션 수신하기

이번 실습에서는 C++의 캐릭터 클래스를 이전 절에서 만든 입력 액션에 등록한다. 이 과정은 캐릭터 클래스의 특정 함수를 바인딩하는 방식으로 진행된다.

플레이어 컨트롤러나 캐릭터가 입력 액션을 수신할 때는 SetupPlayerInputComponent 함수를 사용해 입력 액션 델리게이트^{delegate}를 등록하는 방법을 주로 사용한다. MyThirdPersonChar 클래스에는 이 함수에 대한 선언 및 구현이 이미 있을 것이다. 다음 단계에 따라 캐릭터 클래스가 이 이벤트를 수신하도록 설정해보자.

1. MyThirdPersonChar 클래스의 헤더 파일을 비주얼 스튜디오에서 연다. 그리고 SetupPlayerInputComponent라는 이름의 함수가 protected로 선언돼 있는지 확인한다. 이 함수는 반환 값은 없고, UInputComponent* PlayerInputComponent 속성을 파라미터로 받는다. 이 함수는 virtual 및 override 키워드가 표시돼 있을 것이다.

```
virtual void SetupPlayerInputComponent(
class UInputComponent* PlayerInputComponent) override;
```

2. public 클래스 UInputMappingContext* 속성을 IC_Character라는 이름으로 선언한다. 이 속성은 UPROPERTY를 지정하고 EditAnywhere와 Category = Input 태그를 추가해야 한다. 이 속성은 캐릭터의 입력을 위해 추가할 입력 콘텍스트다.

```
UPROPERTY(EditAnywhere, Category = Input)
class UInputMappingContext* IC_Character;
```

3. 그런 다음, 캐릭터의 입력을 수신하기 위해 입력 액션을 추가해야 한다. 2개의 public 클래스 UInputAction* 속성을 추가한다. 이름은 각각 IA_Move와 IA_Jump로 지정한다. 모두 UPROPERTY를 지정하고, EditAnywhere와 Category = Input 태그를 추가한다. 아래 코드를 참고하자.

```
UPROPERTY(EditAnywhere, Category = Input)
class UInputAction* IA_Move;

UPROPERTY(EditAnywhere, Category = Input)
class UInputAction* IA_Jump
```

4. 캐릭터 클래스의 소스 파일을 열고, SetupPlayerInputComponent의 구현이 있는지 확인한다.

```
void AMyThirdPersonChar::SetupPlayerInputComponent(class
UInputComponent* PlayerInputComponent)
{
}
```

5. UE5에서는 레거시 입력 컴포넌트를 사용하거나 향상된 입력 컴포넌트를 사용할 수 있으므로 이 점을 고려해야 한다. 이전 함수의 구현부에서 PlayerInputComponent 파라미터를 UEnhancedInputComponent 클래스로 형 변환하고, UEnhancedInputComponent* 타입의 EnhancedPlayerInputComponent 변수에 저장하는 것으로 시작한다.

```
UEnhancedInputComponent* EnhancedPlayerInputComponent =
Cast<UEnhancedInputComponent>(PlayerInputComponent);
```

UEnhancedInputComponent를 사용하기 때문에 다음의 헤더를 추가해야 한다.

```
#include "EnhancedInputComponent.h"
```

6. EnhancedInputComponent가 nullptr이 아니면 Controller 속성을 APlayerController 로 형 변환하고, 이를 PlayerController 로컬 변수에 저장한다.

```
if (EnhancedPlayerInputComponent != nullptr)
{
  APlayerController* PlayerController =
  Cast<APlayerController>(GetController());
}
```

새로 생성된 PlayerController가 nullptr이 아니라면, UEnhancedLocalPlayerSubsy stem을 요청한 후 IC_Character 입력 콘텍스트를 추가해 여기에 추가된 입력 액션 들을 활성화할 수 있다.

7. 이를 위해서는 EnhancedSubsystem이라는 이름으로 UEnhancedLocalPlayerSubsystem* 타입의 속성을 새로 생성하고, ULocalPlayer::GetSubsystem 함수에서 해당 값을 반환하도록 설정한다. 이 함수는 서브시스템을 나타내는 템플릿 파라미터(UEnhancedLo calPlayerSubsystem)와 ULocalPlayer* 타입의 일반 파라미터를 받는다. 마지막 파라미

터의 타입은 게임의 현재 인스턴스에서 폰을 제어하는 플레이어를 나타내며, 이를 위해 PlayerController->GetLocalPlayer()를 호출해 전달한다.

```
UEnhancedInputLocalPlayerSubsystem* EnhancedSubsystem =
ULocalPlayer::GetSubsystem<UEnhancedInputLocalPlayerSubsystem>
(PlayerController->GetLocalPlayer());
```

UEnhancedLocalPlayerSubsystem을 사용하기 때문에 다음의 헤더 파일을 추가해야 한다.

```
#include "EnhancedInputSubsystems.h"
```

8. EnhancedSubsystem이 nullptr이 아니라면, 다음의 파라미터를 받는 AddMappingContext 함수를 호출한다.

   - **UInputMappingContext* 매핑 콘텍스트**: 활성화하려는 입력 콘텍스트. 실습에서는 IC_Character를 전달한다.

   - **Int32 우선순위**: 이 입력 콘텍스트에 설정할 우선순위 값. 실습에서는 1을 전달한다.

   ```
   EnhancedSubsystem->AddMappingContext(IC_Character, 1);
   ```

9. UInputMappingContext를 사용하기 때문에 다음 헤더를 추가한다.

   ```
   #include "InputMappingContext.h"
   ```

10. 지금까지 입력 콘텍스트를 활성화하기 위한 로직을 추가했다. 이제 입력 액션 이벤트를 수신하기 위한 로직을 추가해보자. PlayerController가 nullptr인지 여부를 확인하는 단계 이후에 코드를 추가한다. 하지만 코드를 추가해야 하는 위치는 여전히 EnhancedPlayerInputComponent가 nullptr인지 여부를 확인하는 괄호 안쪽이다.

```
if (EnhancedPlayerInputComponent != nullptr)
{
  APlayerController* PlayerController =
  Cast<APlayerController>(GetController());
  if (PlayerController != nullptr)
  {
    ...
  }

  // 코드를 추가할 위치
}
```

IA_Movement 입력 액션 이벤트를 받으려면 EnhancedPlayerInputComponent에서
BindAction 함수를 호출해야 한다. 이 함수는 다음의 파라미터를 받는다.

- **UInputAction* 액션**: 입력 이벤트를 받을 입력 액션. 실습에서는 IA_Movement
  속성을 전달한다.

- **ETriggerEvent 트리거 이벤트**: 함수를 호출할 입력 이벤트. 이 입력 액션은 사
  용 중인 모든 프레임에서 발생하고, Down 트리거를 사용해 이벤트를 발생시
  키기 때문에 이를 트리거 이벤트로 전달한다.

- **UserClass* 오브젝트**: 콜백 함수가 호출될 오브젝트. 실습에서는 this 포인터
  를 전달한다.

- **HANDLER_SIG::TUObjectMethodDelegate<UserClass>::FMethodPtr Func**: 이 속
  성은 선언이 다소 길지만, 이 이벤트가 발생할 때 호출될 함수의 포인터를 의
  미한다. & 다음에 클래스 이름을 지정하고 :: 이후에 함수 이름을 지정한다.
  실습에서는 다음 단계에서 생성할 Move 함수가 호출되도록 하기 위해 &AMyTh
  irdPersonChar::Move로 지정한다.

```
EnhancedPlayerInputComponent->BindAction(IA_Move,
ETriggerEvent::Triggered, this, &AMyThirdPersonChar::Move);
```

UInputAction을 사용하기 때문에 다음 헤더를 추가한다.

```
#include "InputAction.h"
```

11. 이제 플레이어 캐릭터가 점프를 시작하게 하는 함수를 바인딩한다. 이를 위해 IA_Move 입력 액션에서 추가한 BindAction 함수를 복제하고, 다음에 따라 코드를 변경한다.

- IA_Move 입력 액션을 전달하는 대신 IA_Jump 입력 액션을 전달한다.

- &AMyThirdPerconChar::Move 함수를 전달하는 대신 &ACharacter::Jump를 전달한다. 이 함수는 캐릭터를 점프하도록 만든다.

- ETriggerEvent::Trigger를 전달하는 대신 ETriggerEvent::Started를 전달한다. 이렇게 하면 키를 누르기 시작할 때와 누르기를 멈출 때 이벤트를 받을수 있다.

```
EnhancedPlayerInputComponent->BindAction(IA_Jump,
ETriggerEvent::Started, this, &ACharacter::Jump);
```

12. 플레이어 캐릭터의 점프를 멈추는 함수를 바인딩하기 위해 이번에는 BindAction 함수를 복제하고 다음과 같이 코드를 변경한다.

- ETriggerEvent::Started를 전달하는 대신 ETriggerEvent::Completed를 전달해 입력 액션 이벤트의 발생이 중단될 때 함수가 호출되도록 한다.

- &ACharacter::Jump를 전달하는 대신 &ACharacter::StopJumping을 전달한다. 이 함수는 캐릭터의 점프를 중단시킨다.

```
EnhancedPlayerInputComponent->BindAction(IA_Jump,
ETriggerEvent::Completed, this, &ACharacter::StopJumping);
```

NOTE

입력 액션 이벤트를 받는 데 사용되는 모든 함수는 파라미터를 받지 않거나 FInputActionValue& 타입
의 파라미터를 받는다. 이를 사용해 값 타입을 확인한 후 올바른 타입의 값을 가져와 사용할 수 있다.
예를 들어 이 함수를 호출하는 입력 액션에 Digital 값 타입이 설정된 경우에는 값 타입이 bool 유형이
되지만, Axis2D 값 타입인 경우에는 FVector2D 유형이 된다. Axis2D는 Move 함수에 사용할 유형이며
이 값 타입은 이동 유형에 적합하다.

입력 액션을 수신하는 또 다른 방법으로 델리게이트가 있다. 이 방식은 이 책의 범위를 벗어나므로 여
기서 다루지 않는다.

13. 이전 단계에서 참조한 Move 함수를 작성해보자. 클래스의 헤더 파일로 이동한 다
음, protected 아래에 Move 함수의 선언을 추가한다. Move 함수는 반환형이 없고
const FInputActionValue& Value 파라미터를 받는다.

```
void Move(const FInputActionValue& Value);
```

14. FInputActionValue를 사용하기 때문에 다음의 헤더를 추가한다.

```
#include "InputActionValue.h"
```

15. 클래스의 소스 파일에서 이 함수의 정의를 추가한다. Value 파라미터의 입력에서
FVector2D를 가져오는 것으로 시작하며, 이를 위해 Value에서 Get 함수를 호출하고
FVector2D 타입의 템플릿 파라미터를 전달한다. 함수의 반환 값을 InputValue 로컬
변수에 저장한다.

```
void AMyThirdPersonChar::Move(const FInputActionValue& Value)
{
    FVector2D InputValue = Value.Get<FVector2D>();
}
```

16. 이어서 Controller 속성이 유효한지(nullptr이 아닌지) 확인하고, InputValue 속성의 X
또는 Y 값이 0이 아닌지 확인한다.

```
if (Controller != nullptr && (InputValue.X != 0.0f ||
InputValue.Y != 0.0f))
```

이 모든 조건이 참이면 Z축(요(yaw))에서 카메라의 회전을 가져와 카메라가 향하는 방향을 기준으로 캐릭터를 이동시킬 수 있다. 이를 위해서는 피치pitch(Y축 회전)와 롤roll(X축 회전)에 0을 설정하고, 카메라의 현재 요(Z축 회전) 값을 설정해 YawRotation이라는 새 FRotator 속성을 생성한다. 카메라의 요 값을 얻기 위해 PlayerController의 GetControlRotation 함수를 호출한 다음, 요(Yaw) 속성을 가져온다.

```
const FRotator YawRotation(0, Controller->GetControlRotation().Yaw, 0);
```

NOTE

FRotator의 생성자는 피치(Pitch), 요(Yaw), 롤(Roll) 값의 순서로 파라미터를 받는다.

- 그런 다음, InputValue의 X 속성이 0이 아닌지 확인한다.

```
if (InputValue.X != 0.0f)
{
}
```

- 조건에 만족하면, YawRotation의 Right 벡터를 가져와 FVector RightDirection 변수에 저장한다. 로테이터rotator의 Right 벡터는 KistemMathLibrary 오브젝트의 GetRightVector 함수를 호출해 얻을 수 있다. 로테이터나 벡터의 Right 벡터는 단순히 오른쪽 방향을 가리키며 다른 방향(앞 방향, 위 방향)과 직교하는 벡터다. 이를 통해 카메라가 현재 향하는 방향을 기준으로 오른쪽 방향을 가리키는 벡터를 결과로 얻을 수 있다.

```
const Fvector RightDirection =
  UkismetMathLibrary::GetRightVector(YawRotation);
```

- 이제 캐릭터를 지정한 방향으로 이동시키는 AddMovementInput 함수를 호출할 수 있다. 이 함수를 호출하고, RightDirection과 InputValue의 X 값을 파라미터로 전달한다.

```
AddMovementInput(RightDirection, InputValue.X);
```

- KismetMathLibrary와 Controller 오브젝트를 모두 사용하기 때문에 소스 파일 상단에 관련 헤더를 추가한다.

```
#include "Kismet/KismetMathLibrary.h"
#include "GameFramework/Controller.h"
```

17. InputValue의 X 속성이 0이 아닌지 확인한 후 Y 속성도 0이 아닌지 확인한다.

```
if (InputValue.X != 0.0f)
{
   ...
}
if (InputValue.Y != 0.0f)
{
}
```

18. 조건에 만족하면, YawRotation의 Vector 함수를 호출하고 반환 값을 FVector ForwardDirection 변수에 저장한다. 이 함수는 FRotator를 FVector로 변환하며, 로테이터의 ForwardVector를 얻는 것과 동일하다. 이 함수의 반환 값은 카메라가 현재 바라보는 방향을 기준으로 앞을 가리키는 벡터다.

```
const FVector ForwardDirection = YawRotation.Vector();
```

이제 AddMovementInput 함수를 호출하고, ForwardDirection과 InputValue의 Y 속성을 전달한다.

```
AddMovementInput(ForwardDirection, InputValue.Y);
```

19. 코드를 컴파일하기 전에 프로젝트의 Build.cs 파일에 EnhancedInput 플러그인을 추가한다. 이렇게 하면 UE5에 우리가 이 플러그인을 사용한다는 것을 알릴 수 있다. 플러그인을 추가하지 않으면, 프로젝트의 일부가 컴파일되지 않는다.

20. 프로젝트의 Source/〈프로젝트이름〉 폴더에서 .Build.cs 파일을 연다. 이 파일은 C++가 아니라 C# 파일이며, 프로젝트의 소스 폴더 안에 있다.

21. 파일을 열면 `PublicDependencyModuleNames` 속성을 호출하는 `AddRange` 함수를 찾을 수 있을 것이다. 이 함수를 통해 이 프로젝트에서 어떤 모듈들을 사용할 것인지를 엔진에 알린다. 프로젝트에서 사용할 모듈의 이름을 문자열 배열 파라미터로 전달한다. 향상된 입력을 사용할 것이므로 `EnhancedInput` 모듈을 `InputCore` 모듈 다음에 추가한다.

```
PublicDependencyModuleNames.AddRange(new string[] {
"Core",
"CoreUObject", "Engine", "InputCore", "EnhancedInput",
"HeadMountedDisplay" });
```

22. 이제 `EnhancedInput` 모듈을 사용할 것이라고 엔진에 알렸다. 코드를 컴파일하고, 에디터를 연 다음, `BP_MyTPS` 블루프린트 애셋을 연다. `Jump` 입력 액션 이벤트 및 이 이벤트와 연결된 노드를 삭제한다. 같은 작업을 `MoveForward` 입력 축, `MoveRight` 입력 축 이벤트에 대해서도 진행한다. 이 로직을 C++에서 복제해 처리할 예정이며, 입력 처리 시 충돌이 발생하지 않도록 블루프린트의 기능을 제거한다.

23. 다음으로 **IC Character** 속성을 **IC_Character** 입력 콘텍스트로 설정하고, **IA Move** 속성을 **IA_Movement** 입력 액션으로 설정한다. **IA Jump** 속성을 **IA_Jump** 입력 액션으로 설정한다.

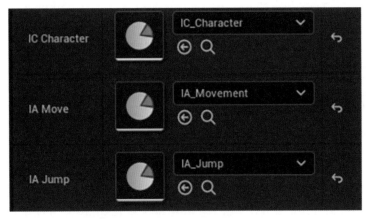

그림 4.15 IC Character, IA Move, IA Jump 속성

24. 이제 레벨을 플레이한다. 키보드의 **W, A, S, D** 키 또는 컨트롤러의 왼쪽 썸스틱으로 캐릭터를 이동시킬 수 있고, 스페이스 바나 게임패드의 전면 아래 버튼을 사용해 점프할 수 있을 것이다.

그림 4.16 플레이어 캐릭터가 움직이는 모습

위의 단계를 모두 완료함으로써 이번 실습을 완료할 수 있다. 실습을 통해 UE5에서 C++를 사용해 입력 액션 이벤트를 생성하고 수신하는 방법을 배웠다. 입력 처리는 게임 개발의 매우 중요한 측면 중 하나다. 따라서 게임 개발 여정에서 중요한 단계를 완료한 것이라 할 수 있다.

이번 실습을 통해 캐릭터의 이동과 점프에 대한 모든 로직을 작성했다. 이제 캐릭터 주변으로 카메라를 회전시키는 로직을 작성해보자.

캐릭터 주변으로 카메라 회전시키기

카메라는 게임이 플레이되는 동안 플레이어에게 무엇을 어떻게 보여줄지 결정하므로 게임에서 매우 중요하다. 이 프로젝트에 해당하는 삼인칭 게임의 경우, 플레이어 주변의 월드를 보여주는 것뿐만 아니라 플레이어가 조작하는 캐릭터도 보여줘야 한다. 캐릭터가 대미지를 입거나 떨어지는 등의 상황이 발생할 때 플레이어가 자신이 조작하는 캐릭터의 상태를 항상 알 수 있도록 플레이어가 선택한 방향을 카메라가 향하도록 하는 것이 중요하다.

최근 대부분의 삼인칭 게임들과 비슷하게 플레이어 캐릭터 주변을 카메라가 회전할 수 있도록 설정해보자. 2장, '언리얼 엔진을 활용한 작업'에서 카메라^{Camera}와 스프링 암^{Spring Arm} 컴포넌트를 설정한 이후 부분에 새로운 Look 입력 액션을 추가해보자. 다음의 단계에 따라 입력 액션을 추가한다.

1. IA_Move 입력 액션을 복제(콘텐츠 브라우저에서 Ctrl + D 키를 누르거나 마우스 오른쪽 버튼을 클릭하고 Duplicate 메뉴를 선택해 복제할 수 있다)하고, 새로 생성된 애셋의 이름을 IA_Look으로 지정한다. 새로 추가한 입력 액션의 설정이 IA_Move 입력 액션과 비슷하기 때문에 복제된 애셋을 그대로 둔다.

2. 이어서 IA_Character 입력 콘텍스트를 열고 IA_Look 입력 액션을 위한 새 매핑을 추가한다.

3. 새로 추가한 매핑에 **Mouse X**, **Mouse Y**, **게임패드 오른쪽 썸스틱 X축**^{Gamepad Right Thumbstick X-Axis}, **게임패드 오른쪽 썸스틱 Y축**^{Gamepad Right Thumbstick Y-Axis} 키를 추가한다. Y 키는 입력 액션의 *Y*축을 제어하기 때문에 **Swizzle Input Axis Values** 모디파이어를 추가해야 한다(Mouse Y와 게임패드 오른쪽 썸스틱 Y축 키). 추가로, **Mouse Y** 키는 마우스를 위로 드래그할 때 카메라를 내리기 위해 입력의 부호를 바꾸는 **Negate** 모디파이어도 추가한다.

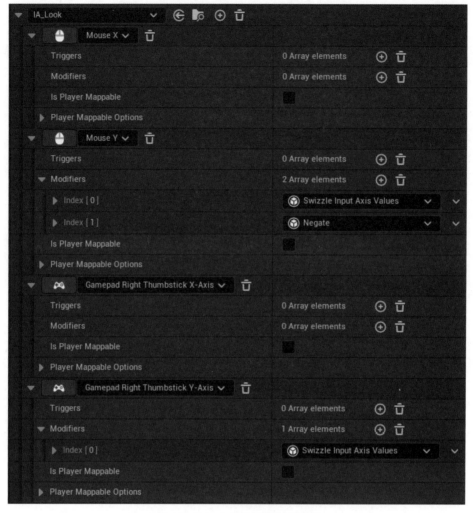

그림 4.17 IA_Look 입력 액션에 대한 매핑

이제 플레이어 입력에 따라 카메라를 회전시키는 C++ 로직을 추가해보자.

1. MyThirdPersonChar 클래스의 헤더 파일로 이동해 public 키워드 아래에 class
   UInputAction* IA_Look 속성을 추가한다. UPROPERTY를 추가하고, EditAnywhere와
   Category = Input 태그를 지정한다.

```
UPROPERTY(EditAnywhere, Category = Input)
class UInputAction* IA_Look;
```

2. 다음으로 protected 키워드 아래에 Look이라는 이름의 함수를 추가한다. 이 함수
   는 반환 값이 없으며, const FInputActionValue& Value 파라미터를 받는다.

```
void Look(const FInputActionValue& Value);
```

3. 그다음에는 클래스의 소스 파일에서 SetupPlayerInputComponent 함수의 정의 부분
   으로 이동한다. IA_Move 입력 액션의 수신을 처리하는 라인을 복제한다. 복제한 코
   드에서 첫 번째 파라미터를 IA_Look으로 바꾸고, 마지막 파라미터를 &AMyThirdPer
   sonChar::Look으로 변경한다.

```
EnhancedPlayerInputComponent->BindAction(IA_Look,
ETriggerEvent::Triggered, this, &AMyThirdPersonChar::Look);
```

4. 이어서 Look 함수의 정의를 추가한다. Value 파라미터의 입력을 FVector2D로 읽어
   오는 것으로 시작한다. FVector2D 타입의 템플릿 파라미터를 전달하고 Get 함수를
   호출해 해당 값을 읽을 수 있다. 또한 로컬 변수 InputValue에 반환 값을 저장한다.

```
void AMyThirdPersonChar::Look(const FInputActionValue& Value)
{
  FVector2D InputValue = Value.Get<FVector2D>();
}
```

5. InputValue X 속성이 0이 아닌 경우, AddControllerYawInput 함수를 호출하고 이 값
   을 파라미터로 전달한다. 그런 다음, InputValue Y 속성이 0이 아닐 때 AddControll
   erPitchInput 함수를 호출하고 이 값을 파라미터로 전달한다.

```
if (InputValue.X != 0.0f)
{
  AddControllerYawInput(InputValue.X);
}
if (InputValue.Y != 0.0f)
{
```

```
    AddControllerPitchInput(InputValue.Y);
}
```

NOTE

AddControllerYawInput과 AddControllerPitchInput 함수는 각각 Z축 회전(좌우로 회전)과 Y축 회전(상하로 회전)을 추가하는 기능을 담당한다.

6. 코드 추가를 완료했으면, 코드를 컴파일하고 에디터를 연 다음, **BP_MyTPS** 블루프린트 애셋을 연다. **IA_Look** 속성을 **IA_Look** 입력 액션으로 설정한다.

그림 4.18 IA_Look 속성

레벨을 플레이하면 마우스나 컨트롤러의 오른쪽 썸스틱을 사용해 카메라를 회전시킬 수 있을 것이다.

그림 4.19 카메라가 플레이어 주변을 회전하는 모습

이것으로 플레이어의 입력을 통해 캐릭터 주변으로 카메라를 회전시키는 로직을 완성했다. 게임에 입력을 추가하고 점프, 캐릭터 이동 등 게임 내 동작과 연결하는 방법을 배웠다. 다음 활동에서는 새로운 걷기 동작을 게임에 추가하는 과정을 진행하면서 이번 장에서 배운 내용을 정리한다.

활동 4.01: 캐릭터에 걷기 로직 추가하기

현재 게임에서 캐릭터는 기본적으로 이동 키를 사용해 달리기 때문에 캐릭터의 속도를 줄여 걷도록 할 필요가 있다.

따라서 이번 활동에서는 키보드의 **Shift** 키를 누르고 있거나 게임패드 전면 오른쪽 버튼 _(Xbox 컨트롤러의 B 버튼과 플레이스테이션 컨트롤러의 O 버튼)을 누른 채 이동하면 캐릭터가 걷는 로직을 추가해보자.

다음 단계에 따라 이를 완성한다.

1. IA_Jump 입력 액션을 복제하고 새로 생성된 애셋의 이름을 IA_Walk로 지정한다. 새 입력 액션의 설정이 IA_Jump와 비슷하기 때문에 설정은 복제한 그대로 둔다.

2. 이어서, IA_Character 입력 콘텍스트를 열고 IA_Walk 입력 액션을 위한 새 매핑을 추가한다. 왼쪽 **Shift**와 게임패드 전면 오른쪽 버튼을 새 매핑에 추가한다.

3. MyThirdPersonChar 클래스의 헤더 파일을 열고 class UInputAction* IA_Walk 속성을 추가한다. UPROPERTY를 추가하고 EditAnywhere, Category = Input 태그를 추가한다.

4. 그런 다음, 반환 값이 없고 파라미터도 받지 않는 protected 함수 BeginWalking과 StopWalking의 선언을 추가한다.

5. 클래스의 소스 파일에 이 두 함수의 정의를 추가한다. BeginWalking 함수의 구현에서 캐릭터의 속도를 원래 속도의 40% 수준으로 낮춘다. CharacterMovementComponent의 MaxWalkSpeed 속성을 변경하면 캐릭터의 속도 변경이 가능하다. CharacterMovementComponent를 사용할 때는 GetCharacterMovement 함수를 사용한다.

   StopWalking 함수의 구현에서는 BeginWalking 함수와 반대로 캐릭터의 속도를 걷기 속도의 250% 수준으로 조정한다.

6. 걷기 이벤트를 수신하는 기능을 추가한다. SetupPlayerInputComponent 함수의 구현으로 이동해 BindAction 함수의 호출을 2개 추가한다. 추가한 첫 번째 호출에서 파라미터로 각각 IA_Walk, ETriggerEvent::Started 이벤트, this 포인터와 이 클래스의 BeginWalking 함수를 전달한다. 추가한 두 번째 호출에서는 파라미터로 각각 IA_Walk 속성, ETriggerEvent::Completed 이벤트, this 포인터와 이 클래스의 StopWalking 함수를 전달한다.

7. 코드를 컴파일하고 에디터를 연 다음, BP_MyTPS 블루프린트 애셋을 연다. IA_Walk 속성에 IA_Walk 입력 액션을 설정한다.

   모든 단계를 마치면, 캐릭터가 걷는 모습을 확인할 수 있을 것이다. 키보드의 왼쪽 **Shift** 키나 컨트롤러의 전면 오른쪽 키를 누른 채 이동하면, 캐릭터의 이동 속도가 줄고 애니메이션도 같이 변하는 모습을 확인할 수 있다.

그림 4.20 캐릭터가 달리는 모습(왼쪽)과 걷는 모습(오른쪽)

이것으로 이번 활동을 마친다. 이제 플레이어가 **Walk** 입력 액션을 누른 채 이동하면 캐릭터가 걸을 수 있게 됐다.

NOTE

이번 활동의 솔루션은 깃허브(https://github.com/PacktPublishing/Elevating-Game-Experiences-with-Unreal-Engine-5-Second-Edition/tree/main/Activity%20solutions)에서 확인할 수 있다.

⁖ 요약

이 장을 통해 입력 액션을 생성하고 수정하는 방법과 입력 콘텍스트에 해당 입력 액션의 매핑을 추가하는 방법을 배웠다. 원하는 키를 통해 입력 이벤트를 발생시키는 방법, 키 이벤트를 수신하는 방법, 키를 눌렀다가 놓았을 때 게임 내 로직을 실행하는 방법을 배웠다. 이런 환경은 플레이어의 입력 처리 과정을 결정하는 데 유연성을 제공한다.

플레이어의 입력을 처리하는 방법을 배웠으므로, 비디오 게임이 그 유명세를 얻은 것처럼 플레이어가 게임과 상호작용하도록 만들 수 있다.

다음 장에서는 게임을 처음부터 만들기 시작한다. 게임의 이름은 닷지볼^{Dodgeball}이며, 플레이어는 닷지볼을 던지는 적으로부터 도망치려는 캐릭터를 제어한다. 다음 장에서는 중요한 주제를 다양하게 배울 것이다. 그중에서도 특히 콜리전collision(충돌)에 중점을 두고 살펴본다.

05

라인 트레이스를 활용한 충돌 처리

이전 장에서 언리얼 엔진 팀이 우리를 위해 제공하는 삼인칭 템플릿 프로젝트를 재가공하는 방법을 배웠다. 이를 통해 UE5의 워크플로와 프레임워크의 기본 개념을 이해할 수 있었다.

이 장에서는 다른 종류의 게임을 처음부터 만들기 시작한다. 이 게임에서 플레이어는 톱다운 뷰(<메탈 기어 솔리드 1, 2, 3> 등의 게임과 비슷함)에서 캐릭터를 조작한다. 톱다운 뷰는 일반적으로 카메라 회전이 고정된(카메라가 회전하지 않는다) 채로 아래를 내려다보듯이 캐릭터를 제어한다는 것을 의미한다. 이 게임에서 플레이어는 레벨 전체에 흩어져 있는 적이 플레이어 캐릭터를 향해 던지는 닷지볼dodgeball에 맞지 않고 A 지점에서 B 지점으로 이동할 수 있도록 캐릭터를 제어해야 한다. 이 게임의 레벨은 본질적으로 미로와 비슷하며, 플레이어는 여러 경로를 선택할 수 있다. 모든 경로에는 플레이어에게 닷지볼을 던지려는 적이 배치돼 있다.

이 장에서 배우는 주제는 다음과 같다.

- 콜리전 소개

- 라인 트레이스^{Line Trace} 이해하기 및 시각화하기(싱글^{Single} 및 멀티^{Multi})

- 스윕 트레이스^{Sweep Trace}

- 트레이스 채널^{Trace Channel}

- 트레이스 반응^{Trace Response}

첫 번째 절은 비디오 게임에서 충돌^{collision}이 무엇인지를 이해하는 것으로 시작한다.

⁝⁝ 기술적 요구 사항

이 장의 프로젝트는 깃허브(https://github.com/PacktPublishing/Elevating-Game-Experiences-with-Unreal-Engine -5-Second-Edition)에서 다운로드할 수 있는 이 책 코드 번들의 Chapter05 폴더에서 찾을 수 있다.

⁝⁝ 콜리전 소개

콜리전은 기본적으로 두 물체가 서로 접촉하는 지점을 말한다(예: 두 물체가 충돌하는 경우, 캐릭터에 물체가 부딪히는 경우, 캐릭터가 벽에 부딪히는 경우 등). 대부분의 게임 개발 도구는 게임 내에서 충돌과 물리를 구현할 수 있는 기능을 제공한다. 물리 엔진^{physics engine}이라 부르는 이런 기능 집합은 충돌과 관련된 모든 처리를 담당한다. 물리 엔진은 라인 트레이스를 실행하고, 두 물체가 서로 겹쳐 있는지 확인하고, 이동하는 두 물체가 서로 막고 있는지 판단하고, 벽에서 튕기는 현상을 확인하는 등 다양한 작업을 담당한다. 우리가 게임에 이런 충돌 이벤트의 실행을 요청하거나 충돌 이벤트에 대한 알림 메시지 수신을 요청하면 게임은 기본적으로 물리 엔진에 충돌 기능의 실행을 요청하고 그 결과를 보여준다.

닷지볼 게임을 통해 충돌을 고려해야 하는 여러 예제를 만들 것이다. 적이 플레이어를 볼 수 있는지 확인하는 기능(이 장에서 다룰 라인 트레이스를 사용해 구현할 예정), 닷지볼(피구공)처럼 동작하는 물체에 대한 물리 시뮬레이션, 플레이어 캐릭터의 움직임을 막는(방해하는) 물체가 있는지 확인하는 기능 등 다양한 충돌 예제를 살펴본다.

충돌은 대부분의 게임에서 가장 중요한 기능 중 하나이므로 게임 개발을 시작하기 위해 충돌을 이해하는 것은 매우 중요하다.

충돌 기반 기능을 제작하기 전에 먼저 앞으로 구현할 게임 메카닉game mechanics을 지원하기 위한 새로운 Dodgeball 프로젝트를 설정해야 한다. 이 과정은 이어지는 '프로젝트 설정' 절에 설명된 단계에 따라 진행된다.

⁞⁞ 프로젝트 설정

언리얼 엔진 프로젝트를 생성하는 것에서부터 시작해보자.

1. UE5를 실행한다. **게임**Games 카테고리를 선택하고, **다음**Next을 누른다.

2. **삼인칭 템플릿**Third Person template을 선택하고 **다음**을 누른다.

3. 첫 번째 옵션을 **Blueprint**가 아닌 **C++**로 선택한다.

4. 원하는 프로젝트 생성 위치를 선택하고 프로젝트 이름을 Dodgeball이라고 지정한 다음, **프로젝트 생성**Create Project 버튼을 누른다.

프로젝트 생성이 완료되면 다음 스크린샷과 같은 화면을 볼 수 있을 것이다.

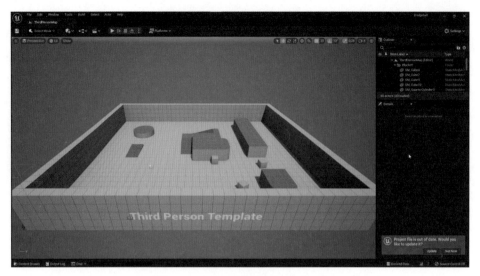

그림 5.1 Dodgeball 프로젝트가 로드된 모습

5. 코드 생성이 완료되고 프로젝트가 열리면, Enhanced Input 플러그인을 활성화 한다. 이 과정은 4장, '플레이어 입력 시작'의 '입력 액션과 입력 콘텍스트 이해하 기' 절의 1~3단계에서 진행한 바 있다.

6. 그런 다음에는 UE5 에디터를 닫고, 생성된 삼인칭 캐릭터 클래스인 `DodgeballCharacter`를 비주얼 스튜디오에서 연다. 다음 그림을 참고하자.

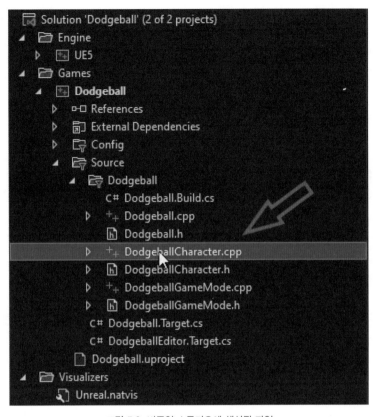

그림 5.2 비주얼 스튜디오에 생성된 파일

앞서 설명했듯이 이 프로젝트는 톱다운 시점을 사용할 것이다. 삼인칭 템플릿에서 프로 젝트를 시작한다는 것을 감안할 때 이를 톱다운 방식으로 전환하기 위해 몇 가지 항목 을 변경해야 한다. 여기에는 주로 기존의 캐릭터 클래스 코드를 변경하는 작업이 포함 된다.

실습 5.01: DodgeballCharacter를 톱다운 시점으로 전환하기

이번 실습에서는 DodgeballCharacter 클래스에 필요한 변경 작업을 진행한다. 이 클래스 는 현재 플레이어의 입력(마우스 또는 오른쪽 아날로그 스틱)으로 캐릭터가 회전하는 삼인칭 시점을 제공한다는 것을 기억하자.

플레이어의 입력은 동일하게 유지하면서 카메라가 항상 위에서 캐릭터를 따라다니는 톱다운 시점으로 변경한다.

다음 단계에 따라 이번 실습을 완료할 수 있다.

1. DodgeballCharacter 클래스의 생성자로 이동해서 CameraBoom 속성을 다음 단계에 따라 변경한다.

2. 플레이어와 카메라 사이의 거리를 두기 위해 CameraBoom의 속성인 TargetArmLength 를 900.0f로 변경한다.

```
// 카메라가 이 거리만큼 떨어져 캐릭터를 따라가도록 설정한다
CameraBoom->TargetArmLength = 900.0f;
```

3. 이어서 SetRelativeRotation 함수를 사용해 상대 좌표의 피치 값을 -70도로 설정하는 코드를 추가한다. 이렇게 하면 카메라가 플레이어를 내려다보는 시점을 제공할 수 있다. FRotator 생성자의 파라미터는 각각 피치^{pitch}, 요^{yaw}, 롤^{roll}이다.

```
// 카메라가 플레이어를 내려다보도록 설정한다
CameraBoom->SetRelativeRotation(FRotator(-70.f, 0.f, 0.f));
```

4. 플레이어의 이동 입력에 의해 카메라의 회전이 변경되지 않도록 bUsePawnControl Rotation 값을 false로 설정한다.

```
// 컨트롤러를 기반으로 스프링 암을 회전시키지 않도록 설정한다
CameraBoom->bUsePawnControlRotation = false;
```

5. 캐릭터의 회전에 의해 카메라의 회전이 변경되지 않도록 bInheritPitch, bInheritYaw, bInheritRoll 값을 false로 설정한다.

```
// 폰의 피치, 요, 롤 회전을 무시한다
CameraBoom->bInheritPitch = false;
CameraBoom->bInheritYaw = false;
CameraBoom->bInheritRoll = false;
```

이렇게 코드를 수정한 후에는 캐릭터의 점프 기능을 제거하고(플레이어가 닷지볼을 쉽게 피하는 것을 원하지 않는다) 플레이어의 입력을 통해 카메라가 회전하는 기능도 제거한다.

6. DodgeballCharacter의 소스 파일에 있는 SetupPlayerInputComponent 함수로 이동해서 점프 기능을 제거하기 위해 다음 코드를 제거한다.

```
// 다음 코드를 제거한다
PlayerInputComponent->BindAction("Jump", IE_Pressed, this,
  &ACharacter::Jump);
PlayerInputComponent->BindAction("Jump", IE_Released, this,
  &Acharacter::StopJumping);
```

7. 이어서 플레이어의 회전 입력을 제거하기 위해 다음 코드를 제거한다.

```
// 다음 코드를 제거한다
PlayerInputComponent->BindAxis("Turn", this,
  &APawn::AddControllerYawInput);
PlayerInputComponent->BindAxis("TurnRate", this,
  &ADodgeballCharacter::TurnAtRate);
PlayerInputComponent->BindAxis("LookUp", this,
  &APawn::AddControllerPitchInput);
PlayerInputComponent->BindAxis("LookUpRate", this,
  &ADodgeballCharacter::LookUpAtRate);
```

이번 단계는 선택 사항이지만, 코드를 깔끔하게 유지하기 위해 TurnAtRate 함수와 LookUpAtRate 함수의 선언 및 구현 코드를 제거하는 것이 좋다.

8. 그런 다음, 이 프로젝트에서 기존의 입력 시스템이 아닌 향상된 입력 시스템을 사용하도록 설정을 변경해야 한다. 클래스의 헤더 파일로 이동해 캐릭터의 입력 콘텍스트와 Move 입력 액션을 위한 속성을 추가해야 한다. 이 과정은 실습 4.02의 2~3단계에서 했던 것과 같은 과정이다. 실습 4.02의 14단계에서 했던 것처럼 Move 함수에 대한 선언을 추가한다.

9. 실습 4.02의 4~10단계에서 했던 것처럼 캐릭터의 입력 콘텍스트를 추가하고 Move 입력 액션을 바인딩하는 로직을 추가한다.

10. 실습 4.02의 14~18단계에서 했던 것처럼 Move 함수의 구현을 추가한다.

11. 실습 4.02의 20단계에서 했던 것처럼 향상된 입력의 의존성^{dependency}을 추가한다.

11. 실습 4.02의 20단계에서 했던 것처럼 향상된 입력의 의존성을 추가한다.

12. 끝으로, 모든 변경 사항을 완료한 후 비주얼 스튜디오에서 프로젝트를 실행시킨다.

13. 에디터가 로드되면 **Edit ➤ Project Settings ➤ Engine ➤ Input** 메뉴로 이동한 다음, **Default Classes** 카테고리(맨 끝부분)에 있는 **Default Player Input Class** 속성을 EnhancedPlayerInput으로, **Default Input Component Class** 속성을 EnhancedInputComponent로 설정한다.

14. 그런 다음, IA_Move 입력 액션 애셋을 생성하고 실습 4.01의 1~3단계에서 했던 것처럼 설정한다.

15. 이어서 IC_Character 입력 콘텍스트 애셋을 생성하고 실습 4.01의 4~14단계에서 했던 것처럼 IA_Move 입력 액션에 대한 매핑을 추가한다.

16. 향상된 입력 설정을 완료하기 위해 ThirdPersonCharacter 블루프린트를 열고 IC_Character와 IA_Move 속성을 실습 4.01의 22단계에서 했던 것처럼 설정한다.

17. 이제 레벨을 플레이한다. 카메라 시점이 다음 그림과 같고 플레이어의 입력이나 캐릭터의 회전을 기반으로 카메라가 회전하지 않는 것을 확인할 수 있다.

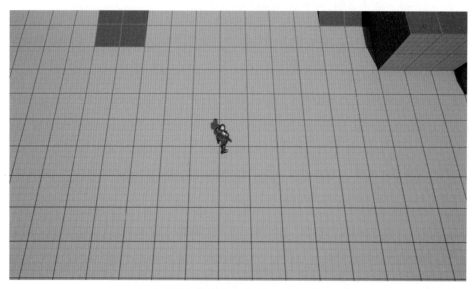

그림 5.3 톱다운 시점으로 카메라의 회전이 고정된 모습

202

이것으로 이 장의 첫 번째 실습이자 새 프로젝트인 Dodgeball의 첫 번째 단계를 마친다.

이어서 EnemyCharacter 클래스를 생성한다. 이 캐릭터는 플레이어가 시야에 들어오면, 플레이어를 향해 닷지볼을 던지는 적 역할을 담당한다. 그러나 여기서 제기되는 질문이 한 가지 있다. 적이 플레이어 캐릭터를 볼 수 있는지 없는지를 어떻게 판단할까?

이는 다음 절에서 살펴볼 라인 트레이스(레이캐스트RayCast나 레이트레이스Raytrace로도 알려져 있다)의 힘으로 구현할 수 있다.

⚙️ 라인 트레이스 이해하기

게임 개발 도구의 가장 중요한 기능 중 하나는 바로 라인 트레이스를 실행하는 기능이다. 라인 트레이스는 게임 개발 도구가 사용하는 물리 엔진을 통해 제공된다.

라인 트레이스는 게임 월드의 두 지점 사이에 어떤 물체가 있는지를 알려고 할 때 사용할 수 있는 한 가지 방법이다. 게임은 사용자가 지정한 두 지점 사이에 광선ray을 쏘고 맞은 물체(있는 경우), 맞은 위치, 각도 등을 반환한다.

그림 5.4에서 트레이스 채널 속성(다음 단락에서 더 자세히 설명한다)으로 인해 물체 1이 무시되고 물체 2가 감지됐다고 가정하는 라인 트레이스의 표현을 볼 수 있다.

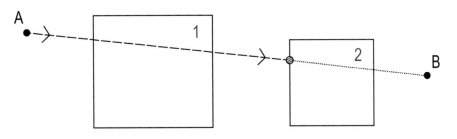

그림 5.4 A 지점에서 B 지점으로 실행된 라인 트레이스

그림 5.4는 다음의 내용을 설명해주고 있다.

- 파선은 물체에 부딪히기 전의 라인 트레이스를 나타낸다.

- 화살표는 라인 트레이스의 방향이다.

- 점선은 물체에 부딪힌 후의 라인 트레이스를 나타낸다.

- 줄무늬 원은 라인 트레이스의 충돌 지점을 나타낸다.

- 큰 사각형은 라인 트레이스의 경로에 있는 두 물체를 나타낸다(물체 1과 물체 2).

라인 트레이스의 경로에 있음에도 물체 1은 충돌하지 않고, 물체 2만 충돌했다는 것을 알 수 있다. 이는 물체 1의 트레이스 채널 속성에 대한 가정 때문이며 이 장 후반부에서 살펴본다.

라인 트레이스는 여러 게임 기능에 사용되는데 예를 들면 다음과 같다.

- 무기가 발사됐을 때 어떤 물체와 충돌했는지 판단하는 경우

- 캐릭터가 바라볼 때 플레이어와 상호작용할 수 있는 아이템을 강조 표시(하이라이트)하는 경우

- 모퉁이를 돌 때 플레이어 캐릭터 주위로 카메라를 자동으로 회전시키는 경우

라인 트레이스의 공통적이고 중요한 기능은 바로 트레이스 채널Trace Channel이다. 라인 트레이스를 실행하면 특정 유형의 물체만 확인하고 싶은 경우가 있는데, 이럴 때 사용할 수 있는 것이 바로 트레이스 채널이다. 라인 트레이스를 실행할 때 트레이스 채널을 사용해 필터를 지정할 수 있는데, 이를 통해 충돌을 원하지 않는 유형의 물체를 걸러낼 수 있다. 예를 들면 다음과 같다.

- 보이는 물체를 확인하기 위해 라인 트레이스를 실행할 수 있다. 이런 물체들은 Visibility 트레이스 채널과 충돌한다. 예를 들어, 단순히 플레이어의 이동을 막기 위해 보이지 않는 지오메트리geometry를 사용한 벽은 화면에서 보이지 않으므로 Visibility 트레이스 채널과 충돌하지 않는다.

- 상호작용할 수 있는 물체를 확인하기 위해 라인 트레이스를 실행할 수 있다. 이런 물체들은 Interaction 트레이스 채널과 충돌한다.

- 게임 월드를 이동할 수 있는 폰을 확인하기 위해 라인 트레이스를 실행할 수 있다. 이런 물체들은 Pawn 트레이스 채널과 충돌한다.

일부 물체만 특정 트레이스 채널과 충돌하고 다른 물체들은 이를 무시하도록 트레이스 채널에 반응하는 방식을 서로 다르게 지정할 수 있다. Dodgeball 프로젝트의 경우, 적이 플레이어를 볼 수 있는지 확인하기 위해 적과 플레이어 사이에 어떤 물체가 있는지를 알아야 한다. 이를 위해 Tick 이벤트를 사용해 플레이어 캐릭터를 향하는 적의 시선을 차단하는 물체를 확인하기 위해 라인 트레이스를 사용할 것이다.

다음 절에서는 C++를 사용해 EnemyCharacter 클래스를 생성한다.

EnemyCharacter C++ 클래스 생성하기

닷지볼 게임에서 EnemyCharacter 클래스는 플레이어 캐릭터가 시야에 들어오면 계속해서 바라본다. 이 클래스는 나중에 플레이어에게 닷지볼을 던지는 역할을 담당할 것이지만, 이 기능은 다음 장으로 미뤄두자. 이 장에서는 적 캐릭터가 플레이어를 바라보도록 만드는 로직에 집중하자.

그럼 시작해보자.

1. 에디터의 **콘텐츠 브라우저**에서 마우스 오른쪽 버튼을 클릭하고 **새 C++ 클래스**New C++ Class를 선택한다.

2. Character 클래스를 부모 클래스로 선택한다.

3. 새 클래스의 이름을 EnemyCharacter로 지정한다.

클래스를 생성하고 비주얼 스튜디오에서 파일이 열리면, 헤더 파일에 LookAtActor 함수 선언을 추가한다. 이 함수는 public 함수며 반환 값이 없고, 바라볼 대상을 나타내는 AActor* TargetActor 파라미터만 받는다. 이 함수를 보여주는 다음 코드를 살펴보자.

```
// 전달된 액터를 바라보도록 캐릭터의 회전을 변경하는 함수
void LookAtActor(AActor* TargetActor);
```

NOTE

> 적 캐릭터는 플레이어의 캐릭터만 바라보지만 소프트웨어 개발의 모범 사례를 따르기 위해 EnemyCha
> racter가 모든 액터를 쳐다볼 수 있도록 이 함수를 추상화한다. 이렇게 하는 이유는 한 액터가 다른 액
> 터를 바라보도록 만드는 로직은 플레이어 캐릭터를 바라보도록 만드는 로직과 동일하기 때문이다.
>
> 코드를 작성할 때 불필요한 제약은 만들지 않는 것이 좋다는 점을 기억하자. 프로그램의 로직을 지나치
> 게 복잡하게 만들지 않는다면, 더 많은 기능을 허용하는 비슷한 코드를 작성할 수 있을 때 그렇게 하는
> 것이 좋다.

이어서 EnemyCharacter가 TargetActor를 볼 수 없는 경우에는 TargetActor를 쳐다보지
않도록 해야 한다. 적이 액터를 볼 수 있는지를 판단하기 위해 LookAtActor 함수에서 다
른 함수인 CanSeeActor 함수를 호출해야 한다. 이 함수는 다음 실습을 통해 작성한다.

실습 5.02: 라인 트레이스를 실행하는 CanSeeActor 함수 생성하기

이번 실습에서는 적 캐릭터가 전달받은 액터를 볼 수 있는지를 판단해 그 결과를 반환
하는 CanSeeActor 함수를 생성한다.

다음 단계에 따라 이번 실습을 완료할 수 있다.

1. EnemyCharacter 클래스의 헤더 파일에 CanSeeActor 함수 선언을 추가한다. 이 함수
   는 bool을 반환하고 바라볼 대상 액터인 const Actor* TargetActor 파라미터를 전
   달받는다. 이 함수는 클래스의 속성을 변경하지 않기 때문에 const 함수로 선언하
   고, 파라미터도 변경하지 않고 읽기만 하면 되므로 파라미터에도 const를 붙여
   준다.

   ```
   // 전달된 액터를 볼 수 있는지 확인
   bool CanSeeActor(const AActor* TargetActor) const;
   ```

   이제 재미있는 작업인 라인 트레이스를 실행해보자.

206

라인 트레이스와 관련된 함수를 호출하려면 GetWorld 함수를 사용해 적이 속해 있는 현재의 월드를 구해야 한다. 하지만 아직 이 파일에 World 클래스를 포함시키기 않았으므로 다음 단계를 통해 이 클래스를 포함시킨다.

NOTE

> GetWorld 함수는 모든 액터에서 접근(읽기)이 가능하며 액터가 속한 World 객체를 반환한다. 라인 트레이스를 실행하려면 world 객체가 필요하다는 점을 기억하자.

2. EnemyCharacter 소스 파일을 열어 다음 코드를 찾는다.

```
#include "EnemyCharacter.h"
```

앞 코드 바로 다음 줄에 코드를 추가한다.

```
#include "Engine/World.h"
```

3. EnemeyCharacter 소스 파일에서 CanSeeActor 함수의 구현을 생성한다. CanSeeActor 함수는 TargetActor가 nullptr인지 확인하는 것부터 시작한다. TargetActor가 nullptr인 경우, 시야를 확인할 유효한 액터가 없기 때문에 false를 반환한다.

```
bool AEnemyCharacter::CanSeeActor(const AActor * TargetActor) const
{
  if (TargetActor == nullptr)
  {
    return false;
  }
}
```

라인 트레이스 함수를 호출하기 전에 필요한 파라미터를 설정해야 한다. 다음 단계를 통해 필요한 파라미터에 대한 설정을 진행해보자.

4. if 구문 다음에 라인 트레이스의 결과와 관련해 필요한 모든 데이터를 저장할 변수를 생성한다. 언리얼 엔진은 이미 이를 위해 FHitResult라는 이름의 내장 타입 (유형)을 제공한다.

```
// 라인 트레이스의 결과를 저장한다
FHitResult Hit;
```

라인 트레이스 함수에 이 변수를 전달하면, 실행되는 라인 트레이스에서 관련 정
보를 이 변수에 채워준다.

5. 라인 트레이스의 시작과 끝 위치를 위한 2개의 **FVector** 변수를 생성하고 적의 현
재 위치와 바라볼 대상 액터의 현재 위치를 각각 설정한다.

```
// 라인 트레이스의 시작과 끝 위치
FVector Start = GetActorLocation();
FVector End = TargetActor->GetActorLocation();
```

6. 다음으로, 비교할 트레이스 채널을 설정한다. 예제에서는 **Visibility** 트레이스 채
널을 사용한다. **Visibility** 트레이스 채널은 어떤 객체가 다른 객체의 시야를 차단
하는지 판단하기 위해 특별히 설계된 채널이다. 다행히 다음 코드에서 볼 수 있는
것처럼, UE5에 이미 이런 트레이스 채널이 존재한다.

```
// 시야 판단을 위해 비교할 트레이스 채널
ECollisionChannel Channel = ECollisionChannel::ECC_Visibility;
```

ECollisionChannel 열거형은 비교하는 데 사용할 수 있는 모든 트레이스 채널을 나
타낸다. 여기서는 **Visibility** 트레이스 채널을 나타내는 **ECC_Visibility** 값을 사용
한다.

7. 이제 필요한 모든 파라미터의 설정을 마쳤기 때문에 **LineTrace** 함수인 **LineTrace
SingleByChannel** 함수를 호출할 수 있다.

```
// 라인 트레이스 실행하기
GetWorld()->LineTraceSingleByChannel(Hit, Start, End, Channel);
```

이 함수는 전달한 파라미터를 고려해 라인 트레이스를 실행하고 **Hit** 변수를 편집
해 그 결과를 반환한다.

계속 진행하기 전에 몇 가지 좀 더 살펴볼 사항들이 있다.

라인 트레이스의 시작 위치가 적 캐릭터 안(내부)에 있으면(실습의 경우에 해당), 라인 트레이스가 시작하자마자 Visibility 트레이스 채널과 충돌하기 때문에 적 캐릭터와 충돌해 그곳에서 정지한다. 이 문제를 바로잡기 위해 라인 트레이스가 적 캐릭터는 무시하도록 설정해야 한다.

8. 언리얼 엔진에 내장된 FCollisionQueryParams 타입을 사용하면 라인 트레이스에 더 많은 옵션을 사용할 수 있다.

```
FCollisionQueryParams QueryParams;
```

9. 이제 무시할 액터 목록에 자기 자신을 포함시켜서 라인 트레이스가 적을 무시하도록 업데이트한다.

```
// 이 라인 트레이스를 실행하는 액터를 무시한다
QueryParams.AddIgnoredActor(this);
```

또한 EnemySight 채널을 막는지는 알 필요가 없으므로 대상 액터를 무시할 액터 목록에 추가한다. 적과 플레이어 캐릭터 사이에 있는 물체가 EnemySight 채널을 차단하는지 여부만 알면 된다.

10. 아래 코드와 같이 무시할 액터 목록에 대상 액터Target Actor를 추가한다.

```
// 확인할 대상 액터를 무시할 액터 목록에 추가한다
QueryParams.AddIgnoredActor(TargetActor);
```

11. LineTraceSingleByChannel 함수의 마지막 파라미터에 FCollisionQueryParams를 추가해 전달한다.

```
// 라인 트레이스 실행하기
GetWorld()->LineTraceSingleByChannel(Hit, Start, End, Channel,
  QueryParams);
```

12. 라인 트레이스가 어떤 물체와 충돌했는지를 확인해 CanSeeActor를 마무리한다. 이 작업은 Hit 변수를 읽어 bBlockingHit 속성을 사용함으로써 충돌한 대상이 있는지

를 확인하면 된다. 충돌한 물체가 있으면 `TargetActor`를 볼 수 없다는 뜻이다. 다음 코드를 통해 이 작업을 수행할 수 있다.

```
return !Hit.bBlockingHit;
```

NOTE

> Hit 결과로부터 어떤 물체가 충돌했는지를 제외한 더 많은 정보가 필요하지는 않지만, Hit 변수는 라인 트레이스에 대한 더 많은 정보를 다음과 같이 제공한다.
>
> 라인 트레이스에 의해 충돌한 액터의 정보(충돌한 액터가 없는 경우에는 nullptr). 이 정보는 Hit. GetActor() 함수를 통해 읽을 수 있다.
>
> 라인 트레이스에 의해 충돌한 액터 컴포넌트 정보(충돌한 액터 컴포넌트가 없는 경우에는 nullptr). 이 정보는 Hit.GetComponent() 함수로 읽을 수 있다.
>
> Hit.Location 변수를 통해 확인할 수 있는 충돌 지점 정보.
>
> Hit.Distance 변수를 통해 확인 가능한 충돌 위치와의 거리 정보.
>
> 라인 트레이스가 물체와 충돌한 각도. 이 정보는 Hit.ImpactNormal 변수를 통해 확인할 수 있다.

이것으로 `CanSeeActor` 함수의 구현을 완료했다. 실습을 통해 라인 트레이스를 실행하는 방법을 배웠고, 적의 로직에서 라인 트레이스를 사용할 수 있게 됐다.

이번 실습을 통해 `CanSeeActor` 함수를 작성했다. 이제 `LookAtActor` 함수로 돌아갈 차례다. 하지만 먼저 살펴봐야 할 사항이 있는데, 바로 라인 트레이스를 시각화하는 방법이다.

라인 트레이스 시각화하기

라인 트레이스를 사용하는 로직을 작성할 때는 실행되는 라인 트레이스를 시각화하면 매우 유용하다. 라인 트레이스 함수는 시각화를 제공하지 않는다. 따라서 라인 트레이스를 시각화하려면 라인line, 큐브cube, 구체sphere 등 런타임에 물체를 동적으로 그릴 수 있는 디버그 기능helper debug function set을 사용해야 한다.

이제 라인 트레이스를 시각화해보자. 디버그 기능을 사용하기 위해 먼저 해야 할 일은 `include` 항목 마지막에 아래 코드를 추가하는 것이다.

```
#include "DrawDebugHelpers.h"
```

라인 트레이스를 시각화하기 위해 DrawDebugLine 함수를 사용할 것이다. 이 함수는 다음
과 같은 파라미터를 받는데, 이는 라인 트레이스 함수가 받는 파라미터와 매우 유사하다.

- GetWorld 함수를 통해 구할 수 있는 현재 World

- LineTraceSingleByChannel 함수와 동일한 라인의 시작과 끝 위치

- 게임에서 보여줄 라인의 색상. Red^(빨간색)를 설정할 예정이다.

그러면 다음 코드에서 볼 수 있듯이, 라인 트레이스 함수 호출 다음 줄에서 DrawDebugLine
함수를 호출할 수 있다.

```
// 라인 트레이스 실행하기
GetWorld()->LineTraceSingleByChannel(Hit, Start, End, Channel, QueryParams);

// 게임에서 라인 트레이스 보여주기(시각화)
DrawDebugLine(GetWorld(), Start, End, FColor::Red);
```

이렇게 하면, 라인 트레이스가 실제로 보이는 것처럼 시각화할 수 있기 때문에 매우 유
용하다.

NOTE

> 필요하다고 생각되면 라인 트레이스를 시각화할 때 수명(lifetime), 두께(thickness)와 같은 더 많은 속성
> 을 지정할 수 있다.
>
> 큐브, 구체, 원뿔, 도넛 모양, 커스텀 메시(custom mesh) 등 DrawDebug 함수의 종류도 다양하다.

이것으로 라인 트레이스의 실행과 시각화를 모두 할 수 있게 됐다. 이제 LookAtActor 함
수 안에서 CanSeeActor 함수를 사용해보자.

실습 5.03: LookAtActor 함수 만들기

이번 실습에서는 전달된 액터를 쳐다볼 수 있도록 적의 회전을 변경하는 내용의 LookAtActor 함수를 구현한다.

다음 단계에 따라 이번 실습을 완료할 수 있다.

1. EnemyCharacter 소스 파일에 LookAtActor 함수의 정의^{definition}를 추가한다.

2. TargetActor가 nullptr인지 확인하고, nullptr인 경우에는 유효한 액터가 없다는 것을 의미하므로 함수를 바로 종료한다^(아래 코드 참조).

```cpp
void AEnemyCharacter::LookAtActor(AActor * TargetActor)
{
  if (TargetActor == nullptr)
  {
    return;
  }
}
```

3. 이어서 CanSeeActor 함수를 사용해 대상 액터를 볼 수 있는지 확인한다.

```cpp
if (CanSeeActor(TargetActor))
{

}
```

if 구문이 참이면 액터를 볼 수 있다는 것을 의미하므로 대상 액터를 바라보도록 회전을 설정할 것이다. 다행히 UE5는 이를 위한 함수인 FindLookAtRotation 함수를 제공한다. 이 함수는 레벨의 두 지점인 A 지점^(시작 지점)과 B 지점^(끝 지점)을 입력받아 시작 지점에 있는 물체가 끝 지점에 있는 물체를 쳐다보도록 만드는 회전을 반환한다.

4. 이 함수를 사용하려면 다음 코드와 같이 KismetMathLibrary 함수를 포함시켜야 한다.

```
#include "Kismet/KismetMathLibrary.h"
```

5. FindLookAtRotation 함수는 시작 지점과 끝 지점을 입력받는다. 시작 지점은 적의 위치고 끝 지점은 대상 액터의 위치다.

```
FVector Start = GetActorLocation();
FVector End = TargetActor->GetActorLocation();

// 시작 지점에서 끝 지점을 바라보는 데 필요한 회전 계산하기
FRotator LookAtRotation =
  UKismetMathLibrary::FindLookAtRotation(Start, End);
```

6. 끝으로, 적 캐릭터의 회전을 LookAtRotation의 값과 동일하게 설정한다.

```
// 적의 회전을 앞서 구한 회전 값으로 설정한다
SetActorRotation(LookAtRotation);
```

이것으로 LookAtActor 함수를 마무리한다.

이제 마지막 단계는 Tick 이벤트 안에서 LookAtActor 함수를 호출하면서 쳐다보려는 액터인 플레이어 캐릭터를 TargetActor로 전달하는 것이다.

7. 플레이어가 현재 제어하는 캐릭터를 구하기 위해 GameplayStatics 객체를 사용할 수 있다. 다른 UE5 객체와 마찬가지로 이를 사용하려면 헤더를 포함시켜야 한다.

```
#include "Kismet/GameplayStatics.h"
```

8. 이어서 Tick 함수 안으로 이동해 GameplayStatics에서 GetPlayerCharacter 함수를 호출한다.

```
// 현재 플레이어가 제어하는 캐릭터 구하기
ACharacter* PlayerCharacter =
  UGameplayStatics::GetPlayerCharacter(this, 0);
```

이 함수는 다음의 파라미터를 입력받는다.

- **World 콘텍스트 객체**: 이 객체는 현재 월드(World)에 속한 객체로서 함수가 어떤

월드 객체에 접근해야 하는지 알려주기 위해 사용한다. 이 월드 콘텍스트 객체는 단순히 this 포인터다.

- **플레이어 인덱스**: 우리가 만드는 게임은 싱글 플레이어 게임이라고 가정하기 때문에 플레이어 인덱스를 안전하게 0(첫 번째 플레이어)으로 사용할 수 있다.

9. 이어서 LookAtActor 함수를 호출하고, 앞서 구한 값들을 파라미터로 전달한다.

```
// 매 프레임 플레이어 캐릭터를 바라본다
LookAtActor(PlayerCharacter);
```

10. 이번 실습의 마지막 단계는 변경 사항을 비주얼 스튜디오에서 컴파일하는 단계다.

이것으로 이번 실습을 마친다. 이로써 EnemyCharacter 클래스는 플레이어 캐릭터를 바라보기 위해 필요한 모든 로직을 갖췄다. 적 캐릭터에 시야가 생겼으므로 EnemyCharacter 블루프린트를 생성할 차례다.

⁂ EnemyCharacter 블루프린트 클래스 생성하기

EnemyCharacter C++ 클래스에 필요한 로직을 완성했으니 이를 상속하는 블루프린트 클래스를 생성할 차례다.

1. 에디터에서 프로젝트를 연다.

2. **콘텐츠 브라우저**에서 ThirdPersonCPP 폴더 안의 Blueprints 폴더로 이동한다.

3. 마우스 오른쪽 버튼을 클릭하고 새 블루프린트 클래스를 생성하기 위한 옵션을 선택한다.

4. **부모 클래스 선택**Pick Parent Class 창에서 하단에 위치한 **모든 클래스**All Classes 탭을 확장하고, EnemyCharacter C++ 클래스를 검색해 부모 클래스로 선택한다.

5. 블루프린트 클래스의 이름을 BP_EnemyCharacter로 지정한다.

6. 블루프린트 클래스를 열고 **컴포넌트**^{Components} 탭에서 **SkeletalMeshComponent** (Mesh라는 이름의)를 선택한다. **Skeletal Mesh** 속성을 SKM_Quinn_Simple로 설정하고 **Anim Class** 속성을 ABP_Quinn으로 설정한다.

7. **SkeletalMeshComponent**의 요^{yaw}를 -90도(z축 회전)로 설정하고 *z*축 위치를 -83 유닛 만큼 설정한다.

8. 블루프린트 클래스의 설정을 완료하면 적 캐릭터의 메시 설정이 DodgeballCharacter 블루프린트 클래스의 메시 설정과 비슷하게 보일 것이다.

9. BP_EnemyCharacter 클래스의 인스턴스를 레벨로 드래그하고, 다음 그림과 같이 시야를 차단할 수 있는 물체 근처에 캐릭터의 위치를 설정한다(선택된 캐릭터는 EnemyCharacter).

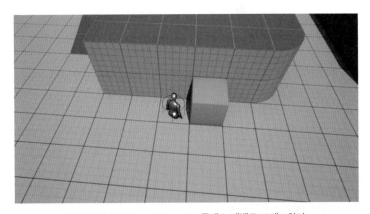

그림 5.5 BP_EnemyCharacter 클래스 레벨로 드래그하기

이제 게임을 플레이하고 플레이어 캐릭터가 시야에 있을 때 캐릭터를 잘 쳐다보는지 확인해보자(다음 그림 참고).

그림 5.6 라인 트레이스를 사용해 플레이어 캐릭터를 잘 바라보고 있는 적 캐릭터의 모습

10. 또한 그림 5.7과 같이 플레이어가 시야에 없을 때는 적 캐릭터가 플레이어를 바라보지 않는 모습도 확인할 수 있다.

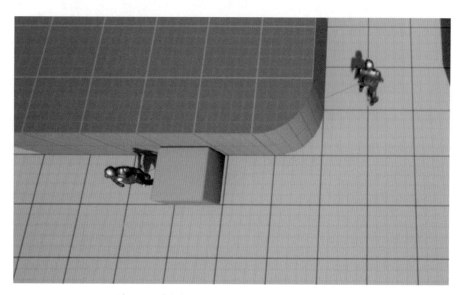

그림 5.7 플레이어가 시야에서 벗어났을 때의 적 캐릭터 모습

이것으로 EnemyCharacter의 로직을 완료했다. 다음 절에서는 스윕 트레이스를 살펴본다.

☆ 스윕 트레이스

프로젝트를 계속 진행하기 전에 라인 트레이스의 변형인 스윕 트레이스^{Sweep Trace}를 아는 것이 중요하다. 프로젝트에서 스윕 트레이스를 사용하지는 않지만, 관련 내용을 살펴보고 사용 방법을 익히는 것이 중요하다.

라인 트레이스는 기본적으로 두 지점 사이에서 광선을 발사하는 반면, 스윕 트레이스는 두 지점 사이에서 직선으로 물체를 던지는 동작을 시뮬레이션한다. 던져지는 물체는 시뮬레이션되며(게임에서 실제 존재하지는 않는다) 다양한 모양을 가질 수 있다. 스윕 트레이스에서 충돌(Hit) 위치는 시작 지점에서 끝 지점으로 던져진 가상의 물체(앞으로 모형으로 부를 것이다)가 다른 물체와 부딪힌 첫 번째 지점을 나타낸다. 스윕 트레이스의 모형은 박스, 구체, 캡슐 중에서 선택할 수 있다.

다음은 A 지점에서 B 지점으로의 박스 모형을 사용한 스윕 트레이스를 나타낸 그림으로, 물체 1은 트레이스 채널 속성으로 인해 무시된다고 가정한다.

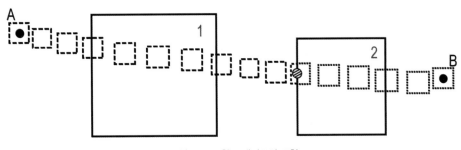

그림 5.8 스윕 트레이스의 표현

그림 5.8에서 다음과 같은 내용을 확인할 수 있다.

- 박스 모형의 스윕 트레이스를 사용했으며 A 지점에서 B 지점으로 실행했다.
- 파선으로 그려진 박스는 스윕 트레이스가 물체에 부딪히기 전의 상태를 나타낸다.

- 점선으로 그려진 박스는 스윕 트레이스가 물체에 부딪힌 후의 상태를 나타낸다.

- 줄무늬 원은 스윕 트레이스 박스 모형의 표면과 물체 2의 표면이 서로 충돌하는 지점인 물체 2와 스윕 트레이스의 충돌 지점을 나타낸다.

- 큰 사각형은 라인 스윕 트레이스의 경로에 있는 두 물체(물체 1과 물체 2)를 나타낸다.

- 물체 1은 트레이스 채널 속성으로 인해 스윕 트레이스에서 무시된다.

스윕 트레이스는 특정 상황에서 일반 라인 트레이스보다 더 유용하다. 닷지볼을 던질 수 있는 프로젝트의 적 캐릭터를 예로 들어보자. 적이 던질 다음 닷지볼이 바닥에 닿을 위치를 플레이어에게 지속적으로 시각화해 보여주는 기능을 추가하고 싶다고 가정해본다. 이때 스윕 트레이스를 사용하면 충돌 위치를 더 잘 시각화할 수 있다. 닷지볼처럼 구체 모형을 사용해 스윕 트레이스를 실행한 다음, 충돌 위치를 확인하고 충돌 지점을 구체로 보여주면 플레이어에게 닷지볼의 충돌 지점을 시각화해 보여줄 수 있다. 스윕 트레이스가 벽이나 구석 등에 부딪히는 경우, 그 순간에 적이 닷지볼을 던지면 플레이어는 적이 던지는 공이 앞서 시각화된 위치에 부딪힐 것이라는 사실을 알 수 있게 된다. 같은 목적을 달성하기 위해 라인 트레이스를 사용할 수도 있지만, 동일한 품질(퀄리티)의 결과를 달성하려면 더 복잡한 설정이 필요하다. 따라서 이 경우에는 스윕 트레이스가 더 좋은 해결책이라고 할 수 있다.

이제 코드에서 스윕 트레이스를 사용하는 방법을 간략히 살펴보자.

실습 5.04: 스윕 트레이스 실행하기

이번 실습에서는 스윕 트레이스를 코드에서 실행한다. 프로젝트에서 사용하지는 않지만, 이번 실습을 통해 스윕 트레이스를 실행하는 방법에 친숙해질 수 있을 것이다.

이전 절에서 만들었던 `CanSeeActor` 함수의 끝부분으로 이동해 다음 단계를 따른다.

1. 스윕 트레이스를 담당하는 함수는 `SweepSingleByChannel`이며, UE5에서 사용 가능하고 입력으로 다음의 파라미터가 필요하다.

스윕 트레이스의 결과를 저장할 FHitResult 타입[이미 이 타입의 변수를 생성했기 때문에 변수를 하나 더 생성할 필요는 없다].

```
// 라인 트레이스의 결과를 저장한다
FHitResult Hit;
```

스윕 트레이스의 시작 및 끝 지점[이미 생성했기 때문에 변수를 하나 더 생성할 필요는 없다].

```
// 스윕 트레이스의 시작 및 끝 지점
FVector Start = GetActorLocation();
FVector End = TargetActor->GetActorLocation();
```

2. FQuat 타입[쿼터니언quaternion을 나타냄]을 사용해 원하는 모형의 회전을 적용한다. 여기서는 FQuat의 Identity 속성을 설정해 모든 축에 대한 회전을 0으로 설정한다.

```
// 스윕 트레이스에서 사용되는 모형의 회전
FQuat Rotation = FQuat::Identity;
```

3. 충돌을 비교하기 위해 사용할 트레이스 채널을 적용한다[이 타입의 변수를 이미 생성했기 때문에 변수를 하나 더 생성할 필요는 없다].

```
// 비교를 원하는 트레이스 채널
ECollisionChannel Channel = ECollisionChannel::ECC_Visibility;
```

4. 마지막으로, 스윕 트레이스의 박스 모형을 사용한다. 이를 위해 FcollisionShape MakeBox 함수를 호출하고 박스 모형의 길이[모든 축에 대해]를 전달한다. 다음 코드를 참고하자.

```
// 스윕 트레이스에서 사용하는 객체의 모형
FCollisionShape Shape = FCollisionShape::MakeBox(FVector(20.f, 20.f,
  20.f));
```

5. 다음으로, SweepSingleByChannel 함수를 호출한다.

```
GetWorld()->SweepSingleByChannel(Hit,
                                 Start,
```

```
                      End,
                      Rotation,
                      Channel,
                      Shape);
```

이것으로 스윕 트레이스에 대한 실습을 마친다. 프로젝트에서는 스윕 트레이스를 사용하지 않는다. 따라서 Hit 변수가 수정돼 라인 트레이스의 결과가 사라지지 않도록 SweepSingleByChannel 함수를 주석 처리해야 한다.

이제 스윕 트레이스에 대한 내용을 살펴봤으니 Dodgeball 프로젝트로 다시 돌아와 트레이스 채널에 대한 물체의 반응을 변경하는 방법을 배워보자.

Visibility 트레이스 반응 변경하기

현재 설정에서 보이는 모든 물체는 Visibility 트레이스 채널과 충돌한다. 하지만 어떤 물체가 Visibility 채널과 충돌할지 여부를 변경하고 싶은 경우에는 어떻게 해야 할까? 충돌 반응을 변경하려면 해당 채널에 대한 컴포넌트의 반응을 변경해야 한다. 다음 예제를 살펴보자.

1. 그림 5.9에서 볼 수 있듯이, 레벨에서 적의 시야를 막기 위해 사용하고 있는 큐브를 선택한다.

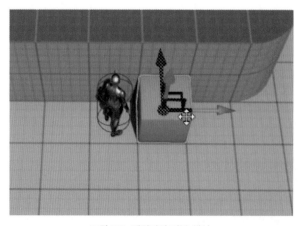

그림 5.9 캐릭터의 기본 생성

2. 그런 다음, 이 물체의 **디테일** 패널의 **Collision** 섹션(에디터^{Editor} 인터페이스의 기본 위치에서 찾을 수 있다)으로 이동한다.

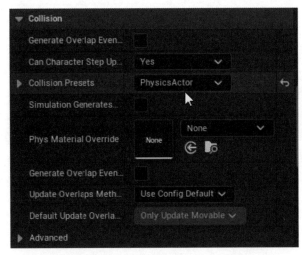

그림 5.10 언리얼 엔진의 디테일 패널에 있는 Collision 탭

3. 여기서 충돌과 관련된 여러 옵션을 확인할 수 있다. 지금 우리가 집중해야 하는 옵션은 **Collision Presets** 옵션이다. 이 옵션의 현재 값은 **Default**다. 하지만 이 값을 원하는 대로 변경하기 위해 드롭다운 박스를 클릭하고 **Custom**으로 값을 변경한다.

4. **Collision Presets** 옵션을 **Custom**으로 변경하면, 변경할 수 있는 옵션들이 열리는 것을 볼 수 있다.

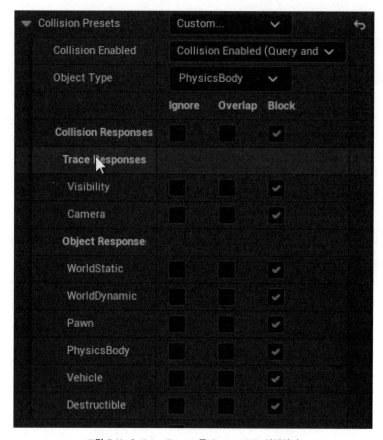

그림 5.11 Collision Presets를 Custom으로 설정하기

이 옵션을 사용하면 이 물체가 라인 트레이스 및 객체 충돌에 반응하는 방식과 콜리전 객체의 유형을 지정할 수 있다.

여기서 주목해야 하는 옵션은 **Visibility**이다. 이 옵션이 **블록**Block으로 설정된 것을 볼 수 있는데, 이 옵션을 **오버랩**Overlap 및 **무시**Ignore로 설정할 수 있다.

지금은 큐브가 Visibility 트레이스 채널을 막고(블록block) 있으므로 적이 이 큐브 뒤에 있을 때 캐릭터를 볼 수 없다. 하지만 Visibility 트레이스 채널에 대한 이 객체의 반응을 **오버랩**이나 **무시**로 변경하면, 이 객체는 더 이상 **Visibility**를 확인하는 라인 트레이스와 충돌하지 않는다(C++에서 작성했던 라인 트레이스의 경우).

222

5. Visibility 채널에 대한 큐브의 반응을 **무시**로 변경한 다음, 게임을 플레이한다. 그러면 적이 큐브 뒤에 있더라도 플레이어를 바라보는 것을 볼 수 있다.

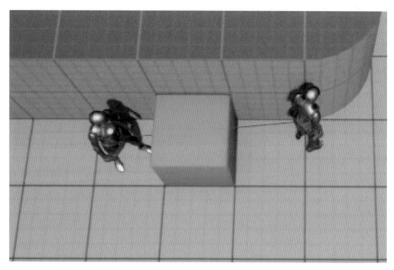

그림 5.12 물체를 관통해 플레이어를 바라보는 적 캐릭터

큐브가 더 이상 Visibility 트레이스 채널을 막지 않기 때문에 적 캐릭터가 실행하는 라인 트레이스가 플레이어 캐릭터로 향할 때 시야를 막는 물체가 없어진다.

이것으로 특정 트레이스 채널에 대한 물체의 반응을 변경하는 방법을 살펴봤다. Visibility 채널에 대한 큐브의 반응을 다시 **블록**Block으로 되돌려놓자.

아직 살펴볼 내용이 한 가지 더 남았다. Visibility 채널에 대한 큐브의 반응을 **무시**가 아닌 **오버랩**으로 설정해도 그 결과는 같다. 그렇다면 이런 결과가 나오는 이유는 무엇이며, 같은 결과가 나오는데 두 가지 종류의 응답을 제공하는 이유는 무엇일까? 이를 설명하려면 멀티 라인 트레이스Multi Line Trace를 살펴봐야 한다.

멀티 라인 트레이스

'실습 5.02: 라인 트레이스를 실행하는 CanSeeActor 함수 생성하기'에서 라인 트레이스를 실행하는 CanSeeActor 함수를 사용하는 동안 라인 트레이스 함수의 이름인 LineTrace

SingleByChannel에 대해 궁금했을 것이다. 특히 이 함수의 이름에 '싱글single'이라는 단어를 사용한 이유가 궁금했을 것이다. 그 이유는 LineTraceMultiByChannel 함수도 실행할 수 있기 때문이다.

그렇다면 두 라인 트레이스는 어떻게 다를까?

싱글 라인 트레이스는 어떤 물체에 부딪히고 나면 충돌 검사를 중지하고 부딪힌 물체와 충돌했다는 정보를 알려주는 반면, 멀티 라인 트레이스는 동일한 라인 트레이스와 충돌한 모든 물체에 대한 정보를 확인할 수 있다.

싱글 라인 트레이스는 다음을 수행한다.

- 라인 트레이스에서 사용 중인 트레이스 채널에 대한 응답이 **무시**Ignore 또는 **오버랩**Overlap으로 설정된 물체를 무시한다.

- 반응이 **블록**Block으로 설정된 물체를 찾으면 충돌 감지를 중단한다.

하지만 멀티 라인 트레이스는 **오버랩**으로 설정된 물체를 무시하는 대신, 이 물체를 라인 트레이스로 충돌을 검사하는 중에 발견한 물체로 추가하고 라인 트레이스를 막는(블록) 물체를 찾으면 충돌 검사를 중단한다(또는 끝 지점에 도달하면 중단한다). 다음 그림을 통해 실행 중인 멀티 라인 트레이스를 확인할 수 있다.

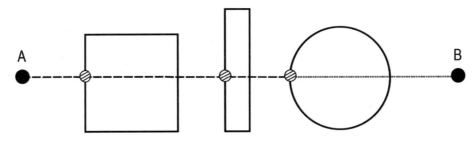

그림 5.13 지점 A에서부터 지점 B로 실행되는 멀티 라인 트레이스

그림 5.13에서는 다음의 내용을 확인할 수 있다.

- 파선은 라인 트레이스를 막는[블록] 물체와 충돌하기 전의 모습을 나타낸다.

- 점선은 라인 트레이스를 막는 물체와 충돌한 후의 모습을 나타낸다.

- 줄무늬 원은 라인 트레이스가 충돌한 지점을 나타내며 마지막 하나만 라인 트레이스를 막은 충돌을 나타낸다.

LineTraceSingleByChannel 함수는 FHitResult를 하나 입력받는 반면, LineTraceMultiByChannel 함수는 TArray<FHitResult>를 입력으로 받는다는 점이 두 함수의 유일한 차이점이다. 다른 입력은 모두 동일하다.

멈추기 전에 여러 물체를 관통할 수 있는 강력함을 가진 총알의 동작을 시뮬레이션할 때 멀티 라인 트레이스가 매우 유용하다. SweepMultiByChannel 함수를 호출해 멀티 스윕 트레이스를 수행할 수 있다는 점도 기억하자.

NOTE

> LineTraceSingleByChannel 함수의 이름에서 궁금할 만한 다른 점은 ByChannel 부분일 것이다. 이는 트레이스 채널을 사용하기 때문에 구분하는 것인데, 이와 반대되는 방법으로 오브젝트 타입(Object Type)이 있다. LineTraceSingleByObjectType 함수를 호출해 트레이스 채널 대신 오브젝트 타입을 사용하는 라인 트레이스를 실행할 수도 있으며, 이 역시 World 객체에서 사용할 수 있다. 오브젝트 타입은 다음 장에서 다룰 주제와 관련돼 있으므로 아직은 이 함수를 자세히 설명하지 않는다.

Camera 트레이스 채널

큐브의 반응을 Visibility 트레이스 채널로 변경할 때 다른 트레이스 채널인 Camera를 발견했을 수 있다.

카메라의 스프링 암과 이 카메라를 사용하는 캐릭터 사이를 방해하는 물체를 지정할 때 이 채널을 사용한다. 레벨에서 어떤 물체를 플레이어 캐릭터와 카메라 사이에 배치하면 이 동작을 확인할 수 있다.

다음 예제를 살펴보자.

1. 바닥floor 물체를 복제한다.

NOTE

Alt 키를 누른 상태에서 아무 방향으로나 물체를 드래그하면 쉽게 물체를 복제할 수 있다.

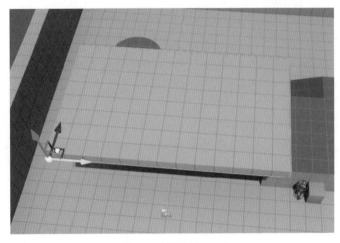

그림 5.14 선택된 바닥 물체

2. 이어서 복제된 바닥 물체의 **트랜스폼**Transform 값을 다음 그림과 같이 변경한다.

그림 5.15 트랜스폼 값 업데이트하기

3. 이제 게임을 플레이하면 캐릭터가 복제된 바닥 물체 아래에 있을 때도 캐릭터를 시야에서 잃지 않는 것을 볼 수 있다. 하지만 스프링 암이 캐릭터가 볼 수 있는 위치까지 카메라를 이동시킬 것이다.

그림 5.16 카메라 시점의 변화

4. Camera 트레이스 채널을 막지 않는 물체에 대한 스프링 암의 동작이 어떻게 다른지를 확인하기 위해 복제한 바닥 물체의 Camera 채널에 대한 반응을 **무시**로 변경하고 레벨을 다시 플레이해보자. 이번에는 캐릭터가 복제된 바닥 물체 아래로 이동하면 캐릭터를 시야에서 잃어버리는 것을 확인할 수 있다.

이를 통해 스프링 암이 어떤 물체와 겹쳤을 때(부딪혔을 때) 카메라를 플레이어에 더 가깝게 이동시킬지 여부를 지정하는 데 Camera 트레이스 채널이 사용된다는 것을 살펴봤다.

지금까지 이미 존재하는 트레이스 채널을 사용하는 방법을 살펴봤다. 그렇다면 트레이스 채널을 직접 만들고 싶을 때는 어떻게 해야 할까?

실습 5.05: 커스텀 EnemySight 트레이스 채널 만들기

앞에서 살펴봤듯이, UE5에는 두 가지 기본 트레이스 채널인 Visibility와 Camera가 제공된다. 첫 번째 채널은 어떤 물체가 다른 물체의 시선을 차단하는지 여부를 지정하는 데 사용할 수 있는 범용 채널이고, 두 번째 채널은 어떤 물체가 스프링 암과 캐릭터 사이의 시선을 차단하는지 여부를 지정하는 데 사용할 수 있는 채널이다.

그럼 어떻게 하면 트레이스 채널을 직접 만들 수 있을까? 이번 실습을 통해 트레이스 채널을 직접 생성해보려고 한다. EnemySight 트레이스 채널을 새로 생성하고, 내장된 Visibility 채널을 사용하는 대신에 적 캐릭터가 플레이어 캐릭터를 볼 수 있는지 여부를 확인하는 데 이 채널(EnemySight)을 사용할 것이다.

1. 에디터 왼쪽 상단 메뉴에서 **편집**^{Edit}을 클릭하고 **프로젝트 세팅**^{Project Settings}을 선택한 다음, **콜리전**^{Collision} 섹션으로 이동한다. 여기서 **트레이스 채널**^{Trace Channels}을 확인할 수 있다. 현재는 직접 추가한 트레이스 채널이 없기 때문에 비어 있다.

2. **새 트레이스 채널**^{New Trace Channel} 옵션을 선택한다. 그러면 창이 뜨고, 새로 추가할 채널의 이름을 지정하는 옵션과 프로젝트에 있는 다른 물체들의 기본 반응을 설정할 수 있는 옵션이 제공된다. 새 트레이스 채널의 이름을 EnemySight로 지정하고 기본 반응을 **블록**으로 설정한다.

3. 새 트레이스 채널을 추가한 다음에는 EnemeyCharacter C++ 클래스로 이동해 라인 트레이스에서 비교할 트레이스 채널을 변경해야 한다.

```
// 충돌 검사에 사용할 트레이스 채널
ECollisionChannel Channel = ECollisionChannel::ECC_Visibility;
```

앞으로 Visibility 채널을 사용하지 않을 것이므로 새로 추가한 채널을 지정해야 한다. 새로 추가한 채널은 어떻게 지정해야 할까?

프로젝트 디렉터리에서 Config 폴더를 찾을 수 있다. 이 폴더는 DefaultGame. ini, DefaultEditor.ini, DefaultEngine.ini 같은 프로젝트와 관련된 여러 ini 파일을 포함한다. 각 파일은 프로젝트를 로드할 때 초기화되는 여러 속성을 포함한다. 각 속성은 이름^{name}-값^{value}의 쌍으로_[속성=이름] 설정되며 원하는 값으로 변경할 수 있다.

4. EnemySight 채널을 추가하면, 새로 추가한 트레이스 채널을 위해 DefaultEngine. ini 파일이 업데이트된다. DefaultEngine.ini 파일을 살펴보면 다음의 내용을 확인할 수 있다.

```
+DefaultChannelResponses=(Channel=ECC_GameTraceChannel1,
   DefaultResponse=ECR_Block,bTraceType=True,bStaticObject=False,
   Name="EnemySight")
```

NOTE

앞의 코드는 해당 웹 사이트(https://packt.live/3eFpz5r)의 강조 표시된 부분에서 확인할 수 있다.

이 줄은 EnemySight라는 이름의 커스텀 트레이스 채널이 있고, 기본 반응은 블록 (Block)이며, 앞서 설명했던 ECollisionChannel 열거형의 ECC_GameTraceChannel1 값 (가장 중요함)으로 C++에서 사용 가능하다는 것을 보여준다. 이 채널이 바로 우리가 사용할 채널이다.

```
// 충돌 검사에 사용할 트레이스 채널
ECollisionChannel Channel = ECollisionChannel::ECC_GameTraceChannel1;
```

5. 모든 변경 사항을 적용한 후에 적 캐릭터의 동작이 같은지 확인한다. 동작이 동일하다면, 적의 시야에 있는 경우에 적 캐릭터가 플레이어 캐릭터를 바라볼 수 있다는 것을 의미한다.

이번 실습을 통해 원하는 목적을 위해 트레이스 채널을 직접 만드는 방법을 배웠다.

이제 적 캐릭터로 작업으로 넘어가자. 아직 로직을 개선할 수 있는 방법이 남아 있다. 현재 라인 트레이스의 시작 지점으로 사용하는 위치는 액터의 원점인 적의 엉덩이 부근이다. 하지만 이 위치는 보통 사람의 눈이 있는 위치가 아니며 인간형 캐릭터가 머리가 아닌 엉덩이 부근에서 바라보는 것은 별로 바람직하지 않다.

이 위치를 변경해 적 캐릭터가 엉덩이가 아닌 눈 위치에서 시작해 플레이어 캐릭터를 바라보는지 확인해보자.

활동 5.01: SightSource 속성 생성하기

이번 활동을 통해 플레이어가 시야에 있는지를 확인하는 로직을 개선해보자. 현재는 BP_EnemyCharacter 블루프린트에서 캐릭터의 엉덩이 부근 위치인 (0, 0, 0)에서 라인 트레이스가 실행되고 있는데, 라인 트레이스가 적의 눈과 가까운 위치에서 시작될 수 있도록 이 위치를 변경해보자.

다음 단계에 따라 이번 활동을 완료할 수 있다.

1. EnemeyCharacter C++ 클래스에서 새 SceneComponent를 선언하고 이름을 SightSource 라고 지정한다. 새로 추가한 변수를 UPROPERTY를 사용해 VisibleAnywhere, Blueprint ReadOnly, Category = LookAt, meta = (AllowPrivateAccess = "true") 태그로 선언 한다.

2. EnemyCharacter의 생성자에서 CreateDefaultSubobject 함수를 사용해 이 컴포넌트 를 생성하고, RootComponent에 붙인다.

3. CanSeeActor 함수에서 라인 트레이스의 시작 위치를 액터의 위치 대신에 SightSource 컴포넌트의 위치로 변경한다.

4. BP_Character 블루프린트 클래스를 열고 SightSource 컴포넌트의 위치를 적의 머 리 위치인 (10, 0, 80)으로 변경한다. 컴포넌트의 위치 변경은 'EnemyCharacter 블 루프린트 클래스 생성하기' 절에서 BP_EnemyCharacter의 스켈레탈 메시 컴포넌트 속성을 변경할 때 진행했었다.

여기서 한 가지 힌트를 준다면 다음과 같다. 그림 5.17에서 볼 수 있듯이, **에디터 패널** Editor panel**의 트랜스폼**Transform에서 컴포넌트의 위치를 변경할 수 있다.

그림 5.17 SightSource 컴포넌트의 값 업데이트하기

예상 결과는 다음과 같다.

그림 5.18 눈에서 엉덩이 위치로 향하는 업데이트된 라인 트레이스의 예상 결과

NOTE

이번 활동의 솔루션은 깃허브(https://github.com/PacktPublishing/Elevating-Game-Experiences-with-Unreal-Engine-5-Second-Edition/tree/main/Activity%20solutions)에서 확인할 수 있다.

이번 실습을 통해 EnemyCharacter의 SightSource 속성을 업데이트했다.

⋙ 요약

이 장을 통해 라인 트레이스라는 새로운 도구를 여러분의 도구로 사용할 수 있게 됐으며, 라인 트레이스와 스윕 트레이스를 실행하는 방법을 배웠다(싱글 및 멀티 모두). 또한 특정 트레이스 채널에 대한 물체의 반응을 변경하는 방법과 원하는 트레이스 채널을 새로 생성하는 방법도 배웠다.

게임 개발 측면에서는 앞으로 이어질 장에서 이번에 배운 기술이 필수적이라는 사실을 금방 깨닫게 될 것이며, 향후 여러분의 프로젝트에서 이 기술을 잘 활용할 수 있을 것이라 생각한다.

이 장을 통해 라인 트레이스를 배웠으므로 다음 단계인 물체 충돌로 넘어갈 준비가 됐다. 다음 장에서는 물체들 사이의 충돌을 설정하는 방법과 특정 게임 로직을 만들기 위해 콜리전 이벤트를 사용하는 방법을 배운다. 실시간 물리 시뮬레이션에 영향을 받는 Dodgeball 액터, 캐릭터와 닷지볼의 이동을 막는 벽, 플레이어가 통과하면 게임을 종료시키는 액터를 만든다.

06

콜리전 오브젝트 설정

이전 장에서 충돌의 기본적인 개념인 라인 트레이스와 스윕 트레이스를 살펴봤다. 여러 유형의 라인 트레이스를 실행하는 방법, 커스텀 트레이스 채널을 만드는 방법, 특정 채널에 대한 물체의 반응을 변경하는 방법을 배웠다. 이 장에서는 물체 간 충돌을 배우는데 이전 장에서 배운 많은 내용이 사용될 것이다.

이 장에서는 물체 간 충돌을 기반으로 동작하는 게임 메카닉^{game mechanics}을 추가해 톱다운 방식의 닷지볼 게임 제작을 이어 나간다. 바닥과 벽에서 튕겨 나오는 Dodgeball 액터의 생성, 모든 물체를 차단하는^(막는) Wall 액터의 생성, 적의 시선이나 닷지볼은 차단하지 않고, 플레이어만 차단하는 GhostWall 액터의 생성, 플레이어가 통과하면 게임을 종료하는^(레벨의 종료를 나타냄) VictoryBox 액터의 생성 작업을 진행한다.

이 장에서 배우는 주제는 다음과 같다.

- UE5의 물체 충돌 이해하기
- 콜리전 컴포넌트 이해하기

- 콜리전 이벤트 이해하기

- 콜리전 채널 이해하기

- 피지컬 머티리얼 생성하기

- 타이머 도입하기

- 플레이 중에 액터를 생성하는 방법 이해하기

Dodgeball 클래스를 만들기 전에 다음 절을 통해 물체 간 충돌에 대한 기본 개념을 살펴보자.

기술적 요구 사항

이 장의 프로젝트는 깃허브(https://github.com/PacktPublishing/Elevating-Game-Experiences-with-Unreal-Engine-5-Second-Edition)에서 다운로드할 수 있는 이 책 코드 번들의 Chapter06 폴더에서 찾을 수 있다.

UE5에서의 물체 간 충돌

이전 장에서 설명했듯이, 모든 게임 개발 도구에는 여러 물체 간 충돌을 시뮬레이션하는 물리 엔진이 있다. 충돌은 2D, 3D에 관계없이 최근 출시되는 대부분의 게임에서 중심 역할을 한다. 많은 게임에서 충돌은 달리기, 점프, 무기 발사 등 플레이어가 환경에 따라 행동하는 대표적인 방법이며, 환경 역시 플레이어의 착지, 플레이어에게 대미지 입히기 등 상황에 맞게 동작한다. 따라서 충돌을 시뮬레이션하지 않고는 많은 게임을 만드는 것이 불가능하다 해도 과언이 아니다.

이제 콜리전 컴포넌트를 시작으로 UE5에서 물체 간 충돌이 동작하는 방식과 이를 어떻게 사용하는지를 배워보자.

⠿ 콜리전 컴포넌트

UE5에는 다음과 같이 충돌에 영향을 받거나 영향을 줄 수 있는 두 가지 유형의 컴포넌트가 있다.

- 메시mesh
- 셰이프 오브젝트shape object

메시는 큐브(정육면체)와 같은 단순한 모양에서부터 수천 개의 정점vertex을 갖는 고해상도 캐릭터에 이르기까지 복잡할 수 있다. 메시의 콜리전은 메시와 함께 UE5로 임포트된 커스텀 파일(이 책의 범위를 벗어남)로 지정하거나 UE5에서 자동으로 계산한 다음, 이를 직접 원하는 모형으로 변형할 수 있다.

물리 엔진이 런타임에 충돌을 효율적으로 계산하려면 콜리전 메시가 단순해야 하기 때문에 일반적으로는 콜리전 메시를 가능한 한 단순하게 유지하는 것이 좋다. 콜리전을 가질 수 있는 메시의 유형은 다음과 같다.

- **스태틱 메시**Static Mesh: 스태틱static으로 정의되고 변하지 않는 메시를 의미한다.
- **스켈레탈 메시**Skeletal Mesh: 스켈레톤을 가질 수 있으며 포즈pose를 변경할 수 있어 애니메이션이 가능한 메시를 의미한다. 예를 들어 캐릭터 메시는 스켈레탈 메시다.
- **프로시저럴 메시**Procedural Mesh: 특정 파라미터에 따라 자동으로 생성이 가능한 메시를 말한다.

와이어프레임wireframe 모드에서 단순한 메시로 표현되는 셰이프 오브젝트는 충돌 이벤트를 발생시키고 받는 충돌 물체로 동작하는 데 사용된다.

NOTE

> 게임 개발에서 와이어프레임 모드는 메시의 표면이나 텍스처를 보여주지 않는 모드며, 주로 디버깅을 위한 시각적 모드로 사용된다. 와이어프레임 모드에서는 정점이 연결된 에지(선)만 볼 수 있다. 액터에 모형(Shape) 컴포넌트를 추가하면 와이어프레임 모드를 볼 수 있다.

셰이프 오브젝트는 보이지 않는 메시며 세 가지 유형이 있다.

- 박스 콜리전Box Collision(C++에서는 박스 컴포넌트Box Component)

- 구체 콜리전Sphere Collision(C++에서는 구체 컴포넌트Sphere Component)

- 캡슐 콜리전Capsule Collision(C++에서는 캡슐 컴포넌트Capsule Component)

NOTE

> 지오메트리 및 충돌 기능을 제공하는 모든 컴포넌트가 상속하는 클래스가 있는데, 바로 Primitive 컴포
> 넌트다. 이 컴포넌트는 지오메트리(어떤 종류라도)를 포함하는 모든 컴포넌트의 기반 컴포넌트며, 메시
> 컴포넌트와 모형 컴포넌트도 여기에 속한다.

그렇다면 이런 컴포넌트들은 어떻게 충돌하며, 충돌이 발생하면 어떤 일이 벌어지게 되는 걸까? 다음 절에서는 이에 대한 내용인 충돌 이벤트를 살펴본다.

⫶ 충돌 이벤트 이해하기

두 물체가 서로 충돌하는 상황을 가정해보자. 그러면 다음의 두 가지 경우가 발생할 수 있다.

- 다른 물체가 없는 것처럼 두 물체가 서로 겹친다. 이 경우에는 오버랩(Overlap) 이벤트가 호출된다.

- 두 물체가 충돌하며, 서로 계속 이동하지 못하도록 막는다. 이 경우에는 블록(Block) 이벤트가 호출된다.

이전 장에서는 특정 트레이스 채널에 대한 물체의 반응을 변경하는 방법을 배웠다. 이 과정에서 물체의 반응으로 **블록, 오버랩, 무시** 중 하나를 선택할 수 있다는 것을 알았다.

이제 충돌 중에 각각의 응답에서 어떤 일이 벌어지는지 살펴보자.

- **블록**: 두 물체의 반응이 모두 **블록**으로 설정된 경우에만 블록이 발생한다.

  ○ 두 물체에 대해 모두 OnHit 이벤트가 호출된다. OnHit 이벤트는 두 물체가 서로 충돌하는 순간 서로의 경로를 막을 때마다 호출된다. 두 물체 중 하나가 피직스를 시뮬레이션할 경우에는 해당 물체의 SimulationGeneratesHitEvents 속성을 true로 설정해야 한다.

  ○ 두 물체는 물리적으로 서로가 이동하는 경로를 막는다.

두 물체가 서로 부딪혀 튀어 오르는 경우의 예를 보여주는 다음 그림을 살펴보자.

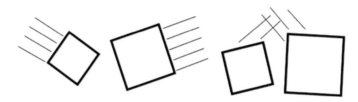

그림 6.1 서로를 막는 물체 A와 물체 B

- **오버랩**: 두 물체는 서로를 막지도 않고 무시하지도 않으며 서로 겹친다.

  ○ 두 물체 모두에서 GenerateOverlapEvents 속성이 true로 설정돼 있으면, 두 물체에서 OnBeginOverlap 이벤트와 OnEndOverlap 이벤트가 호출된다. 이 이벤트들은 각각 한 물체가 다른 물체와 겹치기 시작할 때와 종료할 때 호출된다. 두 물체 중 하나라도 GenerateOverlapEvents 속성이 true로 설정돼 있지 않으면 이 이벤트들은 호출되지 않는다.

  ○ 두 물체는 서로가 존재하지 않는 것처럼 서로에 대해 겹치도록 동작한다.

예를 들면, 플레이어 캐릭터가 레벨의 종료를 나타내며 플레이어 캐릭터에만 반응하는 트리거 박스^{trigger box}에 들어가는 경우를 가정해볼 수 있다.

다음 그림은 두 물체가 서로 겹치는 경우의 예를 보여준다.

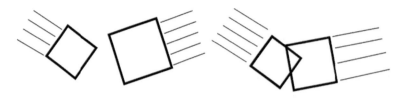

그림 6.2 서로 겹치는 물체 A와 물체 B

- **무시**: 두 물체 중 하나가 다른 물체를 무시하면 두 물체는 서로 무시한다.

  ○ 두 물체에 대해 아무런 이벤트도 호출되지 않는다.

  ○ 오버랩 반응과 비슷하게 두 물체는 서로가 없는 것처럼 동작하며 서로 겹친다.

서로 충돌을 무시하는 물체의 반응의 예로 플레이어 캐릭터에만 반응하는 트리거 박스에 다른 물체가 들어가는 경우를 생각해볼 수 있다.

> **NOTE**
>
> 이전 그림에서 두 물체가 서로 겹치는 모습을 통해 무시 동작을 이해할 수 있다.

다음 표는 앞에서 설명한 상황이 발생하기 위해 두 물체가 가져야 하는 필수 응답을 이해하는 데 도움을 준다.

물체 A \ 물체 B	블록	오버랩	무시
블록	블록	오버랩	무시
오버랩	오버랩	오버랩	무시
무시	무시	무시	무시

그림 6.3 블록, 오버랩, 무시를 기반으로 물체에 적용되는 결과 반응

이 표를 참고해 물체 A와 물체 B라는 두 물체가 있다고 가정해보자.

- 물체 A에서 물체 B에 대한 반응을 **블록**으로 설정하고 물체 B에서 물체 A에 대한 반응을 **블록**으로 설정하면 서로 블록 반응이 결과로 나타난다.

- 물체 A에서 물체 B에 대한 반응을 **블록**으로 설정하고 물체 B에서 물체 A에 대한 반응을 **오버랩**으로 설정하면 서로 오버랩 반응이 결과로 나타난다.

- 물체 A에서 물체 B에 대한 반응을 **무시**로 설정하고 물체 B에서 물체 A에 대한 반응을 **오버랩**으로 설정하면 서로 무시 반응이 결과로 나타난다.

> **NOTE**
>
> UE5의 충돌 상호작용에 대한 전체 내용은 웹 사이트(https://docs.unrealengine.com/en-US/Engine/Physics/Collision/Overview)에서 확인할 수 있다.

물체 간 충돌에는 두 가지 측면이 있다.

- **피직스**physics: 공이 중력에 영향을 받고 바닥과 벽에서 튀어 오르는 등 피직스 시뮬레이션과 관련된 모든 충돌

  게임에서 충돌의 물리적으로 시뮬레이션되는 반응은 두 가지 경우 중 하나다.

  - 두 물체 모두 다른 물체가 없는 것처럼 궤적을 계속 이어 나간다(물리적 충돌 없음).

  - 두 물체가 충돌하고 궤적을 변경하며, 일반적으로 적어도 한 물체는 계속 이동한다. 즉, 서로의 경로를 막는다.

- **쿼리**query: 쿼리는 다음과 같이 충돌의 두 가지 측면으로 나눌 수 있다.

  - 두 물체의 충돌과 관련된 이벤트가 게임에서 호출되며 추가 로직을 만드는 데 활용할 수 있다. 이 이벤트들은 이전에 살펴본 것과 동일하다.

  - OnHit 이벤트

  - OnBeginOverlap 이벤트

  - OnEndOverlap 이벤트

- 게임 안에서 충돌의 물리적 반응은 다음 중 하나다.
  - 두 물체가 서로 다른 물체가 없는 것처럼 계속 이동한다(물리적 충돌 없음).
  - 두 물체가 서로 충돌하며 서로의 경로를 막는다.

피직스를 기반으로 하는 물리적 반응은 쿼리를 기반으로 하는 물리적 반응과 비슷해 보일 수 있다. 둘 모두 물리적 반응이지만 물체가 다르게 동작하도록 한다.

피직스를 기반으로 하는 물리적 반응(피직스 시뮬레이션)은 한 물체가 피직스 시뮬레이션 중인 경우에만 적용된다(중력에 영향을 받거나 벽 및 바닥에 튕기는 등). 예를 들어 어떤 물체가 벽에 부딪히면 튕겨져 다른 방향으로 계속 이동한다.

반면에 쿼리를 기반으로 하는 물리적 반응은 피직스 시뮬레이션을 하고 있지 않은 모든 물체에 적용된다. 어떤 물체를 코드로 제어하는 경우에는 피직스 시뮬레이션을 사용하지 않고도 이동시킬 수 있다(예를 들어 SetActorLocation 함수나 캐릭터 무브먼트Character Movement 컴포넌트를 사용하는 경우). 이처럼 코드로 제어하는 경우에는 사용하는 메서드(함수)에 따라 벽에 부딪혔을 때 튕겨져 나오지 않고 단순히 멈출 수도 있다. 이는 특정 방향으로 이동하도록 물체에 명령했는데 다른 물체가 진행 경로를 막고 있으면 물리 엔진이 이동하던 물체가 계속 이동하는 것을 허용하지 않기 때문이다.

지금까지 콜리전 이벤트를 살펴봤다. 이제 다음 절을 통해 콜리전 채널을 살펴보자.

콜리전 채널 이해하기

이전 장에서는 엔진에서 기본으로 제공하는 트레이스 채널(Visibility 및 Camera)을 살펴보고 커스텀 채널을 만드는 방법을 배웠다. 이로써 트레이스 채널을 알았으니 오브젝트 타입Object Type으로도 불리는 오브젝트 채널Object Channel을 살펴보자.

트레이스 채널은 라인 트레이스에만 사용되는 반면, 오브젝트 채널은 물체 충돌에 사용된다. 트레이스 채널과 매우 유사하게 폰Pawn, 스태틱 오브젝트Static Object, 피직스 오브젝트Physics Object, 발사체Projectile 등 각 오브젝트 채널에 대한 '목적'을 지정할 수 있다. 그러고 나서 **블록**Block, **오버랩**Overlap, **무시**Ignore를 사용해 다른 오브젝트 타입에 대해 반응하는 방식을 지정할 수 있다.

지금까지 충돌이 동작하는 방식을 살펴봤다. 이제 이전 장에서 반응을 Visibility 채널로 변경했던 큐브의 콜리전 설정으로 돌아가보자.

다음 단계에 따라 콜리전 채널을 살펴보자.

1. 다음 스크린샷에서 큐브를 확인할 수 있다.

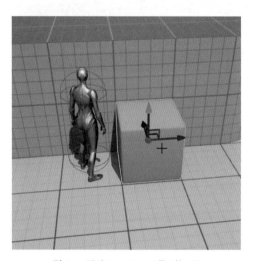

그림 6.4 적의 SightSource를 막는 큐브

2. 에디터에서 레벨을 연 상태로 큐브를 선택하고 **디테일**Details 패널의 **Collision** 섹션으로 이동한다.

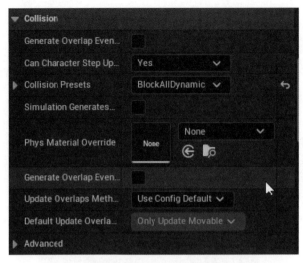

그림 6.5 레벨 에디터의 변경 사항

여기서 중요한 몇 가지 옵션을 확인할 수 있다.

- 물체가 피직스를 시뮬레이션할 때 OnHit 이벤트를 호출시키는 **SimulationGe neratesHitEvents** 옵션(나중에 자세히 살펴본다)

- OnBeginOverlap 이벤트와 OnEndOverlap 이벤트를 호출시키는 **GenerateOver lapEvents** 옵션

- 캐릭터가 이 물체에 쉽게 오를 수 있도록 해주는 **CanCharacterStepUpOn** 옵션

- 개별 콜리전 채널에 대한 이 물체의 반응을 지정할 수 있는 **CollisionPresets** 옵션

3. **Collision Presets** 값을 **Default**에서 **Custom**으로 변경하고, 나타나는 새 옵션을 살펴보자.

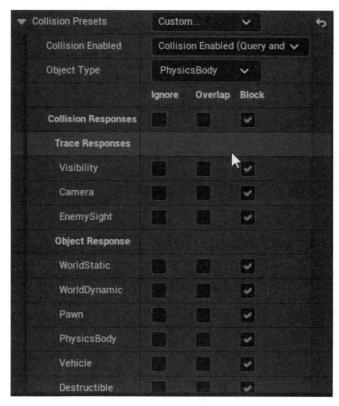

그림 6.6 콜리전 프리셋의 변경 사항

이 옵션들 중 첫 번째는 **Collision Enabled** 속성이다. 이 옵션을 통해 이 물체에서 고려할 충돌 방식을 **쿼리**^{Query}, **피직스**^{Physics}, **둘 다**^{Both}, **콜리전 없음**^{None} 중에서 선택할 수 있다. 피직스 콜리전은 피직스 시뮬레이션(피직스를 시뮬레이션하는 다른 물체가 이 물체를 고려하는지 여부)과 관련이 있는 반면, 쿼리 콜리전은 충돌 이벤트와 다른 물체의 움직임을 막을지 여부를 결정하는 것과 관련돼 있다.

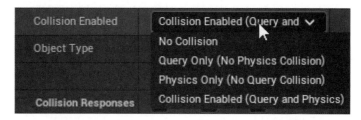

그림 6.7 쿼리와 피직스를 모두 활성화하는 Collision Enabled 옵션

두 번째 옵션은 **Object Type** 속성이다. 이 속성은 트레이스 채널과 매우 유사하지만 특별히 오브젝트 충돌을 위한 옵션이며, 가장 중요한 것은 이 옵션이 어떤 유형의 충돌 오브젝트인지를 나타낸다. UE5에서 기본 제공하는 **Object Type** 값은 다음과 같다.

- **WorldStatic**: 움직이지 않는 오브젝트(구조, 건물 등)

- **WorldDynamic**: 움직일 수 있는 오브젝트(코드를 통해 움직일 수 있는 오브젝트, 플레이어가 잡고 움직일 수 있는 오브젝트 등)

- **Pawn**: 레벨에서 조종하고 움직일 수 있는 폰에 사용

- **PhysicsBody**: 피직스를 시뮬레이션할 수 있는 오브젝트에 사용

- **Vehicle**: 비히클Vehicle(차량) 오브젝트에 사용

- **Destructible**: 디스트럭터블 메시destructible mesh에 사용

커스텀 오브젝트 타입(이 장 후반부에서 설명한다)도 만들 수 있으며 커스텀 트레이스 채널(이전 장에서 살펴봤던 내용이다)을 만드는 방법과 유사하다.

마지막 옵션은 콜리전 반응과 관련돼 있다. 이 큐브 오브젝트에 **Default** 옵션을 선택하면 모든 응답이 **블록**으로 설정된다. **Default**로 설정하면 이 물체는 모든 라인 트레이스를 막고, WorldStatic 오브젝트를 차단하는 모든 물체를 막는다.

콜리전 속성에 대한 매우 다양한 조합이 가능하므로 UE5에서는 콜리전 프리셋Collision Preset의 형태로 콜리전 속성 값을 그룹화할 수 있는 기능을 제공한다.

현재 **Custom**으로 설정돼 있는 **Collision Presets** 속성으로 다시 돌아가서 메뉴를 다시 클릭하고 사용 가능한 모든 옵션을 살펴본다. 사용 가능한 콜리전 프리셋은 다음과 같다.

- **No Collision**: 어떤 방식으로도 충돌에 영향을 받지 않는 물체에 사용한다.

  - **Collision Enabled**: NoCollision

  - **Object Type**: WorldStatic

- 콜리전 반응: 무관
- 예: 플레이어가 닿을 수 없는 아주 먼 위치에 배치된 단순히 시각적인 용도의 물체

- **Block All**: 위치가 고정돼 있고(움직이지 않고) 다른 모든 물체를 막는(차단하는) 물체에 사용한다.
  - **Collision Enabled**: Query와 Physics
  - **Object Type**: WorldStatic
  - 콜리전 반응: 모든 채널에 대해 블록
  - 예: 바닥, 벽과 같이 플레이어 근처에 배치돼 있고 움직이지 않으며 플레이어의 움직임을 막는 물체

- **Overlap All**: 위치가 고정돼 있고(움직이지 않고) 다른 물체와 겹치는 물체에 사용한다.
  - **Collision Enabled**: Query 전용
  - **Object Type**: WorldStatic
  - 콜리전 반응: 모든 채널에 대해 오버랩
  - 예: 레벨에 배치돼 움직이지 않는 트리거 박스

- **Block All Dynamic**: Block All 프리셋과 비슷하지만 게임플레이 중에 트랜스폼을 변경할 수 있는 움직이는 물체에 사용한다(Object Type: WorldDynamic).

- **Overlap All Dynamic**: Overlap All 프리셋과 비슷하지만 게임플레이 중에 트랜스폼을 변경할 수 있는 움직이는 물체에 사용한다(Object Type: WorldDynamic).

- **Pawn**: 폰과 캐릭터에 사용한다.
  - **Collision Enabled**: Query와 Phsyics
  - **Object Type**: Pawn
  - 콜리전 반응: 모든 채널에 대해 블록(Block), Visibility 채널에 대해 무시

- 예: 플레이어 캐릭터와 플레이어가 아닌 다른 캐릭터

- **Physics Actor**: 피직스를 시뮬레이션하는 물체에 사용한다.

  - **Collision Enabled**: Query와 Phsyics

  - **Object Type**: PhysicsBody

  - 콜리전 반응: 모든 채널에 대해 블록

  - 예: 바닥과 벽에 부딪혀 튕기는 공과 같이 피직스^(물리)에 영향을 받는 물체

다른 콜리전 속성과 마찬가지로 커스텀 콜리전 프리셋을 만들 수 있다.

> **NOTE**
>
> UE5의 콜리전 반응에 대한 전체 정보는 웹 사이트(https://docs.unrealengine.com/en-US/Engine/Physics/Collision/Reference)에서 확인할 수 있다.

지금까지 콜리전의 기본적인 개념을 살펴봤다. 이제 Dodgeball 클래스를 만들어보자. 다음 실습은 Dodgeball 클래스를 만드는 과정을 진행한다.

실습 6.01: Dodgeball 클래스 생성하기

이번 실습에서는 실제 닷지볼처럼 바닥과 벽에 부딪히면 튕기고 적이 플레이어에게 던질 Dodgeball 클래스를 생성한다.

Dodgeball C++ 클래스와 로직을 만들기 전에 이 클래스에 필요한 콜리전 세팅을 설정해야 한다.

다음 단계에 따라 이번 실습을 완료할 수 있다.

1. **프로젝트 세팅**^{Project Settings}을 열어 **엔진**^{Engine} 섹션에 있는 **콜리전**^{Collision} 하위 섹션으로 이동한다. 아직 오브젝트 채널이 없으므로 하나 생성해야 한다.

2. **새 오브젝트 채널**New Object Channel 버튼을 누르고 이름을 Dodgeball로 설정한 후 **기본 반응**Default Response을 **블록**Block 으로 설정한다.

3. 앞의 과정을 모두 진행한 후에 **Preset** 섹션을 확장한다. 여기서 UE5가 기본으로 제공하는 프리셋을 확인할 수 있다. 이 중에서 하나를 선택하고 **편집**Edit 메뉴를 누르면 **프리셋 콜리전**Preset Collision의 설정을 변경할 수 있다.

4. **새**New 옵션을 눌러 커스텀 **프리셋**을 생성한다. 다음과 같이 **Dodgeball** 프리셋 세팅을 설정한다.

   - **이름**: Dodgeball

   - **콜리전 켜짐**Collision Enabled: Collision Enabled (Query and Physics)(피직스 시뮬레이션과 충돌 이벤트를 모두 고려해야 하므로 이 옵션을 선택한다)

   - **오브젝트 유형**Object Type: Dodgeball

   - **콜리전 반응**Collision Responses: 대부분의 옵션에서 **블록**Block을 선택하고, Camera와 EnemySight에 대해서는 **무시**Ignore를 선택한다(닷지볼이 카메라나 적의 시야를 막지 않도록 하기 위해).

5. 모든 옵션을 정확히 선택했으면 **수락**Accept을 누른다.

   이제 Dodgeball 클래스의 콜리전 세팅이 준비됐다. Dodgeball C++ 클래스를 생성해보자.

6. **콘텐츠 브라우저**에서 오른쪽 버튼을 클릭하고 **새 C++ 클래스**New C++ Class를 선택한다.

7. **Actor**를 부모 클래스로 선택한다.

8. 클래스의 이름을 **DodgeballProjectile**로 선택한다(프로젝트의 이름을 이미 Dodgeball이라고 지정했기 때문에 이 클래스에 같은 이름을 사용할 수 없다).

9. 비주얼 스튜디오에서 DodgeballProjectile 클래스 파일을 연다. 먼저 Dodgeball에 콜리전 컴포넌트를 추가해야 한다. 이를 위해 SphereComponent를 클래스 헤더에 추가하자(액터 컴포넌트는 일반적으로 private으로 설정한다).

```
UPROPERTY(VisibleAnywhere, BlueprintReadOnly, Category =
  Dodgeball, meta = (AllowPrivateAccess = "true"))
class USphereComponent* SphereComponent;
```

10. 다음으로, 소스 파일 상단에 SphereComponent 클래스를 포함시킨다.

```
#include "Components/SphereComponent.h"
```

NOTE

모든 헤더 파일의 include 구문은 .generated.h를 include하기 전에 추가해야 한다는 점을 명심하자.

이제 소스 파일에 있는 DodgeballProjectile 클래스의 생성자로 이동해 다음 단계를 수행한다.

11. SphereComponent 객체를 생성한다.

```
SphereComponent =
CreateDefaultSubobject<USphereComponent>(TEXT("Sphere
Collision"));
```

12. radius를 35로 설정한다.

```
SphereComponent->SetSphereRadius(35.f);
```

13. **Collision Preset**을 앞서 생성한 Dodgeball 프리셋으로 설정한다.

```
SphereComponent->SetCollisionProfileName(FName("Dodgeball"));
```

14. 피직스를 시뮬레이션해야 하므로 다음 코드와 같이 이 옵션을 활성화한다.

```
SphereComponent->SetSimulatePhysics(true);
```

15. Dodgeball이 피직스를 시뮬레이션하는 동안 OnHit 이벤트를 호출하도록 하기 위해 SetNotifyRigidBodyCollision 함수를 호출해 true로 설정한다(이 속성은 오브젝트 속성의 Collision 섹션에서 살펴봤던 SimulationGeneratesHitEvents 속성과 동일하다).

248

```
// 시뮬레이션은 Hit 이벤트를 발생시킨다
SphereComponent->SetNotifyRigidBodyCollision(true);
```

SphereComponent의 OnHit 이벤트도 수신해야 한다.

16. DodgeballProjectile 클래스의 헤더 파일에 OnHit 이벤트가 발생하면 호출될 함수를 위한 선언을 생성한다. 이 함수는 OnHit 이벤트를 호출하게 된다. 이 함수는 public으로 선언해야 하고, 반환은 하지 않으며(void), UFUNCTION 매크로를 갖고, 다음의 순서로 파라미터를 받는다.

   I. UPrimitiveComponent* HitComp: 충돌이 발생한 컴포넌트 중에서 이 액터에 포함된 컴포넌트. 프리미티브 컴포넌트^{Primitive Component}는 액터 컴포넌트로서 트랜스폼(Transform) 속성과 지오메트리를 갖는다(예: 메시(Mesh)나 모형(Shape) 컴포넌트).

   II. AActor* OtherActor: 충돌에 관여한 다른 액터

   III. UPrimitiveComponent* OtherComp: 충돌이 발생한 컴포넌트 중에서 다른 액터에 포함된 컴포넌트

   IV. FVector NormalImpulse: 다른 물체와 부딪힌 후 이 물체가 움직일 방향과 힘(벡터의 크기를 확인해 계산한다). 이 파라미터는 피직스를 시뮬레이션하는 오브젝트에 대해서만 0이 아닌 값을 갖는다.

   V. FHitResult& Hit: 이 오브젝트와 다른 오브젝트 사이에서 발생한 충돌의 결과인 Hit의 데이터. 이전 장에서 살펴봤듯이 이 파라미터는 Hit(충돌)의 위치, Hit의 노멀^{normal}, 충돌한 액터 및 컴포넌트 등과 같은 속성을 포함한다.

```
UFUNCTION()
void OnHit(UPrimitiveComponent* HitComp, AActor* OtherActor,
  UPrimitiveComponent* OtherComp, FVector NormalImpulse, const
  FHitResult& Hit);
```

클래스의 소스 파일에 OnHit 함수의 구현을 추가하고, 지금은 일단 이 함수 안에서 닷지볼이 플레이어와 충돌하면 닷지볼을 삭제한다.

17. OtherActor 파라미터를 DodgeballCharacter 클래스로 형 변환하고 형 변환 후의 값이 nullptr이 아닌지 확인한다. nullptr이 아니면 충돌한 다른 액터가 Dodgeball Character라는 의미이므로 이 DodgeballProjectile 액터를 삭제한다.

```
void ADodgeballProjectile::OnHit(UPrimitiveComponent *
  HitComp, AActor * OtherActor, UPrimitiveComponent *
  OtherComp, FVector NormalImpulse, const FHitResult & Hit)
{
  if (Cast<ADodgeballCharacter>(OtherActor) != nullptr)
  {
    Destroy();
  }
}
```

DodgeballCharacter 클래스를 참조하기 때문에 클래스의 소스 파일 상단에 이 클래스를 포함해야 한다.

```
#include "DodgeballCharacter.h"
```

NOTE

> 다음 장에서 닷지볼이 삭제되기 전에 플레이어에게 대미지를 주도록 이 함수를 변경할 것이다. 다음 장에서 액터 컴포넌트를 살펴볼 때 이 내용을 진행한다.

18. DodgeballProjectile 클래스의 생성자로 돌아간 후 맨 끝에 다음 코드를 추가해 SphereComponent의 OnHit 이벤트를 받는다.

```
// 추가한 함수와의 바인딩을 통해 OnComponentHit 이벤트를 받도록 설정한다
SphereComponent->OnComponentHit.AddDynamic(this,
  &ADodgeballProjectile::OnHit);
```

이 코드는 우리가 생성한 OnHit 함수를 SphereComponent의 OnHit 이벤트(이 컴포넌트는 액터 컴포넌트이므로 OnComponentHit 이벤트가 호출된다)에 바인딩한다. 이렇게 하면 SphereComponent의 OnHit 이벤트가 호출될 때 우리가 생성한 OnHit 함수가 호출된다.

19. 마지막으로, 다음 코드를 참고해 SphereComponent가 이 액터의 RootComponent가 되도록 설정한다.

```
// 이 Sphere 컴포넌트를 Root 컴포넌트로 설정한다
// 이렇게 설정하지 않으면 충돌(콜리전)이 제대로 동작하지 않을 수 있다
RootComponent = SphereComponent;
```

NOTE

움직이는 액터가 피직스를 시뮬레이션하는 것과 관계없이, 충돌(콜리전)에 대해 정확하게 동작하게 하려면 일반적으로 충돌을 담당하는 컴포넌트를 이 액터의 RootComponent로 설정해야 한다.

예를 들어, 캐릭터 클래스의 RootComponent는 캡슐 콜라이더(Capsule Collider) 컴포넌트다. 캐릭터는 움직이며 캐릭터가 환경과 충돌할 때 캡슐 콜라이더 컴포넌트가 핵심 기능을 담당하기 때문이다.

지금까지 DodgeballProjectile C++ 클래스의 로직을 추가했다. 이제 블루프린트 클래스를 생성하고 관련 로직을 작성해보자.

20. 변경 사항을 컴파일하고, 에디터를 연다.

21. **콘텐츠 브라우저**에서 **Content ➤ ThirdPersonCPP ➤ Blueprints** 디렉터리로 이동해 마우스 오른쪽 버튼을 클릭하고 새 블루프린트 클래스를 생성한다.

22. **모든 클래스**All Classes 섹션을 확장한 다음, DodgeballProjectile 클래스를 검색하고 이를 부모 클래스로 설정한다.

23. 새 블루프린트 클래스의 이름을 BP_DodgeballProjectile로 지정한다.

24. 생성한 블루프린트 클래스를 연다.

25. 액터의 **뷰포트**Viewport 창에서 **Sphere Collision** 컴포넌트를 나타내는 와이어프레임을 볼 수 있을 것이다(이 와이어프레임 모드는 기본적으로 게임 중에는 감춰진다. 하지만 이 컴포넌트의 Rendering 섹션의 HiddenInGame 속성을 통해 이를 변경할 수 있다).

그림 6.8 Sphere Collision 컴포넌트의 시각적 와이어프레임 표현

26. 이제 **Sphere Collision** 컴포넌트의 자식 컴포넌트로 새 **구체**^{Sphere} 메시를 추가하자.

그림 6.9 구체 메시 추가하기

27. 추가한 구체의 **스케일**^{Scale}을 다음의 스크린샷과 같이 0.65로 변경한다.

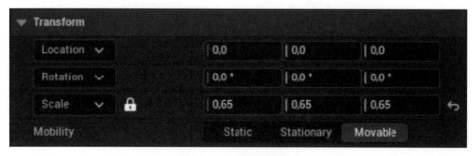

그림 6.10 스케일 업데이트하기

28. **Collision Presets**를 NoCollision으로 설정한다.

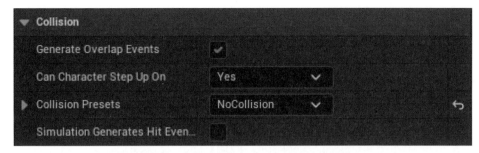

그림 6.11 Collision Presets를 NoCollision으로 업데이트하기

29. 마지막으로, 레벨을 열고 BP_DodgeballProjectile 클래스의 인스턴스를 플레이어 근처에 배치한다(600 유닛^{unit} 높이에 배치됐다).

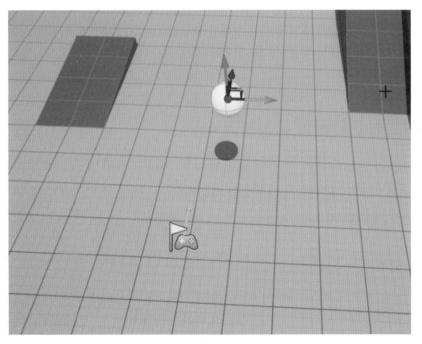

그림 6.12 바닥에 튕기는 닷지볼

이 모든 작업을 마친 후에 레벨을 플레이해보자. 닷지볼이 중력에 영향을 받고 정지하기 전까지 바닥에서 여러 번 튕기는 것을 확인하게 된다.

이번 실습을 통해 피직스 오브젝트처럼 동작하는 물체를 만들었다.

이것으로 원하는 콜리전 오브젝트 유형을 만들고 OnHit 이벤트를 사용하고 오브젝트의 콜리전 속성을 변경하는 방법을 배웠다.

NOTE

이전 장에서 LineTraceSingleByObjectType을 간단하게 언급했다. 이제 오브젝트 충돌이 어떻게 동작하는지 배웠으므로 LineTraceSingleByObjectType의 사용법을 간단히 설명할 수 있다. 트레이스 채널을 확인하는 라인 트레이스를 실행할 때는 LineTraceSingleByChannel 함수를 사용해야 한다. 오브젝트 채널(오브젝트 유형)을 확인하는 라인 트레이스를 실행할 때는 LineTraceSingleByObjectType 함수를 사용해야 한다. LineTraceSingleByChannel 함수와 달리 LineTraceSingleByObjectType 함수는 물체들이 특정 트레이스 채널을 블록하는지 확인하지 않고, 특정 오브젝트 유형을 블록하는지 확인한다. 두 함수는 모두 완전히 동일한 파라미터를 가지며 트레이스 채널과 오브젝트 채널 모두 ECollisionChannel 열거형을 통해 사용할 수 있다.

공이 바닥에서 더 많이 튀도록 하고 싶다면 어떻게 해야 할까? 물체가 튀는 성질을 더 많이 갖게 하려면? 이를 위해 UE5는 피지컬 머티리얼을 제공한다.

피지컬 머티리얼 생성하기

UE5는 피지컬 머티리얼^{physical material}을 통해 피직스를 시뮬레이션하는 동안 오브젝트의 동작을 커스터마이징할 수 있는 방법을 제공한다. 이 새로운 유형의 애셋을 살펴보기 위해 새로 생성해보자.

1. Content 폴더 안에 Physics라는 이름의 새 폴더를 생성한다.

2. 이 폴더 안에 있는 상태에서 **콘텐츠 브라우저**를 마우스 오른쪽 버튼으로 클릭한다. **고급 애셋 생성**^{Create Advanced Asset} 섹션 아래에 있는 **피직스**^{Physics} 섹션으로 이동한 다음, **피지컬 머티리얼**^{Physical Material}을 선택한다.

3. 새로 생성한 피지컬 머티리얼의 이름을 PM_Dodgeball로 지정한다.

4. 애셋을 열어 사용 가능한 옵션을 살펴보자.

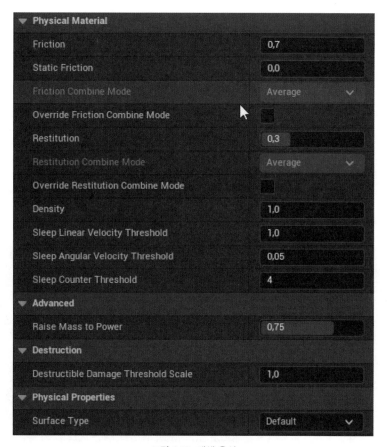

그림 6.13 애셋 옵션

주목해야 할 주요 옵션은 다음과 같다.

- **Friction**: 이 속성은 0과 1 사이의 값을 가지며 마찰이 이 물체에 영향을 미치는 정도를 지정한다(0을 설정하면 이 물체가 얼음 위에 있는 것처럼 미끄러질 것이고, 1을 설정하면 이 물체가 껌처럼 바닥에 붙을 것이다).

- **Restitution**(Bounciness라고도 함): 이 속성은 0과 1 사이의 값을 가지며 다른 물체와 충돌한 후 속도가 유지되는 정도를 지정한다(0을 설정하면 이 물체는 바닥에서 튀어 오르지 않을 것이고, 1을 설정하면 오랫동안 튀어 오른다).

- **Density**: 이 속성은 이 물체의 밀도를 지정한다(즉, 메시에 비해 얼마나 무거운지). 두 물

체가 같은 크기를 가질 수 있지만, 한 물체가 다른 물체보다 두 배 높은 밀도를 갖는다면 두 배 더 무거워진다.

DodgeballProjectile 오브젝트가 실제 닷지볼에 더 가깝게 동작하도록 만들려면 약간의 마찰(기본값은 0.7로 충분함)과 약간의 탄력이 있어야 한다. 피지컬 머티리얼의 Restitution 속성을 0.95로 늘려보자.

이 속성을 늘리고 BP_DodgeballProjectile 블루프린트 클래스를 열어 **Sphere Collision** 컴포넌트의 피지컬 머티리얼을 변경한다. **Collision** 섹션 안의 피지컬 머티리얼 속성을 **PM_Dodgeball**로 설정한다.

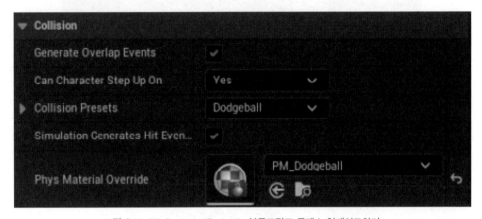

그림 6.14 BP_DodgeballProjectile 블루프린트 클래스 업데이트하기

NOTE

> 레벨에 추가한 닷지볼 액터의 인스턴스도 이 피지컬 머티리얼이 설정됐는지 확인한다.

'실습 6.01: Dodgeball 클래스 생성하기'에서 만들었던 레벨을 다시 플레이하면 BP_DodgeballProjectile이 실제 닷지볼처럼 멈추기 전까지 바닥에서 여러 번 튀어 오르는 것을 볼 수 있을 것이다.

Dodgeball 액터가 실제 닷지볼처럼 동작하도록 만들기 위해서는 한 가지 작업이 남아 있다. 아직 이 오브젝트를 던질 방법이 없다. 이제 다음 실습에서 살펴볼 프로젝타일 무브먼트 컴포넌트^{Projectile Movement Component}를 생성해 이 문제를 해결해보자.

이전 장에서 삼인칭 템플릿 프로젝트를 복제했을 때 UE5가 기본 제공하는 캐릭터 무브먼트 컴포넌트(CharacterMovementComponent)에 대해 배웠다. 이 액터 컴포넌트는 액터가 레벨에서 다양한 방식으로 이동할 수 있도록 만들어주며 원하는 대로 값을 조정할 수 있도록 다양한 속성을 제공한다. 이처럼 자주 사용되는 또 다른 무브먼트 컴포넌트가 바로 프로젝타일 무브먼트 컴포넌트(ProjectileMovementComponent)다.

프로젝타일 무브먼트 컴포넌트(ProjectileMovementComponent) 액터 컴포넌트는 액터에 발사체 동작을 부여하기 위해 사용된다. 이 컴포넌트는 초기 속도, 중력, 심지어 Bounciness와 Friction 같은 피직스 시뮬레이션 파라미터도 제공한다. 하지만 우리가 만드는 닷지볼 발사체(DodgeballProjectile)는 이미 피직스를 시뮬레이션하고 있으므로 InitialSpeed 속성만 사용할 것이다.

실습 6.02: DodgeballProjectile에 프로젝타일 무브먼트 컴포넌트 추가하기

이번 실습에서는 DodgeballProjectile이 처음에 수평 속도를 가질 수 있도록 Projectile MovementComponent를 추가한다. 이를 통해 적이 이 오브젝트를 던질 때 바로 수직으로 떨어지지 않고 날아갈 수 있도록 만들어보자.

다음 단계를 통해 이번 실습을 완료할 수 있다.

1. DodgeballProjectile 클래스의 헤더 파일에 ProjectileMovementComponent 속성을 추가한다.

```
UPROPERTY(VisibleAnywhere, BlueprintReadOnly, Category =
  Dodgeball, meta = (AllowPrivateAccess = "true"))
class UProjectileMovementComponent* ProjectileMovement;
```

2. DodgeballProjectile 클래스의 소스 파일 상단에 ProjectileMovementComponent 클래스를 포함시킨다.

```
#include "GameFramework/ProjectileMovementComponent.h"
```

3. DodgeballProjectile 클래스의 생성자에서 ProjectileMovementComponent 오브젝트
를 생성한다.

```
ProjectileMovement =
CreateDefaultSubobject<UProjectileMovementComponent>(TEXT("Pro
jectile Movement"));
```

4. 그런 다음, InitialSpeed 값을 1500으로 설정한다.

```
ProjectileMovement->InitialSpeed = 1500.f;
```

단계를 모두 마쳤으면, 프로젝트를 컴파일하고 에디터를 연다. 닷지볼의 초기 속도를
테스트해보기 위해 Z축의 높이를 낮추고 플레이어 뒤에 위치시킨다(예제에서는 Z축의 위치를 200
으로 설정해 배치했다).

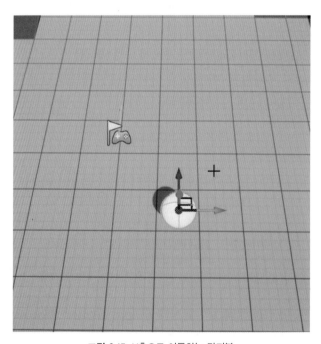

그림 6.15 X축으로 이동하는 닷지볼

레벨을 플레이하면 닷지볼이 *X*축^(빨간색 화살표)으로 움직이는 것을 볼 수 있다.

이것으로 이번 실습을 마친다. `DodgeballProjectile` 오브젝트는 이제 실제 닷지볼처럼 동작한다. 떨어지며, 튀어 오르고, 던질 수 있다.

프로젝트의 다음 단계는 `EnemyCharacter`가 플레이어에게 이 닷지볼을 던질 수 있도록 로직을 추가하는 것이다. 하지만 이 내용을 설명하기 전에 먼저 타이머의 개념을 살펴 봐야 한다.

⠿ 타이머 도입하기

비디오 게임의 특성과 비디오 게임이 강력하게 이벤트 기반이라는 점을 감안할 때 모든 게임 개발 도구는 어떤 작업을 진행하기 전에 시간을 지연시키거나 대기시킬 수 있는 도구를 제공해야 한다. 예를 들어, 여러분이 캐릭터가 죽고 다시 리스폰^{respawn}되는 온라 인 데스매치 게임^{online deathmatch game}을 플레이하고 있다고 가정해보자. 캐릭터 리스폰 이 벤트는 캐릭터가 죽은 즉시 발생하지 않고, 일반적으로 몇 초 뒤에 발생한다. 게임 개발 에는 특정 시간이 지난 후에 발생해야 하는 많은 시나리오가 있다. 몇 초마다 닷지볼을 던지는 적 캐릭터^(EnemyCharacter) 역시 마찬가지다. 이런 지연 또는 대기 시간은 타이머를 통해 구현할 수 있다.

타이머^{timer}는 특정 시간 이후에 어떤 함수를 호출할 수 있는 기능을 제공한다. 일정한 시 간 간격으로 함수를 반복해^{loop} 호출시킬 수 있고, 이 반복 호출을 시작하기 전에 호출을 지연시킬 수도 있다. 타이머를 멈추고 싶을 때 멈추는 것 역시 가능하다.

적 캐릭터가 플레이어 캐릭터를 볼 수 있는 경우에 타이머를 사용해 X 시간마다 닷지볼 을 던지고 적 캐릭터가 플레이어 캐릭터를 볼 수 없으면 타이머를 중지하도록 로직을 작성할 것이다.

`EnemyCharacter` 클래스에 플레이어에게 닷지볼을 던지는 로직을 추가하기 전에 액터를 생성하는 주제를 먼저 살펴보자.

⁑ 액터 생성 방법 이해하기

1장, '언리얼 엔진 소개'에서는 생성한 액터를 에디터를 통해 레벨에 배치하는 방법을 배웠다. 그런데 게임플레이 중에 액터를 배치하고 싶은 경우에는 어떻게 해야 할까? 이 방법을 지금 바로 살펴보자.

UE5는 다른 게임 개발 도구와 마찬가지로 게임이 실행되는 동안에 액터를 배치할 수 있는 기능을 제공한다. 이 프로세스를 스포닝^{spawning}이라고 한다. UE5에서 액터를 스폰하려면 SpawnActor 함수를 호출해야 하며, 이 함수는 World 오브젝트(앞에서 살펴봤듯이, GetWorld 함수를 통해 접근 가능하다)를 통해 사용할 수 있다. 하지만 SpawnActor 함수를 사용하려면 다음과 같이 몇 가지 파라미터를 전달해야 한다.

- UClass* 속성. 생성할 오브젝트의 클래스를 함수에 알려준다. 이 속성은 C++클래스이름::StaticClass() 함수를 통해 얻을 수 있는 C++ 클래스가 될 수도 있고, TSubclassOf 속성을 통해 얻을 수 있는 블루프린트 클래스가 될 수도 있다. 일반적으로 C++ 클래스에서 직접 액터를 스폰하는 것보다는 블루프린트 클래스를 생성해서 블루프린트의 인스턴스를 대신 생성하는 것이 더 좋은 방법이다.

- TSubClassOf 속성은 C++에서 블루프린트 클래스를 참조하는 방법을 제공한다. C++ 코드에서 클래스를 참조하는 데 사용되며, 참조하는 클래스는 블루프린트가 될 수 있다. 해당 클래스가 상속해야 하는 C++ 클래스를 나타내는 템플릿 파라미터를 사용해 TSubClassOf 속성을 선언한다. 다음 실습을 통해 이 속성을 실제로 사용하는 방법을 살펴본다.

- 오브젝트를 생성할 때 사용할 위치, 회전, 스케일을 나타내는 FTransform 속성 또는 FVector와 FRotator 속성

- 액터를 스폰한 주체(즉, Instigator), 스폰 위치에 다른 오브젝트가 이미 있는 경우에 스폰을 처리하는 방법(오브젝트가 오버랩 이벤트나 블록 이벤트를 발생시킬 수 있는 경우) 등 스포닝 프로세스에 특정 속성을 지정할 수 있는 FActorSpawnParameters 속성(선택 사항)

SpawnActor 함수는 이 함수를 통해 스폰된(생성된) 액터의 인스턴스를 반환한다. 이 함수는 템플릿 함수이므로 템플릿 파라미터를 사용해 스폰한 액터 타입에 대한 참조를 바로 받는 방식으로 호출할 수도 있다.

```
GetWorld()->SpawnActor<C++클래스 이름>(ClassReference, SpawnLocation,
    SpawnRotation);
```

위 코드는 SpawnActor 함수가 호출돼 C++클래스이름 클래스의 인스턴스를 생성한다. 여기서 ClassReference 속성을 통해 해당 클래스의 참조를 제공하며, 각각 SpawnLocation과 SpawnRotation 속성을 통해 스폰될 액터의 위치와 회전을 제공한다.

'실습 6.03: EnemyCharacter 클래스에 발사체 던지기 로직 추가하기'를 통해 이 속성들을 적용하는 방법을 배운다.

실습을 진행하기 전에 매우 유용하게 활용될 수 있는 SpawnActor 함수의 변형인 SpawnActorDeferred 함수를 간략히 설명하려고 한다. SpawnActor 함수는 지정한 오브젝트의 인스턴스를 생성한 후 월드에 배치하는 반면, SpawnActorDeferred 함수는 원하는 오브젝트의 인스턴스를 생성하고 액터의 FinishSpawning 함수를 호출할 때만 월드에 배치한다.

예를 들어, 닷지볼을 생성하는 순간에 닷지볼의 InitialSpeed를 변경하고 싶다고 가정해보자. SpawnActor 함수를 사용하면 InitialSpeed 속성이 설정되기 전에 닷지볼이 움직이기 시작할 가능성이 있다. 하지만 SpawnActorDeferred 함수를 사용하면, 닷지볼의 인스턴스를 생성하고 InitialSpeed 속성을 원하는 값으로 설정한 후 새로 생성된 닷지볼(SpawnActorDeferred 함수에 의해 반환된 인스턴스)의 FinishSpawninig 함수를 호출해야만 월드에 배치된다.

월드에 액터를 스폰하는 방법과 타이머의 개념을 배웠으니 EnemyCharacter 클래스에 닷지볼을 던지는 로직을 추가할 수 있다. 다음 실습을 통해 이 로직을 추가해보자.

실습 6.03: EnemyCharacter 클래스에 발사체 던지기 로직 추가하기

이번 실습에서는 앞서 만들었던 닷지볼 액터를 던지는 로직을 EnemyCharacter 클래스에 추가한다.

시작을 위해 비주얼 스튜디오에서 클래스 파일을 연다. 먼저, LookAtActor 함수를 수정하는 것부터 시작해보자. 플레이어를 볼 수 있는지 여부를 알려주는 값을 저장하고 이를 타이머 관리에 사용할 수 있도록 함수를 변경할 것이다.

다음 단계를 통해 이번 실습을 완료할 수 있다.

1. EnemyCharacter 클래스의 헤더 파일에서 LookAtActor 함수의 반환 타입을 void에서 bool로 변경한다.

```
// 캐릭터가 전달된 액터를 바라보도록 회전을 변경한다
// 전달된 액터를 볼 수 있는지 여부를 반환한다
bool LookAtActor(AActor* TargetActor);
```

2. 클래스의 소스 파일에 있는 함수의 구현에서 같은 작업을 진행하고(반환 타입을 void에서 bool로 변경), CanSeeActor 함수를 호출하는 if 구문 끝에서 true를 반환한다. 그리고 TargetActor가 nullptr인지 확인하는 첫 번째 if 구문과 함수의 끝부분에서 false를 반환한다.

```
bool AEnemyCharacter::LookAtActor(AActor * TargetActor)
{
  if (TargetActor == nullptr) return false;

  if (CanSeeActor(TargetActor))
  {
    FVector Start = GetActorLocation();
    FVector End = TargetActor->GetActorLocation();
    // Start 지점에서 End 지점을 바라보는 회전을 계산한다
    FRotator LookAtRotation =
    UKismetMathLibrary::FindLookAtRotation(Start, End);

    // 적 캐릭터의 회전을 앞서 구한 값으로 설정한다
    SetActorRotation(LookAtRotation);
```

```
        return true;
    }

    return false;
}
```

3. 다음으로, 클래스의 헤더 파일에 2개의 bool 속성 bCanSeePlayer와 bPreviousCan SeePlayer를 추가하고 protected로 설정한다. 이 속성들은 각각 적 캐릭터의 시점에서 이번 프레임에 플레이어를 볼 수 있는지 여부와 이전[지난] 프레임에 플레이어를 볼 수 있었는지 여부를 나타낸다.

```
// 적 캐릭터가 이번 프레임에 플레이어를 볼 수 있는지 여부
bool bCanSeePlayer = false;
// 적 캐릭터가 이전 프레임에 플레이어를 볼 수 있었는지 여부
bool bPreviousCanSeePlayer = false;
```

4. 그런 다음, 클래스의 Tick 함수 구현으로 이동해 bCanSeePlayer의 값을 LookAtActor 함수의 반환 값으로 설정한다. 이 코드는 LookAtActor 함수를 이전에 호출했던 내용을 대체한다.

```
// 매 프레임 플레이어 캐릭터를 바라본다
bCanSeePlayer = LookAtActor(PlayerCharacter);
```

5. 이어서 bPreviouseCanSeePlayer의 값을 bCanSeePlayer의 값으로 설정한다.

```
bPreviousCanSeePlayer = bCanSeePlayer;
```

6. 앞의 두 라인 사이에 bCanSeePlayer의 값과 bPreviouseCanSeePlayer의 값이 다른지 비교하는 if 구문을 추가한다. 두 값이 다르다는 것은 이전 프레임에는 플레이어를 볼 수 없었다가 이번 프레임에 플레이어를 볼 수 있거나 이전 프레임에는 플레이어를 볼 수 있었는데 이번 프레임에 플레이어를 볼 수 없다는 것을 의미한다.

```
bCanSeePlayer = LookAtActor(PlayerCharacter);

if (bCanSeePlayer != bPreviousCanSeePlayer)
```

```
{

}

bPreviousCanSeePlayer = bCanSeePlayer;
```

7. if 구문 안에 플레이어를 볼 수 있는 경우에는 타이머를 시작하고 플레이어를 더이상 볼 수 없는 경우에는 타이머를 종료하는 코드를 추가한다.

```
if (bCanSeePlayer != bPreviousCanSeePlayer)
{
  if (bCanSeePlayer)
  {
    // 닷지볼 던지기를 시작한다
  }
  else
  {
    // 닷지볼 던지기를 멈춘다
  }
}
```

8. 타이머를 시작하려면 클래스의 헤더 파일에 다음의 속성을 추가해야 한다. 이 속성들은 모두 protected로 설정할 수 있다.

- 시작하려는 타이머를 식별할 때 사용할 FTimerHandle 속성. 기본적으로 특정 타이머의 식별자로 동작한다.

```
FTimerHandle ThrowTimerHandle;
```

- 닷지볼을 던지는 동작 사이에 대기하는 시간(간격)을 나타내는 float 속성. 기본값은 2초로 설정한다.

```
float ThrowingInterval = 2.f;
```

- 타이머를 반복(루프)하기 전에 처음 대기할 시간을 나타내는 float 속성. 기본값은 0.5초로 하자.

```
float ThrowingDelay = 0.5f;
```

- 타이머가 끝날 때마다 호출할 함수로, ThrowDodgeball을 생성하고 이 함수를 호출한다. 이 함수는 반환 값이 없고 파라미터도 받지 않는다.

```
void ThrowDodgeball();
```

타이머 시작을 위해 적절한 함수를 호출하기 전에 소스 파일에 FTimerManager를 담당하는 오브젝트에 대한 #include 구문을 추가해야 한다.

각 World는 타이머 관리자^{Timer Manager}를 하나씩 갖고 있다. 타이머 관리자는 타이머를 시작하거나 중지할 수 있고, 타이머가 아직 활성 상태인지 확인하는 함수, 타이머가 얼마나 오랫동안 실행 중인지 확인하는 함수 등 타이머 관련 함수에 접근할수 있다.

```
#include "TimerManager.h"
```

9. 이제 GetWorldTimerManager 함수를 사용해 현재 World의 타이머 관리자에 접근한다.

```
GetWorldTimerManager()
```

10. 다음으로, 타이머 관리자의 SetTimer 함수를 호출한다. 플레이어 캐릭터를 볼 수 있는 경우에 닷지볼을 던지는 데 사용할 타이머를 시작시킨다. SetTimer 함수는 다음의 파라미터를 받는다.

- **원하는 타이머를 나타내는 FTimerHandle**: ThrowTimerHandle

- **호출할 함수가 속한 오브젝트**: this

- 호출할 함수. 함수의 이름 앞에 &클래스이름::을 붙여 지정해야 한다. 결과적으로는 &AEnemyCharacter::ThrowDodgeball을 전달한다.

- **타이머의 속도 또는 간격**: ThrowingInterval

- **타이머를 반복^(루프)시킬지 여부**: true

- **타이머의 반복을 시작하기 전까지의 대기 시간**: ThrowingDelay

이 매개변수를 적용한 코드는 다음과 같다.

```
if (bCanSeePlayer)
{
    // 닷지볼 던지기 시작
    GetWorldTimerManager().SetTimer(ThrowTimerHandle,
    this,
    &AEnemyCharacter::ThrowDodgeball, ThrowingInterval,
    true,
    ThrowingDelay);
}
```

11. 플레이어를 볼 수 없어 타이머를 중지할 때는 ClearTimer 함수를 사용할 수 있다. 이 함수는 FTimerHandle 속성을 파라미터로 전달해주면 된다.

```
else
{
    // 닷지볼 던지기 중단
    GetWorldTimerManager().ClearTimer(ThrowTimerHandle);
}
```

이제 ThrowDodgeball 함수만 구현하면 된다. 이 함수는 DodgeballProjectile 액터를 스폰(생성)하는 역할을 담당한다. 이를 위해 스폰을 원하는 클래스를 참조해야 하며, 이 클래스는 DodgeballProjectile 클래스를 상속해야 한다. 따라서 TSubClassOf 오브젝트를 사용해 적절한 속성을 생성하는 작업을 이어서 진행하자.

12. EnemyCharacter 헤더 파일에 TSubClassOf 속성을 생성하고 public으로 설정한다.

```
// dodgeball 오브젝트를 생성하는 데 사용하는 클래스
UPROPERTY(EditDefaultsOnly, BlueprintReadOnly, Category =Dodgeball)
TSubclassOf<class ADodgeballProjectile> DodgeballClass;
```

13. DodgeballProjectile 클래스를 사용할 것이므로 EnemyCharacter 소스 파일에 DodgeballProjectile 클래스를 포함해야 한다.

```
#include "DodgeballProjectile.h"
```

14. 이어서 소스 파일의 ThrowDodgeball 함수 구현 안에서 이 속성이 nullptr인지 확인하는 것부터 시작한다. nullptr인 경우에는 그 즉시 반환한다.

```
void AEnemyCharacter::ThrowDodgeball()
{
  if (DodgeballClass == nullptr)
  {
    return;
  }
}
```

15. 다음으로, 해당 클래스에서 새 액터를 스폰한다. 새로 생성할 액터의 위치는 적 캐릭터의 위치에서 40 유닛 앞으로 설정하고, 회전은 적 캐릭터와 동일하게 설정한다. 닷지볼을 적 캐릭터 앞에 스폰시키려면 적의 ForwardVector 속성(이 속성은 액터가 바라보는 방향을 나타내는 단위 FVector(길이가 1인 벡터)다)을 사용하고, 여기에 닷지볼을 스폰하려는 거리 40 유닛을 곱한다.

```
FVector ForwardVector = GetActorForwardVector();
float SpawnDistance = 40.f;
FVector SpawnLocation = GetActorLocation() + (ForwardVector *
  SpawnDistance);
// 새 닷지볼 스폰하기
GetWorld()->SpawnActor<ADodgeballProjectile>(DodgeballClass,
  SpawnLocation, GetActorRotation());
```

이것으로 EnemyCharacter 클래스에 필요한 변경 작업을 마친다. 이 로직에 대한 블루프린트를 설정하기 전에 DodgeballProjectile 클래스를 빠르게 수정해보자.

16. DodgeballProjectile 클래스의 소스 파일을 비주얼 스튜디오에서 연다.

17. BeginPlay 이벤트 안에서 LifeSpan을 5로 설정한다. 모든 액터가 갖는 이 속성은 액터가 파괴되기 전까지 게임에서 얼마나 오랫동안 남아 있을 것인지를 나타낸다. BeginPlay 이벤트에서 닷지볼의 LifeSpan을 5초로 설정하면, UE5가 이 오브젝트

가 스폰되고 5초 뒤에 파괴한다(또는 레벨에 이미 배치된 경우에는 게임 시작 후 5초). 이렇게 하면 일정 시간이 지나도 바닥이 닷지볼로 어지럽게 채워지지 않도록 만들 수 있다. 이렇게 처리하지 않으면 의도치 않게 게임을 어렵게 만들 수 있다.

```cpp
void ADodgeballProjectile::BeginPlay()
{
  Super::BeginPlay();

  SetLifeSpan(5.f);
}
```

이것으로 EnemyCharacter의 닷지볼 던지기와 관련된 C++ 로직을 완료했다. 변경 사항을 컴파일하고 에디터를 연 다음, BP_EnemyCharacter 블루프린트를 연다. 여기서 **클래스 디폴트**^{Class Default} 패널로 이동해 **Dodgeball Class** 속성을 BP_DodgeballProjectile로 변경한다.

그림 6.16 Dodgeball 클래스 업데이트하기

작업을 완료했으면, 이전에 레벨에 배치했던 BP_DodgeballProjectile의 인스턴스가 아직 남아 있는 경우 해당 액터를 제거한다.

이제 레벨을 플레이할 수 있다. 적 캐릭터가 거의 바로 플레이어에게 닷지볼을 던지기 시작하고 플레이어가 시야에 있는 동안 계속 닷지볼을 던지는 것을 볼 수 있다.

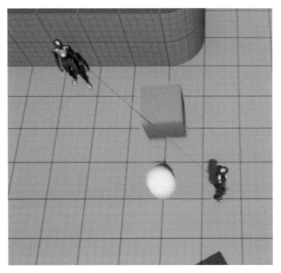

그림 6.17 플레이어가 시야에 있는 경우 닷지볼을 던지는 적 캐릭터

이것으로 EnemyCharacter의 닷지볼 던지기 로직을 마친다. 이번 실습을 통해 모든 게임 프로그래머에게 필수 도구인 타이머를 사용하는 방법을 익혔을 것이다.

이제 충돌을 다른 방식으로 다루는 벽wall을 생성하는 다음 절로 넘어가보자.

⠿ Wall 클래스 생성하기

프로젝트의 다음 단계는 Wall 클래스를 생성하는 것이다. 두 가지 종류의 벽을 만든다.

- 적 캐릭터의 시선, 플레이어 캐릭터, 닷지볼을 막는 일반적인 벽

- 적 캐릭터의 시선과 닷지볼은 무시하고 플레이어 캐릭터만 막는 유령 벽. 아마 퍼즐 게임에서 이런 유형의 충돌 설정을 찾을 수 있을 것이다.

다음 실습을 통해 두 유형의 벽을 만들어보자.

실습 6.04: Wall 클래스 생성하기

이번 실습에서는 일반적인 벽과 유령 벽(적의 시선과 적이 던지는 닷지볼은 막지 않고 플레이어 캐릭터의 움직임만 막는 벽) 모두를 나타내는 Wall 클래스를 생성한다.

일반적인 Wall 클래스부터 시작해보자. 이 C++ 클래스는 기본적으로 비어 있다. 발사체를 튕겨내고 적의 시선을 차단하기 위한 메시만 있으면 되며, 이 메시는 블루프린트 클래스를 통해 추가할 것이기 때문이다.

다음 단계에 따라 이번 실습을 완료할 수 있다.

1. 에디터를 연다.

2. **콘텐츠 브라우저**의 왼쪽 위에서 초록색 **신규 추가**^{Add New} 버튼을 클릭한다.

3. 제일 위에 있는 첫 번째 옵션인 **피처 또는 콘텐츠 팩 추가**^{Add Feature or Content Pack}를 선택한다.

4. 창이 나타날 것이다. **콘텐츠 팩**^{Content Pack} 탭을 선택한 다음, **Starter Content** 팩을 선택하고 **프로젝트에 추가**^{Add to Project} 버튼을 누른다. 이렇게 하면 일부 기본 애셋이 프로젝트에 추가된다. 추가된 애셋은 이 장과 이어지는 다른 장에서 사용한다.

5. 새 C++ 클래스를 추가한다. 이어서 이름을 Wall로 지정하고 Actor 클래스를 부모로 설정한다.

6. 그런 다음, 클래스 파일을 비주얼 스튜디오에서 열고 벽의 RootComponent로 SceneComponent를 추가한다.

    - 헤더 파일은 다음과 같다.

    ```
    private:
    UPROPERTY(VisibleAnywhere, BlueprintReadOnly, Category = Wall,
      meta = (AllowPrivateAccess = "true"))
    class USceneComponent* RootScene;
    ```

    - 소스 파일은 다음과 같다.

```
AWall::AWall()
{
    // 이 액터가 매 프레임 Tick()을 호출하도록 설정한다
    // 필요하지 않은 경우에는 Tick을 꺼서 성능을 향상시킬 수 있다
    PrimaryActorTick.bCanEverTick = true;

    RootScene = CreateDefaultSubobject<USceneComponent>(TEXT("Root"));
    RootComponent = RootScene;
}
```

7. 코드를 컴파일하고 에디터를 연다.

콘텐츠 브라우저에서 **Content ➤ ThirdPersonCPP ➤ Blueprints** 디렉터리로 이동해 Wall 클래스를 상속하는 새 블루프린트 클래스를 생성하고 BP_Wall로 이름을 지정한다. 생성된 애셋을 연다.

1. **스태틱 메시**^{Static Mesh} 컴포넌트를 추가하고 **StaticMesh** 속성을 Wall_400x400으로 설정한다.

2. **Material** 속성을 M_Metal_Steel로 설정한다.

3. **스태틱 메시** 컴포넌트의 *X*축 위치를 -200 유닛으로 설정한다_(액터의 원점을 기준으로 메시가 중심에 올 수 있도록).

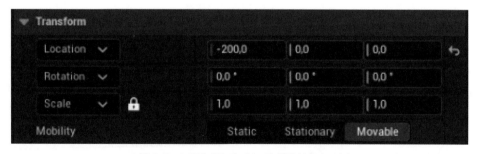

그림 6.18 스태틱 메시 컴포넌트의 위치 업데이트하기

이렇게 설정한 블루프린트를 뷰포트에서 확인하면 다음과 같을 것이다.

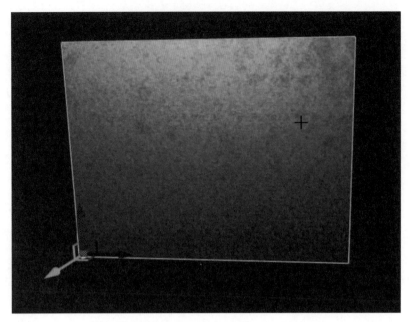

그림 6.19 블루프린트 클래스의 뷰포트에서 본 벽 모습

NOTE

콜리전 컴포넌트가 필요하지 않다면, 일반적으로 SceneComponent를 오브젝트의 RootComponent로 추가하는 것이 좋다. 이렇게 하면 자식 컴포넌트에 더 많은 유연성을 제공할 수 있다.

액터의 RootComponent는 위치나 회전을 수정할 수 없다. 따라서 실습에서 SceneComponent를 RootComponent로 설정하는 대신, 스태틱 메시 컴포넌트를 RootComponent로 추가했다면 위치와 회전을 수정할 수 없기 때문에 어려움을 겪었을 것이다.

이것으로 일반적인 Wall 클래스의 설정을 완료했다. 이제 GhostWall 클래스를 만들어보자. 벽 클래스들은 로직 설정이 필요하지 않다. 따라서 GhostWall 클래스는 C++ 클래스가 아니라 BP_Wall 클래스의 자식으로 생성한다.

1. **BP_Wall** 애셋에서 마우스 오른쪽 버튼을 클릭하고 **자손 블루프린트 클래스 생성**^{Create Child Blueprint Class}을 선택한다.

2. 새 블루프린트의 이름을 BP_GhostWall로 지정한다.

3. 애셋을 연다.

4. **스태틱 메시** 컴포넌트의 **Collision** 속성을 변경한다.

   - CollisionPreset을 Custom으로 설정한다.

   - EnemySight와 Dodgeball 채널에 대한 반응을 모두 **오버랩**으로 변경한다.

5. **스태틱 메시** 컴포넌트의 Material 속성을 M_Metal_Copper로 변경한다.

   BP_GhostWall의 뷰포트를 확인하면 다음과 같을 것이다.

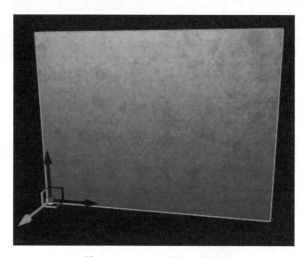

그림 6.20 GhostWall 클래스 생성하기

두 벽 액터를 모두 만들었으니 테스트를 위해 각각 레벨에 배치해보자. 두 액터의 트랜스폼 값을 다음과 같이 설정한다.

- **Wall**: 위치: (710, -1710, 0)

- **GhostWall**: 위치: (720, 1720, 0), 회전: (0, 0, 90)

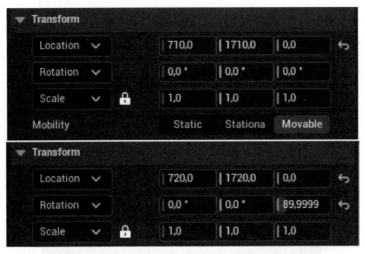

그림 6.21 Wall과 GhostWall의 위치 및 회전 업데이트하기

최종 결과는 다음과 같을 것이다.

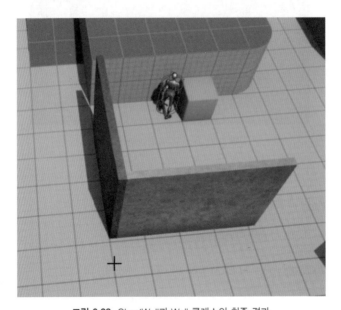

그림 6.22 GhostWall과 Wall 클래스의 최종 결과

캐릭터가 일반적인 Wall(왼쪽에 있는 벽) 뒤에 숨으면 적이 플레이어에게 닷지볼을 던지지 않는다. 하지만 GhostWall(아래에 있는 벽) 뒤에 숨으면 플레이어를 향해 닷지볼을 던지고, 닷지

볼도 마치 벽이 없는 것처럼 벽을 통과한다.

이것으로 실습을 마무리한다. 실습을 통해 일반적으로 동작하거나 적의 시선 및 닷지볼을 무시하는 두 가지 종류의 Wall 액터를 만들었다.

빅토리 박스 생성하기

프로젝트의 다음 단계는 빅토리 박스(VictoryBox) 액터를 만드는 것이다. 플레이어 캐릭터가 이 액터를 통과하면 레벨에서 승리했다는 것을 알리며 게임을 종료시킨다. 이를 위해 오버랩(Overlap) 이벤트를 사용한다. 다음 실습은 빅토리 박스를 이해하는 데 도움을 줄 것이다.

실습 6.05: VictoryBox 클래스 만들기

이번 실습에서는 플레이어 캐릭터가 통과하면 게임을 종료시키는 VictoryBox 클래스를 생성한다.

다음 단계에 따라 이번 실습을 완료할 수 있다.

1. Actor를 상속하는 새 C++ 클래스를 생성하고 VictoryBox라고 이름을 지정한다.

2. 클래스 파일을 비주얼 스튜디오에서 연다.

3. Wall C++ 클래스에서 했던 것처럼, 새 SceneComponent 속성을 RootComponent로 추가한다.

   - 헤더 파일

```
private:

UPROPERTY(VisibleAnywhere, BlueprintReadOnly, Category =
  VictoryBox, meta = (AllowPrivateAccess = "true"))
class USceneComponent* RootScene;
```

- 소스 파일

```
AVictoryBox::AVictoryBox()
{
    // 이 액터가 매 프레임 Tick()을 호출하도록 설정한다
    // 필요하지 않은 경우에는 Tick을 꺼서 성능을 향상시킬 수 있다
    PrimaryActorTick.bCanEverTick = true;

    RootScene =
    CreateDefaultSubobject<USceneComponent>(TEXT("Root"));
    RootComponent = RootScene;
}
```

4. 플레이어 캐릭터와의 오버랩 이벤트를 확인할 BoxComponent를 헤더 파일에 선언하고 private으로 설정한다.

```
UPROPERTY(VisibleAnywhere, BlueprintReadOnly, Category =
    VictoryBox, meta = (AllowPrivateAccess = "true"))
class UBoxComponent* CollisionBox;
```

5. 클래스의 소스 파일에 BoxComponent 파일을 포함시킨다.

```
#include "Components/BoxComponent.h"
```

6. RootScene 컴포넌트를 생성한 후 BoxComponent를 생성한다.

```
RootScene = CreateDefaultSubobject<USceneComponent>(TEXT("Root"));
RootComponent = RootScene;

CollisionBox =
    CreateDefaultSubobject<UBoxComponent>(TEXT("Collision Box"));
```

7. SetupAttachment 함수를 사용해 RootComponent에 붙인다.

```
CollisionBox->SetupAttachment(RootComponent);
```

8. BoxComponent의 BoxExtent 속성을 모든 축에 대해 60 유닛으로 설정한다. 이렇게 하면 BoxComponent의 크기가 두 배가 된다(120 x 120 x 120).

```
CollisionBox->SetBoxExtent(FVector(60.0f, 60.0f, 60.0f));
```

9. SetRelativeLocation 함수를 사용해 Z축에 대해 120 유닛만큼 상대 위치를 조정
한다.

```
CollisionBox->SetRelativeLocation(FVector(0.0f, 0.0f, 120.0f));
```

10. 이제 BoxComponent의 OnBeginOverlap 이벤트를 수신하는 함수가 필요하다. 이 이벤
트는 다른 오브젝트가 BoxComponent와 겹칠 때마다 호출된다. 이 함수는 UFUNCTION
매크로를 앞에 붙여야 하고, public으로 선언하고, 반환 값이 없으며 파라미터는
다음과 같다.

```
UFUNCTION()
void OnBeginOverlap(UPrimitiveComponent* OverlappedComp,
  AActor* OtherActor, UPrimitiveComponent* OtherComp, int32
  OtherBodyIndex, bool bFromSweep, const FHitResult&
  SweepResult);
```

파라미터는 다음과 같다.

- **UPrimitiveComponent* OverlappedComp**: 오버랩이 발생한 컴포넌트 중 이 액
  터에 포함된 컴포넌트

- **AActor* OtherActor**: 오버랩에 참여한 다른 액터(상대방 액터)

- **UPrimitiveComponent* OtherComp**: 오버랩이 발생한 컴포넌트 중 다른 액터에
  포함된 컴포넌트

- **int32 OtherBodyIndex**: 프리미티브 중에서 충돌이 발생한 컴포넌트의 인덱스
  (일반적으로 인스턴스 스태틱 메시Instanced Static Mesh 컴포넌트에 유용함)

- **bool bFromSweep**: 오버랩이 스윕 트레이스로부터 시작됐는지 여부

- **FHitResult\& SweepResult**: 이 오브젝트와 다른 오브젝트 사이에서 실행한 스
  윕 트레이스의 결과 데이터

NOTE

이 프로젝트에서 OnEndOverlap 이벤트는 사용하지 않지만, 앞으로 사용할 가능성이 높으니 이 이벤트에 대한 함수 선언을 참조하길 바란다.

```
UFUNCTION()
void OnEndOverlap(UPrimitiveComponent* OverlappedComp, AActor*
OtherActor, UPrimitiveComponent* OtherComp, int32 OtherBodyIndex);
```

11. 이어서 이 함수를 BoxComponent의 OnComponentBeginOverlap 이벤트에 바인딩해야 한다.

```
CollisionBox->OnComponentBeginOverlap.AddDynamic(this,
    &AVictoryBox::OnBeginOverlap);
```

12. OnBeginOverlap 함수의 구현에서 오버랩된 액터가 DodgeballCharacter인지 확인해야 한다. 이 클래스를 참조하기 때문에 클래스를 포함시킨다.

```
#include "DodgeballCharacter.h"

void AVictoryBox::OnBeginOverlap(UPrimitiveComponent *
    OverlappedComp, AActor * OtherActor, UPrimitiveComponent *
    OtherComp, int32 OtherBodyIndex, bool bFromSweep, const
    FHitResult & SweepResult)
{
    if (Cast<ADodgeballCharacter>(OtherActor))
    {

    }
}
```

오버랩된 액터가 DodgeballCharacter이면 게임을 종료한다.

13. 이를 위해 KismetSystemLibrary를 사용한다. KismetSystemLibrary 클래스는 프로젝트에서 일반적인 목적으로 사용할 수 있는 유용한 함수들을 포함한다.

```
#include "Kismet/KismetSystemLibrary.h"
```

14. 게임을 종료하기 위해 `KismetSystemLibrary`의 `QuitGame` 함수를 호출한다. 이 함수는 다음의 파라미터를 받는다.

```
UKismetSystemLibrary::QuitGame(GetWorld(),
    nullptr,
    EQuitPreference::Quit,
    true);
```

다음은 앞의 코드에서 중요한 파라미터를 설명한 내용이다.

- `GetWorld` 함수를 통해 얻을 수 있는 `World` 오브젝트

- `nullptr`로 설정할 `PlayerController` 오브젝트. 이 함수는 자동으로 `PlayerController`를 찾기 때문에 여기서는 `nullptr`로 설정한다.

- 게임을 종료하거나 백그라운드 프로세스로 설정해 게임을 종료하는 방법을 설정하는 데 사용되는 `EQuitPreference` 오브젝트. 프로젝트에서는 백그라운드 프로세스로 설정하지 않고, 게임을 종료시킬 것이다.

- 게임을 종료할 때 플랫폼의 제한(방해)을 무시할지 여부를 나타내는 `bool` 속성. `true`로 설정한다.

이어서 블루프린트 클래스를 생성해보자.

15. 변경 사항을 컴파일하고 에디터를 열어 **콘텐츠 브라우저**에서 **Content ➤ ThirdPersonCPP ➤ Blueprint** 디렉터리로 이동한다. `VictoryBox`를 상속하는 새 블루프린트 클래스를 생성하고 이름을 `BP_VictoryBox`로 지정한다. 생성한 애셋을 열고 다음의 변경 사항을 적용한다.

- 새 **스태틱 메시**^{Static Mesh} 컴포넌트를 추가한다.

- 스태틱 메시 컴포넌트의 **StaticMesh** 속성을 `Floor_400x400`으로 설정한다.

- **Material** 속성을 `M_Metal_Gold`로 설정한다.

- 스케일 값을 모든 축에 대해 `0.75` 유닛으로 설정한다.

- *X, Y, Z*축에 대한 위치를 각각 (-150, -150, 20)으로 설정한다.

변경 사항을 적용하고 나서 블루프린트의 **뷰포트**Viewport 탭을 살펴보면 다음과 같을 것이다.

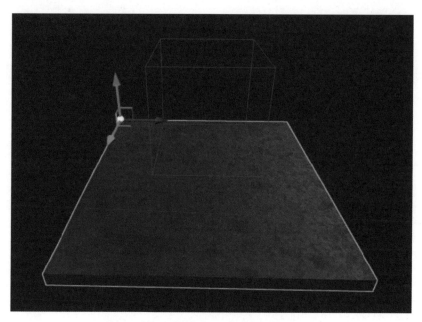

그림 6.23 블루프린트의 뷰포트 탭에 배치된 빅토리 박스

기능 테스트를 위해 이 블루프린트를 레벨에 배치한다.

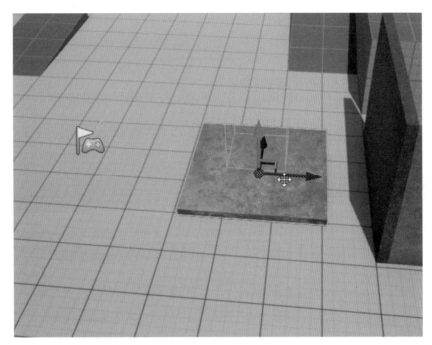

그림 6.24 테스트를 위해 레벨에 배치된 VictoryBox 블루프린트

레벨을 플레이하고 황금색 판에 올라가면(그리고 콜리전 박스와 겹치면(오버랩)) 의도한 대로 갑자기 게임이 종료되는 것을 알 수 있다.

이것으로 VictoryBox 클래스를 완성했다. 이번 실습을 통해 프로젝트에서 오버랩 이벤트를 사용하는 방법을 배웠다. 이런 이벤트를 활용해 만들 수 있는 다양한 게임 메카닉이 있기 때문에 앞으로 다양하게 활용할 수 있을 것이다. 이번 실습을 완료한 것을 축하한다.

이제 다음에서 진행할 새 활동을 완성하면 이 장도 마무리된다. 하지만 먼저 Dodgeball Projectile 클래스를 약간 변경해야 한다. 다음 실습에서 사용하기 위해 ProjectileMovementComponent에 대한 Getter 함수를 추가해야 한다.

Getter 함수는 특정 속성을 반환만 하고 다른 작업은 하지 않는 함수를 말한다. 이런 함수는 대부분 인라인inline으로 표시한다. 인라인으로 표기하면 코드를 컴파일할 때 이 함수에 대한 호출이 함수의 내용으로 대체된다. 또한 이런 함수는 클래스의 속성을 변경하지 않으므로 대부분 const로 표기한다.

실습 6.06: DodgeballProjectile에 ProjectileMovementComponent Getter 함수 추가하기

이번 실습에서는 다른 클래스가 접근하고 수정할 수 있도록 DodgeballProjectile 클래스의 ProjectileMovement 속성에 대한 Getter 함수를 추가한다. 이 장의 활동에서도 같은 작업을 할 예정이다.

다음 단계에 따라 이번 실습을 완료할 수 있다.

1. DodgeballProjectile 클래스의 헤더 파일을 비주얼 스튜디오에서 연다.

2. GetProjectileMovementComponent라는 이름의 새 public 함수를 추가한다. 이 함수는 인라인 함수로 만드는데, C++의 UE5 버전에서는 FORCEINLINE 매크로로 대체된다. 또한 이 함수는 UProjectileMovementComponent*를 반환하며 const 함수로 설정한다.

```cpp
FORCEINLINE class UProjectileMovementComponent*
  GetProjectileMovementComponent() const
{
  return ProjectileMovement;
}
```

> **NOTE**
>
> 특정 함수에 FORCEINLINE 매크로를 사용하면, 이 함수의 선언을 헤더 파일에 추가할 수 없고 구현을 소스 파일에 추가할 수 없다. 앞에서 본 것처럼, 헤더 파일에 선언과 구현을 모두 동시에 작성해야 한다.

이것으로 짧은 실습을 마친다. 이번 실습을 통해 이 장의 활동에서 사용할 DodgeballProjectile 클래스에 간단한 Getter 함수를 추가했다. 이 장의 활동에서는 EnemyCharacter 캐릭터의 SpawnActor 함수를 SpawnActorDeferred로 대체한다. 이렇게 하면, DodgeballProjectile의 인스턴스를 스폰하기 전에 DodgeballProjectile 클래스의 속성을 안전하게 편집할 수 있다.

활동 6.01: EnemyCharacter의 SpawnActor를 SpawnActorDeferred 함수로 대체하기

이번 활동에서는 SpawnActor 함수를 사용하는 대신 SpawnActorDeFerred 함수를 사용하기 위해 EnemyCharacter의 ThrowDodgeball 함수를 변경한다. 이를 통해 DodgeballProjectile의 인스턴스를 스폰하기 전에 DodgeballProjectile의 InitialSpeed를 안전하게 변경할 수 있다.

다음 단계에 따라 이번 활동을 완료할 수 있다.

1. EnemyCharacter 클래스의 소스 파일을 비주얼 스튜디오에서 연다.

2. ThrowDodgeball 함수의 구현으로 이동한다.

3. SpawnActorDeferred 함수는 단순히 스폰 위치와 회전 속성만 받지 않고, FTransform 속성을 받기 때문에 이 함수를 호출하기 전에 FTransform 속성을 하나 생성해야 한다. SpawnTransform이라는 이름의 속성을 생성하고, 생성자에 대한 입력으로 스폰 회전과 스폰 위치를 전달한다(이 순서대로 전달한다). 스폰 회전 값은 적 캐릭터의 회전 값을 전달하고 스폰 위치 값은 SpawnLocation 속성을 각각 전달한다.

4. 그런 다음, SpawnActor 함수 호출을 SpawnActorDeferred 함수 호출로 업데이트한다. 스폰 위치와 스폰 회전을 두 번째와 세 번째 파라미터로 전달하는 대신, 앞에서 만든 SpawnTransform 속성을 두 번째 파라미터로 전달한다.

5. 이 함수 호출의 반환 값을 Projectile이라는 이름의 ADodgeballProjectile* 속성에 저장한다.

   여기까지 완료했으면, 새 DodgeballProjectile 오브젝트를 성공적으로 생성한 것이다. 하지만 아직 InitialSpeed 속성을 변경하고 실제로 스폰하는 작업이 남았다.

6. SpawnActorDeferred 함수를 호출한 다음, Projectile 속성의 GetProjectileMovementComponent 함수를 호출한다. 이 함수는 프로젝타일 무브먼트 컴포넌트(ProjectileMovementComponent)를 반환한다. 여기서 InitialSpeed 속성을 2200으로 변경한다.

7. EnemyCharacter 클래스 안에서 ProjectileMovementComponent에 속한 속성에 접근하기 때문에 이 컴포넌트를 소스 파일에 포함^{include}해야 한다. 이 작업은 '실습 6.02: DodgeballProjectile에 프로젝타일 무브먼트 컴포넌트 추가하기'에서 했던 것과 같은 작업이다.

8. InitialSpeed 속성의 값을 변경했으면, Projectile 속성의 FinishSpawning 함수를 호출하는 작업만 남았다. 이 함수는 앞에서 생성했던 SpawnTransform 속성을 파라미터로 받는다.

9. 여기까지 완료했으면 변경 사항을 컴파일하고 에디터를 연다.

예상 결과는 다음과 같다.

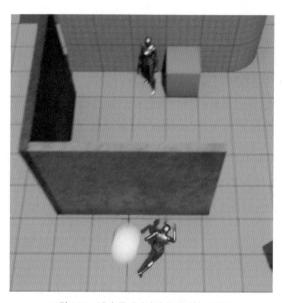

그림 6.25 적이 플레이어에게 발사한 닷지볼

NOTE

이번 활동의 솔루션은 깃허브(https://github.com/PacktPublishing/Elevating-Game-Experiences-with-Unreal-Engine-5-Second-Edition/tree/main/Activity%20solutions)에서 확인할 수 있다.

이번 활동을 통해 SpawnActorDeferred 함수 사용 방법에 대한 기초를 다질 수 있었고, 향후 프로젝트에 어떻게 사용해야 하는지를 배웠다.

⁙ 요약

이 장에서는 피직스 시뮬레이션을 통해 오브젝트에 영향을 주는 방법, 오브젝트 유형과 콜리전 타입을 생성하는 방법, OnHit, OnBeginOverlap, OnEndOverlap 이벤트를 사용하는 방법, 오브젝트의 피지컬 머티리얼을 업데이트하는 방법, 타이머를 사용하는 방법 등을 배웠다.

이를 통해 충돌에 대한 기본 개념을 익혔기 때문에 앞으로 새 프로젝트를 시작할 때 새롭고 창의적인 방법으로 이를 활용할 수 있을 것이다.

다음 장에서는 프로젝트의 복잡성을 관리하고 고도로 모듈화하는 데 매우 유용한 액터 컴포넌트, 인터페이스, 블루프린트 함수 라이브러리를 살펴본다. 이들을 활용하면 한 프로젝트의 일부를 가져와서 다른 프로젝트에 쉽게 추가할 수 있다.

07

UE5 유틸리티 활용

이전 장에서 콜리전 이벤트, 오브젝트 유형, 피직스 시뮬레이션, 콜리전 컴포넌트와 같은 UE5의 나머지 충돌 관련 개념을 배웠다. 한 오브젝트가 다른 오브젝트와 충돌하는 방법, 콜리전 채널에 대한 반응을 변경하는 방법, 콜리전 프리셋을 만드는 방법, 액터를 스폰하는 방법, 타이머 사용법을 배웠다.

이 장에서는 한 프로젝트의 로직logic을 다른 프로젝트로 쉽게 옮길 수 있도록 도와주고, 프로젝트의 구조를 잘 구성하고 체계적으로 유지할 수 있도록 도와주는 UE5의 유틸리티 몇 가지를 살펴본다. 이런 유틸리티를 활용하면 장기적으로 개발을 더 쉽게 도와주며 같은 팀의 다른 개발자들이 프로젝트를 더 쉽게 이해하고 수정할 수 있도록 도와준다. 게임 개발은 엄청나게 어려운 작업이다. 개인적으로 개발하는 것은 흔치 않으며 팀으로 개발하는 것이 일반적이므로 프로젝트를 진행할 때 이런 유틸리티를 활용하는 것이 매우 중요하다.

이 장에서 다루는 주제는 다음과 같다.

- 모범 사례: 느슨한 결합

- 블루프린트 함수 라이브러리

- 액터 컴포넌트

- 인터페이스 살펴보기

- 블루프린트 네이티브 이벤트

⠿ 기술적 요구 사항

이 장의 프로젝트는 깃허브(https://github.com/PacktPublishing/Elevating-Game-Experiences-with-Unreal-Engine-5-Second-Edition)에서 다운로드할 수 있는 이 책 코드 번들의 Chapter07 폴더에서 찾을 수 있다.

⠿ 모범 사례: 느슨한 결합

블루프린트 함수 라이브러리는 프로젝트의 범용 기능을 특정 액터에서 블루프린트 함수 라이브러리로 옮겨 프로젝트 로직의 여러 부분에서 사용할 수 있게 한다.

액터 컴포넌트를 사용해 액터 클래스의 소스 코드 일부를 액터 컴포넌트로 옮겨 이 로직을 다른 프로젝트에서 쉽게 사용할 수 있도록 구성할 것이다. 이를 통해 프로젝트의 결합도coupling를 느슨하게 만들 수 있다. 느슨한 결합loose coupling은 소프트웨어 공학 개념으로서, 필요에 따라 기능을 쉽게 추가하거나 제거할 수 있도록 프로젝트를 설계하는 것을 의미한다. 느슨한 결합을 위해 노력해야 하는 이유는 게임 개발자로서 프로젝트의 일부를 다른 프로젝트에서 재사용할 때 느슨한 결합을 활용하면 훨씬 더 쉽기 때문이다.

날 수 있고 사용 가능한 여러 아이템이 있는 인벤토리inventory를 가진 플레이어 캐릭터 클래스를 느슨한 결합을 적용하는 실제 예로 들 수 있다. 이 두 기능을 플레이어 캐릭터 클래스에 구현하는 대신 두 가지 기능을 액터 컴포넌트에 각 로직으로 구현한 다음, 클래스에 추가한다. 이렇게 하면 클래스가 담당할 일을 더 쉽게 추가하거나 제거할 수 있을 뿐만 아니라 인벤토리를 갖거나 날 수 있는 캐릭터가 필요한 다른 프로젝트에서 이 액터 컴포넌트를 재사용할 수 있다. 이것이 액터 컴포넌트를 사용하는 주요 목적 중 하나다.

인터페이스를 사용하면 액터 컴포넌트와 매우 비슷하게 프로젝트를 더 잘 설계할 수 있다. 블루프린트 함수 라이브러리를 시작으로 이 개념들을 살펴보자.

⫸ 블루프린트 함수 라이브러리

UE5에는 BlueprintFunctionLibrary라는 클래스가 있다. 이 클래스는 특정 액터에 속하지 않고 프로젝트의 여러 곳에서 사용할 수 있는 정적static 함수 모음을 포함한다.

예를 들어 GameplayStatics 오브젝트와 KismetMathLibrary, KismetSystemLibrary 같은 Kismet 라이브러리 등 이전에 사용했던 일부 오브젝트가 바로 블루프린트 함수 라이브러리다. 여기에는 프로젝트의 어느 곳에서든지 사용할 수 있는 함수가 포함돼 있다.

우리가 진행 중인 프로젝트에는 블루프린트 함수 라이브러리로 옮길 수 있는 함수가 있다. 이는 바로 EnemyCharacter 클래스에 정의된 CanSeeActor 함수다.

그러면 이 장의 첫 번째 실습으로 블루프린트 함수 라이브러리를 직접 만들어보자. CanSeeActor 함수를 EnemyCharacter 클래스에서 블루프린트 함수 라이브러리 클래스로 옮겨보자.

실습 7.01: CanSeeActor 함수를 블루프린트 함수 라이브러리로 옮기기

이번 실습에서는 EnemyCharacter 클래스에 만든 CanSeeActor 함수를 블루프린트 함수 라이브러리로 옮긴다.

다음 단계에 따라 이번 실습을 완료할 수 있다.

1. 언리얼 에디터를 연다.

2. **콘텐츠 브라우저**에서 마우스 오른쪽 버튼을 클릭하고, **새 C++ 클래스**New C++ Class를

선택한다.

3. BlueprintFunctionLibrary를 이 C++ 클래스의 부모 클래스로 선택한다(패널의 끝부분으로 스크롤하면 찾을 수 있을 것이다).

4. 새 C++ 클래스의 이름을 DodgeballFunctionLibrary로 지정한다.

5. 클래스 파일이 비주얼 스튜디오에 생성된 후에 이 파일을 열고 에디터를 닫는다.

6. DodgeballFunctionLibrary의 헤더 파일에 public 함수 CanSeeActor를 추가한다. 이 함수는 EnemyCharacter 클래스에 생성했던 함수와 비슷한데 몇 가지 다른 점이 있다.

   새로운 CanSeeActor 함수는 static으로 선언하고 bool을 반환하며 다음의 파라미터를 받는다.

   - 라인 트레이스 함수를 사용하는 데 필요한 const UWorld* World 속성

   - 대상 액터를 볼 수 있는지 확인하는 액터의 위치로 사용하기 위한 FVector Location 속성

   - 볼 수 있는지 확인할 대상 액터인 const AActor* TargetActor 속성

   - 라인 트레이스 함수에서 무시할 액터의 목록인 TArray<const AActor*> IgnoreActors 속성. 이 속성은 기본값으로 빈 배열을 사용할 수 있다.

```
public:
// 전달된 액터를 볼 수 있는지 확인
static bool CanSeeActor(
const UWorld* World,
FVector Location,
const AActor* TargetActor,
TArray<const AActor*> IgnoreActors = TArray<const AActor*>());
```

7. 클래스의 소스 파일에 이 함수의 구현을 생성하고 EnemyCharacter 클래스의 구현 내용을 이 새로운 클래스로 복사한다. 복사한 후 다음의 변경 사항을 구현에 적용한다.

   - 라인 트레이스의 Start 위치 값을 Location 파라미터로 변경한다.

```
// 라인 트레이스의 시작 및 끝 위치
FVector Start = Location;
```

- this 액터(this 포인터를 사용해)와 TargetActor를 무시하는 대신 FCollisionQueryPa
  rams의 AddIgnoredActors 함수를 사용해 IgnoreActors 배열 전체를 무시하도
  록 설정하고, 이 배열을 파라미터로 전달한다.

```
FCollisionQueryParams QueryParams;
// 지정한 액터들을 무시한다
QueryParams.AddIgnoredActors(IgnoreActors);
```

- GetWorld 함수 호출을 모두 World 파라미터로 대체한다.

```
// 라인 트레이스를 실행한다
World->LineTraceSingleByChannel(Hit, Start, End, Channel, QueryParams);

// 게임에서 라인 트레이스를 보여준다
DrawDebugLine(World, Start, End, FColor::Red);
```

- 다음 코드와 같이 DodgeballFunctionLibrary 상단에 필요한 include 구문을
  추가한다.

```
#include "Engine/World.h"
#include "DrawDebugHelpers.h"
#include "CollisionQueryParams.h"
```

8. DodgeballFunctionLibrary에 새 버전의 CanSeeActor 함수를 생성했으면, EnemyCha
   racter 클래스로 이동해 다음의 변경 사항을 적용한다.

   - 헤더 파일과 소스 파일에서 각각 CanSeeActor 함수의 선언 및 구현을 제거
     한다.

   - 이 파일에서 더 이상 필요하지 않으므로 DrawDebugHelpers include 구문을
     제거한다.

```
// 이 줄을 제거한다
#include "DrawDebugHelpers.h"
```

- DodgeballFunctionLibrary include 구문을 추가한다.

```
#include "DodgeballFunctionLibrary.h"
```

- 클래스의 LookAtActor 함수에서 CanSeeActor 함수를 호출하는 if 구문 바로
  전에 const TArray<const AActor*> IgnoreActors를 선언하고 this 포인터와
  TargetActor 파라미터를 모두 설정한다.

```
const TArray<const AActor*> IgnoreActors = {this, TargetActor};
```

NOTE

> 마지막 코드를 작성하면 비주얼 스튜디오의 인텔리센스(IntelliSense) 오류가 발생할 수 있다. 아무런 문
> 제 없이 컴파일되기 때문에 이 오류는 안심하고 무시해도 된다.

9. 기존의 CanSeeActor 함수 호출을 다음의 파라미터를 전달하는 함수 호출로 대체
   한다.

- GetWorld 함수를 통해 현재의 월드를 전달한다.

- GetComponentLocation 함수를 사용해 SightSource 컴포넌트의 위치를 전달
  한다.

- TargetActor 파라미터를 전달한다.

- 앞서 생성했던 IgnoreActors 배열을 전달한다.

```
if (UDodgeballFunctionLibrary::CanSeeActor(
  GetWorld(),
  SightSource->GetComponentLocation(),
  TargetActor,
  IgnoreActors))
```

모든 변경 사항을 적용했으면 코드를 컴파일하고 프로젝트를 연다. 다음 스크린샷과 같이, 플레이어가 움직일 때 적 캐릭터의 시야가 유지되는 동안 EnemyCharacter 가 여전히 플레이어 캐릭터를 바라보는지 확인한다.

그림 7.1 여전히 플레이어 캐릭터를 바라보는 적 캐릭터

이것으로 이번 실습을 마친다. CanSeeActor 함수를 블루프린트 함수 라이브러리에 추가했으므로 같은 기능이 필요한 다른 액터에서 재사용이 가능하다.

프로젝트의 다음 단계는 액터 컴포넌트를 배우고 이를 활용할 수 있는 방법을 살펴보는 것이다. 그럼 액터 컴포넌트를 알아보자.

액터 컴포넌트

1장에서 봤듯이 액터는 UE5에서 로직을 생성하는 주요 방법이다. 하지만 액터가 여러 액터 컴포넌트를 포함할 수 있다는 것 역시 앞에서 살펴봤다.

액터 컴포넌트는 액터에 포함될 수 있고 여러 유형의 기능을 가질 수 있는 오브젝트다. 예를 들면, 캐릭터의 인벤토리 기능이나 캐릭터를 날 수 있게 만드는 기능 등을 가질 수 있다. 액터 컴포넌트는 항상 액터에 포함돼야 동작할 수 있다. 액터 컴포넌트의 관점에서 액터는 소유자^{Owner}다.

기본적으로 제공되는 액터 컴포넌트에는 여러 유형이 있으며 그중 일부는 다음과 같다.

- 액터 내부에서 자체 클래스로 동작하는 코드 전용 액터 컴포넌트. 이 액터 컴포넌트는 자체 속성 및 기능을 가지며 이 액터 컴포넌트가 속한 액터와 서로 상호작용할 수 있다.

- 메시 오브젝트의 여러 유형(스태틱 메시, 스켈레탈 메시 등)을 그리는 데 사용하는 메시 컴포넌트

- 콜리전 이벤트를 생성하고 수신하는 데 사용하는 콜리전 컴포넌트

- 카메라 컴포넌트

이를 통해 액터에 로직을 추가하는 두 가지 방법을 배웠다(액터 클래스에 직접 추가 또는 액터 컴포넌트를 통한 로직 추가). 좋은 소프트웨어 개발 사례, 즉 느슨한 결합(앞서 언급했던)을 따르려면 액터 안에 바로 로직을 배치하는 대신 액터 컴포넌트를 사용하도록 노력하는 것이 좋다. 액터 컴포넌트의 사용을 이해할 수 있는 실제 예시를 들어보자.

플레이어 캐릭터와 적 캐릭터가 있는 게임을 만든다고 가정해보자. 두 캐릭터 모두 체력이 있고, 플레이어 캐릭터는 적과 싸워야만 한다. 적 역시 플레이어 캐릭터와 싸울 수 있다. 체력 획득, 체력 손실, 캐릭터의 체력 추적 등의 기능을 포함하는 체력 로직을 구현해야 한다면 선택할 수 있는 두 가지 옵션이 있다.

- 플레이어 캐릭터와 적 캐릭터가 상속하는 기반(부모) 클래스에 체력 로직을 구현한다.

- 액터 컴포넌트에 체력 로직을 구현하고 플레이어 캐릭터와 적 캐릭터에 각각 이 액터 컴포넌트를 추가한다.

첫 번째 선택이 좋은 선택이 아닌 여러 가지 이유가 있지만, 주된 이유는 다음과 같다. 두 캐릭터 클래스에 다른 로직을 추가하고 싶은 경우(예를 들어, 캐릭터의 공격 강도와 공격 빈도를 제한하는 힘(스태미너) 등), 기반 클래스에 구현하는 방법을 사용하는 것은 선택할 수 있는 옵션이 아니

기 때문이다. UE5에서 C++ 클래스는 하나의 클래스만 상속할 수 있고 다중 상속은 지원하지 않으므로 이런 상황을 관리하기가 매우 어렵다. 또한 프로젝트에 추가하기로 결정한 로직이 많을수록 프로젝트가 더 복잡해지고 관리하기가 어려워진다.

따라서 별도의 컴포넌트로 캡슐화할 수 있는 로직을 프로젝트에 추가할 때는 항상 느슨한 결합을 달성할 수 있는 방법을 활용해야 한다.

이제 새 액터 컴포넌트를 생성해보자. 이 액터 컴포넌트는 액터의 체력 회복, 체력 손실, 체력 추적을 담당한다.

실습 7.02: HealthComponent 액터 컴포넌트 만들기

이번 실습에서는 액터(컴포넌트의 소유자)의 체력 회복, 체력 손실, 체력 추적을 담당하는 새 액터 컴포넌트를 생성한다.

플레이어가 지는 상황을 만들기 위해 플레이어 캐릭터의 체력에 손실을 입히고 체력이 다 떨어지면 게임을 종료하는 로직을 추가해야 한다. 이 로직을 액터 컴포넌트에 추가할 것이다. 이렇게 해야 필요한 경우에 체력과 관련된 모든 로직을 다른 액터에 쉽게 추가할 수 있다.

다음 단계에 따라 이번 실습을 완료할 수 있다.

1. 에디터를 열고 새 C++ 클래스를 생성한다. 부모 클래스는 `ActorComponent`로 지정하고 이름은 `HealthComponent`로 지정한다.

2. 클래스가 생성되고 비주얼 스튜디오에서 클래스 파일이 열리면 헤더 파일로 이동해 `protected float` 속성 `Health`를 추가한다. 이 속성은 소유자(액터)의 현재 체력 값을 추적하는 데 사용한다. 이 속성의 기본값은 이 컴포넌트를 소유하는 액터가 게임을 시작할 체력의 숫자로 설정할 수 있다. 여기서는 `100`의 체력 값으로 초기화한다.

```
// 소유자의 초기 및 현재 체력의 양
UPROPERTY(EditDefaultsOnly, Category = Health)
float Health = 100.f;
```

3. 컴포넌트의 소유자로부터 체력을 뺏는 기능을 담당하는 함수의 선언을 추가한다. 이 함수는 public으로 선언하고 반환 값이 없으며 float Amount 속성을 입력으로 받는다. 이 속성은 컴포넌트의 소유자로부터 뺏을 체력 점수의 양을 의미한다. 함수의 이름은 LoseHealth로 지정하자.

```
// 소유자로부터 체력 점수를 뺏는다
void LoseHealth(float Amount);
```

이제 클래스의 소스 파일에서 Tick 이벤트를 사용하지 않도록 설정해 성능을 향상시킨다.

4. 클래스의 생성자에서 bCanEverTick 속성의 값을 false로 변경한다.

```
PrimaryComponentTick.bCanEverTick = false;
```

5. LoseHealth 함수의 구현을 추가하고, Health 속성에서 Amount 파라미터의 값만큼 빼는 것부터 시작한다.

```
void UHealthComponent::LoseHealth(float Amount)
{
  Health -= Amount;
}
```

6. 이제 같은 함수 안에서 현재 체력의 양이 0과 같거나 작은지를 확인한다. 즉, 체력을 다 소진했는지 확인한다(죽거나 삭제됨).

```
if (Health <= 0.f)
{

}
```

7. if 구문이 참^{true}이면, 다음을 수행한다.

- Health 속성을 0으로 설정해 소유자 액터가 음수의 체력 점수를 갖지 않도록
한다.

```
Health = 0.f;
```

- 6장, '콜리전 오브젝트 설정'에서 VictoryBox 클래스를 만들 때 했던 것처럼
게임을 종료한다.

```
UKismetSystemLibrary::QuitGame(this,
                               nullptr,
                               EQuitPreference::Quit,
                               true);
```

- KismetSystemLibrary 오브젝트를 포함시키는 것을 잊지 말자.

```
#include "Kismet/KismetSystemLibrary.h"
```

이 로직이 완성되면, HealthComponent를 갖는 모든 액터는 체력을 다 소진할 때마다 게임이 종료된다. 이 동작은 닷지볼 게임에서 원하는 동작이 아니다. 하지만 이 내용은 이 장 후반부의 인터페이스를 살펴볼 때 변경할 것이다.

다음 실습에서는 새로 생성한 HealthComponent를 사용하기 위해 프로젝트의 일부 클래스에 필요한 변경 사항을 적용한다.

실습 7.03: HealthComponent 액터 컴포넌트 통합하기

이번 실습에서는 플레이어 캐릭터가 닷지볼에 부딪힐 때 대미지를 가할 수 있도록 DodgeballProjectile 클래스를 변경하고, DodgeballCharacter 클래스가 HealthComponent를 가지도록 변경한다.

비주얼 스튜디오에서 DodgeballProjectile 클래스 파일을 열고 다음의 변경 사항을 적용한다.

1. 클래스의 헤더 파일에서 Damage라는 이름의 protected float 속성을 추가하고 기본값을 34로 설정해 플레이어 캐릭터가 닷지볼에 세 번 맞으면 체력을 모두 소진하도록 한다. 이 속성은 UPROPERTY로 설정하고 EditAnywhere 태그를 포함해 블루프린트 클래스에서 이 값을 쉽게 변경할 수 있도록 설정한다.

```
// 닷지볼이 플레이어 캐릭터에게 입힐 대미지
UPROPERTY(EditAnywhere, Category = Damage)
float Damage = 34.f;
```

클래스의 소스 파일에서 OnHit 함수를 변경해야 한다.

2. HealthComponent 클래스를 사용하기 때문에 include 구문을 추가해야 한다.

```
#include "HealthComponent.h"
```

3. OtherActor 속성을 DodgeballCharacter로 형 변환하는 로직이 수행되고 있으며('실습 6.01: Dodgeball 클래스 생성하기'의 17단계에서 작성함) if 구문이 있다. 형 변환한 결과는 변수에 저장해야 하며 if 구문 전에 수행해야 한다. 그런 다음 이 변수가 nullptr인지 확인해야 한다. if 구문 안에서 플레이어 캐릭터의 HealthComponent에 접근하기 위해 이 작업을 수행한다.

```
ADodgeballCharacter* Player = Cast<ADodgeballCharacter>(OtherActor);
if (Player != nullptr)
{

}
```

4. if 구문이 참이면(충돌한 물체가 플레이어 캐릭터인 경우) 캐릭터의 HealthComponent에 접근해 캐릭터의 체력을 줄여야 한다. HealthComponent에 접근하려면 캐릭터의 FindComponentByClass 함수를 호출하고 UHealthComponent 클래스를 파라미터로 전달해야 한다(접근을 원하는 컴포넌트의 클래스를 알려주기 위해).

```
UHealthComponent* HealthComponent = Player->
FindComponentByClass<UHealthComponent>();
```

NOTE

> Actor 클래스에 포함돼 있는 FindComponentByClass 함수는 액터가 포함하는 특정 클래스의 액터 컴포넌트 참조(reference) 값을 반환한다. 함수가 nullptr을 반환하는 경우에는 해당 액터에 전달한 클래스의 액터 컴포넌트가 없다는 것을 의미한다.
>
> Actor 클래스 내의 GetComponents 함수도 유용할 수 있다. 이 함수는 해당 액터 안의 모든 액터 컴포넌트 목록을 반환한다.

5. 그런 다음, HealthComponent가 nullptr인지 확인한다. nullptr이 아니면 LoseHealth 함수를 호출하고 Damage 속성을 파라미터로 전달한다.

```
if (HealthComponent != nullptr)
{
  HealthComponent->LoseHealth(Damage);
}
Destroy();
```

6. 앞의 코드에서처럼, HealthComponent에 대한 null 확인 구문 다음에 Destroy 함수를 호출하는지 확인한다.

이번 실습을 마무리하기 전에 DodgeballCharacter 클래스에서 변경할 사항이 남았다. 비주얼 스튜디오에서 DodgeballCharacter 클래스 파일을 열고 다음 단계를 진행한다.

7. 클래스의 헤더 파일에 UHealthComponent* 클래스 타입의 private 속성을 추가하고 이름을 HealthComponent로 지정한다.

```
class UHealthComponent* HealthComponent;
```

8. 클래스의 소스 파일에서 HealthComponent 클래스의 include 구문을 추가한다.

```
#include "HealthComponent.h"
```

9. 클래스 생성자의 끝부분에서 CreateDefaultSubobject 함수를 사용해 HealthComponent를 생성하고 이름을 HealthComponent로 지정한다.

```
HealthComponent =
  CreateDefaultSubobject<UHealthComponent>(TEXT("HealthComponent"));
```

이 모든 변경 사항을 적용했으면 코드를 컴파일하고 에디터를 연다. 게임을 플레이하고 플레이어 캐릭터가 닷지볼에 세 번 부딪히도록 놔두면 의도한 대로 게임이 갑자기 중단되는 것을 볼 수 있다.

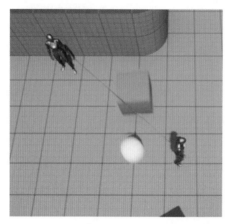

그림 7.2 플레이어 캐릭터에게 닷지볼을 던지는 적 캐릭터

게임이 중단되면 다음 스크린샷과 같은 모습일 것이다.

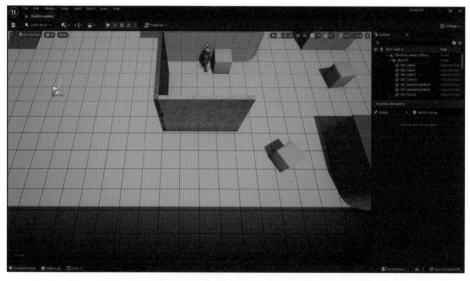

그림 7.3 플레이어 캐릭터가 체력을 모두 소진해 게임이 중단된 모습

이것으로 이번 실습을 마친다. 액터 컴포넌트를 생성하는 방법과 액터가 가진 액터 컴포넌트에 접근하는 방법을 배웠다. 이 과정은 게임 프로젝트를 더 이해하기 쉽고 좋은 구조로 구성하기 위해 매우 중요한 단계다.

액터 컴포넌트를 배웠으니 다음 절에서는 프로젝트를 더 잘 설계하고 구성하는 데 도움이 되는 다른 방법인 인터페이스를 살펴보자.

⁂ 인터페이스 살펴보기

인터페이스^{interface}를 지원하는 자바^{Java} 등의 다른 프로그래밍 언어를 통해 이미 인터페이스에 대해 알고 있을 수도 있다. 이미 알고 있다면, UE5에서도 매우 비슷하게 동작하므로 이해하는 데 별 어려움은 없을 것이다. 인터페이스에 대해 모르는 경우를 위해 앞서 만든 HealthComponent를 예로 들어 살펴보자.

이전 실습에서 살펴봤듯이 HealthComponent 클래스의 Health 속성이 0에 도달하면 이 컴포넌트는 단순히 게임을 종료시킨다. 하지만 액터의 체력이 다 소진될 때마다 게임이 종료되는 것을 바라지는 않는다. 일부 액터는 단순히 파괴될 수도 있고, 어떤 액터는 다른 액터에 체력이 다 소진됐다고 알려줄 수도 있을 것이다. 각 액터가 체력을 다 소진했을 때 어떤 작업을 할지를 결정할 수 있도록 만들고 싶은 경우에는 어떻게 할 수 있을까?

HealthComponent의 소유자^(액터)가 가진 특정 함수를 단순히 호출하면, 액터가 체력이 부족하다는 사실을 인지하고 이를 처리하는 방법을 선택하는 것이 가장 이상적일 것이다. 하지만 Actor 클래스를 상속하는 한 Health 컴포넌트를 소유하는 대상은 어떤 클래스도 될 수 있다는 점을 감안했을 때 이 함수를 어떤 클래스에 구현해야 할까? 이 장 초반부에서 설명했듯이, 이를 담당하는 클래스를 만드는 일은 프로젝트를 쉽게 관리할 수 없도록 만든다. 다행히도 인터페이스가 바로 이 문제를 해결해준다.

인터페이스는 여러 함수를 포함하는 클래스로서, 인터페이스를 상속하는 오브젝트는 인터페이스가 포함하는 함수를 필히 구현해야 한다. 기본적으로 오브젝트가 그 인터페이스에 존재하는 모든 기능을 구현한다는 내용의 계약에 서명한 것처럼 동작한다. 그러면 어떤 오브젝트가 특정 인터페이스를 구현했는지 확인하고 구현했다면, 인터페이스에 정의된 함수를 호출할 수 있다. 이때 오브젝트에 구현된 함수가 호출된다.

본론으로 돌아와서, HealthComponent의 Health를 다 소진했을 때 호출되는 함수를 가진 인터페이스를 생성한다. 그런 다음, HealthComponent의 소유자가 그 인터페이스를 구현했는지를 간단히 확인한 후 인터페이스의 해당 함수를 호출할 수 있다. 이렇게 처리하면 각 액터가 체력을 다 소진했을 때 어떻게 동작할지를 결정하는 과정을 쉽게 만들 수 있다. 일부 액터는 단순히 파괴되고, 일부 액터는 인게임 이벤트를 발생시킬 수도 있으며, 어떤 액터는 단순히 게임을 종료시킬 수도 있을 것이다(플레이어 캐릭터의 경우).

인터페이스를 처음으로 만들어보기에 앞서 블루프린트 네이티브 이벤트부터 살펴봐야 한다.

▓ 블루프린트 네이티브 이벤트

C++에서 UFUNCTION 매크로를 사용할 때 매크로에 BlueprintNativeEvent 태그를 붙이면, 함수를 블루프린트 네이티브 이벤트^{Blueprint native event}로 만들 수 있다.

그렇다면 블루프린트 네이티브 이벤트란 대체 무엇일까? 블루프린트 네이티브 이벤트는 C++에 선언돼 기본 동작을 가질 수 있고 C++에서 구현할 수도 있지만 블루프린트에서 오버라이딩할 수 있는 이벤트를 말한다. MyEvent라는 이름의 함수를 선언하고 UFUNCTION 매크로에 BlueprintNativeEvent 태그를 추가한 다음, virtual MyEvent_Implementation 함수를 이어서 선언해주면 블루프린트 네이티브 이벤트를 선언할 수 있다.

```
UFUNCTION(BlueprintNativeEvent)
void MyEvent();
virtual void MyEvent_Implementation();
```

이 두 함수를 선언해야 하는 이유는 다음과 같다. 첫 번째 함수는 블루프린트에서 이벤트를 오버라이딩(재정의)할 수 있는 블루프린트 서명이고 두 번째 함수는 C++에서 이벤트를 오버라이딩할 수 있는 C++ 서명이기 때문이다.

C++ 서명은 단순히 이벤트 이름의 끝에 _Implementation이 붙고, 항상 virtual 함수여야 한다. C++에서 이 이벤트를 선언한다는 것을 감안했을 때 기본 동작을 구현하기 위해서는 MyEvent 함수가 아니라 MyEvent_Implementation 함수를 구현해야 한다(MyEvent 함수는 그대로 유지해야 한다). 블루프린트 네이티브 이벤트를 호출하려면 _Implementation 접미사가 없는 일반 함수를 단순히 호출하면 된다. 즉, MyEvent() 함수를 호출하면 된다.

새 인터페이스를 생성하는 다음 실습을 통해 블루프린트 네이티브 이벤트를 실제로 사용하는 방법을 살펴보자.

실습 7.04: HealthInterface 클래스 만들기

이번 실습에서는 체력을 다 소진했을 때 오브젝트의 동작을 처리하는 인터페이스를 생성한다.

이를 위해서는 다음 단계를 따라야 한다.

1. 에디터를 열어 Interface(스크롤 가능한 메뉴에서 Unreal Interface를 찾는다)를 상속하는 새 C++ 클래스를 생성하고 이름을 HealthInterface라고 지정한다.

2. 클래스 파일이 생성되고 비주얼 스튜디오에서 열리면 새로 생성된 클래스의 헤더 파일로 이동한다. 그러면 생성된 파일에 2개의 클래스 UHealthInterface와 IHealthInterface가 있는 것을 볼 수 있다.

3. 오브젝트가 인터페이스를 구현했는지를 확인하고 해당 함수를 호출할 때 이 인터 페이스들을 조합해 사용한다. 하지만 I 접두사가 붙은 클래스(IHealthInterface)는 함수 선언만 추가해야 한다. 반환 값이 없고 파라미터도 받지 않는 OnDeatch라는 이름의 public 블루프린트 네이티브 이벤트를 추가한다. 이 함수는 오브젝트의 체력이 다 소진됐을 때 호출될 함수다.

```cpp
UFUNCTION(BlueprintNativeEvent, Category = Health)
void OnDeath();
virtual void OnDeath_Implementation() = 0;
```

OnDeath_Implementation 함수 선언은 자체 구현이 필요하다. 하지만 구현 내용이 없으므로 인터페이스에 이를 구현할 필요는 없다. 이 클래스에는 이 함수의 구현이 없다는 것을 컴파일러에 알리기 위해 = 0을 선언 끝에 추가했다.

4. DodgeballCharacter 클래스의 헤더 파일로 이동한다. 이 클래스가 새로 추가한 HealthInterface를 구현하도록 하려면 어떻게 해야 할까? 먼저 HealthInterface 클래스를 포함해야 하며 .generated.h include 구문 전에 포함시키는 것에 주의한다.

```
// include 구문 추가하기
#include "HealthInterface.h"
#include "DodgeballCharacter.generated.h"
```

5. 그런 다음, DodgeballCharacter 클래스가 Character를 상속하는 헤더 파일의 코드를 다음 코드로 대체한다. 이제 DodgeballCharacter 클래스는 HealthInterface를 구현해야 한다.

```
class ADodgeballCharacter : public ACharacter, public IHealthInterface
```

6. 다음에 해야 할 일은 DodgeballCharacter 클래스에서 OnDeath 함수를 구현하는 것이다. 이를 위해서는 인터페이스의 C++ 서명을 오버라이딩하는 OnDeath_Implementation 함수의 선언을 추가해야 한다. 이 함수는 public으로 선언해야 한다. virtual 함수를 재정의하려면 함수 선언 끝에 override 키워드를 추가해야 한다.

```
virtual void OnDeath_Implementation() override;
```

7. 클래스 소스 파일에 있는 이 함수의 구현에서는 HealthComponent 클래스에서 했던 것처럼 단순히 게임을 종료시킨다.

```
void ADodgeballCharacter::OnDeath_Implementation()
{
  UKismetSystemLibrary::QuitGame(this,
                                 nullptr,
                                 EQuitPreference::Quit,
                                 true);
}
```

8. KismetSystemLibrary를 사용하기 때문에 이를 포함해야 한다.

```
#include "Kismet/KismetSystemLibrary.h"
```

9. 이제 HealthComponent 클래스의 소스 파일로 이동한다. 더 이상 KistemSystemLibrary 를 사용하지 않고 HealthInterface를 대신 사용하기 때문에 첫 번째 include 구문을 두 번째 include 구문으로 변경한다.

```
// 이 줄을
#include "Kismet/KismetSystemLibrary.h"
// 이 줄로 변경한다
#include "HealthInterface.h"
```

10. 이어서 소유자가 체력을 모두 소진했을 때 게임 종료를 담당하는 로직을 변경한다. 게임을 직접 종료하는 대신에 소유자가 HealthInterface를 구현했는지 확인하고, 구현했으면 OnDeath 함수의 구현을 호출한다. 기존의 QuitGame 함수 호출 코드를 제거한다.

```
// 이 줄 제거
UKismetSystemLibrary::QuitGame(this,
                               nullptr,
                               EQuitPreference::Quit,
                               true);
```

11. 어떤 오브젝트가 특정 인터페이스를 구현했는지 확인할 때는 인터페이스 클래스의 템플릿 파라미터를 사용해 오브젝트의 Implements 함수를 호출해보면 된다. 이 함수에서 사용할 인터페이스의 클래스는 U 접두사가 붙은 함수다.

```
if (GetOwner()->Implements<UHealthInterface>())
{

}
```

12. Actor 클래스에 포함된 메서드를 사용하므로 이를 포함해야 한다.

```
#include "GameFramework/Actor.h"
```

if 구문이 참이면, 소유자가 HealthInterface를 구현했다는 것을 의미한다. 이때 OnDeath의 구현을 호출하려고 한다.

13. 이를 위해서는 인터페이스 클래스를 통해 호출해야 한다(이때는 I 접두사가 붙은 함수를 사용한다). 호출하려는 인터페이스의 함수는 Execute_OnDeath다(인터페이스 안에서 호출해야 하는 함수는 항상 Execute_ 접두사가 붙은 이름을 가진다). 이 함수는 1개 이상의 파라미터를 받는다. 전달받는 파라미터는 이 인터페이스를 구현하고 함수가 호출될 오브젝트다. 여기서는 소유자다.

```
if (GetOwner()->Implements<UHealthInterface>())
{
  IHealthInterface::Execute_OnDeath(GetOwner());
}
```

NOTE

인터페이스의 함수가 여러 파라미터를 받는 경우에는 이전 단계에서 설명했던 첫 번째 파라미터 다음에 필요한 파라미터를 전달할 수 있다. 예를 들어, OnDeath 함수가 파라미터로 int 속성을 받는다면 IHealthInterface::Execute_ OnDeath(GetOwner(), 5)와 같이 호출할 수 있다.

인터페이스에 새 함수를 추가하고 Execute_ 버전의 함수를 호출한 다음, 코드 컴파일을 처음 시도하면 인텔리센스 오류가 발생할 수 있다. 이 오류는 무시해도 된다.

모든 변경 사항을 적용했으면 코드를 컴파일하고 에디터를 연다. 게임을 플레이하고 캐릭터가 닷지볼을 세 번 맞도록 놔둔다.

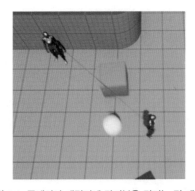

그림 7.4 플레이어 캐릭터에 닷지볼을 던지는 적 캐릭터

그 후에 게임이 종료되면, 모든 변경 사항이 문제없이 동작하고 게임 로직이 동일하게 유지됐다는 것을 의미한다.

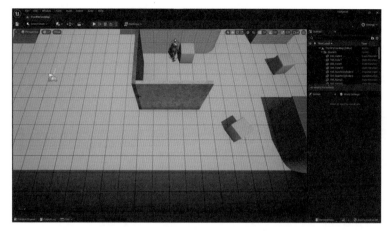

그림 7.5 플레이어 캐릭터가 체력을 모두 소진하고 게임이 종료된 후의 에디터 모습

이것으로 이번 실습을 마친다. 이제 인터페이스를 사용하는 방법을 익혔을 것이다. 이 번 실습을 통해 추가한 변경 사항의 이점은 다른 액터가 체력을 잃게 만들 수 있고 체력을 모두 소진했을 때 이어서 수행할 작업을 지정할 수 있다는 것이다.

이제 LookAtActor 함수와 관련된 모든 로직을 자체 액터 컴포넌트로 옮기고 이 액터 컴 포넌트를 활용해 우리가 만들었던 SightSource 컴포넌트를 대체하는 활동을 진행하는 것만 남았다.

활동 7.01: LookAtActor 로직을 액터 컴포넌트로 옮기기

이번 활동에서는 LookAtActor 함수와 관련된 로직을 EnemyCharacter 클래스에서 자체 액 터 컴포넌트로 옮기는 과정을 진행한다(CanSeeActor 함수를 블루프린트 함수 라이브러리로 옮겼던 것과 비슷하게). 이런 식으로 한 액터(EnemyCharacter가 아닌)가 다른 액터를 바라보도록 만들 때는 단순히 컴포 넌트를 추가하기만 하면 된다.

다음 단계에 따라 이번 활동을 완료할 수 있다.

1. 에디터를 열고 `SceneComponent`를 상속하는 새 C++ 클래스를 생성한 후 이름은 `LookAtActorComponent`로 지정한다.

   비주얼 스튜디오에서 열린 클래스의 헤더 파일로 이동한다.

2. 헤더 파일에 `LookAtActor` 함수의 선언을 추가한다. 이 함수는 `protected`로 선언하고 `bool`을 반환하며 파라미터는 받지 않는다.

> **NOTE**
>
> `EnemyCharacter`의 LookAtActor 함수는 AActor* TargetActor 파라미터를 받는 반면, 이 액터 컴포넌트는 TargetActor를 클래스 속성으로 갖기 때문에 파라미터를 받을 필요가 없다.

3. `TargetActor`라는 이름의 `protected AActor*` 속성을 추가한다. 이 속성은 처다볼 액터를 나타낸다.

4. `bCanSeeTarget`이라는 이름의 `protected bool` 속성을 추가하고 기본값은 `false`로 설정한다. 이 속성은 `TargetActor`를 볼 수 있는지 여부를 나타낸다.

5. 반환 값은 없고 `AActor* NewTarget`을 파라미터로 받는 `public FORCEINLINE` 함수^(6장, '콜리전 오브젝트 설정'에서 다뤘던) `SetTarget`의 선언을 추가한다. 이 함수의 구현에는 `TargetActor` 속성을 `NewTarget` 속성의 값으로 설정하는 내용을 담는다.

6. `CanSeeActor`라는 이름의 `public FORCEINLINE` 함수의 선언을 추가한다. 이 함수는 `const`로 선언해야 하며, `bool`을 반환하고 파라미터는 받지 않는다. 이 함수의 구현은 단순히 `bCanSeeTarget` 속성의 값을 반환한다.

   이제 클래스의 소스 파일로 이동해 다음 단계를 진행한다.

7. 클래스의 `TickComponent` 함수에서 `bCanSeeTarget` 속성의 값을 `LookAtActor` 함수 호출의 반환 값으로 설정한다.

8. 빈 `LookAtActor` 함수의 구현을 추가하고 `EnemyCharacter` 클래스에 있는 `LookAtActor` 함수의 구현 내용을 `LookAtActorComponent`의 함수 구현으로 복사한다.

9. `LookAtActorComponent` 클래스의 `LookAtActor` 함수 구현을 다음과 같이 변경한다.

     I.   IgnoreActors 배열의 첫 번째 요소를 액터 컴포넌트의 소유자로 변경한다.

     II. CanSeeActor 함수 호출의 두 번째 파라미터를 이 컴포넌트의 위치로 변경한다.

     III. Start 속성의 값을 소유자의 위치로 변경한다.

마지막으로, SetActorRotation 함수 호출을 소유자의 SetActorRotation 함수 호출로 변경한다.

10. LookAtActor 함수 구현에 적용한 변경 사항 때문에 LookAtActorComponent 클래스에 일부 include 구문을 추가해야 한다. 이와 반대로 EnemyCharacter 클래스에서는 일부 include 구문을 제거한다. EnemyCharacter 클래스에서는 KismetMathLibrary와 DodgeballFunctionLibrary를 제거하고, LookAtActorComponent 클래스에서는 추가한다.

또한 Actor 클래스에 속하는 여러 함수를 사용하기 때문에 Actor 클래스의 include 구문을 추가해야 한다.

이제 EnemyCharacter 클래스를 추가로 수정해보자.

1. EnemyCharacter 클래스의 헤더 파일에서 LookAtActor 함수의 선언을 제거한다.

2. SightSource 속성을 LookAtActorComponent라는 이름의 ULookAtActorComponent* 속성으로 변경한다.

3. 클래스의 소스 파일에서 LookAtActorComponent 클래스의 include 구문을 추가한다.

4. 클래스 생성자에서 SightSource 속성의 참조를 LookAtActorComponent 속성의 참조로 변경한다. 또한 CreateDefaultSubobject 함수의 템플릿 파라미터는 ULookAtActorComponent 클래스로 설정하고, 문자열 값은 "Look At Actor Component"로 변경한다.

5. 클래스의 LookAtActor 함수 구현을 제거한다.

6. PlayerCharacter 속성을 생성했던 코드를 클래스의 Tick 함수에서 제거하고, 제거한 코드를 클래스의 BeginPlay 함수 끝에 추가한다.

7. 이 줄 뒤에 LookAtActorComponent의 SetTarget 함수를 호출하고 PlayerCharacter 속성을 파라미터로 전달한다.

8. 클래스의 Tick 함수에서 bCanSeePlayer 속성의 값을 LookAtActor 함수의 반환 값으로 설정하는 대신, LookAtActorComponent의 CanSeeTarget 함수의 반환 값으로 설정한다.

이제 이번 활동을 완료하기까지 한 단계만 남았다.

9. 에디터를 닫고(에디터를 열어둔 경우), 비주얼 스튜디오에서 변경 사항을 컴파일한 다음, 에디터를 열고 BP_EnemyCharacter 블루프린트를 연다. LookAtActorComponent를 찾아 위치를 (10, 0, 80)으로 변경한다.

예상 결과는 다음과 같다.

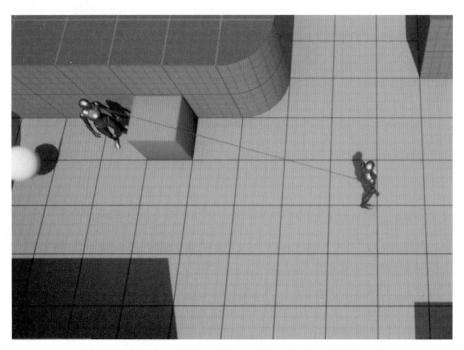

그림 7.6 적 캐릭터가 플레이어 캐릭터를 바라보는 기능이 잘 동작하는 모습

이것으로 이번 활동을 마친다. 액터 로직의 일부를 액터 컴포넌트로 리팩터링하는 방법

을 적용했다. 이를 통해 같은 프로젝트에서 액터 컴포넌트를 활용하거나 심지어 다른 프로젝트에서도 이를 활용할 수 있게 됐다.

NOTE

이번 활동에 대한 솔루션은 깃허브(https://github.com/PacktPublishing/Elevating-Game-Experiences-with-Unreal-Engine-5-Second-Edition/tree/main/Activity%20solutions)에서 확인할 수 있다.

요약

프로젝트를 좀 더 체계적으로 유지하고 만든 기능을 재사용할 수 있도록 도와주는 몇 가지 유틸리티를 살펴봤다.

블루프린트 함수 라이브러리를 생성하는 방법, 자체 액터 컴포넌트를 만들고 프로젝트의 기존 로직을 리팩터링하는 데 이를 활용하는 방법, 인터페이스를 생성하고 특정 인터페이스를 구현한 오브젝트에서 인터페이스 함수를 호출하는 방법 등을 배웠다. 이 장에서 배운 모든 주제를 활용하면, 같은 프로젝트에서 작성하거나 다른 프로젝트에서 작성한 모든 코드를 리팩터링하고 재사용할 수 있다.

다음 장에서는 UE5에서 제공하는 사용자 인터페이스 생성 시스템인 UMG를 살펴보고, 사용자 인터페이스를 만드는 방법을 다룬다.

08

UMG로 사용자 인터페이스 만들기

이전 장에서 블루프린트 함수 라이브러리, 액터 컴포넌트, 인터페이스를 사용해 프로젝트의 코드와 애셋을 적절하게 구조화하고 정리하는 데 활용 가능한 유틸리티를 배웠다.

이 장에서는 거의 모든 비디오 게임에 존재하는 게임 사용자 인터페이스^{UI, User Interface}를 자세히 살펴본다. 게임 UI는 남은 목숨의 수, 무기에 남은 총알 수, 들고 있는 무기 등 플레이어에게 정보를 보여주는 방법 중 하나이자 플레이어가 게임을 계속 이어갈지, 새 게임을 만들지, 어떤 레벨에서 플레이할지를 선택하게 하는 등 게임과 상호작용하도록 해주는 주요 수단이다. 이런 UI는 대부분 이미지와 텍스트의 형태로 플레이어에게 표시된다.

이 장에서 다루는 주제는 다음과 같다.

- 게임 UI

- UMG 기초

- 앵커 소개하기

- 프로그레스 바^{progress bar} 이해하기

기술적 요구 사항

이 장의 프로젝트는 깃허브^{(https://github.com/PacktPublishing/Elevating-Game-Experiences-with-Unreal-} ^{Engine-5-Second-Edition)}에서 다운로드할 수 있는 이 책 코드 번들의 Chapter08 폴더에서 찾을 수 있다.

게임 UI

UI는 일반적으로 게임 렌더링 위에 추가된다. 다시 말해, 게임에서 볼 수 있는 다른 모든 항목 위에 있고 마치 레이어^{layer}처럼 동작한다_{(포토샵}^{Photoshop}_{에서 하듯이 한 레이어 위에 다른 레이어를} _{추가할 수 있다)}. 하지만 여기에도 예외는 있다. 바로 다이제틱 UI^{diegetic UI}가 그렇다. 이런 유형의 UI는 게임 화면에 레이어로 추가되지 않고, 게임 자체 내부에 존재한다. 다이제틱 UI의 좋은 예는 〈데드 스페이스^{Dead Space}〉에서 찾을 수 있다. 이 게임에서는 삼인칭 시점에서 캐릭터를 제어하며 게임 월드에서 등에 부착된 장치를 보고 캐릭터의 체력을 확인할 수 있다.

게임 UI에는 메뉴와 HUD라는 두 가지 서로 다른 유형이 있다.

메뉴는 버튼을 누르거나 입력 장치의 키를 누르는 것을 통해 플레이어가 게임과 상호작용할 수 있도록 해주는 UI 패널이다.

다양한 형태의 메뉴로 이런 상호작용이 가능한데, 여기에는 다음이 포함된다.

- 게임을 계속할지, 새 게임을 만들지, 게임을 종료할지 등을 플레이어가 선택할 수 있는 메인 메뉴
- 플레이어가 어떤 레벨에서 플레이할지를 선택할 수 있는 레벨 선택 메뉴
- 그 외의 많은 다른 옵션

HUD는 게임플레이 중에 표시되는 UI 패널이며 남은 목숨의 수, 사용할 수 있는 특수 능력 등 플레이어가 항상 알아야 하는 정보를 제공한다.

이 장에서는 게임 UI를 다루고 게임 메뉴와 HUD를 모두 만들어본다.

> **NOTE**
>
> 이 책의 범위를 벗어나기 때문에 다이제틱 UI는 다루지 않는다.

그렇다면, UE5에서는 게임 UI를 어떻게 만들까? UE5에서는 언리얼 모션 그래픽^{UMG,} $^{Unreal\ Motion\ Graphics}$을 주로 사용한다. UMG는 메뉴와 HUD를 갖춘 게임 UI$^{(UE5\ 용어로\ 위젯}$ $^{widget이라고도\ 한다)}$를 만들고 이를 화면에 추가할 수 있는 기능을 제공한다.

다음 절로 이동해 이 주제를 살펴보자.

⁂ UMG 기초

UE5에서 게임 UI를 만드는 주요 방법은 UMG 도구를 사용하는 것이다. 이 도구를 사용하면 UMG를 활용해 만들 수 있는 위젯 형태의 게임 UI를 만들 수 있다. UMG의 **디자이너**^{Designer} 탭을 통해 시각적인 방법으로 게임 UI를 편집할 수 있고, **그래프**^{Graph} 탭을 통해 게임 UI에 기능을 추가할 수 있는 기능을 제공한다.

위젯은 UE5에서 게임 UI를 표현할 수 있는 방식이다. 위젯은 버튼, 텍스트, 이미지와 같은 기본적인 UI 요소가 될 수 있으며, 이를 결합해 메뉴 및 HUD와 같이 더 복잡하고 완성된 위젯을 만들 수도 있다. 메뉴와 HUD가 바로 이 장에서 진행할 내용이다.

다음 실습에서 UMG 도구를 사용해 첫 번째 위젯을 만들어보자.

실습 8.01: 위젯 블루프린트 생성하기

이번 실습에서는 위젯 블루프린트를 처음으로 생성해보고, UMG의 기본 요소와 이를 사용해 게임 UI를 만드는 방법을 배운다.

다음 단계에 따라 이번 실습을 완료할 수 있다.

1. 위젯을 처음 생성하기 위해 에디터를 열고 **ThirdPersonCPP ➤ Blueprints** 폴더로 이동한다. **콘텐츠 브라우저** 안에서 마우스 오른쪽 버튼을 클릭한다.

2. 가장 마지막에 위치한 **사용자 인터페이스**^{User Interface} 섹션으로 이동해 **위젯 블루프린트** ^{Widget Blueprint}를 선택한다.

3. 그런 다음, 사용 가능한 부모 클래스 목록에서 **UserWidget**^(사용자 위젯)을 선택한다.

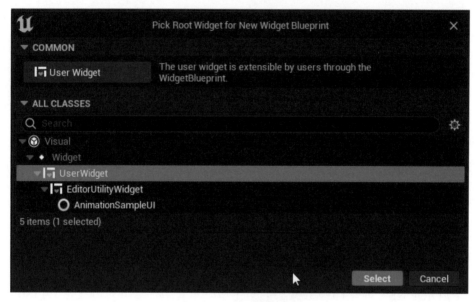

그림 8.1 사용자 위젯 부모 클래스

이 옵션을 선택하면 새 위젯 블루프린트가 생성된다^(위젯 블루프린트는 UE5에서 위젯 애셋을 부르는 이름이다).

4. 이 위젯의 이름을 TestWidget으로 하고 위젯을 연다. 그러면 위젯 블루프린트를 편집하는 인터페이스가 나타난다. 여기서 원하는 위젯과 UI를 만들 수 있다. 이 창에 있는 모든 탭을 나눠 살펴보면 다음과 같다.

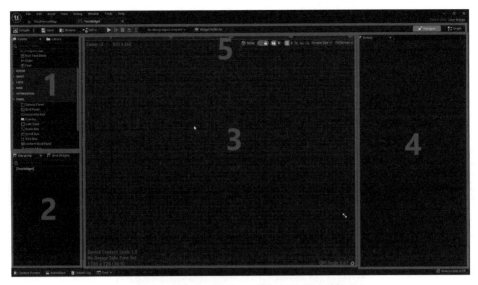

그림 8.2 6개의 창으로 분리된 위젯 블루프린트 에디터

위 그림에서 탭에 대한 자세한 정보는 다음과 같다.

- **팔레트**^{Palette}: 이 탭은 위젯에 추가할 수 있는 모든 개별 UI 요소를 보여준다. 여기에는 버튼, 텍스트 박스, 이미지, 슬라이더, 체크 박스 등 많은 요소가 포함된다.

- **계층 구조**^{Hierachy}: 이 탭은 위젯에 현재 배치된 모든 UI 요소를 보여준다. 그림에서 볼 수 있듯이 현재는 비어 있다.

- **디자이너**^{Designer}: 이 탭은 계층 구조에 배치된 UI 요소와 배치 방식에 따라 위젯의 모습을 시각적으로 보여준다. 현재 위젯에 있는 유일한 요소에는 시각적 표현이 없으므로 이 탭은 현재 비어 있다.

- **디테일**^{Details}: 이 탭은 현재 선택한 UI 요소의 속성을 보여준다. 배치돼 있는 **Canvas Panel**을 선택하면 위 그림에서 볼 수 있는 모든 옵션이 나타날 것이다.

- 이 애셋은 위젯 블루프린트이므로 2개의 버튼으로 **디자이너** 뷰와 **그래프** 뷰 사이를 전환할 수 있다. 디자이너 뷰는 위의 스크린샷에서 보여주는 모습과 같고, 그래프 뷰는 일반적인 블루프린트 클래스의 창의 모습과 매우 비슷하다.

5. 이제 위젯에서 사용할 수 있는 UI 요소들을 확인해보자. **Canvas Panel**부터 살펴 보자.

6. **Canvas Panel**은 **디자이너** 탭에서 원하는 위치에 UI 요소를 드래그해 배치할 수 있 기 때문에 일반적으로 위젯 블루프린트의 루트에 추가된다. 이런 방식으로 화면 중앙, 왼쪽 상단, 중앙 하단 등 원하는 대로 UI 요소를 배치할 수 있다. 이제 매우 중요한 UI 요소 중 하나인 버튼을 위젯으로 드래그해보자. **Canvas Panel**을 위젯 에 추가하려면, **팔레트** 창에 있는 **Panel** 카테고리로 이동한 후 **계층 구조** 창의 루트 위젯([TestWidget]이라는 이름의 첫 번째 목록) 또는 **디자이너** 창으로 **Canvas Panel**을 드래그 한다.

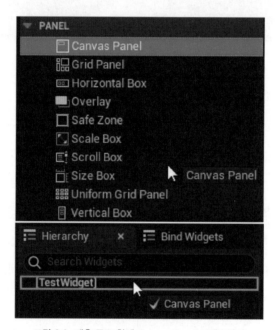

그림 8.3 계층 구조 창에 Canvas Panel 드래그하기

7. **팔레트**^{Palette} 탭에서 **버튼**^{Button}을 찾고 **디자이너** 창으로 드래그한다(드래그하는 동안 마우스 버 튼을 누르고 있는다).

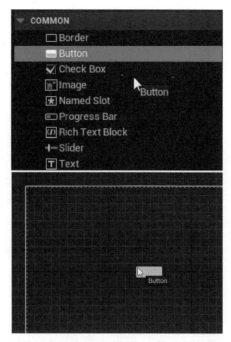

그림 8.4 팔레트 창에서 디자이너 창으로 드래그되는 버튼

이렇게 드래그한 후 버튼 주변에 있는 작은 흰색 점을 드래그해 원하는 대로 크기를 조절할 수 있다(캔버스 패널^{Canvas Panel}에 있는 내부 요소에만 이 작업을 할 수 있다는 것을 명심하자).

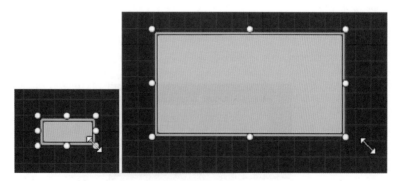

그림 8.5 UI 요소 주변의 흰색 점을 사용해 크기를 조절한 모습

위젯에서 각 UI 요소를 드래그하는 다른 방법은 **디자이너**^{Designer} 탭이 아닌 **계층 구조**^{Hierarchy} 탭에서 드래그하는 것이다.

8. 이제 텍스트를 버튼 안으로 드래그한다. 하지만 이번에는 **계층 구조** 탭을 사용하자.

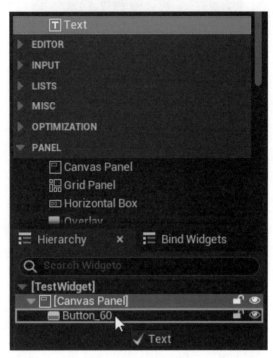

그림 8.6 팔레트 창에서 계층 구조 창으로 드래그하는 텍스트

텍스트는 우리가 지정하는 문자열 정보를 포함하며 텍스트 크기와 폰트를 **디테일** 패널에서 편집할 수 있다. **계층 구조** 탭을 사용해 텍스트를 버튼 안으로 드래그하고 **디자이너** 탭을 살펴보면 다음과 같다.

그림 8.7 텍스트를 자식으로 추가한 버튼(디자이너 탭에서 본 모습)

이 텍스트 블록에 대한 속성을 몇 가지 변경해보자.

9. **계층 구조** 탭이나 **디자이너** 탭에서 텍스트를 선택하고 **디테일** 패널을 살펴보자.

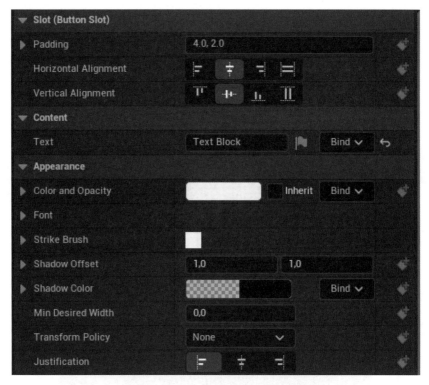

그림 8.8 텍스트의 속성을 보여주는 디테일 패널

여기서 원하는 대로 편집할 수 있는 여러 속성을 찾을 수 있다. 지금은 텍스트의 **Content**와 **Color and Opacity**라는 두 가지 속성에만 집중하려고 한다.

10. **텍스트**^{Text} 속성을 **텍스트 블록**^{Text Block}에서 **Button 1**로 변경한다.

그림 8.9 텍스트 요소의 텍스트 속성을 Button 1로 변경한 모습

이어서 **Color and Opacity**를 흰색에서 검정색으로 바꿔보자.

11. **Color and Opacity** 속성을 클릭하고 나타나는 창인 색 선택 툴^{Color Picker}을 살펴보자. 이 창은 UE5에서 색상 속성을 편집할 때마다 나타난다. 색 선택 툴은 다양한

방법으로 색상을 입력할 수 있는 기능을 제공한다. 여기에는 색상 휠, 채도^{Saturation} 및 명도^{Value}를 설정할 수 있는 막대(바^{bar}) 메뉴, RGB 및 HSV 값 슬라이더 메뉴와 그 외 여러 옵션이 포함된다.

12. 지금은 명도 바(위에서 아래로 움직이며 흰색에서 검정색까지 표현된다)를 가장 아래로 드래그해 흰색 에서 검정색으로 변경한 다음, **OK** 버튼을 누른다.

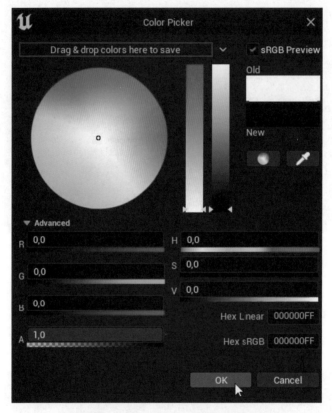

그림 8.10 색 선택 툴 창에서 검색을 선택한 모습

13. 이렇게 변경하고 나면 버튼의 모습이 다음 그림과 같게 된다.

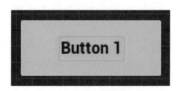

그림 8.11 텍스트의 텍스트 속성과 색상을 변경한 후 버튼 요소의 모습

322

이것으로 이 장의 첫 번째 실습을 마친다. 위젯에 버튼과 텍스트를 추가하는 방법 같은 UMG의 필수적인 기본 내용을 배웠다.

다음 실습으로 넘어가기 전에 먼저 앵커를 살펴보자.

⁝▷ 앵커 소개하기

이미 알고 있듯이, 비디오 게임은 다양한 해상도를 가진 다양한 화면 크기에서 플레이 된다. 이런 이유로 만드는 메뉴가 이런 다양한 해상도에서 효과적으로 적용되도록 만드 는 것이 매우 중요하다. 이것이 앵커^{anchor}의 주요 목적이다.

화면 해상도가 변경되는 것을 대응하고자 앵커를 사용해 화면에서 차지할 비율을 지정 하면, UI 요소의 크기를 조정하는 방법을 설정할 수 있다. 앵커를 사용하면 화면의 크기 와 해상도에 관계없이 항상 화면의 특정 위치(예: 화면 왼쪽 상단)에 UI 요소를 배치하거나 화면 크기의 절반을 차지하도록 설정할 수 있다.

화면의 크기나 해상도가 바뀌면 위젯은 앵커에 비례해 크기와 위치를 조정한다. 캔버스 패널의 직계 하위 계층에 있는 UI 요소만 앵커를 가질 수 있다. **디자이너** 탭에서 UI 요소 를 선택하면 흰색 꽃 모양의 앵커 메달^{Anchor Medallion}을 통해 앵커를 시각화할 수 있다.

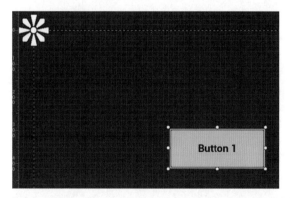

그림 8.12 디자이너 창에 표시된 윤곽선의 왼쪽 상단에 위치한 앵커 메달

앵커는 기본적으로 왼쪽 상단에 접혀 있다. 이 상태로는 해상도가 변경됨에 따라 버튼

의 크기가 조정되도록 설정할 수 없다. 다음 실습을 통해 설정을 변경해보자.

실습 8.02: UMG 앵커 편집하기

이번 실습에서는 버튼의 크기와 모양이 다양한 화면 해상도와 크기에 대응되도록 위젯의 앵커를 변경한다.

다음 단계에 따라 이번 실습을 완료할 수 있다.

1. 이전 실습에서 생성한 버튼을 선택한 다음, **디테일**[Details] 패널로 이동하고 보이는 첫 번째 속성인 **Anchors**를 누른다. 여기에 표시된 피벗[pivot]에 따라 UI 요소를 정렬해 주는 앵커 프리셋을 확인할 수 있다.

   버튼을 화면 중앙에 위치시켜보자.

2. 화면 가운데에 있는 피벗을 클릭한다.

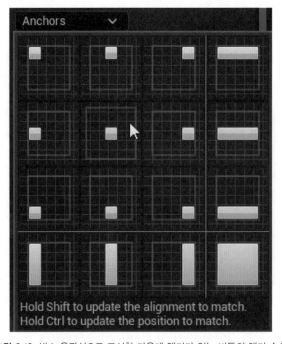

그림 8.13 박스 윤곽선으로 표시한 가운데 앵커가 있는 버튼의 앵커 속성

그러면 앵커 메달의 위치가 바뀐 것을 확인할 수 있다.

그림 8.14 버튼의 앵커를 가운데로 변경한 후의 앵커 메달 모습

이제 앵커 메달이 화면 가운데에 배치됐다. 여전히 버튼이 다양한 해상도에 대응할 수 있도록 제어하지는 못하지만, 적어도 화면 중앙을 기준으로 상대적으로 크기가 조정될 수 있도록 설정했다.

버튼이 화면 중앙에 오도록 하려면 버튼의 위치를 화면 중앙으로 옮겨야 한다.

3. 가운데 앵커를 선택했던 단계를 반복한다. 하지만 이번에는 앵커를 선택하기 전에 **Ctrl** 키를 누른다. 이렇게 앵커를 선택하면 버튼의 위치를 이 앵커로 이동^{snap}한다. 앵커를 클릭했으면, **Ctrl** 키를 눌렀던 것을 해제한다. 그러면 다음과 같은 결과를 확인할 수 있다.

그림 8.15 화면 가운데로 선택된 앵커 근처로 이동한 버튼

앞의 스크린샷에서 볼 수 있듯이 버튼의 위치가 변경됐다. 하지만 아직 화면 중앙

으로 적절하게 위치를 잡지는 않았다. 그 이유는 Alignment 때문이다.

Alignment 속성은 Vector2D(2개의 float 속성 X, Y의 모음) 유형이며 UI 요소의 전체 크기를 기준으로 이 UI 요소의 기준점을 지정한다. 기본값은 (0, 0)이며, 이 값은 UI 요소의 기준점이 왼쪽 상단이라는 것을 의미한다. 앞의 스크린샷의 결과가 이를 잘 설명해준다. Alignment 속성은 (1, 1)까지 설정할 수 있으며, 이 값은 오른쪽 하단을 나타낸다. 버튼의 기준점을 가운데로 설정하려면 (0.5, 0.5)로 설정해야 한다.

4. 앵커 위치를 선택할 때 UI 요소의 Alignment도 같이 업데이트하려면 **Shift** 키를 누른 상태에서 이전에 했던 단계를 반복해야 한다. **Ctrl** 키와 **Shift** 키를 모두 누른 상태에서 가운데 앵커 위치를 선택해도 위치와 Alignment를 모두 업데이트할 수 있다. 그러면 다음과 같이 버튼의 기준점도 가운데로 설정된다.

그림 8.16 화면 가운데로 선택된 앵커를 기준으로 중앙에 배치된 버튼

이 시점에서 화면의 해상도를 변경하더라도 이 버튼은 항상 화면 중앙에 위치한다. 하지만 해상도에 비례해 버튼의 크기를 유지하려면 몇 가지 더 수정해야 한다.

5. 앵커 메달의 오른쪽 아래 꽃잎을 버튼의 오른쪽 하단 모서리까지 드래그한다.

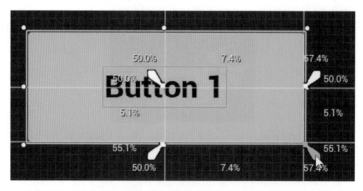

그림 8.17 앵커 메달의 오른쪽 아래 꽃잎을 드래그해 버튼의 앵커 업데이트하기

6. 앵커 메달의 왼쪽 상단 꽃잎을 버튼의 왼쪽 상단 끝으로 드래그한다.

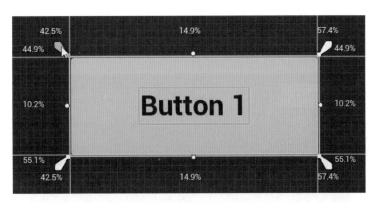

그림 8.18 앵커 메달의 왼쪽 상단 꽃잎을 드래그해 버튼의 앵커 업데이트하기

NOTE

앵커를 변경할 때 버튼 주위에 표시되는 퍼센티지(percentage)는 UI 요소가 화면에서 차지하는 공간을 백분율로 나타낸 것이다. 예를 들어, 앞의 스크린샷에서 버튼이 위젯의 X축 공간의 14.9%를 차지하고 Y축 공간의 10.2%를 차지하는 것을 볼 수 있다.

Ctrl 키를 누른 상태에서 앵커 메달의 꽃잎을 이동시키면 UI 요소의 크기를 앵커의 크기로 설정할 수 있다.

이제 버튼은 앵커를 알맞게 변경한 덕분에 다양한 화면 크기와 해상도에 대응할 수 있다.

방금 앵커 메달을 사용해 버튼 위치를 조정하고 편집한 모든 속성을 디테일 패널을 사용해 직접(수동으로) 편집할 수도 있다.

그림 8.19 앵커 메달을 사용해 변경한 속성을 디테일 창에서 확인한 모습

끝으로, **디자이너** 탭에서 다양한 해상도로 위젯을 시각화하는 방법을 살펴봐야 한다.

7. **디자이너** 탭 안에서 윤곽선으로 표시된 박스의 오른쪽 하단에 있는 이중 화살표를
   드래그한다.

그림 8.20 디자이너 탭 안에 윤곽선으로 표시된 박스의 오른쪽 하단에 있는 이중 화살표

이중 화살표를 드래그하면 원하는 해상도로 캔버스의 크기를 조정할 수 있다. 다
음 스크린샷에서는 다양한 장치에서 가장 많이 사용되는 해상도를 확인할 수 있고
각 해상도에서 위젯을 미리 볼 수 있다.

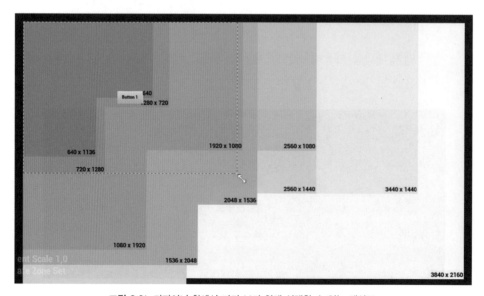

그림 8.21 디자이너 창에서 미리 보기 위해 선택할 수 있는 해상도

NOTE

UMG의 앵커에 대한 전체 내용은 웹 사이트(https://docs.unrealengine.com/en-US/Engine/UMG/UserGuide/Anchors)에서 확인할 수 있다.

이것으로 실습을 마친다. 앵커를 배웠고 다양한 화면 크기와 해상도에 맞게 위젯을 조정하는 방법을 배웠다.

지금까지 UMG의 기본적인 내용을 배웠다. 이제 이 위젯 블루프린트를 위한 위젯 C++ 클래스를 만드는 방법을 살펴보자. 이 내용은 다음 실습을 통해 진행한다.

실습 8.03: RestartWidget C++ 클래스 생성하기

이번 실습에서는 앞서 생성한 위젯 블루프린트가 상속할 위젯 C++ 클래스를 생성하는 방법을 배운다. 이 위젯은 닷지볼 게임에서 플레이어가 죽으면 화면에 추가돼 플레이어가 레벨을 재시작할 수 있는 옵션을 제공한다. 이 위젯에는 플레이어가 클릭하면 레벨을 재시작하는 버튼을 포함시킬 것이다.

이번 실습의 첫 번째 단계는 UMG와 관련된 모듈을 프로젝트에 추가하는 것이다. 언리얼 엔진은 다양한 모듈로 구성되며 각 프로젝트에서 사용할 모듈을 지정해야 한다. 우리 프로젝트는 소스 코드 파일이 생성될 때 일부 일반적인 모듈을 사용하도록 설정됐다. 하지만 이번에 몇 가지 모듈을 추가해야 한다.

다음 단계에 따라 이번 실습을 완료할 수 있다.

1. Dodgeball.build.cs 파일을 연다. 이 파일은 C++ 파일이 아닌 C# 파일이며 프로젝트의 Source 폴더 안에 배치돼 있다.

2. 파일을 열면 `PublicDependencyModuleNames` 속성에서 `AddRange` 함수를 호출하는 코드를 찾을 수 있을 것이다. `AddRange` 함수는 이 프로젝트에서 사용할 모듈을 엔진에 알려주는 기능을 한다. 파라미터로 문자열 배열이 전달되며, 각 문자열은 프로젝트에서 사용할 모듈의 이름을 나타낸다. 닷지볼 프로젝트에서는 UMG 모듈을

사용하기 위해 UMG와 관련된 모듈(UMG, Slate, SlateCore)을 추가해야 한다.

```
PublicDependencyModuleNames.AddRange(new string[] { "Core",
   "CoreUObject", "Engine", "InputCore", "HeadMountedDisplay",
   "UMG", "Slate", "SlateCore" });
```

이것으로 우리가 UMG 모듈을 사용할 것이라는 점을 엔진에 알렸다. 이제 위젯 C++ 클래스를 만들어보자.

3. 언리얼 에디터를 연다.

4. **콘텐츠 브라우저**에서 마우스 오른쪽 버튼을 클릭하고 **새 C++ 클래스**^{New C++ Class}를 선택한다.

5. **모든 클래스 보기**^{Show All Classes} 체크박스를 **true**로 설정한다.

6. UserWidget 클래스를 찾아 새 클래스의 부모 클래스로 선택한다.

7. 새 C++ 클래스의 이름을 RestartWidget으로 지정한다.

비주얼 스튜디오에서 파일이 열리면 다음 단계에 설명한 것처럼 위젯 C++ 클래스를 변경한다.

8. 이 클래스에 처음으로 추가할 것은 RestartButton이라는 이름의 public class UButton* 속성이다. 이 속성은 플레이어가 레벨을 재시작하기 위해 누를 버튼을 나타낸다. 이 클래스를 상속하는 블루프린트 클래스 버튼에 이 속성을 연결(바인딩 binding)하려면 UPROPERTY 매크로를 사용해 BindWidget 메타 태그를 지정해야 한다. 이렇게 하면 위젯 블루프린트가 RestartButton이라는 이름의 버튼을 가진다. 또한 이 속성을 통해 C++에 접근해 위치, 크기 등의 속성을 자유롭게 위젯 블루프린트에서 편집할 수 있다.

```
UPROPERTY(meta = (BindWidget))
class UButton* RestartButton;
```

NOTE

BindWidget 메타 태그를 사용하면 이 C++ 클래스를 상속하는 위젯 블루프린트에 동일한 타입과 이름의 요소가 없는 경우에 컴파일 오류가 발생한다. 이 오류가 발생하지 않도록 하려면 UPROPERTY를 다음과 같이 선택적 BindWidget으로 설정해야 한다.

```
UPROPERTY(meta = (BindWidget, OptionalWidget = true))
```

이렇게 하면 바인딩이 선택적으로 적용되며, 위젯 블루프린트를 컴파일할 때 관련 컴파일 오류가 발생하지 않는다.

이어서 플레이어가 RestartButton을 클릭할 때 호출할 함수(레벨을 재시작하는 함수)를 추가한다. GameplayStatics 오브젝트의 OpenLevel 함수에 현재 레벨의 이름을 파라미터로 전달해 레벨을 재시작시킬 것이다.

9. 위젯 클래스의 헤더 파일에서 protected 함수 OnRestartClicked를 추가한다. 이 함수는 반환 값이 없고, 파라미터도 받지 않는다. 이 함수는 반드시 UFUNCTION으로 표시해야 한다.

```
protected:
UFUNCTION()
void OnRestartClicked();
```

10. 클래스의 소스 파일에서 GameplayStatics 오브젝트에 대한 include 구문을 추가한다.

```
#include "Kismet/GameplayStatics.h"
```

11. 그런 다음, OnRestartClicked 함수의 구현을 추가한다.

```
void URestartWidget::OnRestartClicked()
{
}
```

12. 함수 구현 안에서 GameplayStatics 오브젝트의 OpenLevel 함수를 호출한다. 이 함수는 World Context 오브젝트를 파라미터로 받는다. 여기서는 this 포인터를 전

달하면 된다. 그리고 레벨의 이름을 파라미터로 받는데 GameplayStatics 오브젝트의 GetCurrentLevelName 함수를 통해 전달할 것이다. GetCurrentLevelName 함수도 World Context 오브젝트를 파라미터로 받기 때문에 this 포인터를 전달한다.

```
UGameplayStatics::OpenLevel(this,
    FName(*UGameplayStatics::GetCurrentLevelName(this)));
```

NOTE

GameplayStatics 오브젝트의 GetCurrentLevelName 함수 호출은 UE5의 문자열 타입인 FString을 반환한다. FName 생성자에 이를 전달하려면 앞에 *를 붙여 역참조를 전달해야 한다.

다음 단계에서는 플레이어가 RestartButton을 누를 때 호출되도록 이 함수를 연결한다.

13. 이를 위해서는 UserWidget 클래스에 속한 NativeOnInitialized라는 이름의 함수를 오버라이딩해야 한다. 이 함수는 액터의 BeginPlay 함수와 비슷하게 한 번만 호출되므로 설정 작업을 하기에 적당하다. 위젯 클래스 헤더 파일에 virtual과 override 키워드를 붙여 public NativeOnInitialized 함수에 대한 선언을 추가한다.

```
virtual void NativeOnInitialized() override;
```

14. 다음으로 클래스의 소스 파일에 이 함수의 구현을 추가한다. 함수 구현 안에서 Super 함수를 호출하고 if 구문을 추가해 RestartButton 버튼이 nullptr이 아닌지 확인한다.

```
void URestartWidget::NativeOnInitialized()
{
  Super::NativeOnInitialized();
  if (RestartButton != nullptr)
  {
  }
}
```

15. if 구문이 참일 때 버튼의 OnClicked 이벤트에 OnRestartClicked 함수를 연결하려 고 한다. 버튼의 OnClicked 속성에 접근하고 이 속성의 AddDynamic 함수를 호출해 이벤트와 함수를 연결할 수 있다. AddDynamic 함수를 호출할 때는 이 함수를 호출 하려는 오브젝트(여기서는 this 포인터)와 호출되길 원하는 함수의 포인터(여기서는 OnRestartClicked 함수)를 전달한다.

```
if (RestartButton != nullptr)
{
  RestartButton->OnClicked.AddDynamic(this,
  &URestartWidget::OnRestartClicked);
}
```

16. Button 클래스와 관련된 함수를 사용하므로 이에 대한 include 구문을 추가해야 한다.

```
#include "Components/Button.h
```

NOTE

플레이어가 마우스로 버튼을 눌렀다가 해제할 때 버튼의 OnClicked 이벤트가 호출된다. OnPressed 이벤트(플레이어가 버튼을 누를 때), OnReleased 이벤트(플레이어가 버튼을 해제할 때), OnHover 이 벤트 및 OnUnhover 이벤트(각각 플레이어가 마우스 포인터를 버튼 위로 배치했을 때와 마우스 포인터 가 버튼에서 나왔을 때)를 포함한 버튼과 관련된 다양한 이벤트가 있다.

AddDynamic 함수를 호출할 때는 UFUNCTION 매크로로 표시된 함수의 포인터를 파라미터로 전달해 야 한다. 전달하는 함수를 UFUNCTION 매크로로 표시하지 않으면, 함수를 호출할 때 오류가 발생한다. OnRestartClicked 함수를 UFUNCTION 매크로로 표시한 이유가 바로 여기에 있다.

이 단계들을 모두 적용한 후에 변경 사항을 컴파일하고 에디터를 연다.

17. 앞서 생성했던 TestWidget 위젯 블루프린트를 연다. 이 위젯 블루프린트를 방금 생 성한 RestartWidget 클래스와 연결하기 위해 부모를 다시 지정한다.

18. 위젯 블루프린트의 **파일**^{File} 탭에서 **블루프린트 부모 변경**^{Reparent Blueprint} 옵션을 선택하 고 RestartWidget C++ 클래스를 새 부모 클래스로 선택한다.

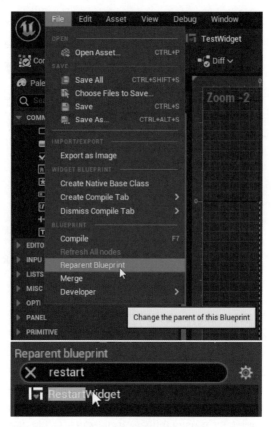

그림 8.22 TestWidget의 부모 클래스를 RestartWidget으로 변경

그러면 C++에서 생성한 `BindWidget` 메타 태그와 관련된 컴파일 오류가 위젯 블루
프린트에서 발생하는 것을 확인할 수 있다.

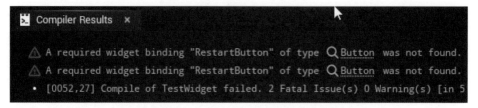

그림 8.23 RestartWidget 클래스로 부모 클래스를 변경한 후에 발생한 컴파일 오류

이 오류는 C++ 클래스에서 `RestartButton`이라는 이름의 `Button` 속성을 찾지 못해
발생한다.

이 오류를 고치려면 위젯 블루프린트 안에 있는 버튼의 이름을 RestartButton으로
변경해야 한다.

그림 8.24 버튼 요소의 이름을 RestartButton으로 변경하기

버튼의 이름을 변경했으면 위젯 블루프린트를 닫고 그 이름을 TestWidget에서 BP_
RestartWidget으로 변경한다(이전 단계에서 했던 것과 같은 방식으로).

이것으로 위젯 클래스의 생성 과정을 완료했다. 이를 통해 위젯 C++ 클래스를 위젯 블
루프린트에 연결하는 방법을 배웠다. 이 내용은 UE5에서 게임 UI를 다루기 위한 매우
중요한 단계다.

이제 다음에 해야 할 작업은 플레이어 컨트롤러Player Controller C++ 클래스를 생성하는 것
이다. 플레이어 컨트롤러 클래스는 RestartWidget을 생성하고 화면에 추가하는 일을 담
당한다. 다음 실습을 통해 플레이어 컨트롤러를 만들어보자.

실습 8.04: RestartWidget을 화면에 추가하는 로직 만들기

이번 실습에서는 새로 생성한 RestartWidget을 화면에 추가하는 로직을 작성한다. 플레
이어가 죽었을 때 화면에 나타내 레벨을 재시작할 수 있는 옵션을 제공한다.

이를 위해서는 새 플레이어 컨트롤러 C++ 클래스를 생성해야 한다. 다음 단계에 따라
플레이어 컨트롤러를 생성할 수 있다.

1. 언리얼 에디터를 연다.

2. **콘텐츠 브라우저**에서 마우스 오른쪽 버튼을 클릭하고 **새 C++ 클래스**를 선택한다.

3. `Player Controller` 클래스를 검색해 새 클래스의 부모 클래스로 선택한다.

4. 새 C++ 클래스의 이름을 `DodgeballPlayerController`로 지정한다.

5. 클래스 파일을 비주얼 스튜디오에서 연다.

   플레이어가 체력을 모두 소진하면, `DodgeballCharacter` 클래스는 이 플레이어 컨트롤러 클래스에 접근해 `RestartWidget`을 화면에 추가하는 함수를 호출하도록 만들 것이다. 다음 단계에 따라 이 작업을 진행해보자.

   화면에 추가할 위젯 클래스(위젯 C++가 아니라 위젯 블루프린트)를 알아내려면 `TSubclassOf` 타입을 사용해야 한다.

6. 클래스 헤더 파일에 `BP_RestartWidget`이라는 이름의 public `TSubclassOf<class URestartWidget>` 속성을 추가한다. `UPROPERTY`로 지정하고 `EditDefaultsOnly` 태그를 추가해 블루프린트 클래스에서 편집할 수 있도록 설정한다.

   ```
   public:
   UPROPERTY(EditDefaultsOnly)
   TSubclassOf<class URestartWidget> BP_RestartWidget;
   ```

   이 위젯을 생성하고 화면에 추가하려면 참조를 저장해야 한다.

7. `class URestartWidget*` 타입의 새 private 변수를 추가하고 이름을 `RestartWidget`으로 지정한다. `UPROPERTY` 매크로를 추가하고 태그는 추가하지 않는다.

   ```
   private:
   UPROPERTY()
   class URestartWidget* RestartWidget;
   ```

> **NOTE**
>
> 이 속성은 블루프린트 클래스에서 편집할 수 없지만, UPROPERTY로 지정해야 한다. 이렇게 하지 않으면 가비지 컬렉터(garbage collector)가 이 변수의 콘텐츠를 삭제해버린다.

이제 필요한 작업은 위젯을 화면에 추가하는 기능을 담당하는 함수를 작성하는 것이다.

8. ShowRestartWidget이라는 이름의 public 함수를 추가한다. 이 함수는 반환 값이 없고, 파라미터도 받지 않는다.

```
void ShowRestartWidget();
```

9. 이제 클래스의 소스 파일로 이동한다. 먼저 RestartWidget 클래스의 include 구문을 추가한다.

```
#include "RestartWidget.h"
```

10. 그런 다음, ShowRestartWidget 함수의 구현을 추가한다. BP_RestartWidget 변수가 nullptr이 아닌지 확인하는 것부터 시작한다.

```
void ADodgeballPlayerController::ShowRestartWidget()
{
  if (BP_RestartWidget != nullptr)
  {
  }
}
```

11. 이 변수가 유효하면(nullptr이 아니면), 플레이어 컨트롤러의 SetPause 함수를 사용해 게임을 일시 정지시킨다. 이 함수를 호출하면 플레이어가 무언가 결정하기까지 게임을 중단시킬 수 있다(실습에서는 레벨을 재시작하는 버튼을 누르기까지).

```
SetPause(true);
```

이어지는 작업은 입력 모드를 변경하는 것이다. UE5에는 Game Only, Game and UI, UI Only라는 세 가지 입력 모드가 있다. 입력 모드가 Game을 포함하면, 플레이어 캐릭터와 플레이어 컨트롤러가 입력 액션을 통해 입력을 받는다. 입력 모드가 UI를 포함하면 화면에 배치된 위젯이 플레이어로부터 입력을 받는다. 화면에 이 위젯을 보여줄 때는 플레이어 캐릭터가 어떤 입력도 받지 않도록 해야 한다.

12. 이를 위해 UI Only 입력 모드로 업데이트한다. Player Controller SetInputMode 함수를 호출해 입력 모드를 변경할 수 있다. 함수를 호출할 때 FInputModeUIOnly 타입을 파라미터로 전달한다.

```
SetInputMode(FInputModeUIOnly());
```

이렇게 한 다음, 마우스 커서를 보여줘 플레이어가 마우스로 버튼을 선택할 수 있도록 한다.

13. 플레이어 컨트롤러의 bShowMouseCursor 속성을 true로 설정하면 마우스 커서를 보여줄 수 있다.

```
bShowMouseCursor = true;
```

14. 이제 플레이어 컨트롤러의 CreateWidget 함수를 사용해 위젯을 실제로 생성한다. C++ 위젯 클래스를 템플릿 파라미터로 전달하고(여기서는 RestartWidget) 일반 파라미터로 이 위젯을 소유하는 플레이어인 Owing Player를 전달한다. this 포인터와 BP_RestartWidget을 파라미터로 전달한다.

```
RestartWidget = CreateWidget<URestartWidget>(this, BP_RestartWidget);
```

15. 위젯을 생성했으면, 이 위젯을 화면에 추가해야 한다. 이때는 위젯의 AddToViewport 함수를 사용한다.

```
RestartWidget->AddToViewport();
```

16. 이것으로 ShowRestartWidget 함수를 마친다. 하지만 RestartWidget을 화면에서 제거하는 함수도 만들어야 한다. 클래스 헤더 파일에 ShowRestartWidget 함수를 선언했던 것처럼, 이번에는 HideRestartWidget이라는 이름의 함수 선언을 추가한다.

```
void HideRestartWidget();
```

17. 클래스 소스 파일에 HideRestartWidget 함수의 구현을 추가한다.

```
void ADodgeballPlayerController::HideRestartWidget()
{
}
```

18. 이 함수에서 처음으로 해야 하는 일은 RemoveFromParent 함수를 호출해 화면에 추가된 위젯을 제거한 다음, Destruct 함수를 사용해 삭제하는 것이다.

```
RestartWidget->RemoveFromParent();
RestartWidget->Destruct();
```

19. 그런 다음, 앞에서 사용했던 SetPause 함수를 사용해 게임의 일시 정지를 해제한다.

```
SetPause(false);
```

20. 마지막으로, 전에 했던 것과 같은 방식으로 입력 모드는 Game Only로 설정하고 마우스 커서를 숨긴다(이번에는 FInputModeGameOnly 타입을 사용한다).

```
SetInputMode(FInputModeGameOnly());
bShowMouseCursor = false;
```

이것으로 플레이어 컨트롤러 C++ 클래스 로직이 마무리됐다. 다음에 필요한 일은 함수를 호출해 위젯을 화면에 추가하는 것이다.

21. DodgeballCharacter 클래스 소스 파일로 이동해 새로 생성한 DodgeballPlayerController 클래스의 include 구문을 추가한다.

```
#include "DodgeballPlayerController.h"
```

22. DodgeballPlayerController 클래스의 OnDeath_Implemetation 함수 구현에서 QuitGame 함수 호출을 다음으로 변경한다.

- GetController 함수를 사용해 캐릭터의 플레이어 컨트롤러를 구한다. 이렇게 구한 플레이어 캐릭터를 PlayerController라는 이름의 DodgeballPlayerController* 타입 변수에 저장해야 한다. 그런데 GetController 함수는 Controller 타입의 변수를 반환하기 때문에 이를 원하는 PlayerController

클래스로 형 변환해야 한다.

```
ADodgeballPlayerController* PlayerController =
Cast<ADodgeballPlayerController>(GetController());
```

- PlayerController 변수가 유효한지 확인한다. 이 변수가 유효하면 ShowResta
  rtWidget 함수를 호출한다.

```
if (PlayerController != nullptr)
{
  PlayerController->ShowRestartWidget();
}
```

이제 함수를 호출해 화면에서 위젯을 숨기는 일만 남았다. RestartWidget 클래스
의 소스 파일을 열어 함수의 구현을 다음과 같이 변경한다.

23. 호출할 함수를 포함하고 있는 DodgeballPlayerController의 include 구문을 추가
한다.

```
#include "DodgeballPlayerController.h"
```

24. OnRestartClicked 함수 구현에서 OpenLevel 함수를 호출하기 전에 GetOwingPlayer
함수를 사용해 PlayerController 타입의 이 위젯을 소유하는 플레이어(Owing Player)
를 구하고, DodgeballPlayerController 클래스로 형 변환한다.

```
ADodgeballPlayerController* PlayerController =
  Cast<ADodgeballPlayerController>(GetOwningPlayer());
```

25. 그런 다음, PlayerController 변수가 유효하면 HideRestartWidget 함수를 호출한다.

```
if (PlayerController != nullptr)
{
  PlayerController->HideRestartWidget();
}
```

모든 단계를 적용했으면 에디터를 닫고, 변경 사항을 컴파일하고, 다시 에디터를 연다.

이것으로 이번 실습을 마친다. RestartWidget을 화면에 추가하는 데 필요한 로직을 추가했다. 이제 남은 작업은 새로 생성한 DodgeballPlayerController의 블루프린트 클래스를 생성하는 것이며, 다음 실습에서 이 작업을 진행한다.

실습 8.05: DodgeballPlayerController 블루프린트 클래스 설정하기

이번 실습에서는 화면에 추가할 위젯을 지정하기 위해 DodgeballPlayerController의 블루프린트 클래스를 생성하고, 게임을 시작할 때 이 블루프린트 클래스(DodgeballPlayerController의 블루프린트 클래스)를 사용하겠다고 UE5에 알리는 내용을 진행한다.

다음 단계에 따라 이번 실습을 완료할 수 있다.

1. **콘텐츠 브라우저**에서 **ThirdPersonCPP > Blueprints** 디렉터리로 이동해 마우스 오른쪽 버튼을 클릭하고 새 블루프린트 클래스를 생성한다.

2. DodgeballPlayerController 클래스를 찾아 부모 클래스로 선택한다.

3. 이 블루프린트 클래스를 BP_DodgeballPlayerController로 지정한다. 이어서 이 블루프린트 애셋을 연다.

4. **클래스 디폴트**^{Class Defaults} 탭으로 이동해 클래스의 BP_RestartWidget 속성을 우리가 생성한 BP_RestartWidget 위젯으로 설정한다.

   이제 이 PlayerController 블루프린트 클래스를 게임에서 사용하도록 설정하는 일만 남았다.

   이를 위해 남은 단계를 진행해보자.

5. **콘텐츠 브라우저**에서 **ThirdPersonCPP > Blueprints** 디렉터리로 이동해 마우스 오른쪽 버튼을 클릭하고 새 블루프린트 클래스를 생성한다. DodgeballGameMode 클래스를 검색하고 부모 클래스로 선택한 다음, 이 블루프린트 클래스의 이름을 BP_DodgeballGameMode로 지정한다.

이 클래스는 사용할 Player Controller 클래스를 지정하는 등, 게임의 개별 요소로 사용할 클래스를 게임에 알리는 역할을 담당한다.

6. 애셋을 열고 **클래스 디폴트** 탭으로 이동해 클래스의 PlayerControllerClass 속성을 우리가 생성한 BP_DodgeballPlayerController 클래스로 설정한다.

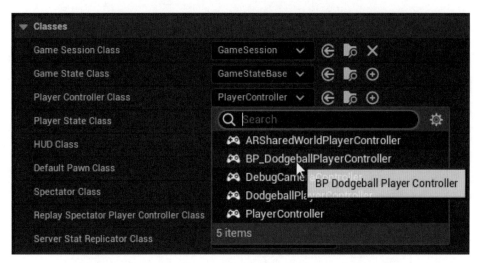

그림 8.25 PlayerControllerClass 속성을 BP_DodgeballPlayerController로 설정하기

7. 애셋을 닫고 **레벨 뷰포트**^{Level Viewport} 창 상단에 있는 에디터 툴바에서 **블루프린트** ^{Blueprints} 드롭다운 옵션을 선택한다. 여기서 **게임 모드**^{Game Mode(현재는 DodgeballGameMode로 설정대 있을 것이다)}를 선택한 후 GameModeBase 클래스를 선택하고 **BP_DodgeballGa meMode**를 선택한다. 이렇게 하면 모든 레벨에서 이 새 게임 모드를 사용하도록 에디터에 알린다.

NOTE

> **프로젝트 세팅**에서도 **게임 모드** 옵션을 설정할 수 있다. **프로젝트 세팅**에서 설정한 게임 모드는 모든 레벨에서 이 게임 모드를 사용한다. 하지만 **월드 세팅**의 GameMode Override 옵션을 사용하면 프로 젝트 세팅에 설정한 게임 모드는 무시되고, **월드 세팅**에 설정한 게임 모드를 사용한다.

이제 게임을 플레이하고 캐릭터가 닷지볼을 세 번 맞도록 둔다. 캐릭터가 세 번 맞으면 게임이 멈추고 BP_RestartWidget이 화면에 나타나는 것을 확인할 수 있다.

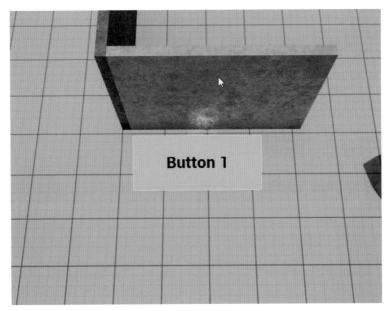

그림 8.26 플레이어가 체력을 모두 소진한 후에 화면에 추가된 BP_RestartWidget의 모습

그리고 마우스를 사용해 Button 1을 클릭하면 처음 상태로 레벨이 재시작되는 것을 볼 수 있다.

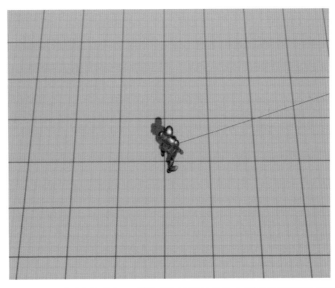

그림 8.27 플레이어가 이전 스크린샷에서 보였던 버튼을 누른 후에 재시작된 레벨

이것으로 이번 실습을 마친다. 위젯을 생성하고 게임에서 위젯을 보여주는 방법을 배웠다. 이는 숙련된 게임 개발자가 되기 위한 여정의 여러 중요한 단계 중 하나다.

다음 실습으로 넘어가기 전에 다음 절에서 프로그레스 바를 살펴보자.

⠿ 프로그레스 바 이해하기

비디오 게임에서 체력, 스태미너와 같은 캐릭터 통계^{stat}를 나타내는 방법 중 하나는 프로그레스 바를 사용하는 것이다. 프로그레스 바를 통해 캐릭터의 체력을 플레이어에게 알릴 수 있다. 프로그레스 바는 기본적으로 직사각형 모양이며 특정 통계의 퍼센티지가 얼마인지를 보여주기 위해 채우거나 비울 수 있다. 캐릭터의 체력이 최댓값의 절반만 남았다는 것을 플레이어에게 보여주고 싶은 경우에는 프로그레스 바를 절반만 표시하면 된다. 이 내용을 이번 절에서 진행한다. 이 프로그레스 바가 닷지볼 게임의 유일한 HUD 요소다.

이 체력 바$^{Health\ Bar}$를 만들려면 먼저 HUD 위젯을 생성해야 한다. 에디터를 열고 **콘텐츠 브라우저**에서 **ThirdPersonCPP ➤ Blueprints** 디렉터리로 이동한 후 마우스 오른쪽 버튼을 클릭하고 유저 인터페이스 카테고리에서 새 위젯 블루프린트 클래스를 생성한다. 부모 클래스 목록에서 **UserWidget**(사용자 위젯)을 선택한다. 새로 생성한 위젯 블루프린트의 이름을 BP_HUDWidget으로 지정한다. 그리고 이 위젯 블루프린트를 연다.

이 위젯의 루트에 **Canvas Panel**을 추가한다. 이 내용은 '실습 8.01: 위젯 블루프린트 생성하기'의 여섯 번째 단계에서 진행한 바 있다.

UE5에서 프로그레스 바는 버튼, 텍스트와 같이 **팔레트**^{Palette} 탭에서 **디자이너**^{Designer} 탭으로 드래그할 수 있는 또 다른 타입의 UI 요소다. 다음 예제를 살펴보자.

그림 8.28 프로그레스 바 요소를 디자이너 창으로 드래그하기

처음에 이 프로그레스 바는 버튼과 비슷해 보일 것이다. 하지만 프로그레스 바에서 중요한 의미를 갖는 두 가지 속성을 가진다.

- **Percent**: 이 프로그레스 바의 진행률(퍼센티지)을 지정하며, 0과 1 사이의 값을 갖는다.

- **Bar Fill Type**: 이 프로그레스 바가 채워질 방식을 지정한다(왼쪽에서 오른쪽으로, 위에서 아래로 등등).

그림 8.29 프로그레스 바의 Percent와 Bar Fill Type 속성

Percent 속성을 0.5로 설정하면 프로그레스 바가 전체 길이의 반만 채워지는 것을 볼 수 있다.

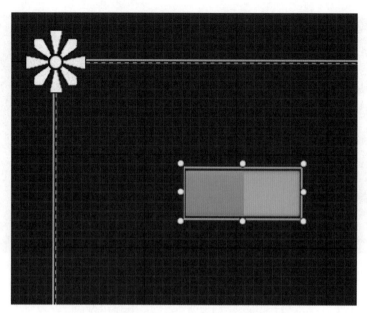

그림 8.30 프로그레스 바가 오른쪽으로 반만 채워진 모습

계속하기 전에 **Percent** 속성을 1로 설정한다.

이제 프로그레스 바의 색상을 파란색(기본 색상)에서 빨간색으로 변경해보자. 이를 위해 **디테일**Details 탭으로 이동하고 **Appearance** 카테고리에서 **Fill Color and Opacity** 속성을 빨간색(RGB(1, 0, 0))으로 설정한다.

그림 8.31 프로그레스 바의 색상이 빨간색으로 변경된 모습

이렇게 하면, 프로그레스 바에서 채우기 색상으로 빨간색을 사용한다.

프로그레스 바의 설정을 완료하기 위해 위치, 크기, 앵커를 업데이트해보자. 다음 단계를 따라 이 작업을 완성할 수 있다.

1. **Slot (Canvas Panel Slot)** 카테고리에서 **Anchors** 속성을 확장하고 다음의 값으로 설정한다.

- **Minimum**: X축에 0.052 그리고 Y축에 0.083

- **Maximum**: X축에 0.208 그리고 Y축에 0.116

2. **Offset Left**, **Offset Top**, **Offset Right**, **Offset Bottom** 속성을 0으로 설정한다.

이렇게 설정하면 프로그레스 바가 다음과 같은 모습을 할 것이다.

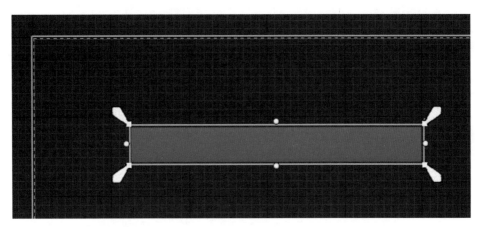

그림 8.32 이번 절의 모든 변경 사항을 적용한 후의 프로그레스 바 모습

이것으로 프로그레스 바 주제에 대한 내용을 마친다. 다음 단계에서는 이 프로그레스 바를 체력 바로 사용하기 위해 필요한 로직을 추가한다. 이를 위해 플레이어 캐릭터의 체력에 따라 프로그레스 바의 **Percent** 속성을 업데이트시키는 로직을 추가할 것이다. 다음 실습에서 이 내용을 진행해보자.

실습 8.06: 체력 바 C++ 로직 추가하기

이번 실습에서는 플레이어 캐릭터의 체력 변화에 따라 HUD 안의 프로그레스 바를 업데이트하는 데 필요한 C++ 로직을 추가한다.

다음 단계에 따라 이번 실습을 완료할 수 있다.

1. 에디터를 열고 '실습 8.03: RestartWidget C++ 클래스 생성하기'에서 했던 것처럼,

UserWidget을 상속하는 새 C++ 클래스를 생성한다. 하지만 이번에는 이름을 HUDWidget으로 지정한다. 이 클래스는 HUD 위젯에 사용할 C++ 클래스다.

2. HUDWidget 클래스 헤더 파일에서 class UProgressBar* 타입의 새 public 속성 HealthBar를 추가한다. 이 타입은 이전 절에서 생성했던 프로그레스 바를 C++에서 나타내는 데 사용한다. 이 속성을 UPROPERTY 함수로 선언하고 BindWidget 태그를 추가한다.

```
UPROPERTY(meta = (BindWidget))
class UProgressBar* HealthBar;
```

3. UpdateHealthPercent라는 이름으로 public 함수 선언을 추가한다. 반환 값은 없고, 파라미터로 float HealthPercent 속성을 받는다. 이 함수는 프로그레스 바의 **Percent** 속성을 업데이트하기 위해 호출할 것이다.

```
void UpdateHealthPercent(float HealthPercent);
```

4. HUDWidget 클래스의 소스 파일에 UpdateHealthPercent 함수의 구현을 추가한다. 이 함수에서 HealthBar 속성의 SetPercent 함수를 호출하고 HealthPercent 속성을 파라미터로 전달한다.

```
void UHUDWidget::UpdateHealthPercent(float HealthPercent)
{
    HealthBar->SetPercent(HealthPercent);
}
```

5. ProgressBar C++ 클래스를 사용하기 때문에 이 클래스에 대한 include 구문을 소스 파일 상단에 추가해야 한다.

```
#include "Components/ProgressBar.h"
```

다음 단계는 HUDWidget을 화면에 추가하는 기능을 담당하는 PlayerController에 필요한 모든 로직을 추가하는 것이다. 이를 위해 다음 단계에 따라 기능을 구현하자.

6. DodgeballPlayerController 클래스의 헤더 파일에 TSubclassOf<class UHUDWidget> 타입의 public 속성 BP_HUDWidget을 추가한다. UPROPERTY 함수로 선언하고 EditDefaultsOnly 태그를 추가한다.

   DodgeballPlayerController 블루프린트 클래스에서 우리가 사용할 HUD를 지정하는 데 이 속성을 사용할 것이다.

   ```
   UPROPERTY(EditDefaultsOnly)
   TSubclassOf<class UHUDWidget> BP_HUDWidget;
   ```

7. 다른 속성을 추가한다. 이번에는 class UHUDWidget* 타입의 private 속성 HUDWidget을 추가한다. UPROPERTY로 선언하고 태그는 추가하지 않는다.

   ```
   UPROPERTY()
   class UHUDWidget* HUDWidget;
   ```

8. BeginPlay 함수의 protected 선언을 추가하고 virtual과 override를 모두 추가한다.

   ```
   virtual void BeginPlay() override;
   ```

9. UpdateHealthPercent라는 이름의 새 public 함수의 선언을 추가한다. 반환 값은 없고, float HealthPercent를 파라미터로 받는다.

   이 함수는 플레이어 캐릭터 클래스에서 HUD의 체력 바를 업데이트하기 위해 호출할 것이다.

   ```
   void UpdateHealthPercent(float HealthPercent);
   ```

10. 이제 DodgeballPlayerController 클래스의 소스 파일로 이동해 HUDWidget 클래스의 include 구문부터 추가한다.

    ```
    #include "HUDWidget.h"
    ```

11. 그런 다음, Super 오브젝트의 BeginPlay 함수를 호출하는 것에서 시작하는 BeginPlay 함수의 구현을 추가한다.

```
void ADodgeballPlayerController::BeginPlay()
{
  Super::BeginPlay();
}
```

12. 이 함수의 호출 구문 다음에 BP_HUDWidget 속성이 유효한지 확인한다. 이 속성이
    유효하면, UHUDWidget 템플릿을 지정해 CreateWidget 함수를 호출한다. 이를 소유
    하는 플레이어 this와 위젯 클래스 BP_HUDWidget을 파라미터로 전달한다. HUDWidget
    속성을 이 함수 호출의 반환 값으로 설정해야 한다.

```
if (BP_HUDWidget != nullptr)
{
  HUDWidget = CreateWidget<UHUDWidget>(this, BP_HUDWidget);
}
```

13. HUDWidget 속성을 설정한 후에 AddToViewport 함수를 호출한다.

```
HUDWidget->AddToViewport();
```

14. 마지막으로, UpdateHealthPercent 함수의 구현을 추가한다. HUDWidget 속성이 유효
    한지 확인하고, 이 값이 유효하면 UpdateHealthPercent 함수를 호출한 후 HealthPer
    cent 속성을 파라미터로 전달한다.

```
void ADodgeballPlayerController::UpdateHealthPercent(float
  HealthPercent)
{
  if (HUDWidget != nullptr)
  {
    HUDWidget->UpdateHealthPercent(HealthPercent);
  }
}
```

이로써 HUD를 화면에 추가하고 업데이트하는 데 필요한 로직을 추가했다. 이제
다른 클래스를 변경할 차례다. 다음 단계에 따라 변경 사항을 적용해보자.

현재, 이전 장에서 생성했던 Health 인터페이스는 오브젝트가 체력을 다 소진하면

호출되는 OnDeath 이벤트만 갖고 있다. 플레이어가 대미지를 입을 때마다 체력 바를 업데이트하려면 매번 HealthInterface 클래스가 이 메시지를 알려주도록 만들어야 한다.

15. HealthInterface 클래스의 헤더 파일을 열고 '실습 7.04: HealthInterface 클래스 만들기'에서 했던 것과 비슷하게 OnTakeDamage 이벤트의 선언을 추가한다. 이 이벤트는 오브젝트가 대미지를 입을 때마다 호출될 것이다.

```
UFUNCTION(BlueprintNativeEvent, Category = Health)
void OnTakeDamage();
virtual void OnTakeDamage_Implementation() = 0;
```

16. 오브젝트가 대미지를 입을 때마다 호출할 이벤트를 인터페이스에 추가했다. 이제 이 이벤트를 호출하는 로직을 추가해보자. HealthComponent 클래스의 소스 파일을 열고 LoseHealth 함수의 구현 내부에서 Health 속성에서 Amount 속성을 뺀 후 Owner가 Health 인터페이스를 구현했는지 확인하고, 인터페이스를 구현했으면 인터페이스의 OnTakeDamage 이벤트를 호출한다. OnDeath 이벤트를 처리할 때 했던 것과 같은 방식으로 호출한다. 하지만 이번에는 간단히 이벤트 이름을 OnTakeDamage로 변경하면 된다.

```
if (GetOwner()->Implements<UHealthInterface>())
{
  IHealthInterface::Execute_OnTakeDamage(GetOwner());
}
```

화면에 표시할 체력 바가 플레이어 캐릭터의 체력 수치를 퍼센티지로 요구하기 때문에 다음의 작업을 해야 한다.

17. HealthComponent 클래스의 헤더 파일에 float를 반환하는 FORCEINLINE 함수의 선언을 추가한다. 이 함수의 이름은 GetHealthPercent이고 const 함수다. 함수의 구현에는 단순히 Health 속성을 100으로 나눠 이 값을 반환하는 코드를 추가한다. 100으로 나누는 이유는 게임의 오브젝트가 갖는 최대 체력 수치를 100이라고 가정하기 때문이다.

```
FORCEINLINE float GetHealthPercent() const { return Health / 100.f; }
```

18. 이제 DodgeballCharacter 클래스의 헤더 파일로 이동해서 OnTakeDamage_Implementa
tion이라는 이름을 가진 public virtual 함수의 선언을 추가한다. 이 함수는 반환
값이 없고 파라미터도 받지 않는다. virtual과 override로 선언한다.

```
virtual void OnTakeDamage_Implementation() override;
```

19. DodgeballCharacter 클래스의 소스 파일에 방금 선언했던 OnTakeDamage_Implemen
tation 함수의 구현을 추가한다. OnDeath_Implementation 함수의 내용을 이 함수의
구현에 복사하고 다음과 같이 변경한다. PlayerController의 ShowRestartWidget 함
수를 호출하는 대신, UpdateHealthPercent 함수를 호출하고 HealthComponent 속성
의 GetHealthPercent 함수의 반환 값을 파라미터로 전달한다.

```
void ADodgeballCharacter::OnTakeDamage_Implementation()
{
  ADodgeballPlayerController* PlayerController =
  Cast<ADodgeballPlayerController>(GetController());
  if (PlayerController != nullptr)
  {
    PlayerController->UpdateHealthPercent(HealthComponent
      ->GetHealthPercent());
  }
}
```

이것으로 이번 실습의 코드 설정을 완료했다. 변경 사항을 모두 적용한 후에 코드
를 컴파일하고 에디터를 연다. 이어서 다음 과정을 진행한다.

20. BP_HUDWidget 위젯 블루프린트를 열고 '실습 8.03: RestartWidget C++ 클래스 생성
하기'에서 했던 것처럼, 부모 클래스를 HUDWidget 클래스로 재설정한다.

21. 이렇게 하면 컴파일 오류가 발생할 텐데, 프로그레스 바의 이름을 HealthBar로 변
경하면 이 오류를 고칠 수 있다.

22. 이 위젯 블루프린트를 닫고 BP_DodgeballPlayerController 블루프린트 클래스를

열어 BP_HUDWidget 속성을 BP_HUDWidget 위젯 블루프린트로 설정한다.

그림 8.33 BP_HUDWidget 속성을 BP_HUDWidget으로 설정하기

이 변경 사항을 모두 적용한 후 레벨을 플레이한다. 그러면 화면 왼쪽 상단에서 체력 바가 나타나는 것을 볼 수 있다.

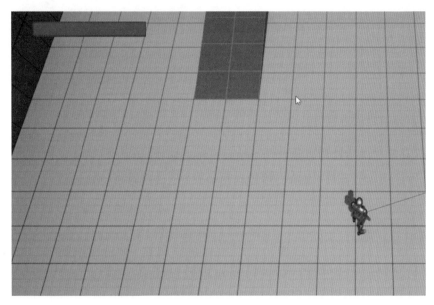

그림 8.34 화면 왼쪽 상단에 나타나는 프로그레스 바

플레이어 캐릭터가 닷지볼에 부딪히면 체력 바가 줄어드는 것을 볼 수 있다.

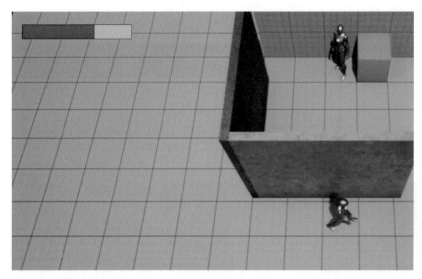

그림 8.35 플레이어 캐릭터가 체력을 잃을 때마다 프로그레스 바가 줄어드는 모습

이것으로 이번 실습을 마친다. 이번 실습을 통해 HUD를 화면에 추가하고 게임을 진행하는 동안 HUD를 업데이트하는 데 필요한 모든 단계를 배웠다.

활동 8.01: RestartWidget 향상시키기

이번 활동에서는 플레이어가 방금 게임에서 졌다는 것을 알 수 있도록 RestartWidget에서 읽을 수 있는 텍스트와 플레이어가 게임을 종료할 수 있도록 해주는 **Quit** 버튼을 추가한다. 또한 이 버튼을 클릭하면 게임이 재시작된다는 것을 플레이어가 알 수 있도록 기존의 버튼 텍스트를 **Restart**로 변경한다.

다음 단계에 따라 이번 활동을 완료할 수 있다.

1. BP_RestartWidget 위젯 블루프린트를 연다.

2. 기존의 **Canvas Panel**에 새 텍스트를 드래그한다.

3. 텍스트 요소의 속성을 다음과 같이 편집한다.

   - **Anchors** 속성을 확장하고 **Minimum**의 X축을 0.291, Y축을 0.115로 설정한다.

Maximum의 X축을 0.708, Y축을 0.255로 설정한다.

- Offset Left, Offset Top, Offset Right, Offset Bottom 속성을 0으로 설정한다.

- Text 속성을 GAME OVER로 설정한다.

- Color and Opacity 속성을 빨간색(RGBA(1.0, 0.082, 0.082, 1.0))으로 설정한다.

- Font 속성을 확장해 Size를 100으로 설정한다.

- Justification 속성을 Align Text Center(텍스트 중앙 정렬)로 설정한다.

4. RestartButton 속성의 텍스트 요소를 선택하고 Text 속성을 Restart로 변경한다.

5. RestartButton을 복제하고 이름을 ExitButton으로 변경한다.

6. ExitButton 안에 있는 텍스트 요소의 Text 속성을 Exit로 변경한다.

7. ExitButton의 Anchor 속성을 확장해 Minimum의 X축을 0.425, Y축을 0.615로 설정하고, Maximum의 X축을 0.574, Y축을 0.725로 설정한다.

8. ExitButton의 Offset Left, Offset Top, Offset Right, Offset Bottom 속성을 0으로 설정한다.

이 변경 사항을 모두 적용했으면, 이제 ExitButton을 클릭했을 때 게임을 종료시키는 로직을 추가해야 한다.

9. BP_RestartWidget 위젯 블루프린트에 적용한 변경 사항을 저장하고 RestartWidget 클래스의 헤더 파일을 비주얼 스튜디오에서 연다. 이 파일에 반환 값이 없고 파라미터를 받지 않는 protected 함수 OnExitClicked의 선언을 추가한다. UFUNCTION으로 선언해야 한다.

10. 기존의 RestartButton 속성을 복제하고 ExitButton으로 이름을 변경한다.

11. RestartWidget 클래스의 소스 파일에 OnExitClicked 함수의 구현을 추가한다. VictoryBox 클래스의 소스 파일에서 OnBeginOverlap 함수의 내용을 복사해 OnExitClicked 함수에 붙여 넣고, DodgeballCharacter 클래스로 형 변환하는 내용을 삭제한다.

12. NativeOnInitialized 함수 구현에서 우리가 생성한 OnExitClicked 함수를 ExitButt
on의 OnClicked 이벤트에 바인딩한다. '실습 8.03: RestartWidget C++ 클래스 생성
하기'에서 RestartButton에 했던 것과 같은 방식이다.

이것으로 이번 활동에서 필요한 코드 설정을 완료했다. 변경 사항을 컴파일하고 에디터
를 연다. 그런 다음, BP_RestartWidget을 열고 컴파일해 BindWidget 태그로 인한 컴파일
오류가 없는지 확인한다.

문제가 없다면, 레벨을 다시 플레이하고 플레이어 캐릭터가 닷지볼에 세 번 맞도록 둔
다. 그러면 Restart 위젯이 나타나 앞에서 변경한 내용을 보여줄 것이다.

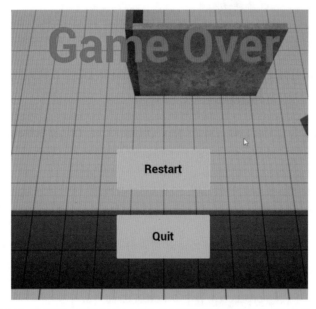

그림 8.36 플레이어가 체력을 모두 소진한 후 변경한 BP_RestartWidget이 보이는 모습

Restart 버튼을 누르면 레벨을 다시 플레이할 수 있고, **Quit** 버튼을 누르면 게임을 종료
할 수 있다.

이것으로 이번 활동을 마친다. 위젯 블루프린트를 사용하는 방법과 위젯에 추가되는 요
소의 속성 변경에 대한 기본적인 내용을 이해했을 것이다. 이제 이것을 활용해 자신만
의 메뉴를 만들 수 있을 것이다.

NOTE

이번 활동에 대한 솔루션은 깃허브(https://github.com/PacktPublishing/Elevating-Game-Experiences
-with-Unreal-Engine-5-Second-Edition/tree/main/Activity%20solutions)에서 확인할 수 있다.

⁂ 요약

이것으로 이 장을 마친다. 이 장을 통해 UE5에서 게임 UI를 만드는 방법을 배웠고 메뉴와 HUD 같은 개념을 이해했을 것이다. 버튼, 텍스트, 프로그레스 바를 포함한 위젯 블루프린트의 UI 요소를 조작하는 방법을 살펴봤고, 앵커를 효과적으로 사용하면 게임 UI가 여러 화면에서 자연스럽게 대응할 수 있다는 점을 배웠다. 이제 OnClick 이벤트와 같은 C++ 마우스 이벤트를 받아 자신만의 게임 로직을 만들 수 있을 것이며, 특정 이벤트 시점에 위젯을 화면에 추가하거나 위젯을 화면에 계속 보여주는 방법도 이해했을 것이다.

다음 장에서는 사운드와 파티클 이펙트 같은 시청각 요소를 추가하고 새 레벨을 만들어 닷지볼 게임을 다듬는 방법을 살펴본다.

09

오디오-비주얼 요소 추가

이전 장에서 게임 UI를 살펴보고 유저 인터페이스(위젯이라고도 함)를 생성한 후 화면에 추가하는 방법을 배웠다.

이 장에서는 사운드 이펙트와 파티클 이펙트를 게임에 추가하는 방법을 배운다. 이 두 이펙트는 모두 게임의 품질(퀄리티)을 향상시키며 플레이어에게 훨씬 더 몰입감 있는 경험을 제공한다.

비디오 게임에서 사운드는 사운드 이펙트(SFX라고도 함)나 음악의 형태로 다가올 수 있다. 사운드 이펙트는 플레이어 주변의 월드 공간을 좀 더 사실적이면서 생동감 있게 만드는 반면, 음악은 게임의 분위기를 잡는 데 도움을 준다. 둘 모두 게임에서 매우 중요하다.

〈카운터 스트라이크: 글로벌 오펜시브CS: GO, Counter-Strike: Global Offensive〉와 같은 경쟁 게임에서 플레이어는 주변에 대한 가능한 한 많은 정보를 수집하고자 총성, 발소리 등의 주변 소리를 듣고 적들이 어느 방향에서 왔는지 등을 파악해야 하므로 사운드도 매우 중요하다.

이 장에서 다루는 내용은 다음과 같다.

- UE5의 오디오

- 사운드 감쇠

- 파티클 시스템 이해하기

- 레벨 디자인 살펴보기

- 부가 기능

파티클 이펙트는 사운드 이펙트와 같은 이유로 매우 중요하며, 게임 월드를 좀 더 사실적이고 생동감 있게 만든다.

UE5에서 사운드가 동작하는 방식을 배우는 것으로 이 장을 시작해보자.

⁞⁞• 기술적 요구 사항

이 장의 프로젝트는 깃허브(https://github.com/PacktPublishing/Elevating-Game-Experiences-with-Unreal-Engine-5-Second-Edition)에서 다운로드할 수 있는 이 책 코드 번들의 Chapter09 폴더에서 찾을 수 있다.

⁞⁞• UE5의 오디오

사운드는 모든 게임의 필수 요소 중 하나다. 사운드는 플레이어에게 훨씬 더 좋은 경험을 선사해 게임을 더 사실적이고 생동감 있게 만든다. 비디오 게임은 일반적으로 다음 두 가지 형태의 사운드를 사용한다.

- 2D 사운드

- 3D 사운드

2D 사운드는 듣는 이의 거리와 방향은 고려하지 않는 반면, 3D 사운드는 플레이어의

위치에 따라 볼륨이 높아지거나 낮아질 수 있고 오른쪽 또는 왼쪽으로 소리가 이동할 수 있다. 2D 사운드는 주로 음악에 사용되며 3D 사운드는 주로 사운드 이펙트에 사용된다. 주요 사운드 파일의 타입으로는 .wav와 .mp3가 있다.

다음은 UE5의 오디오와 관련된 애셋과 클래스다.

- **Sound Base**: 오디오를 포함하는 애셋을 나타낸다. 이 클래스는 주로 C++와 블루프린트에서 재생 가능한 오디오 파일을 참조하는 데 사용한다.

- **Sound Wave**: UE5로 임포트된 오디오 파일을 나타낸다. Sound Base를 상속한다.

- **Sound Cue**: 감쇠^{attenuation}(듣는 거리에 따라 볼륨이 변하는 방법), 반복, 사운드 믹싱과 기타 오디오 관련 기능에 관한 로직을 포함할 수 있는 오디오 애셋이다. Sound Base를 상속한다.

- **Sound Class**: 오디오 파일을 그룹으로 나누고 볼륨과 피치 등의 설정을 관리할 수 있는 기능을 제공하는 애셋이다. Sound Class의 예로는 사운드 이펙트와 관련된 모든 사운드를 그룹화하는 SFX Sound Class와 캐릭터의 모든 대화$^{(다이얼로그)}$를 그룹화하는 Dialogue Sound Class 등이 있다.

- **Sound Attenuation**: 3D 사운드의 동작 방식을 지정할 수 있는 애셋이다. 예를 들어 어느 거리만큼 멀어지면 볼륨을 낮추기 시작할지, 어느 거리만큼 멀어지면 오디오를 들을 수 없도록 만들지, 거리가 증가함에 따라 볼륨을 선형적으로 변화시킬지 또는 지수적으로 변화시킬지 등을 지정할 수 있다.

- **Audio Component**: 오디오 파일의 재생 및 관련 속성을 관리하는 기능을 제공하는 애셋이다. 배경 음악과 같이 사운드의 연속 재생을 설정하는 데 유용하다.

NOTE

UE5는 메타 사운드(Meta Sounds)라는 이름의 새로운 오디오 시스템도 제공한다. 메타 사운드를 활용하면 디지털 시그널 프로세싱(DSP, Digital Signal Processing)을 사용해 사운드를 생성할 수 있다. 메타 사운드는 이 책의 범위를 벗어나는 주제이므로 이 시스템은 다루지 않는다. 메타 사운드 시스템 및 동작 방식을 더 알고 싶다면 웹 사이트(https://docs.unrealengine.com/5.0/en-US/AudioFeatures/MetaSounds/)를 참고하길 바란다.

UE5에서는 다른 애셋과 같은 방식으로 기존의 사운드를 임포트할 수 있다. 윈도우 파일 탐색기에서 **콘텐츠 브라우저**로 드래그하거나 **콘텐츠 브라우저**에서 **임포트**^{Import} 버튼을 클릭해 사운드를 임포트할 수 있다. 다음 실습을 통해 사운드를 임포트해보자.

실습 9.01: 오디오 파일 임포트하기

이번 실습에서는 컴퓨터에 있는 사운드 파일을 UE5로 임포트하는 과정을 진행한다. 이 오디오 파일은 닷지볼이 어떤 표면에서 튕길 때 재생시킬 것이다.

> **NOTE**
>
> 이번 실습을 완료하는 데 필요한 오디오 파일이 없는 경우(.mp3나 .wav 파일), 웹 사이트(https://www.freesoundeffects.com/freetrack/bounce-1-468901/)를 통해 .mp3나 .wav 파일을 다운로드할 수 있다. 이 파일을 BOUND.wav로 저장한다.

오디오 파일을 받았으면 다음 단계를 따른다.

1. 에디터를 연다.

2. **콘텐츠 브라우저** 인터페이스의 Content 폴더로 이동해서 Audio라는 이름의 새 폴더를 생성한다.

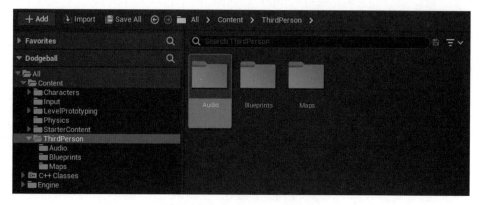

그림 9.1 콘텐츠 브라우저 내 Audio 폴더

362

3. 방금 생성한 Audio 폴더로 이동한다.

4. 오디오 파일을 이 폴더로 임포트한다. **윈도우 파일 탐색기**에서 **콘텐츠 브라우저**로 오디오 파일을 드래그해 임포트할 수 있다.

5. 오디오 파일을 임포트하면, 오디오 파일의 이름을 가진 새 애셋을 볼 수 있을 것이다. 이 애셋을 클릭하면 오디오를 재생할 수 있다.

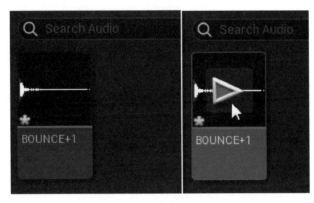

그림 9.2 임포트된 오디오 파일

6. 이 애셋을 연다. 그러면 편집할 수 있는 다양한 속성을 확인할 수 있다. 하지만 **Sound** 카테고리에 있는 일부 속성에만 집중하자.

그림 9.3 사운드 애셋의 설정

다음은 **Sound** 카테고리에서 사용할 수 있는 속성들이다.

- **Looping**: 사운드를 재생했을 때 반복할지 여부를 지정한다.

- **Volume**: 이 사운드의 볼륨

- **Pitch**: 이 사운드의 피치. 피치가 높을수록 주파수가 더 높아지고, 이 사운드의 톤이 높아진다.

- **Class**: 이 사운드의 Sound 클래스

이번 실습에서는 Class 속성만 변경한다. UE5에서 기본 제공하는 Sound 클래스 중에서 하나는 선택해 사용할 수 있다. 하지만 우리 게임을 위한 새 사운드 그룹을 만들기 위해 닷지볼을 위한 Sound 클래스를 생성해보자.

7. **콘텐츠 브라우저** 인터페이스의 Audio 폴더로 이동한다.

8. 마우스 오른쪽 버튼을 클릭하고 **Sound** 카테고리로 이동한 다음, **Classes** 카테고리로 가서 **Sound Class**를 선택한다. 그러면 새 Sound Class 애셋이 생성된다. 이 애셋의 이름을 Dodgeball로 지정한다.

9. 임포트된 사운드 애셋을 열어 **Class** 속성을 Dodgeball로 지정한다.

그림 9.4 Class 속성을 Dodgeball Sound Class로 변경하기

이제 이 임포트된 사운드 애셋은 특정 클래스에 속하므로, 닷지볼과 관련된 다른 사운드 이펙트를 동일한 Sound Class로 그룹화하고 Sound Class를 통해 볼륨, 피치 등의 다른 속성들을 편집할 수 있다.

이것으로 이번 실습을 마친다. 이번 실습에서는 프로젝트로 사운드를 임포트하는 방법과 기본 설정을 변경하는 방법을 배웠다. 이제 다음 실습으로 넘어가 게임에서 닷지볼이 벽과 같은 표면에 부딪힐 때마다 사운드를 재생시켜보자.

실습 9.02: 닷지볼이 표면에 부딪힐 때마다 사운드 재생하기

이번 실습에서는 닷지볼이 표면에 부딪힐 때 사운드를 재생하기 위한 기능을 Dodgeball Projectile 클래스에 추가한다.

다음 단계에 따라 이번 실습을 완료해보자.

1. 에디터를 닫고 비주얼 스튜디오를 연다.

2. DodgeballProjectile 클래스의 헤더 파일에 BounceSound라는 이름의 protected class USoundBase* 속성을 추가한다. 이 속성을 블루프린트에서 편집할 수 있도록 UPROPERTY로 지정하고 EditAnywhere 태그를 추가한다.

   ```
   // 닷지볼이 표면에 튕길 때 재생할 사운드
   UPROPERTY(EditAnywhere, Category = Sound)
   class USoundBase* BounceSound;
   ```

3. 속성을 추가했으면, DodgeballProjectile 클래스의 소스 파일로 이동해 Gameplay Statics 오브젝트에 대한 include 구문을 추가한다.

   ```
   #include "Kismet/GameplayStatics.h"
   ```

4. 그런 다음, OnHit 함수의 클래스 구현 첫 부분에서 DodgeballCharacter 클래스로 형 변환하기 전에 BounceSound가 유효한지 확인하고(nullptr이 아닌지) NormalImpulse 속성의 크기가 600보다 큰지 확인한다(Size 함수를 호출해 크기 값을 확인할 수 있다).

   6장, '콜리전 오브젝트 설정'에서 봤듯이 NormalImpulse 속성은 닷지볼이 부딪힌 후의 이동 경로를 변경하는 힘의 방향과 크기를 모두 나타낸다. NormalImpulse 속성의 크기가 일정 크기보다 큰지 확인하려는 이유는 닷지볼이 힘을 잃기 시작해 1초에 여러 번 바닥에서 튈 때 튀는 소리를 너무 자주 재생하고 싶지 않기 때문이다. 이는 소음이 될 수 있다. 따라서 닷지볼이 받는 충격이 일정 크기보다 큰지 확인해 소음이 발생하지 않도록 한다. 두 조건을 모두 만족하면 GameplayStatics 오브젝트의 PlaySoundAtLocation을 호출한다. 이 함수는 3D 사운드를 재생하는 기능을 담당한다. 이 함수는 5개의 파라미터를 받는다.

- World Context 오브젝트. this 포인터를 전달할 것이다.

- SoundBase 속성. HitSound 속성이다.

- GetActorLocation 함수를 사용해 전달할 소리의 진원지

- VolumeMultiplier 속성. 값으로 1을 전달한다. 이 값은 사운드를 재생할 때이 사운드의 볼륨이 얼마나 높은지(또는 얼마나 낮은지)를 나타낸다. 예를 들어 2의값은 볼륨이 2배 더 높다는 것을 의미한다.

- PitchMultiplier 속성. 재생할 때 이 사운드의 피치pitch가 얼마나 높은지(또는 얼마나 낮은지)를 나타낸다. FMath 오브젝트의 RandRange 함수를 사용해 이 값을 전달할 것이다. RandRange 함수는 2개의 수를 파라미터로 입력받고, 두 수 사이의 임의의 수를 반환한다. 0.7과 1.3 사이의 임의의 수를 생성하기 위해 이두 수를 파라미터로 전달해 RandRange 함수를 호출할 것이다.

다음 코드를 살펴보자.

```
if (BounceSound != nullptr && NormalImpulse.Size() > 600.0f)
{
  UGameplayStatics::PlaySoundAtLocation(this, BounceSound,
  GetActorLocation(), 1.0f, FMath::RandRange(0.7f, 1.3f));
}
```

NOTE

GameplayStatics 오브젝트에 2D 사운드의 재생을 담당하는 함수가 있으며, 이 함수의 이름은 PlaySound2D다. 이 함수는 세 번째 파라미터인 소리의 진원지를 제외하면, PlaySoundAtLocation 함수와 동일한 파라미터를 받는다.

5. 변경 사항을 컴파일하고 언리얼 에디터를 연다.

6. BP_DodgeballProjectile 블루프린트를 열고, **클래스 디폴트**Class Defaults로 이동해 BoundSound 속성을 임포트한 애셋으로 설정한다.

그림 9.5 BoundSound 속성을 임포트한 애셋으로 설정하기

7. 레벨을 다시 플레이하고 적 캐릭터의 시야 안으로 들어가보자. 그러면 적 캐릭터가 던지는 닷지볼이 벽이나 바닥에서 튈 때마다 다른 피치 값이 적용돼 사운드가 재생되는 것을 확인할 수 있다.

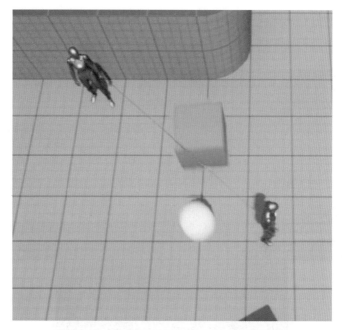

그림 9.6 적 캐릭터가 닷지볼을 던지게 하는 플레이어 캐릭터

이것으로 UE5를 사용해 사운드를 성공적으로 재생했다. 축하한다! 사운드를 들을 수 없다면, 사운드 재생 장치 및 설정을 확인해보자(들을 수 있는 볼륨 수준이 있음).

하지만 튀는 닷지볼과 캐릭터의 거리에 관계없이 항상 동일한 볼륨으로 재생된다는 사실을 아마 눈치챘을 것이다. 사운드는 3D로 재생되지 않고 2D로 재생된다. UE5를 사용해 3D 사운드를 재생하려면 **Sound Attenuation** 애셋을 살펴봐야 한다.

::· Sound Attenuation

앞서 언급했듯이, UE5에서 사운드를 3D로 재생하려면 **Sound Attenuation** 애셋을 생성해야 한다. **Sound Attenuation** 애셋은 듣는 플레이어가 사운드와의 거리가 멀어짐에 따라 볼륨을 줄여주는 기능을 제공한다. 다음 예제를 살펴보자.

언리얼 에디터를 열고 **콘텐츠 브라우저** 인터페이스의 Audio 폴더로 이동해 마우스 오른쪽 버튼을 클릭한 후 **사운드**^Sounds 카테고리로 가서 **Sound Attenuation** 애셋을 선택한다. 새 애셋의 이름을 BounceAttenuation으로 지정한다.

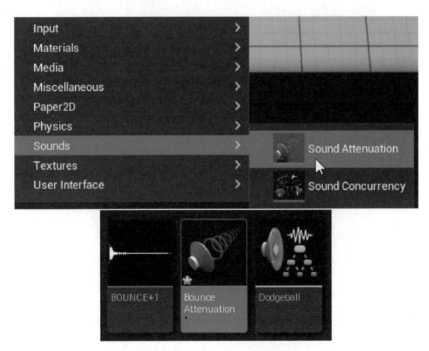

그림 9.7 Sound Attenuation 애셋 생성하기

이 BounceAttenuation 애셋을 연다.

Sound Attenuation 애셋은 많은 설정을 제공한다. 하지만 여기서는 **Attenuation Distance** 섹션에 있는 몇 가지 설정에 초점을 맞출 것이다.

- **Inner Radius**: 이 플로트 속성은 소리의 볼륨을 줄이기 시작할 거리를 지정할 수 있는 기능을 제공한다. 사운드가 이 값보다 작은 거리에서 재생되면 볼륨은 영향을 받지 않는다. 이 속성을 200으로 설정하자.

- **Falloff Distance**: 이 플로트 속성을 사용하면 소리가 들리지 않게 할 거리를 지정할 수 있다. 사운드가 이 값보다 먼 거리에서 재생되면 들리지 않는다. 사운드의 볼륨은 듣는 플레이어와의 거리와 **Inner Radius** 또는 **Falloff Distance**에 더 가까운지 여부에 따라 달라진다. 이 속성을 1500으로 설정하자.

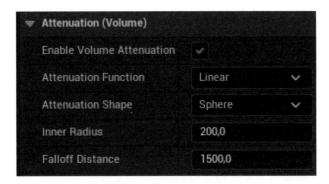

그림 9.8 Sound Attenuation 애셋 설정

두 속성을 플레이어 주변에 있는 2개의 원으로 생각하자. 작은 원은 내부 원^{inner circle}(반경이 Inner Radius 값인)이고, 큰 원은 Falloff 원(반경 값이 Falloff Distance)이다. 내부 원 안에서 재생되는 사운드는 최대 볼륨으로 재생되고 Falloff 원 밖에서 재생되는 사운드는 재생되지 않는다.

NOTE

Sound Attenuation 애셋에 대한 더 자세한 정보는 웹 사이트(https://docs.unrealengine.com/en-US/Engine/Audio/DistanceModelAttenuation)에서 확인할 수 있다.

이제 **Sound Attenuation** 애셋을 배웠으니 다음 실습으로 넘어가보자. 다음 실습에서는 닷지볼이 바닥에서 튈 때 재생하는 사운드를 3D 사운드로 변경한다.

실습 9.03: BOUND SOUND를 3D 사운드로 변경하기

이번 실습에서는 이전 실습에서 추가했던, 닷지볼이 바닥에서 튈 때 재생하는 사운드를 3D 사운드로 변경한다. 즉, 닷지볼이 표면에서 튈 때 재생되는 사운드의 볼륨이 플레이어와의 거리에 따라 달라지도록 만든다. 이를 통해 플레이어와 닷지볼의 거리가 멀어지면 볼륨이 작아지고, 가까워지면 볼륨이 커지도록 만들 것이다.

이전 절에서 생성했던 BounceAttenuation 애셋을 사용하려면 다음 단계를 따라야 한다.

1. DodgeballProjectile의 헤더 파일로 이동해 BounceSoundAttenuation이라는 이름의 protected class USoundAttenuation * 속성을 추가한다. 이 속성은 블루프린트에서 편집이 가능하도록 UPROPERTY로 지정하고, EditAnywhere 태그를 설정해야 한다.

```
// 이전 사운드의 사운드 감쇠
UPROPERTY(EditAnywhere, Category = Sound)
class USoundAttenuation* BounceSoundAttenuation;
```

2. DodgeballProjectile의 소스 파일에서 클래스의 OnHit 함수 구현으로 이동해 PlaySoundAtLocation 함수를 호출하기 위한 다음의 파라미터를 추가한다.

   - StartTime 파라미터. 0의 값을 전달한다. 이 값은 사운드 재생을 시작할 시간을 나타낸다. 어떤 사운드가 2초간 재생된다면, 1의 값을 전달해 이 사운드가 1초 지점에서 재생되도록 할 수 있다. 시작 지점에서 사운드를 재생할 수 있도록 0의 값을 전달한다.

   - SoundAttenuation 파라미터. BounceSoundAttenuation 속성을 전달한다.

```
UGameplayStatics::PlaySoundAtLocation(this, BounceSound,
  GetActorLocation(), 1.0f, 1.0f, 0.0f,
  BounceSoundAttenuation);
```

NOTE

추가로 SoundAttenuation 파라미터만 전달하고 싶겠지만, 그 앞에 필요한 다른 모든 파라미터도 전달해야 한다.

3. 변경 사항을 컴파일하고 에디터를 연다.

4. BP_DodgeballProjectile 블루프린트를 열고 **클래스 디폴트**^{Class Defaults} 탭으로 이동한 후 BounceSoundAttenuation 속성을 BounceAttenuation 애셋으로 설정한다.

그림 9.9 BounceSoundAttenuation 속성을 BounceAttenuation 애셋으로 설정하기

5. 레벨을 다시 플레이하고 적 캐릭터의 시야 안으로 들어가보자. 이제 적 캐릭터가 던지는 닷지볼이 벽이나 바닥에서 튈 때마다 재생되는 사운드가 거리에 따라 볼륨이 달라지고, 멀어지면 소리가 들리지 않는 것을 확인할 수 있다.

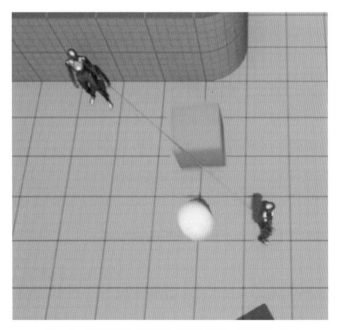

그림 9.10 적 캐릭터가 닷지볼을 던지게 만드는 플레이어 캐릭터

이것으로 이번 실습을 마친다. 이제 UE5를 사용해 3D 사운드를 재생하는 방법을 배웠다. 다음 실습에서는 닷지볼 게임에 배경 음악을 추가해보자.

실습 9.04: 게임에 배경 음악 추가하기

이번 실습에서는 게임에 배경 음악을 추가한다. 오디오 컴포넌트를 가진 새 액터를 생성해 배경 음악을 추가할 것인데, 앞서 설명했듯이 오디오 컴포넌트는 배경 음악 재생에 적합하다. 다음 단계에 따라 실습을 진행해보자.

1. 웹 사이트(https://packt.live/3pg21sQ)에서 오디오 파일을 다운로드하고 '실습 9.01: 오디오 파일 임포트하기'에서 했듯이, **콘텐츠 브라우저** 인터페이스의 Audio 폴더에 임포트한다.

2. **콘텐츠 브라우저** 인터페이스 안에서 마우스 오른쪽 버튼을 클릭하고 부모 클래스를 Actor 클래스로 하는 새 C++ 클래스를 생성한다. 새 클래스의 이름을 MusicManager로 지정한다.

3. 이 클래스에 대한 파일이 생성되고 비주얼 스튜디오에서 자동으로 열리면, 에디터를 닫는다.

4. MusicManager 클래스의 헤더 파일 안에 AudioComponent라는 이름의 protected class UAudioComponent* 타입 속성을 추가한다. 이 속성을 UPROPERTY로 지정하고 VisibleAnywhere와 BlueprintReadOnly 태그를 추가한다.

```
UPROPERTY(VisibleAnywhere, BlueprintReadOnly)
class UAudioComponent* AudioComponent;
```

5. MusicManager 클래스의 소스 파일에 AudioComponent 클래스의 include 구문을 추가한다.

```
#include "Components/AudioComponent.h"
```

6. 이 클래스의 생성자에서 bCanEverTick 속성을 false로 변경한다.

```
PrimaryActorTick.bCanEverTick = false;
```

7. 이 줄 다음에 CreateDefaultSubobject 함수를 호출하고 템플릿 파라미터로 UAudio Component 클래스와 일반 파라미터로 "Music Component"를 전달해 AudioComponent 클래스를 생성하는 코드를 추가한다.

```
AudioComponent =
  CreateDefaultSubobject<UAudioComponent>(TEXT("Music Component"));
```

8. 모든 변경 사항을 추가한 후에 코드를 컴파일하고 에디터를 연다.

9. 콘텐츠 브라우저 인터페이스에서 **ThirdPersonCPP ➤ Blueprints** 폴더로 이동해 MusicManager 클래스를 상속하는 새 블루프린트를 생성한다. 새 블루프린트의 이름을 BP_MusicManager로 지정한다.

10. 이 애셋을 열고 **Audio** 컴포넌트를 선택한 다음, Sound 속성을 임포트한 파일로 설정한다.

그림 9.11 업데이트된 사운드 속성

11. BP_MusicManager 클래스의 인스턴스를 레벨로 드래그한다.

12. 레벨을 플레이한다. 게임이 시작되면 음악 재생이 시작되고, 배경 음악이 끝나면 자동으로 반복 재생되는 것을 알 수 있다(모든 작업이 오디오 컴포넌트의 도움 덕분이다).

NOTE

오디오 컴포넌트는 어떤 사운드를 재생하더라도 자동으로 반복 재생하기 때문에 Sound 애셋의 **Looping** 속성을 변경할 필요가 없다.

이것으로 이번 실습을 마친다. 실습을 통해 게임에 배경 음악을 간단히 추가하는 방법을 배웠을 것이다.

이제 다음 주제인 파티클 시스템으로 넘어가보자.

⁛ 파티클 시스템 이해하기

많은 비디오 게임에서 매우 중요한 요소 중 하나인 파티클 시스템을 살펴보자.

비디오 게임 용어에서 파티클^{particle}은 기본적으로 이미지로 표현할 수 있는 3차원 공간의 위치를 말한다. 파티클 시스템은 다양한 이미지, 모양, 색상, 크기를 가질 수 있는 여러 파티클의 모음이다. 다음 이미지를 통해 UE5에서 만든 두 파티클 시스템의 예를 확인할 수 있다.

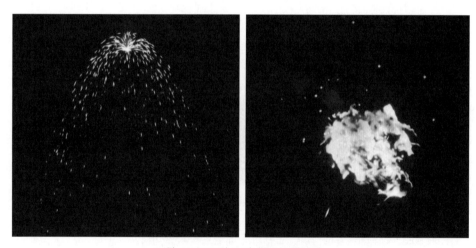

그림 9.12 UE5의 두 파티클 시스템의 예

왼쪽의 파티클 시스템은 잘려서 끊긴 케이블에서 발생할 수 있는 전기 스파크처럼 보이고, 오른쪽의 파티클 시스템은 화염 이펙트처럼 보인다. 왼쪽의 파티클 시스템이 상대적으로 간단해 보이지만, 오른쪽의 파티클에는 같은 시스템에서 결합할 수 있는 하나 이상의 파티클 타입이 포함돼 있다는 사실을 알 수 있을 것이다.

NOTE

UE5는 파티클 시스템을 생성할 수 있는 캐스케이드(Cascade)와 나이아가라(Niagara)라는 2개의 도구를 제공한다. 캐스케이드는 UE4 초창기부터 존재해온 도구인 반면, 나이아가라는 더 최신의 정교한 도구로 언리얼 엔진 버전 4.25와 함께 2020년 5월에 정식 버전이 출시됐다.

UE5에서 파티클 시스템을 생성하는 것은 이 책의 범위를 벗어나지만, 좀 더 최근에 엔진에 추가됐으므로 캐스케이드보다는 나이아가라를 사용하는 것을 권장한다.

이 장에서는 UE5에 이미 포함된 파티클 시스템을 사용해보기만 할 것이다. 하지만 파티클 시스템을 직접 만들어보고 싶다면, 다음 링크에서 캐스케이드와 나이아가라에 대한 자세한 정보를 참고하길 바란다.

캐스케이드:

https://docs.unrealengine.com/en-US/Engine/Rendering/ParticleSystems/Cascade

https://www.youtube.com/playlist?list=PLZlv_N0_O1gYDLyB3LVfjYlcbBe8NqR8t

나이아가라:

https://docs.unrealengine.com/en-US/Engine/Niagara/EmitterEditorReference/index.html

https://docs.unrealengine.com/en-US/Engine/Niagara/QuickStart

다음 실습을 통해 게임에 파티클 시스템을 추가하는 방법을 배운다. 이 장에서는 UE5 팀에서 이미 만들어둔 기존 파티클 시스템을 간단히 사용해볼 것이다.

실습 9.05: 닷지볼이 플레이어에 맞았을 때 파티클 시스템 생성하기

이번 실습에서는 UE5에서 파티클 시스템을 생성하는 방법을 살펴본다. 실습에서는 적 캐릭터가 던진 닷지볼이 플레이어에 맞았을 때 폭발explosion 파티클 시스템을 생성한다.

다음 단계에 따라 실습을 완료할 수 있다.

1. 에디터를 닫고 비주얼 스튜디오를 연다.

2. DodgeballProjectile 클래스의 헤더 파일에서 HitParticles라는 이름의 protected class UParticleSystem * 속성을 추가한다.

   UParticleSystem 타입은 UE5에서 파티클 시스템을 나타내는 타입이다. 이 속성을 UPROPERTY로 지정하고 블루프린트 클래스에서 편집할 수 있도록 EditAnywhere 태그를 추가한다.

```
// 플레이어에 맞았을 때 닷지볼이 생성할 파티클 시스템
UPROPERTY(EditAnywhere, Category = Particles)
class UParticleSystem* HitParticles;
```

3. DodgeballProjectile 클래스의 소스 파일에서 OnHit 함수의 구현으로 이동한다.
   Destroy 함수를 호출하기 전에 HitParticles 속성이 유효한지 확인한다. HitParti
   cles 속성이 유효하면, GameplayStatics 오브젝트의 SpawnEmitterAtLocation 함수
   를 호출한다.

   이 함수는 우리가 파라미터로 전달한 파티클 시스템을 재생하는 액터를 생성한다.
   이 함수는 다음의 파라미터를 받는다.

   - **World 오브젝트**: GetWorld 함수를 사용해 전달한다.

   - **UParticleSystem * 속성**: HitParticles 속성을 전달한다.

   - **파티클 시스템을 재생할 액터의 FTransform**: GetActorTransform 함수를 사용해
     전달한다.

```
if (HitParticles != nullptr)
{
  UGameplayStatics::SpawnEmitterAtLocation(GetWorld(),
  HitParticles, GetActorTransform());
}
```

NOTE

이 프로젝트에서는 사용하지 않지만, GameplayStatics 오브젝트에서 사용할 수 있고 파티클 시스템 생
성과 관련된 다른 함수인 SpawnEmitterAttached 함수가 있다. 이 함수는 파티클 시스템을 생성하고
액터에 연결한다. 이 함수는 예를 들어 움직이는 오브젝트에 불을 붙일 때 파티클 시스템이 항상 해당
오브젝트에 연결된 상태로 유지되므로 유용할 수 있다.

4. 변경 사항을 컴파일하고 에디터를 연다.

5. BP_DodgeballProjectile 블루프린트를 열고 **클래스 디폴트**^{Class Defaults} 탭으로 가서
   HitParticles 속성을 P_Explosion 파티클 시스템 애셋으로 설정한다.

그림 9.13 HitParticles 속성을 P_Explostion으로 설정하기

6. 이제 레벨을 플레이하고 플레이어 캐릭터가 닷지볼에 맞도록 놔두자. 그러면 파티클 시스템이 재생되는 것을 확인할 수 있다.

그림 9.14 닷지볼이 플레이어에 맞았을 때 재생되는 폭발 파티클 시스템

이것으로 이번 실습을 마친다. 이번 실습을 통해 UE5에서 파티클 시스템을 재생하는 방법을 배웠다. 파티클 시스템은 게임을 시각적으로 더욱 매력적이게 만들어준다.

다음 활동에서는 닷지볼이 플레이어에 맞을 때 오디오 이펙트를 재생한다. 이를 통해 UE5에서 오디오를 재생하는 다양한 방법을 살펴보자.

활동 9.01: 닷지볼이 플레이어에 맞을 때 오디오 재생하기

이번 활동에서는 플레이어 캐릭터가 닷지볼에 맞을 때마다 사운드를 재생하는 기능을 담당하는 로직을 생성한다. 비디오 게임에서 플레이어가 위험하다는 정보를 다양한 방식으로 전달하는 것이 매주 중요하다. 따라서 플레이어 캐릭터의 체력 바를 변경할 뿐만 아니라 플레이어가 닷지볼에 맞았을 때 캐릭터가 대미지를 입었다는 사실을 알 수 있도록 사운드를 재생할 것이다.

이를 위해 다음 단계를 따른다.

1. 플레이어 캐릭터가 맞았을 때 재생할 사운드 파일을 **콘텐츠 브라우저** 인터페이스의 Audio 폴더에 임포트한다.

NOTE

> 사운드 파일이 없는 경우에는 웹 사이트(https://www.freesoundeffects.com/free-track/punch-426855/)를 통해 다운로드할 수 있다.

2. DodgeballProjectile 클래스의 헤더 파일을 연다. '실습 9.02: 닷지볼이 표면에 부딪힐 때마다 사운드 재생하기'에서 했던 것처럼 SoundBase * 속성을 추가하고, 이름을 DamageSound로 지정한다.

3. DodgeballProjectile 클래스의 소스 파일을 연다. OnHit 함수의 구현에서 플레이어 캐릭터에 대미지를 가한 후, Destroy 함수를 호출하기 전에 DamageSound 속성이 유효한지 확인한다. DamageSound 속성이 유효하면 GameplayStatics 오브젝트의 PlaySound2D 함수('실습 9.02: 닷지볼이 표면에 부딪힐 때마다 사운드 재생하기'에서 언급했던 함수)를 호출하고 this와 DamageSound를 파라미터로 전달한다.

4. 변경 사항을 컴파일하고 에디터를 연다.

5. BP_DodgeballProjectile 블루프린트를 열고 DamageSound 속성을 이번 활동을 시작할 때 임포트했던 사운드 파일로 설정한다.

이제 레벨을 플레이하면, 플레이어가 닷지볼에 맞을 때마다 임포트한 사운드가 재생되는 것을 확인할 수 있다.

그림 9.15 플레이어 캐릭터가 맞을 때마다 사운드가 재생된다.

모든 단계를 완료하는 것으로 이번 활동을 마치며, UE5에서 2D 및 3D 사운드를 모두 활용했다.

NOTE

이번 활동에 대한 솔루션은 깃허브(https://github.com/PacktPublishing/Elevating-Game-Experiences-with-Unreal-Engine-5-Second-Edition/tree/main/Activity%20solutions)에서 확인할 수 있다.

이제 레벨 디자인의 개념을 배우는 것으로 이 장을 마무리해보자.

⫸ 레벨 디자인 살펴보기

5장, '라인 트레이스를 활용한 충돌 처리'에서 시작해 이 장에 이르기까지 닷지볼 게임과 관련된 다양한 게임 메카닉과 게임플레이 기회, 시청각 요소의 추가 등 모든 요소를 다뤘다. 이제 이 모든 게임 요소를 사용할 준비가 됐으니 플레이어가 시작부터 끝까지 플레이할 수 있도록 레벨에 통합할 순간이 왔다. 이를 위해 레벨 디자인과 레벨 블록아웃을 살펴보자.

레벨 디자인^{level design}은 게임에서 레벨 제작에 초점을 맞춘 특정 게임 다자인 분야를 말한다. 레벨 디자이너의 목표에는 재미있게 플레이할 수 있는 레벨을 만들고, 게임을 위해 제작된 게임 메카닉을 사용해 플레이어에게 새로운 게임플레이 개념을 소개하고, 게임플레이의 균형_(다양한 액션과 게임플레이 시퀀스 사이의 좋은 균형)을 유지하는 것 등이 포함된다.

레벨 디자이너는 레벨의 구조를 테스트하기 위해 먼저 레벨 블록아웃^{level blockout}을 제작한다. 레벨 블록아웃은 최종 레벨에 포함될 대부분의 요소를 사용하는 매우 간단한 버전의 레벨이며, 단순한 모형과 지오메트리^{geometry}만 사용해 만든다. 이렇게 레벨 블록아웃을 제작하는 이유는 레벨의 일부를 변경해야 할 때 레벨 수정 작업이 더 쉽고 시간이 적게 걸리기 때문이다.

그림 9.16 BSP 브러시를 사용해 UE5에서 만든 레벨 블록아웃의 예

NOTE

레벨 디자인은 그 자체로 특정한 게임 개발 기술이며 별도의 책에서 다뤄야 한다는 점에 주의하자. 레벨 디자인의 내용이 방대하기 때문에 이 책에서 자세히 다루는 것은 이 책의 범위를 벗어난다.

다음 실습을 통해 지난 몇 장에 걸쳐 제작한 게임 메카닉을 사용함으로써 단순한 레벨 블록아웃을 제작해보자.

실습 9.06: 레벨 블록아웃 제작하기

이번 실습에서는 플레이어가 레벨의 특정 위치에서 시작하고 레벨 끝에 도달하려면 여러 장애물을 통과해야 하는 구조를 포함하는 새로운 레벨 블록아웃을 만들 것이다. 지난 몇 장에서 걸쳐 제작한 모든 게임 메카닉과 오브젝트를 사용해 플레이어가 완료할 수 있는 레벨을 만든다.

이번 실습에서는 솔루션을 제공하지만, 여기에는 정답이 없다는 점을 기억하자. 따라서 창의력을 더해 여러분만의 레벨 블록아웃을 제작해볼 것을 적극 권장한다.

다음 단계에 따라 이번 실습을 시작한다.

1. 에디터를 연다.

2. **콘텐츠 브라우저**에서 **ThirdPersonCPP > Maps** 폴더로 이동해 `ThirdPersonExample Map` 애셋을 복제하고 이름을 `Level1`으로 지정한다. 애셋을 선택하고 **Ctrl + D** 키를 누르거나 애셋에서 마우스 오른쪽 버튼을 클릭한 다음, **복제**^{Duplicate}(세 번째 옵션)를 선택해 애셋을 복제할 수 있다. 이 옵션을 사용할 수 없는 경우도 있다. 이럴 때는 기존 레벨을 복사하고 붙여넣기(Ctrl + C 그리고 Ctrl + V)를 통해 복제한다.

3. 새로 생성한 `Level1` 맵을 연다.

4. 다음을 제외하고 레벨에서 메시를 가진 모든 오브젝트를 제거한다.

   - 플레이어 캐릭터

   - 적 캐릭터(두 캐릭터가 똑같아 보인다는 점에 주의하자)

   - 바닥 오브젝트

   - 앞서 만든 벽 오브젝트

   - `VictoryBox` 오브젝트

   조명(라이트)과 사운드에 관련된 애셋은 그대로 유지해야 한다.

5. **빌드**^{Build} 버튼을 눌러 `Level1`을 위한 조명을 빌드한다. 이 버튼은 에디터 창 상단 **툴**

바^{Toolbar} 안에 있는 **플레이**^{Play} 버튼 왼쪽에 위치해 있다.

6. 이 단계를 잘 따라왔으면, 빈 바닥면과 이 레벨을 위한 오브젝트들만 남아 있을 것이다(4단계에서 설명했듯이). 다음 그림은 4단계와 5단계를 각각 완료하기 전과 후의 Level1 레벨을 비교한 것이다.

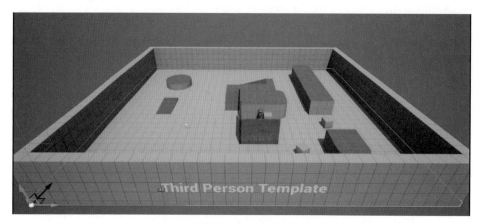

그림 9.17 불필요한 오브젝트를 제거하기 전

오브젝트들을 지운 후의 바닥면은 다음 그림과 같은 모습이다.

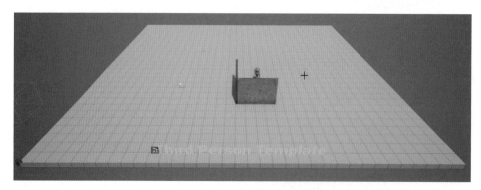

그림 9.18 불필요한 오브젝트를 제거한 후

레벨 제작은 간단한 것이라 해도 많은 단계와 지침이 필요하므로 가능한 레벨의 몇 가지 스크린샷을 보여주려고 한다. 이를 참고해 여러분만의 레벨을 제작해보길 권장한다.

7. 실습에서는 간단히 EnemyCharacter, Wall, GhostWall 오브젝트를 사용했고, 이들을 여러 번 복제해 플레이어가 시작 지점에서 끝 지점까지 이동할 수 있는 레이아웃을 만들었다. 또한 새 레벨의 끝 지점으로 VictoryBox의 위치도 옮겼다.

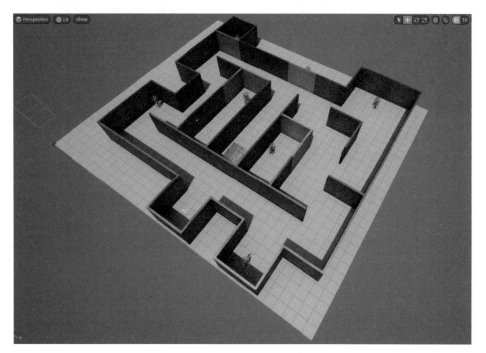

그림 9.19 생성된 레벨 – 아이소메트릭 뷰(isometric view)

생성된 레벨은 다음 그림과 같이 위에서 내려다볼 수도 있다(톱다운 뷰^{top-down view}).

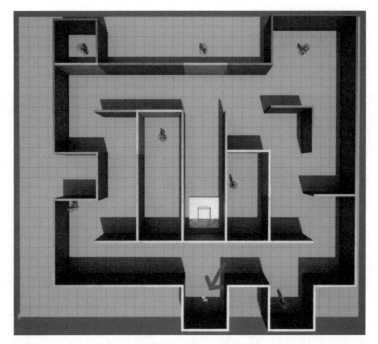

그림 9.20 생성된 레벨 – 플레이어 캐릭터가 화살표로 표시된 위에서 내려다본 모습

결과가 만족스럽다면 이것으로 닷지볼 게임을 마무리하고, 이제 친구와 가족에게 게임을 플레이해볼 것을 요청한 후 의견을 들어볼 수 있다. 수고했다! 이것으로 여러분은 게임 개발 기술을 마스터하는 것에 한 걸음 더 다가섰다고 할 수 있다.

⫶⫶ 추가 기능

이 장을 마치기 전에 이 닷지볼 프로젝트에서 그다음으로 할 수 있는 것들을 몇 가지 제안하려고 한다.

- 6장, '콜리전 오브젝트 설정'에서 만든 일반 벽(Wall) 클래스가 적의 시야를 가리지 않도록 만들어보자. 이렇게 하면, 적 캐릭터는 플레이어에게 닷지볼을 던질 수 있지만 플레이어 캐릭터는 여전히 벽을 통과하지 못하도록 만들 수 있다.

- 스윕 트레이스 개념을 사용해 적 캐릭터가 던진 닷지볼이 첫 번째로 충돌하는 위치를 플레이어가 시각화할 수 있는 새로운 기능을 추가해보자.

- 플레이어 캐릭터, 적 캐릭터, 닷지볼을 차단하지만, 닷지볼로 인해 대미지를 입고 체력을 모두 소진하면 파괴되는 새로운 유형의 벽을 추가해보자.

이 프로젝트를 확장할 수 있는 가능성은 무궁무진하다. 책에서 배운 기술을 사용하고 지속적인 연구를 통해 새롭고 복잡한 기술을 게임에 추가해볼 것을 권장한다.

요약

이것으로 닷지볼 게임 프로젝트를 완료했다. 이 장에서는 오디오를 재생하고 파티클 시스템을 추가해 게임을 폴리싱하는(다듬는) 방법을 배웠다. 이제 게임에 2D 및 3D 사운드를 추가하는 방법과 사운드에 관련된 몇 가지 도구를 사용하는 방법을 알게 됐다. 이를 통해 적 캐릭터가 플레이어를 처음 볼 때의 특수 효과음(<메탈 기어 솔리드Metal Gear Solid>와 같이), 발자국 효과음, 승리 효과음 등과 같이 게임에 더 많은 사운드 이펙트를 추가할 수 있다.

또한 지난 몇 장에 걸쳐 만든 도구를 활용해 레벨을 제작함으로써 이 프로젝트에서 제작한 모든 로직을 완성했다.

다음 장에서는 새로운 프로젝트인 슈퍼 사이드 스크롤러 게임을 시작한다. 이 프로젝트에서는 파워업, 수집 아이템, 적 AI, 캐릭터 애니메이션 등 다양한 주제를 소개한다. 그 과정에서 레벨을 완료하고, 아이템을 수집하고, 파워업을 사용해 적을 피하는 캐릭터를 제어하는 횡스크롤 플랫폼 게임을 제작할 것이다. 여기서 배울 가장 중요한 두 가지 주제는 AI 시스템을 지탱하는 UE5의 비헤이비어 트리 및 블랙보드와 캐릭터의 애니메이션을 관리하는 기능을 제공하는 애니메이션 블루프린트다.

10

슈퍼 사이드 스크롤러 게임 만들기

지금까지 언리얼 엔진, C++ 프로그래밍, 일반적인 게임 개발 기술 및 전략에 대해 많은 것을 배웠다. 이전 장에서는 충돌, 트레이싱, UE5에서 C++를 사용하는 방법, 블루프린트 비주얼 스크립팅 시스템과 같은 주제를 다뤘다. 이를 기반으로 다음 프로젝트에서 사용할 스켈레톤, 애니메이션, 애니메이션 블루프린트에 대한 중요한 내용을 배울 것이다.

이 장에서는 새 게임인 슈퍼 사이드 스크롤러(SuperSideScroller) 게임을 위한 프로젝트를 설정한다. 횡스크롤 게임의 다양한 측면을 소개하는데, 여기에는 파워업^{power-up}, 수집 아이템, 적 AI가 포함된다. 이 모든 내용을 프로젝트에서 활용한다. 또한 게임 개발 파이프라인의 캐릭터 애니메이션을 배우며 게임 캐릭터의 움직임을 조작하는 방법도 살펴본다.

새 프로젝트인 슈퍼 사이드 스크롤러에서는 게임 기능과 시스템을 개발하기 위해 이전 장에서 사용한 것과 동일한 개념 및 도구를 많이 사용할 것이며 콜리전, 입력, HUD와 같은 개념은 이 프로젝트를 지탱해줄 것이다. 한편으로는 인기 있는 횡스크롤 게임의 게임 메카닉을 만들기 위해 애니메이션과 관련된 새로운 개념도 살펴본다. 최종 프로젝트는 이 책에서 지금까지 배운 모든 것의 정점이 될 것이다.

이 장에서 배우는 주제는 다음과 같다.

- 프로젝트 분석

- 플레이어 캐릭터

- 횡스크롤 게임의 기능 살펴보기

- 언리얼 엔진 5가 지원하는 애니메이션 이해하기

이 장이 끝날 무렵에는 슈퍼 사이드 스크롤러 게임을 통해 달성하려는 목표에 대한 아이디어를 더 구체화할 수 있으며 개발을 시작하기 위한 프로젝트 기반을 마련할 수 있을 것이다.

⫶ 기술적 요구 사항

이 장을 진행하려면 언리얼 엔진 5가 설치돼 있어야 한다.

이 장에서 C++ 코드는 다루지 않으며 모든 실습은 UE5 에디터에서 진행한다. 슈퍼 사이드 스크롤러 프로젝트에 대한 간략한 설명으로 이 장을 시작해보자.

이 장의 프로젝트는 깃허브(https://github.com/PacktPublishing/Elevating-Game-Experiences-with-Unreal-Engine-5-Second-Edition)에서 다운로드할 수 있는 이 책 코드 번들들의 Chapter10 폴더에서 찾을 수 있다.

⫶ 프로젝트 분석

1985년 닌텐도 엔터테인먼트 시스템(NES, Nintendo Entertainment System) 콘솔에 출시된 유명한 게임인 〈슈퍼 마리오 브라더스(Super Mario Bros)〉의 예를 살펴보자. 이 게임에 익숙하지 않은 사람들을 위해 설명하면 다음과 같다. 플레이어는 마리오를 제어한다. 마리오는 버섯 왕국의 수많은 위험한 장애물과 생물을 피해 쿠퍼 마왕으로부터 피치 공주를 구해야 한다.

NOTE

게임의 동작 방식을 더 잘 이해하고 싶다면, 유튜브(https://www.youtube.com/watch?v=rLl9XBg7w
Ss)에서 게임플레이 영상을 확인해보길 바란다.

다음은 이 장르에 해당하는 게임의 핵심 기능 및 게임 메카닉이다.

- **2차원 움직임**: 플레이어는 2차원 좌표 시스템을 사용해 x와 y 방향으로만 움직일
  수 있다. 이에 대해 익숙하지 않다면, 그림 10.1을 참고해 2차원과 3차원 좌표 시
  스템을 비교해보자. 슈퍼 사이드 스크롤러 게임은 순수 2차원이 아니라 3차원 게
  임이지만, 캐릭터의 움직임은 마리오의 움직임과 동일하며 수직 및 수평 이동만
  지원한다.

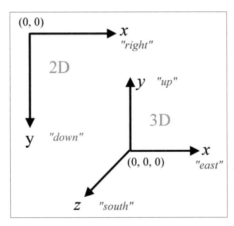

그림 10.1 2차원 및 3차원 좌표계 벡터의 비교

- **점프**: 점프는 모든 플랫포머 게임platformer game에서 매우 중요한 기능이며 슈퍼 사이
  드 스크롤러 게임도 예외가 아니다. 앞서 언급했듯이 〈셀레스트Celeste〉, 〈할로우 나
  이트Hollow Knight〉, 〈슈퍼 미트 보이Super Meat Boy〉와 같은 다양한 게임이 있으며, 이 게
  임들 모두 점프 기능을 사용한다(모두 2차원).

- **캐릭터 파워업**: 캐릭터 파워업이 없는 횡스크롤 게임은 재미와 게임을 다시 플레이
  하도록 만드는 힘을 상실한다. 예를 들어 〈오리와 눈먼 숲Ori and the Blind Forest〉 게임

에서 개발자는 게임플레이 방식을 바꾸는 다양한 캐릭터 능력을 도입한다. 트리플 점프나 에어 대시$^{air\ dash}$ 같은 능력은 레벨을 탐색할 수 있는 다양한 가능성을 열어 주며 레벨 디자이너가 플레이어의 이동 능력을 기반으로 재미있는 레이아웃을 만들 수 있도록 해준다.

- **적 AI**: 이동 메카닉을 활용해 레벨을 탐험해야 하는 도전 외에도, 다양한 능력과 행동을 가진 적의 도입은 플레이어에게 도전을 한층 더해준다.

NOTE

> 게임에서 AI가 플레이어와 상호작용하는 방법은 무엇일까? 예를 들면, 〈엘더스크롤 5: 스카이림(The Elder Scrolls V:Skyrim)〉에는 플레이어와 대화를 나누고, 역사와 같은 세계를 건설하는 요소를 설명하고, 플레이어에게 아이템을 판매하고 퀘스트를 줄 수 있는 AI 캐릭터가 다양한 마을에 존재한다.

- **수집 아이템**: 많은 게임은 다양한 형태로 수집용 아이템을 지원한다. 〈소닉 더 헤지혹$^{Sonic\ the\ Hedgehog}$〉에는 링^{ring}이 있고, 〈라쳇 & 클랭크$^{Ratchet\ \&\ Clank}$〉에는 수집할 수 있는 볼트^{bolt}가 있다. 슈퍼 사이드 스크롤러 게임은 플레이어가 코인을 수집할 수 있도록 만들 것이다.

이것으로 게임에서 지원하려는 게임 메카닉을 살펴봤다. 이를 통해 슈퍼 사이드 스크롤러와 관련된 각 게임 메카닉의 기능과 이런 기능을 구현하기 위해 필요한 작업을 분석할 수 있다.

⁝⁝ 플레이어 캐릭터

모든 게임의 핵심은 플레이어 캐릭터다. 즉, 플레이어가 상호작용하고 게임을 플레이하는 엔티티^{entity}를 말한다. 슈퍼 사이드 스크롤러 프로젝트에서는 횡스크롤 게임에 적합한 느낌을 주기 위해 커스텀 메시, 애니메이션, 로직을 가진 간단한 캐릭터를 제작한다.

NOTE

책을 쓰는 시점에서는 언리얼 엔진 버전 5.0.0을 사용하고 있다. 다른 버전의 엔진을 사용하면 에디터, 툴, 추후 동작할 로직이 동작하는 방식 등에 약간의 차이가 발생할 수 있다는 점을 알아두자.

다음 실습에서는 게임 프로젝트를 생성하고 플레이어 캐릭터를 설정하며, 캐릭터의 움직임을 향상시키기 위해 캐릭터의 파라미터를 조작하는 방법을 살펴본다.

﹒﹒﹒ 삼인칭 템플릿을 사이드 스크롤러로 전환하기

언리얼 엔진 4는 슈퍼 사이드 스크롤러 프로젝트의 기본 템플릿으로 사용할 수 있는 횡스크롤 템플릿을 제공한다. 하지만 언리얼 엔진 5는 이런 템플릿을 제공하지 않는다. 따라서 언리얼 엔진 5가 제공하는 삼인칭 템플릿 프로젝트를 사용하고 일부 내용을 업데이트해 횡스크롤 게임 느낌이 나도록 만들어야 한다.

프로젝트 생성부터 시작해보자.

실습 10.01: 횡스크롤 프로젝트 생성 및 캐릭터 무브먼트 컴포넌트 사용해보기

이번 실습에서는 삼인칭 템플릿을 활용해 언리얼 엔진 5 프로젝트를 설정한다. 이번 실습은 게임 프로젝트를 시작할 수 있도록 도와줄 것이다.

다음 단계를 통해 이번 실습을 완료할 수 있다.

1. 먼저 에픽 게임즈 런처를 열고, 왼쪽 메뉴에서 아래에 있는 **언리얼 엔진**^{Unreal Engine} 탭으로 이동한 다음, 상단에 있는 **라이브러리**^{Library} 탭을 선택한다. 이제 설치된 언리얼 엔진을 실행한다.

2. 그러면 기존 프로젝트를 열거나 특정 카테고리의 새 프로젝트를 생성할 것인지를 묻는 창이 나타날 것이다. 이 옵션들 중에서 **게임**^{Games} 카테고리를 프로젝트의 카

테고리로 선택한다. 프로젝트 카테고리를 선택하면, 프로젝트에서 사용할 템플릿을 선택하는 창이 나타난다.

3. 이어서 **삼인칭**^{Third Person} 옵션을 선택한다. **횡스크롤**^{Side Scroller} 템플릿은 더 이상 제공하지 않으므로 **삼인칭** 템플릿이 이 프로젝트에 가장 가까운 옵션이다.

   마지막으로, 언리얼 엔진이 프로젝트를 생성하기 전에 기본 프로젝트 설정을 필요에 맞게 변경해야 한다.

4. 프로젝트 기반을 블루프린트가 아니라 C++로 선택하고, 시작용 콘텐츠를 포함시키고, 데스크톱/콘솔을 플랫폼으로 사용한다. 나머지 프로젝트 세팅은 기본값으로 둔다. 프로젝트를 저장할 위치를 선택하고, 프로젝트 이름을 SuperSideScroller라고 지정한다.

5. 모든 설정을 적용했으면, **프로젝트 생성**^{Create Project} 버튼을 선택한다. 엔진 컴파일 작업이 완료되고 언리얼 에디터와 비주얼 스튜디오가 모두 열리면, 이번 실습의 다음 단계로 넘어갈 수 있다.

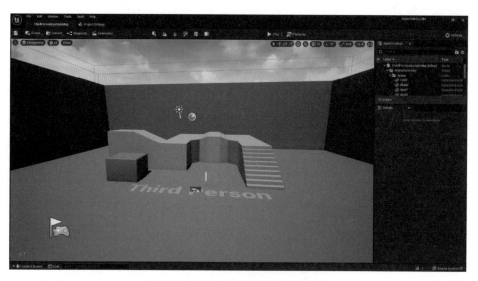

그림 10.2 언리얼 에디터가 자동으로 열린다.

이제 프로젝트 생성이 완료됐으니, 입력 축 매핑 업데이트를 시작으로 삼인칭 템플릿을 사이드 스크롤러 게임으로 변경하는 몇 가지 단계를 진행해야 한다.

1. 에디터 왼쪽 상단의 **편집**Edit 드롭다운 메뉴를 선택하고 **프로젝트 세팅**Project Settings 옵션을 선택하면 **축 매핑**Axis Mappings 옵션을 찾을 수 있다.

2. **프로젝트 세팅**에서 **엔진**Engine 카테고리 아래에 있는 **입력**Input 옵션을 찾을 수 있다. 입력 옵션을 선택해 Bindings 섹션을 찾는다. **Bindings**는 이 프로젝트의 **Action Mappings** 및 **Axis Mappings**를 포함한다.

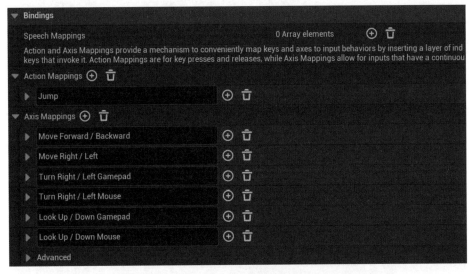

그림 10.3 Action Mappings와 Axis Mappings의 기본 설정

3. 슈퍼 사이드 스크롤러 프로젝트의 필요에 따라 **Axis Mapping**에서 MoveForward, TurnRate, LookUpRate, LookUp을 제거한다. 휴지통 아이콘을 클릭해 매핑을 제거할 수 있다.

이 매핑들은 횡스크롤 게임의 캐릭터 동작에 필요하지 않다. 매핑을 업데이트했기 때문에 ThirdPersonCharacter 블루프린트에서 관련 파라미터를 업데이트할 수 있다. 다음 단계에 따라 진행한다.

1. **콘텐츠 드로어**^{Content Drawer}에서 Content/ThirdPersonCPP/Blueprints 디렉터리로 이동해 ThirdPersonCharacter 블루프린트를 찾은 다음, 애셋을 연다.

2. ThirdPersonCharacter 블루프린트가 열리면, **컴포넌트**^{Components} 탭으로 이동해 메시^{Mesh} 컴포넌트를 선택한다. **Transform** 카테고리에서 **Rotation** 파라미터를 찾아 **Yaw** 값을 -90.0f로 설정한다. 최종 회전 값은 (Pitch=0.0, Yaw=-90.0, Roll=0.0)이다. 이렇게 하면 캐릭터 메시가 횡스크롤 게임에서 이동하는 방향을 바라보게 설정된다.

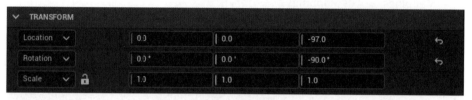

그림 10.4 메시 컴포넌트의 업데이트된 회전 값

3. 이어서 **Camera Boom** 컴포넌트의 파라미터를 캐릭터 메시의 축과 같도록 업데이트한다. **Transform** 카테고리에서 **Rotation** 파라미터를 찾아 이전 단계에서 메시 컴포넌트와 관련해 했던 것과 비슷한 설정을 진행한다. **Yaw** 값을 180.0f로 설정한다. 최종 회전 값은 (Pitch=0.0f, Yaw=180.0f, Roll=0.0f)가 된다.

그림 10.5 Camera Boom 컴포넌트의 업데이트된 회전 값

4. 이제 자식 컴포넌트인 **Follow Camera** 컴포넌트의 위치를 조정하기 위해 **Target Arm Length**와 **Socket Offset** 파라미터를 업데이트한다. **Camera Boom** 컴포넌트의 **Camera** 카테고리에서 **Target Arm Legnth** 값을 500.0f로 설정하고 **Socket Offset**의 Z 값을 75.0f로 설정한다. 이렇게 설정하면 캐릭터 메시를 찍는 **Follow Camera** 컴포넌트가 적절히 위치하게 된다.

그림 10.6 업데이트된 Target Arm Length와 Target Offset 파라미터

5. **Camera Boom** 컴포넌트에서 마지막으로 업데이트해야 하는 파라미터는 **Do Collision Test** 파라미터다. 이 파라미터는 **Camera Boom**이 환경(레벨에 배치된 물체, 배경 등)과의 충돌을 기반으로 위치를 조정해야 하는지 여부를 결정한다. 프로젝트에 맞게 이 파라미터를 false로 설정한다.

이어서 설정할 파라미터들은 캐릭터 무브먼트 컴포넌트^{Character Movement Component}의 파라미터들이다. 캐릭터 무브먼트 컴포넌트는 이 장의 뒷부분에서 자세히 설명할 것이다. 지금은 이 컴포넌트가 캐릭터 이동을 모두 제어하며 원하는 게임의 느낌을 위해 사용자가 원하는 대로 설정할 수 있다는 점만 알아두자. 다음 단계에 따라 설정을 진행한다.

1. **컴포넌트** 탭 하단의 **Character Movement Component**를 선택한다. **디테일**^{Details} 패널의 **General Settings** 카테고리에서 **Gravity Scale** 값을 2.0f로 설정한다. 이렇게 하면 캐릭터가 받는 중력을 증가시킨다.

그림 10.7 업데이트된 Gravity Scale 파라미터

2. 이어서 **Character Movement: Walking** 섹션의 **Ground Friction** 파라미터 값을 줄여서 캐릭터가 좀 더 느리게 회전하도록 설정한다. 이 파라미터를 3.0f로 설정한다. **Ground Friction** 값이 높을수록 캐릭터가 회전하고 이동하는 게 더 어려워진다.

그림 10.8 업데이트된 Ground Friction 파라미터

캐릭터가 공중에 떠 있는 동안 점프 속도와 플레이어가 갖는 공중 제어력을 조정하는 파라미터를 변경해보자. **Character Movement: Jumping/Falling**에서 두 파라미터를 찾을 수 있다. **Jump Z Velocity**를 1000.0f로 늘리고, **Air Control**을 8.0f로 증가시킨다. 이 값들을 증가시키면 캐릭터가 공중에서 점프하는 동안 흥미로운 점프 높이와 움직임을 확인할 수 있다.

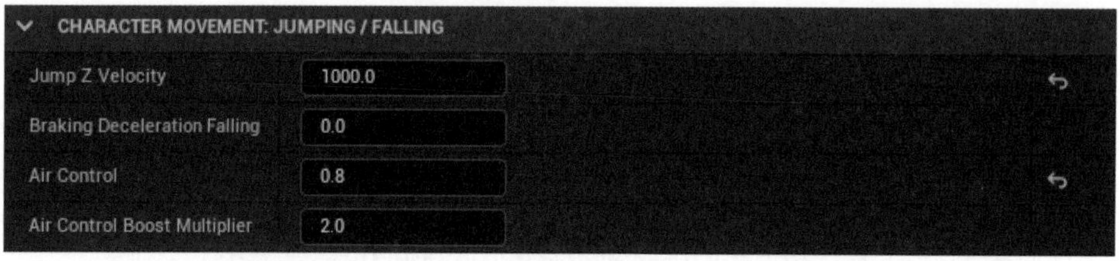

그림 10.9 업데이트된 Jump Z Velocity와 Air Control 파라미터

다음으로 조정해볼 파라미터들은 13장, '적 AI 생성 및 추가'에서 내비 메시^{Nav Mesh}로 작업할 때 도움이 되도록 설정해야 한다. 캐릭터 무브먼트 컴포넌트의 **Nav Movement** 섹션에서 플레이어 캐릭터의 캡슐 컴포넌트^{Capsule Component}의 경계^{bound}에 맞도록 **Nav Agent Radius**와 **Nav Agent Height**를 모두 업데이트한다. 다음 단계에 따라 설정을 진행하자.

1. **Nav Agent Radius**를 42.0f로 설정하고, **Nav Agent Height**를 192.0f로 설정한다.

그림 10.10 업데이트된 Nav Mesh Radius와 Nav Agent Height 파라미터

2. 끝으로, **Planar Movement** 섹션의 파라미터를 조정해 원하는 축에서만 플레이어가 이동할 수 있도록 한다. **Constrain to Plane**을 **True**로 설정하고, **Plane Constraint Normal**의 X 값을 1.0f로 설정한다. 이렇게 설정한 최종 값은 (X=1.0f,Y=0.0,Z=0.0)이다.

그림 10.11 업데이트된 Constrain to Plane 및 Plane Constraint Normal 파라미터

마지막 단계는 ThirdPersonCharacter의 이벤트 그래프 영역에 간단한 블루프린트 로직을 추가해 캐릭터가 왼쪽에서 오른쪽으로 이동할 수 있도록 하는 것이다. 다음 단계에 따라 진행한다.

1. 이벤트 그래프에서 그래프의 빈 영역을 마우스 오른쪽 버튼으로 클릭해 **InputAxis MoveRight** 이벤트를 찾을 수 있는 콘텍스트 메뉴를 연다. **InputAxis MoveRight** 이벤트를 선택해 그래프에 추가한다.

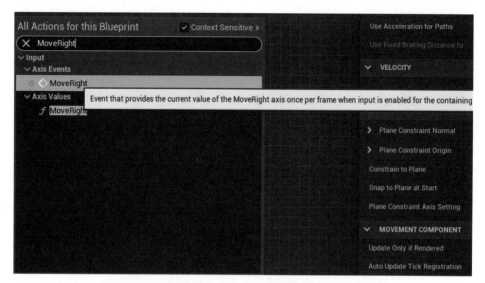

그림 10.12 이 매핑은 이번 실습 시작 부분에서 유지한 축 매핑이다.

2. **InputAxis MoveRight** 이벤트의 출력 파라미터는 **Axis Value**라는 이름의 실수 값이다. 이 값은 0과 1 사이의 실수 값이며 해당 방향 내에서 입력의 세기(강도)를 나타낸다. 이 값을 **Add Movement Input** 함수의 입력으로 전달할 것이다. 그래프의 빈 공간에서 마우스 오른쪽 버튼을 누르고 이 함수를 찾아 그래프에 추가한다.

그림 10.13 Add Movement Input 함수

3. **InputAxis MoveRight** 이벤트의 **Axis Value** 출력 파라미터를 **Add Movement Input** 함수의 **Scale Value** 입력 파라미터에 연결한다. 그런 다음, 흰색 실행 핀을 다음 이

미지와 같이 연결한다. 이렇게 하면 특정 방향으로 캐릭터의 이동과 이동의 세기 (강도)를 전달할 수 있다.

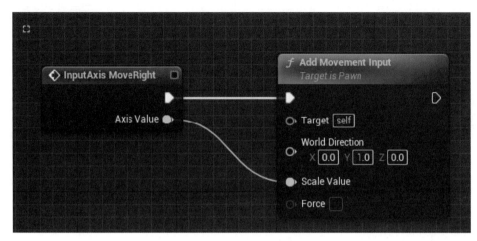

그림 10.14 캐릭터의 최종 블루프린트 로직

4. 마지막으로, 적절한 **World Direction** 값을 전달해야 한다. 프로젝트에서는 *Y*축을 1.0f로 설정하고 나머지 축의 값은 0.0f로 설정해야 한다.

이것으로 이번 실습을 마친다. 이번 실습을 통해 캐릭터가 움직이는 방식과 캐릭터 무브먼트 컴포넌트를 약간만 조정해도 캐릭터의 느낌이 얼마나 많이 바뀌는지를 경험할 수 있었다. **Max Walk Speed**와 같은 값을 변경하고, 이 변경 사항이 캐릭터에 어떤 영향을 미치는지 관찰해보자.

활동 10.01: 캐릭터가 더 높이 점프하도록 만들기

이번 활동에서는 기본 횡스크롤 캐릭터 블루프린트의 캐릭터 무브먼트 컴포넌트에 있는 새로운 파라미터(점프)를 변경해 이 파라미터가 캐릭터의 움직임에 어떤 영향을 미치는지 관찰해본다.

지난 실습에서 배운 내용을 구현하고 이를 적용해 캐릭터 파워업을 생성하는 방법과 캐릭터의 일반적인 움직임을 만드는 방법을 알아본다.

다음 단계에 따라 이번 활동을 완료할 수 있다.

1. SideScrollerCharacter 블루프린트로 가서 CharacterMovement 컴포넌트의 **Jump Z Velocity** 파라미터를 찾는다.

2. 이 파라미터의 값을 1000.0f에서 2000.0f로 변경한다.

3. SideScrollerCharacter 블루프린트를 컴파일하고 저장한 다음, 에디터를 플레이한다. 키보드의 스페이스 바를 사용해 캐릭터가 얼마나 높이 뛸 수 있는지 관찰해보자.

4. 에디터 플레이를 멈추고 SideScrollerCharacter 블루프린트로 돌아가서 **Jump Z Velocity** 값을 2000.0f에서 200.0f로 변경한다.

5. 블루프린트를 다시 컴파일하고 저장한 다음, 에디터를 플레이하고 캐릭터 점프를 관찰해보자.

예상 결과는 다음과 같다.

그림 10.15 점프하는 캐릭터의 예상 결과

NOTE

이번 활동의 솔루션은 깃허브(https://github.com/PacktPublishing/Elevating-Game-Experiences-with-Unreal-Engine-5-Second-Edition/tree/main/Activity%20solutions)에서 확인할 수 있다.

이것으로 이번 활동을 마친다. 이번 활동을 통해 캐릭터 무브먼트 컴포넌트의 파라미터를 약간만 조정해도 캐릭터에 큰 영향을 줄 수 있다는 점을 이해했을 것이다. 나중에 원하는 캐릭터 느낌을 얻기 위해 **Walking Speed**와 **Jump Z Velocity** 같은 캐릭터의 기본 동작을 조정할 수 있다. 계속 진행하기 전에 **Jump Z Velocity** 파라미터를 다시 기본값인 `1000.0f`로 되돌려놓자.

추후 프로젝트에서 플레이어 캐릭터 파워업을 개발할 때도 이러한 파라미터를 염두에 두고 만들 것이다.

이것으로 게임 프로젝트와 플레이어 캐릭터 설정을 완료했다. 이제 슈퍼 사이드 스크롤러 게임의 다른 기능을 살펴보자.

슈퍼 사이드 스크롤러 게임의 기능 살펴보기

이제 우리가 기획할 게임의 세부 사항을 살펴보는 시간을 가져보자. 이런 기능의 대부분은 이후 장에서 구현할 예정이지만, 지금이 프로젝트의 계획을 제시하기에 좋은 시점이다. 다음 절에서는 플레이어가 만나게 될 적, 플레이어가 사용할 수 있는 파워업, 플레이어가 수집할 수 있는 아이템, 사용자 인터페이스^{UI}가 동작하는 방식 등 게임의 다양한 측면을 처리하는 방법을 논의할 것이다. 적 캐릭터를 살펴보는 것부터 시작해보자.

적 캐릭터

슈퍼 사이드 스크롤러 프로젝트를 플레이하는 동안 알아챘을 한 가지 특징은 기본적으로 제공되는 적 AI가 없다는 것이다. 이제 지원할 적의 유형과 동작 방식을 살펴보자.

이 적은 기본적으로 전후_(앞뒤) 이동 패턴을 가지며 어떤 공격 기능도 지원하지 않는다.

즉, 플레이어 캐릭터와 충돌해야만 플레이어에게 대미지를 입힐 수 있다. 하지만 적 AI 가 이동할 두 위치를 설정하고, 이어서 AI가 위치를 변경해야 하는지를 결정해야 한다. 두 위치 사이를 쉬지 않고 이동시킬 것인지, 새 위치로 이동하기 전에 잠시 멈출 것인지 결정해야 한다. 13장, '적 AI 생성 및 추가'에서는 이 AI 로직을 개발하기 위해 언리얼 엔진 5에서 사용 가능한 도구를 활용할 것이다.

파워업

슈퍼 사이드 스크롤러 게임 프로젝트는 플레이어가 게임 환경에서 물약의 형태로 수집할 수 있는 한 가지 유형의 파워업을 지원한다. 이 물약 파워업은 플레이어의 이동 속도를 증가시키고 플레이어의 최대 점프 높이를 증가시킨다. 이 효과는 없어지기 전까지 잠시 동안 지속된다.

'실습 10.01: 횡스크롤 프로젝트 생성 및 캐릭터 무브먼트 컴포넌트 사용해보기'와 '활동 10.01: 캐릭터가 더 높이 점프하도록 만들기'에서 구현했던 내용을 활용하면 캐릭터에 적용되는 중력에 변화를 주는 파워업을 개발할 수 있다는 점을 기억하자. 캐릭터에 적용되는 중력을 변화시키면, 레벨을 탐색하고 적과 싸울 때 흥미롭고 새로운 방식을 제공할 수 있을 것이다.

수집용 아이템

비디오 게임에서 수집 가능한 아이템은 다양한 목적으로 사용된다. 어떤 경우에 수집용 아이템은 업그레이드, 아이템, 다른 상품의 구입을 위한 통화(통) 형태로 사용된다. 점수를 높여주거나 아이템을 충분히 수집했을 때 보상하는 역할을 하기도 한다. 슈퍼 사이드 스크롤러 게임 프로젝트에서 코인은 적에게 파괴되지 않으며, 플레이어가 최대한 많이 수집하도록 하는 것이 코인 제공의 유일한 목적이다.

수집용 아이템의 주요 특징을 분석해보자.

- 수집용 아이템은 플레이어와 상호작용해야 한다. 즉, 플레이어가 아이템을 수집하

고 UI에 정보를 추가하기 위해 충돌 감지를 사용해야 한다는 것을 의미한다.

- 수집용 아이템은 플레이어가 레벨에서 알아볼 수 있도록 시각적으로 보여주는 스태틱 메시가 필요하다.

슈퍼 사이드 스크롤러 프로젝트의 마지막 요소는 벽돌 블록이다. 슈퍼 사이드 스크롤러 게임에서 벽돌 블록은 다음의 목적을 제공한다.

- 벽돌은 레벨의 디자인 요소로 사용된다. 벽돌을 사용하면 사용하지 않았을 때는 접근할 수 있는 지역에 접근하는 것을 막을 수 있고, 게임플레이에 변화를 제공하기 위해 벽돌의 높이가 서로 다른 위치에 적을 배치할 수 있다.
- 벽돌은 수집용 아이템을 포함할 수 있다. 이를 통해 플레이어는 수집 아이템을 포함한 블록과 포함하지 않는 블록을 확인할 수 있다.

헤드업 디스플레이

헤드업 디스플레이^{HUD, Heads-Up Display} UI는 게임 유형과 지원하는 게임 메카닉에 따라 플레이어에게 중요하고 관련 있는 정보를 보여주는 데 사용할 수 있다. 슈퍼 사이드 스크롤러 프로젝트에서는 HUD 요소를 하나 사용하며 플레이어가 수집한 코인의 수를 보여주는 역할을 한다. 이 UI는 플레이어가 코인을 수집할 때마다 업데이트되며 플레이어가 죽으면 0으로 재설정된다.

지금까지 이 프로젝트에서 작업할 여러 내용을 살펴봤다. 이제 언리얼 엔진 5의 프로젝트 템플릿이 제공하는 기본 스켈레탈 메시를 살펴보자.

실습 10.02: 페르소나 에디터와 기본 마네킹 스켈레톤의 가중치 조정해 보기

지금까지 살펴본 내용을 통해 슈퍼 사이드 스크롤러 프로젝트의 다양한 측면을 더 잘 이해했을 것이다. 이번에는 템플릿 프로젝트에서 제공하는 기본 마네킹 스켈레탈 메시를 자세히 살펴보자.

여기서 우리의 목표는 기본 스켈레탈 메시와 페르소나 에디터^{Persona Editor}에서 제공하는 도구를 자세히 알아보고 UE5에서 본^{bone}, 본 웨이팅^{bone weighting}, 스켈레톤^{skeleton}이 어떻게 동작하는지를 더 잘 이해하는 것이다.

다음 단계에 따라 이번 실습을 완료할 수 있다.

1. 언리얼 에디터를 열고 **콘텐츠 드로어**^{Content Drawer}를 찾는다.

2. /Characters/Mannequins/Meshes/ 폴더로 이동해 SK_Mannequin 애셋을 연다.

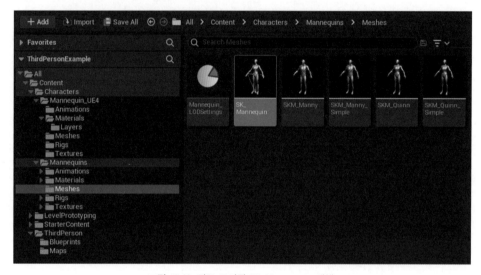

그림 10.16 강조 표시된 SK_Mannequin 애셋

스켈레톤^{Skeleton} 애셋이 열리면 페르소나 에디터가 나타난다.

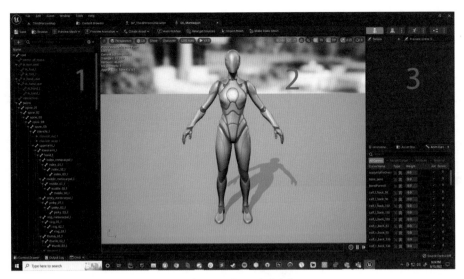

그림 10.17 페르소나 에디터

페르소나의 스켈레톤 에디터를 간단히 분석해보자.

- 왼쪽 메뉴(1번으로 표시된)에서 스켈레톤에 존재하는 뼈대의 계층 구조를 볼 수 있다. 이 뼈대 계층 구조는 캐릭터의 리깅rigging 단계에서 제작된 스켈레톤이다. 루트 본은 그 이름에서 알 수 있듯이 스켈레톤 계층 구조의 뿌리다. 즉, 루트 본의 트랜스폼을 변경하면 계층 구조의 모든 본에 영향을 미치게 된다. 이 메뉴에서 뼈대를 선택하면, 선택한 뼈대가 캐릭터 메시에서 어느 위치에 있는지 확인할 수 있다.

- 이어서 **스켈레탈 메시** 미리보기 창이 있다(2번으로 표시됨). 이 메뉴는 캐릭터 메시를 보여주며 스켈레톤 및 가중치 페인팅weight painting을 미리 볼 수 있도록 토글toggle 가능한 몇 가지 옵션을 확인할 수 있다.

- 오른쪽 메뉴(3번으로 표시된)는 개별 본 또는 본의 그룹을 수정할 수 있는 기본적인 변환 옵션을 제공한다. **디테일** 패널이 보이지 않는 경우에는 페르소나 에디터 상단의 창 옵션을 클릭한 뒤 나타나는 옵션 목록에서 디테일을 찾을 수 있다. 또한 다음 실습을 통해 활용할 추가 설정도 제공한다. 지금까지 페르소나 에디터의 각 메뉴를 살펴보고 각 메뉴에서 제공하는 기능을 배웠다. 이제

기본 마네킹에서 스켈레톤의 모습이 어떻게 보이는지 확인해보자.

3. 그림 10.18과 같이 **Character**로 이동한다.

그림 10.18 Character 옵션 메뉴

이 메뉴는 메시 위에 마네킹의 스켈레톤을 보여주는 기능을 제공한다.

4. 드롭다운 메뉴에서 **본**^{Bones} 옵션을 선택한다. 그런 다음, **모든 계층 구조**^{All Hierarchy}를 선택한다. 이 옵션을 선택하면 마네킹 메시 위에 스켈레톤이 그려지는 것을 확인할 수 있다.

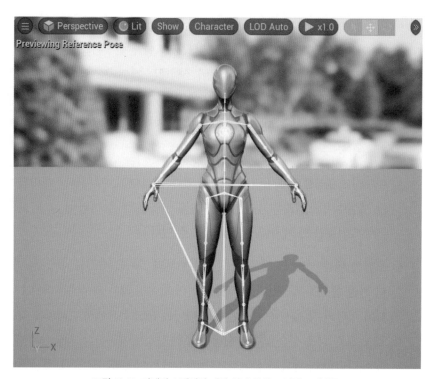

그림 10.19 마네킹 스켈레탈 메시 위에 겹쳐 그려진 스켈레톤

5. 이제 **메시** 속성을 비활성화해 메시를 숨기면 스켈레톤 계층 구조만 미리 볼 수 있다.

- **캐릭터**^{Character}로 이동해 드롭다운 메뉴에서 **메시**^{Mesh} 옵션을 선택한다.

- **메시** 옵션의 선택을 해제하면 아래와 같이 메시가 비활성화된 것을 볼 수 있다.

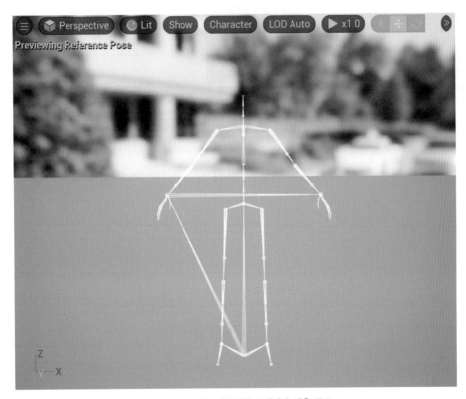

그림 10.20 기본 캐릭터의 스켈레탈 계층 구조

이번 실습의 목적을 위해 **메시**와 스켈레톤 계층 구조를 모두 볼 수 있도록 메시의 **가시성**^{Visibility}을 다시 설정한다.

마지막으로, 기본 캐릭터의 가중치 스케일 값을 확인해보자.

6. 가중치 스케일을 미리 보기 위해 **캐릭터**로 이동하고 드롭다운 메뉴에서 **메시** 옵션을 선택한다. 그런 다음, 목록 아래의 **메시 오버레이 그리기**^{Mesh Overlay Drawing}라고 표시된 섹션에서 **선택된 본 웨이트**^{Selected Bone Weight} 옵션을 선택한다.

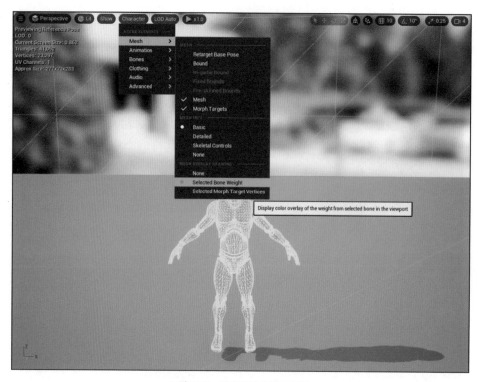

그림 10.21 선택된 본 웨이트 옵션

7. 이제 계층 구조에서 본(뼈대)이나 본의 그룹을 선택하면 선택한 각 본이 메시의 특정
   영역에 어떤 영향을 주는지를 보여준다.

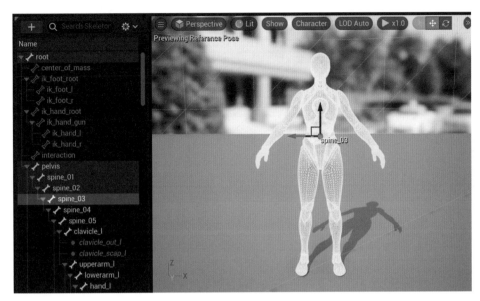

그림 10.22 spine_03 본의 가중치 스케일

특정 본에 대한 가중치 스케일 값을 미리보기로 확인해보면, 스켈레탈 메시의 여러 부분에 색상으로 스펙트럼이 표시되는 것을 알 수 있다. 이는 가중치 스케일 값을 수치가 아니라 시각적으로 나타낸 것이다. 빨간색, 주황색, 노란색은 해당 본에 대한 가중치가 더 크다는 것을 나타내며, 이런 색상이 표시된 메시 영역에 더 많은 영향을 준다. 파란색, 초록색, 청록색 영역은 여전히 영향을 주지만, 그렇게 많은 영향을 주지는 않는다. 끝으로, 색상 표시가 없는 영역은 선택한 본의 조작에 전혀 영향을 받지 않는다. 하지만 왼쪽 팔에는 오버레이 색상이 보이지 않더라도, 팔은 spine_03 본의 자식(하위 계층)이므로 spine_03 본의 크기, 회전, 위치를 이동시킬 때 영향을 받는다. 따라서 항상 스켈레톤의 계층 구조를 염두에 둬야 한다. 아래 이미지는 팔이 척추[spine]에 어떻게 연결돼 있는지를 보여준다.

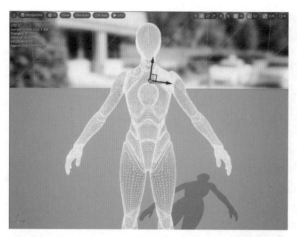

그림 10.23 clavicle_l과 clavicle_r 본은 spine_03 본의 자식(하위 계층)이다.

마네킹 스켈레탈 메시의 본 중 하나를 조작해보면서 이런 변화가 애니메이션에 어떤 영향을 주는지 계속해서 확인해보자.

1. 페르소나 에디터에서 스켈레톤 계층 구조의 `thigh_l` 본을 클릭한다.

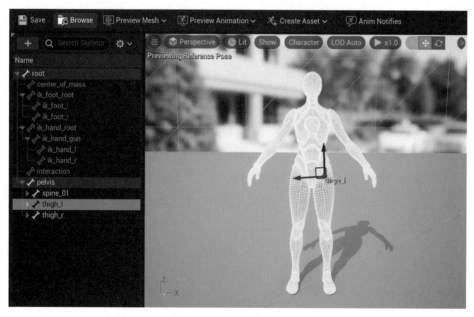

그림 10.24 thigh_l 본이 선택된 모습

thigh_l 본을 선택하면 가중치 스케일 값이 메시의 다른 부분에 어떤 영향을 주는 지를 명확하게 보여준다. 또한 스켈레톤에 적용된 구조에 의해 이 본에 대한 변경 은 메시의 상체에 영향을 주지 않는다.

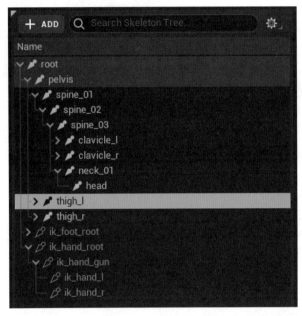

그림 10.25 스켈레톤의 계층 구조에서 thigh_l 본이 pelvis 본의 자식이라는 것을 알 수 있다.

2. 앞 장에서 배운 지식을 활용해 **Local Location, Local Rotation, Scale** 값을 변경함 으로써 thigh_l 본의 트랜스폼을 변경해보자. 아래 이미지는 예제에서 사용한 값 을 보여준다.

그림 10.26 thigh_l의 트랜스폼 값 업데이트

본 트랜스폼의 값을 업데이트하면, 마네킹의 왼쪽 다리가 완전히 변경돼 이상하게

보이는 것을 확인할 수 있다.

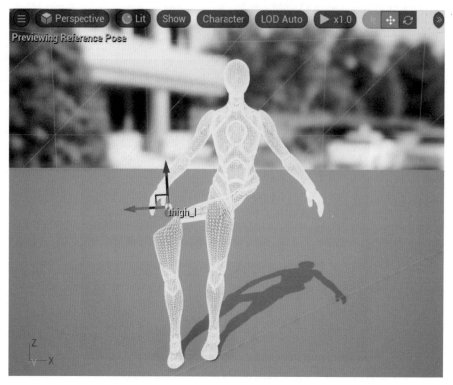

그림 10.27 마네킹 캐릭터의 왼쪽 다리가 완전히 변경된 모습

3. 다음으로 **디테일** 패널에서 **프리뷰 씬 세팅**^{Preview Scene Settings}이라는 이름의 탭으로 이동한다. 이 탭을 클릭하면 기본 파라미터와 **애니메이션**^{Animation} 섹션을 보여주는 새 옵션을 확인할 수 있다. **프리뷰 씬 세팅**이 보이지 않는다면, 상단의 **창**^{Window} 메뉴로 이동해 페르소나 에디터 영역에서 이 메뉴를 찾을 수 있다.

4. **애니메이션** 섹션을 사용하면 애니메이션을 미리 볼 수 있고, 스켈레톤에 적용한 변경 사항이 어떤 영향을 미치는지 확인할 수 있다. **Preview Controller** 파라미터를 **Use Specific Animation** 옵션으로 변경한다. 이렇게 설정하면 **Animation**이라는 이름의 새 옵션이 나타날 것이다. **Animation** 파라미터는 캐릭터 스켈레톤과 관련된 애니메이션을 선택해 미리 볼 수 있는 기능을 제공한다.

5. 다음으로 드롭다운 메뉴를 클릭해 MF_Walk_Fwd 애니메이션을 선택한다.

6. 그러면 마네킹 캐릭터가 걷기 애니메이션을 재생하는 것을 볼 수 있다. 그런데 왼쪽 다리의 위치가 완전히 어긋나 있고 스케일이 제대로 설정돼 있지 않다.

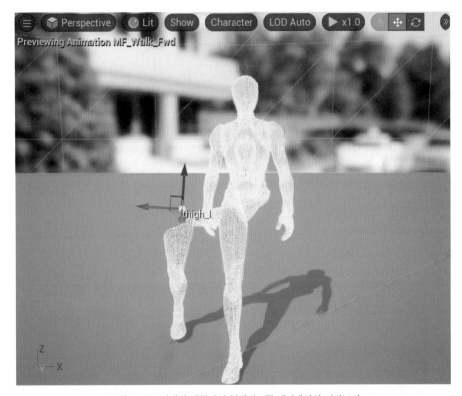

그림 10.28 마네킹 캐릭터의 업데이트된 애니메이션 미리보기

계속 진행하기 전에 thigh_1 본을 원래대로 되돌려놓자. 앞으로 이동하는 애니메이션이 제대로 보일 수 있도록 Local Location, Local Rotation, Scale 값을 원래 값으로 다시 설정하자.

이것으로 두 번째 실습의 마지막 부분을 마친다. 스켈레탈 본이 캐릭터와 애니메이션에 미치는 영향을 직접 경험해봤을 것이다.

이제 마네킹 캐릭터의 다른 본을 조작하고 다양한 애니메이션을 적용해 결과를 관찰하는 두 번째 활동으로 넘어가보자.

활동 10.02: 스켈레탈 본 조작 및 애니메이션

이번 활동에서는 실습을 통해 얻은 지식을 활용한다. 애니메이션이 스켈레톤에 배치되는 방식에 영향을 주기 위해 기본 마네킹의 본을 조작하는 방법에 대해 얻은 지식을 적용해볼 것이다.

다음 단계에 따라 이번 활동을 완료할 수 있다.

1. 전체 스켈레톤에 영향을 줄 본을 선택한다.

2. 캐릭터가 원래 크기의 1/2이 되도록 이 본의 스케일을 줄인다.

   Scale 값을 (X=0.500000, Y=0.500000, Z=0.500000)으로 변경한다.

3. **프리뷰 씬 세팅**Preview Scene Settings 탭에서 이 스켈레탈 메시에 달리기 애니메이션을 적용하고 1/2로 줄어든 캐릭터의 애니메이션을 관찰해보자.

예상 결과는 다음과 같다.

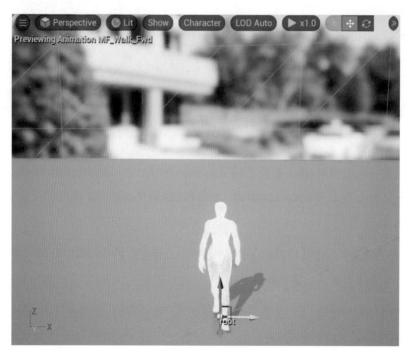

그림 10.29 크기가 절반으로 줄어든 캐릭터에서 재생되는 달리기 애니메이션

NOTE

이번 활동의 솔루션은 깃허브(https://github.com/PacktPublishing/Elevating-Game-Experiences-with-Unreal-Engine-5-Second-Edition/tree/main/Activity%20solutions)에서 확인할 수 있다.

이것으로 이번 활동을 마친다. 스켈레톤 및 스켈레탈 메시의 본을 조작하면 애니메이션에 어떤 영향을 미치는지를 배웠다. 또한 스켈레톤의 본에 대해 가중치 스케일이 미치는 영향을 직접 확인할 수 있었다.

이제 UE5에서 스켈레탈 메시, 스켈레톤, 애니메이션에 대해 살펴본 내용을 토대로 이 요소들의 동작 방식을 더 자세히 살펴보자.

언리얼 엔진 5의 애니메이션 이해하기

언리얼 엔진에서 동작하는 애니메이션의 주요 특징을 분석해보자. 애니메이션 주제에 대한 더 자세한 정보는 에픽 게임즈에서 직접 제공하는 문서(https://docs.unrealengine.com/en-US/Engine/Animation)에서 확인할 수 있다.

스켈레톤

스켈레톤은 3D 소프트웨어에서 만든 캐릭터 릭character rig을 언리얼 엔진에서 표현한 것이다. '활동 10.02: 스켈레탈 본 조작 및 애니메이션'에서 스켈레톤을 살펴봤다. 스켈레톤에 대해 더 살펴볼 내용은 많지 않다. 하지만 중요한 점은 스켈레톤이 일단 엔진에 들어오면 스켈레톤 계층을 볼 수 있고 개별 본을 조작할 수 있으며 소켓으로 알려진 오브젝트를 추가할 수 있다는 것이다. 소켓을 사용하면 캐릭터 본에 오브젝트를 붙일 수 있다. 또한 이 소켓을 활용해 메시와 같은 오브젝트를 연결하고, 본의 트랜스폼에 영향을 주지 않으면서 소켓의 트랜스폼을 조작할 수 있다. 일인칭 슈팅 게임에서는 일반적으로 무기 소켓을 만들어 손의 적절한 위치에 무기를 부착한다.

스켈레탈 메시

스켈레탈 메시는 3D 캐릭터 모델과 스켈레톤을 이루는 본의 계층 구조를 결합하는 메시의 한 종류다. 스태틱 메시와 스켈레탈 메시의 주요 차이점은 애니메이션을 사용하는 오브젝트는 스켈레탈 메시가 필요하지만 스태틱 메시는 스켈레톤이 없기 때문에 애니메이션을 사용할 수 없다는 점이다. 다음 장에서 메인 캐릭터 스켈레탈 메시를 더 자세히 살펴보겠지만, 이 장 후반부의 '활동 10.03: 더 많은 커스텀 애니메이션을 임포트하고 캐릭터의 달리는 애니메이션 확인하기'에서 메인 캐릭터 스켈레탈 메시를 임포트한다.

애니메이션 시퀀스

마지막으로, 애니메이션 시퀀스는 특정 스켈레탈 메시에서 재생할 수 있는 개별 애니메이션을 말한다. 애니메이션이 적용되는 메시는 애니메이션을 엔진에 임포트할 때 선택한 스켈레톤을 통해 결정된다. 캐릭터 스켈레탈 메시와 애니메이션 애셋 하나를 함께 임포트하는 방법은 '활동 10.03: 더 많은 커스텀 애니메이션을 임포트하고 캐릭터의 달리는 애니메이션 확인하기'에서 살펴볼 것이다.

애니메이션 시퀀스에는 일시 정지, 반복(루프), 되감기 등의 부가 컨트롤을 사용해 애니메이션을 프레임별로 미리 볼 수 있는 타임라인이 포함돼 있다.

다음 실습에서는 커스텀 캐릭터와 애니메이션을 임포트한다. 커스텀 캐릭터는 스켈레탈 메시와 스켈레톤을 포함하며, 애니메이션은 애니메이션 시퀀스로 임포트된다.

실습 10.03: 캐릭터와 애니메이션의 임포트 및 설정

마지막 실습에서는 슈퍼 사이드 스크롤러 게임의 메인 캐릭터로 사용할 커스텀 캐릭터와 애니메이션 하나를 임포트하고, 필요한 캐릭터 블루프린트 및 애니메이션 블루프린트를 생성한다.

NOTE

이 장과 함께 제공되는 Assets 폴더에는 파일 모음이 들어 있는데, 이 파일들은 엔진으로 임포트해 사용할 것들이다. 이 애셋들은 Mixamo(https://www.mixamo.com/)에서 가져왔으므로, 계정을 자유롭게 만들고 사용 가능한 무료 3D 캐릭터와 애니메이션 콘텐츠를 Mixamo에서 확인할 수 있다.

Assets 콘텐츠는 깃허브(https://github.com/PacktPublishing/Elevating-Game-Experiences-with-Unreal-Engine-5-Second-Edition)에서 다운로드할 수 있다.

다음 단계를 통해 이번 실습을 완료할 수 있다.

1. 언리얼 에디터를 연다.

2. **콘텐츠 드로어**^{Content Drawer}에서 MainCharacter라는 이름의 새 폴더를 생성한다. 이 폴더에서 Animation과 Mesh라는 2개의 폴더를 생성한다. 이제 **콘텐츠 브라우저** ^{Content Browser} 탭의 모습은 아래 그림과 같을 것이다.

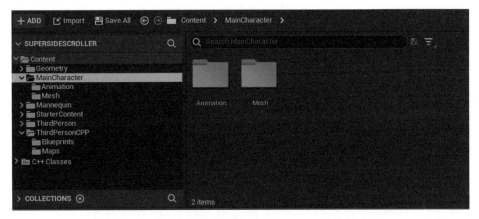

그림 10.30 콘텐츠 브라우저에 추가된 MainCharacter 디렉터리의 모습

3. 이어서 캐릭터 메시를 임포트한다. 앞에서 생성한 Mesh 폴더에서 마우스 오른쪽 버튼을 클릭하고 **임포트**^{Import} 옵션을 선택한다. 그러면 **파일 탐색기**^{File Explorer} 메뉴가 열릴 것이다. 이 장과 함께 제공되는 Assets 폴더를 저장한 디렉터리로 이동해 Character Mesh 폴더에서 MainCharacter.fbx 애셋을 찾고(\Assets\Character Mesh\ MainCharacter), 이 파일을 임포트한다.

4. 이 애셋을 선택하면 **FBX 임포트 옵션**[FBX Import Options] 창이 나타날 것이다. **Skeletal Mesh**와 **Import Mesh** 옵션을 체크하고, 나머지 옵션들은 기본 설정으로 둔다.

5. 마지막으로, **임포트**[Import] 옵션을 선택하면 FBX 애셋을 엔진으로 임포트한다. 임포트를 하면 FBX에서 생성한 머티리얼이 함께 임포트되며, 피직스 애셋[Physics Asset]이 자동으로 생성돼 스켈레탈 메시와 스켈레톤 애셋에 할당된다.

NOTE

FBX 파일을 임포트할 때 나타나는 경고 메시지는 무시하자. 이 메시지는 중요하지 않으며 프로젝트를 진행하는 데 아무런 영향을 주지 않는다.

이제 캐릭터가 준비됐으니 애니메이션으로 넘어가보자.

1. MainCharacter 폴더 디렉터리의 Animation 폴더에서 마우스 오른쪽 버튼을 클릭하고 **임포트** 옵션을 선택한다.

2. 이 장과 함께 제공되는 Assets 폴더를 저장한 디렉터리로 이동해 Animations/Idle 폴더에 있는 Idle.fbx 애셋[\Assets\Animations\Idle\Idle.fbx]을 선택하고 이 파일을 연다.

   이 애셋을 선택하면, 캐릭터 스켈레탈 메시를 임포트했을 때 나타났던 창과 거의 비슷하게 생긴 창이 나타난다. 이 애셋은 애니메이션 전용이고 스켈레탈 메시/스켈레톤을 포함하지 않기 때문에 같은 옵션을 제공하지는 않는다. 여기서 정확하게 설정해야 할 중요한 파라미터는 Skeleton이다.

   Skeleton 파라미터는 **FBX** 임포트 옵션의 **Mesh** 카테고리 아래에 있으며 애니메이션을 적용할 스켈레톤을 지정한다. 이 파라미터를 설정하지 않고는 애니메이션을 임포트할 수 없으며, 잘못된 스켈레톤에 애니메이션을 적용하면 이상한 결과가 나오거나 애니메이션이 제대로 임포트되지 않는 문제가 발생할 수 있다. 다행히 우리 프로젝트는 단순하고 캐릭터 스켈레탈 메시와 스켈레톤을 이미 임포트한 상태다.

3. MainCharacter_Skeleton을 선택하고 아래에 있는 옵션에서 **모두 임포트**^{Import All}를 선택한다. 나머지 파라미터들은 기본 설정으로 둔다.

그림 10.31 Idle.fbx 애니메이션을 임포트할 때의 설정

스켈레탈 메시와 애니메이션의 임포트 과정을 이해하는 것은 매우 중요하며, 다음 활동을 통해 나머지 애니메이션을 임포트할 예정이다. 계속해서 슈퍼 사이드 스크롤러 게임의 메인 캐릭터를 위한 캐릭터 블루프린트와 애니메이션 블루프린트를 생성해보자.

템플릿 프로젝트는 캐릭터를 위한 블루프린트와 애니메이션 블루프린트 등 여러 애셋을 포함하지만, 게임 개발자로서 좋은 구조와 모범 사례를 따라 이 애셋들을 직접 만들어보자.

4. **콘텐츠 드로어**에서 MainCharacter 디렉터리 아래에 새 폴더를 생성하고 이름을 Blueprints라고 지정한다. 이 디렉터리에서는 **모든 클래스**All Classes에서 찾을 수 있는 SideScrollerCharacter 클래스를 기반으로 (상속해서) 새 블루프린트를 생성한다. 새로 생성한 블루프린트의 이름을 BP_SuperSideScroller_MainCharacter라고 지정한다.

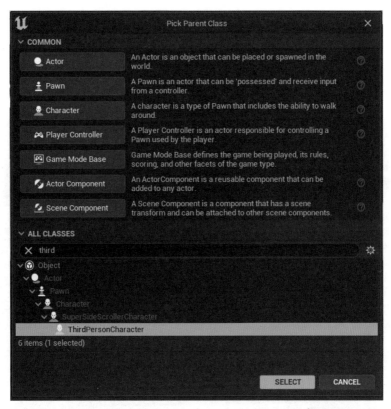

그림 10.32 캐릭터 블루프린트의 부모 클래스로 사용할 SideScrollerCharacter 클래스

5. Blueprints 디렉터리에서 마우스 오른쪽 버튼을 클릭하고 **애니메이션**^{Animation} 옵션으로 이동해 **애니메이션 블루프린트**^{Animation Blueprint}를 선택한다.

그림 10.33 애니메이션 카테고리에 위치한 애니메이션 블루프린트 옵션

6. 이 옵션을 선택하면 새 창이 나타난다. 이 창에서 애니메이션 블루프린트에 적용할 부모 클래스와 스켈레톤을 선택할 수 있다. 여기서 `MainCharacter_Skeleton`을 선택하고 **OK** 버튼을 누른다. 애니메이션 블루프린트의 이름은 `AnimBP_SuperSideScroller_MainCharacter`라고 지정한다.

그림 10.34 애니메이션 블루프린트를 생성할 때 필요한 설정

7. 캐릭터 블루프린트 `BP_SuperSideScroller_MainCharacter`를 열고 **Mesh** 컴포넌트를 선택하면 변경할 수 있는 몇 가지 파라미터를 확인할 수 있다.

422

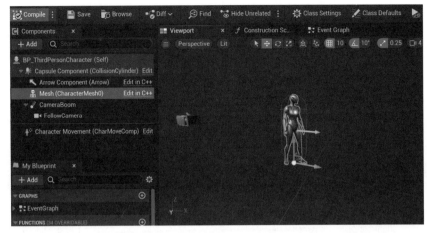

그림 10.35 마네킹 스켈레탈 메시를 사용하는 슈퍼 사이드 스크롤러의 캐릭터 블루프린트

8. **Mesh** 카테고리에서 스켈레탈 메시를 업데이트할 수 있는 옵션을 찾을 수 있다. `MainCharacter` 스켈레탈 메시를 찾아 이 파라미터에 할당한다.

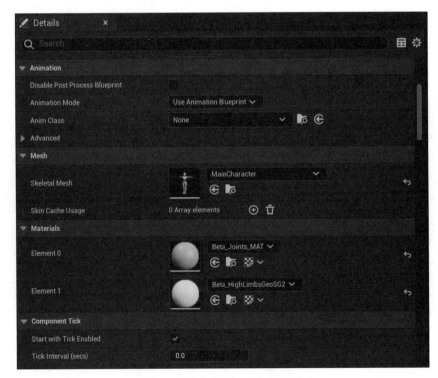

그림 10.36 메시 컴포넌트에서 필요한 설정

아직 캐릭터 블루프린트 에디터에서 **Mesh** 컴포넌트가 선택된 상태로 **Mesh** 카테고리 바로 위에서 **Animation** 카테고리를 찾을 수 있다. 다행히 기본적으로 **Animation Mode** 파라미터가 이미 우리가 사용할 **Use Animation Blueprint**로 설정돼 있다.

9. 이제 **Anim Class** 파라미터를 새로 생성한 애니메이션 블루프린트인 AnimBP_Super SideScroller_MainCharacter로 할당한다. 마지막으로, SideScrollerExampleMap 레벨로 이동해 기본 캐릭터를 새로 생성한 캐릭터 블루프린트로 변경한다.

10. 다음으로 콘텐츠 브라우저에서 BP_SuperSideScroller_MainCharacter를 선택한 다음, 맵에 배치된 기본 캐릭터에서 마우스 오른쪽 버튼을 클릭하고 새 캐릭터로 대체하도록 선택한다.

레벨에 새 캐릭터를 배치했으면, 에디터를 플레이해 레벨을 이동해보자. 결과는 아래 이미지와 비슷할 것이다. 캐릭터는 기본 T-포즈를 한 채로 레벨 주변을 이동할 것이다.

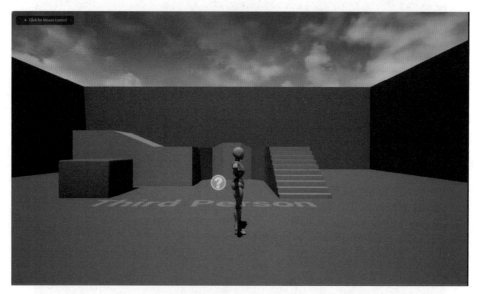

그림 10.37 레벨 주변을 이동하는 커스텀 캐릭터가 준비된 모습

이것으로 최종 실습을 마친다. 이제 커스텀 스켈레탈 메시와 애니메이션을 임포트하는

방법을 완전히 이해했을 것이다. 또한 캐릭터 블루프린트와 애니메이션 블루프린트를 처음부터 만드는 방법과 이 애셋들을 사용해 슈퍼 사이드 스크롤러의 기본 캐릭터로 설정하는 방법도 배웠다.

이제 이 장의 마지막 활동으로 넘어가보자. 마지막 활동에서는 캐릭터에 사용할 나머지 애니메이션을 임포트하고 페르소나 에디터에서 달리기 애니메이션 미리보기로 확인해보는 임무가 부여된다.

활동 10.03: 더 많은 커스텀 애니메이션을 임포트하고 캐릭터의 달리는 애니메이션 확인하기

이번 활동의 목표는 플레이어 캐릭터의 달리기와 같은 나머지 애니메이션을 임포트하고 임포트된 애니메이션이 캐릭터 스켈레톤에서 정확하게 보이는지 확인하고자 미리보기로 살펴보는 것이다.

이번 활동을 마치면, 플레이어 캐릭터의 모든 애니메이션이 프로젝트로 임포트되고 이 애니메이션을 사용해 플레이어 캐릭터에 생명을 불어넣을 준비가 완료된다(이 내용은 다음 장에서 진행한다).

다음 단계에 따라 이번 활동을 완료할 수 있다.

1. 참고로, 임포트해야 하는 모든 애니메이션 애셋은 이 장과 함께 제공된 zip 폴더를 저장한 \Assets\Animations 디렉터리에 있다. 남은 애니메이션을 MainCharacter/Animation 폴더에 임포트한다. 애니메이션을 임포트하는 과정은 Idle 애니메이션을 임포트했던 '실습 10.03: 캐릭터와 애니메이션의 임포트 및 설정'의 과정과 동일하다.

2. MainCharacter 스켈레톤으로 이동해 앞서 임포트한 달리기 애니메이션을 적용한다.

3. 마지막으로, Running 애니메이션을 적용한 채로 페르소나 에디터에서 캐릭터 애니메이션을 관찰해보자.

예상 결과는 다음과 같다.

그림 10.38 추가로 임포트한 애셋을 적용한 캐릭터의 예상 결과

NOTE

이번 활동의 솔루션은 깃허브(https://github.com/PacktPublishing/Elevating-Game-Experiences-with-Unreal-Engine-5-Second-Edition/tree/main/Activity%20solutions)에서 확인할 수 있다.

이것으로 마지막 활동을 마친다. 커스텀 스켈레탈 메시와 애니메이션 애셋을 UE5로 임포트하는 과정을 직접 경험했다. 임포트하는 애셋의 유형에 관계없이 임포트하는 과정은 게임 산업에서 일반적이므로 익숙해지는 것이 중요하다.

﹥﹥ 요약

플레이어 캐릭터 스켈레톤, 스켈레탈 메시, 애니메이션을 엔진으로 임포트하는 과정을 학습함으로써 다음 장으로 넘어갈 수 있는 준비가 완료됐다. 다음 장에서는 캐릭터 이동을 준비하고 캐릭터가 레벨에서 이동할 때 애니메이션을 재생하도록 애니메이션 블루프린트를 업데이트하는 과정을 진행한다.

이 장의 실습과 활동을 통해 캐릭터에 애니메이션을 적용하고 조작하는 데 활용되는 스켈레톤과 본에 대해 배웠다. UE5로 애니메이션을 임포트하고 적용한 경험을 바탕으로, 캐릭터의 콘셉트 과정에서부터 프로젝트에 임포트하는 최종 애셋 단계에 이르기까지 애니메이션 파이프라인을 잘 이해할 수 있을 것이다.

또한 적 캐릭터, 파워업, 수집용 아이템, 플레이어 HUD 등 슈퍼 사이드 스크롤러 게임에서 구현할 주제들도 살펴봤다. 마지막으로, 캐릭터 무브먼트 컴포넌트가 동작하는 방식을 살펴보고 이 컴포넌트의 파라미터를 변경해 게임에서 원하는 캐릭터의 이동을 설정하는 방법도 살펴봤다.

이것으로 슈퍼 사이드 스크롤러 프로젝트의 템플릿을 생성하고 플레이어 캐릭터가 준비됐으니, 다음 장에서는 애니메이션 블루프린트를 활용해 캐릭터에 애니메이션을 적용해보자.

11

블렌드 스페이스 1D, 키 바인딩, 스테이트 머신을 활용한 작업

이전 장에서는 슈퍼 사이드 스크롤러 프로젝트를 위한 애니메이션과 게임 디자인 개발을 대략적으로 살펴봤다. 이는 프로젝트 개발 측면에서 볼 때 시작 단계에 해당한다. 또한 플레이어 캐릭터의 애니메이션 블루프린트, 캐릭터 블루프린트를 준비하고, 필요한 스켈레탈 메시 및 애니메이션 애셋을 임포트하는 과정을 진행했다.

이 장에서는 플레이어 캐릭터가 원활하게 이동할 수 있도록 걷기 및 점프 애니메이션을 설정한다. 이를 위해 블렌드 스페이스Blend Space, 애니메이션 블루프린트Animation Blueprint, 애니메이션 스테이트 머신Animation State Machine을 도입할 것이다. 이 세 애셋은 캐릭터 애니메이션이 제어되는 방식 이면에 있는 3개의 기둥이라고 할 수 있다.

지금 캐릭터는 레벨을 이동할 수 있지만, T-포즈 상태로 고정돼 있고 애니메이션을 전혀 재생하지 않는다. 이 문제는 플레이어 캐릭터를 위한 새 블렌드 스페이스를 만들어 해결할 수 있다. 이 장의 첫 번째 실습에서 이 내용을 진행할 것이다. 블렌드 스페이스 작업을 완료하면, 캐릭터가 움직이는 동안 애니메이션을 재생할 수 있도록 애니메이션 블루프린트에서 이 블렌드 스페이스를 적용할 것이다.

이 장에서 다루는 내용은 다음과 같다.

- 블렌드 스페이스 생성하기

- 메인 캐릭터 애니메이션 블루프린트

- 속도 벡터$^{velocity\ vector}$란?

- 향상된 입력 시스템

- 애니메이션 스테이트 머신 사용하기

이 장을 마치면, 플레이어 캐릭터는 걷고 달리고(전력 질주^{sprint}) 점프할 수 있게 돼서 게임 내의 캐릭터 움직임 측면에서 더 나은 느낌을 제공할 것이다. 블렌드 스페이스 1D 및 애니메이션 블루프린트 애셋을 생성하고 이를 학습하는 과정을 통해 플레이어 움직임 처리에 정교함을 더할 수 있을 뿐만 아니라 발사체 던지기와 같은 애니메이션을 추가하기 위한 기초를 마련할 것이다.

⁝⁝ 기술적 요구 사항

이 장을 진행하려면 다음과 같은 준비가 필요하다.

- 언리얼 엔진 5 설치

- 비주얼 스튜디오 2019 버전 이상 설치

이 장의 프로젝트는 깃허브(https://github.com/PacktPublishing/Elevating-Game-Experiences-with-Unreal-Engine-5-Second-Edition)에서 다운로드할 수 있는 이 책 코드 번들의 Chapter11 폴더에서 찾을 수 있다.

플레이어 캐릭터를 애니메이션하는 데 필요한 블렌드 스페이스 애셋을 생성하기에 앞서 블렌드 스페이스를 살펴보는 것으로 이 장을 시작해보자.

⁂ 블렌드 스페이스 생성하기

블렌드 스페이스를 사용하면 하나 이상의 조건을 기반으로 여러 애니메이션을 블렌딩할 수 있다. 블렌드 스페이스는 다양한 유형의 비디오 게임에서 사용하지만 플레이어가 캐릭터 전체를 볼 수 있는 게임에서 더 자주 사용한다. UE5에서 제공하는 일인칭^{First} ^{Person} 템플릿 프로젝트와 같이, 일반적으로 블렌드 스페이스는 플레이어가 캐릭터의 팔만 볼 수 있는 경우에는 잘 사용하지 않는다.

그림 11.1 UE5 일인칭 프로젝트 템플릿의 기본 캐릭터에서 보여주는 일인칭 시점

캐릭터의 움직임을 기반으로 애니메이션을 부드럽게 변경해야(블렌딩) 하는 삼인칭 게임에서는 블렌드 스페이스를 더 일반적으로 사용한다. 다음 그림에서 볼 수 있듯이, UE5가 제공하는 삼인칭$^{Third\ Person}$ 템플릿 프로젝트가 좋은 예라고 할 수 있다.

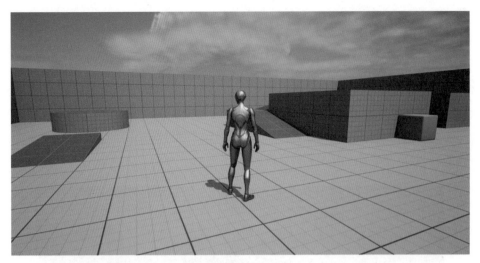

그림 11.2 UE5 삼인칭 프로젝트 템플릿의 기본 캐릭터에서 보여주는 삼인칭 시점

/Characters/Mannequins/Animations/Quinn/BS_MF_Unarmed_WalkRun을 열어 삼인칭 템플릿 프로젝트를 생성할 때 언리얼 엔진에서 제공하는 블렌드 스페이스 애셋을 살펴보자. 이 애셋은 블렌드 스페이스 1D 애셋이며, 캐릭터 속도에 따라 대기(Idle), 걷기(Walking), 달리기(Running) 애니메이션 사이를 부드럽게 블렌딩한다.

페르소나 에디터의 왼쪽에 있는 **애셋 디테일**Asset Details 패널에서 **가로축**Horizontal Axis 파라미터를 포함하는 **Axis Settings** 카테고리를 확인할 수 있다. 이 파라미터는 이 축에 대한 설정을 제공하며, 이 축은 애니메이션 블루프린트에서 참조할 수 있는 변수 역할을 한다. 다음 그림을 통해 페르소나의 **Axis Settings**를 확인해보자.

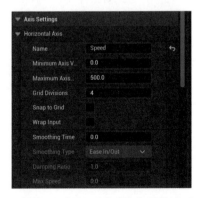

그림 11.3 블렌드 스페이스 1D에 대한 축 설정(Axis Settings)

미리보기 창 아래에서는 왼쪽에서 오른쪽으로 선을 따라 점이 배치된 작은 그래프도 확인할 수 있다. 이 점들 중 하나는 초록색으로 강조 표시되며 다른 점들은 흰색으로 표시된다. **Shift** 키를 누른 상태에서 수평축을 따라 이 초록색 점을 드래그하면 이 값에 따라 블렌딩되는 애니메이션을 미리보기로 확인할 수 있다. 속도가 0일 때는 대기 상태인 것을 볼 수 있다. 축을 따라 점을 이동하면, 애니메이션이 걷기와 달리기로 블렌딩되기 시작하는 것을 볼 수 있다. 다음 스크린샷은 단일 축으로 구성된 그래프를 보여준다.

그림 11.4 블렌드 스페이스 1D의 키 프레임 타임라인

다음 절에서는 블렌드 스페이스 1D와 일반 블렌드 스페이스를 비교해보고 애니메이션의 요구 사항에 따라 언제 어떤 블렌드 스페이스를 사용해야 하는지를 살펴본다.

1D 블렌드 스페이스 vs. 일반 블렌드 스페이스

블렌드 스페이스 1D로 넘어가기 전에 UE5의 블렌드 스페이스와 블렌드 스페이스 1D를 잠시 비교해보자. 주요 차이점은 다음과 같다.

- 언리얼 엔진에서 블렌드 스페이스 애셋은 블렌드 스페이스의 X, Y축으로 표현되

는 2개의 변수로 제어된다.

- 반면에 블렌드 스페이스 1D는 1개의 축(변수)만 지원한다.

이를 2차원 그래프로 상상해보자. 이미 알고 있듯이, 각 축은 자신만의 방향을 갖는다. 시각화해 살펴보면, 언제 그리고 왜 블렌드 스페이스 1D 대신 일반 블렌드 스페이스를 사용해야 하는지를 더 잘 이해할 수 있을 것이다.

예를 들어, 플레이어 캐릭터가 앞뒤로 이동하면서 옆(왼쪽, 오른쪽)으로도 이동할 수 있도록 만들고 싶다고 가정해보자. 이 움직임을 그래프에 대응시키면 다음 그림과 같을 것이다.

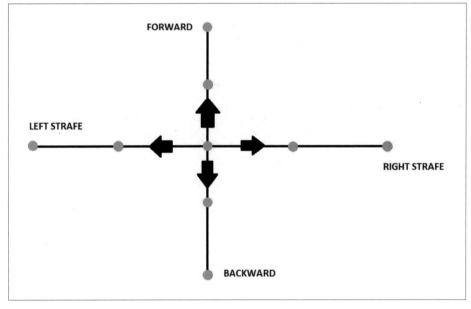

그림 11.5 블렌드 스페이스 움직임을 그래프로 간단히 표현한 모습

이제 이 게임이 횡스크롤 게임이라는 것을 염두에 두고 플레이어 캐릭터의 움직임을 떠올려보자. 캐릭터는 왼쪽, 오른쪽 또는 앞뒤 이동을 지원하지 않는다. 기본적으로 횡스크롤 캐릭터는 이동 방향으로 회전하기 때문에 한 방향으로만 애니메이션한다. 한 방향만 지원하기 때문에 일반 블렌드 스페이스가 아니라 블렌드 스페이스 1D를 사용하는 것이다.

메인 캐릭터를 위해 이 타입의 블렌드 스페이스 애셋을 설정하고 움직임 기반의 애니메이션 블렌딩을 위해 이 블렌드 스페이스를 같은 목적으로 사용할 것이다. 다음 실습에서는 앞서 임포트한 커스텀 애니메이션 애셋을 사용해 블렌드 스페이스 애셋을 같이 생성하는 것으로 시작한다.

실습 11.01: CharacterMovement 블렌드 스페이스 1D 생성하기

플레이어 캐릭터가 이동하는 동안 애니메이션을 재생하도록 만들려면 앞서 설명한 블렌드 스페이스를 먼저 생성해야 한다.

이번 실습에서는 블렌드 스페이스 애셋을 생성하고, 대기 애니메이션을 추가한 다음, 블렌드 스페이스에 대응되는 적절한 걷기 속도 값을 할당할 수 있도록 캐릭터 무브먼트(CharacterMovement) 컴포넌트를 업데이트할 것이다.

다음 단계에 따라 이번 실습을 완료할 수 있다.

1. 콘텐츠 드로어Content Drawer 창에서 /MainCharacter/Animation 폴더로 이동한다. 이 위치는 이전 장에서 임포트한 모든 애니메이션이 위치한 곳이다.

2. 이제 콘텐츠 드로어 창에서 마우스 오른쪽 버튼을 클릭하고, 드롭다운 메뉴에서 애니메이션Animation 옵션에 마우스 포인터를 가져간 다음, 나타나는 메뉴에서 블렌드 스페이스 1DBlend Space 1D를 선택한다.

3. UE4_Mannequin_Skeleton이 아니라 MainCharacter_Skeleton을 블렌드 스페이스의 스켈레톤으로 선택한다.

NOTE

> 스켈레톤을 잘못 적용하면 블렌드 스페이스나 애니메이션 블루프린트 등의 애셋에서 스켈레톤을 선택할 때 플레이어 캐릭터와 커스텀 스켈레탈 메시에 대해 블렌드 스페이스가 제대로 동작하지 않는다. 여기서(이 메뉴에서) 이 애셋과 호환되는 스켈레톤을 설정한다. 이 설정을 통해 블렌드 스페이스에서는 이 스켈레톤을 위해 제작된 애니메이션을 사용할 수 있고, 애니메이션이 다른 부분과 호환되는지 확인할 수 있다.

4. 이 블렌드 스페이스 애셋을 SideScroller_IdleRun_1D로 지정한다.

5. 이어서 SideScroller_IdleRun_1D 블렌드 스페이스 애셋을 연다. 그러면 미리보기 창 아래에서 단일 축 그래프를 확인할 수 있을 것이다.

그림 11.6 UE5에서 블렌드 스페이스를 생성하는 데 사용되는 편집 도구

에디터 왼쪽 메뉴에는 **Axis Settings** 카테고리가 있는 **애셋 디테일**^{Asset Details} 패널이 있다. 여기서 축^{axis}의 이름(레이블^{label})을 지정하고 나중에 플레이어 캐릭터의 애니메 이션 블루프린트에서 사용할 최솟값, 최댓값을 설정할 수 있다. **가로축**^{Horizontal Axis} 의 기본값 설정을 위해 아래 그림을 참고하자.

그림 11.7 블렌드 스페이스의 축에 영향을 미치는 Axis Settings

6. 이제 **가로축**^{Horizontal Axis}의 이름을 Speed로 지정한다.

그림 11.8 이제 Speed로 이름이 변경된 가로축

7. 다음 단계는 **Minimum Axis Value**와 **Maximum Axis Value**를 설정하는 것이다. 플레이어 캐릭터가 대기 상태에서는 움직이지 않기 때문에 최솟값은 기본값인 0.0f로 설정한다.

그렇다면 **Maximum Axis Value**는 어떨까? 이 값은 다음 내용을 고려해야 하므로 다소 까다롭다.

- 왼쪽 **Shift** 키를 누르고 있을 때 더 빠르게 움직일 수 있도록 캐릭터에 대한 전력 질주 동작을 지원한다. **Shift** 키를 해제하면 기본 걷기 속도로 돌아간다.

- 걷기 속도는 캐릭터가 사용하는 캐릭터 무브먼트 컴포넌트의 **Max Walk Speed** 파라미터와 일치해야 한다.

- **Maximum Axis Value**를 설정하기 전에 캐릭터의 **Max Walk Speed**를 슈퍼 사이드 스크롤러 게임에 적합한 값으로 설정해야 한다.

8. 이를 위해 /Game/MainCharacter/Blueprints/ 폴더로 이동해 BP_SuperSideScroller_MainCharacter 블루프린트를 연다.

9. Chracter Movement 컴포넌트를 선택한 다음, **디테일**^{Details} 패널에서 **Character Movement: Walking** 카테고리 아래에 있는 **Max Walk Speed** 파라미터를 찾고, 이 값을 300.0f로 설정한다.

   Max Walk Speed 파라미터를 설정한 다음, SideScroller_IdleRun_1D 블렌드 스페이스로 되돌아가서 **Maximum Axis Value** 파라미터를 설정한다. 걷기 속도가 300.0f라면 최댓값은 얼마여야 할까? 플레이어 캐릭터의 전력 질주를 지원한다는 것을 고려한다면, 이 최댓값은 걷기 속도보다는 큰 값이어야 할 것이다.

10. **Maximum Axis Value** 파라미터의 값을 500.0f로 설정한다.

11. 마지막으로, **Number of Grid Divisions** 파라미터의 값을 5로 설정한다. 이렇게 설정하면 최댓값이 500.0f이므로 각 디비전^(분할된 영역) 사이의 간격을 100 단위로 둘 수 있어 작업하기가 더 수월해진다. 따라서 격자 위치를 기준으로 이동 애니메이션을 확인할 때 유용하다.

12. 나머지 속성은 기본값으로 둔다.

그림 11.9 블렌드 스페이스의 최종 Axis Settings

여기서 설정한 것을 살펴보면, 블렌드 스페이스에서 `0.0f`와 `500.0f` 사이의 입력 값을 사용해 다음 단계와 활동에서 배치할 애니메이션 사이를 블렌딩하도록 지시했다. 격자를 5개로 분할하면, 축 그래프를 따라 정확한 소수점 값에 필요한 애니메이션을 쉽게 추가할 수 있다.

축 그래프에 첫 번째 애니메이션인 대기 애니메이션을 추가해보자.

13. 격자 메뉴 오른쪽에 **애셋 브라우저**^{Asset Browser} 탭이 있으며 10장, '슈퍼 사이드 스크롤러 게임 만들기'에서 임포트한 플레이어 캐릭터의 모든 애니메이션이 포함된 목록을 확인할 수 있다. 이 목록을 볼 수 있는 것은 블렌드 스페이스를 생성할 때 `MainCharacter_Skeleton`을 선택했기 때문이다.

14. 다음으로, 대기 애니메이션을 격자의 위치 `0.0`에 드래그한다.

그림 11.10 대기 애니메이션을 격자 위치 0.0에 드래그하기

이 애니메이션을 격자 메뉴에 드래그하면, 그리드 포인트grid point에 스내핑snapping 되는 것을 볼 수 있을 것이다. 블렌드 스페이스에 애니메이션을 추가하면, 플레이어 캐릭터의 자세가 기본 T-포즈에서 대기 애니메이션을 재생하는 것으로 변경된다.

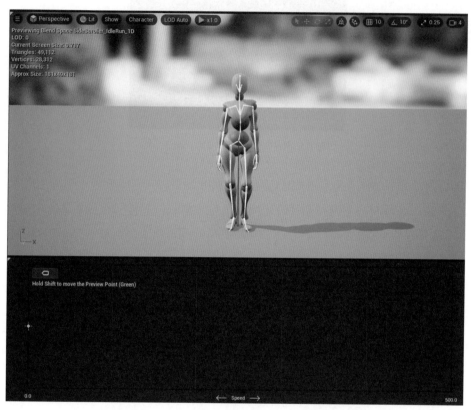

그림 11.11 대기 애니메이션이 블렌드 스페이스 1D에 추가돼 플레이어 캐릭터가 애니메이션을 재생하기 시작한 모습

이것으로 이번 실습을 마친다. 이번 실습을 통해 블렌드 스페이스 1D를 생성하는 방법을 이해하고, 이것보다 더 중요한 블렌드 스페이스 1D와 일반 블렌드 스페이스의 차이점을 이해했을 것이다. 또한 플레이어 캐릭터 무브먼트 컴포넌트와 블렌드 스페이스의 값을 일치(정렬)시키는 것이 중요한 이유와 캐릭터의 걷기 속도와 블렌드 스페이스의 값이 적절하게 연결돼 있는지 확인해야 하는 이유를 배웠다.

이제 이 장의 첫 번째 활동으로 넘어가보자. 활동에서는 대기 애니메이션을 추가했던 것과 같은 방법으로 남아 있는 걷기와 달리기 애니메이션을 블렌드 스페이스에 적용하는 내용을 진행한다.

활동 11.01: 걷기와 달리기 애니메이션을 블렌드 스페이스에 추가하기

1차원의 이동 블렌드 스페이스는 지금까지 캐릭터와 함께 잘 제작되고 있다. 하지만 아직 걷기와 달리기 애니메이션이 빠져 있다. 이번 활동에서는 메인 캐릭터에 적합하도록 가로축의 적절한 값에 이 애니메이션들을 추가해 블렌드 스페이스 작업을 완료할 것이다.

'실습 11.01: CharacterMovement 블렌드 스페이스 1D 생성하기'에서 배운 내용을 사용해 다음 단계에 따라 캐릭터 이동 블렌드 스페이스를 마무리해보자.

1. '실습 11.01: CharacterMovement 블렌드 스페이스 1D 생성하기'에 이어서 **애셋 브라우저**^{Asset Browser}로 이동한다.

2. 이제 걷기 애니메이션을 격자 위치 `300.0f`에 추가한다.

3. 마지막으로, 달리기 애니메이션을 격자 위치 `500.0f`에 추가한다.

> **NOTE**
>
> 격자 메뉴에서 초록색 점을 격자의 축을 따라 **Shift** 키를 누른 채 드래그하면 애니메이션이 블렌딩되는 모습을 확인할 수 있다는 점을 명심하자. 캐릭터 미리보기 창을 살펴보며 애니메이션이 제대로 변경되는지 확인해보자.

예상되는 결과는 다음과 같다.

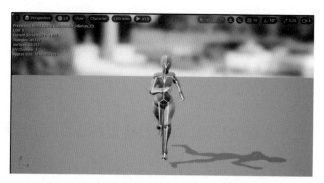

그림 11.12 블렌드 스페이스에서 확인한 달리기 애니메이션 모습

이것으로 이번 활동을 마친다. 이제 플레이어 캐릭터의 속도를 나타내는 가로축 값을 기반으로 대기에서 걷기 그리고 달리기로 캐릭터 이동 애니메이션을 적절하게 변경시키는 블렌드 스페이스가 준비됐다.

> **NOTE**
>
> 이번 활동의 솔루션은 깃허브(https://github.com/PacktPublishing/Elevating-Game-Experiences-with-Unreal-Engine-5-Second-Edition/tree/main/Activity%20solutions)에서 확인할 수 있다.

메인 캐릭터 애니메이션 블루프린트

애니메이션을 블렌드 스페이스로 추가했다. 그럼 이제 캐릭터가 레벨을 이동할 때 애니메이션이 동작하는 것을 볼 수 있을까? 아쉽게도 아직은 아니다. 에디터에서 레벨을 플레이하면 메인 캐릭터가 여전히 T-포즈 상태로 이동하는 것을 볼 수 있다. 이는 아직 애니메이션 블루프린트에서 블렌드 스페이스 애셋을 사용하라고 설정하지 않았기 때문이다. 이 내용은 이 장 후반부에서 작업한다.

애니메이션 블루프린트

지난 장에서 생성한 애니메이션 블루프린트를 바로 사용해보기 전에 이 유형의 블루프린트가 무엇이며, 제공하는 주요 기능에는 어떤 것들이 있는지 간략히 살펴보자. 애니메이션 블루프린트는 스켈레톤과 스켈레탈 메시[우리 프로젝트에서는 지난 장에서 임포트한 플레이어 캐릭터의 스켈레톤과 메시다]의 애니메이션을 제어할 수 있는 블루프린트 유형이다.

애니메이션 블루프린트는 2개의 주요 그래프로 구성된다.

- 이벤트 그래프

- 애님 그래프

이벤트 그래프^{Event Graph}는 게임플레이 로직을 작성하는 데 필요한 이벤트, 함수, 변수를 사용할 수 있는 일반 블루프린트처럼 동작한다. 반면에 애님 그래프^{Anim Graph}는 애니메이션 블루프린트에서만 제공하는 고유 기능이다. 여기서는 현재 프레임의 스켈레톤과 스켈레탈 메시의 최종 포즈를 결정하기 위한 로직을 작성한다. 바로 이 작업 공간에서 스테이트 머신, 애님 슬롯^{Anim Slot}, 블렌드 스페이스와 기타 애니메이션 관련 노드를 사용해 캐릭터의 최종 애니메이션으로 출력할 수 있다.

다음 예제를 살펴보자.

MainCharacter/Blueprints 디렉터리에 있는 `AnimBP_SuperSideScroller_MainCharacter` 애니메이션 블루프린트를 연다.

기본적으로 애님 그래프는 캐릭터 미리보기, **애셋 브라우저**^{Asset Browser} 탭, 메인 그래프를 볼 수 있는 곳에 열린다. 이 애님 그래프에서 플레이어 캐릭터가 레벨을 이동할 때 적절하게 애니메이션을 재생할 수 있도록 앞서 생성한 블렌드 스페이스를 사용할 수 있다.

다음 실습을 통해 이 작업을 진행해보고, 애니메이션 블루프린트를 더 살펴보자.

실습 11.02: 캐릭터 애니메이션 블루프린트에 블렌드 스페이스 추가하기

이번 실습에서는 애니메이션 블루프린트에 블렌드 스페이스를 추가하고 플레이어 캐릭터의 이동 속도를 기반으로 블렌드 스페이스를 제어하기 위해 필요한 변수를 준비한다. 애님 그래프에 블렌드 스페이스를 추가하는 것부터 시작해보자.

다음 단계에 따라 이번 실습을 완료할 수 있다.

1. 오른쪽에 있는 **애셋 브라우저** 창에서 SideScroller_IdleRun_1D 블렌드 스페이스 애셋을 애님 그래프로 드래그해 블렌드 스페이스를 애님 그래프에 추가한다.

   이 블렌드 스페이스 노드의 입력이 블렌드 스페이스 내의 가로축과 동일하게 Speed로 이름 붙여진 것을 볼 수 있다. **애셋 브라우저** 창에서 블렌드 스페이스를 확인하는 방법은 그림 11.13을 참고하자.

NOTE

가로축(Horizontal Axis)의 이름을 다르게 설정했으면, 블렌드 스페이스의 입력 파라미터 이름이 다르게 표시될 것이다.

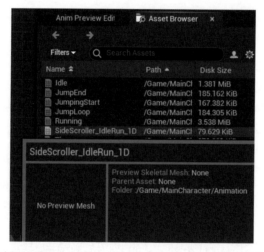

그림 11.13 애셋 브라우저를 통해 MainCharacter_Skeleton과 관련된 모든 애니메이션을 사용할 수 있다.

2. 다음으로, 블렌드 스페이스 노드의 출력 핀을 최종 애니메이션 포즈(Output Pose) 노드의 Result 핀에 연결한다. 이제 미리보기 창에 있는 애니메이션 포즈가 캐릭터의 대기 애니메이션 포즈를 보여준다.

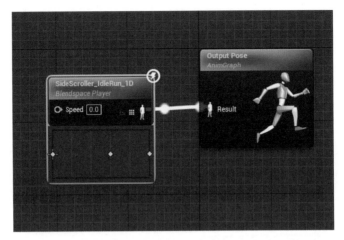

그림 11.14 이제 블렌드 스페이스를 일부(제한적으로) 제어할 수 있으며,
Speed 파라미터에 값을 직접 입력해 캐릭터의 이동 애니메이션을 업데이트할 수 있다.

3. 이제 레벨을 실행하고 플레이어 캐릭터를 이동시켜보면, T-포즈가 아니라 대기
애니메이션을 재생할 것이다.

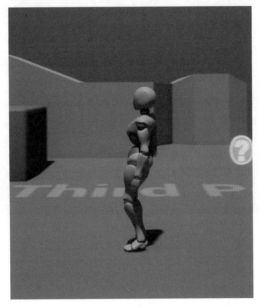

그림 11.15 게임에서 플레이어 캐릭터가 이제는 대기 애니메이션을 재생한다.

이제 블렌드 스페이스의 Speed 입력 변수를 통해 제어가 가능하다. 블렌드 스페이스를 제대로 사용하려면, 캐릭터의 이동 속도를 저장해 이 값을 블렌드 스페이스의 Speed 입력 파라미터에 전달하는 방법이 필요하다.

4. 애니메이션 블루프린트의 이벤트 그래프로 이동한다. 기본적으로 Blueprint Update Animation 이벤트와 Try Get Pawn Owner 순수 함수가 배치돼 있을 것이다. 다음 스크린샷은 이벤트 그래프의 기본 설정을 보여준다. Blueprint Update Animation 이벤트는 애니메이션이 업데이트되는 매 프레임 실행되고, 업데이트되는 매 프레임 사이의 Delta Time을 반환한다. Try Get Pawn Owner 함수는 이 애니메이션 블루프린트를 소유하는 폰을 반환한다. 더 많은 정보를 얻어오기 전에 이 애니메이션을 소유하는 폰이 SuperSideScroller 플레이어 캐릭터 블루프린트 클래스인지 확인해야 한다.

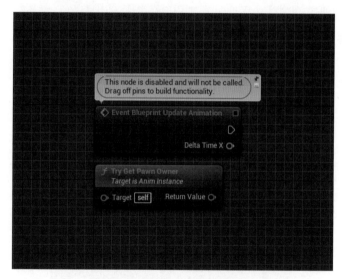

그림 11.16 애니메이션 블루프린트는 이벤트 그래프에서 사용할 수 있도록 이 이벤트와 함수를 기본적으로 포함한다.

NOTE

UE5에서 순수(Pure) 함수와 비순수(Impure) 함수의 가장 큰 차이점은 순수 함수는 함수가 포함하는 로직이 변수나 사용 중인 클래스의 멤버를 수정하지 않는다는 점이다. Try Get Pawn Owner 함수는 단순히 애니메이션 블루프린트를 소유하는 폰(Pawn)의 참조를 반환한다. 비순수 함수는 이런 제약이 없으며, 원하는 변수나 멤버를 자유롭게 수정할 수 있다.

5. Try Get Pawn Owner 함수의 Return Value에서 드래그한 다음, 클릭을 해제하면 콘텍스트에 따라(Context Sensitive) 메뉴가 나타나는데, 여기서 SuperSideScrollerCharacter로 형 변환하는 노드를 검색한다.

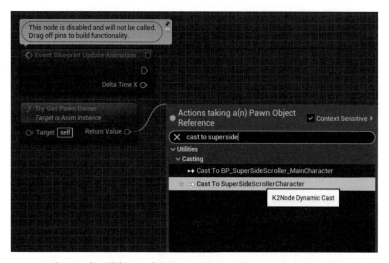

그림 11.17 형 변환(Casting)에서는 작업하려는 정확한 클래스를 확인해준다.

6. Blueprint Update Animation 이벤트의 실행 핀을 형 변환 노드의 입력 핀과 연결한다.

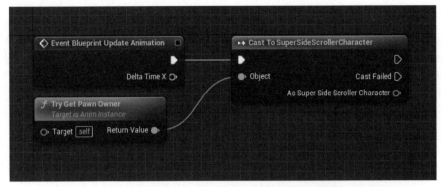

그림 11.18 이벤트 그래프에서 Try Get Pawn Owner 함수를 사용해 반환된 폰 객체를
SuperSideScrollerCharacter 클래스로 형 변환하기

이전 장에서 생성했던 캐릭터 블루프린트는 SuperSideScrollerCharacter 클래스를 상속한다. 이 애니메이션을 소유하는 폰은 BP_SuperSideScroller_MainCharacter 인데, 이 블루프린트 역시 SuperSideScrollerCharacter 클래스를 상속하므로 형 변환에 성공할 것이다.

7. 이어서 형 변환의 반환 값을 자체 변수에 저장한다. 이렇게 하면, 애니메이션 블루프린트에서 재사용이 필요할 때 이 변수를 사용할 수 있다. 그림 11.19를 참고해 새 변수의 이름을 MainCharacter로 설정한 것을 확인하자.

NOTE

형 변환 노드의 반환 값에서 마우스 오른쪽 버튼을 클릭해 얻을 수 있는 콘텍스트 메뉴에서 **변수로 승격**(Promote to Variable) 옵션을 사용하면 저장하려는 값에 알맞은 타입을 자체 변수에 저장할 수 있다.

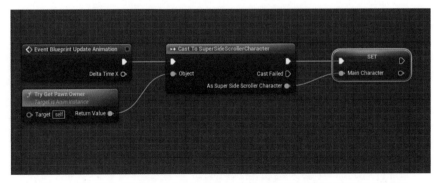

그림 11.19 형 변환에 성공하면 이 애니메이션을 소유하는 캐릭터를 저장해 재사용이 가능하다.

8. 이제 캐릭터의 속도를 추적해보자. MainCharacter 변수에서 Get Velocity 함수를 사용한다. Actor 클래스를 상속하는 모든 객체(Actor 및 Actor 클래스를 상속하는 모든 객체)는 이 함수를 사용할 수 있으며, 이 객체가 이동하는 방향 벡터와 크기를 반환한다.

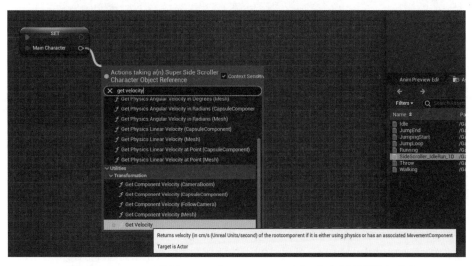

그림 11.20 GetVelocity 함수는 Utilities/Transformation 카테고리 아래에서 찾을 수 있다.

9. Get Velocity에서 VectorLength 함수를 사용하면 실제 속도를 얻을 수 있다.

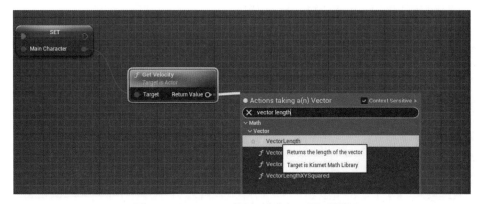

그림 11.21 VectorLength 함수는 벡터의 크기를 반환한다.

10. 그런 다음, VectorLength 함수의 Return Value를 Speed라는 이름의 자체 변수로 승격해 저장할 수 있다.

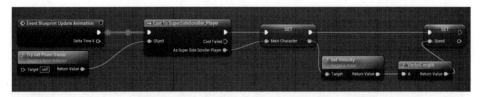

그림 11.22 모든 액터는 Get Velocity 함수를 가진다.

이번 실습에서는 GetVelocity 함수를 사용해 플레이어 캐릭터의 속도를 얻을 수 있었다. VectorLength 함수를 이용하면 GetVelocity 함수에서 반환하는 벡터의 길이를 계산할 수 있다. 이 값을 Speed 변수에 저장하면, 애니메이션 블루프린트의 애님 그래프에서 이 값을 참조해 블렌드 스페이스를 업데이트할 수 있다. 이 내용은 다음 실습에서 진행한다.

속도 벡터란?

다음 단계로 넘어가기에 앞서, 캐릭터의 속도를 얻고 이 벡터의 벡터 길이를 Speed 변수에 저장하면 어떤 작업이 이뤄지는지를 살펴보자.

속도^{velocity}란 무엇일까? 속도는 크기^{magnitude}와 방향^{direction}을 가진 벡터다. 다른 방식으로 생각해보면, 벡터를 화살표처럼 그릴 수 있다.

화살표의 길이는 크기 또는 강도를 나타내며, 화살표의 방향은 벡터의 방향을 나타낸다. 따라서 플레이어 캐릭터가 얼마나 빨리 이동하는지를 알고 싶다면, 이 벡터의 길이를 구해야 한다. 바로 이 내용이 GetVelocity 함수를 사용해 반환된 속도 벡터에 VectorLength 함수를 사용해 벡터의 길이를 구할 때 수행하는 작업이다. 이를 통해 캐릭터의 Speed 변수 값을 구한다. 다음 그림의 예와 같이 이렇게 구한 값을 변수에 저장하고 이 값을 사용해 블렌드 스페이스를 제어하는 이유가 여기에 있다. 다음 그림에서 한 벡터는 크기가 100이고 양의 방향^{오른쪽}을 가리키며, 다른 벡터는 크기가 35이고 음의 방향^(왼쪽)을 가리킨다.

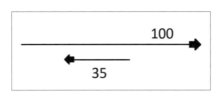

그림 11.23 2개의 다른 벡터를 보여주는 그림

다음 실습에서는 플레이어 캐릭터의 Velocity 파라미터의 VectorLength 함수에서 값을 저장한 Speed 변수를 이용해 블렌드 스페이스 1D가 캐릭터 애니메이션을 재생할 수 있도록 하는 과정을 진행한다.

실습 11.03: 블렌드 스페이스에 캐릭터의 Speed 변수 전달하기

이를 통해 벡터를 더 잘 이해할 수 있을 것이다. 또한 이전 실습을 통해 플레이어 캐릭터의 Speed 변수를 저장하는 방법을 익혔다. 이제 다음 단계에 따라 이 장 초반에 생성한 블렌드 스페이스 1D에 속도를 저장할 수 있다.

다음 단계에 따라 이번 실습을 완료할 수 있다.

1. AnimBP_SuperSideScroller_ MainCharacter 애니메이션 블루프린트에서 애님 그래 프로 이동한다.

2. 애님 그래프에서 Speed 변수를 사용해 블렌드 스페이스를 실시간으로 업데이트하 기 위해 Speed 변수를 그래프로 드래그하고 이 변수를 Blendspace Player 함수의 입력에 연결한다.

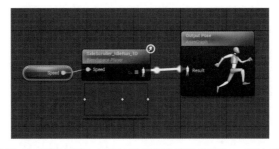

그림 11.24 매 프레임 블렌드 스페이스를 업데이트하기 위해 Speed 변수 활용하기

3. 이어서 애니메이션 블루프린트를 컴파일한다.

이제 플레이어 캐릭터의 속도를 기반으로 블렌드 스페이스를 업데이트하는 기능을 추가했다. 레벨을 플레이하면, 캐릭터가 대기 상태에 있다가 움직이면 걷기 애니메이션을 재생하는 것을 확인할 수 있다.

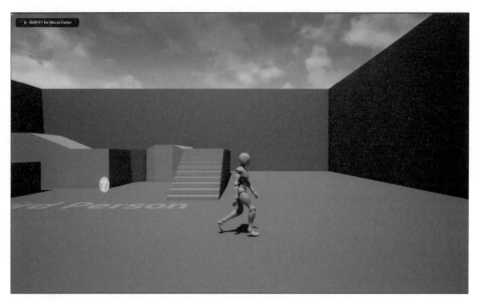

그림 11.25 드디어 레벨을 걷는 플레이어 캐릭터의 모습

마침내 메인 캐릭터가 이동 속도를 기반으로 이동 애니메이션을 사용하게 됐다. 다음 활동에서는 블렌드 스페이스에서 캐릭터의 달리기 애니메이션을 볼 수 있도록 캐릭터 무브먼트 컴포넌트를 업데이트한다.

활동 11.02: 게임에서 달리는 애니메이션 미리보기

애니메이션 블루프린트를 업데이트하고 플레이어 캐릭터의 속도를 구하면, 게임에서 대기와 걷기 애니메이션을 미리 볼 수 있다.

이번 활동에서는 게임에서 달리기 애니메이션도 확인할 수 있도록, 플레이어 캐릭터 블루프린트의 캐릭터 무브먼트Character Movement 컴포넌트를 업데이트한다.

다음 단계에 따라 이번 활동을 완료할 수 있다.

1. BP_SuperSideScroller_MainCharacter 블루프린트로 이동해 이 블루프린트를 연다.

2. 캐릭터 무브먼트 컴포넌트를 선택한다.

3. **Max Walk Speed** 파라미터의 값을 500.0으로 변경한다. 이렇게 설정하면, 캐릭터가 대기에서 걷기 그리고 달리기 애니메이션까지 변경하는 데 필요한 충분한 빠르기를 얻을 수 있다.

이번 활동을 마치면, 플레이어 캐릭터가 게임에서 달리기 애니메이션을 재생할 수 있는 속도에 도달할 수 있다.

다음은 예상 결과 화면이다.

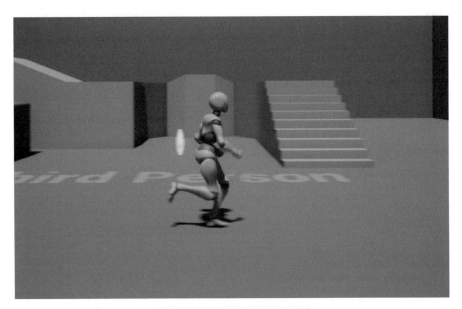

그림 11.26 플레이어 캐릭터의 달리기

NOTE

이번 활동의 솔루션은 깃허브(https://github.com/PacktPublishing/Elevating-Game-Experiences-with-Unreal-Engine-5-Second-Edition/tree/main/Activity%20solutions)에서 확인할 수 있다.

이것으로 대기에서 걷기 그리고 달리기 애니메이션으로 변경되는 플레이어 캐릭터의 이동 기능을 완료했다. 이제 다음 단계로 넘어가서 플레이어 캐릭터가 전력 질주해 더 빠르게 이동할 수 있는 기능을 추가해보자.

향상된 입력 시스템

모든 게임에는 플레이어의 입력이 필요하다. 플레이어 캐릭터의 이동을 위해 **W, A, S, D** 키와 같은 키보드의 키나 컨트롤러의 썸스틱^{thumb stick} 등과 같은 입력이 필요하다. 비디오 게임을 상호작용형 경험으로 만들어주는 특징이 바로 여기에 있다. 플레이어 캐릭터의 전력 질주 동작을 위한 입력 바인딩을 추가하기 위해 향상된 입력 시스템^{Enhanced Input System}을 사용할 것이다. 향상된 입력 시스템 플러그인을 활성화하고 설정하는 내용이 필요한 경우에는 4장, '플레이어 입력 시작'을 다시 살펴보길 바란다. 이 장을 진행하기 위해 향상된 입력 시스템 플러그인이 활성화된 상태라고 가정한다.

UE5는 키보드, 마우스, 게임패드와 그 외 액션^{action} 및 축^{axis}에 이름을 붙여 다양한 유형의 컨트롤을 매핑할 수 있는 기능을 제공한다. 그런 다음, 이런 입력을 블루프린트나 C++에서 참조해 캐릭터 및 게임플레이 기능에 활용할 수 있다. 각각의 고유한 액션 또는 축 매핑에 하나 이상의 키 바인딩을 설정할 수 있으며, 여러 매핑에 동일한 키 바인딩을 사용할 수 있다는 점을 이해하는 것이 중요하다. 입력 바인딩은 DefaultInput.ini라는 이름의 초기화 파일에 저장되며 프로젝트 디렉터리의 Config 폴더에서 찾을 수 있다.

> **NOTE**
>
> 입력 바인딩은 DefaultInput.ini 파일을 통해 직접 수정하거나 에디터의 **프로젝트 세팅**(Project Settings)을 통해 수정할 수 있다. **프로젝트 세팅**을 통해 수정하는 방법이 더 쉽고 오류가 적다.

다음 실습을 통해 플레이어 캐릭터의 전력 질주 기능을 위한 입력 바인딩을 추가해보자.

실습 11.04: 전력 질주를 위한 입력 추가하기

레벨을 이동하는 플레이어 캐릭터가 준비됐다. 이제 SuperSideScrollerCharacter C++ 클래스를 상속하는 플레이어 캐릭터를 위해 별도의 캐릭터 클래스를 구현할 것이다. 이 렇게 하는 이유는 이렇게 구현해야 나중에 블루프린트 클래스에만 의존하지 않고 캐릭 터 클래스와 적 클래스를 쉽게 구분할 수 있기 때문이다.

별도의 C++ 캐릭터 클래스를 생성하는 동안, 플레이어 캐릭터가 원하는 대로 걷고 전력 질주할 수 있도록 전력 질주 동작을 구현할 것이다.

먼저 전력 질주 동작에 필요한 입력 바인딩을 추가하는 것부터 시작해보자.

1. **콘텐츠 드로어**^{Content Drawer} 창에서 Content 디렉터리로 이동한 다음, Input이라는 이름의 폴더를 생성한다.

2. Input 디렉터리에서 Sprint라는 이름의 폴더를 생성한다. 이 폴더에 입력 액션 및 입력 매핑 콘텍스트 애셋을 생성할 것이다.

3. Sprint 폴더에서 마우스 오른쪽 버튼을 클릭하고 **입력**^{Input} 카테고리에서 **입력 액션** ^{Input Action} 메뉴를 찾아 선택한다. 다음 그림을 참고하자.

그림 11.27 입력 액션 클래스

4. 이 입력 액션의 이름을 IA_Sprint로 지정하고 애셋을 연다.

5. **트리거**^{Triggers} 섹션에서 + 아이콘을 클릭해 새 트리거를 생성한다. **Index[0]** 파라미 터에서 **Down** 타입을 선택한다.

그림 11.28 Down 트리거 타입을 사용하는 IA_Sprint 입력 액션 클래스

이제 **입력 액션**이 준비됐다. 이어서 **입력 액션 콘텍스트**^{Input Mapping Context} 애셋을 생성하고 여기에 입력 액션을 추가해보자.

6. **Input** 디렉터리에서 마우스 오른쪽 버튼을 클릭하고 입력 카테고리에서 **입력 매핑 콘텍스트**^{Input Mapping Context}를 찾아 선택한다. 다음 그림을 참고하자.

그림 11.29 입력 매핑 콘텍스트 클래스

7. 생성된 **입력 액션 콘텍스트**의 이름을 IC_SideScrollerCharacter로 지정하고 애셋을 연다.

8. **매핑**^{Mappings} 섹션에서 **+** 버튼을 클릭해 새 매핑을 추가하고 IA_Sprint를 할당한다.

9. 다음으로, 전력 질주 동작에 사용하기 위해 왼쪽 **Shift** 키를 바인딩하려고 한다.

10. **트리거** 섹션에서 **+** 아이콘을 클릭해 새 트리거를 추가한다. **Index[0]** 파라미터에서 **Down** 타입을 선택한다. 입력 액션 콘텍스트의 설정은 다음과 같다.

456

그림 11.30 IA_Sprint 입력 액션 매핑을 사용하는 IC_SideScrollerCharacter

전력 질주를 위한 입력 바인딩 설정이 완료됐으면, 이제 SuperSideScrollerCharac ter 클래스를 기반으로 하는 플레이어 캐릭터를 위한 C++ 클래스를 생성해보자.

11. Enhanced Input 플러그인이 포함되도록 SuperSideScroller.Build.cs 파일이 업데이트됐는지 확인한다. 이 플러그인이 포함되지 않았으면, 컴파일에 실패할 것이다. public SuperSideScroller (ReadOnlyTargetRules Target) : base(Target) 함수에 다음 코드가 있는지 확인하고, 없으면 추가한다.

```
PrivateDependencyModuleNames.AddRange(new string[] {"EnhancedInput"});
```

12. 그런 다음, 에디터로 돌아와 **Tools**를 선택하고 드롭다운 메뉴에서 **새 C++ 클래스** New C++ Class 옵션을 선택한다.

13. 새 플레이어 캐릭터는 SuperSideScrollerCharacter를 부모 클래스로 상속한다. 이는 SuperSideScrollerCharacter 클래스가 플레이어 캐릭터에 필요한 주요 기능을 포함하고 있기 때문이다. 부모 클래스를 선택하고, **다음**Next 버튼을 클릭한다. 다음 스크린샷은 SuperSideScrollerCharacter 클래스를 찾을 수 있는 위치를 보여준다.

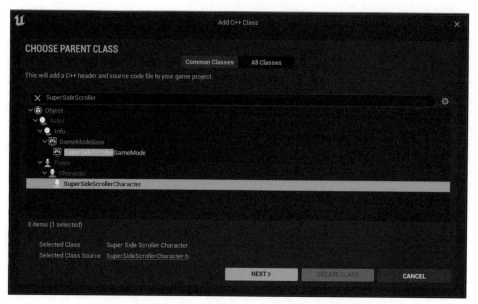

그림 11.31 SuperSideScrollerCharacter 부모 클래스 선택하기

14. 이 새 클래스의 이름을 SuperSideScroller_Player라고 지정한다. 이 새 클래스를 저장할 파일 디렉터리의 수정이 필요하지 않다면, 경로는 언리얼 엔진에서 제공하는 기본 경로 그대로 둔다. 새 클래스의 이름과 새 클래스가 저장될 디렉터리를 선택했으면 **클래스 생성**^{Create Class}을 클릭한다.

클래스 생성을 선택하면, 언리얼 엔진이 소스와 헤더 파일을 생성하고 비주얼 스튜디오에서 자동으로 이 파일을 연다. 그럼 헤더 파일과 소스 파일 모두 비어 있는 것을 볼 수 있다. SuperSideScrollerCharacter 클래스를 상속하고 필요한 로직 대부분이 부모 클래스에서 처리되므로 비어 있어도 괜찮다.

15. SuperSideScroller_Player에서는 상속한 기능 외에 필요한 기능만 추가할 것이다. SuperSideScroller_Player.h 파일에서 상속이 처리되는 코드 라인을 확인할 수 있다.

```
class SUPERSIDESCROLLER_API ASuperSideScroller_Player :
public ASuperSideScrollerCharacter
```

이 클래스 선언은 새 ASuperSideScroller_Player 클래스가 ASuperSideScrollerCha racter 클래스를 상속한다는 것을 보여준다.

이것으로 이번 실습을 마친다. 이번 실습을 통해 전력 질주 메카닉(동작)을 위한 향상된 입력 바인딩을 추가했으며, 이 입력 바인딩을 나중에 C++에서 참조해 플레이어가 전력 질주하는 데 사용할 것이다. 또한 전력 질주 기능을 위한 코드를 업데이트할 수 있는 플레이어 캐릭터를 위한 C++ 클래스도 생성했다. 하지만 먼저 블루프린트 캐릭터 클래스와 애니메이션 블루프린트에서 이 새 클래스를 참조하도록 해야 한다. 이 작업은 다음 실습을 통해 진행해보자.

블루프린트의 부모 클래스를 새 클래스로 재설정하면 어떻게 될까? 모든 블루프린트는 부모 클래스를 상속한다. 상속하는 부모 클래스는 대부분 Actor 클래스지만, 캐릭터 블루프린트의 부모 클래스는 SuperSideScrollerCharacter다. 부모 클래스를 상속하면 그 클래스의 기능과 변수를 상속할 수 있으므로 이를 블루프린트 수준에서 재사용할 수 있다.

예를 들어 SuperSideScrollerCharacter 클래스를 상속하는 블루프린트는 CharacterMove ment 컴포넌트와 Mesh 스켈레탈 메시 컴포넌트 등의 컴포넌트를 상속하며, 이를 블루프린트에서 수정할 수 있다.

실습 11.05: 캐릭터 블루프린트의 부모 클래스 재설정하기

이제 플레이어 캐릭터를 위한 새 캐릭터 클래스를 생성했으니, SuperSideScroller_ Player 클래스를 부모 클래스로 사용하도록 BP_SuperSideScroller_MainCharacter 블루프린트를 업데이트해야 한다. 부모 클래스를 재설정하지 않으면, 새 클래스에 추가한 로직이 블루프린트로 만든 캐릭터에 적용되지 않는다.

다음 단계에 따라 블루프린트의 부모 클래스를 새 캐릭터 클래스로 재설정할 수 있다.

1. /Game/MainCharacter/Blueprints/ 경로로 이동해 BP_SuperSideScroller_Main Character 블루프린트를 연다.

2. 툴바에서 **파일**^File 옵션을 선택하고, 드롭다운 메뉴에서 **블루프린트 부모 변경**^Reparent ^Blueprint 옵션을 선택한다.

3. **블루프린트 부모 변경** 옵션을 선택하면, 언리얼 엔진이 블루프린트에서 상속할 새 클래스를 물어볼 것이다. 그러면 SuperSideScroller_Player를 찾아 선택한다.

   블루프린트의 새 부모 클래스를 선택하면, 언리얼 엔진이 블루프린트를 다시 로드 하고 컴파일도 다시 처리한다. 두 작업 모두 자동으로 처리할 것이다.

> **NOTE**
>
> 블루프린트의 부모 클래스를 재설정할 때는 컴파일 오류가 발생할 수 있고 설정이 지워지거나 클래스 기본 설정 값으로 되돌아갈 수 있기 때문에 항상 주의해야 한다. 언리얼 엔진은 부모 클래스를 새 클래스로 설정한 다음, 블루프린트를 컴파일한 후에 발생할 수 있는 경고 및 오류 메시지를 모두 보여준다. 일반적으로 이런 경고 및 오류는 블루프린트에서 참조하는 다른 클래스의 멤버나 변수가 새 클래스에 없을 때 발생한다. 컴파일 오류가 발생하지 않더라도, 블루프린트에 추가한 로직 및 설정이 부모 클래스를 다시 설정한 후에도 문제없이 잘 동작하는지 확인하는 것이 좋다.

이제 캐릭터 블루프린트의 부모 클래스를 새 SuperSideScroller_Player 클래스로 정확하게 재설정했으니, AnimBP_SuperSideScroller_MainCharacter 애니메이션 블 루프린트에서 Try Get Pawn Owner 함수를 사용할 때 정확한 클래스로 형 변환하도 록 애니메이션 블루프린트도 업데이트해야 한다.

4. 다음으로 /MainCharacter/Blueprints/ 디렉터리로 이동해 AnimBP_SuperSideScro ller_MainCharacter 애니메이션 블루프린트를 연다.

5. 이벤트 그래프를 연다. Try Get Pawn Owner 함수의 Return Value 핀에서 SuperSide Scroller_Player로 형 변환(Cast To SuperSideScroller_Player) 노드를 검색한다.

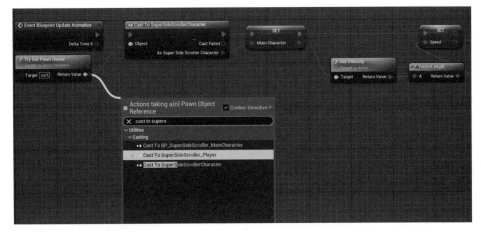

그림 11.32 새 SuperSideScroller_Player 클래스로 형 변환하기

6. 이제 SuperSideScroller_Player로 형 변환 노드의 출력 핀을 MainCharacter 변수에 연결한다. MainCharacter 변수는 SuperSideScrollerCharacter 타입이고 SuperSide Scroller_Player 클래스는 SuperSideScrollerCharacter 클래스를 상속하기 때문에 이 로직이 문제없이 동작한다.

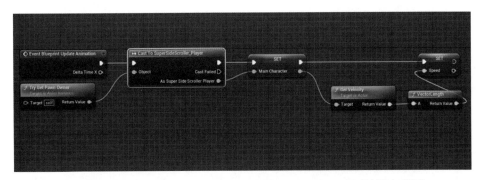

그림 11.33 SuperSideScroller_Player는 SuperSideScrollerCharacter를 상속하기 때문에 MainCharacter 변수를 여전히 사용할 수 있다.

이것으로 BP_SuperSideScroller_MainCharacter 캐릭터 블루프린트와 AnimBP_Super SideScroller_MainCharacter 애니메이션 블루프린트 모두가 새로 추가한 SuperSi deScroller_Player 클래스를 사용하기 위한 과정을 완료했다. 이제 C++로 이동해 캐릭터의 전력 질주 기능을 안전하게 코딩할 수 있다.

실습 11.06: 캐릭터 전력 질주 기능 코딩하기

이전 실습을 통해 블루프린트에서 새 SuperSideScroller_Player 클래스를 참조하도록 구현했다. 이제 플레이어 캐릭터가 전력 질주할 수 있도록 기능을 추가할 차례다.

다음 단계에 따라 캐릭터에 전력 질주 기능을 추가해보자.

1. 가장 먼저 작업할 것은 SuperSideScroller_Player 클래스의 생성자다. 비주얼 스튜디오로 돌아가 SuperSideScroller_Player.h 파일을 연다.

2. 이번 실습에서는 이후에 변수의 초기 값을 설정하는 데 생성자를 사용할 것이다. 일단 지금은 빈 상태의 생성자다. 다음 코드와 같이 public 한정자 아래에 선언이 작성돼 있는 것을 볼 수 있다.

```
// 생성자
ASuperSideScroller_Player();
```

3. 생성자가 선언된 상태에서 SuperSideScroller_Player.cpp 소스 파일에 생성자 함수 구현을 추가한다.

```
ASuperSideScroller_Player::ASuperSideScroller_Player()
{

}
```

생성자를 추가했으면, SetupPlayerInputComponent 함수를 생성하고 앞서 추가했던 키 바인딩을 사용해 SuperSideScroller_Player 클래스에서 함수를 호출할 시점이다.

SetupPlayerInputComponent 함수는 캐릭터 클래스에 기본적으로 내장된 함수이므로 virtual 함수로 선언하고 override 구문을 추가해야 한다. 이렇게 선언하면 새 클래스에서 이 함수를 사용하며 함수의 기능을 재정의할 예정이라는 것을 언리얼 엔진에 전달할 수 있다. protected 한정자 아래에 함수 선언을 추가한다.

4. SetupPlayerInputComponent 함수를 사용하려면 UInputComponent 클래스의 객체를 함수에 전달해야 한다.

```
protected:
// 플레이어 입력 컴포넌트를 설정하기 위해 부모 캐릭터 클래스의 함수를 재정의한다
virtual void SetupPlayerInputComponent(class UInputComponent*
  PlayerInputComponent) override;
```

UInputComponent* PlayerInputComponent 변수는 ASuperSideScroller_Player() 클래스가 상속하는 UCharacter 기본 클래스에서 제공하기 때문에 SetupPlayerInput Component() 함수의 입력 파라미터로 사용해야 한다. 다른 이름을 사용하면 컴파일 오류가 발생한다.

5. 이제 소스 파일에서 SetupPlayerInputComponent 함수의 정의를 추가한다. 이 함수의 본문에서 Super 키워드를 사용해 호출한다.

```
// 항상 필요하지는 않지만, Super 키워드를 사용해 부모 클래스의 함수를 호출하는 것이 좋다
Super::SetupPlayerInputComponent(PlayerInputComponent);
```

Super 키워드를 사용하면 SetupPlayerInputComponent 부모 메서드(함수)를 호출할 수 있다. SetupPlayerInputComponent 함수가 준비된 상태에서 컴파일 오류 없이 이번 실습을 이어가려면 다음의 헤더 파일을 포함시켜야 한다.

- #include "Components/InputComponent.h"

- #include "GameFramework/CharacterMovementComponent.h"

다음에 생성할 전력 질주 함수(Sprint 함수)에서 입력 컴포넌트에 키 매핑을 바인딩하려면 헤더를 추가해야 한다. 전력 질주 함수에서 플레이어가 전력 질주하는지에 따라 **Max Walk Speed** 파라미터를 변경해야 하므로 Character Movement 컴포넌트의 헤더가 필요하다.

```
#include "SuperSideScroller_Player.h"
#include "Components/InputComponent"
#include "GameFramework/CharacterMovementComponent.h"
```

SuperSideScroller_Player 클래스의 소스 파일에 포함시킨 헤더를 사용해 플레이어 캐릭터를 더 빠르게 이동시키기 위해 사용할 전력 질주 함수를 만들 수 있다.

필요한 변수와 함수를 선언하는 것부터 시작해보자.

6. SuperSideScroller_Player 클래스의 헤더 파일에서 private 한정자 아래에 bIsSprinting이라는 이름의 새 불리언 변수를 선언한다. 이 변수는 이동 속도를 변경하기 전에 플레이어 캐릭터가 전력 질주하는지 여부를 확인하기 위한 안전장치로 사용할 것이다.

```
private:
// 전력 질주 중인지 확인하는 bool 변수. 안전장치
bool bIsSprinting;
```

7. 다음으로, 두 함수 Sprint();와 StopSprinting();을 새로 선언한다. 이 두 함수는 파라미터를 받지 않고 변환도 하지 않는다. 두 함수를 protected 한정자 아래에 선언한다.

```
// 전력 질주
void Sprint();

// 전력 질주 정지
void StopSprinting();
```

플레이어가 바인딩된 Sprint 키 매핑을 누르고 유지할 때 Sprint(); 함수가 호출되며, 플레이어가 연결된 키 매핑을 해제하면 StopSprinting() 함수가 호출된다.

8. Sprint(); 함수의 선언부터 시작해보자. SuperSideScroller_Player 클래스의 소스 파일에서 이 함수의 선언을 다음과 같이 추가한다.

```
void ASuperSideScroller_Player::Sprint()
{
}
```

9. 함수 안에서 먼저 bIsSprinting 변수의 값을 확인해야 한다. 플레이어가 전력 질주하지 않는 경우, 즉 bIsSprinting 값이 False이면 함수의 나머지 부분을 계속 진행한다.

10. if 구문에서 bIsSprinting 변수를 True로 설정한다. 그런 다음, GetCharacterMove ment() 함수를 사용해 MaxWalkSpeed 파라미터를 변경한다. MaxWalkSpeed 파라미터의 값은 500.0f로 설정한다. 이동 블렌드 스페이스의 **Maximum Axis Value** 파라미터의 값이 500.0f라는 것을 기억하자. 이렇게 설정하면 플레이어 캐릭터가 달리기 애니메이션을 사용하는 데 필요한 속도에 도달할 수 있다.

```cpp
void ASuperSideScroller_Player::Sprint()
{
  if (!bIsSprinting)
  {
    bIsSprinting = true;
    GetCharacterMovement()->MaxWalkSpeed = 500.0f;
  }
}
```

StopSprinting() 함수는 방금 작성한 Sprint() 함수와 거의 유사하지만 반대로 동작한다. 먼저 플레이어가 전력 질주 중인지 확인한다. 즉, bIsSprinting이 True인지 확인한다. bIsSprinting이 True라면 함수의 나머지 부분을 계속 진행한다.

11. if 구문에서 bIsSprinting을 False로 설정한다. 그런 다음, GetCharacterMovement() 함수를 사용해 MaxWalkSpeed를 변경한다. MaxWalkSpeed 파라미터의 값을 다시 플레이어 캐릭터가 걷는 기본 속도인 300.0f로 설정한다. 이렇게 설정하면 걷기 애니메이션을 재생하는 데 필요한 속도에 도달할 수 있다.

```cpp
void ASuperSideScroller_Player::StopSprinting()
{
  if (bIsSprinting)
  {
    bIsSprinting = false;
    GetCharacterMovement()->MaxWalkSpeed = 300.0f;
  }
}
```

이로써 전력 질주 기능을 위해 필요한 함수가 준비됐다. 이제 이 함수들을 앞서 추가한 액션 매핑에 연결할 차례다. 이를 위해 앞서 생성한 입력 매핑 콘텍스트와 입력 액션에 대한 참조를 저장할 수 있는 변수를 추가해야 한다.

12. SuperSideScroller_Player의 헤더 파일에서 protected 한정자 아래에 다음 코드를 추가해 입력 매핑 콘텍스트와 입력 액션을 위한 속성을 생성한다.

```
UPROPERTY(EditAnywhere, Category = "Input")
class UInputMappingContext* IC_Character;
UPROPERTY(EditAnywhere, Category = "Input")
class UInputAction* IA_Sprint;
```

전력 질주 기능을 테스트하기 전에 캐릭터 블루프린트에서 이 속성들을 할당해야 한다는 점을 잊지 말자.

13. 그런 다음, SuperSideScroller_Player 소스 파일의 SetupPlayerInputComponent() 함수 안에서 다음 코드를 작성해 EnhancedInputComponent의 참조를 얻는다.

```
UEnhancedInputComponent* EnhancedPlayerInput =
Cast<UEnhancedInputComponent>(PlayerInputComponent);
```

이제 UEnhancedInputComponent를 사용하기 때문에 이 클래스의 헤더를 추가해야 한다.

```
#include "EnhancedInputComponent.h"
```

기존 입력과 향상된 입력 시스템을 모두 지원하도록 설정하려고 한다. 이를 위해 다음 코드를 추가해 EnhancedPlayerInput 변수가 유효한지 확인한다.

```
if(EnhancedPlayerInput)
{}
```

EnhancedPlayerInput 변수가 유효하면 PlayerController의 참조를 구한 다음, EnhancedInputLocalPlayerSubsystem 클래스에 접근한다. 이 클래스를 통해 입력 매핑 콘텍스트를 할당할 수 있다.

```
if(EnhancedPlayerInput)
{
  APlayerController* PlayerController =
  Cast<APlayerController>(GetController());
```

```
    UEnhancedInputLocalPlayerSubsystem* EnhancedSubsystem =
    ULocalPlayer::GetSubsystem<UEnhancedInputLocalPlayerSubsystem>
    (PlayerController->GetLocalPlayer());
  }
```

14. UEnhancedInputLocalPlayerSubsystem 클래스를 사용하므로 이 클래스에 대한 헤더 파일을 추가한다.

```
#include "EnhancedInputSubsystems.h"
```

15. 마지막으로, EnhancedSubsystem 변수가 유효한지 확인하는 if 구문을 추가한 후 IC_Character 입력 매핑 콘텍스트를 플레이어 컨트롤러에 추가하는 AddMappingContext 함수를 호출한다.

```
if(EnhancedSubsystem)
{
  EnhancedSubsystem->AddMappingContext(IC_Character, 1);
}
```

이 코드를 통해 입력 매핑 콘텍스트를 플레이어 캐릭터의 EnhancedSubsystem에 적용했다. 이제 Sprint()와 StopSprinting() 함수를 입력 액션에 바인딩할 수 있다.

16. if(EnhancedSubsystem) 구문 끝에 BindAction 함수를 호출해 ETriggerEvent::Triggered를 Sprint() 함수에 바인딩한다.

```
// Sprint 입력 액션의 누름 이벤트를 Sprint 함수에 바인딩한다
EnhancedPlayerInput->BindAction(IA_Sprint,
ETriggerEvent::Triggered, this, &ASuperSideScroller_Player::Sprint);
```

17. 끝으로, BindAction 함수를 호출해 ETriggerEvent::Completed를 StopSprinting() 함수에 바인딩한다.

```
// Sprint 입력 액션의 해제 이벤트를 StopSprinting 함수에 바인딩한다
EnhancedPlayerInput->BindAction(IA_Sprint,
ETriggerEvent::Completed, this, &ASuperSideScroller_
Player::StopSprinting);
```

NOTE

ETriggerEvent 열거형 타입과 향상된 입력 시스템에 대한 더 자세한 정보가 필요하다면, 4장, '플레이어 입력 시작'을 다시 살펴보거나 에픽 게임즈의 문서(https://docs.unrealengine.com/5.0/en-US/GameplayFeatures/EnhancedInput/)를 참고하길 바란다.

입력 매핑을 Sprint 함수에 연결하는 과정을 마치고 난 다음에는 bIsSprinting 변수와 캐릭터 무브먼트 컴포넌트의 MaxWalkSpeed 파라미터의 기본 초기 값을 설정해야 한다.

18. SuperSideScroller_Player 클래스의 소스 파일에서 생성자에 bIsSprinting = false 코드를 추가한다. 캐릭터가 시작할 때 전력 질주를 하지 않기 때문에 이 변수는 false로 설정해야 한다.

19. 마지막으로, 캐릭터 무브먼트 컴포넌트의 MaxWalkSpeed 파라미터를 300.0f로 설정한다. 이를 위해 GetCharacterMovement()->MaxWalkSpeed = 300.0f 코드를 추가한다. 다음 코드를 참고하자.

```
ASuperSideScroller_Player::ASuperSideScroller_Player()
{
  // 기본적으로 전력 질주 동작을 false로 설정한다
  bIsSprinting = false;
  // MaxWalkSpeed 값을 300.0f로 설정한다
  GetCharacterMovement()->MaxWalkSpeed = 300.0f;
}
```

변수의 초기 값을 설정하는 코드를 생성자에 추가하는 것으로 SuperSideScroller_Player 클래스가 완료됐다. 이제 언리얼 엔진으로 돌아가 툴바에 있는 **컴파일**Compile 버튼을 클릭한다. 그러면 코드를 다시 컴파일하고 에디터의 핫리로딩hot-reloading이 실행될 것이다.

컴파일과 에디터의 핫리로딩이 완료된 후에는 플레이어 캐릭터에서 입력 매핑 콘텍스트와 입력 액션을 모두 할당해야 한다는 점을 기억하자.

20. MainCharacter/Blueprints 디렉터리로 이동해 BP_SuperSideScroller_MainCharacter 블루프린트를 연다.

21. **디테일** 패널의 **Input** 카테고리 아래에서 **IC_Character**와 **IA_Sprint**를 위한 파라미터를 찾는다. 이 파라미터에 각각 앞서 생성했던 입력 매핑 콘텍스트와 입력 액션 애셋을 할당한다.

그림 11.34 IC_Character와 IA_Sprint 파라미터

BP_SuperSideScroller_MainCharacter 블루프린트의 컴파일이 완료되면, 에디터를 플레이해 여러분이 노력한 결과를 확인해볼 수 있다. 기본 이동 동작은 이전과 같지만, 키보드의 왼쪽 **Shift** 키나 컨트롤러의 **게임패드 우측 숄더**^{Gamepad Right Shoulder} 키를 누른 채 이동하면 플레이어 캐릭터가 전력 질주를 시작하고 달리기 애니메이션을 재생할 것이다.

그림 11.35 이제 전력 질주가 가능한 플레이어 캐릭터

플레이어 캐릭터가 전력 질주할 수 있도록 만들었으니 다음 활동으로 넘어가보자. 다음 활동에서는 매우 비슷한 방법으로 기본 던지기(Throw) 기능을 구현한다.

활동 11.03: 던지기 입력 구현하기

이 게임에 포함된 여러 기능 중 하나는 플레이어가 발사체를 적에게 던질 수 있는 기능이다. 이 장에서는 발사체를 생성하거나 애니메이션을 구현하지 않으며, 다음 장에서 사용할 수 있도록 키 바인딩과 C++ 구현을 위한 틀을 잡는다.

이번 활동에서는 발사체 던지기 기능을 위한 키 바인딩을 설정하고 던지기 매핑에 연결된 키가 눌렸을 때 C++에서 디버그 로그를 출력하는 코드를 구현해야 한다.

다음 단계에 따라 이번 활동을 완료할 수 있다.

1. Input 디렉터리 안에 새 폴더를 생성한 후 Throw라고 이름을 지정한다. 그리고 새 입력 액션을 생성해 IA_Throw라고 이름을 지정한다.

2. IA_Throw에서 Pressed라는 이름의 트리거 타입을 사용한다.

3. IC_SideScrollerCharacter에 IA_Throw 입력 액션을 추가하고 마우스 왼쪽 버튼(Left Mouse Button)과 게임패드 우측 트리거(Gamepad Right Trigger)를 모두 바인딩한다.

4. 비주얼 스튜디오에서 IA_Throw라는 이름의 새 UInputAction 변수를 추가하고 적절한 UPROPERTY 매크로를 이 변수에 추가한다.

5. SuperSideScroller_Player 클래스의 헤더 파일에 새 함수를 추가한다. 이 함수의 이름은 ThrowProjectile()이다. 반환 값이 없는 void 함수며, 파라미터도 받지 않는다.

6. SuperSideScroller_Player 클래스의 소스 파일에 함수의 정의를 추가한다. 이 함수의 정의에서 UE_LOG를 사용해 이 함수가 성공적으로 호출됐다는 메시지를 출력한다.

7. EnhancedPlayerInput 변수를 사용해 BindAction 함수 호출 구문을 추가하고 새로 추가한 Throw 입력 액션을 ThrowProjectile() 함수에 바인딩한다.

NOTE

웹 사이트(https://nerivec.github.io/old-ue4-wiki/pages/logs-printing-messages-to-yourself-during-runtime.html)에서 UE_LOG에 대한 더 자세한 내용을 확인할 수 있다.

8. 코드를 컴파일하고 에디터로 돌아간다. 이어서 BP_SuperSideScroller_MainCharac
ter 블루프린트의 IA_Throw 파라미터에 IA_Throw 입력 액션을 할당한다.

이번 활동이 끝나고 예상되는 결과는 마우스 왼쪽 버튼이나 게임패드 오른쪽 트리거를 사용할 때 출력 로그 창에 로그 메시지가 출력돼 ThrowProjectile 함수가 성공적으로 호출됐다는 사실을 알려주는 것이다. 나중에 이 함수를 사용해 발사체를 생성한다.

예상 출력은 다음과 같다.

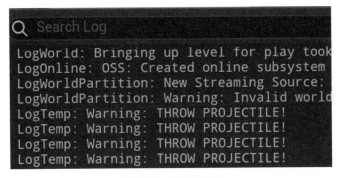

그림 11.36 예상 출력 로그

NOTE

이번 활동의 솔루션은 깃허브(https://github.com/PacktPublishing/Elevating-Game-Experiences-with-Unreal-Engine-5-Second-Edition/tree/main/Activity%20solutions)에서 확인할 수 있다.

이것으로 이번 활동을 마친다. 13장, '적 AI 생성 및 추가'에서 플레이어 발사체를 생성할 때 필요한 기능이 준비됐으며, 게임에 새 키 매핑을 추가하고 이 매핑을 사용해 게임플레이 기능(함수)을 호출하는 C++ 기능을 구현하는 데 필요한 지식과 경험을 갖췄다. 이제 플레이어가 점프 키를 눌렀을 때 점프 애니메이션을 제대로 재생하도록 플레이어 캐릭터의 이동 기능을 계속해서 업데이트해보자. 하지만 먼저 애니메이션 스테이트 머신을 간략히 살펴보자.

⁑ 애니메이션 스테이트 머신

스테이트 머신State Machine은 애니메이션이나 애니메이션 모음(세트)을 하나의 스테이트로 분류하는 방법이다. '스테이트state'란 플레이어 캐릭터가 특정 시점에 갖는 조건condition으로 생각할 수 있다. 플레이어가 현재 걷는 중인가? 또는 플레이어가 점프 중인가? 〈더 라스트 오브 어스The Last Of Us〉와 같은 많은 삼인칭 게임에서 스테이트 머신은 이동, 점프, 숙이기, 클라이밍 애니메이션을 고유의 상태로 분리한다. 그런 다음, 게임이 플레이되는 동안 특정 조건이 충족되면 각 스테이트에 접근할 수 있다. 조건에는 플레이어가 점프 중인지 여부, 플레이어 캐릭터의 속도, 플레이어가 숙이고 있는지 여부 등이 포함될 수 있다. 스테이트 머신의 역할은 트랜지션 룰Transition Rule이라는 논리적 결정을 사용해 각 스테이트를 전환시키는 것이다. 여러 트랜지션 룰이 서로 얽혀 있는 여러 스테이트를 만들면 스테이트 머신이 거미집처럼 보이기 시작한다. ThirdPerson_AnimBP 애니메이션 블루프린트에서 스테이트 머신이 어떻게 보이는지 알아보기 위해 다음 그림을 참고하자.

NOTE

스테이트 머신에 대한 일반적인 내용은 웹 사이트(https://docs.unrealengine.com/en-US/Engine/Animation/StateMachines/Overview/index.html)에서 확인할 수 있다.

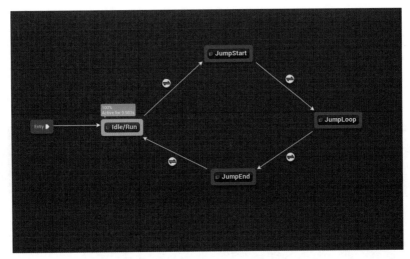

그림 11.37 ThirdPerson_AnimBP의 스테이트 머신

플레이어 캐릭터에 대한 스테이트 머신은 플레이어의 기본 이동 및 점프 상태를 처리할 것이다. 현재는 캐릭터의 속도에 따라 제어되는 블렌드 스페이스를 사용해 플레이어 캐릭터의 애니메이션을 재생한다. 다음 실습에서 할 작업은 새 스테이트 머신을 만들고 이동 블렌드 스페이스 로직을 이 스테이트 머신의 자체 스테이트로 옮기는 것이다. 새 스테이트 머신을 생성하는 것부터 시작해보자.

실습 11.07: 플레이어 캐릭터의 이동 및 점프 스테이트 머신

이번 실습에서는 새 애니메이션 스테이트 머신을 구현하고 기존의 이동 블렌드 스페이스를 새 스테이트 머신에 통합하는 과정을 진행한다. 또한 플레이어 점프가 시작될 때 그리고 플레이어가 점프하는 동안 공중에 있는 시점에 대한 스테이트를 설정한다.

새 스테이트 머신을 추가하는 것부터 시작해보자.

1. /MainCharacter/Blueprints/ 디렉터리로 이동해서 AnimBP_SuperSideScroller_ MainCharacter 애니메이션 블루프린트를 연다.

2. 애님 그래프에서 그래프의 빈 공간을 마우스 오른쪽 버튼으로 클릭하고, 나타나는

메뉴에서 state machine을 검색한 후 **스테이트 머신 새로 추가**^{Add New State Machine} 옵션을 찾아 선택한다. 새로 추가한 스테이트 머신의 이름을 Movement로 지정한다.

3. 이제 SideScroller_IdleRun 블렌드 스페이스의 최종 포즈를 연결하는 대신에 새 스테이트 머신, Movement의 최종 포즈를 애니메이션의 포즈로 연결할 수 있다.

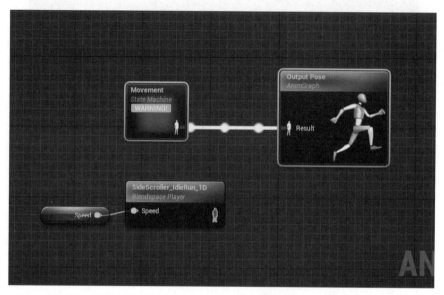

그림 11.38 새로 추가한 Movement 스테이트 머신이 기존의 블렌드 스페이스를 대체한 모습

빈 스테이트 머신을 애니메이션 블루프린트의 최종 포즈로 연결하면 아래 보이는 메뉴에서 경고가 출력된다. 경고의 내용을 살펴보면, 이 스테이트 머신에서 처리되는 내용이 없으므로 이 스테이트 머신의 결과가 최종 포즈에 부적절하다는 것이다. 걱정하지 말자. 이 문제는 앞으로 고쳐나갈 것이다.

그림 11.39 빈 스테이트 머신을 연결하면 컴파일 경고가 발생한다.

Movement 스테이트 머신을 더블 클릭해 스테이트 머신을 연다.

캐릭터가 이전에 했던 작업인 대기, 걷기, 달리기를 처리할 새 상태를 추가한다.

4. Entry 지점에서 마우스 왼쪽 버튼을 클릭하고 드래그하면 콘텍스트에 따라 옵션이 선택된 검색 메뉴가 나타나며, 2개의 옵션인 **컨듀잇 추가**^{Add Conduit}와 **스테이트 추가** ^{Add State}만 제공되는 것을 볼 수 있다. 여기서 **스테이트 추가** 옵션을 선택해 새 상태를 추가하고 이 상태의 이름을 Movement라고 지정한다. 다음 그림은 Movement 상태가 추가된 방법을 보여준다.

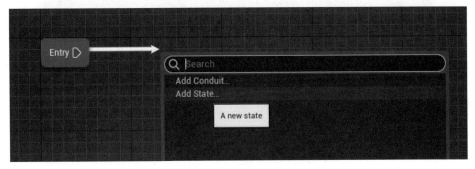

그림 11.40 스테이트 머신 안에서 새 스테이트를 생성한다.

5. **스테이트 추가**를 선택한 다음, 추가된 스테이트를 Movement로 지정한다. 그러면 스테이트 머신의 Entry 노드에 자동으로 연결될 것이다.

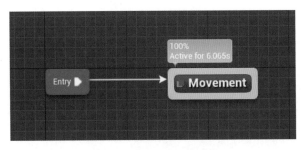

그림 11.41 새 Movement 스테이트

6. Speed 변수를 SideScroller_IdleRun 블렌드 스페이스에 연결했던 로직을 복사해 이전 단계에서 생성했던 새 Movement 상태에 붙여넣기한다. 애니메이션 출력 포즈 _(Output Animation Pose) 노드의 Result 핀에 연결한다.

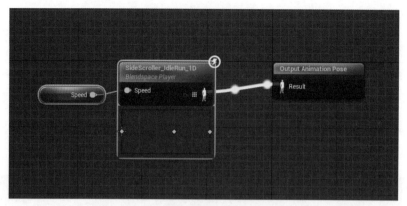

그림 11.42 블렌드 스페이스의 출력 포즈를 이 스테이트의 출력 포즈에 연결한다.

이제 애니메이션 블루프린트를 다시 컴파일하면, 이전에 봤던 경고가 사라진 것을 확인할 수 있다. 이는 빈 스테이트 머신을 사용하는 대신 애니메이션을 Output Animation Pose에 연결했기 때문이다.

이것으로 이번 실습을 마친다. 실습을 통해 첫 번째 스테이트 머신을 완성했다. 아주 단순한 스테이트 머신이지만, 캐릭터가 스테이트 머신으로 진입하고 기본적으로 Movement 스테이트를 사용하도록 만들었다. 이제 에디터를 플레이하면 플레이어 캐릭터가 스테이트 머신을 만들기 전처럼 이동하는 것을 볼 수 있다. 이는 스테이트 머신이 잘 동작하고 있다는 것을 의미한다. 이제 점프 동작에 필요한 스테이트를 추가하는 다음 단계로 넘어갈 수 있다. JumpStart 스테이트를 추가해보자.

트랜지션 룰

컨듀잇conduit은 한 스테이트에서 다른 스테이트로 전환할 수 있는 조건을 각 스테이트에 알려주는 한 방법이다. 실습의 경우 Movement와 JumpStart 스테이트를 연결해 트랜지션 룰을 생성한다. 트랜지션 룰을 연결하면, 스테이트 간의 연결 방향 화살표로 다시 표시된다. 툴팁tooltip을 살펴보면 '트랜지션 룰'이라는 용어를 설명해준다. 즉, 트랜지션 룰은 불리언Boolean 값을 사용해 스테이트 간의 트랜지션(전환)이 발생하는 조건(방식)을 정의해야 한다는 것을 의미한다.

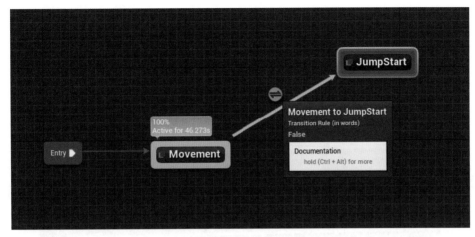

그림 11.43 Movement에서 캐릭터의 JumpStart 스테이트로 이동하려면 트랜지션 룰이 필요하다.

트랜지션 룰은 두 스테이트 사이를 연결할 수 있는 반면에 컨듀잇은 한 스테이트에서 여러 스테이트로 연결할 수 있는 방법이라는 점이 둘 간의 주요 차이점이다. 이에 대한 더 자세한 내용은 웹 문서(https://docs.unrealengine.com/5.0/en-US/state-machines-in-unreal-engine/#conduits) 를 참고하길 바란다.

다음 실습에서는 JumpStart 스테이트를 추가하고 캐릭터가 Movement 스테이트에서 JumpStart 스테이트로 이동하는 데 필요한 적절한 트랜지션 룰을 추가한다.

실습 11.08: 스테이트 머신에 새 스테이트와 트랜지션 룰 추가하기

플레이어 캐릭터의 기본 Movement 블렌드 스페이스에서 점프 애니메이션의 시작으로 전환하는 경우에는 플레이어가 언제 점프를 결정하는지를 알아야 한다. 이는 플레이어 캐릭터의 Character Movement 컴포넌트에서 IsFalling 함수를 호출하면 알 수 있다. 또한 Jumping 상태로 들어가고 나오기 위해 플레이어가 계속 점프 중인지 추적해야 한다. 이를 추적하는 가장 좋은 방법은 플레이어의 속도를 추적하기 위해 했던 것처럼, IsFalling 함수의 결과를 자체 변수에 저장하는 것이다.

다음 단계에 따라 이번 실습을 완료할 수 있다.

1. 스테이트 머신으로 돌아가서 Movement 스테이트의 가장자리에서 마우스 왼쪽 버튼을 클릭하고 드래그해 콘텍스트 메뉴를 다시 연다.

2. **스테이트 추가**^{Add State} 옵션을 선택해 스테이트를 추가한 후 JumpStart라고 이름을 지정한다. 이렇게 하면 언리얼 엔진이 자동으로 스테이트들을 연결하고 빈 트랜지션 룰을 추가해준다.

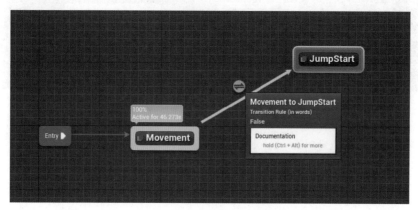

그림 11.44 두 스테이트를 연결하면 언리얼이 자동으로 트랜지션 룰을 생성한다.

3. 애니메이션 블루프린트에서 이벤트 그래프로 돌아간 후 플레이어 캐릭터의 Speed를 저장하기 위해 Blueprint Update Animation 이벤트를 사용했던 위치를 찾는다.

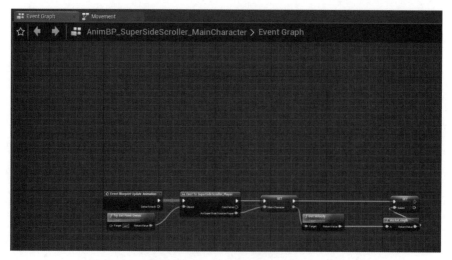

그림 11.45 메인 캐릭터의 VectorLength를 Speed로 저장하고 있는 모습

478

4. MainCharacter 변수의 Getter를 생성하고 Character Movement 컴포넌트에 접근한
   다. Character Movement 컴포넌트에서 마우스 왼쪽 버튼 드래그를 통해 콘텍스트
   메뉴를 열고 IsFalling을 검색한다.

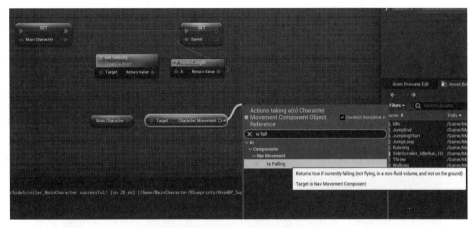

그림 11.46 IsFalling 함수를 찾는 방법

5. Character Movement 컴포넌트는 IsFalling 함수를 통해 플레이어 캐릭터가 현재
   공중에 떠 있는지 여부를 알려준다.

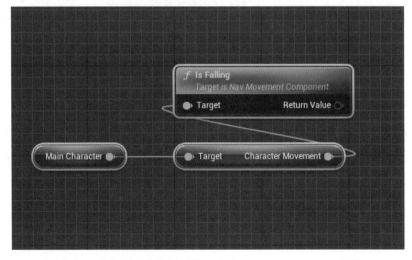

그림 11.47 플레이어 캐릭터의 상태를 보여주는 Character Movement 컴포넌트

6. IsFalling 함수의 Return Value 불리언에서 마우스 왼쪽 버튼 드래그를 통해 콘텍스트 메뉴를 연 다음, **변수로 승격**Promote to Variable 옵션을 검색해 선택한다. 추가된 변수의 이름은 bIsInAir로 지정한다. 변수로 승격 메뉴를 사용하면 Return Value 출력 핀이 새로 추가된 변수의 입력 핀과 자동으로 연결된다. 그래도 핀이 잘 연결됐는지 확인하고, 연결되지 않았다면 두 핀을 연결한다.

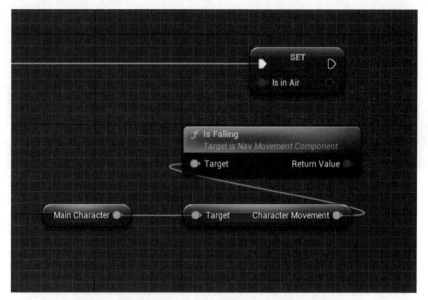

그림 11.48 새로 추가한 bIsInAir 변수는 IsFalling 함수의 값을 저장한다.

이제 플레이어가 공중에 떠 있는지 여부를 변수에 저장하고 있으며, 이 값을 Movement와 JumpStart 상태 간의 트랜지션 룰에 사용할 수 있다.

7. Movement 스테이트 머신 안에서 트랜지션 룰을 더블 클릭해 그래프로 진입한다. Can Enter Transition 파라미터를 가진 출력 노드인 Result 노드만 배치된 것을 볼 수 있다. 여기서 필요한 작업은 bIsInAir 변수를 사용해 출력 핀에 연결하는 것이다. 이렇게 하면, 플레이어가 공중에 뜰 때 Movement 상태와 JumpStart 상태 간의 전환이 일어난다.

480

그림 11.49 공중에 떠 있으면 플레이어가 점프 애니메이션의 시작 스테이트로 전환된다.

Movement와 JumpStart 스테이트 사이에 트랜지션 룰을 설정했으면, JumpStart 스테이트에 사용할 애니메이션을 설정하는 일만 남았다.

8. 스테이트 머신 그래프에서 JumpStart 스테이트를 더블 클릭한다. **애셋 브라우저**^{Asset} ^{Browser}에서 JumpingStart 애니메이션을 그래프로 드래그한다.

그림 11.50 애셋 브라우저에서 JumpingStart 애니메이션을 선택했는지 확인한다.

9. JumpingStart 재생 노드의 출력을 Output Animation Pose 노드의 Result 핀에 연결한다.

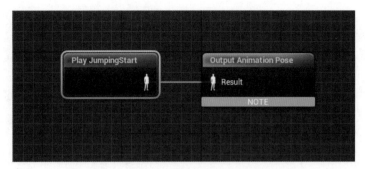

그림 11.51 JumpingStart 애니메이션을 JumpStart 스테이트의 Output Animation Pose에 연결

다음 단계로 넘어가기 전에 JumpingStart 애니메이션 노드에서 몇 가지 설정을 변경해야 한다.

10. JumpingStart 재생 노드를 클릭하고 **디테일**^{Details} 패널에서 다음의 설정을 업데이트한다.

- Loop Animation = False

- Play Rate = 2.0

JumpingStart 재생 노드의 설정을 위해 다음 그림을 참고하자.

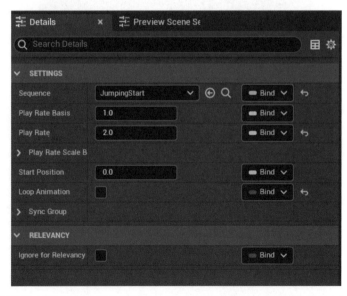

그림 11.52 재생 속도를 높이면 전체적으로 좀 더 부드러운 점프 애니메이션을 만들 수 있다.

이 애니메이션을 반복 재생할 이유가 없기 때문에 **Loop Animation** 파라미터를 False로 설정했다. 어떤 경우라도 이 애니메이션은 한 번만 재생해야 한다. 플레이어 캐릭터가 어떤 이유에서든 이 스테이트에 갇혀 있는 경우에만 이 애니메이션이 반복된다. 하지만 다음에 생성할 스테이트 때문에 이 문제는 절대로 발생하지 않는다. **Play Rate** 파라미터를 2.0으로 설정하는 이유는 만들고 있는 게임의 목적에 비해 JumpingStart 애니메이션의 길이가 너무 길기 때문이다. 이 애니메이션은 캐릭터의 무릎을 높이 구부리고 1초 이상 위로 점프하는 동작을 취한다. JumpStart 스테이트에서 캐릭터가 이 애니메이션을 더 빨리 재생하면 다음 스테이트인 JumpLoop 스테이트로 더 유연하고 부드럽게 전환할 수 있다. 애니메이션에는 재생 속도 파라미터에 더 유연한 기능을 제공하기 위해 **Play Rate**와 **Play Rate Basis** 파라미터를 모두 제공한다. **Play Rate Basis** 파라미터를 사용하면 **Play Rate** 파라미터가 표현되는 위치를 변경할 수 있다. 기본값은 1.0으로 설정돼 있다. **Play Rate Basis**를 10.0으로 설정하면 **Play Rate** 입력이 10으로 나눠진다. 따라서 **Play Rate Basis**에 따라 **Play Rate**에 사용되는 값이 다른 결과로 이어질 수 있다. 단순화를 위해 **Play Rate Basis**를 기본값인 1.0으로 유지한다.

플레이어 캐릭터가 JumpStart 애니메이션을 시작한 다음, 플레이어가 공중에 떠 있는 애니메이션을 반복하기 위해 새 스테이트로 전환해야 하는 시점이 있다. 이 새 스테이트는 플레이어가 더 이상 공중에 떠 있지 않을 때까지 반복해야 하며, 플레이어가 착지하면 점프를 종료하는 최종 스테이트로 전환할 수 있다. JumpStart 스테이트에서 전환되는 새 스테이트를 생성해보자.

11. 스테이트 머신 그래프의 JumpStart 스테이트에서 마우스 왼쪽 버튼을 클릭한 뒤 드래그하고, **스테이트 추가** 옵션을 선택한다. 추가한 스테이트의 이름을 JumpLoop 로 지정한다. 이전에 했던 것과 마찬가지로, 언리얼 엔진이 자동으로 JumpStart와 JumpLoop 스테이트 사이에 트랜지션 룰을 생성해준다. 마지막으로, 애니메이션 블루프린트를 다시 컴파일한다. **컴파일 결과**^{Compiler Results} 창에 나타나는 경고는 무시하자.

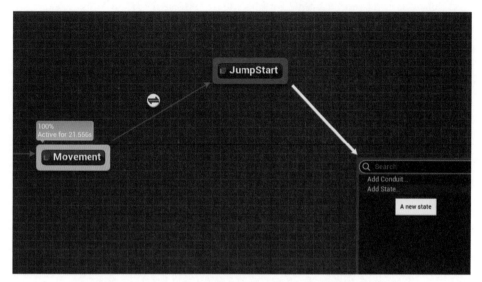

그림 11.53 캐릭터가 점프를 시작한 후 공중에 떠 있는 동안 재생할 새 스테이트

이것으로 이번 실습을 마친다. 실습을 통해 JumpStart와 JumpLoop를 위한 스테이트를 추가하고 이 둘을 연결했다. 각 스테이트는 트랜지션 룰을 통해 연결된다. 스테이트를 생성하고 트랜지션 룰을 통해 연결해보면서 스테이트 머신 안의 배치된 스테이트가 각 트랜지션 룰에 설정된 규칙을 통해 서로 전환되는 방식을 더 잘 이해했을 것이다.

다음 실습에서는 Time Remaining Ratio 함수를 통해 JumpStart 스테이트에서 JumpLoop 스테이트로 전환하는 방법을 살펴본다.

실습 11.09: Time Remaining Ratio 함수

JumpStart 스테이트에서 JumpLoop 스테이트로 부드럽게 전환하려면 이 전환을 정확히 어떻게 동작시킬지를 생각해야 한다. JumpStart와 JumpLoop 애니메이션의 동작을 기반으로 한다면, JumpStart 애니메이션을 모두 재생한 후에 JumpLoop 애니메이션으로 전환하는 것이 가장 좋다. 이렇게 하면, JumpStart 애니메이션을 모두 재생한 X초 후에 JumpLoop 애니메이션이 부드럽게 재생된다.

다음 단계에 따라 이 작업을 완료할 수 있다.

1. JumpStart와 JumpLoop 사이의 트랜지션 룰을 더블 클릭해 그래프를 연다. 여기에 적용할 트랜지션 룰을 위해 JumpingStart 애니메이션의 남은 재생 시간을 확인할 것이다. JumpingStart 애니메이션의 남은 재생 시간의 비율을 확인하고, 거의 다 재생됐으면 플레이어가 이미 공중에 떠 있으며 JumpingLoop 애니메이션 스테이트로 전환할 준비가 됐다고 안전하게 가정할 수 있다.

2. 이를 위해 먼저 **애셋 브라우저**^{Asset Browser}에서 JumpingStart 애니메이션을 선택했는지 확인한다. 그런 다음, 트랜지션 룰의 이벤트 그래프에서 마우스 오른쪽 버튼을 클릭하고 Time Remaining Ratio 함수를 검색한다.

    Time Remaining Ratio 함수가 어떤 기능을 하는지 잠시 살펴보자. 이 함수는 지정한 애니메이션에서 남은 재생 시간의 비율을 알려주는 0.0f와 1.0f 사이의 값을 반환한다. 0.0f와 1.0f 사이의 값은 고려하기 쉽도록 그대로 백분율로 변환할 수 있다. JumpingStart 애니메이션의 경우, JumpingLoop 애니메이션 스테이트로 부드럽게 전환하기 위해 애니메이션의 재생 시간이 60% 미만으로 남았는지 여부를 확인한다. 이것이 지금 우리에게 필요한 작업이다.

3. Time Remaining Ratio 함수의 Return Value 출력 파라미터에서 드래그해 Less Than 비교 연산 노드를 검색한다. 0.0f와 1.0f 사이의 값을 다루기 때문에 애니메이션의 남은 재생 시간이 60% 미만인지를 확인하려면 반환된 값을 0.6f와 비교해야 한다. 최종 결과는 다음과 같다.

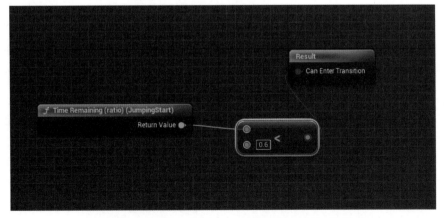

그림 11.54 JumpingStart와 JumpLoop 사이에 추가된 새 트랜지션 룰

트랜지션 룰을 설정했으면, JumpLoop 스테이트에 JumpLoop 애니메이션을 추가하는 일만 남았다.

4. Movement 스테이트 머신에서 JumpLoop 스테이트를 더블 클릭해 그래프를 연다. 애셋 브라우저에서 JumpLoop 애니메이션 애셋을 선택하고 그래프로 드래그한다. 다음 그림과 같이, 추가된 노드의 출력 핀을 Ouput Animation Pose 노드의 Result 핀에 연결한다. JumpLoop 재생 노드의 설정은 기본값 그대로 둔다.

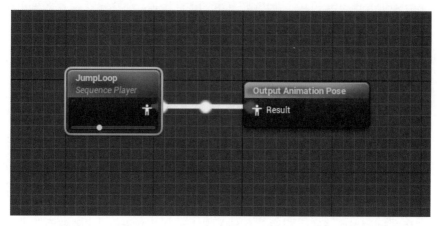

그림 11.55 새 스테이트의 Output Animation Pose에 연결된 JumpLoop 애니메이션

JumpLoop 스테이트에 JumpLoop 애니메이션을 제대로 배치했으면, 애니메이션 블루프린트를 컴파일하고 에디터를 플레이해 결과를 확인할 수 있다. 이동과 전력 질주 애니메이션은 여전히 잘 동작하는 걸 볼 수 있다. 그런데 점프 동작을 하면 어떻게 될까? 플레이어 캐릭터는 JumpStart 스테이트를 시작하고 공중에 떠 있는 동안 JumpLoop 애니메이션을 재생한다. 여기까지는 훌륭하다. 그런데 스테이트 머신은 잘 동작하지만, 플레이어 캐릭터가 지면에 닿아 더 이상 공중에 떠 있지 않을 때는 어떨까? 플레이어 캐릭터는 Movement 스테이트로 다시 전환되지 않는다. 이는 JumpEnd 스테이트, JumpLoop와 JumpEnd 사이의 전환, JumpEnd에서 다시 Movement 스테이트로의 전환을 아직 추가하지 않았으므로 당연한 결과라고 할 수 있다. 이 작업은 다음 활동에서 진행한다. 다음 그림을 통해 플레이어 캐릭터가 JumpLoop 스테이트에 갇힌 모습을 확인할 수 있다.

그림 11.56 이제 JumpStart와 JumpLoop 애니메이션을 재생할 수 있는 플레이어 캐릭터

이것으로 이번 실습을 마친다. Time Remaining Ratio 함수를 사용해 JumpStart 스테이트에서 JumpLoop 스테이트로 성공적으로 전환할 수 있었다. 이 함수를 사용하면 애니메이션이 얼마나 재생됐는지를 확인할 수 있고, 이 정보를 통해 스테이트 머신이 JumpLoop 스테이트로 전환하도록 만들었다. 흥미로운 문제가 남아 있지만, 이제 플레이어는 기본 Movement 스테이트에서 JumpStart 스테이트로 그리고 JumpLoop 스테이트로 전환할 수 있다. 지금은 스테이트 머신에서 Movement 스테이트로 되돌아오는 전환을 설정하지 않았기 때문에 플레이어가 JumpLoop 스테이트에 갇히는 문제가 발생한다. 다음 활동을 통해이 문제를 해결해보자.

활동 11.04: Movement와 Jumping 스테이트 머신 완성하기

여기까지 스테이트 머신의 절반이 완성됐다. 이제 점프가 종료될 때를 위한 스테이트를 추가하고 JumpLoop 스테이트에서 새 스테이트로 전환할 수 있도록 하는 트랜지션 룰과 새 스테이트에서 다시 Movement 스테이트로 전환하는 트랜지션 룰을 추가할 차례다.

다음 단계에 따라 Movement 스테이트 머신을 완성할 수 있다.

1. JumpLoop 스테이트에서 드래그해 점프 종료를 위한 새 스테이트를 추가한다. 추가한 스테이트의 이름을 JumpEnd로 지정한다.

2. JumpEnd 애니메이션을 JumpEnd 스테이트에 추가한다.

3. JumpStart 애니메이션의 파라미터를 수정했던 것처럼, JumpEnd 애니메이션과 JumpLoop, JumpEnd, Movement 스테이트 사이를 얼마나 빠르게 전환하고 싶은지를 고민해 설정한다. Loop Animation 파라미터는 False로 설정하고 Play Rate 파라미터는 3.0으로 설정한다.

4. bIsInAir 변수를 기반으로 JumpLoop 스테이트에서 JumpEnd 스테이트로의 트랜지션 룰을 추가한다.

5. JumpEnd 애니메이션의 Time Remaining Ratio 함수를 기반으로 JumpEnd 스테이트에서 Movement 스테이트로의 트랜지션 룰을 추가한다(JumpStart에서 JumpLoop로의 트랜지션 룰을 참고하자).

이것으로 이번 활동을 마친다. 이번 활동을 통해 플레이어 캐릭터가 대기, 걷기, 전력 질주 동작뿐만 아니라 점프를 시작해 공중에 떠 있는 동안과 착지 동작까지 완벽하게 지원하는 이동 스테이트 머신을 완성할 수 있었다.

예상 결과는 다음과 같다.

그림 11.57 대기, 걷기, 전력 질주와 점프 애니메이션까지 지원하는 플레이어 캐릭터

NOTE

이번 활동의 솔루션은 깃허브(https://github.com/PacktPublishing/Elevating-Game-Experiences-with-Unreal-Engine-5-Second-Edition/tree/main/Activity%20solutions)에서 확인할 수 있다.

이번 활동을 마무리하면서 플레이어 캐릭터의 Movement 스테이트 머신을 완성할 수 있었다. 남아 있던 JumpEnd 스테이트와 JumpLoop에서 JumpEnd 스테이트로의 트랜지션, JumpEnd에서 Movement 스테이트로의 트랜지션을 추가해 첫 번째 애니메이션 스테이트 머신을 성공적으로 완성했다. 이제 맵 주변을 이동하고 높은 플랫폼에 점프할 수 있으며, 이 과정에서 필요한 이동 및 점프 스테이트 사이의 전환이 정확하게 동작하는 애니메이션을 확인할 수 있다.

⁂ 요약

플레이어의 Movement 블렌드 스페이스 생성 및 이동에서 점프로의 전환을 위해 스테이트 머신을 사용한 플레이어 캐릭터 애니메이션 블루프린트를 생성했다. 이제 다음 장으로 넘어갈 수 있다. 다음 장에서는 필요한 애니메이션 슬롯과 애니메이션 몽타주를 준비하고, 캐릭터의 상체만 사용하는 던지기 애니메이션을 위해 애니메이션 블루프린트를 업데이트한다.

이 장의 실습 및 활동을 통해 플레이어 캐릭터의 속도를 사용해 애니메이션의 블렌딩을 제어하며 대기, 걷기, 달리기 등과 같은 움직임 기반 애니메이션을 부드럽게 전환할 수 있는 블렌드 스페이스 1D를 생성하는 방법을 배웠다.

또한 키 바인딩을 프로젝트 세팅에 추가하고, 이렇게 추가한 키를 C++에서 바인딩해 전력 질주와 던지기 같은 게임플레이 메커니즘에 사용하는 방법도 배웠다.

마지막으로, 플레이어가 이동 애니메이션에서 점프의 여러 스테이트로 전환한 후 다시 이동 스테이트로 되돌아오도록 하기 위해 캐릭터 애니메이션 블루프린트에서 자체 애니메이션 스테이트 머신을 구현하는 방법을 배웠다. 이 모든 로직을 제대로 갖춘 상태로 다음 장으로 넘어가보자. 다음 장에서는 플레이어 캐릭터가 던지는 애니메이션을 재생할 수 있도록 이에 필요한 애셋과 로직을 만들고, 적에 대한 기본 클래스를 설정한다.

12

애니메이션 블렌딩과 몽타주

이전 장에서는 블렌드 스페이스에서 이동 애니메이션을 구현한 다음, 애니메이션 블루 프린트에서 플레이어의 속도에 따라 블렌드 스페이스를 재생하는 것을 통해 플레이어 캐릭터에 생명을 불어넣을 수 있었다. 그런 다음, 플레이어 입력을 기반으로 C++에서 기능을 구현해 캐릭터가 전력 질주하도록 만들었다. 끝으로, 애니메이션 블루프린트에 내장된 애니메이션 스테이트 머신을 활용했다. 이 스테이트 머신을 통해 걷기와 점프 사이의 자연스러운 전환이 가능하도록 만들고자 캐릭터의 이동 스테이트와 점프 스테 이트를 관리했다.

이제 잘 동작하는 캐릭터 애니메이션 블루프린트와 스테이트 머신을 갖췄으니 애니메 이션 몽타주^{Animation Montage}와 애님 슬롯^{Anim Slot}을 활용해 캐릭터의 던지기^(Throw) 애니메이 션을 구현할 차례다. 이 장에서는 애니메이션 블렌딩을 더 자세히 배운다. 플레이어의 던지기 애니메이션을 위해 애니메이션 몽타주와 애님 슬롯을 생성하면서 언리얼 엔진 이 여러 애니메이션의 블렌딩을 처리하는 방법을 살펴볼 것이다. 거기서 Save Cached Pose와 Layered blend per bone 등의 새로운 함수를 구현함으로써 플레이어의 애니메이 션 블루프린트에서 애님 슬롯을 사용한다. 이렇게 하면 이전 장에서 다뤘던 이동 애니메이션과 이 장에서 구현할 새로운 던지기 애니메이션을 정확하게 블렌딩할 수 있다.

이 장에서 다루는 주제는 다음과 같다.

- 플레이어 캐릭터의 레이어드 애니메이션 블렌딩^{layered animation blending}을 만들기 위해 애님 슬롯을 사용하는 방법
- 캐릭터의 Throw 애니메이션을 위해 애니메이션 몽타주 생성하기
- 캐릭터 상체의 Throw 애니메이션과 캐릭터 하체의 이동 애니메이션을 함께 블렌딩하기 위해 애니메이션 블루프린트에서 Layered blend per bone 노드 사용하기

이 장을 마칠 무렵에는 10장, '슈퍼 사이드 스크롤러 게임 만들기'에서 임포트한 Throw 애니메이션 시퀀스를 사용해 던지는 동작을 위한 애니메이션을 만들기 위해 애니메이션 몽타주 도구를 사용할 수 있을 것이다. 이 몽타주를 활용하면 플레이어 캐릭터의 애니메이션 블루프린트에서 애니메이션을 블렌딩할 수 있는 애님 슬롯을 만들고 사용할 수 있다. 또한 캐릭터의 이동 애니메이션과 던지기 애니메이션을 효과적으로 전환^(블렌딩)하기 위해 블렌딩 노드를 사용하는 방법을 배운다.

플레이어 캐릭터 애니메이션을 완성하고 나면, 적 AI에 필요한 클래스와 애셋을 만들고 적이 게임 안에서 다르게 보일 수 있도록 독특한 시각적 색상을 적용할 수 있는 머티리얼과 머티리얼 인스턴스를 자세히 살펴볼 것이다. 그러면 AI 행동 로직을 생성하기 시작하는 13장, '적 AI 생성 및 추가'를 위한 적이 준비될 것이다.

⁘ 기술적 요구 사항

이 장을 진행하려면 언리얼 엔진 5가 설치돼 있어야 한다.

먼저 애니메이션 몽타주와 애님 슬롯을 살펴보고 이들이 캐릭터 애니메이션에 어떻게 사용되는지를 학습해보자.

이 장의 프로젝트는 깃허브^{(https://github.com/PacktPublishing/Elevating-Game-Experiences-with-Unreal-}

Engine-5-Second-Edition)에서 다운로드할 수 있는 이 책 코드 번들의 Chapter12 폴더에서 찾을 수 있다.

애니메이션 블렌딩, 애님 슬롯, 애니메이션 몽타주

애니메이션 블렌딩은 스켈레탈 메시에서 여러 애니메이션 사이를 최대한 자연스럽게 전환하는 과정이다. 11장, '블렌드 스페이스 1D, 키 바인딩, 스테이트 머신을 활용한 작업'에서 플레이어 캐릭터를 위한 블렌드 스페이스 애셋을 생성해봤으므로 애니메이션 블렌딩 기술은 이미 친숙할 것이다. 이 블렌드 스페이스에서 캐릭터는 대기, 걷기, 달리기 애니메이션 사이를 부드럽게 블렌딩한다. 이제 캐릭터의 이동 애니메이션을 던지기 애니메이션과 결합하기 위한 새로운 기술을 살펴보고 구현하는 것을 통해 이 지식을 확장해보자. 애님 슬롯을 사용해 상체 본과 그 자식 본에는 던지기 애니메이션을 전달하고, 나머지 부분에는 이동 애니메이션을 전달할 것이다. 이렇게 하면 다른 부분에 부정적인 영향을 미치지 않고도 이동 애니메이션과 던지기 애니메이션을 동시에 적용할 수 있다. 하지만 먼저 애니메이션 몽타주를 살펴보자.

애니메이션 몽타주는 여러 애니메이션을 결합하고 이렇게 결합한 애니메이션을 섹션^{Section}으로 분할할 수 있는 매우 강력한 애셋이다. 그런 다음, 섹션을 개별적으로 재생하거나 순서대로 재생할 수 있으며, 반복해서 재생할 수도 있다.

또한 블루프린트나 C++에서 몽타주를 통해 애니메이션을 제어할 수 있으므로 애니메이션 몽타주는 매우 유용하다. 즉, 재생되는 애니메이션 섹션이나 몽타주에서 호출된 노티파이^{Notify}를 기반으로 특정 로직의 호출, 변수 업데이트, 데이터 복제 등과 같은 작업을 처리할 수 있다. C++에는 UAnimInstance 객체가 있으며, UAnimInstance::Montage_Play(C++에서 몽타주를 재생할 수 있는 기능을 제공함) 등의 함수를 호출하는 데 이 객체를 사용할 수 있다.

NOTE

게임을 다듬기 시작하는 14장, '플레이어 발사체 생성'에서 이 메서드(함수)를 사용할 것이다. 언리얼 엔진 5가 C++에서 애니메이션과 노티파이를 처리하는 방법은 웹 사이트(https://docs.unrealengine. com/en-US/API/Runtime/Engine/Animation/AnimNotifies/UAnimNotifyState/index.html)에서 더 자세히 확인할 수 있다.

이 장의 첫 번째 실습에서 노티파이를 배우며 14장, '플레이어 발사체 생성'에서 여러분만의 노티파이 스테이트를 코드로 작성할 예정이다.

아래 이미지는 애니메이션 몽타주용 페르소나 에디터를 보여준다. 이 내용은 '실습 12.01: 애니메이션 몽타주 설정하기'에서 더 자세히 살펴볼 것이다.

그림 12.1 애니메이션 몽타주를 편집할 때 열리는 페르소나 에디터

애니메이션 시퀀스와 마찬가지로 애니메이션 몽타주에서도 애니메이션 섹션의 타임라인을 따라 노티파이를 사용할 수 있다. 노티파이를 활용하면 사운드, 파티클 이펙트, 이벤트를 트리거(호출)할 수 있으며, 이벤트 노티파이를 사용하면 블루프린트나 C++ 로직을 호출할 수 있다. 에픽 게임즈는 reload start, reload loop, reload complete로 분할된 무기 재장전 애니메이션 몽타주 예제에 대한 문서를 제공한다. 이 애니메이션들을 분할하고 사운드와 이벤트를 위한 노티파이를 적용함으로써 개발자는 내부 변수를 통해 재장전 루프를 얼마나 오래 재생할 것인지를 제어할 수 있고, 애니메이션 도중에 함께 재생

할 부가적인 사운드나 이펙트도 제어할 수 있다.

마지막으로, 애니메이션 몽타주는 애님 슬롯을 지원한다. 애님 슬롯을 활용하면 애니메이션을 분류할 수 있다. 이렇게 분류해두면, 애니메이션 블루프린트에서 이 슬롯을 기반으로 독특한 블렌딩 동작을 활용할 수 있다. 애님 슬롯을 정의한 다음, 애니메이션 블루프린트에서 기본 이동 애니메이션 위에 원하는 방식으로 이 슬롯을 블렌딩할 수 있다. 실습에서 하체는 제외하고 플레이어 캐릭터의 상체만 애님 슬롯의 영향을 받도록 설정할 것이다.

첫 번째 실습을 통해 캐릭터의 던지기 애니메이션을 위한 애니메이션 몽타주를 생성해보자.

실습 12.01: 애니메이션 몽타주 설정하기

플레이어 캐릭터에 남은 작업 중 하나는 이 애니메이션을 상체 애니메이션으로 별도로 분류할 애님 슬롯을 설정하는 것이다. 애니메이션 블루프린트에서 이 애님 슬롯을 블렌딩 기능과 함께 사용해 플레이어의 하체 부분은 이동 및 점프 동작을 정확하게 재생하는 동시에 플레이어 캐릭터가 발사체를 던질 수 있도록 만들 것이다.

이번 실습을 마치면, 플레이어 캐릭터가 하체 부분은 이전 장에서 정의했던 이동 애니메이션을 여전히 사용하는 동시에 상체 부분은 던지기 애니메이션을 재생할 수 있을 것이다.

캐릭터를 위한 애니메이션 몽타주를 생성한 다음, 던지기 애니메이션과 애님 슬롯을 설정해보자.

1. 먼저, 모든 애니메이션 애셋이 위치한 /MainCharacter/Animation 디렉터리로 이동한다.

2. 이제 콘텐츠 드로어에서 마우스 오른쪽 버튼을 클릭하고 드롭다운 메뉴에서 **애니메이션**^{Animation} 메뉴로 마우스 포인터를 가져간다.

3. 그런 다음, 추가로 나오는 메뉴에서 **애니메이션 몽타주**^{Animation Montage} 옵션을 선택한다.

4. 블렌드 스페이스나 애니메이션 블루프린트 등 다른 애니메이션 기반 애셋을 생성했던 것처럼 언리얼 엔진은 이 애니메이션 몽타주에 할당할 스켈레톤 객체를 물어볼 것이다. 여기서 `MainCharacter_Skeleton`을 선택한다.

5. 생성된 새 애니메이션 몽타주의 이름을 `AM_Throw`로 지정한다. 이제 몽타주를 더블클릭해 에디터를 연다.

애니메이션 몽타주 애셋을 열면 애니메이션 시퀀스를 열었을 때와 비슷한 레이아웃의 에디터가 나타난다. 기본 T-포즈인 메인 캐릭터 스켈레톤을 보여주는 미리보기 창이 있지만, 이 몽타주에 애니메이션을 추가하면 스켈레톤이 이런 변경 사항을 반영하도록 업데이트된다는 점이 다르다.

이번 실습을 통해 슈퍼 사이드 스크롤러 프로젝트를 위한 애니메이션 몽타주 애셋을 성공적으로 생성했다. 이제 애니메이션 몽타주를 더 자세히 살펴보고 던지기 애니메이션을 추가한 다음, 기존의 캐릭터 이동 애니메이션과 던지기 애니메이션을 블렌딩하는 데 필요한 애님 슬롯을 사용하는 방법을 살펴볼 차례다.

⁂ 애니메이션 몽타주

다음 그림을 살펴보자.

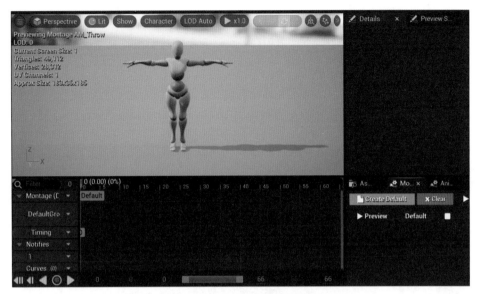

그림 12.2 몽타주 및 섹션 영역과 함께 위치한 미리보기 창

미리보기 창 아래에는 몽타주 타임라인이 다른 섹션과 함께 배치돼 있다. 이 섹션들을 위에서 아래 순서로 살펴보자.

- **Montage:** Montage 섹션은 하나 이상의 애니메이션을 추가할 수 있는 애니메이션 모음이다. 또한 타임라인의 어느 위치에서든 마우스 오른쪽 버튼을 클릭함으로써 섹션을 생성할 수 있다.

- **Montage Sections:** 섹션을 사용하면 몽타주의 서로 다른 여러 부분을 독립적인 섹션으로 구분할 수 있다. 이를 통해 애니메이션 시퀀스가 재생되는 순서를 설정하거나 섹션을 반복 재생할지 여부 등을 설정할 수 있다.

Throw 몽타주의 목적상 하나의 애니메이션만 사용하기 때문에 이 기능이 필요하지 않다.

- **Timing:** Timing 섹션은 몽타주의 미리보기와 몽타주가 가진 여러 기능의 순서를 보여준다. **Notifies, Montage** 섹션과 기타 요소의 재생 순서가 시각적으로 표시돼 몽타주의 동작 방식을 빠르게 살펴볼 수 있다.

- **Notifies**: 애니메이션의 특정 프레임 위치에 노티파이를 추가하면, 다른 시스템이 어떤 동작을 수행하거나 블루프린트와 C++ 모두에서 로직을 호출할 수 있도록 알릴 수 있다. **Play Sound**나 **Play Particle Effect**와 같은 노티파이 옵션을 사용하면 애니메이션의 특정 시점에 사운드나 파티클을 재생할 수 있다. 이 프로젝트에서는 나중에 던지는 발사체를 구현할 때 노티파이를 사용할 것이다.

그림 12.3 Timing과 Notifies 영역

이제 애니메이션 몽타주 인터페이스에 익숙해졌을 것이다. 다음 실습에 따라 Throw 애니메이션을 몽타주에 추가해보자.

실습 12.02: 몽타주에 던지기 애니메이션 추가하기

이제 애니메이션 몽타주가 무엇이고 이 애셋이 어떻게 동작하는지를 더 잘 이해했을 것이다. 이번에는 '실습 12.01: 애니메이션 몽타주 설정하기'에서 생성했던 몽타주에 Throw 애니메이션을 추가할 차례다. 이 몽타주에는 한 애니메이션만 추가하지만, 별도의 여러 애니메이션을 추가해 재생할 수 있다는 점을 이해하는 것이 중요하다. 이제 10장, '슈퍼 사이드 스크롤러 게임 만들기'에서 프로젝트에 임포트했던 Throw 애니메이션을 추가하는 것부터 시작해보자.

1. **애셋 브라우저**^{Asset Browser}에서 Throw 애니메이션 애셋을 찾는다. 그런 다음, 이 애셋을 **몽타주**^{Montage} 섹션 아래의 타임라인으로 드래그한다.

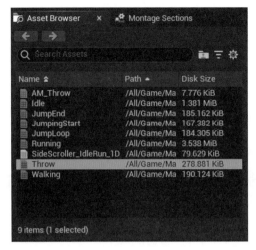

그림 12.4 애니메이션 기반의 애셋을 보여주는 애셋 브라우저

애니메이션 몽타주에 애니메이션을 추가하면, 미리보기 창에 있는 캐릭터 스켈레톤이 이 변경 사항을 반영하기 위해 업데이트돼 애니메이션을 재생하기 시작할 것이다.

그림 12.5 애니메이션을 재생하기 시작한 플레이어 캐릭터

Throw 애니메이션을 애니메이션 몽타주에 추가했으면 애님 슬롯을 생성할 차례다.

Anim Slot Manager 탭은 **애셋 브라우저**^{Asset Browser} 탭 오른쪽에 도킹돼 있을 것이다. **Anim Slot Manager** 탭을 볼 수 없다면, **애니메이션 몽타주**^{Animation Montage} 에디터 창 상단의 툴바에서 **창**^{Widnow} 메뉴를 사용해 추가할 수 있다. **창** 메뉴를 클릭하고 **Anim Slot Manager** 옵션을 선택해 이 창을 열 수 있다.

이것으로 이번 실습을 마친다. 이번 실습을 통해 Throw 애니메이션을 새 애니메이션 몽타주에 추가했고, 애니메이션을 재생해 페르소나를 통해 에디터에서 이 애니메이션이 어떻게 보이는지를 미리 볼 수 있었다.

이제 이 장 후반부에서 애니메이션 블렌딩에 사용하고자 별도의 애님 슬롯을 추가하기 전에 애님 슬롯과 Anim Slot Manager를 자세히 살펴보자.

Anim Slot Manager

Anim Slot Manager는 그 이름이 말해주듯, 애님 슬롯을 관리하는 공간이다. 이 탭에서 새 그룹을 생성해 슬롯을 더 좋은 구조로 구성할 수 있다. 예를 들면 **Add Group** 옵션을 클릭해 그룹을 생성한 다음, 이름을 Face로 지정하면 이 그룹 안에 있는 슬롯이 캐릭터의 얼굴에 영향을 미친다는 것을 다른 작업자들에게 알릴 수 있다. 기본적으로 언리얼 엔진은 DefaultGroup이라는 기본 그룹과 DefaultSlot이라는 애님 슬롯을 제공한다.

다음 실습에서는 플레이어 캐릭터의 상체를 위한 새 애님 슬롯을 생성한다.

실습 12.03: 새 애님 슬롯 추가하기

이제 애님 슬롯과 Anim Slot Manager에 대한 이해가 더 깊어졌을 것이다. 그럼 한 단계 더 나아가서 Upper Body라는 이름의 새 애님 슬롯을 생성해보자. 새 애님 슬롯을 생성해두면, 뒤의 실습에서 진행할 애니메이션 블렌딩을 처리하기 위해 애니메이션 블루프린트에서 이 애님 슬롯을 사용하고 참조할 수 있다.

다음 단계에 따라 애님 슬롯을 생성해보자.

1. **Anim Slot Manager**에서 **Add Slot** 옵션을 클릭한다.

2. 새 슬롯을 추가하면, 언리얼이 이 애님 슬롯의 이름을 물어볼 것이다. 이 슬롯의 이름을 Upper Body로 지정한다. 애니메이션 블루프린트에서 나중에 이 슬롯을 참조할 것이므로 애님 슬롯의 이름은 다른 애셋과 파라미터처럼 중요하다.

   애님 슬롯을 생성했으면, Throw 몽타주를 사용해 슬롯을 업데이트할 수 있다.

3. **Montage** 섹션에는 적용된 애님 슬롯을 보여주는 드롭다운 메뉴가 있다. 기본적으로는 `DefaultGroup.DefaultSlot`으로 설정돼 있다. 드롭다운 메뉴를 클릭하고 `DefaultGroup.Upper Body`를 선택한다.

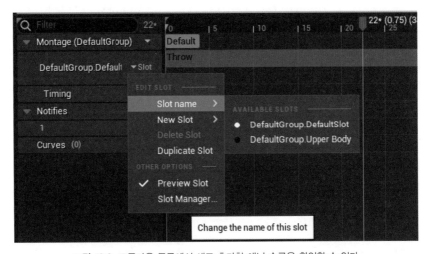

그림 12.6 드롭다운 목록에서 새로 추가한 애님 슬롯을 확인할 수 있다.

NOTE

애님 슬롯을 변경하고 나면, 플레이어 캐릭터가 애니메이션의 재생을 멈추고 다시 T-포즈로 돌아가는 것을 볼 수 있다. 걱정하지 말자. 이 상황이 발생하면, 애니메이션 몽타주를 닫고 다시 연다. 에디터가 다시 열리면 캐릭터가 Throw 애니메이션을 다시 재생할 것이다.

애님 슬롯을 생성하고 Throw 애니메이션을 제 위치에 배치했으면, 이 슬롯을 기반으로 애니메이션을 적절하게 재생할 수 있도록 애니메이션 블루프린트를 업데이트할 차례다.

이것으로 이번 실습을 마친다. Anim Slot Manager를 사용해 애니메이션 몽타주에서 사용할 수 있는 첫 번째 애님 슬롯을 생성할 수 있었다. 이제 플레이어 캐릭터 애니메이션 블루프린트에서 이 애님 슬롯을 사용해 Throw 애니메이션과 이전 장에서 구현했던 이동 애니메이션을 전환하는 데 필요한 애니메이션 블렌딩을 처리할 수 있다. 이 작업을 진행하기 전에 애니메이션 블루프린트의 Save Cached Pose 노드를 살펴봐야 한다.

Save Cached Pose

복잡한 애니메이션과 캐릭터를 활용해 작업할 때는 여러 위치에서 스테이트 머신이 출력하는 포즈를 참조(사용)해야 하는 경우가 있다. Movement 스테이트 머신의 Output Pose를 여러 노드에 연결하려고 시도해보면 연결이 안 된다는 사실을 알 수 있을 것이다. 이런 경우에 Save Cached Pose 노드가 유용하다. Save Cached Pose를 사용하면 한 번에 여러 위치에서 포즈를 참조하거나 저장할 수 있다. 상체 애니메이션에 새 애님 슬롯을 설정하려면 Save Cached Pose 노드를 사용해야 한다.

다음 실습에서는 Movement 스테이트 머신을 캐시에 저장하기 위해 Save Cached Pose 노드를 구현한다.

실습 12.04: Movement 스테이트 머신의 Save Cached Pose

이전 실습에서 생성했던 Upper Body 애님 슬롯을 사용하는 Throw 애니메이션과 플레이어 캐릭터에서 이미 사용 중인 Movement 애니메이션을 효과적으로 블렌딩하려면 애니메이션 블루프린트에서 Movement 스테이트 머신을 참조할 수 있어야 한다. 이를 위해서는 애니메이션 블루프린트에서 다음 단계에 따라 Save Cached Pose 노드를 구현해야 한다.

1. AnimBP_SuperSideScroller_MainCharacter의 애님 그래프에서 마우스 오른쪽 버튼을 클릭하고 New Save Cached Pose를 검색한다. 추가된 노드의 이름을 Movement Cache로 지정한다.

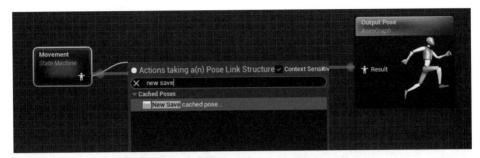

그림 12.7 Pose는 매 프레임 평가된 다음, 캐시에 저장된다.

2. 이제 Movement 스테이트 머신을 Output Pose 핀에 직접 연결하는 대신 Movement Cache 노드에 연결한다.

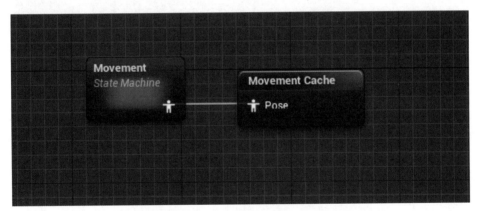

그림 12.8 이제 Movement 스테이트 머신이 캐시에 저장된다.

3. Movement 스테이트 머신을 캐시에 저장했으면 이제 사용하는 일만 남았다. Use Cached Pose 노드를 검색해 캐시에 저장한 스테이트 머신을 사용할 수 있다.

NOTE

캐시에 저장된 모든 노드는 콘텍스트 메뉴에서 찾을 수 있다. 1단계에서 설정했던 이름으로 Cached Pose 노드를 검색하면 된다.

4. Use Cached Pose 노드를 애님 그래프의 Output Pose에 연결한다.

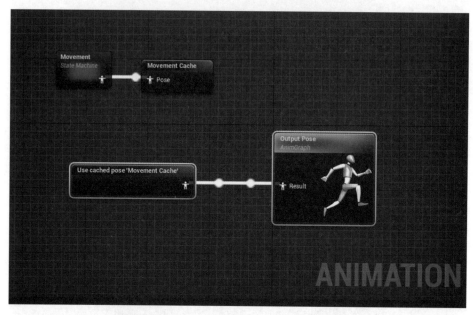

그림 12.9 이제 Cached Pose 노드가 Output Pose에 연결된다.

4단계 이후로 메인 캐릭터가 이전 장에서처럼 예상대로 정확하게 움직이는 것을 확인할 수 있다. 이는 Movement 스테이트 머신의 캐싱이 잘 동작하고 있다는 것을 증명한다. 아래 이미지는 애니메이션 블루프린트의 미리보기 창에서 대기 애니메이션을 재생하는 플레이어 캐릭터를 보여준다.

그림 12.10 예상대로 애니메이션을 재생하는 메인 캐릭터

Movement 스테이트 머신의 캐싱이 잘 동작하는 것을 확인했다. 이제 앞서 생성한 애님 슬롯을 기반으로 스켈레톤을 통해 애니메이션을 블렌딩하는 데 이 캐시를 사용할 것이다.

이것으로 이번 실습을 마친다. 이제 애니메이션 블루프린트의 어느 위치에서든 캐시에 저장된 Movement 스테이트 머신 포즈를 사용할 수 있을 것이다. 이제 Layered blend per bone이라는 함수를 사용해 캐시에 저장된 Movement 포즈와 Upper Body 애님 슬롯의 블렌딩을 시작할 수 있다.

Layered blend per bone

여기서 애니메이션을 블렌딩하는 데 사용할 노드는 Layered blend per bone 노드다. 이 노드는 애니메이션이 특정 본을 무시하도록 캐릭터 스켈레톤의 본 세트를 마스킹한다.

플레이어 캐릭터와 Throw 애니메이션의 경우에는 상체만 Throw 애니메이션을 재생하도록 하체 부분을 마스킹할 것이다. Throw 애니메이션과 이동 애니메이션을 동시에 재생하고 이 애니메이션들이 잘 블렌딩될 수 있도록 하는 것이 목표다. 이렇게 하지 않으면, Throw 애니메이션을 재생할 때 이동 애니메이션이 완전히 중단된다.

다음 실습에서는 Layered blend per bone을 사용해 플레이어 캐릭터의 하체 부분을 마스킹한다. 이를 통해 Throw 애니메이션이 캐릭터의 상체에만 영향을 받을 수 있도록 설정한다.

실습 12.05: Upper Body 애님 슬롯과 애니메이션 블렌딩하기

Layered blend per bone 함수를 사용하면 Throw 애니메이션과 이전 장에서 구현한 이동 애니메이션을 블렌딩할 수 있고, Throw 애니메이션이 플레이어 캐릭터 스켈레톤에 미치는 영향을 제어할 수 있다.

이번 실습에서는 Layered blend per bone 함수를 사용해 Throw 애니메이션을 재생할 때 캐릭터의 하체 부분을 완전히 무시하도록 설정할 것이다. 이를 통해 Throw 애니메이션을 재생할 때 하체 부분의 캐릭터 이동 애니메이션에는 영향을 주지 않도록 설정한다.

Layered blend per bone 노드를 추가하고 이 노드에 필요한 입력 파라미터와 세팅을 살펴보자.

1. 애니메이션 블루프린트에서 마우스 오른쪽 버튼을 클릭하고 콘텍스트 메뉴에서 Layered blend per bone을 검색한다. 그림 12.11은 Layered blend per bone 노드와 이 노드의 파라미터를 보여준다.

   - 첫 번째 파라미터 Base Pose는 캐릭터의 기본 포즈다. 여기서는 Movement 스테이트 머신의 Cached Pose가 Base Pose가 될 것이다.

   - 두 번째 파라미터 Blend Pose 0 노드는 Base Pose 위에 레이어로 쌓으려는 포즈다. **Add Pin**을 선택하면 Blend Pose와 Blend Weights 파라미터를 추가할 수 있다는 것을 기억하자. 지금은 하나의 Blend Pose만 사용할 것이다.

- 마지막 파라미터 Blend Weights는 Blend Pose가 Base Pose에 영향을 미치는 정도를 0.0과 1.0 사이의 값으로 설정한다.

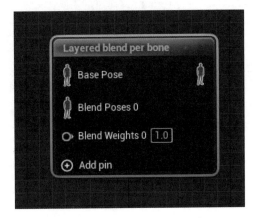

그림 12.11 Layered blend per bone 노드

다른 노드를 이 노드에 연결하기 전에 이 속성에 레이어를 추가해야 한다.

2. 노드를 클릭하고 **디테일**^{Details} 패널로 이동한다. **Layer Setup**에서 이 설정의 첫 번째 인덱스인 0을 찾기 위해 화살표를 클릭해야 한다. **Branch Filters** 옆의 +를 클릭해 새 필터를 생성한다.

여기에는 다음과 같은 이름의 2개 파라미터가 있다.

- **Bone Name**: 블렌딩이 적용될 위치를 지정하고 본의 자식 계층은 무시하도록 결정하는 본이다. 이 프로젝트의 메인 캐릭터 스켈레톤의 경우에는 Bone Name을 Spine으로 설정한다. 그림 12.12는 Spine 본과 자식 계층의 본이 메인 캐릭터의 하체 부분과 어떻게 연관되지 않았는지를 보여준다(즉, Spine 본과 그 자식 계층은 상체와 연관돼 있다). 이는 MainCharacter_Skeleton 스켈레톤 애셋에서 볼 수 있다.

그림 12.12 Spine 본과 그 자식 본은 메인 캐릭터의 상체 부분과 연관돼 있다.

- **Blend Depth**: 애니메이션의 영향을 받는 본과 그 자식 계층의 깊이^{depth} 값이다. 값이 0이면 선택한 본의 하위 계층에 영향을 주지 않는다.

- **Mesh Space Rotation Blend**: 본 회전을 메시 공간^{mesh space}에서 할지, 로컬 공간^{local space}에서 할지 여부를 결정한다. 메시 공간 회전은 스켈레탈 메시의 바운딩 박스^{bounding box}를 기본 회전으로 지정한다. 반면 로컬 공간은 해당 본 이름의 로컬 회전을 나타낸다. 여기서는 메시 공간에서 회전을 블렌딩하기 위해 이 파라미터를 true로 설정한다.

블렌딩은 본의 모든 자식 계층에 전파되므로 특정 본에 대한 블렌딩을 중지하려면 해당 본을 배열에 추가하고 깊이를 0으로 설정해야 한다. 파라미터를 모두 설정한 결과는 다음과 같다.

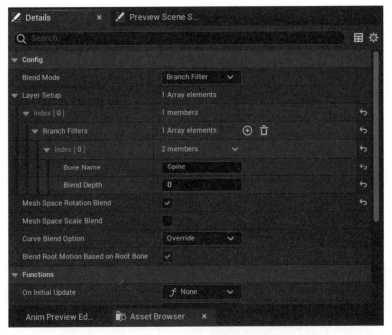

그림 12.13 한 블렌드 노드로 여러 레이어를 설정할 수 있다.

3. Layered blend per bone 노드의 설정을 완료했으면, Movement Cache 노드를 Base Pose 핀에 연결할 수 있다. Layered blend per bone 노드를 애니메이션 블루프린트의 Output Pose에 연결하는 것도 잊지 말자.

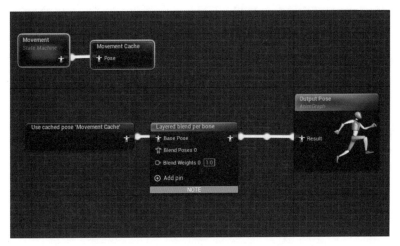

그림 12.14 캐시에 저장된 Movement 스테이트 머신을 Layered blend per bone 노드에 연결하기

이제 Layered blend per bone 노드를 통해 이 슬롯을 사용하는 애니메이션만 필터링하기 위해 앞서 생성한 애님 슬롯을 사용할 차례다.

4. 애님 그래프에서 마우스 오른쪽 버튼을 클릭하고 DefaultSlot을 검색한다. Slot 노드를 클릭하고 디테일^{Details}로 이동한다. 거기서 **Slot Name** 속성을 찾을 수 있을 것이다. 이 드롭다운을 클릭하고 DefaultGroup.Upper Body 슬롯을 선택한다.

   Slot Name 속성을 변경하면 Slot 노드가 업데이트돼 그 이름을 보여준다. Slot 노드는 소스 포즈를 필요로 하는데, 여기에 Movement 스테이트 머신을 참조하는 포즈를 연결해야 한다. 이를 위해 Use Cached Pose 노드를 하나 더 생성해야 한다.

5. 캐시에 저장된 Movement 스테이트 머신을 Slot 노드의 Source 핀에 연결한다.

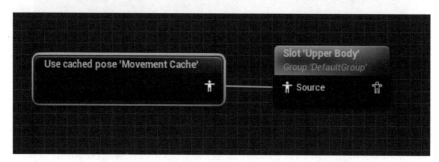

그림 12.15 캐시에 저장된 Movement 포즈를 애님 슬롯을 통해 필터링한다.

6. 이제 Upper Body 슬롯 노드를 Blend Pose 0 입력에 연결하는 작업만 남았다. 그런 다음, Layered blend per bone의 최종 포즈를 Output Pose 애니메이션 블루프린트의 Result에 연결한다.

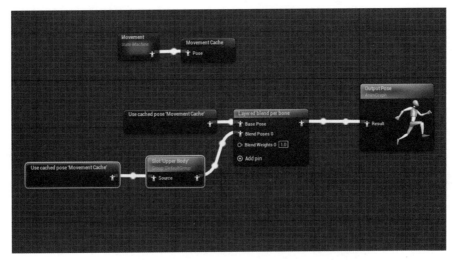

그림 12.16 메인 캐릭터 애니메이션 블루프린트의 최종 설정

메인 캐릭터의 애니메이션 블루프린트에 애님 슬롯과 Layered blend per bone 노드를 적절하게 배치하는 것으로 마침내 메인 캐릭터의 애니메이션이 완성됐다.

이제 다음 실습으로 넘어갈 준비를 완료했다. 다음 실습에서는 Throw 애니메이션을 미리보기로 확인하는 과정을 진행한다.

실습 12.06: Throw 애니메이션 미리보기

이전 실습에서는 Save Cached Pose와 Layered blend per bone 노드를 사용해 플레이어 캐릭터의 Movement 애니메이션과 Throw 애니메이션을 블렌딩하기 위한 많은 작업을 진행했다. 이제 게임에서 Throw 애니메이션을 미리 보기 위한 단계를 통해 노력의 결과를 확인해보자.

1. /MainCharacter/Blueprints/ 디렉터리로 이동해 캐릭터의 BP_SuperSideScroller _MainCharacter 블루프린트를 연다.

2. 기억해보면, 이전 장에서 IA_Throw를 통해 던지기 동작을 위한 향상된 입력 액션 Enhanced Input Action을 생성했다.

3. 캐릭터 블루프린트의 이벤트 그래프에서 마우스 오른쪽 버튼을 클릭하고 향상된 입력 액션 IA_Throw를 콘텍스트 메뉴에서 검색한다. 검색된 목록을 선택해 그래프에 이벤트 노드를 생성한다.

   이벤트 노드를 생성했으면, 플레이어가 던지기를 위해 마우스 왼쪽 버튼을 클릭했을 때 애니메이션 몽타주를 재생하는 함수가 필요하다.

4. 이벤트 그래프에서 마우스 오른쪽 버튼을 클릭하고 Play Montage를 검색한다. 이 노드와 비슷한 이름의 함수인 Play Anim Montage와 혼동하지 않도록 주의한다.

   Play Montage 함수는 2개의 중요한 입력을 필요로 한다.

   - Montage To Play
   - In Skeleton Mesh Component

   먼저 Skeletal Mesh 컴포넌트부터 처리해보자.

5. 플레이어 캐릭터는 스켈레탈 메시 컴포넌트를 갖고 있으며, **컴포넌트**^{Components} 탭에서 Mesh라는 이름으로 찾을 수 있다. 이 컴포넌트를 클릭한 다음, 그래프로 드래그해 이 변수의 Get 참조 노드를 생성하고 Play Montage 함수의 In Skeleton Mesh Component 입력에 연결한다.

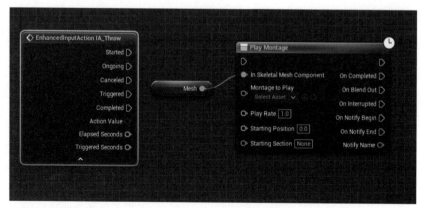

그림 12.17 플레이어 캐릭터의 메시 컴포넌트가 In Skeletal Mesh Component 입력에 연결된 모습

이제 남은 일은 이 함수에서 어떤 몽타주를 재생할 것인지를 알려주는 것이다. 다

행히 이 프로젝트에는 몽타주가 하나뿐이다. AM_Throw를 선택한다.

6. Montage to Play 입력에서 드롭다운 메뉴를 클릭하고 AM_Throw를 선택한다.

7. 마지막으로, 향상된 입력 액션 IA_Throw 이벤트의 Triggered 출력 실행 핀을 Play Montage 함수의 입력 실행 핀에 연결한다.

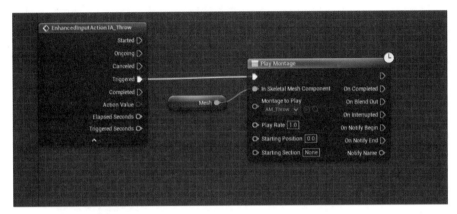

그림 12.18 플레이어가 IA_Throw 입력 액션을 누르면 AM_Throw 몽타주가 재생된다.

8. 이제 마우스 왼쪽 버튼을 클릭하면, 플레이어 캐릭터가 던지는 동작의 애니메이션 몽타주를 재생할 것이다.

이제 걷거나 달리면서 던지기 애니메이션이 잘 재생되고, 각 애니메이션이 서로 간섭하지 않고 블렌딩되는지 살펴보자.

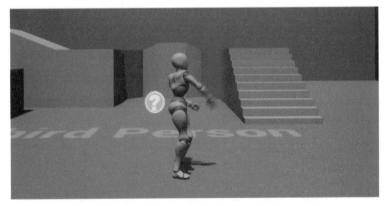

그림 12.19 이제 플레이어 캐릭터는 이동하면서 던질 수 있다.

Throw 몽타주를 재생하기 위해 마우스 왼쪽 버튼을 반복해서 사용할 때 볼 수 있는 버그에 대해서는 걱정하지 말자. 이 문제는 이 프로젝트의 후반부에서 다룰 발사체를 구현할 때 해결할 것이다. 지금은 애님 슬롯과 애니메이션 블루프린트에 수행한 작업이 애니메이션 블렌딩에서 원하는 결과를 제공하는지 확인하는 것이 중요하다.

이제 다음 장에서 사용할 적을 설정하는 데 필요한 C++ 클래스, 블루프린트, 머티리얼을 생성함으로써 슈퍼 사이드 스크롤러 프로젝트를 계속 진행해보자.

⫸ 슈퍼 사이드 스크롤러 게임의 적

이동하면서 Throw 애니메이션까지 정확하게 재생하는 플레이어 캐릭터가 준비됐으니, 이제 슈퍼 사이드 스크롤러 게임에 등장할 적 타입을 살펴볼 차례다.

이 적은 기본적으로 앞뒤로 이동하는 패턴을 가지며 공격은 지원하지 않는다. 따라서 플레이어 캐릭터와 부딪혔을 때만 피해를 입힐 수 있다.

다음 실습에서는 C++에서 첫 번째 적 타입을 위한 기본 적 클래스를 설정하고, 적의 AI를 구현할 13장, '적 AI 생성 및 추가'를 준비하기 위해 적의 블루프린트와 애니메이션 블루프린트를 구성한다. 효율을 높이고 시간을 절약하기 위해 언리얼 엔진 5가 프로젝트 템플릿을 통해 제공하는 애셋을 사용하고 기본 마네킹 애셋의 스켈레톤, 스켈레탈 메시, 애니메이션, 애니메이션 블루프린트를 사용할 것이다. 첫 번째 적 클래스를 생성하는 것부터 시작해보자.

실습 12.07: 기본 적 C++ 클래스 생성하기

이번 실습의 목표는 새로운 적 클래스를 처음부터 생성하고, AI를 개발하는 13장, '적 AI 생성 및 추가'에서 사용할 수 있도록 준비하는 것이다. 시작을 위해 다음 단계에 따라 C++에서 새 적 클래스를 생성한다.

1. 에디터에서 **Tools**로 이동하고 새 적 클래스의 생성을 위해 **새로운 C++ 클래스**[New]

C++ Class를 선택한다. 에디터에서 SuperSideScrollerCharacter 부모 클래스를 상속하는 새 C++ 클래스를 생성한다.

2. 이 클래스의 이름과 저장할 디렉터리를 선택해야 한다. 이 클래스의 이름을 EnemyBase로 지정하고, 디렉터리 경로는 변경하지 않는다. 준비가 되면, 새 클래스를 생성할 수 있도록 **클래스 생성**^{Create Class} 버튼을 클릭한다.

콘텐츠 드로어에서 다음에 생성할 적 애셋을 위한 폴더 구조를 생성해보자.

3. 언리얼 엔진 5 에디터로 다시 돌아가서 콘텐츠 드로어로 이동한 다음, Enemy라는 이름의 폴더를 생성한다.

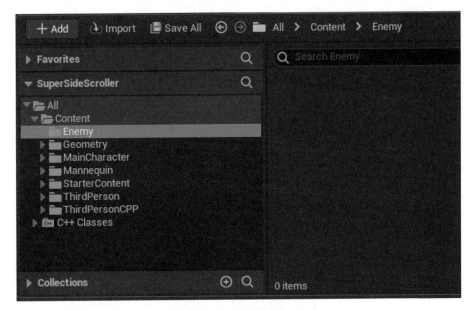

그림 12.20 새로 생성한 Enemy 폴더

4. Enemy 폴더에서 Blueprints라는 이름의 폴더를 생성한다. 이 폴더에는 적의 블루프린트 애셋을 생성하고 저장할 것이다. 마우스 오른쪽 버튼을 클릭하고 **블루프린트 클래스**^{Blueprint Class} 옵션을 선택한다. **부모 클래스 선택**^{Pick Parent Class} 창에서 다음 그림과 같이 앞서 생성했던 새 C++ 클래스인 EnemyBase를 선택한다.

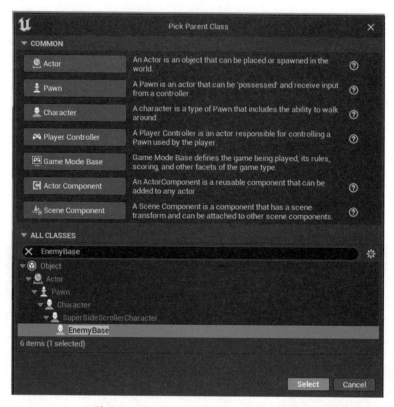

그림 12.21 블루프린트에서 상속할 EnemyBase 클래스

5. 생성한 블루프린트의 이름을 BP_Enemy라고 지정한다.

EnemyBase 클래스를 부모 클래스로 사용하는 첫 번째 적을 위한 블루프린트가 준비됐다. 이제 애니메이션 블루프린트를 생성할 차례다. 언리얼 엔진의 템플릿 프로젝트에서 제공하는 기본 애니메이션 블루프린트를 사용할 것이다. 다음 실습의 단계에 따라 기존 애니메이션 블루프린트의 사본을 생성하고 /Enemy/Blueprints 디렉터리로 이동시켜 보자.

실습 12.08: 적 애니메이션 블루프린트의 생성 및 적용

이전 실습에서 EnemyBase 클래스를 부모 클래스로 사용하는 첫 번째 적의 블루프린트를 생성했다. 이번 실습에서는 애니메이션 블루프린트를 작업한다.

다음 단계에 따라 이번 실습을 완료해보자.

1. /Mannequin/Animations 디렉터리로 이동해 ThirdPerson_AnimBP 애셋을 찾는다.

2. 이제 ThirdPerson_AnimBP 애셋을 복제한다. 애셋을 복제하는 방법은 두 가지가 있다.

   I. 콘텐츠 드로어에서 복제할 애셋을 선택하고 **Ctrl + D** 키를 누른다.

   II. 콘텐츠 드로어에서 복제할 애셋에서 마우스 오른쪽 버튼을 클릭하고, 드롭다운 메뉴에서 **복제**^Duplicate 옵션을 선택한다.

3. 복제된 애셋을 /Enemy/Blueprints 디렉터리로 드래그한 다음, **여기로 이동** 옵션을 선택한다.

4. 복제된 애셋의 이름을 AnimBP_Enemy라고 지정한다. 원본의 기능을 보존하면서 필요한 경우 나중에 수정할 수 있도록 애셋의 복제본을 만드는 것은 좋은 선택이다.

   적 블루프린트와 애니메이션 블루프린트를 생성했으니 이제 적 블루프린트가 기본 스켈레탈 메시 마네킹을 사용하고 새로 복제한 애니메이션 블루프린트를 사용하도록 업데이트할 차례다.

5. /Enemy/Blueprints로 이동해 BP_Enemy를 연다.

6. Mesh 컴포넌트를 선택하고 **디테일** 패널로 이동한다. 여기서 다음 그림과 같이 **Skeletal Mesh** 파라미터에 **SK_Mannequin**을 할당한다.

그림 12.22 새로운 적에 기본 SK_Mannequin 스켈레탈 메시를 사용한다.

7. 이제 Mesh 컴포넌트에 AnimBP_Enemy 애니메이션 블루프린트를 적용해야 한다. Mesh 컴포넌트의 **디테일** 패널에서 Animation 카테고리로 이동하고, **Anim Class**에

AnimBP_Enemy를 할당한다.

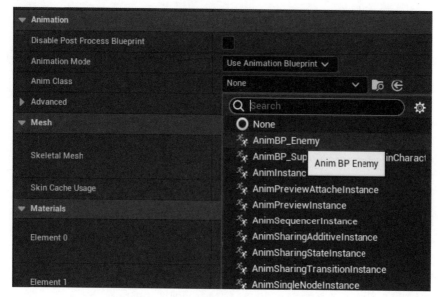

그림 12.23 Anim Class에 새 AnimBP_Enemy 할당하기

8. 마지막으로, 미리보기 창에서 캐릭터를 살펴보면 캐릭터 메시의 위치와 회전이 부정확하게 설정된 것을 볼 수 있다. 이 문제를 해결하기 위해 **Mesh** 컴포넌트의 **Transform** 속성을 다음과 같이 설정한다.

- **Location:** (X = 0.000000, Y = 0.000000, Z = -90.000000)

- **Rotation:** (롤Roll = 0.000000, 피치Pitch = 0.000000, 요Yaw = -90.000000)

- **Scale:** (X = 1.000000, Y = 1.000000, Z = 1.000000)

Transform 설정은 다음과 같다.

그림 12.24 적 캐릭터의 최종 트랜스폼 설정

다음 그림은 지금까지의 **Mesh** 컴포넌트 설정을 보여준다. 그림 12.25에 표시된 설정과 일치하는지 확인한다.

그림 12.25 적 캐릭터의 Mesh 컴포넌트 설정

마지막 작업은 마네킹의 기본 머티리얼에서 머티리얼 인스턴스를 생성해 이 적을 다른 적 타입과 구별할 수 있도록 고유한 색상을 적용하는 것이다.

먼저 머티리얼과 머리티얼 인스턴스를 살펴보자.

머티리얼과 머티리얼 인스턴스

다음 실습으로 넘어가기 전에 머티리얼과 머티리얼 인스턴스를 살펴보자. 그래야 이 애셋으로 작업하고 새로운 적 캐릭터에 적용할 수 있다. 이 책은 언리얼 엔진 5를 사용한 게임 개발의 기술적 측면에 더 중점을 두고 있지만, 대략적으로라도 머티리얼 인스턴스가 무엇이고 비디오 게임에서 어떻게 활용되는지를 아는 것은 매우 중요하다. 머티리얼 인스턴스는 머티리얼의 확장 버전이다. 머티리얼 인스턴스는 파생된 기본 머티리얼에 접근하거나 파라미터 등을 제어할 수 없다. 하지만 머티리얼 제작자가 노출시킨 파라미터를 제어할 수 있다. 머티리얼 인스턴스 안에서 작업할 수 있도록 많은 파라미터를 노출시킬 수 있다.

NOTE

머티리얼과 머티리얼 인스턴스에 대한 더 자세한 정보는 에픽 게임즈의 웹 문서(https://docs.unreal engine.com/en-US/Engine/Rendering/Materials/index.html과 https://docs.unrealengine.com/4. 27/en-US/API/Runtime/Engine/Materials/UMaterialInstanceDynamic/)에서 확인할 수 있다.

언리얼 엔진은 템플릿 프로젝트의 /Mannequin/Character/Materials/ 디렉터리에서 찾을 수 있는 M_UE4Man_ChestLogo라는 이름을 가진 머티리얼 인스턴스의 예제를 제공한다. 다음 이미지는 부모 머티리얼인 M_Male_Body를 기반으로 머티리얼 인스턴스에 노출된 파라미터를 보여준다. 여기서 집중해 살펴봐야 할 가장 중요한 파라미터는 BodyColor라는 이름의 벡터(Vector) 파라미터다. 다음 실습에서 생성할 머티리얼 인스턴스에서 이 파라미터를 사용해 적 캐릭터에 고유한 색상을 설정할 것이다.

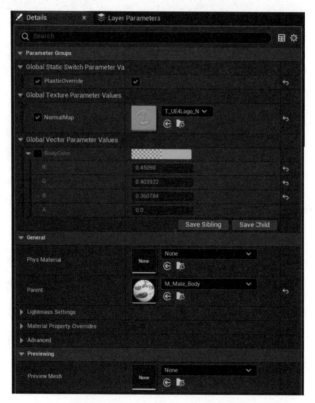

그림 12.26 M_UE4Man_ChestLogo 머티리얼 인스턴스 애셋의 파라미터 목록

다음 실습에서는 머티리얼 인스턴스에 대해 학습한 지식을 활용해 앞서 생성한 적 캐릭터에 사용할 머티리얼 인스턴스를 생성한다.

실습 12.09: 적 머티리얼 인스턴스의 생성 및 적용

머티리얼 인스턴스가 무엇인지 이해했으므로, 이제 M_MannequineUE4_Body 애셋을 기반으로 머티리얼 인스턴스를 생성해볼 차례다. 적 캐릭터가 자신만의 시각적 표현을 제공할 수 있도록 이 머티리얼 인스턴스를 사용해 BodyColor 파라미터를 설정할 것이다.

다음 단계에 따라 이번 실습을 완료할 수 있다.

1. Characters/Mannequin_UE4/Materials 디렉터리로 이동해 기본 마네킹 캐릭터가 사용하는 머티리얼인 M_MannequinUE4_Body를 찾는다.

2. 머티리얼 애셋 M_MannequinUE4_Body에서 마우스 오른쪽 버튼을 클릭하고 **머티리얼 인스턴스 생성**Create Material Instance 옵션을 선택해 머티리얼 인스턴스를 생성할 수 있다. 생성된 애셋의 이름을 MI_Enemy01로 지정한다.

그림 12.27 머티리얼을 사용해 머티리얼 인스턴스를 생성할 수 있다.

Enemy 폴더 안에 Materials라는 이름의 새 폴더를 생성한다. 생성한 머티리얼 인스턴스를 /Enemy/Materials 디렉터리로 드래그해 이동시킨다.

그림 12.28 생성된 머티리얼 인스턴스의 이름을 MI_Enemy로 변경하기

3. 머티리얼 인스턴스를 더블 클릭한 다음, **디테일** 패널을 찾는다. 여기서 **BodyColor** 라는 이름의 **벡터 파라미터**^Vector Parameter를 찾을 수 있다. 이 파라미터를 사용할 수 있도록 체크박스를 체크한 다음, 이 파라미터의 값을 빨간색으로 변경한다. 이제 머티리얼 인스턴스가 다음 그림과 같이 빨간색으로 보일 것이다.

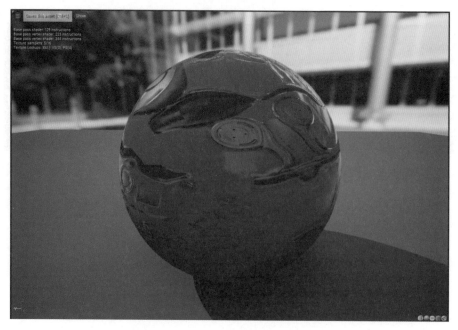

그림 12.29 이제 적 머티리얼이 빨간색으로 변했다.

4. **머티리얼 인스턴스**^{Material Instance} 애셋을 저장하고 BP_Enemy01 블루프린트로 다시 이동한다. **Mesh** 컴포넌트를 선택하고 **Element 0** 머티리얼 파라미터를 MI_Enemy로 업데이트한다.

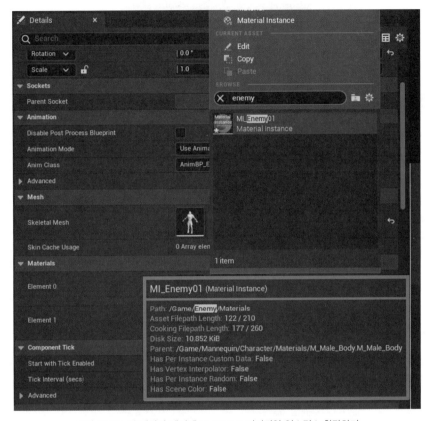

그림 12.30 적 캐릭터 메시에 MI_Enemy 머티리얼 인스턴스 할당하기

5. 이제 첫 번째 적 타입이 시각적으로 준비됐고, AI를 개발할 다음 장을 위한 적절한 블루프린트와 애니메이션 블루프린트 애셋이 준비됐다.

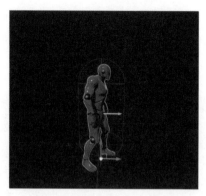

그림 12.31 적 캐릭터의 최종 설정 모습

이것으로 이번 실습을 마친다. 이번 실습을 통해 머티리얼 인스턴스를 새로 생성하고 적 캐릭터만의 시각적 표현을 위해 머티리얼 인스턴스를 적용했다.

간단한 활동을 진행하는 것으로 이 장을 마무리해보자. 다음으로 진행할 활동은 이전 실습에서 사용했던 Layered blend per bone 노드를 사용해 애니메이션 블렌딩을 더 잘 이해하는 데 도움을 준다.

활동 12.01: 블렌드 웨이트 업데이트하기

'실습 12.06: Throw 애니메이션 미리보기'의 끝부분에서 서로 부정적인 영향을 주지 않고 이동 애니메이션과 Throw 애니메이션을 혼합해 동시에 재생할 수 있도록 설정했다. 그 결과로 플레이어 캐릭터는 걷거나 달리는 애니메이션을 재생하는 동시에 상체에서 Throw 애니메이션을 재생할 수 있다.

이번 활동에서는 애니메이션 블렌딩이 동작하는 방식을 더 잘 이해하기 위해 Layered blend per bone 노드의 blend bias 값과 파라미터를 실험한다.

다음 단계에 따라 이번 활동을 완료할 수 있다.

1. Layered blend per bone 노드의 Blend Weights 입력 파라미터를 업데이트해 Throw 애니메이션 애디티브 포즈additive pose와 기본 이동 포즈의 블렌딩이 없도록 만든다.

`0.0f`와 `0.5f` 등의 값을 사용해 애니메이션의 차이를 비교해보자.

NOTE

실험을 한 뒤에는 이전 실습에서 설정한 블렌딩에 영향을 주지 않도록 이 값을 1.0f로 되돌려야 한다.

2. 전체 캐릭터의 몸체가 블렌드에 영향을 받도록 Layered blend per bone 노드의 설정을 업데이트한다. MainCharacter_Skeleton 애셋의 스켈레톤 계층 구조에서 루트 본부터 시작해보는 것이 좋다.

3. 이전 단계의 설정을 그대로 유지한 상태에서 **Branch Filter**에 새 배열 요소를 추가한다. 이 새 배열 요소에서 **Bone Name**을 추가하고 **Blend Depth**의 값을 **-1.0f**로 설정한다. Throw 애니메이션을 블렌딩할 때 캐릭터의 왼쪽 다리는 이동 애니메이션을 정확하게 재생할 수 있도록 설정한다.

NOTE

이번 활동 후에는 캐릭터 애니메이션이 제대로 동작하도록 이전 실습에서 Layered blend per bone 노드에 설정한 값으로 되돌려야 한다.

활동의 첫 번째 단계에 대한 예상 결과는 다음과 같다.

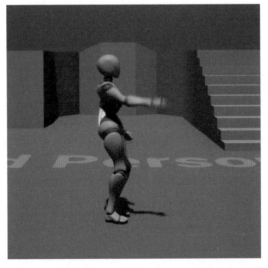

그림 12.32 전체 캐릭터 몸체가 영향을 받는 상태를 보여주는 결과

활동의 마지막 단계에 대한 예상 결과는 다음과 같다.

그림 12.33 Throw 애니메이션을 블렌딩할 때 왼쪽 다리는 이동 애니메이션을 이어가는 모습을 보여주는 결과

NOTE

이번 활동에 대한 솔루션은 깃허브(https://github.com/PacktPublishing/Elevating-Game-Experien ces-with-Unreal-Engine-5-Second-Edition/tree/main/Activity%20solutions)에서 확인할 수 있다.

이번 활동을 마치기 전에 Layered blend per bone 노드의 설정 값을 '실습 12.05: Upper Body 애님 슬롯과 애니메이션 블렌딩하기'에서 설정한 값으로 되돌려야 한다. 기존 설정 값으로 되돌리지 않으면, 다음 장에서 진행할 실습과 활동의 애니메이션 결과가 제대로 나오지 않을 것이다. 기존 설정 값을 직접 설정하거나 깃허브(https://github.com/PacktPublishing/Elevating-Game-Experiences-with-Unreal-Engine-5-Second-Edition/tree/main/Chapter12/Exercise12.05)의 파일에서 해당 값들을 참조해 설정할 수 있다.

이것으로 이번 활동을 마친다. 이번 활동을 통해 애니메이션 블렌딩의 동작 원리와 블렌드 웨이트^Blend Weight가 Layered blend per bone 노드를 사용하는 기본 포즈 및 애디티브 포즈에 어떤 영향을 미치는지 잘 이해할 수 있었을 것이다.

NOTE

이 프로젝트에서 사용하지 않은 다양한 애니메이션 블렌딩 기법들이 있다. 웹 문서(https://docs.unre alengine.com/en-US/Engine/Animation/AnimationBlending/index.html)를 참조해 이런 기법들을 살 펴보길 바란다.

⸬ 요약

이번 장에서는 적 캐릭터를 위한 C++ 클래스, 블루프린트, 머티리얼을 설정했다. 이를 통해 다음 장으로 넘어갈 준비를 마쳤다. 다음 장에서는 언리얼 엔진 5의 비헤이비어 트리와 같은 시스템을 활용해 적의 AI를 제작한다.

이 장의 실습과 활동을 통해 여러 애니메이션을 재생할 수 있는 애니메이션 몽타주를 생성하는 방법을 배웠다. 또한 플레이어 캐릭터의 상체를 분류하기 위해 이 몽타주에 애님 슬롯을 설정했다.

다음으로, Use Cached Pose 노드를 사용해 스테이트 머신의 출력 포즈를 저장하고 더 복잡한 애니메이션 블루프린트의 여러 곳에서 저장해둔 포즈를 사용하는 방법을 배웠다. 그런 다음, Layered blend per bone 함수를 배우면서 애님 슬롯을 사용해 기본 이동 애니메이션과 Throw 애니메이션의 애디티브 레이어를 블렌딩할 수 있었다.

마지막으로는 C++ 클래스, 블루프린트를 비롯한 여러 애셋을 생성함으로써 다음 장을 위한 적 캐릭터의 기본 타입을 준비했다. 이제 다음 장으로 넘어가서 적 캐릭터가 플레이어와 상호작용할 수 있도록 AI를 만들어보자.

13

적 AI 생성 및 추가

이전 장에서는 애니메이션 블렌딩과 애님 슬롯, 애니메이션 블루프린트, Layered Blend per Bone 같은 블렌딩 기능을 조합해 플레이어 캐릭터의 애니메이션을 추가했다. 이를 통해 캐릭터에 레이어 애니메이션을 추가하기 위해 던지기 애니메이션과 기본 이동 스테이트 머신을 부드럽게 블렌딩할 수 있었다.

이 장에서는 12장, '애니메이션 블렌딩과 몽타주'에서 만든 적 C++ 클래스에 AI를 사용해 생명을 불어넣는 데 중점을 둔다. 언리얼 엔진 5는 AI 컨트롤러, 블랙보드, 비헤이비어 트리와 같은 다양한 도구를 사용해 AI를 구현한다. 이 모든 도구를 이 장에서 배우고 사용할 것이다.

이 장에서 다루는 주제는 다음과 같다.

- 내비게이션 메시^{Navigation Mesh}를 사용해 적 캐릭터가 이동할 수 있도록 게임 월드 안에 탐색 가능한 공간을 만드는 방법

- 언리얼 엔진 5^{UE5}에서 제공하는 블랙보드와 비헤이비어 트리를 포함한 AI 도구를 조합해 게임 월드 안에서 정찰 지점을 탐색할 수 있는 적 AI 폰을 생성하는 방법

- 로컬 트랜스폼에서 월드 트랜스폼으로 변환하기 위해 트랜스폼 벡터^{Transform Vector}를 사용하는 방법

- C++에서 플레이어 발사체 클래스를 생성하고, 발사체가 월드 공간의 다른 물체와 충돌했을 때 인지하기 위해 OnHit() 충돌 이벤트 함수를 구현하는 방법

이 장을 마치면, 적 캐릭터가 이동할 수 있도록 내비게이션이 가능한 공간을 만들 수 있을 것이다. 또한 AI 폰을 만들고 블랙보드와 비헤이비어 트리를 사용해 여러 위치를 탐색할 수 있다. 마지막으로, 플레이어 발사체 클래스를 생성 및 구현하고 이 클래스에 시각적 요소를 추가하는 방법을 배울 것이다. 이런 시스템을 살펴보기 전에 최근 게임에서 AI가 어떻게 활용되고 있는지를 살펴보자. AI는 〈슈퍼 마리오 브라더스^{Super Mario Bro}〉 시대 이후로 크게 발전했다.

⋮⋮ 기술적 요구 사항

이 장을 진행하려면 다음과 같은 준비가 필요하다.

- 언리얼 엔진 5 설치
- 비주얼 스튜디오 2019 버전 이상 설치

이 장의 프로젝트는 깃허브(https://github.com/PacktPublishing/Elevating-Game-Experiences-with-Unreal-Engine-5-Second-Edition)에서 다운로드할 수 있는 이 책 코드 번들의 Chapter13 폴더에서 찾을 수 있다.

⋮⋮ 적 AI

AI^{Artificial Intelligence}란 무엇인가? 이 용어는 사용되는 분야와 맥락에 따라 많은 것을 의미할 수 있다. 따라서 비디오 게임이라는 주제와 관련해 의미 있는 방식으로 정의해보자.

AI는 주변 환경을 인식하고 의도한 목적을 최적으로 달성하는 데 도움을 주는 엔티티다. AI는 사용자나 환경으로부터 받은 입력에 따라 여러 상태 사이를 전환하기 위해 유한 상태 기계$^{Finite State Machine}$를 사용한다. 예를 들어 비디오 게임 AI는 현재 체력에 따라 공격 상태에서 방어 상태로 전환할 수 있다.

언리얼 엔진 5로 개발된 〈헬로 네이버$^{Hello Neighbor}$〉와 〈에이리언: 아이솔레이션$^{Alien:}$ ^{Isolation}〉 같은 게임에서 AI의 목표는 플레이어를 최대한 효율적으로 찾을 뿐 아니라 플레이어가 이길 수 있도록 개발자가 미리 정의한 패턴을 따르는 것이다. 〈헬로 네이버〉는 플레이어의 과거 행동을 학습하고 학습한 지식을 기반으로 플레이어를 이길 수 있도록 하는 매우 창의적인 요소를 AI에 추가했다.

이 게임의 퍼블리셔인 타이니빌드 게임즈$^{TinyBuild Games}$가 공개한 비디오$_{(https://www.youtube.}$ $_{com/watch?v=Hu7Z52RaBGk)}$를 통해 AI가 동작하는 방식을 확인해볼 수 있다.

흥미롭고 재미있는 AI는 모든 게임에서 중요하며 만드는 게임에 따라 AI가 매우 복잡하거나 단순해질 수 있다. 슈퍼 사이드 스크롤러 게임에서 제작할 AI는 앞서 설명한 것만큼 정교하지는 않지만, 만들고자 하는 게임의 요구를 충족시킬 것이다.

적의 행동을 분석해보자.

- 슈퍼 사이드 스크롤러의 적은 매우 단순하다. 기본적으로 앞뒤로 움직이는 패턴을 가지며 어떤 공격도 지원하지 않는다. 따라서 플레이어 캐릭터와 충돌할 때만 대미지를 입힐 수 있다.
- 하지만 적 AI가 이동할 위치를 설정해야 한다.
- 그런 다음, AI가 위치를 변경해야 하는지, 위치들 사이를 지속적으로 이동해야 하는지, 이동할 새 위치를 선택하기 전에 멈춰야 하는지를 결정해야 한다.

다행히 UE5는 복잡한 AI를 개발하는 데 활용할 수 있는 다양한 도구를 제공한다. 하지만 우리 프로젝트의 경우에는 이런 도구들을 활용해 단순한 적을 만들 것이다. UE5에서 AI 컨트롤러가 무엇인지부터 살펴보자.

AI 컨트롤러

플레이어 컨트롤러Player Controller와 AI 컨트롤러AI Controller의 주요 차이점을 살펴보자. 이 두 액터는 모두 기본 Controller 클래스를 상속하며, 특정 폰Pawn이나 캐릭터Character의 행동을 제어하기 위해 컨트롤러를 사용한다.

플레이어 컨트롤러는 실제 플레이어(사용자)의 입력을 기반으로 동작하는 반면, AI 컨트롤러는 빙의한 캐릭터에 AI를 적용하고 AI가 설정한 규칙에 따라 환경에 반응한다. 이를 통해 AI는 실제 플레이어(사용자)가 명시적으로 지시하지 않아도 플레이어와 외부 요인에 반응해 지능적인 결정을 내릴 수 있다. 동일한 AI 폰의 여러 인스턴스는 동일한 AI 컨트롤러를 공유할 수 있으며, 동일한 AI 컨트롤러를 서로 다른 AI 폰 클래스에서 사용할 수도 있다. UE5의 모든 액터와 마찬가지로 AI는 UWorld 클래스를 통해 생성된다.

NOTE

14장, '플레이어 발사체 생성'에서 UWorld 클래스를 살펴보겠지만, 웹 문서(https://docs.unrealengine .com/en-US/API/Runtime/Engine/Engine/UWorld/index.html)에서도 자세한 내용을 참조할 수 있다.

플레이어 컨트롤러와 AI 컨트롤러에서 가장 중요한 요소는 컨트롤러가 제어할 폰이다. AI 컨트롤러가 폰을 어떻게 다루는지를 더 자세히 살펴보자.

Auto Possess AI

다른 컨트롤러와 마찬가지로, AI 컨트롤러는 폰을 소유해야 한다. C++에서 다음 함수를 사용해 폰을 소유할 수 있다.

```
void AController::Possess(APawn* InPawn)
```

다음 함수를 사용해 폰의 소유를 해제할 수도 있다.

```
void AController::UnPossess()
```

또한 Possess() 함수와 UnPossess() 함수가 호출될 때 각각 호출되는 void AController::OnPossess(APawn* InPawn)과 void AController::OnUnPossess() 함수도 있다.

UE5에서 AI 컨트롤러가 AI 폰이나 AI 캐릭터를 소유할 수 있는 방법에는 두 가지가 있다. 이 옵션들을 살펴보자.

- **월드에 배치**^{Placed in World}: 이 첫 번째 방법은 이 프로젝트에서 AI를 다룰 때 사용할 방법이다. 적 액터를 게임 월드에 직접 배치하고, 게임이 시작되면 AI가 나머지 필요한 작업을 모두 처리한다.

- **생성**^{Spawned}: 이 두 번째 방법은 특정 클래스의 인스턴스를 생성하기 위해 C++나 블루프린트에서 명시적으로 함수를 호출해야 하기 때문에 약간 더 복잡하다. Spawn Actor 메서드는 인스턴스를 제대로 생성할 수 있도록 World 객체와 트랜스폼(Location 및 Rotation) 파라미터를 포함한 몇 가지 파라미터를 필요로 한다.

- **월드에 배치 또는 생성**^{Placed in World or Spawned}: 사용할 방법이 확실하지 않다면, 월드에 배치 또는 생성이 안전한 옵션이다. 이 옵션은 두 가지를 모두 지원한다.

- 슈퍼 사이드 스크롤러 게임의 목적에 따라, 게임 레벨에 생성할 AI를 직접 배치할 것이다. 따라서 **월드에 배치**^{Placed in World} 옵션을 사용할 것이다.

이제 적 캐릭터를 위한 AI 컨트롤러를 구현하는 첫 번째 실습을 진행해보자.

실습 13.01: AI 컨트롤러 구현하기

적 폰이 어떤 행동을 하기 전에 AI 컨트롤러가 폰을 소유해야 한다. 또한 이 과정은 AI가 로직을 수행하기 전에 처리돼야 한다. 이번 실습을 마치면, AI 컨트롤러를 생성하고 이전 장에서 만든 적 캐릭터에 이 컨트롤러를 적용할 것이다. AI 컨트롤러부터 만들어보자.

다음 단계에 따라 이번 실습을 완료할 수 있다.

1. **콘텐츠 드로어** 인터페이스에서 Content/Enemy 디렉터리로 이동한다.

2. Enemy 폴더에서 마우스 오른쪽 버튼을 클릭하고 **새 폴더**^{New Folder} 옵션을 선택한다. 새 폴더의 이름을 AI로 지정한다. AI 폴더에서 마우스 오른쪽 버튼을 클릭하고 **블루프린트 클래스**^{Blueprint Class} 옵션을 선택한다.

3. **부모 클래스 선택**^{Pick Parent Class} 다이얼로그 박스에서 **모든 클래스**^{All Classes}를 확장시키고, AIController 클래스를 직접 검색한다.

4. 이 클래스 옵션을 선택한 다음, 메뉴 하단의 초록색 **선택**^{Select} 옵션을 선택해 이 클래스를 기반으로 새 블루프린트를 생성한다. 아래 그림을 참고해 AIController 클래스를 검색할 위치를 확인하자. 또한 클래스 옵션에 마우스를 가져가면 나타나는 툴팁을 잘 살펴보자. 이 클래스에 대해 개발자가 작성한 유용한 정보가 포함돼 있다.

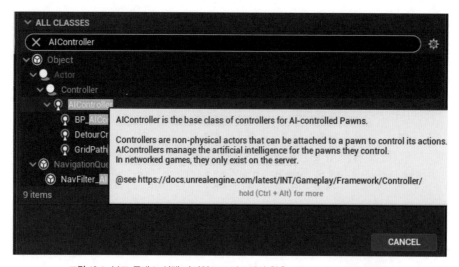

그림 13.1 부모 클래스 선택 다이얼로그 박스에서 찾은 AIController 애셋 클래스

5. AIController 블루프린트가 생성되면 이 애셋의 이름을 BP_AIControllerEnemy로 지정한다.

AI 컨트롤러를 생성하고 이름을 지정했으면, 이 애셋을 이전 장에서 만든 첫 번째 적 블루프린트에 적용할 차례다.

6. /Enemy/Blueprints 디렉터리로 이동해 BP_Enemy를 찾는다. 더블 클릭해 이 블루 프린트를 연다.

7. 적 블루프린트의 **디테일** 패널을 살펴보면 Pawn이라는 이름의 섹션을 찾을 수 있다. 이 곳에서 폰 및 캐릭터의 AI 기능과 관련된 다양한 속성을 설정할 수 있다.

8. AI Controller Class 파라미터를 찾을 수 있을 것이다. 이름에서 알 수 있듯이, 이 적에 사용할 AI 컨트롤러를 지정하는 곳이다. 드롭다운 메뉴를 클릭하고 앞서 생성한 AI 컨트롤러인 BP_AIControllerEnemy를 선택한다.

이것으로 이번 실습을 마친다. 이제 적 AI는 자신이 사용할 AI 컨트롤러를 알고 있다. AI 컨트롤러에 AI 로직이 위치하며 AI 컨트롤러가 이 장 뒷부분에서 생성할 비헤이비어 트리를 실행하므로 이 설정이 매우 중요하다.

AI 컨트롤러를 적에 할당했기 때문에 이 AI의 실제 지능을 개발할 준비를 거의 마쳤다. 하지만 AI를 개발하기 전에 살펴봐야 할 중요한 주제가 하나 남아 있다. 그 주제는 바로 내비게이션 메시다.

⠿ 내비게이션 메시

비디오 게임에서 AI의 가장 중요한 측면 중 하나는 정교한 방식으로 외부 환경을 탐색 할 수 있는 능력이다. 따라서 UE5에는 엔진이 AI에게 외부 환경의 어느 부분이 이동(탐색) 가능하고 어느 부분이 불가능한지를 알려줄 수 있는 방법이 있다. 이는 내비게이션 메 시Navigation Mesh(줄여서 내비 메시Nav Mesh)를 통해 처리된다.

여기서 '메시mesh'라는 용어는 에디터의 볼륨volume을 통해 구현됐으므로 다소 오해의 소 지가 있다. AI가 게임 월드에서 플레이 가능한 영역을 효과적으로 탐색하려면 레벨에 내비게이션 메시를 배치해야 한다. 다음 실습을 통해 내비게이션 메시를 배치한다.

UE5는 이동 가능한 물체가 외부 환경을 이동할 때 내비 메시를 실시간으로 업데이트하 는 다이내믹 내비게이션 메시Dynamic Naviagtion Mesh도 지원한다. 이를 통해 AI는 외부 환경의 이런 변화를 인식하고 경로(내비게이션)를 적절하게 업데이트할 수 있다. 이 책에서 다이 내믹 내비게이션 메시는 다루지 않는다. **프로젝트 세팅**Project Settings ➤ **내비게이션 메시** Navigation Mesh ➤ **Runtime Generation** 설정에서 이 옵션을 사용할 수 있다.

지금까지 내비이게션 메시를 살펴봤다. 이제 첫 번째 실습을 통해 내비게이션 메시를 월드에 추가해보자.

실습 13.02: 적을 위한 내비 메시 볼륨 구현하기

이번 실습에서는 내비게이션 메시를 SideScrollerExampleMap에 추가하고 UE5에서 내비 게이션 메시가 어떻게 동작하는지를 살펴본다. 또한 게임의 요구 사항에 맞게 볼륨을 파라미터로 변경하는 방법도 배운다. 이번 실습은 UE5 에디터에서 진행된다.

이번 실습을 마치고 나면 내비 메시를 잘 이해할 수 있을 것이다. 또한 이번 실습 이후에 이어지는 활동을 통해 레벨에서 이 볼륨을 구현할 수 있을 것이다. 레벨에 내비 메시 볼 륨을 추가해보자.

다음 단계에 따라 이번 실습을 완료할 수 있다.

1. 아직 맵을 열지 않은 상태라면, **파일**File 메뉴를 클릭하고 **레벨 열기**Open Level 옵션을 선택해 SideScrollerExampleMap을 연다. **레벨 열기** 다이얼로그 박스에서 / SideScrollerCPP/Maps 디렉터리로 이동해 **SideScrollerExampleMap**을 찾는다. 이 맵을 클릭하고 하단의 **열기**Open 버튼을 눌러 맵을 연다.

2. 맵이 열리면, 에디터 왼쪽 상단의 **창** 메뉴로 이동해 **액터 배치**Place Actors 패널 옵션을 선택한다. **액터 배치** 패널을 통해 **볼륨**Volumes, **라이트**Lights, **지오메트리**Geometry 등의 액 터 타입을 쉽게 찾을 수 있다. **볼륨** 카테고리에서 **내비 메시 바운드 볼륨**Nav Mesh Bounds Volume 옵션을 찾을 수 있을 것이다.

3. 이 볼륨을 맵으로 드래그한다. 그러면 에디터에서 볼륨의 경계를 확인할 수 있다. **P** 키를 눌러 **내비게이션** 영역을 시각화한다. 다음 스크린샷과 같이 초록색 영역을 확인하기 위해 볼륨이 바닥에 배치된 지오메트리와 교차하는지 확인한다.

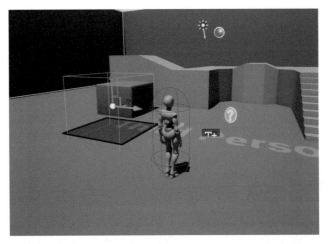

그림 13.2 초록색으로 표시된 영역은 엔진과 AI가 탐색할 수 있는 영역으로 인식된다.

내비 메시 볼륨을 배치했으면 레벨의 전체 영역으로 볼륨을 확장해보자. 이 과정 이후에는 게임의 목적을 위해 내비 메시 볼륨을 파라미터로 변경하는 방법을 배운다.

4. **NavMeshBoundsVolume**을 선택하고 **디테일** 패널로 이동한다. **Brush Settings**라고 이름 붙여진 섹션을 찾는다. 여기서 볼륨의 크기와 모양을 조정할 수 있다. 레벨 전체를 감쌀 수 있는 적당한 값을 찾는다. 참고할 만한 설정은 **Brush Type: Additive, Brush Shape: Box**, X: 3000.0, Y: 3000.0, Z: 3000.0과 같다.

NavMeshBoundsVolume의 모양과 크기를 변경하면 내비 메시가 탐색 가능한 영역을 조정해 다시 계산한다. 그 결과를 다음 스크린샷에서 볼 수 있다. 또한 위에 있는 플랫폼은 탐색이 불가능하다는 것도 알 수 있다. 이 문제는 나중에 고칠 예정이다.

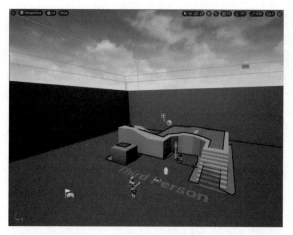

그림 13.3 이제 NavMeshBoundsVolume이 예제 맵의 플레이 가능한 영역 전체로 확장됐다.

이것으로 이번 실습을 마친다. 이번 실습을 통해 NavMeshBoundsVolume 액터를 게임 월드에 처음으로 배치했고, 디버그 키인 **P** 키를 사용해 기본 맵에서 탐색 가능한 영역을 시각화했다. 다음으로는 NavMeshBoundsVolume 액터를 레벨에 배치하면 생성되는 RecastNavMesh 액터를 살펴본다.

RecastNavMesh

NavMeshBoundsVolume을 추가하면, RecastNavMesh-Default라는 이름의 RecastNavMesh 액터가 자동으로 생성되는 것을 확인할 수 있다. 이 RecastNavMesh는 내비 메시의 '두뇌' 역할을 한다. RecastNavMesh가 AI가 특정 영역을 탐색하는 방식에 직접적인 영향을 미치는 내비 메시를 조정하는 데 필요한 파라미터를 포함하기 때문이다.

다음 스크린샷은 **월드 아웃라이너**^{World Outliner} 탭에서 확인한 RecastNavMesh 액터를 보여준다.

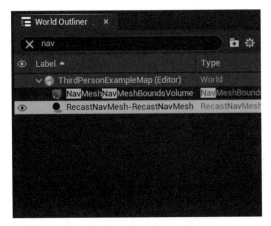

그림 13.4 월드 아웃라이너 탭에서 확인한 RecastNavMesh 액터

NOTE

RecastNavMesh에는 다양한 파라미터가 있지만, 이 책에서는 중요한 파라미터들만 살펴볼 것이다. 자세한 정보는 웹 사이트(https://docs.unrealengine.com/en-US/API/Runtime/NavigationSystem/NavMesh/ARecastNavMesh/index.html)에서 확인할 수 있다.

지금 우리에게 중요한 섹션은 두 가지다.

- **Display**: Display 섹션은 그 이름에서 알 수 있듯이, NavMeshBoundsVolume의 탐색 가능한 영역을 시각적으로 표시하는 데 영향을 주는 파라미터만 포함한다. 이 카테고리에 있는 옵션을 변경해보면서 생성된 내비 메시를 시각화하는 데 어떤 영향을 주는지 확인해보길 바란다.

- **Generation**: Generation 카테고리는 내비 메시의 생성 방법을 규정하며 지오메트리의 어느 부분이 이동 가능하고 어느 부분이 이동 불가능한지를 결정하는 값들을 포함한다. 여기에는 이해하기 어려운 다양한 옵션이 있다. 이 카테고리에서 몇 가지 파라미터만 살펴보자.

  - **Cell Size**는 내비 메시가 영역 안에서 탐색 가능한 공간을 생성할 수 있는 정확도를 나타낸다. 이번 실습의 다음 단계에서 이 값을 업데이트하면서, 실시간으로 탐색 가능한 영역에 어떤 영향을 미치는지 확인해본다.

- **Agent Radius**는 이 영역을 탐색할 액터의 반경을 나타낸다. 이 게임의 경우, 반경이 가장 큰 캐릭터의 콜리전 컴포넌트 요소의 반경 값을 설정한다.

- **Agent Height**는 이 영역을 탐색하는 액터의 높이를 나타낸다. 이 게임의 경우 높이의 절반 값이 가장 큰 캐릭터의 콜리전 컴포넌트의 **Half Height** 값을 설정한다. 전체 높이 값은 여기서 `2.0f`를 곱해 구할 수 있다.

- **Agent Max Slope**는 게임 월드에서 존재할 수 있는 경사에 대한 경사도를 나타낸다. 기본으로 이 값은 **44**도며, 게임에서 변경을 필요로 하지 않는 한 그대로 두고 사용할 파라미터다.

- **Agent Max Step Height**는 AI가 이동할 수 있는 계단과 관련된 파라미터로, 에이전트가 오를 수 있는 계단의 최대 높이를 나타낸다. **Agent Max Slope**와 마찬가지로 게임에서 특별히 이 값을 변경할 필요가 없는 한 그대로 두고 사용하는 파라미터다.

Recast Nav Mesh 파라미터를 배웠으니, 파라미터를 변경해보는 다음 실습을 통해 배운 지식을 활용해보자.

실습 13.03: RecastNavMesh 볼륨 파라미터

레벨에 내비 메시 볼륨을 배치했으니 이제 AI가 다른 플랫폼보다 얇은 플랫폼에서 이동할 수 있도록 Recast Nav Mesh 액터의 파라미터를 변경해보자. 이번 실습은 UE5 에디터에서 진행한다.

캐릭터의 요구와 내비 메시에 필요한 정확도에 맞게 `Cell Size`와 `Agent Height`를 업데이트해보자.

```
Cell Size: 5.0f
Agent Height: 192.0f
```

다음 스크린샷은 Cell Size를 변경해 위에 있는 플랫폼을 이제 탐색할 수 있다는 것을 보여준다.

그림 13.5 Cell Size를 19.0f에서 5.0f로 변경하면 위에 있는 좁은 플랫폼에서 이동할 수 있다.

SuperSideScrollerExampleMap에 내비 메시를 설정했다. 이제 적의 AI 로직을 만들 수 있다. AI 로직을 작성하기에 앞서, 다음 활동을 통해 자체 레이아웃과 NavMeshBoundsVolume 액터를 사용해 이 프로젝트의 다른 부분에서 사용할 수 있는 여러분만의 레벨을 만들어보자.

활동 13.01: 새 레벨 생성하기

예제 맵에 NavMeshBoundsVolume을 추가했으니 이번에는 슈퍼 사이드 스크롤러 게임의 남은 목적을 위한 새 맵을 만들어보자. 맵을 생성함으로써 NavMeshBoundsVolume과 RecastNavMesh의 파라미터가 배치된 환경에 미치는 영향을 더 잘 이해할 수 있을 것이다.

NOTE

이번 활동에 대한 솔루션을 확인하기 전에 슈퍼 사이드 스크롤러 게임의 나머지 장에서 활용되는 레벨이 필요한 경우 걱정하지 말자. 이 장에는 SuperSideScroller.umap 애셋과 함께 SuperSideScroller_NoNavMesh라는 이름의 NavMeshBoundsVolume이 없는 맵이 제공된다. 따라서 SuperSideScroller.umap을 레벨을 만드는 데 참고로 사용하거나 레벨을 향상시키는 방법에 대한 아이디어를 얻는 데 활용할 수 있다. 웹 사이트(https://packt.live/3lo7v2f)에서 맵을 다운로드할 수 있다.

다음 단계에 따라 단순한 맵을 생성해보자.

1. **새 레벨**을 생성한다.

2. 이 레벨의 이름을 SuperSideScroller로 지정한다.

3. 이 프로젝트의 **콘텐츠 드로어**^{Content Drawer} 인터페이스에 기본 제공되는 **스태틱 메시**^{Static Mesh} 애셋을 사용해 탐색할 수 있는 다양한 경로의 재미있는 공간을 만든다. 플레이어 캐릭터 **블루프린트**를 레벨에 추가하고 **Auto Possess Player** 옵션을 **Player 0**으로 설정한다.

4. 레벨에 NavMeshBoundsVolume 액터를 추가하고 생성한 공간에 맞게 크기를 조정한다. 이번 활동에 제공된 예제 맵에 맞는 크기는 X: 1000.0, Y: 5000.0, Z: 2000.0이다.

5. **P** 키를 눌러 NavMeshBoundsVolume의 디버그 시각화를 활성화한다.

6. NavMeshBoundsVolume이 레벨에 잘 맞도록 RecastNavMesh 액터의 파라미터를 조정한다. 제공된 예제 맵의 경우 Cell Size 파라미터는 5.0f, Agent Radius는 42.0f, Agent Height는 192.0f로 설정돼 있다. 이 값들을 참고해 설정한다.

예상 결과는 다음과 같다.

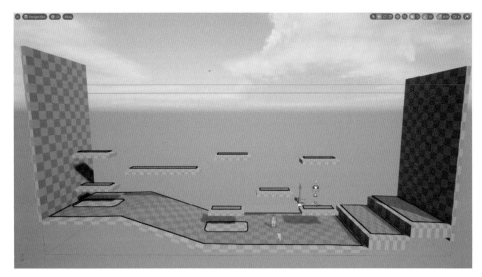

그림 13.6 SuperSideScroller 맵

이번 활동을 마치고 나면, 필요한 NavMeshBoundsVolume이 배치되고 RecastNavMesh 액터의 설정을 마친 레벨이 완성될 것이다. 이를 통해 다음 실습에서 개발할 AI가 제대로 동작할 수 있다. 레벨이 어떤 모습을 해야 할지 잘 모르겠다면, 제공된 예제 맵인 SuperSideScroller.umap을 참고할 수 있다. 이제 슈퍼 사이드 스크롤러 게임을 위한 AI 개발을 시작해보자.

> **NOTE**
>
> 이번 활동에 대한 솔루션은 깃허브(https://github.com/PacktPublishing/Elevating-Game-Experiences-with-Unreal-Engine-5-Second-Edition/tree/main/Activity%20solutions)에서 확인할 수 있다.

비헤이비어 트리와 블랙보드

많은 조건과 변수를 기반으로 AI가 다양한 논리적 경로를 이동하고 결정을 내릴 수 있도록 비헤이비어 트리^{Behavior Tree}와 블랙보드^{Blackboard}는 함께 동작한다.

비헤이비어 트리는 특정 조건과 파라미터를 기반으로 폰에게 명령을 내릴 수 있는 기능을 제공하는 비주얼 스크립팅 도구다. 예를 들어 비헤이비어 트리는 AI가 플레이어를 볼 수 있는지 여부를 기반으로 특정 위치로 이동하도록 명령을 내릴 수 있다.

비헤이비어 트리와 블랙보드가 게임에서 어떻게 사용되는지를 보기 위해 UE5로 개발된 〈기어스오브 워 5Gears of War 5〉 게임을 살펴보자. 〈기어스 오브 워 5〉와 〈기어스 오브 워Gears of War〉 시리즈의 AI는 항상 플레이어의 측면을 공격하거나 플레이어가 엄폐물에 숨지 못하도록 만든다. 이를 위해 플레이어가 누구인지, 플레이어가 어디에 있는지를 아는 것이 AI의 핵심 요소다. 플레이어에 대한 참조 변수와 플레이어의 위치를 저장하기 위한 위치 벡터는 블랙보드에 존재한다. 이 변수를 사용하는 방법과 AI가 이 정보를 활용하는 방식을 결정하는 로직은 비헤이비어 트리 안에서 처리된다.

블랙보드는 비헤이비어 트리가 동작을 수행하고 의사 결정을 위한 값을 사용하는 데 필요한 변수를 정의하는 곳이다.

비헤이비어 트리는 특정 위치로 이동하거나 직접 만든 작업을 수행하는 등 AI가 실행할 작업을 만드는 곳이다. 다른 UE5의 에디터 도구와 마찬가지로 비헤이비어 트리도 대부분 비주얼 스크립팅 경험을 제공한다.

블랙보드에서 키Key로 알려진 변수를 정의하고, 비헤이비어 트리에서 이 변수들을 사용한다. AI에 원하는 동작에 따라 태스크, 서비스, 데코레이터에서 생성한 키를 사용할 수 있다. 다음 스크린샷은 관련 비헤이비어 트리에서 사용할 수 있는 변수 키의 예를 보여준다. 블랙보드가 없는 비헤이비어 트리는 다양한 태스크, 서비스, 데코레이터 간에 정보를 전달하고 저장할 방법이 없어 쓸모가 없다.

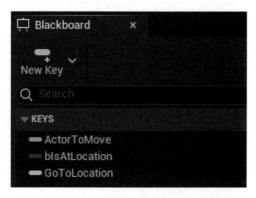

그림 13.7 비헤이비어 트리에서 사용할 수 있도록 블랙보드에 추가된 변수의 예

비헤이비어 트리는 컴포짓Composite, 태스크Task, 데코레이터Decorator, 서비스Service 객체들로 구성된다. 설정한 조건과 로직 흐름에 따라 AI가 동작할 방식과 응답하는 방식을 결정하기 위해 이 객체들은 함께 동작한다. 모든 비헤이비어 트리는 로직 흐름이 시작되는 루트라고 불리는 곳에서 시작한다. 루트는 수정할 수 없으며 실행 분기가 하나만 존재한다. 이 객체들을 더 자세히 살펴보자.

NOTE

비헤이비어 트리의 C++ API에 대한 더 자세한 정보는 웹 문서(https://docs.unrealengine.com/4.27/en-US/API/Runtime/AIModule/BehaviorTree/)에서 확인할 수 있다.

컴포짓 노드는 수행할 태스크와 다른 동작으로 이동하는 방법을 비헤이비어 트리에 알려주는 기능을 한다. 다음 스크린샷은 언리얼 엔진이 기본적으로 제공하는 컴포짓 노드의 목록을 보여준다. 여기에는 **Selector**, **Sequence**, **Simple Parallel**이 있다.

또한 컴포짓 노드에 데코레이터와 서비스를 추가하면 비헤이비어 트리 브랜치를 실행하기 전에 추가로 확인할 조건을 적용할 수 있다.

그림 13.8 컴포짓 노드의 Selector, Sequence, Simple Parallel

이 노드들을 더 자세히 살펴보자.

- **Selector**: **Selector** 컴포짓 노드는 컴포짓에 연결된 자식 태스크를 왼쪽에서 오른쪽 순서로 실행하며, 자식 태스크 중 하나가 성공하면 실행을 중단한다. 다음 스크린샷의 예를 살펴보자. FinishWithResult 태스크가 성공하면 부모 **Selector**가 성공해 루트가 다시 실행되고, 이어서 FinishWithResult 태스크가 다시 실행된다. 이 패턴은 FinishWithResult가 실패할 때까지 계속된다. FinishWithResult 태스크가

실패하면 **Selector**는 MakeNoise를 실행한다. MakeNoise가 실패하면 **Selector**가 실패해 루트가 다시 실행된다. 비헤이비어 트리의 흐름에 따라 **Selector**가 실패하거나 성공하면, 다음 컴포짓 브랜치의 실행이 시작될 수 있다. 다음 스크린샷에는 다른 컴포짓 노드가 없으므로 **Selector**가 실패하거나 성공하면 루트 노드가 다시 실행된다. 하지만 여러 **Selector** 노드를 자식으로 가진 **Sequence** 컴포짓 노드가 있다면, 각 **Selector**는 자식 태스크를 성공적으로 실행하기 위해 시도할 것이다. 성공, 실패 여부에 관계없이 각 **Selector**는 순차적으로 실행을 시도한다.

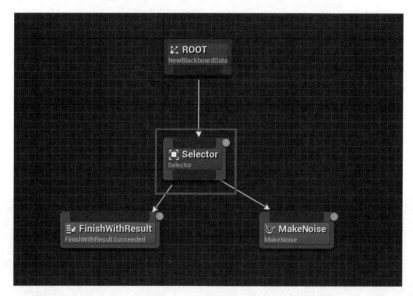

그림 13.9 비헤이비어 트리에서 Selector 컴포짓 노드가 사용되는 방법을 보여주는 예

태스크와 컴포짓 노드를 추가하면 각 노드의 오른쪽 상단에 숫자 값이 표시되는 것을 확인할 수 있다. 이 숫자는 노드가 실행될 순서를 나타낸다. 위에서 아래로, 왼쪽에서 오른쪽으로 실행되는 순서를 따르며, 이 숫자 값은 이런 순서를 추적하는 데 도움을 준다. 연결이 끊어진 태스크나 컴포짓 노드는 사용되지 않는다는 것을 나타내기 위해 -1 값이 설정된다.

- **Sequence: Sequence** 컴포짓 노드는 자식 태스크를 왼쪽에서 오른쪽 순서로 실행하며, 자식 태스크 중 하나가 실패하면 실행을 중단한다. 다음 스크린샷의 예를 살

펴보자. Move To 태스크가 성공하면, 부모 **Sequence** 노드는 Wait 태스크를 실행한다. Wait 태스크가 성공하면, **Sequence** 노드가 성공해 루트 노드가 다시 실행된다. 반면 Move To 태스크가 실패하면 **Sequence**가 실패하고 루트가 다시 실행되기 때문에 Wait 태스크를 실행하지 못하는 경우가 발생한다.

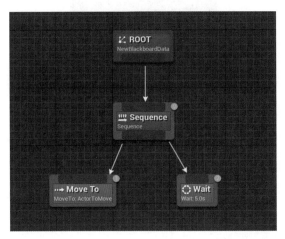

그림 13.10 비헤이비어 트리에서 Sequence 컴포짓 노드가 사용되는 방법을 보여주는 예

- **Simple Parallel**: Simple Parallel 컴포짓 노드는 태스크와 로직의 새로운 스탠드얼론 브랜치standalone branch를 동시에 실행하는 기능을 제공한다. 다음 스크린샷은 **Simple Parallel** 컴포짓 노드의 매우 기본적인 예를 보여준다. 이 예제에서 5초를 대기하기 위해 사용되는 태스크는 다른 **Sequence**의 태스크와 동시에 실행된다.

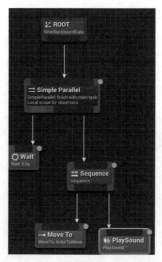

그림 13.11 비헤이비어 트리에서 Simple Parallel 컴포짓 노드가 사용되는 방법을 보여주는 예

또한 **Simple Parallel** 컴포짓 노드는 디테일 패널에 파라미터를 가진 유일한 컴포짓 노드다(Finish Mode 파라미터). 여기에는 두 가지 옵션이 제공된다.

- **Immediate**: **Immediate**로 설정한 경우 **Simple Parallel** 컴포짓 노드는 메인 태스크가 종료하면 성공적으로 종료된다. 예제의 경우, Wait 태스크가 종료하면 다른 트리 **Sequence**의 실행이 중단돼 전체 **Simple Parallel**이 다시 실행된다.

- **Delayed**: **Delayed**로 설정한 경우 다른 트리의 실행이 종료되고 태스크의 실행을 종료하면 **Simple Parallel** 컴포짓 노드는 성공적으로 종료된다. 예제의 경우, Wait 태스크는 5초 후에 종료된다. 하지만 **Simple Parallel**은 Move To와 PlaySound 태스크가 종료될 때까지 대기한다.

NOTE

> 컴포짓의 C++ API에 대한 더 자세한 정보는 웹 사이트(https://docs.unrealengine.com/4.27/en-US/API/Runtime/AIModule/BehaviorTree/Composites/)에서 확인할 수 있다.

지금까지 배운 컴포짓 노드의 이해를 바탕으로 태스크 노드의 예제를 살펴보자.

태스크

태스크^{task}는 AI가 수행할 수 있는 작업을 말한다. 언리얼 엔진은 기본적으로 내장된 태스크를 제공하며, 블루프린트와 C++ 모두에서 자체적으로 태스크를 만들 수도 있다. 태스크는 AI를 특정 위치로 이동시키는 것(Move To 태스크)이나 특정 방향을 바라보도록 지시하는 것(Rotate To Face Target 태스크) 등을 포함하며, 심지어 AI가 무기를 발사하도록 지시하는 것도 포함한다. 또한 블루프린트를 사용해 자체적으로 태스크를 만들 수 있다는 사실을 아는 것이 중요하다. 적 캐릭터의 AI를 개발하는 데 사용할 두 가지 주요 태스크를 살펴보자.

- **Move To 태스크**: 이 태스크는 비헤이비어 트리에서 매우 일반적으로 사용되는 태스크 중 하나로, 이 장의 실습에서는 이 태스크를 사용할 것이다. Move to 태스크는 설정한 위치를 기반으로 AI가 어떻게 그리고 어디로 이동해야 하는지를 지시하는 데 내비게이션 시스템을 사용한다. AI 적 캐릭터가 어디로 이동해야 하는지를 지시하는 데 이 태스크를 사용할 것이다.

- **Wait 태스크**: 이 태스크는 로직에서 필요한 경우 태스크 실행 사이에 잠시 대기할 수 있으므로 비헤이비어 트리에서 자주 사용되는 또 다른 태스크 중 하나다. AI가 새 위치로 이동하기 전에 몇 초간 대기하도록 지시하는 데 이 태스크를 사용할 수 있다.

> **NOTE**
>
> 태스크의 C++ API에 대한 더 자세한 정보는 웹 문서(https://docs.unrealengine.com/4.27/en-US/API/Runtime/AIModule/BehaviorTree/Tasks/)에서 확인할 수 있다.

데코레이터

데코레이터^{decorator}는 태스크나 컴포짓 노드(Sequence, Selector 등)에 추가할 수 있는 조건이며, 이를 활용해 로직을 분기로 구성할 수 있다. 예를 들면, 적이 플레이어의 위치를 아는지 여부를 확인하는 데코레이터를 추가할 수 있다. 적이 플레이어의 위치를 아는 경우, 적에게 플레이어의 위치로 이동하도록 지시할 수 있다. 적이 플레이어의 위치를 모르는 경우에는 이동할 새 위치를 선택하고, 그 위치로 대신 이동하도록 지시할 수 있다. 또한 블루프린트를 사용해 커스텀 데코레이터를 생성할 수 있다는 점도 알아두자.

적 캐릭터의 AI를 개발할 때 사용할 데코레이터인 **Is At Location** 데코레이터를 잠시 살펴보자. 이 데코레이터는 컨트롤러가 제어하는 폰이 데코레이터에 지정한 위치에 있는지를 결정한다. 이 데코레이터는 AI가 지정한 위치에 도착했는지를 알기까지 비헤이비어 트리를 실행하지 않도록 만들 때 유용하다.

> **NOTE**
>
> 데코레이터의 C++ API에 대한 더 자세한 정보는 웹 문서(https://docs.unrealengine.com/4.27/en-US/API/Runtime/AIModule/BehaviorTree/Decorators/UBTDecorator_BlueprintBase/)에서 확인할 수 있다.

지금까지 배운 태스크 노드에 대한 이해를 바탕으로 서비스 노드를 살펴보자.

서비스

서비스^service는 태스크나 컴포짓 노드와 연결할 수 있기 때문에 데코레이터와 비슷하게 동작한다. 서비스는 서비스에 정의된 간격^interval에 따라 노드의 분기(브랜치)를 실행할 수 있다는 점에서 데코레이터와 가장 큰 차이를 나타낸다. 또한 블루프린트를 사용해 커스텀 서비스를 만들 수 있다.

> **NOTE**
>
> 서비스의 C++ API에 대한 더 자세한 정보는 웹 문서(https://docs.unrealengine.com/4.27/en-US/API/Runtime/AIModule/BehaviorTree/Services/)에서 확인할 수 있다.

지금까지 컴포짓, 태스크, 서비스 노드를 배웠다. 이를 바탕으로 다음 실습으로 넘어가서 적 캐릭터를 위한 비헤이비어 트리와 블랙보드를 생성해보자.

실습 13.04: AI 비헤이비어 트리와 블랙보드 생성하기

비헤이비어 트리와 블랙보드에 대한 대략적인 이해를 바탕으로 이번 실습에서는 이 애셋들을 생성하고, AI 컨트롤러에서 생성한 비헤이비어 트리를 사용하도록 지시하고, 비헤이비어 트리에 블랙보드를 할당하는 과정을 진행한다. 여기서 생성할 블랙보드와 비헤이비어 트리 애셋은 슈퍼 사이드 스크롤러 게임에서 사용할 것이다. 이번 실습은 UE5 에디터 안에서 진행된다.

다음 단계에 따라 이번 실습을 완료할 수 있다.

1. **콘텐츠 드로어**Content Drawer 인터페이스에서 /Enemy/AI 디렉터리로 이동한다. 이 위치는 AI 컨트롤러를 생성했던 디렉터리와 같은 위치다.

2. 이 디렉터리에서 **콘텐츠 드로어** 인터페이스의 빈 공간을 마우스 오른쪽 버튼으로 클릭하고 **AI**Artificial Intelligence 옵션으로 이동한 다음, **비헤이비어 트리**를 선택해 애셋을 생성한다. 이 애셋의 이름을 BT_EnemyAI로 지정한다.

3. 같은 디렉터리에서 **콘텐츠 브라우저** 인터페이스의 빈 공간을 마우스 오른쪽 버튼으로 클릭하고 **AI** 옵션으로 이동한 다음, **블랙보드**Blackboard를 선택해 애셋을 생성한다. 이 애셋의 이름을 BB_EnemyAI로 지정한다.

   AI 컨트롤러에 이 비헤이비어 트리를 실행하도록 지시하기 전에 블랙보드를 비헤이비어 트리에 할당해 서로 적절하게 연결될 수 있도록 설정하자.

4. **콘텐츠 드로어** 인터페이스에서 BT_EnemyAI 애셋을 더블 클릭해 비헤이비어 트리를 연다. 열리면, 오른쪽 위치의 **디테일** 패널로 이동해 Blackboard Asset 파라미터를 찾는다.

5. 드롭다운 메뉴를 클릭하고 앞서 생성한 BB_EnemyAI 블랙보드 애셋을 찾는다. 컴파일하고 저장한 다음, 비헤이비어 트리를 닫는다.

6. 그런 다음, **콘텐츠 드로어** 인터페이스에서 BP_AIController_Enemy 애셋을 더블 클릭해 AI 컨트롤러를 연다. 컨트롤러에서 마우스 오른쪽 버튼을 클릭하고 Run Behavior Tree 함수를 찾는다.

Run Behavior Tree 함수는 매우 직관적으로 동작한다. 비헤이비어 트리를 컨트롤러에 할당하고 실행하면 비헤이비어 트리가 성공적으로 실행됐는지 여부를 반환한다.

7. 끝으로, Event BeginPlay 이벤트 노드를 Run Behavior Tree 함수의 실행 핀에 연결하고 앞서 생성한 비헤이비어 트리 애셋 BT_EnemyAI를 할당한다.

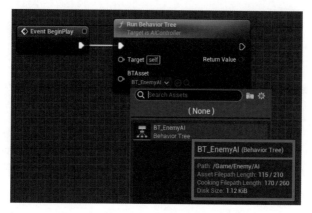

그림 13.12 BT_EnemyAI 비헤이비어 트리 할당하기

8. 이것으로 이번 실습을 마친다. 이를 통해 적 AI 컨트롤러가 이제 BT_EnemyAI 비헤이비어 트리를 실행하도록 설정했고, 비헤이비어 트리가 BB_EnemyAI라는 이름의 블랙보드를 사용하도록 설정했다. 모든 설정이 완료됐으면, 적 캐릭터가 레벨 주변을 이동할 수 있도록 비헤이비어 트리 로직을 사용해 AI를 개발할 수 있다.

실습 13.05: 비헤이비어 트리 태스크 생성하기

이번 실습의 목표는 레벨에 배치된 내비 메시의 영역 안에서 이동할 위치를 랜덤으로 찾는 적 AI의 AI 태스크를 개발하는 것이다.

슈퍼 사이드 스크롤러 게임은 2차원 이동만 지원하지만, 일단 AI가 '활동 13.01: 새 레벨 생성하기'에서 만들었던 3차원 공간을 자유롭게 이동할 수 있도록 한 다음에 적의 움직임을 2차원으로 제한해보자.

다음 단계에 따라 적의 새 태스크를 생성해보자.

1. 먼저 이전 실습에서 생성했던 BB_EnemyAI 블랙보드 애셋을 연다.

2. 블랙보드 왼쪽 상단의 **새 키**^{New Key} 옵션을 클릭하고 **Vector** 옵션을 선택한다. 이 벡터의 이름을 MoveToLocation이라고 지정한다. AI가 이동할 위치를 결정할 때 AI의 다음 이동 위치로 이 벡터 변수를 사용할 것이다.

   언리얼에서 현재 사용 가능한 태스크는 적 행동에 적합한 태스크가 없으므로 적 AI의 목적에 따라 새 태스크를 생성해야 한다.

3. 이전 실습에서 생성했던 비헤이비어 트리인 BT_EnemyAI를 찾아 연다.

4. 상단 툴바에서 **New Task** 옵션을 클릭한다. 새 태스크가 생성되면, 생성된 태스크가 자동으로 열릴 것이다. 하지만 이미 태스크를 생성했으면, **New Task** 옵션을 선택할 경우 드롭다운 목록이 나타난다. 이 태스크의 로직을 작업하기 전에 이 애셋의 이름을 변경하자.

5. 태스크 애셋 창을 닫고, 태스크가 저장된 /Enemy/AI/ 경로로 이동한다. 기본적으로 제공된 이름은 BTTask_BlueprintBase_New다. 이 애셋의 이름을 BTTask_FindLocation으로 변경한다.

6. 새 태스크의 이름을 변경했으면, 애셋을 더블 클릭해 태스크 에디터^{Task Editor}를 연다. 새 태스크의 블루프린트 그래프는 완전히 빈 상태며, 그래프에서 사용할 기본 이벤트도 제공되지 않는다.

7. 그래프에서 마우스 오른쪽 버튼을 클릭하고 콘텍스트 메뉴에서 **Event Receive Execute AI** 옵션을 검색한다.

8. 다음 그림과 같이 **Event Receive Execute AI** 옵션을 클릭해 이벤트 노드를 태스크 그래프에 생성한다.

그림 13.13 Event Receive Execute AI는 Owner Controller와 Controlled Pawn을 모두 반환한다.

NOTE

Event Receive Execute AI 이벤트는 **Owner Controller**와 **Controlled Pawn**을 모두 제공한다. 다음 단계에서는 이 태스크를 위해 **Controlled Pawn**을 사용할 것이다.

9. 모든 태스크는 Finish Execute 함수를 호출해야 한다. 이를 통해 비헤이비어 트리 애셋에서 언제 다음 태스크나 트리의 분기로 이동할지를 판단한다. 그래프에서 마우스 오른쪽 버튼을 클릭하고, 콘텍스트 메뉴에서 Finish Execute를 검색한다.

10. 다름 그림과 같이 검색된 결과에서 **Finish Execute** 옵션을 클릭해 태스크 블루프린트 그래프에 노드를 생성한다.

그림 13.14 태스크를 성공적으로 수행했는지를 결정하는 불리언 파라미터를 가진 Finish Execute 함수

11. 다음에 호출할 함수는 GetRandomLocationInNavigableRadius다. 이 함수는 이름에서 알 수 있듯이, 이동 가능한 영역 중에서 정의한 반경 안의 랜덤 벡터 위치를 반환한다. 이 함수를 사용하면 적 캐릭터가 랜덤 위치를 찾아 그 위치로 이동할 수 있다.

12. 그래프에서 마우스 오른쪽 버튼을 클릭하고, 콘텍스트 메뉴에서 GetRandomLoca
tionInNavigableRadius를 검색한다. **GetRandomLocationInNavigableRadius** 옵션
을 클릭해 그래프에 이 함수를 배치한다.

두 함수를 배치하고 **Event Receive Execute AI**를 준비했으면, 적 AI를 위한 랜덤
위치를 가져올 차례다.

13. 콘텍스트 메뉴를 통해 **Event Receive Execute AI**의 **Controlled Pawn**에서 GetActor
Location 함수를 찾는다.

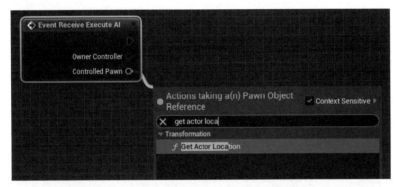

그림 13.15 랜덤 지점 선택의 원점으로 적 폰의 위치를 사용한다.

14. 다음 스크린샷과 같이, **GetActorLocation**의 벡터 Return Value를 GetRandomLoca
tionInNavigableRadius 함수의 **Origin** 벡터 입력 파라미터에 연결한다. 이제 이 함
수는 적 AI 폰의 위치를 다음 랜덤 위치를 결정하기 위한 원점[origin]으로 사용할 것
이다.

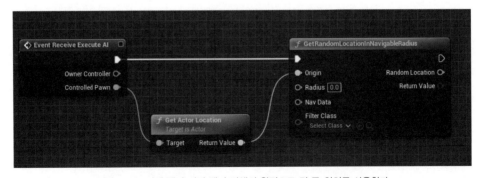

그림 13.16 이제 랜덤 지점 벡터 검색의 원점으로 적 폰 위치를 사용한다.

15. 다음으로, 레벨에서 이동 가능한 영역에서 랜덤 위치를 확인하기 위해 GetRandom LocationInNavigableRadius 함수에 반경radius을 설정해야 한다. 이 값을 1000.0f로 설정한다.

    나머지 파라미터인 **Nav Data**와 **Filter Class**는 그대로 둔다. 이제 GetRandomLocation InNavigableRadius를 통해 랜덤 위치를 구할 수 있게 됐다. 이 값을 앞서 생성한 블 랙보드 벡터에 저장할 수 있다.

16. 블랙보드 벡터 변수의 참조를 얻으려면 이 태스크에 Blackboard Key Selector 타 입의 새 변수를 생성해야 한다. 변수를 생성하고 NewLocation으로 이름을 지정한다.

17. 비헤이비어 트리 안에서 노출될 수 있도록 이 변수를 Public 변수로 만든다. '눈' 모 양 아이콘을 클릭해 눈이 보일 수 있도록 만든다.

18. Blackboard Key Selector 변수가 준비됐으면 이 변수를 드래그해 Getter를 생성한 다. 그런 다음, 아래 스크린샷과 같이 이 변수에서 드래그하고 Set Blackboard Value as Vector를 검색한다.

그림 13.17 Set Blackboard Value는 블랙보드 내에 존재할 수 있는 다양한 변수를 지원하기 위해 다양한 유형을 제공한다.

19. GetRandomLocationInNavigableRadius에서 RandomLocation 출력 벡터를 Set Black board Value as Vector의 벡터 입력 파라미터에 연결한다. 이어서 다음과 같이 두 함수 노드의 실행 핀을 서로 연결한다.

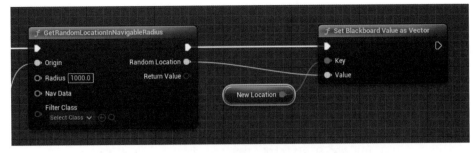

그림 13.18 새로 얻은 랜덤 위치를 이제 블랙보드 벡터 값에 할당했다.

마지막으로, GetRandomLocationInNavigableRadius 함수의 Return Value 불리언 출력 파라미터를 사용해 태스크 실행의 성공 여부를 결정할 것이다.

20. 불리언 출력 파라미터(GetRandomLocationInNavigableRadius 함수의)를 Finish Execute 함수의 Success 입력 파라미터에 연결하고, **Set Blackboard Value as Vector**의 실행 핀과 **Finish Execute** 함수 노드의 실행 핀을 연결한다. 다음 스크린샷은 이 태스크 로직 의 최종 결과를 보여준다.

그림 13.19 태스크의 최종 설정

NOTE

위 스크린샷의 고해상도 이미지를 웹 사이트(https://packt.live/3lmLyk5)에서 확인할 수 있다.

이것으로 이번 실습을 마친다. UE5에서 블루프린트를 사용해 처음으로 커스텀 태스크 를 생성했다. 이제 이동할 위치를 찾기 위해 적 폰의 위치를 원점으로 사용하고, 레벨에 배치된 내비 메시 볼륨의 경계 안에서 랜덤 위치를 찾는 태스크를 완성했다. 다음 실습 에서는 비헤이비어 트리에서 이 태스크를 사용해 적 AI가 레벨을 이동할 수 있도록 구 현한다.

실습 13.06: 비헤이비어 트리 로직 생성하기

이번 실습의 목표는 비헤이비어 트리에서 이전 실습에서 생성한 새 태스크를 사용해 적 AI가 레벨에서 이동 가능한 위치 안에서 랜덤한 위치를 찾고 해당 위치로 이동할 수 있 도록 구현하는 것이다. 컴포짓, 태스크, 서비스 노드의 조합을 활용해 이 행동을 완성할 것이다. 이번 실습은 UE5 에디터에서 진행한다.

다음 단계에 따라 이번 실습을 완료할 수 있다.

1. 시작을 위해 '실습 13.04: AI 비헤이비어 트리와 블랙보드 생성하기'에서 생성했던 비헤이비어 트리 BT_EnemyAI를 연다.

2. 비헤이비어 트리에서 루트 노드 아래로부터 드래그한 다음, 콘텍스트 메뉴에서 **Sequence**를 선택한다. 그러면, 루트 노드가 **Sequence** 컴포짓 노드와 연결될 것 이다.

3. 다음으로, **Sequence** 노드에서 드래그해 콘텍스트 메뉴를 연다. 이 메뉴에서 앞서 생성했던 태스크인 BTTask_FindLocation을 검색한다.

4. 기본적으로, BTTask_FindLocation 태스크의 NewLocation **Key Selector** 변수에 블랙 보드의 MoveToLocation 벡터 변수가 할당될 것이다. 이렇게 설정되지 않았다면, 태 스크의 **디테일** 패널에서 직접 설정할 수 있다.

   이제 BTTask_FindLocation의 NewLocation **Selector**에 블랙보드의 MoveToLocation 벡터 변수가 할당됐을 것이다. 이는 태스크에서 구한 랜덤 위치가 블랙보드 변수 에 저장돼 다른 태스크에서 이 변수를 사용할 수 있다는 것을 의미한다.

   이동 가능한 랜덤 위치를 찾아 블랙보드 변수 MoveToLocation에 이 위치를 저장했 으면, 이제 Move To 태스크를 사용해 AI가 이 위치로 이동하도록 지시할 수 있다.

5. **Sequence** 컴포짓 노드에서 드래그한다. 그러면 콘텍스트 메뉴가 나타나는데, 여 기서 Move To 태스크를 검색해 선택한다. 비헤이비어 트리의 지금까지 모습은 다 음과 같을 것이다.

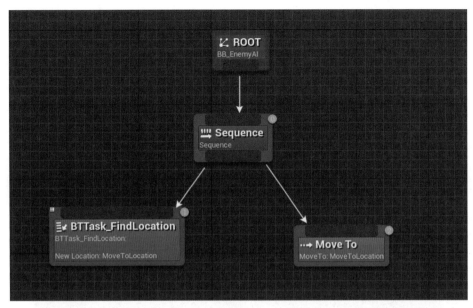

그림 13.20 랜덤 위치를 선택한 후, Move To 태스크는 AI가 이 위치로 이동하도록 지시할 것이다.

6. 기본적으로, `Move To` 태스크는 **블랙보드 키**^{Blackboard Key} 값으로 `MoveToLocation`이 할 당될 것이다. 이렇게 설정되지 않았다면 태스크를 설정한다. **디테일** 패널에서 변수 를 할당할 수 있는 **Blackboard Key** 파라미터를 찾을 수 있을 것이다. **디테일** 패널 에서 **Acceptable Radius** 파라미터도 50.0f로 설정한다.

이제 비헤이비어 트리는 `BTTask_FindLocation` 커스텀 태스크를 사용해 랜덤 위치 를 찾고 `Move To` 태스크를 사용해 AI가 이 위치로 이동하도록 지시한다. 이 두 태 스크는 `MoveToLocation` 블랙보드 벡터 변수를 통해 위치 정보를 주고받는다.

이제 남은 작업은 새 위치를 찾아 움직이기 위해 트리를 다시 실행하기 전에 적 캐 릭터가 랜덤 위치에 있는지 여부를 확인하고자 **Sequence** 컴포짓 노드에 데코레 이터를 추가하는 것이다.

7. **Sequence** 노드 위에서 마우스 오른쪽 버튼을 클릭하고 **Add Decorator**를 선택한 다. 드롭다운 메뉴에서 **Is At Location**을 선택한다.

8. 블랙보드에 이미 벡터 파라미터가 있으므로 이 데코레이터는 **Blackboard Key**를

자동으로 MoveToLocation으로 할당할 것이다. 검증을 위해 데코레이터를 선택하고 **Blackboard Key**가 MoveToLocation으로 할당됐는지 확인한다.

9. 데코레이터의 배치로 비헤이비어 트리가 완성됐다. 최종 결과는 다음과 같다.

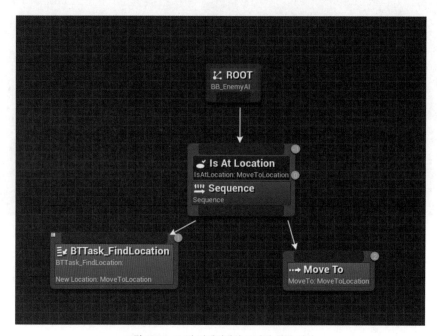

그림 13.21 AI 적 비헤이비어 트리의 최종 설정

이 비헤이비어 트리는 BTTask_FindLocation을 사용해 랜덤 위치를 찾고, 이 위치를 블랙보드 값 MoveToLocation에 할당한다. 이 태스크를 성공적으로 수행하면, 비헤이비어 트리는 AI에 이 위치로 이동하라고 지시하는 Move To 태스크를 실행한다. AI를 위한 안전망처럼, 다시 실행하기 전에 적 AI가 MoveToLocation에 있도록 확인하는 데코레이터를 **Sequence**에 추가했다.

10. AI 동작을 테스트하기 전에 BP_Enemy AI가 레벨에 배치됐는지 확인하고, 배치돼 있지 않다면 레벨에 추가한다.

11. 이제 **PIE**나 **Simulate**를 사용하면, 적 AI가 맵 주변을 돌아다니고 내비 메시 볼륨 Nav Mesh Volume 내의 랜덤 위치로 이동하는 것을 확인할 수 있다.

그림 13.22 적 AI가 이제 여러 위치로 이동한다.

NOTE

적 AI가 움직이지 않는 몇 가지 경우가 있다. 그중 한 가지는 GetRandomLocationInNavigableRadius 함수가 True를 반환하지 않는 경우다. 이는 이미 알려진 문제다. 이 문제가 발생하면 에디터를 재시작한 다음, 다시 시도해보길 바란다.

12. 이것으로 이번 실습을 마친다. 이제 완전히 동작하는 비헤이비어 트리를 생성했다. 이 비헤이비어 트리는 내비 메시 볼륨을 사용해 레벨의 이동 가능한 위치 안에서 랜덤 위치를 찾아 적 AI를 이 위치로 이동시키는 기능을 한다. 이전 실습에서 생성했던 태스크를 사용해 이 랜덤 지점을 찾고, Move To 태스크를 사용해 AI 캐릭터가 이 새 위치로 이동하도록 지시한다.

Sequence 컴포짓 노드가 동작하는 방식으로 인해, 각 태스크는 다음 태스크로 이동하기 전에 작업을 성공적으로 수행해야 한다. 따라서 먼저 적은 랜덤 위치를 성공적으로 찾은 다음, 이 위치로 이동한다. Move To 태스크가 작업을 완료했을 때만 전체 비헤이비어 트리를 처음부터 시작하고 새 랜덤 위치를 선택할 것이다.

이제 다음 활동으로 넘어가보자. 다음 활동에서는 적 캐릭터가 계속해서 이동하지 않도록, 새 랜덤 위치를 선택하는 사이에 AI가 잠시 대기하는 동작을 비헤이비어 트리에 추가한다.

활동 13.02: 플레이어 위치로 이동하는 AI

이전 실습에서는 커스텀 태스크와 Move To 태스크를 함께 사용해 내비 메시 볼륨의 영역 안에서 랜덤 위치로 이동하는 AI 적 캐릭터를 완성했다.

이번 활동에서는 이전 실습에 이어 비헤이비어 트리를 업데이트한다. 데코레이터를 사용해 Wait 태스크의 이점을 활용하며, AI가 플레이어 캐릭터를 따라다니고 몇 초마다 위치를 업데이트하는 새 태스크를 생성한다.

다음 단계에 따라 이번 활동을 완료할 수 있다.

1. 이전 실습으로 생성한 BT_EnemyAI 비헤이비어 트리에서 중단한 부분에 이어서 새 태스크를 생성한다. 툴바에서 **New Task**를 선택하고, **BTTask_BlueprintBase**를 선택한다. 새 태스크의 이름을 BTTask_FindPlayer로 지정한다.

2. BTTask_FindPlayer 태스크 안에서 Event Receive Execute AI라는 이름의 새 이벤트를 생성한다.

3. 플레이어의 레퍼런스를 구하기 위해 Get Player Character 함수를 찾아 추가하고, **Player Index 0**을 설정한다.

4. 플레이어의 현재 위치를 찾기 위해 플레이어 캐릭터에서 Get Actor Location 함수를 호출한다.

5. 이 태스크에 새 Blackboard Key Selector 변수를 추가한다. 이 변수의 이름을 NewLocation으로 지정한다.

6. NewLocation 변수를 그래프로 드래그한다. 이 변수에서 Set Blackboard Value as Vector 함수를 검색한다.

7. Set Blackboard Value as Vector 함수를 **Event Receive Execute AI** 노드의 실행핀과 연결한다.

8. Finish Execute 함수를 추가하고, 불리언 **Success** 파라미터를 True로 설정한다.

9. 마지막으로, Set Blackboard Value as Vector 함수를 Finish Execute 함수와 연결한다.

10. 태스크 블루프린트를 컴파일한 뒤 저장하고, BT_EnemyAI 비헤이비어 트리로 다시 돌아간다.

11. BTTask_FindLocation 태스크를 BTTask_FindPlayer 태스크로 대체한다. 이렇게 하면 **Sequence** 컴포짓 노드의 첫 번째 태스크가 BTTask_FindPlayer 태스크가 된다.

12. BTTask_FindPlayer와 Move To 태스크에 이어, **Sequence** 컴포짓 노드의 세 번째 태스크로 새 PlaySound 태스크를 추가한다.

13. Sound To Play 파라미터에 **Explosion_Cue 사운드 큐** 애셋을 추가한다.

14. **Is At Location** 데코레이터를 PlaySound 태스크에 추가하고, MoveToLocation 키가 이 데코레이터에 할당됐는지 확인한다.

15. PlaySound 태스크 다음에 **Sequence** 컴포짓 노드의 네 번째 태스크로 새 Wait 태스크를 추가한다.

16. Wait 태스크를 2.0f초간 대기하도록 설정한다.

예상 결과는 다음과 같다.

그림 13.23 적 AI가 플레이어를 따라다니며, 2초마다 플레이어 위치로 업데이트한다.

적 AI 캐릭터가 레벨의 이동 가능한 위치 중에서 플레이어의 마지막으로 알려진 위치로 이동하고, 플레이어의 새 위치로 이동하기 전에 2초간 대기한다.

> NOTE
>
> 이번 활동의 솔루션은 깃허브(https://github.com/PacktPublishing/Elevating−Game−Experiences−with−Unreal−Engine−5−Second−Edition/tree/main/Activity%20solutions)에서 확인할 수 있다.

이것으로 이번 활동을 마친다. AI가 플레이어의 위치를 찾고 플레이어의 마지막 알려진 위치로 이동시키는 새 태스크를 생성하는 방법을 배웠다. 다음 실습으로 넘어가기 전에 PlaySound 태스크를 제거하고, BTTask_FindPlayer 태스크를 '실습 13.05: 비헤이비어 트리 태스크 생성하기'에서 만들었던 BTTask_FindLocation 태스크로 변경한다. '실습 13.05: 비헤이비어 트리 태스크 생성하기'와 '실습 13.06: 비헤이비어 트리 로직 생성하기'를 참고해 비헤이비어 트리가 제대로 동작하는지 확인하자. 앞으로 진행할 실습들에서는 BTTask_FindLocation 태스크를 사용할 것이다.

다음 실습에서는 AI가 이동할 수 있는 특정 위치를 설정하도록 해주는 새 블루프린트 액터를 개발해 이 문제를 해결한다.

실습 13.07: 적 정찰 위치 생성하기

AI 적 캐릭터의 현재 문제점은 비헤이비어 트리를 통해 이동 가능한 3차원의 공간 안에서 랜덤 위치를 찾을 수 있으므로 이 3차원 공간을 자유롭게 이동할 수 있다는 점이다. 이렇게 동작하는 대신, AI는 에디터에서 지정하고 변경할 수 있는 정찰 지점을 사용해야 한다. 그런 다음, 정찰 지점 중 하나를 랜덤으로 선택해 이동한다. 바로 이 동작이 슈퍼 사이드 스크롤러 게임에서 필요한 동작이다. 따라서 적 AI가 이동할 수 있는 정찰 지점을 생성해야 한다. 이번 실습에서는 간단한 블루프린트 액터를 사용해 이런 정찰 지점을 생성하는 방법을 보여준다. 이번 실습은 UE5 에디터에서 진행한다.

다음 단계에 따라 이번 실습을 완료할 수 있다.

1. 먼저 /Enemy/Blueprints/ 디렉터리로 이동한다. 여기는 AI 정찰 지점에 사용할 새 블루프린트를 생성할 위치다.

2. 이 디렉터리에서 마우스 오른쪽 버튼을 클릭하고, 메뉴에서 블루프린트 클래스 **Blueprint Class** 옵션을 선택한다.

3. **부모 클래스 선택**^{Pick Parent Class} 창에서 **Actor** 옵션을 선택해 Actor 클래스를 기반으로 새 블루프린트를 생성한다.

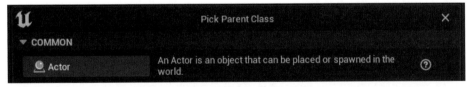

그림 13.24 Actor 클래스는 게임 월드에 배치 가능하거나 생성할 수 있는 모든 객체(물체)의 기반 클래스다.

4. 이 새 애셋의 이름을 **BP_AIPoints**로 지정하고, **콘텐츠 드로어**^{Content Drawer} 인터페이스에서 애셋을 더블 클릭해 이 블루프린트를 연다.

> NOTE
>
> 블루프린트의 인터페이스는 애니메이션 블루프린트, 태스크 등의 다른 시스템과 동일한 기능 및 레이아웃을 공유하므로 이 인터페이스에 익숙할 것이다.

5. 블루프린트 UI의 왼쪽에 있는 **Variables** 탭으로 이동해 **+Variable** 버튼을 클릭한다. 이 변수의 이름을 Points로 지정한다.

6. **Variable Type** 드롭다운에서 **Vector** 옵션을 선택한다.

7. 다음으로, 여러 정찰 위치를 저장할 수 있도록 이 벡터 변수를 배열로 만든다. **Vector** 옆의 노란색 아이콘을 클릭하고 **Array** 옵션을 선택한다.

8. **Points** 벡터 변수를 설정하는 마지막 단계는 **인스턴스 편집 가능**^{Instance Editable} 및 **3D 위젯 표시**^{Show 3D Widget}를 활성화하는 것이다.

   - **인스턴스 편집 가능** 파라미터를 사용하면 액터를 레벨에 배치했을 때 이 벡터 변수를 외부에서 보이도록 설정할 수 있으므로, 이 액터의 각 인스턴스에서 이 변수를 편집할 수 있다.

   - **3D 위젯 표시**를 사용하면 에디터 뷰포트에서 시각적으로 표시된 3D 트랜스폼 위젯을 사용해 벡터 값의 위치를 설정할 수 있다. 다음 단계에서 이 의미를 확인할 수 있을 것이다. 또한 **3D 위젯 표시** 옵션은 Vector와 Transform 등 액터 트랜스폼과 관련된 변수에만 사용 가능하다는 것도 알아두자.

   간단한 액터 설정을 완료했으면, 이제 액터를 레벨에 배치하고 정찰 지점 위치를 설정할 차례다.

9. BP_AIPoints 액터 블루프린트를 레벨에 추가하면, 다음 스크린샷과 같이 나타날 것이다.

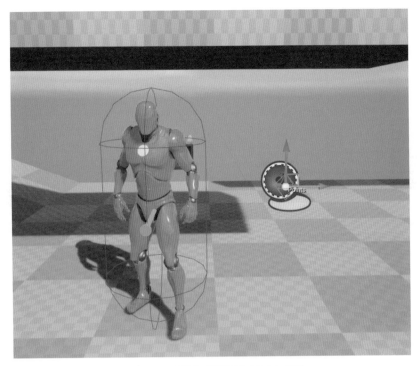

그림 13.25 레벨에 배치된 BP_AIPoints 액터

10. BP_AIPoints 액터를 선택한 상태에서 **디테일** 패널로 이동해 **Points** 변수를 찾는다.

11. 이어서 다음 그림과 같이 **+**를 클릭해 벡터 배열의 새 요소를 추가할 수 있다.

그림 13.26 배열 안에 많은 요소를 추가할 수 있다. 하지만 배열의 요소가 많을수록 더 많은 메모리를 차지한다.

12. 벡터 배열에 새 요소를 추가하면 다음 그림과 같이 3D 위젯이 나타나며, 이를 선택해 레벨 주위로 이동시킬 수 있다.

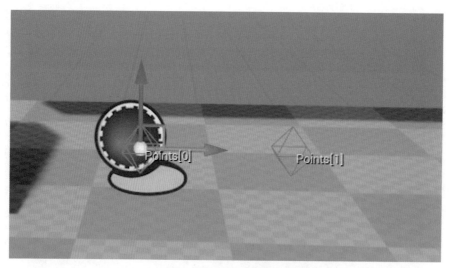

그림 13.27 첫 번째 정찰 지점 벡터 위치

NOTE

벡터 배열의 요소를 나타내는 3D 위젯의 위치를 변경하면, **Points** 변수의 **디테일** 패널에서 3D 좌표가 업데이트된다.

13. 끝으로, 레벨에서 원하는 만큼의 요소를 벡터 배열에 추가한다. 정찰 지점의 위치는 수평축을 따라 캐릭터가 이동할 방향과 평행한 직선을 이루도록 정렬해야 한다는 점을 명심하자. 다음 스크린샷은 이번 실습에 포함된 SideScroller.umap 예제 레벨의 설정을 보여준다.

그림 13.28 SideScroller.umap 예제 레벨에서 확인 가능한 예제 정찰 지점 경로

14. 최종 단계를 반복해 여러 정찰 지점을 만들고 3D 위젯을 적절하게 배치한다. 제공된 SideScroller.umap 예제 레벨을 정찰 지점을 설정하는 데 참고 자료로 사용할 수 있다.

이것으로 이번 실습을 마친다. 에디터에서 3D 위젯을 사용해 직접 설정할 수 있는 여러 위치의 **벡터** 배열을 포함하는 새 **액터** 블루프린트를 생성했다. 직접 정찰 지점 위치를 설정할 수 있기 때문에 AI가 이동할 수 있는 위치를 제어할 수 있지만, 한 가지 문제가 있다. 정찰 지점 사이를 AI가 이동할 수 있도록 이 배열의 한 지점을 선택해 비헤이비어 트리로 전달해주는 기능이 없다. 이 기능을 만들기 전에 벡터와 벡터 변환을 간략히 살펴보자. 다음 실습을 통해 이 지식이 유용하다는 사실이 증명될 것이다.

⁝⁝ 벡터 변환

다음 실습을 진행하기 전에 벡터 변환을 알아두는 것이 중요하다. 특히 Transform Location 함수가 하는 일을 이해하는 것이 중요하다. 액터의 위치를 생각하는 방법에는 월드 공간world space과 로컬 공간local space 이렇게 두 가지가 있다. 월드 공간에서 액터의 위치는 월드 자체에 상대적인 위치다. 좀 더 간단하게는 실제 액터를 레벨에 배치하는 위치를 말한다. 액터의 로컬 위치는 자신 또는 부모 액터에 상대적인 위치다.

BP_AIPoints 액터를 월드 공간과 로컬 공간의 예로 생각해보자. Points 배열의 각 위치는 BP_AIPoints 액터 자체의 월드 공간 위치에 상대적인 위치이므로 로컬 공간 벡터다. 다음 스크린샷은 이전 실습에서 확인한 Points 배열의 벡터 목록이다. 이 값들은 레벨에 배치된 BP_AIPoints 액터의 위치에 상대적인 위치다.

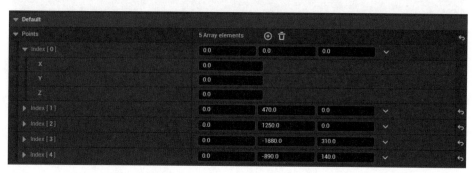

그림 13.29 Points 배열의 로컬 공간 벡터는 BP_AIPoints 액터의 월드 공간 벡터에 상대적이다.

적 AI가 이 Points의 월드 공간 위치로 정확하게 이동하려면 Transform Location 함수를 사용해야 한다. 이 함수는 2개의 파라미터를 받는다.

- **T:** 이 파라미터는 벡터 위치 파라미터를 로컬 공간에서 월드 공간 값으로 변경하는 데 사용하는 변환transform이다.
- **Location:** 이 파라미터는 로컬 공간에서 월드 공간으로 변환될 위치다.

이 벡터 변환의 결과가 함수의 Return Value로 반환된다. 다음 실습에서는 Points 배열에서 랜덤으로 선택한 위치를 로컬 공간 벡터에서 월드 공간 벡터로 변환하는 데 이 함수를 사용할 것이다. 이렇게 변환된 월드 공간 벡터를 사용해 적 AI가 월드에서 이동해야 하는 위치를 지시한다. 이제 이 기능을 구현해보자.

실습 13.08: 배열에서 랜덤 위치 선택하기

이제 벡터와 벡터 변환을 살펴봤으니 실습으로 넘어가보자. 이번 실습에서는 정찰 지점 위치 중 하나를 선택하고, 선택한 벡터를 **Transform Location**이라는 내장 함수를 사용해 로컬 공간 값에서 월드 공간 값으로 변환하는 간단한 블루프린트 함수를 생성한다. 그런 다음, AI가 정확한 위치로 이동할 수 있도록 반환되는 벡터 위치의 월드 공간 값을 비헤이비어 트리로 전달할 수 있다. 이번 실습은 UE5 에디터에서 진행한다.

다음 단계에 따라 이번 실습을 완료할 수 있다. 새 함수를 생성하는 것부터 시작해보자.

1. **BP_AIPoints** 블루프린트로 돌아가서 블루프린트 에디터의 왼쪽에 있는 **Functions** 카테고리 옆의 **+** 버튼을 클릭해 새 함수를 생성한다. 이 함수의 이름을 GetNextPoint 로 지정한다.

2. 이 함수에 로직을 추가하기에 앞서, **Functions** 카테고리를 클릭해 **디테일**^{Details} 패널을 연다.

3. **디테일** 패널에서 **Pure** 파라미터를 활성화해 이 함수를 순수 함수^{Pure Function}로 만든다. 플레이어 캐릭터의 애니메이션 블루프린트를 작업한 11장, '블렌드 스페이스 1D, 키 바인딩, 스테이트 머신을 활용한 작업'에서 순수 함수를 배웠다. 여기서도 같은 작업을 진행한다.

4. 이어서 GetNextPoint 함수는 비헤이비어 트리가 적 AI에게 이동할 위치를 알려주기 위해 사용할 벡터를 반환해야 한다. 함수의 **디테일** 패널에서 **Outputs** 카테고리 아래의 **+** 모양을 클릭해 출력을 추가한다. 다음 스크린샷과 같이 변수 타입을 **Vector**로 지정하고 이름을 NextPoint로 지정한다.

그림 13.30 함수는 로직의 필요에 따라 다양한 타입의 여러 변수를 반환할 수 있다.

5. 출력 변수를 추가하면, 다음 스크린샷에서 볼 수 있듯이 함수 그래프에 **Return** 노

드가 자동으로 생성돼 배치된다. 이 출력을 사용해 적 AI가 이동할 새 벡터 정찰 지점을 반환할 것이다.

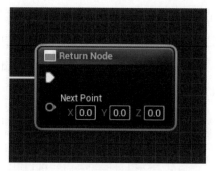

그림 13.31 NextPoint 벡터 출력 변수를 포함하는 Return 노드가 함수에 자동으로 생성된다.

이제 함수의 기초 작업을 완료했으니 로직을 추가해보자.

6. 랜덤 위치를 선택하려면 먼저 Points 배열의 길이를 구해야 한다. Points 벡터의 Getter를 생성하고, 이 벡터 변수에서 드래그해 Length 함수를 검색한다(다음 스크린샷 참고).

그림 13.32 Length 함수는 배열의 길이를 반환하는 순수 함수다.

7. Length 함수의 인티저 출력^{integer output}에서 드래그한 다음, 콘텍스트 메뉴에서 다음 스크린샷과 같이 Random Integer 함수를 검색한다. Random Integer 함수는 0에서 Max Value 사이의 랜덤 정수를 반환한다. 여기서 Max Value는 Points 벡터 배열의 길이다.

572

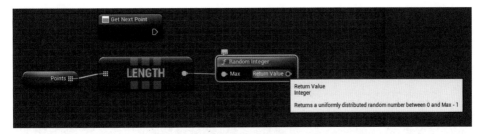

그림 13.33 Random Integer를 사용하면 Points 배열로부터 랜덤 벡터를 반환할 수 있다.

여기서 0에서 Points 벡터 배열의 길이 사이의 랜덤 정수를 생성했다. 다음에는 반환된 랜덤 정수를 배열의 인덱스로 사용해 Points 벡터 배열의 요소를 구해야 한다.

8. 이를 위해 Points 벡터 배열의 Getter를 새로 생성한다. 그런 다음, Getter에서 드래그하고 Get (a Copy) 함수를 검색해 추가한다.

9. 다음으로, Random Integer 함수의 Return Value를 Get (a Copy) 함수의 입력에 연결한다. 이렇게 하면 함수에서 랜덤 정수를 선택하고, 이 정수를 인덱스로 사용해 Points 벡터 배열의 요소를 반환한다.

이제 Points 벡터 배열에서 랜덤 벡터를 구했으니 로컬 공간 벡터 값을 월드 공간 벡터로 변환하기 위해 Transform Location 함수를 사용해야 한다.

이미 배운 대로 Points 배열의 벡터는 레벨에 배치된 BP_AIPoints 액터에 상대적인 로컬 공간 위치다. 따라서 랜덤으로 선택된 로컬 공간 벡터를 월드 공간 벡터로 변환하기 위해 Transform Location 함수를 사용해야 한다. 위치를 월드 공간 벡터로 변환해야 적 AI가 정확한 위치로 이동할 수 있다.

10. Get (a Copy) 함수의 벡터 출력에서 드래그해 콘텍스트 메뉴에서 Transform Location 함수를 검색한 후 추가한다.

11. Get (a Copy) 함수의 벡터 출력을 Transform Location 함수의 Location 입력에 연결한다.

12. 마지막 단계는 블루프린트 액터 자체의 트랜스폼을 Transform Location 함수의 T 파라미터로 사용하는 것이다. 이를 위해 그래프에서 마우스 오른쪽 버튼을 클릭하

고, 콘텍스트 메뉴에서 GetActorTransform 함수를 찾아 추가한 다음, Transform
Location 함수의 T 파라미터에 연결한다.

13. 마지막으로, Transform Location 함수의 Return Value 벡터를 함수의 Next Point
출력에 연결한다.

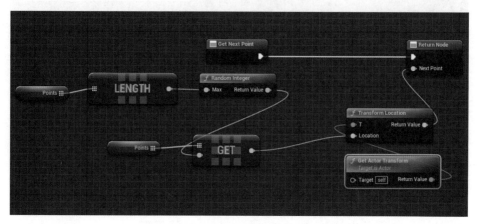

그림 13.34 GetNextPoint 함수의 최종 로직 설정

NOTE

위 스크린샷의 고해상도 이미지는 웹 사이트(https://packt.live/35jlilb)에서 확인할 수 있다.

이것으로 이번 실습을 마친다. 이번 실습을 통해 BP_AIPoints 액터 안에 블루프린트 함
수를 생성했다. 이 블루프린트 함수는 Points 배열 변수로부터 랜덤 위치를 선택하고,
Transform Location 함수를 사용해 월드 공간 값으로 변환한 다음, 새 벡터 값을 반환한
다. 비헤이비어 트리의 BTTask_FindLocation 태스크에서 적 AI가 Points 배열의 위치 중
하나로 이동하도록 지시하는 데 이 함수를 사용할 것이다. 이 내용을 진행하기에 앞서,
적 AI가 어느 지점을 선택해 이동해야 하는지 알 수 있도록 적 AI에서 BP_AIPoints 액터
를 참조해야 한다. 다음 실습에서 이 내용을 다룬다.

실습 13.09: 정찰 위치 액터 참조하기

BP_AIPoints 액터는 벡터 정찰 위치의 배열로부터 랜덤으로 변환된 위치를 반환하는 함수를 갖췄다. 이제 적 AI가 어떤 정찰 지점을 참조해야 하는지 알 수 있도록 레벨에서 이액터를 참조하도록 만들어야 한다. 이를 위해 적 캐릭터 블루프린트에 Object Reference 변수를 생성하고 앞서 생성한 레벨에서 배치한 BP_AIPoints 액터를 할당할 것이다. 이번 실습은 UE5 에디터에서 진행한다. Object Reference를 추가하는 것부터 시작해보자.

> NOTE
>
> Object Reference 변수는 특정 클래스 객체나 액터의 참조(reference)를 저장한다. 이 참조 변수를 사용하면, 해당 클래스에서 외부로 노출된 변수, 이벤트, 함수에 접근(사용)할 수 있다.

다음 단계에 따라 이번 실습을 완료할 수 있다.

1. **콘텐츠 드로어**^{Content Drawer} 인터페이스에서 /Enemy/Blueprints/ 디렉터리로 이동해 적 캐릭터 블루프린트 BP_Enemy 애셋을 더블 클릭해 연다.

2. 변수를 생성하고, 변수 타입을 Object Reference 타입으로 지정한다.

3. 레벨에 배치된 BP_AIPoints 액터를 참조하려면, 이전 단계에서 생성한 변수를 인스턴스 편집 가능 파라미터를 활성화해 **Public 변수**^{Public Variable}로 설정해야 한다. 이변수의 이름을 Patrol Points로 지정한다.

4. Object Reference 설정을 완료했으니, 이제 레벨로 이동해 적 AI를 선택한다. 다음 스크린샷은 제공된 예제 레벨(SuperSideScroller.umap)에 배치된 적 AI를 보여준다. 아직 레벨에 적 AI가 배치돼 있지 않았다면, 적을 배치한다.

> NOTE
>
> 적을 레벨에 배치하는 작업은 UE5에서 다른 액터를 배치하는 것과 같은 방식으로 동작한다. **콘텐츠 드로어** 인터페이스에서 적 AI 블루프린트를 레벨로 드래그하면 된다.

그림 13.35 SuperSideScroller.umap 레벨에 배치된 적 AI

5. **디테일** 패널의 **Default** 카테고리 아래에서 `Patrol Points` 변수를 찾는다. 여기서 할 마지막 작업은 '실습 13.07: 적 정찰 위치 생성하기'에서 레벨에 이미 배치한 `BP_AIPoints` 액터를 할당하는 것이다. `Patrol Points` 변수의 드롭다운을 클릭하고 목록에서 해당 액터를 찾아 설정한다.

이것으로 이번 실습을 마친다. 이제 레벨에 배치된 적 AI가 레벨에 있는 `BP_AIPoints` 액터를 참조한다. 유효한 참조가 설정되면, 적 AI가 `BTTask_FindLocation` 태스크를 통해 이동할 위치를 결정하는 데 이 액터를 사용할 수 있다. 이제 `BTTask_FindLocation` 태스크에서 랜덤 위치를 찾는 대신, 이 정찰 지점들을 사용하도록 업데이트하는 작업만 남았다.

실습 13.10: BTTask_FindLocation 업데이트하기

적 AI 순찰 동작을 완료하는 데 필요한 마지막 단계는 레벨의 이동 가능한 공간 중에서 임의의 위치를 찾는 대신 `BP_AIPoints` 액터의 `GetNextPoint` 함수를 사용하도록 `BTTask_FindLocation` 태스크의 로직을 변경하는 것이다. 이번 실습은 UE5 에디터에서 진행한다.

참고로, 시작하기 전에 `BTTask_FindLocation` 태스크가 '실습 13.05: 비헤이비어 트리 태스크 생성하기'에서 어떻게 마무리됐는지를 살펴보길 바란다.

다음 단계에 따라 이번 실습을 완료할 수 있다.

1. 먼저 해야 할 일은 **Event Receive Execute AI**가 반환하는 **Controlled Pawn**을 BP_Enemy로 형 변환하는 것이다(아래 스크린샷 참고). 이렇게 하면, Patrol Points 객체 참조 변수를 사용할 수 있다.

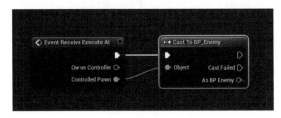

그림 13.36 형 변환을 통해 Controlled Pawn이 BP_Enemy 클래스 유형인지 확인한다.

2. 다음으로, BP_Enemy로 형 변환 노드 아래의 **As BP Enemy** 핀에서 드래그한 후 콘텍스트 메뉴에서 Patrol Points를 검색해 객체 참조 변수를 추가한다.

3. Patrol Points 참조에서 드래그한 다음, '실습 13.08: 배열에서 랜덤 위치 선택하기'에서 생성했던 GetNextPoint 함수를 검색해 추가한다.

4. 이제 GetNextPoint 함수의 NextPoint 벡터 출력 파라미터를 Set Blackboard Value as Vector 함수와 연결한다. 그런 다음, 형 변환 노드와 Set Blackboard Value as Vector 함수의 실행 핀을 서로 연결한다. 이제 BTTask_FindLocation 태스크가 실행되면, 새 정찰 위치가 랜덤으로 설정될 것이다.

5. 마지막으로, Set Blackboard Value as Vector 함수를 Finish Execute 함수와 연결하고 Success 파라미터를 True로 설정해 형 변환에 성공하면 작업을 성공했다고 알린다.

6. 안전장치로, **Finish Execute**를 복제하고 형 변환 함수의 **Cast Failed** 실행 핀에 연결한다. 그런 다음, Success 파라미터를 False로 설정한다. 어떤 이유든 간에 **Controlled Pawn**이 BP_Enemy 클래스가 아닌 경우에는 작업이 실패했다고 알린다. 이렇게 하면, 이 부분이 안전장치 역할을 한다. 이는 의도된 AI 클래스의 태스크 기능을 보장하는 좋은 디버깅 방법이다.

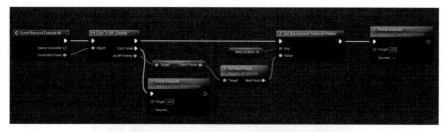

그림 13.37 형 변환 실패를 고려하는 것은 좋은 습관이다.

NOTE

더 나은 확인을 위한 스크린샷의 고해상도 이미지를 웹 사이트(https://packt.live/3n58THA)에서 확인할 수 있다.

BTTask_FindLocation 태스크가 적의 BP_AIPoints 액터 참조 변수에서 랜덤으로 정찰 지점을 사용하도록 로직을 업데이트했다. 이제 적 AI는 정찰 지점들 사이를 랜덤으로 이동한다.

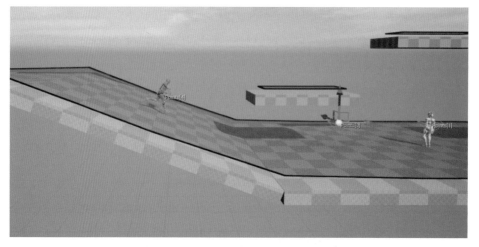

그림 13.38 이제 적 AI는 레벨에서 정찰 위치 사이를 이동한다.

이것으로 이번 실습을 마친다. 적 AI는 이제 레벨에서 정찰 지점을 찾아 이동하기 위해 레벨에 배치된 BP_AIPoints 액터의 참조를 사용한다. 레벨에 있는 적 캐릭터의 각 인스턴스는 서로 다른 BP_AIPoints 액터의 인스턴스를 참조하거나 같은(동일한) 인스턴스를 참조할 수 있다. 적 AI가 레벨을 이동하는 방법은 여러분이 직접 결정할 수 있다.

플레이어 발사체

이 장의 마지막 절에서는 적을 파괴하는 데 사용할 수 있는 플레이어 발사체의 기반을 생성하는 데 초점을 맞춘다. 적절한 액터 클래스를 생성하고, 이 클래스에 필요한 콜리전^{collision}과 프로젝타일 무브먼트 컴포넌트를 추가한 다음, 발사체의 이동 동작에 필요한 파라미터를 설정하는 것이 목표다.

단순함을 위해 플레이어 발사체는 중력을 사용하지 않고, 한 번의 타격으로 적을 파괴하며, 다른 표면과 충돌하면 파괴된다. 예를 들면, 발사체는 벽에 부딪혀 튕기지 않는다. 플레이어 발사체의 주요 목표는 플레이어가 레벨에서 발사체를 생성해 적을 파괴시키는 데 사용할 수 있도록 하는 것이다. 이 장에서는 기본 뼈대 기능을 설정하고 14장, '플레이어 발사체 생성'에서는 사운드와 시각적 이펙트를 추가할 것이다. 플레이어 발사체 클래스를 생성하는 것부터 시작해보자.

실습 13.11: 플레이어 발사체 생성하기

지금까지는 적 AI를 생성하기 위해 UE5 에디터에서 작업을 진행했다. 플레이어 발사체 클래스를 작업할 때는 새 클래스를 생성하기 위해 C++와 비주얼 스튜디오를 사용한다. 플레이어 발사체는 플레이어가 레벨에 배치된 적을 파괴할 수 있는 기능을 제공한다. 이 발사체는 짧은 생명주기를 갖고, 빠른 속도로 이동하며, 적이나 주변 환경의 다른 물체와 충돌한다.

이번 실습의 목표는 플레이어 발사체를 위한 기본 액터 클래스를 설정하고, 필요한 함수와 컴포넌트를 발사체 헤더 파일에 선언하는 것이다.

다음 단계에 따라 이번 실습을 완료할 수 있다.

1. 먼저 플레이어 발사체를 위해 Actor 클래스를 부모 클래스로 사용하는 새 C++ 클

래스를 생성해야 한다. **클래스 생성**^{Create Class} 옵션을 선택한 다음, 이 액터 클래스의
이름을 PlayerProjectile로 지정한다.

새 클래스가 생성되면 비주얼 스튜디오가 클래스에 필요한 소스 파일과 헤더 파일
을 생성하고, 이 파일들을 자동으로 열어줄 것이다. Actor 기반 클래스는 플레이어
발사체에는 필요하지 않은 유용한 기본 함수들을 포함한다.

2. PlayerProjectile.h 파일에서 다음 코드 라인을 찾아 제거한다.

```
protected:
   // 게임을 시작하거나 생성되면 호출된다
   virtual void BeginPlay() override;
public:
   // 매 프레임 호출된다
   virtual void Tick(float DeltaTime) override;
```

이 코드 라인은 액터 기반의 모든 클래스가 기본적으로 포함하는 Tick()과
BeginPlay() 함수를 보여준다. Tick() 함수는 매 프레임 호출돼 프레임마다 수행해
야 하는 로직에 활용하며, 수행하는 로직에 따라 성능 면에서 약간 비쌀 수 있다.
BeginPlay() 함수는 액터가 초기화되고, 게임플레이를 시작할 때 호출된다.
BeginPlay() 함수는 액터가 월드에 입장하자 마자 로직을 수행하는 데 사용할 수
있다. 이 함수들은 플레이어 발사체에는 필요하지 않고 코드를 복잡하게 만들기
때문에 제거했다.

3. PlayerProjectile.h 헤더 파일에서 코드를 삭제했으니 이제 PlayerProjectile.cpp
소스 파일에서 다음 코드 라인을 제거한다.

```
// 게임을 시작하거나 생성되면 호출된다
void APlayerProjectile::BeginPlay()
{
   Super::BeginPlay();
}
// 매 프레임 호출된다
void APlayerProjectile::Tick(float DeltaTime)
{
   Super::Tick(DeltaTime);
}
```

이 코드는 이전 단계에서 제거한 두 함수 Tick()과 BeginPlay()의 구현을 나타낸다. 다시 설명하면, 이 함수들은 플레이어 발사체에는 필요하지 않고 코드를 복잡하게 만들기 때문에 제거했다. 또한 PlayerProjectile.h 헤더 파일에 선언이 없는 상태에서 그대로 컴파일을 시도하면 컴파일 오류가 발생할 수 있으므로 소스 파일에서 함수의 구현을 제거했다. 발사체 클래스에 남은 유일한 함수는 생성자 함수로, 다음 실습에서 발사체의 컴포넌트를 초기화하는 데 사용할 것이다. 이제 PlayerProjectile 클래스에서 불필요한 코드를 제거했으니 발사체에 필요한 함수와 컴포넌트를 추가해보자.

4. PlayerProjectile.h 헤더 파일에 다음의 컴포넌트를 추가한다.

```
public:
  // 구체 콜리전 컴포넌트
  UPROPERTY(VisibleDefaultsOnly, Category = Projectile)
  class USphereComponent* CollisionComp;

private:
  // 프로젝타일 무브먼트 컴포넌트
  UPROPERTY(VisibleAnywhere, BlueprintReadOnly, Category = Movement,
  meta = (AllowPrivateAccess = "true"))
  class UProjectileMovementComponent* ProjectileMovement;

  // 스태틱 메시 컴포넌트
  UPROPERTY(EditAnywhere, Category = Projectile)
  class UStaticMeshComponent* MeshComp;
```

여기서 3개의 서로 다른 컴포넌트들을 추가했다. 첫 번째는 콜리전 컴포넌트로, 발사체에서 적이나 외부 환경의 다른 애셋과 충돌하는 것을 인식하기 위해 사용한다. 다음 컴포넌트는 프로젝타일 무브먼트 컴포넌트로, 이전 프로젝트에서 사용해봤기 때문에 익숙할 것이다. 이 컴포넌트는 발사체의 움직임을 위해 사용한다. 마지막 컴포넌트는 스태틱 메시 컴포넌트로, 게임에서 시각적으로 볼 수 있도록 발사체의 시각적 표현을 위해 사용한다.

5. 다음으로, PlayerProjectile.h 헤더 파일에서 public 접근 한정자 아래에 함수 선언을 추가한다.

```
UFUNCTION()
void OnHit(UPrimitiveComponent* HitComp, AActor* OtherActor,
UPrimitiveComponent* OtherComp, FVector NormalImpulse, const
FHitResult& Hit);
```

이 이벤트의 선언을 통해 이제 플레이어 발사체는 이전 단계에서 생성한
CollisionComp 컴포넌트로부터 OnHit 이벤트에 응답할 수 있다.

6. 이제 이 코드의 컴파일을 위해 이전 단계에서 추가한 함수 선언을 PlayerProjectile
.cpp 소스 파일에 구현해야 한다. 다음 코드를 추가한다.

```
void APlayerProjectile::OnHit(UPrimitiveComponent* HitComp, AActor*
  OtherActor, UPrimitiveComponent* OtherComp, FVector NormalImpulse,
  const FHitResult& Hit)
{
}
```

OnHit 이벤트는 발생한 충돌에 대한 다양한 정보를 제공한다. 다음 실습에서 작업
할 가장 중요한 파라미터는 OtherActor 파라미터다. OtherActor 파라미터는 이
OnHit 이벤트에 응답한 액터를 알려준다. 이를 통해 충돌한 다른 액터가 적인지 확
인할 수 있다. 발사체가 적과 충돌했을 때 적을 파괴하는 데 이 정보를 사용할 것
이다.

7. 마지막으로, 언리얼 엔진 에디터로 돌아가서 **컴파일**^{Compile} 옵션을 선택해 새 코드
를 컴파일한다.

이것으로 이번 실습을 마친다. PlayerProjectile 클래스를 위한 뼈대가 준비됐다. 이 클
래스는 발사체 기능에 필요한 프로젝타일 무브먼트, 콜리전, 스태틱 메시 컴포넌트를
가지며, 발사체가 다른 액터와의 충돌을 감지할 수 있도록 OnHit 콜리전의 함수 선언도
준비됐다.

다음 실습에서는 슈퍼 사이드 스크롤러 프로젝트에 필요한 방식으로 동작하도록
PlayerProjectile의 파라미터를 조정한다.

실습 13.12: PlayerProjectile 클래스의 설정 초기화하기

PlayerProjectile 클래스의 뼈대가 준비됐으니, 발사체가 원하는 방식으로 동작할 수 있도록 이 클래스의 생성자에서 필요한 기본 설정을 할 차례다. 이를 위해 프로젝타일 무브먼트, 콜리전, 스태틱 메시 컴포넌트를 초기화해야 한다.

다음 단계에 따라 이번 실습을 완료할 수 있다.

1. 비주얼 스튜디오를 열고 PlayerProjectile.cpp 소스 파일로 이동한다.

2. 생성자에 코드를 추가하기 전에 PlayerProjectile.cpp 소스 파일에 다음의 include 구문을 추가한다.

```
#include "GameFramework/ProjectileMovementComponent.h"
#include "Components/SphereComponent.h"
#include "Components/StaticMeshComponent.h"
```

이 헤더 파일들을 추가하면 각각 프로젝타일 무브먼트 컴포넌트, 구체(스피어sphere) 콜리전 컴포넌트, 스태틱 메시 컴포넌트의 파라미터를 초기화하고 업데이트할 수 있다. 이 헤더 파일들을 포함시키지 않으면, PlayerProjectile 클래스는 이 컴포넌트들을 어떻게 처리할지 알지 못해 각 컴포넌트의 함수와 파라미터를 사용할 수 없다.

3. 기본적으로, APlayerProjectile::APlayerProjectile() 생성자 함수는 다음 라인을 포함한다.

```
PrimaryActorTick.bCanEverTick = true;
```

플레이어 발사체에서는 Tick을 사용하지 않으므로 이 코드 라인을 제거할 수 있다.

4. PlayerProjectile.cpp 소스 파일의 APlayerProjectile::APlayerProjectile() 생성자에 다음 라인을 추가한다.

```
CollisionComp = CreateDefaultSubobject
    <USphereComponent>(TEXT("SphereComp"));
```

```
CollisionComp->InitSphereRadius(15.0f);
CollisionComp->BodyInstance.SetCollisionProfileName("BlockAll");
CollisionComp->OnComponentHit.AddDynamic(this,
    &APlayerProjectile::OnHit);
```

첫 번째 줄은 구체 콜리전 컴포넌트를 초기화한 다음, `CollisionComp` 변수에 할당한다. 구체 콜리전 컴포넌트는 `InitSphereRadius`라는 파라미터를 제공한다. 이 파라미터는 기본적으로 콜리전 액터의 크기 또는 반경(반지름)을 결정한다. 여기서 설정한 `15.0f`의 값은 잘 동작한다. 다음으로, 콜리전 컴포넌트의 콜리전 프로파일 이름^{collision profile name}을 `BlockAll`로 설정했다. 콜리전 프로파일을 `BlockAll`로 설정하면 이 콜리전 컴포넌트는 다른 액터와 충돌할 때 `OnHit`에 반응한다. 마지막으로, 추가한 코드를 통해 `OnComponentHit` 이벤트가 발생할 때 이전 실습에서 생성했던 함수가 호출되도록 설정했다.

```
void APlayerProjectile::OnHit(UPrimitiveComponent* HitComp, AActor*
    OtherActor, UPrimitiveComponent* OtherComp, FVector NormalImpulse,
    const FHitResult& Hit)
{
}
```

즉, 콜리전 컴포넌트가 `OnComponentHit` 이벤트를 받으면 `APlayerProjectile::OnHit` 함수로 반응한다. 하지만 이 함수는 지금 비어 있으며 이 장 후반부에서 코드를 추가할 것이다.

NOTE

콜리전 프로파일에 대한 더 자세한 정보는 웹 문서(https://docs.unrealengine.com/4.26/en-US/InteractiveExperiences/Physics/Collision/HowTo/AddCustomCollisionType/)에서 확인할 수 있다.

5. 콜리전 컴포넌트에 필요한 마지막 작업은 이 컴포넌트를 플레이어 발사체 액터의 루트 컴포넌트로 설정하는 것이다. 생성자에서 4단계에서 작성한 코드 이후에 다음 코드를 추가한다.

```
// 루트 컴포넌트로 설정하기
RootComponent = CollisionComp;
```

6. 콜리전 컴포넌트의 설정을 완료했으면, 프로젝타일 무브먼트(ProjectileMovement) 컴포넌트로 넘어가자. 생성자에 다음 코드를 추가한다.

```
// ProjectileMovement 컴포넌트로 발사체의 움직임을 제어한다
ProjectileMovement =
  CreateDefaultSubobject<UProjectileMovementComponent>
  (TEXT("ProjectileComp"));
ProjectileMovement->UpdatedComponent = CollisionComp;
ProjectileMovement->ProjectileGravityScale = 0.0f;
ProjectileMovement->InitialSpeed = 800.0f;
ProjectileMovement->MaxSpeed = 800.0f;
```

첫 번째 줄은 프로젝타일 무브먼트 컴포넌트를 초기화하고 이전 실습에서 생성했던 ProjectileMovement 변수에 할당한다. 다음으로, CollisionComp를 프로젝타일 무브먼트 컴포넌트의 UpdatedComponent로 설정한다. 이렇게 설정하는 이유는 프로젝타일 무브먼트 컴포넌트가 이동을 위해 액터의 루트 컴포넌트를 사용하기 때문이다. 그런 다음, 플레이어 발사체가 중력의 영향을 받지 않도록 하기 위해 발사체의 중력을 0.0f로 설정한다. 이렇게 설정하면 플레이어 발사체가 중력에 영향을 받지 않고 동일한 속도, 동일한 높이로 이동할 수 있다. 마지막으로, InitialSpeed와 MaxSpeed 파라미터를 모두 800.0f로 설정한다. 이렇게 하면, 발사체가 생성되는 즉시 이 속도로 이동하기 시작해 발사체의 생명주기 동안 이 속도를 유지하면서 이동한다. 플레이어 발사체는 가속 움직임은 지원하지 않는다.

7. 프로젝타일 무브먼트 컴포넌트의 초기 설정이 완료됐으면, 스태틱 메시 컴포넌트에 같은 작업을 진행할 차례다. 이전 단계 이후에 다음 코드를 추가한다.

```
MeshComp = CreateDefaultSubobject<UStaticMeshComponent>(TEXT("Mesh
  Comp"));
MeshComp->AttachToComponent(RootComponent,
  FAttachmentTransformRules::KeepWorldTransform);
```

첫 번째 줄은 스태틱 메시 컴포넌트를 초기화하고 이전 실습에서 생성했던 MeshComp 변수에 할당한다. 그런 다음, 이 스태틱 메시 컴포넌트를 RootComponent 에 부착한다. 이때 스태틱 메시 컴포넌트가 이번 실습 5단계에서 생성한 Collision Comp에 붙어 있을 때 월드 트랜스폼을 유지하도록 FAttachmentTransformRules 구 조체를 호출한다.

NOTE

웹 사이트(https://docs.unrealengine.com/en-US/API/Runtime/Engine/Engine/FAttachmentTransformRules/index.html)에서 FAttachmentTransformRules 구조체에 대한 자세한 정보를 확인할 수 있다.

---

8. 마지막으로, 플레이어 발사체의 생명주기를 3초로 설정해 발사체가 이 시간 이후 에 어떤 물체와도 충돌하지 않으면 자동으로 파괴될 수 있도록 만들어보자. 생성 자 끝부분에 다음 코드를 추가한다.

```
InitialLifeSpan = 3.0f;
```

9. 이제 언리얼 엔진 에디터로 돌아가서 **컴파일**^{Compile} 옵션을 클릭해 새 코드를 컴파 일한다.

이것으로 이번 실습을 마친다. 이제 에디터에서 블루프린트 액터로 생성하는 데 필요한 플레이어 발사체의 기본 설정을 완료했다. 필요한 3개의 컴포넌트를 모두 초기화했고, 이 발사체에 필요한 파라미터의 기본 설정도 마쳤다. 이제 필요한 작업은 레벨에 배치 하기 위해 이 클래스를 기반으로 블루프린트를 생성하는 것이다.

활동 13.03: 플레이어 발사체 블루프린트 생성하기

PlayerProjectile 클래스를 기반으로 블루프린트를 생성하고 이 액터를 변경해 스태틱 메시 컴포넌트를 디버깅 목적으로 사용해보면서 이 장을 마무리하자. 이렇게 블루프린 트를 생성하면 게임 월드에서 발사체를 볼 수 있다. 그런 다음, PlayerProjectile.cpp 소 스 파일에서 APlayerProjectile::OnHit 함수에 UE_LOG() 함수를 추가해 발사체가 레벨의 다른 물체와 충돌할 때 이 함수가 호출되는지를 확인한다.

다음 단계를 진행해보자.

1. **콘텐츠 드로어** 인터페이스에서 /MainCharacter 디렉터리에 새 폴더를 생성하고 Projectile로 이름을 지정한다.

2. 이 디렉터리에 '실습 13.11: 플레이어 발사체 생성하기'에서 만들었던 `PlayerPro jectile` 클래스를 기반으로 새 블루프린트를 생성한다. 이 블루프린트의 이름을 `BP_PlayerProjectile`로 지정한다.

3. `BP_PlayerProjectile`을 열고, 컴포넌트 메뉴로 이동한다. 설정을 위해 `MeshComp` 컴 포넌트를 선택한다.

4. `MeshComp` 컴포넌트의 `Static Mesh` 파라미터에 `Shape_Sphere` 메시를 추가한다.

5. `CollisionComp` 컴포넌트의 크기 및 위치에 맞게 `MeshComp`의 트랜스폼을 업데이트 한다. 다음 값을 설정한다.

```
Location:(X=0.000000,Y=0.000000,Z=-10.000000)
Scale: (X=0.200000,Y=0.200000,Z=0.200000)
```

6. `BP_PlayerProjectile` 블루프린트를 컴파일하고 저장한다.

7. 비주얼 스튜디오에서 PlayerProjectile.cpp 소스 파일로 이동해 `APlayerProjectile ::OnHit` 함수를 찾는다.

8. 함수 안에서 `UE_LOG` 함수를 호출하고, **LogTemp**로 지정하고, 로그 수준은 **Warning** 으로 설정한 다음, `HIT` 텍스트를 표시하도록 작성한다. `UE_LOG`는 11장, '블렌드 스 페이스 1D, 키 바인딩, 스테이트 머신을 활용한 작업'에서 이미 다뤘다.

9. 코드 변경 사항을 컴파일하고 레벨로 이동해 이전 실습에서 생성한 `BP_PlayerPro jectile` 액터를 배치한다. 이 액터를 레벨에 추가하지 않았다면 지금 추가한다.

10. 테스트하기 전에 **출력 로그**^Output Log 창이 열렸는지 확인한다. **창**^Window 드롭다운 메

뉴에서 **개발자 도구**^{Developer Tools}에 마우스를 가져간 다음, **출력 로그**를 클릭해 선택한다.

11. PIE를 사용해 발사체가 다른 물체와 충돌할 때 **출력 로그**에 경고 로그가 출력되는지 확인한다.

예상 결과는 다음과 같다.

그림 13.39 CollisionComp 컴포넌트의 크기에 잘 맞도록 MeshComp 컴포넌트의 크기 조정하기

로그 경고 메시지는 다음과 같다.

```
LogAudio: Display: Audio Device (ID: 2) registered with world 'ThirdPersonMap'.
LogLoad: Game class is 'BP_ThirdPersonGameMode_C'
LogWorld: Bringing World /Game/ThirdPerson/Maps/UEDPIE_0_ThirdPersonMap.ThirdPersonMap up for play (max t
LogWorld: Bringing up level for play took: 0.001596
LogOnline: OSS: Created online subsystem instance for: :Context_2
LogWorldPartition: New Streaming Source: PlayerController_0 -> Position: X=900.000 Y=1110.000 Z=92.013
LogWorldPartition: Warning: Invalid world bounds, grid partitioning will use a runtime grid with 1 cell.
LogTemp: Warning: HIT
LogBlueprintUserMessages: [BP_ThirdPersonCharacter_C_0] Hello
```

그림 13.40 발사체가 어떤 물체와 충돌하면 HIT 텍스트가 출력 로그에 나타난다.

이 마지막 활동을 완료함으로써, 플레이어 발사체가 다음 장을 위한 준비를 마쳤다. 다음 장에서는 플레이어가 Throw 액션을 사용할 때 이 발사체를 생성하는 내용을 진행한다. 또한 발사체가 적과 충돌했을 때 적을 파괴할 수 있도록 `APlayerProjectile::OnHit` 함수를 업데이트한다. 이를 통해 플레이어가 적에 맞서는 효과적인 공격 무기로 발사체를 사용할 수 있도록 만든다.

NOTE

이번 활동에 대한 솔루션은 깃허브(https://github.com/PacktPublishing/Elevating-Game-Experiences-with-Unreal-Engine-5-Second-Edition/tree/main/Activity%20solutions)에서 확인할 수 있다.

⚙ 요약

이 장에서는 블랙보드, 비헤이비어 트리, AI 컨트롤러 등 UE5에서 제공하는 다양한 AI 도구를 사용하는 방법을 배웠다. 자체적으로 만든 태스크와 UE5가 제공하는 기본 태스크, 데코레이터의 조합으로 적 AI가 레벨에 추가한 내비 메시 경계 안에서 이동하도록 만들 수 있었다.

여기에 더해 벡터 배열 변수를 사용해 정찰 지점을 추가할 수 있는 새 블루프린트를 생성했다. 그런 다음, 이 액터에 정찰 지점 중 하나를 랜덤으로 선택하고 해당 위치를 로컬 공간에서 월드 공간으로 변환한 후 값을 반환하는 새 함수를 추가했다. 이를 통해 적 캐릭터가 이동하는 데 활용할 수 있었다.

랜덤으로 정찰 지점을 선택하는 기능을 활용해 적 AI가 선택한 정찰 지점으로 이동할 수 있도록 BTTask_FindLocation 태스크를 업데이트했다. 이제 적 AI는 각 정찰 지점을 랜덤으로 이동할 수 있다. 이를 통해 적 AI는 플레이어 및 게임 환경과 완전히 새로운 수준의 상호작용을 할 수 있게 됐다.

마지막으로, 플레이어가 게임 환경에서 적을 파괴하는 데 사용할 수 있는 플레이어 발사체를 만들었다. 발사체 움직임을 구현하고, 게임 환경 안에서 충돌에 반응할 수 있도록 프로젝타일 무브먼트 컴포넌트와 구체 컴포넌트를 활용했다.

플레이어 발사체의 기능이 갖춰졌으므로, 다음 장에서는 플레이어가 Throw 입력 액션을 사용할 때 애님 노티파이를 활용해 발사체를 생성하는 기능을 구현한다. 필요한 준비를 마쳤으니 다음 장으로 넘어가보자.

14

플레이어 발사체 생성

이전 장에서는 `BP_AIPoints` 액터에서 랜덤으로 선택한 지점을 적이 이동할 수 있는 비헤이비어 트리를 생성해 적 캐릭터의 AI를 크게 발전시켰다. 이를 통해 슈퍼 사이드 스크롤러 게임을 더욱 생동감 넘치게 만들고, 게임 월드에서 움직이는 여러 적을 배치할 수 있다. 또한 다양한 수준의 복잡한 AI를 만들기 위해 함께 사용하며 언리얼 엔진 5에서 제공하는 다양한 도구도 배웠다. 이 도구에는 내비게이션 메시, 비헤이비어 트리, 블랙보드가 포함된다.

이제 레벨을 이동하는 적이 준비됐으니, 플레이어가 이전 장의 끝부분에서 생성하기 시작한 플레이어 발사체로 적을 물리칠 수 있도록 해야 한다. 이 장에서는 `Throw` 애니메이션 몽타주의 특정 프레임에 플레이어 발사체를 생성하기 위해 커스텀 `UAnimNotify` 클래스를 사용하는 방법을 배운다. 또한 파티클 시스템^{Particle System} 및 사운드 큐^{Sound Cue}와 같이 발사체에 꾸미는 요소를 추가한다.

이 장에서 다루는 주제는 다음과 같다.

- Throw 애니메이션을 재생하는 동안 플레이어 발사체를 생성하기 위해 UAnimNotify 클래스를 사용하는 방법

- 발사체를 생성할 위치에 새 소켓(Socket)을 추가하는 방법

- 게임을 더 세련되게 보일 수 있도록 비주얼 및 오디오의 층을 더하는 파티클 시스템과 사운드 큐를 사용하는 방법

이 장을 마칠 무렵에는 블루프린트와 C++ 모두에서 애니메이션 몽타주를 재생할 수 있고, C++와 UWorld 클래스를 사용해 게임 월드에 물체를 생성하는 방법을 익힐 것이다. 게임의 이런 요소들은 게임을 다듬기 위한 오디오 및 비주얼 컴포넌트로 제공되며, 슈퍼 사이드 스크롤러 플레이어 캐릭터는 발사체를 던져 적을 파괴할 수 있게 된다.

⁑ 기술적 요구 사항

이 장을 진행하려면 다음과 같은 준비가 필요하다.

- 언리얼 엔진 5 설치

- 비주얼 스튜디오 2019 버전 이상 설치

- 언리얼 엔진 4.27 설치

이 장의 프로젝트는 깃허브(https://github.com/PacktPublishing/Elevating-Game-Experiences-with-Unreal-Engine-5-Second-Edition)에서 다운로드할 수 있는 이 책 코드 번들의 Chapter14 폴더에서 찾을 수 있다.

애님 노티파이와 애님 노티파이 스테이트를 살펴보는 것으로 이 장을 시작해보자. 그런 다음, Throw 애니메이션 몽타주를 재생하는 중에 플레이어 발사체를 생성할 수 있도록 UAnimNotify 클래스를 생성해보자.

애님 노티파이와 애님 노티파이 스테이트

세련되고 복잡한 애니메이션을 생성하려면 애니메이터와 프로그래머가 추가 이펙트(효과), 레이어, 기능을 실행할 수 있도록 애니메이션 안에 커스텀 이벤트를 추가할 수 있는 방법이 필요하다. 이를 위한 UE5의 해결책은 애님 노티파이^{Anim Notify}와 애님 노티파이 스테이트^{Anim Notify State}를 사용하는 것이다.

애님 노티파이와 애님 노티파이 스테이트의 가장 큰 차이점은 애님 노티파이 스테이트는 애님 노티파이에는 없는 세 가지 뚜렷한 이벤트가 있다는 것이다. 세 이벤트는 Notify Begin, Notify End, Notify Tick이며, 세 이벤트 모두 블루프린트와 C++에서 사용할 수 있다. 이 이벤트와 관련해 UE5는 다음의 동작을 보장한다.

- 노티파이 스테이트는 항상 Notify Begin 이벤트로 시작한다.
- 노티파이 스테이트는 항상 Notify End 이벤트로 종료한다.
- Notify Tick 이벤트는 항상 Notify Begin과 Notify End 이벤트 사이에 발생한다.

반면, 애님 노티파이는 단일 함수인 Notify()만 사용하는 간단한 버전이며, 프로그래머는 노티파이에 기능을 추가할 수 있다. 애님 노티파이는 실행 후 신경 끄기^{fire and forget} 방식으로 동작한다. 즉 시작, 종료 또는 Notify() 이벤트 사이에 어떤 이벤트가 발생하는지를 걱정할 필요가 없다. 애님 노티파이의 이런 단순함과 애님 노티파이 스테이트가 포함하는 이벤트는 필요하지 않기 때문에 슈퍼 사이드 스크롤러 게임에서 플레이어 발사체를 생성하는 데 애님 노티파이를 사용할 것이다.

C++에서 커스텀 애님 노티파이를 생성하는 다음 실습으로 넘어가기 전에 UE5가 기본적으로 제공하는 애님 노티파이를 잠시 살펴보자. 기본 제공하는 애님 노티파이의 목록을 다음 스크린샷에서 확인할 수 있다.

그림 14.1 UE5에서 제공하는 기본 애님 노티파이의 전체 목록

이 장에서 사용할 두 가지 애님 노티파이는 **Play Particle Effect**와 **Play Sound**다. 사용할 시점에 좀 더 친숙할 수 있도록 이 두 애님 노티파이를 좀 더 자세히 살펴보자.

- **Play Particle Effect**: **Play Particle Effect** 노티파이는 그 이름에서 알 수 있듯이, 애니메이션의 특정 프레임에 파티클 시스템을 생성하고 재생하도록 해준다. 다음 스크린샷과 같이, 사용하는 VFX를 변경하기 위한 옵션과 파티클의 **위치**Location Offset, **회전**Rotation Offset, **스케일**Scale 등을 업데이트할 수 있는 옵션을 제공한다. 또한 선택하는 경우, 특정 **소켓 이름**Socket Name에 파티클을 붙일 수도 있다.

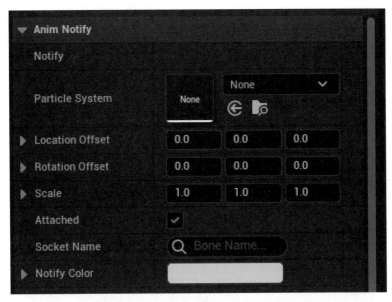

그림 14.2 Play Particle Effect 노티파이의 디테일 패널

NOTE

비주얼 이펙트(Visual Effect, 줄여서 VFX)는 게임에서 중요한 요소다. UE5 비주얼 이펙트는 에디터 내 나이아가라(Niagara)라는 이름의 도구를 사용해 제작한다. 나이아가라는 언리얼 엔진 버전 4.20부터 VFX를 제작하는 방식의 파이프라인 및 품질을 개선하기 위해 무료 플러그인으로 도입됐다. 캐스케이드(Cascade)는 그 이전의 VFX 도구로, UE5의 추후 업데이트에서 폐기될 예정이다. 나이아가라에 대한 자세한 정보는 웹 사이트(https://docs.unrealengine.com/en-US/Engine/Niagara/Overview/index.html)에서 확인할 수 있다.

게임에서 사용되는 매우 일반적인 예는 **Play Particle Effect** 노티파이를 사용해 플레이어가 걷거나 뛸 때 발 아래에 먼지 등의 효과를 생성해 재생하는 것이다. 애니메이션의 특정 프레임을 지정해 이런 효과를 재생할 수 있는 기능은 매우 강력하며 캐릭터에 대한 더 설득력 있는 효과를 만들어낼 수 있다.

• **Play Sound**: Play Sound 노티파이를 사용하면, 애니메이션의 특정 프레임에 **사운드 큐**^{Sound Cue}나 **사운드 웨이브**^{Sound Wave}를 재생할 수 있다. 다음 스크린샷에서 보듯이, 사용하는 사운드를 변경할 수 있는 옵션을 제공하며 **Volume, Pitch**의 값을 변

경할 수 있다. 또한 지정된 **소켓 이름**에 연결해 사운드가 소유자를 따라다니도록
만들 수도 있다.

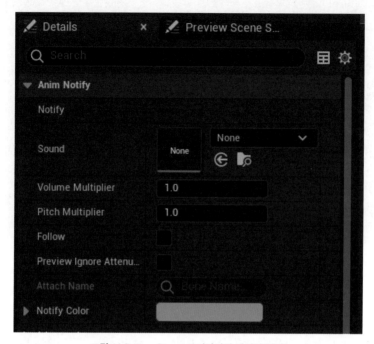

그림 14.3 Play Sound 노티파이의 디테일 패널

Play Particle Effect 노티파이의 예와 비슷하게 **Play Sound** 노티파이 또한 캐릭터가 이
동할 때 발자국 소리를 재생하는 데 흔히 사용한다. 애니메이션 타임라인에서 사운드
재생 위치를 정확하게 제어함으로써 신뢰를 주는 사운드 이펙트를 만들 수 있다.

애님 노티파이 스테이트는 사용하지 않지만, 기본적으로 제공되는 옵션을 아는 것은 여
전히 중요하다. 기본 제공되는 목록을 다음 스크린샷에서 확인할 수 있다.

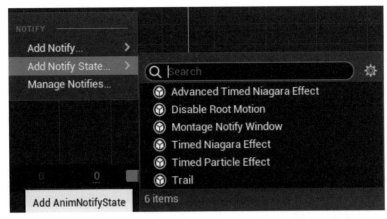

그림 14.4 UE5에서 제공하는 기본 애님 노티파이 스테이트의 전체 목록

NOTE

위 스크린샷에서 보여주는 목록 중에서 Montage Notify Window와 Disable Root Motion 스테이트 두 가지는 애니메이션 시퀀스에서 사용할 수 없다. 노티파이에 대한 더 자세한 정보는 웹 사이트(https://docs.unrealengine.com/en-US/Engine/Animation/Sequences/Notifies/index.html)에서 확인할 수 있다.

애님 노티파이와 애님 노티파이 스테이트에 대해 더 친숙해졌을 것이다. 이제 C++에서 플레이어 발사체를 생성하는 데 사용할 커스텀 애님 노티파이를 생성하는 다음 실습으로 넘어가보자.

실습 14.01: UAnimNotify 클래스 생성하기

슈퍼 사이드 스크롤러 게임에서 플레이어 캐릭터의 주요 공격 능력은 플레이어가 발사체를 적에게 던질 수 있는 능력이다. 이전 장에서 발사체 기능의 기본 뼈대를 설정했다. 하지만 지금은 플레이어가 이 기능을 사용할 수 있는 방법이 없다. 신뢰를 줄 수 있도록 발사체를 생성해 던지려면, Throw 애니메이션 몽타주에 추가할 커스텀 애님 노티파이를 만들어야 한다. 이 애님 노티파이는 플레이어에게 발사체를 생성할 시점을 알려줄 것이다.

다음 단계에 따라 UAnimNotify 클래스를 생성해보자.

1. UE5에서 **Tools** 옵션으로 이동해 **새 C++ 클래스**^{New C++ Class} 옵션을 선택한다.

2. **부모 클래스 선택**^{Choose Parent Class} 다이얼로그 창에서 Anim Notify를 검색해 **Anim Notify** 옵션을 선택한다. 그런 다음, 새 클래스의 이름을 지정하기 위해 **다음**^{Next} 옵션을 클릭한다.

3. 이 클래스의 이름을 Anim_ProjectileNotify로 지정한다. 이름을 지정했으면, **클래스 생성**^{Create Class} 옵션을 선택해 UE5가 컴파일을 다시 수행하고 비주얼 스튜디오에서 새 클래스의 핫리로딩을 진행하도록 한다. 비주얼 스튜디오가 열리면 Anim_ProjectileNotify.h 헤더 파일과 Anim_ProjectileNotify.cpp 소스 파일이 모두 열릴 것이다.

4. UAnimNotify 기본 클래스는 새 클래스에서 구현해야 하는 함수를 하나 갖고 있다.

```
virtual void Notify(USkeletalMeshComponent*
MeshComp, UAnimSequenceBase* Animation, const
FAnimNotifyEventReference& EventReference);
```

노티파이가 호출될 타임라인에 도달하면 이 함수가 자동으로 호출된다. 이 함수를 오버라이딩하면 노티파이에 로직을 추가할 수 있다. 또한 이 함수를 사용해 노티파이를 소유하는 스켈레탈 메시 컴포넌트와 현재 재생되는 애니메이션 시퀀스 모두에 접근할 수 있다.

5. 이어서 헤더 파일에 이 함수의 선언을 오버라이딩해 추가해보자. Anim_ProjectileNotify.h 헤더 파일에서 GENERATED_BODY() 아래에 다음 코드를 추가한다.

```
public:
  virtual void Notify(USkeletalMeshComponent*
  MeshComp, UAnimSequenceBase* Animation, const
  FAnimNotifyEventReference& EventReference) override;
```

함수를 헤더 파일에 추가했으니, 이제 Anim_ProjectileNotify 소스 파일 안에 함수를 정의할 차례다.

6. Anim_ProjectileNotify.cpp 소스 파일에 함수를 정의하고, 다음 코드와 같이, "Throw Notify" 텍스트를 출력하도록 UE_LOG() 함수를 추가한다.

```cpp
void UAnim_ProjectileNotify::Notify(USkeletalMeshComponent*
  MeshComp, UAnimSequenceBase* Animation, const
  FAnimNotifyEventReference& EventReference)
{
  Super::Notify(MeshComp, Animation, EventReference);
  UE_LOG(LogTemp, Warning, TEXT("Throw Notify"));
}
```

지금은 Throw 애니메이션 몽타주에 이 노티파이를 추가하면(다음 실습에서 진행할 예정이다) 이 함수가 정확하게 호출되는지를 확인하기 위한 디버깅 도구로 UE_LOG()만 사용한다.

이번 실습에서는 다음 함수의 추가를 통해 자체 애님 노티파이 클래스를 구현하기 위해 필요한 기본 작업을 진행했다.

```
Notify(USkeletalMeshComponent* MeshComp, UAnimSequenceBase*
  Animation, const FAnimNotifyEventReference& EventReference)
```

이 함수 안에서 "Throw Notify" 텍스트를 출력 로그에 출력하기 위해 UE_LOG()를 사용한다. 이를 통해 이 노티파이가 정확하게 동작하는지를 알 수 있을 것이다.

이 장 후반부에 플레이어 발사체를 생성하는 로직을 호출하도록 이 함수를 업데이트할 것이다. 하지만 먼저 Throw 애니메이션 몽타주에 새 노티파이를 추가해보자.

실습 14.02: Throw 애니메이션 몽타주에 새 노티파이 추가하기

Anim_ProjectileNotify 노티파이가 준비됐으니, 이 노티파이를 사용하기 위해 Throw 애니메이션 몽타주에 추가해보자.

이번 실습에서는 Throw 애니메이션 몽타주의 타임라인에서 발사체를 생성하려는 애니메이션의 정확한 프레임에 Anim_ProjectileNotify를 추가한다.

다음 단계에 따라 이번 실습을 완료할 수 있다.

1. 다시 UE5로 돌아가 **콘텐츠 드로어**^{Content Drawer} 인터페이스에서 /MainCharacter/
Animation/ 디렉터리로 이동한다. 이 디렉터리에서 AM_Throw 애셋을 더블 클릭해
애니메이션 몽타주 에디터를 연다.

   애니메이션 몽타주 에디터 하단에서 애니메이션의 타임라인을 확인할 수 있다. 기본적으로 애니메이션이 플레이되면서 빨간색 막대가 움직이는 것을 볼 수 있다.

2. 빨간색 막대를 클릭해 22번째 프레임에 최대한 가까이 이동시켜보자^{(다음 스크린샷}
^{참고)}.

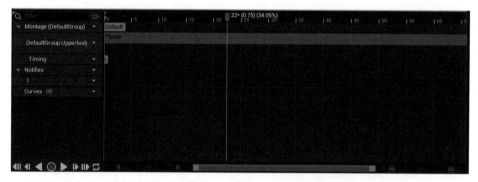

그림 14.5 빨간색 막대를 사용해 타임라인에서 노티파이의 위치를 직접 지정할 수 있다.

Throw 애니메이션의 22번째 프레임은 플레이어가 던질 발사체를 생성할 최적의
위치다. 다음 스크린샷은 페르소나 에디터 안에서 본 Throw 애니메이션의 프레임
을 보여준다.

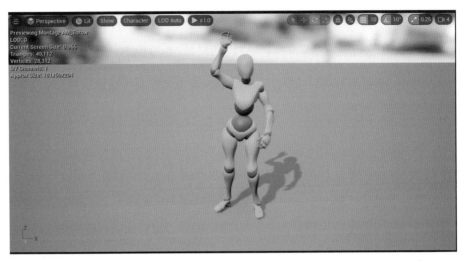

그림 14.6 플레이어 발사체를 생성할 최적의 순간

3. 이제 노티파이를 재생할 타임라인 위치를 알게 됐다. **노티파이**^{Notifies} 타임라인의 얇은 빨간색 줄에서 마우스 오른쪽 버튼을 클릭한다.

   그러면 노티파이나 노티파이 스테이트를 추가할 수 있는 팝업이 나타난다. 간혹 노티파이 타임라인 메뉴가 접혀 있어 찾기 힘든 경우가 있다. 이럴 때는 간단히 **Notifies** 단어를 클릭하면 메뉴를 펼칠 수 있다(토글 버튼으로 접었다 폈다 할 수 있다).

4. 제공되는 옵션에서 **Add Notify**를 클릭하고 **Anim Projectile Notify**를 찾는다.

5. **노타파이** 타임라인에서 **Anim Projectile Notify**를 클릭하면 다음과 같이 배치된 것을 볼 수 있다.

그림 14.7 Anim_ProjectileNotify가 성공적으로 Throw 애니메이션 몽타주에 추가된 모습

6. Throw 애니메이션 몽타주 타임라인에 Anim_ProjectileNotify를 배치하고 몽타주를 저장한다.

7. **출력 로그**^{Output Log} 창이 보이지 않는 경우, **창**^{Window} 옵션으로 이동한 다음, **출력 로그**

옵션을 클릭해 창을 연다.

8. 이제 Throw 몽타주를 재생하기 위해 게임에서 PIE를 사용한다.

노티파이를 추가한 애니메이션 지점에서 Throw Notify 디버깅 로그 텍스트가 출력 로그창에 나타나는 것을 볼 수 있다.

12장, '애니메이션 블렌딩과 몽타주'에서 플레이어 캐릭터 블루프린트 BP_SuperSideScroller_MainCharacter에 Play Montage 함수를 추가했던 사실을 기억할 것이다. UE5에서 C++의 학습을 위해 다음 실습에서는 이 로직을 블루프린트에서 C++로 옮길 것이다. 이는 플레이어 캐릭터의 기본 행동에 대해 블루프린트 스크립트에 너무 많이 의존하지 않도록 하기 위함이다.

이것으로 이번 실습을 마친다. 커스텀 Anim Notify 클래스인 Anim_ProjectileNotify를 Throw 애니메이션 몽타주에 성공적으로 추가했다. 플레이어의 손에서 발사체가 던져질 정확한 프레임에 이 노티파이를 추가했다. 12장, '애니메이션 블렌딩과 몽타주'에서 플레이어 캐릭터에 블루프린트 로직을 추가했으므로 마우스 왼쪽 버튼을 사용해 향상된 입력 액션 이벤트, ThrowProjectile이 호출될 때 이 Throw 애니메이션 몽타주를 재생할 수 있다. Throw 애니메이션 몽타주를 재생하는 로직을 블루프린트에서 C++로 옮기기에 앞서, 애니메이션 몽타주를 재생하는 것을 더 자세히 살펴보자.

⁝⁝· 애니메이션 몽타주 재생하기

12장, '애니메이션 블렌딩과 몽타주'에서 배웠듯이 이 애셋은 애니메이터가 개별 애니메이션 시퀀스들을 하나의 완전한 몽타주로 결합하는 데 유용하다. 몽타주를 고유 섹션으로 나누고 파티클 및 사운드를 위해 노티파이를 추가하면, 애니메이터와 애니메이션 프로그래머가 애니메이션의 여러 요소를 처리하는 복잡한 몽타주 세트를 만들 수 있다.

그렇다면, 애니메이션 몽타주가 준비됐을 때 캐릭터에서 이 몽타주를 어떻게 재생할 수 있을까? 첫 번째 방법인 블루프린트를 통해 재생하는 방법에는 이미 익숙할 것이다.

블루프린트에서 애니메이션 몽타주 재생하기

다음 스크린샷과 같이 블루프린트에서 **Play Montage** 함수를 사용할 수 있다.

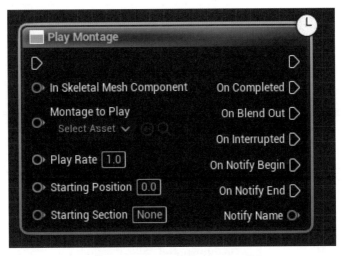

그림 14.8 블루프린트의 Play Montage 함수

이미 AM_Throw 애니메이션 몽타주를 재생하는 데 이 함수를 사용해봤다. 이 함수는 몽타주를 재생할 스켈레탈 메시 컴포넌트와 재생할 애니메이션 몽타주를 입력받는다.

나머지 파라미터들은 몽타주가 어떻게 동작하는지에 따라 선택적이다. 파라미터들을 살펴보자.

- **Play Rate**: Play Rate 파라미터를 통해 애니메이션 몽타주의 재생 속도를 조절할 수 있다. 더 빠른 재생 속도를 위해서는 이 값을 증가시키고, 더 느린 재생 속도를 위해서는 이 값을 감소시킨다.

- **Starting Position**: Starting Position 파라미터를 사용하면, 몽타주 타임라인에 따라 몽타주의 재생 시작 위치를 초 단위로 설정할 수 있다. 예를 들어, 3초 타임라인을 가진 애니메이션 몽타주에서 0.0f 대신 1.0f 위치에서 몽타주가 재생을 시작하도록 설정할 수 있다.

- **Starting Section**: Starting Section 파라미터를 사용하면, 애니메이션 몽타주가 특

정 섹션에서 재생을 시작하도록 설정할 수 있다. 몽타주의 여러 부분을 위해 몽타주에 다양한 섹션을 설정할 수 있다. 예를 들어 샷건 재장전 애니메이션 몽타주는 재장전의 초기 움직임, 실제 총알 재장전을 위한 반복 섹션, 발사를 준비하기 위해 무기를 다시 장착하는 마지막 섹션을 포함할 수 있다.

Play Montage 함수의 출력에 대해서도 여러 옵션이 있다.

- **On Completed**: **On Completed** 출력은 애니메이션 몽타주가 재생을 완료하고 블렌딩을 완전히 종료하면 호출된다.

- **On Blend Out**: **On Blend Out** 출력은 애니메이션 몽타주가 블렌딩을 시작할 때 호출된다.

- **On Interrupted**: 같은 스켈레톤에서 다른 몽타주가 재생을 시도함으로써 이 몽타주가 블렌딩을 시작할 때 **On Interrupted** 출력이 호출된다.

- **On Notify Begin**과 **On Notify End**: 애니메이션 몽타주에서 **Notifies** 카테고리의 **Montage Notify** 옵션을 사용하면 **On Notify Begin**과 **On Notify End**가 모두 호출된다. **Montage Notify**에 입력된 이름이 **Notify Name** 파라미터를 통해 반환된다.

지금까지 **Play Montage** 함수의 블루프린트 구현을 살펴보면서 더 자세히 이해할 수 있었다. 이번에는 C++에서 애니메이션 몽타주를 재생하는 함수를 살펴보자.

C++에서 애니메이션 몽타주 재생하기

C++ 측면에서 알아둬야 할 한 가지가 있는데, 바로 UAnimInstance::Montage_Play() 함수다. 이 함수는 재생할 애니메이션 몽타주, 몽타주의 재생 속도를 결정할 재생 속도, EMontagePlayReturnType 타입의 값, 몽타주의 재생 시작 시간을 결정할 float 값, 이 몽타주를 재생할 때 다른 몽타주를 모두 중단시키거나 인터럽트[interrupt]시킬지 여부를 결정하는 불리언 값을 필요로 한다.

`EMontagePlayReturnType`의 기본 파라미터인 `EMontagePlayReturnType::MontageLength`를 변경하지 않겠지만, 이 열거형에 있는 두 값을 아는 것은 여전히 중요하다.

- **Montage Length**: `Montage Length` 값은 몽타주의 길이를 초 단위로 반환한다.
- **Duration**: `Duration` 값은 몽타주 길이를 재생 속도로 나눈 재생 시간을 반환한다.

> **NOTE**
>
> UAnimMontage 클래스에 대한 자세한 내용은 웹 사이트(https://docs.unrealengine.com/en-US/API /Runtime/Engine/Animation/UAnimMontage/index.html)에서 확인할 수 있다.

다음 실습을 통해 애니메이션 몽타주의 재생을 위한 C++ 구현 방법을 배운다.

실습 14.03: C++에서 Throw 애니메이션 재생하기

이제 UE5에서 애니메이션 몽타주를 재생하는 방법(블루프린트와 C++ 모두에서)을 더 잘 이해했을 것이다. 이제 Throw 애니메이션 몽타주를 재생하는 로직을 블루프린트에서 C++로 옮길 차례다. 이렇게 변경하는 이유는 블루프린트 로직이 Throw 애니메이션을 미리 볼 수 있도록 임시적으로 기능을 제공했기 때문이다. 이 책은 게임 개발을 위해 C++에 더 중점을 둔다. 따라서 이 로직을 코드에서 구현하는 방법을 배우는 것이 중요하다.

먼저 블루프린트에서 로직을 제거한 다음, 플레이어 캐릭터 클래스에서 C++ 로직을 재작성해보자.

다음 단계에 따라 이번 실습을 완료할 수 있다.

1. 플레이어 캐릭터 블루프린트 BP_SuperSiderScroller_MainCharacter로 이동한다. /MainCharacter/Blueprints/ 경로에서 찾을 수 있다. 이 애셋을 더블 클릭해 연다.

2. 다음 스크린샷에서 볼 수 있듯이, 블루프린트 안에서 Throw 애니메이션 몽타주를 미리 보기 위해 생성한 **향상된 입력 액션 IA_Throw**(Enhanced InputAction IA_Throw) 이벤트와 **Play Montage** 함수를 찾을 수 있을 것이다. 이 로직을 삭제한 다음, 플레이어 캐릭

터 블루프린트를 다시 컴파일하고 저장한다.

그림 14.9 더 이상 플레이어 캐릭터 블루프린트에서 이 임시 로직을 배치할 필요가 없다.

3. 이제 PIE를 사용해 마우스 왼쪽 버튼을 클릭함으로써 플레이어 캐릭터에서 던지기 동작을 시도해보자. 플레이어 캐릭터가 더 이상 Throw 애니메이션 몽타주를 재생하지 않는 점을 관찰할 수 있을 것이다. C++에 필요한 로직을 추가해 이 문제를 해결해보자.

4. 비주얼 스튜디오에서 플레이어 캐릭터의 헤더 파일 SuperSideScroller_Player.h를 연다.

5. 먼저 Throw 애니메이션에 사용할 새 변수를 플레이어 캐릭터에 추가해야 한다. private 접근 제한자 아래에 다음 코드를 추가한다.

```
UPROPERTY(EditAnywhere)
class UAnimMontage* ThrowMontage;
```

이제 Throw 애니메이션 몽타주를 나타내는 변수가 준비됐으니, SuperSideScroller_Player.cpp 안에 몽타주 재생을 위한 로직을 추가할 차례다.

6. UAnimInstance::Montage_Play() 함수를 호출하기 전에 소스 파일 상단에 다음 include 구문을 추가해야 한다. 그래야 이 함수를 사용할 수 있다.

```
#include "Animation/AnimInstance.h"
```

9장, '오디오-비주얼 요소 추가'를 진행하면서 살펴봤듯이, 플레이어 캐릭터에는 이미 마우스 왼쪽 버튼이 눌릴 때마다 호출되는 ThrowProjectile 함수가 있다. 기억을 되살리기 위해 설명하면, C++에서 바인딩 함수가 호출되는 곳이다.

```
// ThrowProjectile 입력 액션이 눌리면 ThrowProjectile 함수가 호출되도록
// 바인딩(연결)한다
EnhancedPlayerInput->BindAction(IA_Throw,
ETriggerEvent::Triggered, this, &ASuperSideScroller_
Player::ThrowProjectile);
```

7. 이번 실습에서 설정한 Throw 몽타주를 재생하도록 ThrowProjectile 함수를 업데이트한다. 다음 코드를 ThrowProjectile() 함수에 추가한다. 그런 다음, 함수에서 처리하는 일을 살펴보자.

```
void ASuperSideScroller_Player::ThrowProjectile()
{
  if (ThrowMontage)
  {
    bool bIsMontagePlaying = GetMesh()->GetAnimInstance()->
      Montage_IsPlaying(ThrowMontage);
    if (!bIsMontagePlaying)
    {
      GetMesh()->GetAnimInstance()->Montage_Play(ThrowMontage, 1.0f);
    }
  }
}
```

첫 번째 줄은 ThrowMontage가 유효한지 확인한다. 유효한 애니메이션 몽타주가 할당되지 않으면, 로직을 이어서 실행하지 않는다. 또한 충돌을 발생시킬 수 있으므로 함수에서 NULL 객체를 사용하는 것은 위험하다. 다음으로, 플레이어 캐릭터의 스켈레탈 메시에서 이미 몽타주가 재생 중인지를 결정하는 bIsMontagePlaying이라는 이름의 새 불리언 변수를 선언한다. 몽타주가 이미 재생 중일 때는 Throw 애니메이션 몽타주를 재생할 수 없으므로 이 변수를 통해 확인한다. 이렇게 확인하지 않을 경우, 플레이어가 반복적으로 마우스 왼쪽 버튼을 누르면 애니메이션 재생에 문제가 발생할 수 있다.

이 조건들을 만족하면, 안전하게 로직을 계속 이어가 애니메이션 몽타주를 재생할

수 있다.

8. if 구문에서는 플레이어의 스켈레탈 메시에서 ThrowMontage 애니메이션 몽타주를 1.0f의 재생 속도로 재생하도록 명령할 수 있다. 애니메이션 몽타주를 원래의 속도로 재생하도록 1.0f 값을 사용한다. 1.0f보다 큰 값은 몽타주의 재생을 더 빠르게 만들고, 1.0f보다 작은 값은 몽타주의 재생 속도를 느리게 만든다. 앞서 배웠던 EMontagePlayReturnType 등의 다른 파라미터들은 기본값으로 둔다. UE5 에디터로 돌아가서 코드를 다시 컴파일한다.

9. 코드 컴파일에 성공했으면, /MainCharacter/Blueprints/ 디렉터리에서 찾을 수 있는 플레이어 캐릭터 블루프린트 BP_SuperSideScroller_MainCharacter로 이동한다. 이 애셋을 더블 클릭해 연다.

10. 플레이어 캐릭터의 **디테일** 패널에서 앞서 추가한 ThrowMontage 파라미터를 확인할 수 있을 것이다.

11. Throw Montage 파라미터의 드롭다운 메뉴를 클릭하고 AM_Throw 몽타주를 찾는다. AM_Throw 옵션을 선택해 파라미터를 설정한다. 변수 설정을 위해 다음 스크린샷을 참고하자.

그림 14.10 Throw Montage 파라미터에 AM_Throw 몽타주를 할당했다.

12. 플레이어 캐릭터를 컴파일하고 저장한다. 그런 다음, PIE를 사용해 플레이어 캐릭터를 생성하고 마우스 왼쪽 버튼을 사용해 Throw Montage를 재생해보자. 다음 스크린샷은 이 동작을 보여준다.

그림 14.11 이제 플레이어 캐릭터가 다시 Throw 애니메이션을 재생할 수 있게 됐다.

이것으로 이번 실습을 마친다. 플레이어 캐릭터에 애니메이션 몽타주 파라미터를 추가하고, C++에서 몽타주를 재생하는 방법을 배웠다. C++ Throw 애니메이션 몽타주를 재생했을 뿐만 아니라 몽타주가 이미 재생 중인지를 확인해 Throw 애니메이션의 재생을 제어하는 기능도 추가했다. 이를 통해 플레이어가 Throw 입력을 반복적으로 전달해 애니메이션 재생에 문제가 발생하는 것을 방지했다.

NOTE

> 애니메이션 몽타주의 재생 속도를 1.0f에서 2.0f로 변경하고 코드를 컴파일해보자. 애니메이션의 재생
> 속도를 증가시키면 애니메이션이 어떻게 재생되고 플레이어에 어떤 느낌을 주는지 관찰해보자.

플레이어 발사체를 생성하는 내용을 진행하기 전에 소켓을 설정하는 과정을 진행한다. Throw 애니메이션이 재생되는 도중에 플레이어의 손에서 발사체가 생성될 수 있도록 플레이어 캐릭터 스켈레톤에서 소켓 위치를 설정하자.

실습 14.04: 발사체 생성 소켓 만들기

플레이어 발사체를 생성하려면 스케일을 제외한 위치와 회전을 주로 고려하는 트랜스폼을 결정해야 한다.

이번 실습에서는 플레이어 캐릭터의 스켈레톤에 새 소켓을 생성한 다음, 코드에서 발사체를 생성할 위치를 구하기 위해 이 소켓을 활용한다.

시작해보자.

1. UE5에서 **콘텐츠 드로어** 인터페이스로 이동해 /MainCharacter/Mesh/ 디렉터리를 찾는다.

2. 이 디렉터리에서 스켈레톤 애셋 `MainCharacter_Skeleton.uasset`을 찾는다. 이 스켈레톤을 더블 클릭해 연다.

   발사체를 생성할 최적의 위치를 결정하기 위해 Throw 애니메이션 몽타주를 스켈레톤 애니메이션 미리보기로 추가해야 한다.

3. **프리뷰 씬 세팅**^{Preview Scene Settings} 패널에서 **Animation** 카테고리 아래의 `Preview Controller` 파라미터를 찾아 **Use Specific Animation** 옵션을 선택한다.

4. 다음으로, 드롭다운 메뉴를 클릭하고 `AM_Throw` 애니메이션 몽타주를 목록에서 찾아 선택한다.

   다음 스크린샷에서 보듯이, 이제 플레이어 캐릭터의 스켈레톤이 Throw 애니메이션 몽타주 미리보기의 재생을 시작한다.

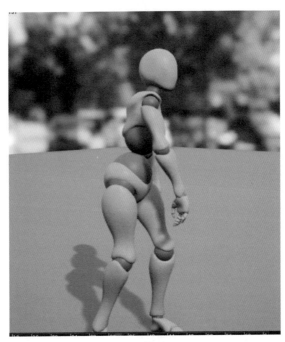

그림 14.12 플레이어 캐릭터가 Throw 애니메이션 몽타주를 미리보기로 재생하는 모습

'실습 14.02: Throw 애니메이션 몽타주에 새 노티파이 추가하기'를 떠올려보면 알수 있듯이, Throw 애니메이션의 22번째 프레임에 `Anim_ProjectileNotify`를 추가했다.

5. 스켈레톤 에디터 하단의 타임라인에서 빨간색 막대를 22번째 프레임에 최대한 가까이 이동시킨다. 다음 스크린샷을 참고하자.

그림 14.13 이전 실습에서 Anim_ProjectileNotify를 추가했던 것과 동일한 22번째 프레임

Throw 애니메이션의 22번째 프레임에서 본 플레이어 캐릭터의 모습은 다음과 같다.

그림 14.14 캐릭터의 손이 발사체를 놓는 위치에 있다.

그림에서 보듯이, Throw 애니메이션 몽타주의 22번째 프레임에서 캐릭터의 손은 발사체를 놓는 위치에 있다.

확인할 수 있듯이, 플레이어 캐릭터는 발사체를 오른손으로 던진다. 따라서 새 소켓은 오른손에 붙여야 한다. 다음 스크린샷을 참고해 플레이어 캐릭터의 스켈레톤 계층 구조를 살펴보자.

그림 14.15 플레이어 캐릭터의 스켈레톤 계층 구조에서 찾을 수 있는 RightHand 본

6. 스켈레톤 계층 구조에서 **RightHand** 본을 찾는다. **RightShoulder** 본 계층 구조 아래에서 찾을 수 있다.

7. **RightHand** 본에서 마우스 오른쪽 버튼을 클릭하고 나타나는 메뉴에서 소켓 추가 **Add Socket** 옵션을 선택한다. 이 소켓의 이름을 ProjectileSocket으로 지정한다.

   또한 새 소켓을 생성하면 전체 **RightHand**의 계층 구조가 확장돼 그 아래에 새 소켓이 나타날 것이다.

8. ProjectileSocket을 선택하고 **트랜스폼** 위젯 기즈모^{widget gizmo}를 사용해 이 소켓의 위치를 아래 위치로 설정한다.

```
Location = (X=30.145807,Y=36.805481,Z=-10.23186)
```

최종 결과는 다음과 같다.

그림 14.16 Throw 애니메이션의 22번째 프레임에서 월드 공간 기준 ProjectileSocket의 최종 위치

기즈모가 다르게 보일 수 있는데, 위의 이미지는 로컬 공간이 아닌 월드 공간의 소켓 위치를 보여주기 때문이다.

9. 이제 `ProjectileSocket`을 원하는 위치로 설정했으니, `MainCharacter_Skeleton` 애셋을 저장한다.

이것으로 이번 실습을 마친다. 실습을 통해 발사체를 생성할 위치를 알게 됐다. `Throw` 애니메이션 몽타주를 미리보기에서 사용하고 애니메이션에서 동일한 22번째 프레임을 사용했기 때문에 `Anim_ProjectileNotify`가 발생할 때를 기준으로 이 위치가 정확할 것이라는 점을 알 수 있었다.

이제 C++에서 실제로 플레이어 발사체를 생성해보자.

실습 14.05: SpawnProjectile() 함수 준비하기

이전 실습을 통해 `ProjectileSocket`을 배치함으로써 플레이어 발사체를 생성할 위치를 설정했다. 이제 플레이어 발사체를 생성하는 데 필요한 코드를 추가해보자.

이번 실습을 마치면 발사체를 생성하는 함수가 준비되고, `Anim_ProjectileNotify` 클래스에서 호출할 준비를 완료할 수 있다.

다음 단계에 따라 실습을 진행해보자.

1. 비주얼 스튜디오에서 SuperSideScroller_Player.h 헤더 파일로 이동한다.

2. `PlayerProjectile` 클래스에 대한 참조 변수가 필요하다. 이 경우에는 `TSubclassOf`라는 이름의 템플릿 클래스 타입 변수를 사용할 수 있다. 헤더 파일에서 `private` 접근 한정자 아래에 다음 코드를 추가한다.

```
UPROPERTY(EditAnywhere)
TSubclassOf<class APlayerProjectile> PlayerProjectile;
```

이것으로 발사체 생성을 위한 변수가 준비됐다. 이제 발사체를 생성하는 데 사용할 함수를 선언할 차례다.

3. `void ThrowProjectile()` 함수와 `public` 접근 한정자 아래에 다음 함수 선언을 추가한다.

```
void SpawnProjectile();
```

4. SpawnProjectile() 함수의 정의를 준비하기 전에 SuperSideScroller_Player.cpp 소스 파일의 include 목록에 다음 include 구문을 추가한다.

```
#include "PlayerProjectile.h"
#include "Engine/World.h"
#include "Components/SphereComponent.h"
```

PlayerProjectile.h는 발사체 클래스의 콜리전 컴포넌트를 사용하기 위해 추가해야 한다. 다음으로, Engine/World.h는 SpawnActor() 함수와 FActorSpawnParameters 구조체를 사용하기 위해 추가해야 한다. 마지막으로, Components/SphereComponent.h는 플레이어를 무시하도록 플레이어 발사체의 콜리전 컴포넌트를 업데이트하기 위해 추가해야 한다.

5. 그런 다음, SuperSideScroller_Player.cpp 소스 파일 하단에 SpawnProjectile() 함수의 정의를 다음과 같이 생성한다.

```
void ASuperSideScroller_Player::SpawnProjectile()
{
}
```

이 함수에서 가장 먼저 확인할 사항은 PlayerProjectile 클래스 변수가 유효한지 여부다. 이 객체가 유효하지 않으면, 생성 시도를 이어서 진행하지 않는다.

6. SpawnProjectile() 함수를 다음과 같은 모습으로 업데이트한다.

```
void ASuperSideScroller_Player::SpawnProjectile()
{
  if(PlayerProjectile)
  {
  }
}
```

이제 PlayerProjectile 객체가 유효하면, 플레이어가 현재 존재하는 UWorld를 구하고 계속 진행하기 전에 이 월드(UWorld)가 유효한지 확인한다.

7. SpawnProjectile() 함수를 다음과 같이 업데이트한다.

```
void ASuperSideScroller_Player::SpawnProjectile()
{
  if(PlayerProjectile)
  {
    UWorld* World = GetWorld();
    if (World)
    {
    }
  }
}
```

지금까지 PlayerProjectile과 UWorld가 모두 유효한지 확인하기 위해 안전 검사를 했으므로 안전하게 발사체를 생성할 수 있다. 가장 먼저 할 일은 FactorSpawnPara meters 타입의 새 변수를 선언하고 플레이어를 소유자[Owner]로 할당하는 것이다.

8. 가장 마지막에 추가한 if 구문에 다음 코드를 추가해 SpawnProjectile() 함수를 다음과 같이 업데이트한다.

```
void ASuperSideScroller_Player::SpawnProjectile()
{
  if(PlayerProjectile)
  {
    UWorld* World = GetWorld();
    if (World)
    {
      FActorSpawnParameters SpawnParams;
      SpawnParams.Owner = this;
    }
  }
}
```

앞서 배웠듯이, UWorld 객체에서 호출하는 SpawnActor() 함수는 생성하는 객체의 초기화를 위해 FActorSpawnParameters 구조체를 필요로 한다. 플레이어 발사체의 경우, 발사체의 소유자를 위해 플레이어 캐릭터 클래스를 참조하는 데 this 키워드를 사용할 수 있다.

9. 다음으로, SpawnActor() 함수의 Location과 Rotation 파라미터를 처리해야 한다. 가장 마지막에 작성한 라인 SpawnParams.Owner = this; 아래에 다음 코드를 추가한다.

```
const FVector SpawnLocation = this->GetMesh()->
  GetSocketLocation(FName("ProjectileSocket"));
const FRotator Rotation = GetActorForwardVector().Rotation();
```

첫 번째 줄에서 SpawnLocation이라는 이름의 새 FVector 변수를 선언한다. 이 벡터는 이전 실습에서 생성했던 ProjectileSocket 소켓의 소켓 위치를 사용한다. GetMesh() 함수에서 반환한 스켈레탈 메시 컴포넌트는 GetSocketLocation() 함수 호출을 포함하며, 이 함수는 전달된 FName의 소켓 위치를 반환한다. 이 경우, 소켓의 이름은 ProjectileSocket이다.

두 번째 줄에서 Rotation이라는 이름의 새 FRotator 변수를 선언한다. 이 값은 플레이어의 앞 방향 벡터^{forward vector}가 Rotator 컨테이너로 변환된 값으로 설정된다. 이렇게 설정할 경우, 플레이어 발사체를 생성하는 방향이 플레이어의 앞 방향이므로 발사체를 생성하면 플레이어로부터 멀어져 앞으로 나아간다.

이제 발사체를 생성하는 데 필요한 모든 파라미터의 설정을 완료했다.

10. 이전 단계 아래에 다음 코드를 추가한다.

```
APlayerProjectile* Projectile = World->
  SpawnActor<APlayerProjectile>(PlayerProjectile, SpawnLocation,
  Rotation, SpawnParams);
```

World->SpawnActor() 함수는 생성하려는 클래스의 객체를 반환한다. 이 경우에는 APlayerProjectile이다. 실제 생성을 실행하기 전에 APlayerProjectile* Projectile을 추가하는 이유가 여기에 있다. 그런 다음, 원하는 위치와 방식으로 발사체를 생성하기 위해 SpawnLocation, Rotation, SpawnParams 파라미터를 전달한다.

11. 에디터로 돌아가 새로 추가된 코드를 다시 컴파일한다. 컴파일을 성공적으로 완료했으면, 이번 실습을 완료한 것이다.

이것으로 이번 실습을 마친다. 이제 플레이어 캐릭터에 할당된 플레이어 발사체 클래스를 생성하는 함수가 준비됐다. 발사체와 월드 모두의 유효성을 검사하는 안전 검사를 추가함으로써, 물체가 생성될 때 유효한 월드 안에 유효한 물체가 배치되는지 확인할 수 있다.

다음으로, `UWorld SpawnActor()` 함수를 위해 적절한 위치, 회전, `FActorSpawnParameters` 파라미터를 설정했다. 이를 통해 플레이어 발사체가 이전 실습에서 생성한 소켓 위치를 기반으로 적절한 위치와 방향으로 생성될 수 있도록 설정했다. 따라서 발사체가 생성되면 플레이어로부터 멀어지고, 플레이어 캐릭터를 소유자로 인식한다.

발사체를 생성하도록 `Anim_ProjectileNotify` 소스 파일을 업데이트해보자.

실습 14.06: Anim_ProjectileNotify 클래스 업데이트하기

플레이어 발사체를 생성하기 위한 함수는 준비됐지만, 아직 어디에서도 이 함수를 호출하고 있지 않다. '실습 14.01: UAnimNotify 클래스 생성하기'에서는 `Anim_ProjectileNotify` 클래스를 생성했고, '실습 14.02: Throw 애니메이션 몽타주에 새 노티파이 추가하기'에서는 Throw 애니메이션 몽타주에 이 노티파이를 추가했다.

이제 `UAnimNotify` 클래스에서 `SpawnProjectile()` 함수를 호출하도록 업데이트해보자.

이를 위해 다음 단계를 진행해보자.

1. 비주얼 스튜디오에서 Anim_ProjectileNotify.cpp 소스 파일을 연다.

   소스 파일에서 다음 코드를 확인할 수 있다.

```
#include "Anim_ProjectileNotify.h"
void UAnim_ProjectileNotify::Notify(USkeletalMeshComponent*
MeshComp, UAnimSequenceBase* Animation, const
FAnimNotifyEventReference& EventReference))
{
  Super::Notify(MeshComp, Animation, EventReference);
  UE_LOG(LogTemp, Warning, TEXT("Throw Notify"));
}
```

2. Notify() 함수에서 UE_LOG() 라인을 삭제한다.

3. 다음으로, Anim_ProjectileNotify.h 아래에 다음 include 구문을 추가한다.

```
#include "Components/SkeletalMeshComponent.h"
#include "SuperSideScroller/SuperSideScroller_Player.h"
```

SuperSideScroller_Player.h 헤더 파일은 이전 실습에서 작성한 SpawnProjectile() 함수를 호출하기 위해 추가해야 한다. 또한 SkeletalMeshComponent.h 헤더 파일은 Notify() 함수 안에서 이 컴포넌트를 참조하기 때문에 추가해야 하며, 이곳이 include 구문을 추가할 최적의 위치다.

Notify() 함수는 소유하는 스켈레탈 메시를 MeshComp라는 이름으로 전달받는다. GetOwner() 함수를 사용해 플레이어 캐릭터의 참조를 구하는 데 스켈레탈 메시를 사용할 수 있다. GetOwner() 함수를 통해 반환되는 액터를 SuperSideScroller_Player 클래스로 형 변환해 플레이어 캐릭터의 참조를 구할 수 있다. 이어서 진행해보자.

4. Notify() 함수 안에 다음 코드를 추가한다.

```
ASuperSideScroller_Player* Player =
    Cast<ASuperSideScroller_Player>(MeshComp->GetOwner());
```

5. 플레이어의 참조를 구했다. SpawnProjectile() 함수를 호출하기 전에 Player 변수가 유효한지 확인해야 한다. 이전 단계 이후에 다음 코드를 추가한다.

```
if (Player)
{
  Player->SpawnProjectile();
}
```

6. 이제 Notify() 함수에서 SpawnProjectile() 함수를 호출했다. 에디터로 다시 돌아가 컴파일하고 변경한 코드의 핫리로딩을 진행한다.

PIE를 활용해 플레이어 발사체를 던지기 전에 이전 실습에서 생성한 Player Projec

tile 변수를 할당해야 한다.

7. 콘텐츠 드로어 인터페이스에서 /MainCharacter/Blueprints 디렉터리로 이동해 BP_SuperSideScroller_MainCharacter 블루프린트를 찾는다. 블루프린트를 더블 클릭해 에디터를 연다.

8. **디테일** 패널에서는 Throw Montage 파라미터에서 Player Projectile 파라미터를 찾을 수 있을 것이다. 이 파라미터의 드롭다운 옵션을 클릭하고 BP_PlayerProjectile 을 찾는다. 검색한 옵션을 클릭해 Player Projectile 변수에 할당한다.

9. BP_SuperSideScroller_MainCharacter 블루프린트를 컴파일하고 저장한다.

10. 이제 PIE를 사용해 마우스 왼쪽 버튼을 클릭해보자. 그러면 플레이어 캐릭터가 Throw 애니메이션을 재생하고 플레이어 발사체가 생성될 것이다.

발사체가 ProjectileSocket 소켓에서 생성되고 플레이어로부터 멀어지는 것을 볼 수 있다. 다음 스크린샷은 이 동작을 보여준다.

그림 14.17 플레이어는 이제 플레이어 발사체를 던질 수 있다.

이것으로 이번 실습을 마친다. 플레이어는 이제 플레이어 발사체를 던질 수 있다. 현재 상태에서는 플레이어 발사체가 적에게 효과가 없으며 단지 공중으로 날아갈 뿐이다. Throw 애니메이션 몽타주, Anim_ProjectileNotify 노티파이 클래스, 플레이어 캐릭터 간의 많은 작업을 통해 플레이어 발사체를 던질 수 있었다.

다음 실습에서는 적을 파괴하고 파티클과 사운드 등의 이펙트를 재생하도록 플레이어 발사체를 업데이트한다.

액터 제거하기

이 장에서 지금까지는 게임 월드에 액터를 생성하거나 배치하는 데 초점을 뒀다. 플레이어 캐릭터는 UWorld 클래스를 사용해 발사체를 생성한다. UE5와 기본 Actor 클래스는 게임 월드에서 액터를 삭제하거나 제거하는 데 사용할 수 있는 기본 함수를 제공한다.

```
bool AActor::Destroy( bool bNetForce, bool bShouldModifyLevel )
```

비주얼 스튜디오에서 /Source/Runtime/Engine/ 디렉터리의 Actor.cpp 파일을 찾아 이 함수의 전체 구현을 확인할 수 있다. 이 함수는 Actor 클래스를 상속하는^(확장하는) 모든 클래스에 존재한다. 따라서 UE5의 경우에는 게임 월드에 생성하거나 배치할 수 있는 모든 클래스에 이 함수가 존재한다. 좀 더 명확하게 설명하자면, EnemyBase와 PlayerProjectile 클래스는 Actor 클래스의 자식 클래스이므로 파괴될 수 있다.

AActor::Destroy() 함수를 살펴보면 다음 코드를 확인할 수 있다.

```
World->DestroyActor( this, bNetForce, bShouldModifyLevel );
```

액터를 제거하기 위해 UWorld 클래스가 어떤 일을 수행하는지는 자세히 살펴보지 않는다. 하지만 월드에서 액터의 생성과 삭제를 UWorld 클래스가 담당한다는 사실을 강조하는 것은 중요하다. 궁금하다면, UWorld 클래스가 액터의 제거 및 생성을 처리하는 방법을 엔진 소스 코드에서 자세히 살펴볼 것을 적극 권장한다.

이제 UE5가 게임 월드에서 액터의 파괴 및 제거를 처리하는 방법을 이해했을 것이다. 이를 활용해 적 캐릭터를 파괴하는 로직을 구현해보자.

실습 14.07: DestroyEnemy() 함수 생성하기

슈퍼 사이드 스크롤러 게임플레이의 핵심 파트는 플레이어가 레벨 주변을 이동하고 발사체를 사용해 적을 파괴하는 것이다. 이 프로젝트의 현재 시점에서는 플레이어의 이동을 처리하고 플레이어 발사체까지 생성했다. 하지만 발사체가 아직 적을 파괴하지 않는다.

이 기능을 추가하기 위해 EnemyBase 클래스에 몇 가지 로직을 추가하는 것부터 시작한다. 이를 통해 액터의 제거를 처리하는 방법을 배우고, 플레이어 발사체와 적이 충돌하면 게임에서 제거하는 로직을 추가해보자.

다음 단계에 따라 이 기능을 구현해보자.

1. 먼저 비주얼 스튜디오로 이동해 EnemyBase.h 헤더 파일을 연다.

2. 헤더 파일에서 다음과 같이 public 접근 한정자 아래에 DestroyEnemy()라는 새 함수의 선언을 추가한다.

```
public:
  void DestroyEnemy();
```

이 함수 선언이 클래스 선언의 GENERATED_BODY() 아래에 작성됐는지 확인한다.

3. 헤더 파일의 변경 사항을 저장하고, EnemyBase.cpp 소스 파일을 열어 이 함수의 구현을 추가해보자.

4. #include 코드 아래에 다음 정의를 추가한다.

```
void AEnemyBase::DestroyEnemy()
{
}
```

이 함수는 아주 단순하다. 부모 Actor 클래스로부터 상속받은 Destroy() 함수만 호출하면 된다.

5. DestroyEnemy() 함수를 다음과 같이 업데이트한다.

```cpp
void AEnemyBase::DestroyEnemy()
{
  Destroy();
}
```

6. 이 함수 작성을 완료했으면, 소스 파일을 저장하고 에디터로 다시 돌아가 코드의 컴파일과 핫리로딩을 진행한다.

이것으로 이번 실습을 마친다. 이제 원하는 곳 어디에서든 액터의 파괴를 쉽게 처리하는 함수가 적 캐릭터에 준비됐다. DestroyEnemy() 함수는 외부에서 접근할 수 있으므로 다른 클래스에서 호출이 가능해 발사체에 의한 파괴를 처리할 때 유용할 것이다.

적 액터를 파괴하는 자체 함수를 만든 이유는 이 장 후반부에서 플레이어 발사체에 의해 파괴될 때 이 함수를 사용해 적에게 VFX 및 SFX를 추가하기 위해서다.

적 파괴 과정을 다듬기 전에 플레이어 발사체도 파괴할 수 있도록 플레이어 발사체에 비슷한 함수를 구현해보자.

실습 14.08: 발사체 제거하기

이제 적 캐릭터는 이전 실습에서 구현한 DestroyEnemy() 함수를 통해 파괴당하는 로직을 처리할 수 있다. 이번에는 플레이어 발사체에 같은 로직을 추가할 차례다.

이번 실습이 끝나면, 플레이어 발사체는 자신을 파괴하고 게임 월드에서 제거되는 고유 함수를 갖게 된다.

시작해보자.

1. 비주얼 스튜디오에서 플레이어 발사체의 헤더 파일 PlayerProjectile.h를 연다.

2. public 접근 한정자 아래에 다음 함수 선언을 추가한다.

```
void ExplodeProjectile();
```

3. 다음으로는 플레이어 발사체의 소스 파일 PlayerProjectile.cpp를 연다.

4. void APlayerProjectile::OnHit 함수 아래에 ExplodeProjectile() 함수의 정의를 추가한다.

```
void APlayerProjectile::ExplodeProjectile()
{
}
```

지금은 이 함수가 이전 실습에서 작성한 DestroyEnemy() 함수와 동일한 기능을 한다.

5. 새로 추가한 ExplodeProjectile() 함수에 상속받은 Destroy() 함수를 추가한다.

```
void APlayerProjectile::ExplodeProjectile()
{
    Destroy();
}
```

6. 함수 작성을 완료했으면, 소스 파일을 저장하고 에디터로 돌아간 후 코드를 컴파일하고 핫리로딩을 진행한다.

이것으로 이번 실습을 마친다. 이제 원하면 어디에서든 액터의 파괴를 쉽게 처리할 수 있는 함수가 플레이어 발사체에 준비됐다. 플레이어 발사체를 파괴하는 고유 함수를 추가한 이유는 DestroyEnemy() 함수를 생성했던 이유와 같다. 이 함수를 이 장 후반부에 사용해 플레이어 발사체가 다른 액터와 충돌할 때 VFX와 SFX를 추가하기 위해서다.

지금까지 플레이어 발사체와 적 캐릭터 모두에서 Destroy() 함수를 구현해봤다. 이제 이두 가지 요소를 결합할 차례다.

다음 활동에서는 플레이어 발사체가 적 캐릭터와 충돌할 때 적 캐릭터를 파괴시키는 과정을 진행한다.

활동 14.01: 적을 파괴하는 발사체

플레이어 발사체와 적 캐릭터는 모두 자신을 파괴할 수 있다. 이제 서로 충돌하면 플레이어 발사체가 적 캐릭터를 파괴할 수 있도록 한 단계 더 나아가보자.

다음 단계에 따라 이번 활동을 완료할 수 있다.

1. PlayerProjectile.cpp 소스 파일 상단에 EnemyBase.h 헤더 파일에 대한 #include 구문을 추가한다.

2. void APlayerProjectile::OnHit 함수에서 AEnemyBase* 타입의 새 변수를 생성하고 이 변수의 이름을 Enemy라고 지정한다.

3. APlayerProjectile::OnHit 함수의 OtherActor 파라미터를 AEnemyBase* 클래스로 형 변환하고 형 변환 결과를 Enemy 변수에 설정한다.

4. if() 구문을 사용해 Enemy 변수가 유효한지 확인한다.

5. Enemy 변수가 유효하면 이 Enemy에서 DestroyEnemy() 함수를 호출한다.

6. if() 블록 이후에 ExplodeProjectile() 함수를 호출한다.

7. 소스 파일의 변경 사항을 저장하고 UE5 에디터로 돌아간다.

8. PIE를 사용하고 플레이어 발사체를 적을 향해 던진 다음, 결과를 관찰해본다.

예상 결과는 다음과 같다.

그림 14.18 플레이어가 발사체를 던지는 모습

발사체가 적에게 맞으면 다음과 같이 적 캐릭터가 파괴된다.

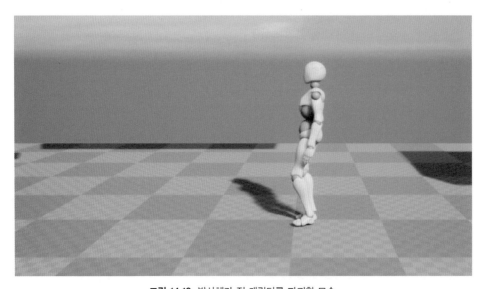

그림 14.19 발사체가 적 캐릭터를 파괴한 모습

이것으로 이번 활동을 마친다. 서로 충돌하면 플레이어 발사체와 적 캐릭터는 모두 파괴된다. 또한 플레이어 발사체는 다른 액터에서 `APlayerProjectile::OnHit()` 함수를 호출할 때마다 파괴될 것이다.

이것으로 슈퍼 사이드 스크롤러 게임의 핵심 파트인 플레이어 발사체를 생성하는 기능과 발사체와 충돌할 때 적을 파괴하는 기능을 완료했다. 하지만 두 액터를 파괴하는 것이 매우 단순하고 플레이어에게 그리 흥미를 주지 못한다는 사실을 알 수 있을 것이다.

이를 위해 이 장의 다음 실습에서는 비주얼 이펙트와 오디오 이펙트를 배운다. 또한 이 요소들을 적 캐릭터와 플레이어 발사체에 어울리도록 구현할 것이다.

이제 적 캐릭터와 플레이어 발사체 모두에서 파괴하는 기능을 완료했다. VFX와 SFX가 무엇이고 프로젝트에 어떤 영향을 줄 수 있는지를 살펴보자.

> **NOTE**
>
> 이번 활동의 솔루션은 깃허브(https://github.com/PacktPublishing/Elevating-Game-Experiences-with-Unreal-Engine-5-Second-Edition/tree/main/Activity%20solutions)에서 확인할 수 있다.

⁑ 비주얼 이펙트와 오디오 이펙트

파티클 시스템 같은 비주얼 이펙트와 사운드 큐 같은 사운드 이펙트는 비디오 게임에서 중요한 역할을 한다. 이 이펙트들은 시스템 및 게임 메카닉을 더욱 돋보이는 수준으로 업그레이드하며, 이 요소들의 기본 기능을 더욱 흥미롭게 만들거나 게임플레이를 즐길 수 있도록 해준다.

비주얼 이펙트를 먼저 살펴보고, 이어서 오디오 이펙트를 살펴보자.

비주얼 이펙트

UE5에서 비주얼 이펙트^{VFX}는 파티클 시스템이라는 시스템으로 구성된다. 파티클 시스템은 이미터^{emitter}들로 구성되며, 이미터는 모듈로 구성돼 있다. 이 모듈에서 머티리얼,

메시, 수학적 모듈을 사용해 이미터의 모양과 동작을 제어할 수 있다. 이를 통해 횃불, 내리는 눈, 비, 먼지 등 어떤 것도 만들어낼 수 있다.

> **NOTE**
>
> 웹 사이트(https://docs.unrealengine.com/en-US/Resources/Showcases/Effects/index.html)에서 비주얼 이펙트에 대한 자세한 내용을 확인해볼 수 있다.

오디오 이펙트

UE5의 오디오 이펙트[SFX]는 사운드 웨이브와 사운드 큐의 조합으로 구성된다.

- 사운드 웨이브는 UE5로 임포트할 수 있는 .wav 오디오 포맷 파일이다.
- 사운드 큐는 게임의 복잡한 사운드를 생성하기 위해 사운드 웨이브 오디오 파일과 **Oscillator, Modulator, Concatenator** 등의 노드를 결합해 구성한다.

> **NOTE**
>
> 웹 사이트(https://docs.unrealengine.com/en-US/Engine/Audio/SoundCues/NodeReference/index.html)에서 오디오 이펙트에 대한 자세한 내용을 확인할 수 있다.

UE5에서 VFX는 원래 캐스케이드[Cascade]라는 도구를 사용해 제작했다. 아티스트는 머티리얼, 스태틱 메시, 수학을 결합해 게임 월드에 흥미와 신뢰를 더해주는 이펙트를 제작할 수 있었다. 이 책에서는 이 도구가 어떻게 동작하는지를 다루지 않지만, 웹 사이트(https://docs.unrealengine.com/4.27/en-US/RenderingAndGraphics/ParticleSystems/)에서 캐스케이드에 대한 정보를 확인할 수 있다.

최신 버전의 엔진에는 4.20 업데이트부터 비주얼 이펙트를 제작할 수 있는 나이아가라[Niagara]라는 플러그인이 도입됐다. 나이아가라는 캐스케이드와 달리 미리 정의된 동작을 결합한 모듈을 사전 설정하는 방식 대신 이펙트의 행동을 시각적으로 스크립팅할 수 있는 블루프린트와 비슷한 시스템을 사용한다. 나이아가라에 대한 정보는 웹 사이트(https://docs.unrealengine.com/en-US/Engine/Niagara/Overview/index.html)에서 확인할 수 있다. 또한 캐스케이드는 앞으로 출시될 UE5의 새 버전에서 폐기되고, 그 대신 나이아가라가 사용될 것이다. 하지만 이 책에서는 캐스케이드 파티클 이펙트를 사용한다.

9장, '오디오-비주얼 요소 추가'에서는 오디오를 설명하면서 UE5에서 오디오가 처리되는 방식을 다뤘다. 지금은 UE5가 .wav 파일 포맷을 사용해 오디오를 엔진으로 임포트한다는 것만 알면 된다. 여기서 사운드 웨이브라는 .wav 파일을 에디터에서 직접 사용하거나, 사운드 웨이브에 오디오 이펙트를 추가할 수 있는 사운드 큐 애셋으로 변환할 수 있다.

마지막으로, 다음 실습에서 사용하기 때문에 알아야 할 중요한 클래스인 UGameplayStatics가 있다. 이 클래스는 UE5의 정적 클래스며 C++와 블루프린트 모두에서 사용할 수 있는 다양한 게임플레이 관련 기능을 제공한다. 다음 실습에서 사용할 두 가지 함수는 다음과 같다.

```
UGameplayStatics::SpawnEmitterAtLocation
UGameplayStatics:SpawnSoundAtLocation
```

이 두 함수는 매우 비슷하게 동작한다. 두 함수 모두 이펙트를 생성하기 위한 World 콘텍스트 객체, 생성하려는 파티클 시스템 또는 오디오, 이펙트를 생성하려는 위치를 입력받는다. 다음 실습에서는 이 함수들을 사용해 적의 파괴 이펙트를 생성할 것이다.

실습 14.09: 적이 파괴될 때 이펙트 추가하기

이번 실습에서는 이 장과 실습에 포함된 프로젝트에 새 콘텐츠를 추가한다. 여기에는 파티클 VFX, 사운드 SFX와 필요한 애셋이 포함된다. 그런 다음, 플레이어 발사체가 적을 파괴할 때 게임을 꾸미기 위해 필요한 오디오와 파티클 시스템 파라미터를 사용하도록 EnemyBase 클래스를 업데이트한다.

이번 실습을 마치면, 플레이어 발사체와 충돌할 때 시각적, 청각적으로 파괴되는 적을 볼 수 있을 것이다.

시작해보자.

1. 시작을 위해 언리얼 엔진 런처^{Unreal Engine Launcher}의 **샘플**^{Samples} 탭에서 찾을 수 있는 Action RPG 프로젝트에서 일부 애셋을 이주시켜야 한다.

2. 에픽 게임즈 런처에서 **샘플** 탭으로 이동해 **UE Legacy Samples** 카테고리에서 Action RPG를 찾는다.

그림 14.20 Action RPG 샘플 프로젝트

NOTE

이 장의 다른 실습에서 Action RPG 프로젝트의 애셋을 추가로 가져올 것이므로 프로젝트를 다시 여는 수고를 줄이기 위해 프로젝트를 연 상태로 유지하길 바란다. 이번 실습을 위한 애셋은 깃허브(https://github.com/PacktPublishing/Elevating-Game-Experiences-with-Unreal-Engine-5-Second-Edition/tree/main/Chapter14/Exercise14.09)에서 다운로드할 수 있다.

3. **Action RPG** 게임 프로젝트를 클릭한 다음, **프로젝트 생성**^{Create Project} 옵션을 클릭한다.

4. 여기서 엔진 버전 4.27을 선택하고, 프로젝트를 다운로드할 디렉터리를 지정한다. 그런 다음, **생성**^{Create} 버튼을 클릭해 프로젝트의 설치를 시작한다.

5. Action RPG 프로젝트의 다운로드가 완료되면 에픽 게임즈 런처의 **라이브러리**^{Library} 탭으로 이동해 **내 프로젝트**^{My Projects} 섹션에서 Action RPG를 찾는다.

6. **Action RPG** 프로젝트를 더블 클릭해 언리얼 엔진 에디터에서 연다.

7. 에디터의 **콘텐츠 브라우저** 인터페이스에서 **A_Guardian_Death_Cue** 오디오 애셋을 찾는다. 이 애셋에서 마우스 오른쪽 버튼을 클릭하고 **애셋 액션**Asset Actions을 선택한 후 **이주**Migrate를 선택한다.

8. **이주**를 선택하면 **A_Guardian_Death_Cue**에서 참조하는 모든 애셋을 보여준다. 여기에는 모든 오디오 클래스와 사운드 웨이브 파일이 포함된다. **애셋 리포트**Asset Report 다이얼로그 창에서 **확인**OK 버튼을 클릭한다.

9. 다음으로, 슈퍼 사이드 스크롤러 프로젝트의 Content 폴더로 이동하고 **폴더 선택**Select Folder을 클릭한다.

10. 이주 과정이 완료되면, 에디터에서 'Content Migration Completed Successfully'라는 메시지 알림을 확인할 수 있다.

11. **P_Goblin_Death** VFX 애셋에도 같은 과정을 진행한다. 프로젝트에 추가한 두 주요 애셋은 다음과 같다.

```
A_Guardian_Death_Cue
P_Goblin_Death
```

P_Goblin_Death 파티클 시스템 애셋은 Effects 디렉터리에 포함된 머티리얼, 텍스처 등의 애셋을 참조한다. 반면, **A_Guardian_Death_Cue**는 Assets 디렉터리에 포함된 사운드 애셋을 참조한다.

12. 프로젝트의 Content 디렉터리로 애셋을 이주한 후에 UE5 에디터에서 슈퍼 사이드 스크롤러 프로젝트를 열고, **콘텐츠 드로어**에서 새 폴더가 추가됐는지 확인한다.

적 캐릭터 파괴에 사용할 파티클은 **P_Goblin_Death**이며 /Effects/FX_Particle/ 디렉터리에서 찾을 수 있다. 적 캐릭터 파괴에 사용할 사운드는 **A_Guardian_Death_Cue**이며 /Assets/Sounds/Creatures/Guardian/ 디렉터리에서 찾을 수 있다. 이제 필요한 애셋을 에디터에 임포트했으니 코드를 작성해보자.

13. 비주얼 스튜디오를 열고 **EnemyBase** 클래스의 헤더 파일 EnemyBase.h를 연다.

14. 다음의 UPROPERTY() 변수를 추가한다. 이 변수는 적이 파괴될 때 사용할 파티클 시스템을 나타낸다. 이 변수가 public 접근 한정자 아래에 선언됐는지 확인한다.

```
UPROPERTY(EditAnywhere, BlueprintReadOnly)
class UParticleSystem* DeathEffect;
```

15. 다음의 UPROPERTY() 변수를 추가한다. 이 변수는 적이 파괴될 때 사용할 사운드를 나타낸다. 이 변수가 public 접근 한정자 아래에 선언됐는지 확인한다.

```
UPROPERTY(EditAnywhere, BlueprintReadOnly)
class USoundBase* DeathSound;
```

두 파라미터를 정의했으면, 적이 파괴될 때 이 이펙트들을 생성하고 사용하기 위한 로직을 추가해보자.

16. EnemyBase.cpp 소스 파일에서 UGameplayStatics와 UWorld 클래스의 include 구문을 추가한다.

```
#include "Kismet/GameplayStatics.h"
#include "Engine/World.h"
```

적이 파괴될 때 UGameplayStatics와 UWorld 클래스를 사용해 사운드와 파티클 시스템을 월드에 생성할 것이다.

17. AEnemyBase::DestroyEnemy() 함수에는 다음과 같이 코드 한 줄만 있을 것이다.

```
Destroy();
```

18. Destroy() 함수 호출 위에 다음 코드를 추가한다.

```
UWorld* World = GetWorld();
```

파티클 시스템이나 사운드를 생성하려면 World 콘텍스트 객체가 필요하므로 그 전에 UWorld 객체를 정의해야 한다.

19. 다음으로, if() 구문을 사용해 앞서 정의한 World 객체가 유효한지 확인한다.

```
if(World)
{
}
```

20. if() 블록 안에 DeathEffect 파라미터가 유효한지 확인한 다음, UGameplayStatics
    의 SpawnEmitterAtLocation 함수를 사용해 DeathEffect 이펙트를 생성한다.

```
if(DeathEffect)
{
  UGameplayStatics::SpawnEmitterAtLocation(World, DeathEffect,
    GetActorTransform());
}
```

객체를 생성하거나 조작하기 전에 객체의 유효성 확인이 필요하다고 다시 강조해
도 지나치지 않다. 이를 통해 엔진에서 크래시[crash]가 발생하는 것을 피할 수 있다.

21. if(DeathEffect) 블록 이후에 DeathSound 파라미터에 대해 동일한 유효성 확인을
    진행한 다음, UGameplayStatics::SpawnSoundAtLocation 함수를 사용해 사운드를 생
    성한다.

```
if(DeathSound)
{
  UGameplayStatics::SpawnSoundAtLocation(World, DeathSound,
    GetActorLocation());
}
```

Destroy() 함수를 호출하기 전에 DeathEffect와 DeathSound 파라미터가 모두 유효
한지를 확인해야 한다. 두 파라미터가 모두 유효하면 적절한 UGameplayStatics 함
수를 사용해 이펙트를 생성한다. 이렇게 하면, 두 파라미터 중에서 유효하지 않은
파라미터가 있더라도 문제없이 적 캐릭터가 파괴된다.

22. 이제 AEnemyBase::DestroyEnemy() 함수에서 이펙트를 생성하도록 업데이트했다.
    UE5 에디터로 돌아가 코드 변경 사항을 컴파일하고 핫리로딩을 진행한다.

23. 콘텐츠 드로어 인터페이스에서 /Enemy/Blueprints/ 디렉터리로 이동한다. BP_ Enemy 애셋을 더블 클릭해 연다.

24. 적 블루프린트의 디테일 패널에서 **Death Effect**와 **Death Sound** 파라미터를 확인 할 수 있다. **Death Effect** 파라미터의 드롭다운 메뉴를 클릭하고 **P_Goblin_Death** 파티클 시스템 애셋을 선택한다.

25. 다음으로, **Death Effect** 파라미터 아래에서 **Death Sound** 파라미터의 드롭다운 목 록을 클릭하고 **A_Guardian_Death_Cue** 사운드 큐 애셋을 선택한다.

26. 이제 이 파라미터들을 업데이트하고 적절한 이펙트를 할당했으니 적 블루프린트 를 컴파일하고 저장한다.

27. PIE를 사용해 플레이어 캐릭터를 생성하고 적에게 플레이어 발사체를 던져보자. 레벨에 적이 배치돼 있지 않다면 하나 추가해 테스트를 진행한다. 플레이어 발사 체가 적과 충돌하면 다음 스크린샷과 같이 VFX와 SFX가 추가돼 재생될 것이다.

그림 14.21 이제 적이 파괴돼 영광의 불꽃과 함께 사라진다.

이것으로 이번 실습을 마친다. 적 캐릭터는 이제 플레이어 발사체와 충돌해 파괴될 때 파티클 시스템과 사운드 큐를 재생한다. 이런 이펙트는 게임을 더 멋지게 만들어주며,

적을 파괴하는 동작을 더 만족스럽게 해준다.

다음 실습에서는 발사체가 공중을 날아가는 동안 시각적, 청각적으로 좀 더 재미있게 만들기 위해 플레이어 발사체에 새 파티클 시스템 컴포넌트와 오디오 컴포넌트를 추가한다.

실습 14.10: 플레이어 발사체에 이펙트 추가하기

현재 상태에서 플레이어 발사체의 기능은 의도한 대로 동작한다. 공중을 날아가 게임 월드의 다른 물체와 충돌하면 파괴된다. 하지만 시각적으로 플레이어 발사체는 흰색 텍스처가 적용된 공처럼 보일 뿐이다.

이번 실습에서는 발사체를 사용할 때 더 많은 재미를 주고자 플레이어 발사체에 파티클 시스템 컴포넌트와 오디오 컴포넌트를 추가해 꾸미는 과정을 진행할 것이다.

다음 단계에 따라 이번 실습을 완료할 수 있다.

1. 이전 실습과 비슷하게 Action RPG 프로젝트에서 슈퍼 사이드 스크롤러 프로젝트로 애셋을 이주해야 한다. '실습 14.09: 적이 파괴될 때 이펙트 추가하기'를 참고해 Action RPG 프로젝트에서 애셋을 이주시키고 설치하는 방법을 살펴보자.

   프로젝트에 추가할 두 애셋은 다음과 같다.

   ```
   P_Env_Fire_Grate_01
   A_Ambient_Fire01_Cue
   ```

   P_Env_Fire_Grate_01 파티클 시스템 애셋은 Effects 디렉터리에 있는 머티리얼과 텍스처 등의 추가 애셋을 사용하며 A_Ambient_Fire01_Cue는 Assets 디렉터리에 있는 사운드 웨이브 및 사운드 어테뉴에이션^{sound attenuation} 애셋 등의 추가 애셋을 사용한다.

   플레이어 발사체에 사용할 파티클은 P_Env_Fire_Grate_01이라는 이름의 파티클이며, /Effects/FX_Particle/ 디렉터리에서 찾을 수 있다. 이 위치는 이전 실습에서 사용했던 P_Goblin_Death VFX와 같은 디렉터리다. 플레이어 발사체에 사용할 사운드는 A_Ambient_Fire01_Cue라는 이름을 가지며, /Assets/Sounds/Ambient/ 디렉터리에서 찾을 수 있다.

2. Action RPG 프로젝트의 **콘텐츠 브라우저**^{Content Browser} 인터페이스에서 두 애셋을 마우스 오른쪽 버튼으로 클릭하고 **애셋 액션**^{Asset Actions}을 선택한 다음, **이주**^{Migrate}를 선택한다.

3. 이주를 확정하기 전에 슈퍼 사이드 스크롤러 프로젝트의 Content 폴더를 선택했는지 확인한다.

   이제 필요한 애셋을 프로젝트에 이주했으니 플레이어 발사체 클래스를 업데이트해보자.

4. 비주얼 스튜디오를 열고 플레이어 발사체 클래스의 헤더 파일 PlayerProjectile.h로 이동한다.

5. private 접근 한정자 아래의 UStaticMeshComponent* MeshComp 클래스 컴포넌트 선언 아래에 플레이어 발사체에 사용할 새 오디오 컴포넌트를 선언한다.

```
UPROPERTY(VisibleDefaultsOnly, Category = Sound)
class UAudioComponent* ProjectileMovementSound;
```

6. 다음으로, 오디오 컴포넌트 선언 아래에 새 파티클 시스템 컴포넌트를 선언하기 위한 다음 코드를 추가한다.

```
UPROPERTY(VisibleDefaultsOnly, Category = Projectile)
class UParticleSystemComponent* ProjectileEffect;
```

적 캐릭터 클래스에서 했듯이, 블루프린트에서 정의할 수 있는 파라미터를 사용하는 대신에 이 이펙트들은 플레이어 발사체의 컴포넌트가 될 것이다. 이렇게 하는 이유는 발사체가 레벨에서 이동할 때 이 이펙트들을 발사체와 연결해 같이 이동시켜야 하기 때문이다.

7. 헤더 파일에 두 컴포넌트를 선언했으면, 플레이어 발사체의 소스 파일을 열고 파일 상단에 다음 include 구문을 추가한다.

```
#include "Components/AudioComponent.h"
#include "Engine/Classes/Particles/ParticleSystemComponent.h"
```

CreateDefaultSubobject 함수를 사용해 서브 객체^{subobject}를 생성하고 이 컴포넌트들을 RootComponent에 연결하려면, 오디오 컴포넌트와 파티클 시스템 컴포넌트 클래스 모두에 대한 참조가 필요하다.

8. ProjectileMovementSound 컴포넌트의 기본 서브 객체를 생성하고 이 컴포넌트를 RootComponent에 연결하기 위한 다음 코드를 추가한다.

```
ProjectileMovementSound = CreateDefaultSubobject<UAudioComponent>
  (TEXT("ProjectileMovementSound"));
ProjectileMovementSound->AttachToComponent(RootComponent,
FAttachmentTransformRules::KeepWorldTransform);
```

9. 다음으로, ProjectileEffect 컴포넌트의 기본 서브 객체를 생성하고 이 컴포넌트를 RootComponent에 연결하기 위한 다음 코드를 추가한다.

```
ProjectileEffect =
  CreateDefaultSubobject<UParticleSystemComponent>(TEXT("Projectile
  Effect"));
ProjectileEffect->AttachToComponent(RootComponent,
FAttachmentTransformRules::KeepWorldTransform);
```

10. 이제 두 컴포넌트를 생성하고, 초기화하고, RootComponent에 연결했다. UE5 에디터로 돌아가 코드 변경 사항을 컴파일하고 핫리로딩을 진행한다.

11. 콘텐츠 드로어 인터페이스에서 /MainCharacter/Projectile/ 디렉터리로 이동한다. BP_PlayerProjectile 애셋을 찾고 더블 클릭해 블루프린트를 연다.

    컴포넌트^{Components} 탭에서 이전 코드에서 추가한 두 컴포넌트를 찾을 수 있을 것이다. 이 두 컴포넌트들이 RootComponent인 CollisionComp 컴포넌트에 연결됐는지 살펴본다.

12. 다음 그림과 같이 **ProjectileEffect** 컴포넌트를 클릭하고, **디테일**Details 패널에서 이 파라미터에 P_Env_Fire_Grate_01 VFX 애셋을 할당한다.

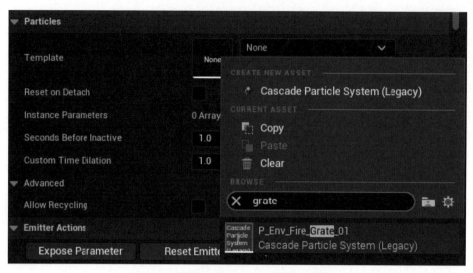

그림 14.22 파티클 시스템 컴포넌트에 VFX 할당하기

13. 오디오 컴포넌트를 설정하기 전에 ProjectileEffect VFX 애셋의 **트랜스폼**Transform 을 조정하자. VFX의 트랜스폼에 있는 **Rotation, Scale** 파라미터를 다음 그림과 일 치하도록 업데이트한다.

그림 14.23 발사체에 잘 맞도록 업데이트된 파티클 시스템 컴포넌트의 트랜스폼

14. 블루프린트의 **뷰포트**Viewport 탭으로 이동해 **트랜스폼**의 변경 사항을 살펴보자. ProjectileEffect는 다음과 같이 나타날 것이다.

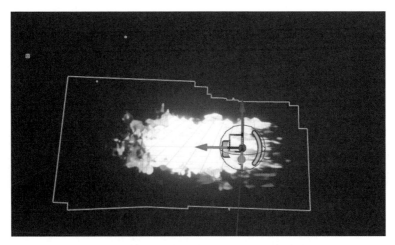

그림 14.24 파티클 이펙트가 적절하게 보이도록 회전과 스케일이 적용된 모습

15. 이제 VFX의 설정을 마쳤다. **ProjectileMovementSound** 컴포넌트를 클릭하고 이 컴포넌트에 A_Ambient_Fire01_Cue를 할당한다.

16. BP_PlayerProjectile 블루프린트를 컴파일하고 저장한다. PIE를 사용해 발사체를 던질 때를 관찰해보자. 이제 VFX 애셋과 할당된 오디오가 재생되는 것을 볼 수 있다.

그림 14.25 이제 플레이어 발사체가 공중을 날아갈 때 VFX와 SFX가 재생된다.

이것으로 이번 실습을 마친다. 플레이어 발사체는 이제 공중으로 날아가면서 VFX와 SFX를 재생한다. 이 요소들은 발사체를 사용할 때 생동감 넘치면서 더욱 재미있게 느껴지도록 만들어준다.

VFX와 SFX를 발사체의 컴포넌트로 생성했기 때문에 발사체가 파괴될 때 함께 사라진다.

다음 실습에서는 플레이어가 발사체를 던질 때 더 많은 임팩트를 제공하기 위해 Throw 애니메이션 몽타주에 파티클 노티파이와 사운드 노티파이를 추가한다.

실습 14.11: VFX 노티파이와 SFX 노티파이 추가하기

지금까지 C++를 통해 게임에 세련된 요소를 추가했다. 다양성을 부여하고 UE5 도구 모음에 대한 지식을 넓히기 위해 이번 실습에서는 애니메이션 몽타주에서 노티파이를 추가하는 방법을 통해 파티클 시스템과 오디오를 애니메이션에 추가하는 과정을 진행한다. 시작해보자.

이전 실습과 비슷하게 Action RPG 프로젝트의 애셋을 슈퍼 사이드 스크롤러 프로젝트로 이주해야 한다. '실습 14.09: 적이 파괴될 때 이펙트 추가하기'를 참고해 Action RPG 프로젝트에서 애셋을 이주하고 설치하는 방법을 살펴보길 바란다.

다음 단계를 수행하자.

1. Action RPG 프로젝트를 열고 **콘텐츠 브라우저** 인터페이스로 이동한다.

   프로젝트에 추가할 2개의 주요 애셋은 다음과 같다.

   ```
   P_Skill_001
   A_Ability_FireballCast_Cue
   ```

   P_Skill_001 파티클 시스템 애셋은 Effects 디렉터리에 포함된 머티리얼, 텍스처 등의 추가 애셋을 참조한다. 반면 A_Ability_FireballCast_Cue 애셋은 Assets 디렉터리에 포함된 추가 사운드 웨이브 애셋을 참조한다.

   플레이어 발사체를 던질 때 플레이어가 사용할 파티클은 P_Skill_001이라는 이름의 파티클이며, /Effects/FX_Particle/ 디렉터리에서 찾을 수 있다. 이 위치는 이전 실습에서 사용했던 P_Goblin_Death와 P_Env_Fire_Grate_01 VFX 애셋의 위치와 같다. 적 캐릭터 파괴에 사용할 사운드는 A_Ability_Fire01_Cue라는 이름의 사운드며, /Assets/Sounds/Ambient/ 디렉터리에서 찾을 수 있다.

2. Action RPG 프로젝트의 **콘텐츠 브라우저** 인터페이스에서 이 애셋들을 마우스 오른쪽 버튼으로 클릭하고 **애셋 액션**을 선택한 다음, **이주**를 선택한다.

3. 이주를 진행하기 전에 슈퍼 사이드 스크롤러 프로젝트의 Content 디렉터리를 선택했는지 확인한다.

   이제 필요한 애셋을 프로젝트로 이주시켰으면, AM_Throw 애셋에 필요한 노티파이를 추가해보자. 이번 실습을 계속 진행하기 전에 슈퍼 사이드 스크롤러 프로젝트로 돌아간다.

4. **콘텐츠 드로어** 인터페이스에서 /MainCharacter/Animation/ 디렉터리로 이동한다. AM_Throw 애셋을 찾아 더블 클릭해 연다.

5. 애니메이션 몽타주 에디터 가운데의 미리보기 창 아래에서 **Notifies** 섹션을 찾는다. 이 섹션은 이 장 초반에 Anim_ProjectileNotify를 추가했던 위치와 같다.

6. **Notifies** 트랙 왼쪽에서 노티파이 트랙을 추가하는 데 사용하는 ▼ 표시를 찾을 수 있을 것이다. 다음 스크린샷과 같이 이 버튼을 클릭해 새 트랙을 추가한다.

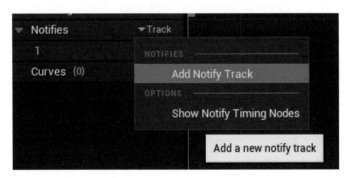

그림 14.26 새 노티파이 트랙 추가하기

타임라인에 여러 트랙을 추가하면 다수의 노티파이를 추가해야 할 때 노티파이를 정리하는 데 유용하다.

7. Anim_ProjectileNotify와 같은 프레임 위치에 이전 단계에서 생성한 새 트랙에서 마우스 오른쪽 버튼을 클릭한다. **노티파이 추가**^{Add Notify} 목록에서 **Play Particle Effect**를 선택한다.

8. 생성되면, 새 노티파이를 선택해 **디테일** 패널로 이동한다. **디테일** 패널에서 Particle System 파라미터에 P_Skill_001 VFX 애셋을 추가한다.

새 VFX 애셋을 추가하면, VFX 애셋이 플레이어의 발목이 위치한, 거의 바닥을 향해 배치된 것을 볼 수 있다. 하지만 이 위치는 원하는 위치가 아니다. 이 VFX 애셋은 지면 바로 위 또는 캐릭터의 기본 위치에 배치돼야 한다. 다음 스크린샷은 이 위치를 보여준다.

그림 14.27 지면에 배치되지 않은 파티클 노티파이의 위치

이 문제를 해결하려면 플레이어 캐릭터 스켈레톤에 새 소켓을 추가해야 한다.

9. /MainCharacter/Mesh/ 디렉터리로 이동한다. MainCharacter_Skeleton 애셋을 더블 클릭해 연다.

10. 왼쪽의 스켈레톤 본 계층에서 **Hips** 본을 마우스 오른쪽 버튼으로 클릭하고 **소켓 생성**^{Add Socket} 옵션을 선택한다. 이 소켓의 이름을 EffectSocket으로 지정한다.

11. 본 계층에서 이 소켓을 클릭하고 현재 위치를 확인한다. 기본적으로 이 위치는 **Hips** 본의 위치와 동일한 위치다. 다음 스크린샷은 이 위치를 보여준다.

그림 14.28 이 소켓의 기본 위치는 플레이어 스켈레톤의 중심 위치다.

트랜스폼 기즈모 위젯을 사용해 EffectSocket의 위치를 이동시켜 다음의 값으로 설정한다.

```
(X=0.000000,Y=100.000000,Z=0.000000)
```

이 위치는 지면과 플레이어 캐릭터의 발에 매우 가까운 위치다. 최종 위치를 다음 스크린샷을 통해 확인할 수 있다.

그림 14.29 소켓 위치를 플레이어 스켈레톤의 기본 위치로 이동시키기

12. 파티클 노티파이를 제 위치로 설정했으면, AM_Throw 애니메이션 몽타주로 돌아간다.

13. **Play Particle Effect** 노티파이의 **디테일** 패널에서 **Socket Name** 파라미터를 찾을 수 있다. 여기서 EffectSocket을 입력한다.

NOTE

> EffectSocket을 입력해도 자동 완성을 통해 목록이 나타나지 않는다면, 애니메이션 몽타주를 닫고 다시 연다. 창이 다시 열리고 EffectSocket을 입력하면 목록이 나타날 것이다.

14. 마지막으로, 파티클 이펙트의 스케일이 너무 크기 때문에 발사체의 스케일을 다음과 같이 조정한다.

```
(X=0.500000,Y=0.500000,Z=0.500000)
```

이제 이 노티파이를 통해 파티클 이펙트가 재생되면, 다음과 같이 파티클의 위치와 스케일이 정확하게 보일 것이다.

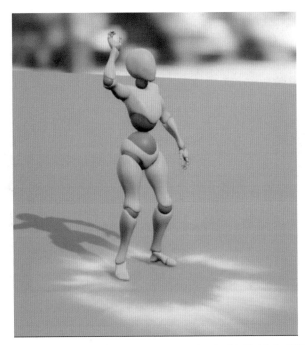

그림 14.30 이제 파티클이 플레이어 캐릭터 스켈레톤의 기본 위치에서 재생된다.

15. Play Sound 노티파이를 추가하기 위해 **Notifies** 타임라인 섹션에 새 트랙을 추가한다. 이제 총 3개의 트랙이 있을 것이다.

16. 새 트랙에서 Play Particle Effect 및 Anim_ProjectileNotify 노티파이와 같은 프레임 위치를 마우스 오른쪽 버튼으로 클릭하고 **노티파이 추가**^{Add Notify} 메뉴에서 **Play Sound** 노티파이를 선택한다. 다음 스크린샷은 이 노티파이의 메뉴 위치를 보여준다.

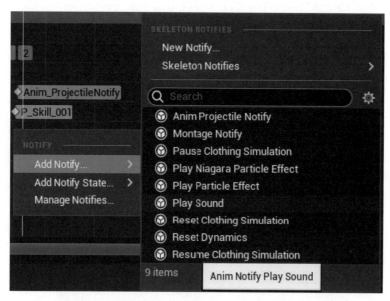

그림 14.31 이 장 초반에서 배웠던 Play Sound 노티파이의 메뉴 위치

17. 다음으로, **Play Sound** 노티파이를 선택하고 **디테일** 패널로 이동한다.

18. **디테일** 패널에서 **Sound** 파라미터를 찾고 `A_Ability_FireballCast_Cue`를 할당한다.

    사운드를 할당하면, `Throw` 애니메이션을 재생했을 때 VFX가 재생되는 것을 보고 사운드를 들을 수 있을 것이다. **Notifies** 섹션은 다음과 같은 모습일 것이다.

그림 14.32 Throw 애니메이션 몽타주 타임라인의 최종 노티파이 설정

19. `AM_Throw` 애셋을 저장하고 `PIE`를 사용해 플레이어 발사체를 던져보자.

20. 이제 플레이어 발사체를 던지면, 파티클 노티파이 `P_Skill_001` VFX가 재생되는 것을 볼 수 있고, `A_Ability_FireballCast_Cue` SFX가 재생되는 것을 들을 수 있다.

최종 결과는 다음과 같다.

그림 14.33 이제 플레이어가 발사체를 던지면 강력한 VFX와 SFX가 재생된다.

이것으로 이번 실습을 마친다. 플레이어는 이제 플레이어 발사체를 던질 때 강력한 VFX와 SFX를 재생한다. 이를 통해 Throw 애니메이션에 강렬한 느낌을 더해주고, 플레이어 캐릭터가 발사체를 던지기 위해 많은 에너지를 사용하는 느낌을 준다.

마지막 활동에서는 이전에 진행한 몇 가지 실습에서 배운 지식을 활용해 플레이어 발사체가 파괴될 때 VFX와 SFX를 추가하는 과정을 진행한다.

활동 14.02: 발사체가 파괴될 때 이펙트 추가하기

이 마지막 활동에서는 플레이어 발사체와 적 캐릭터에 VFX와 SFX를 추가하면서 배운 지식을 활용해 발사체가 다른 물체와 충돌할 때 폭발 이펙트를 생성하는 과정을 진행한다. 이 폭발 이펙트를 추가하는 이유는 발사체가 외부 환경의 다른 물체와 충돌할 때 파괴되는 동작에 세련미를 더하기 위해서다. 플레이어 발사체가 어떤 물체에 부딪히고 나서 플레이어의 청각적, 시각적 피드백 없이 사라진다면 이상하게 느껴질 것이다.

발사체에 파티클 시스템과 사운드 큐 파라미터를 추가하고 발사체가 다른 물체와 충돌할 때 이 요소들을 생성할 것이다.

다음 단계에 따라 기대하는 결과를 얻어보자.

1. PlayerProjectile.h 헤더 파일에서 새 `Particle System` 변수와 새 `Sound Base` 변수를 추가한다.

2. `Particle System` 변수의 이름을 `DestroyEffect`로 지정하고 `Sound Base` 변수의 이름을 `DestroySound`로 지정한다.

3. PlayerProjectile.cpp 소스 파일에서 `include` 구문 목록에 `UGameplayStatics`의 `include` 구문을 추가한다.

4. `APlayerProjectile::ExplodeProjectile()` 함수에서 `DestroyEffect`와 `DestroySound` 객체 모두를 생성하도록 업데이트한다. UE5 에디터로 돌아가서 새 C++ 코드를 컴파일한다. `BP_PlayerProjectile` 블루프린트에서 발사체의 `Destroy Effect` 파라미터에 `P_Explosion` VFX(프로젝트에 기본적으로 포함됨)를 할당한다.

5. `Explosion_Cue` SFX(프로젝트에 기본적으로 포함됨)를 발사체의 `Destroy Sound` 파라미터에 할당한다.

6. 플레이어 발사체 블루프린트를 컴파일하고 저장한다.

7. PIE를 사용해 새 플레이어 발사체의 파괴 VFX와 SFX를 관찰한다.

예상 결과는 다음과 같다.

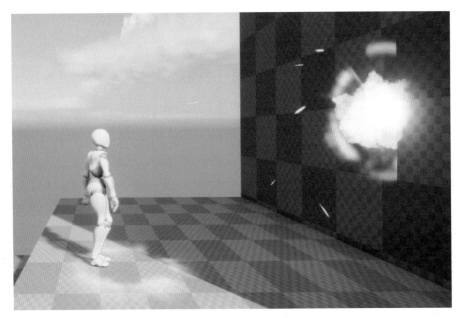

그림 14.34 발사체의 VFX와 SFX

이것으로 이번 활동을 마친다. 이제 게임에 파티클 시스템과 오디오를 추가해 게임에 세련미를 더하는 작업을 경험했다. C++ 코드를 통해 추가했을 뿐만 아니라 UE5의 도구를 통해서도 이런 요소들을 추가했다. 이제 여러분은 이런 기능을 구현하는 방법을 걱정하지 않고도, 게임에 파티클 시스템과 오디오를 추가할 수 있는 충분한 경험을 얻었다.

NOTE

이번 활동에 대한 솔루션은 깃허브(https://github.com/PacktPublishing/Elevating–Game–Experiences –with–Unreal–Engine–5–Second–Edition/tree/main/Activity%20solutions)에서 확인할 수 있다.

요약

이 장에서는 게임 개발 세계에서 비주얼 및 오디오 이펙트의 중요성을 충분히 살펴봤다. C++ 코드와 노티파이의 조합을 사용해 플레이어 발사체와 적 캐릭터 충돌에 게임플레이 기능을 추가했을 뿐만 아니라 VFX와 SFX를 추가함으로써 이 기능에 세련미를 더할 수 있었다. UE5에서 물체를 생성하는 방법과 제거하는 방법도 배웠다.

또한 블루프린트와 C++를 통해 애니메이션 몽타주를 재생하는 방법을 배웠다. Throw 애니메이션 몽타주의 재생 로직을 블루프린트에서 C++로 옮기는 과정을 통해 두 방법이 동작하는 방식과 게임에 두 방식을 구현하는 방법을 배웠다.

C++를 사용해 새 애니메이션 노티파이를 추가함으로써, 이 노티파이를 Throw 애니메이션 몽타주에 추가할 수 있었다. 이를 통해 플레이어가 이전 장에서 생성한 플레이어 발사체를 생성했다. UWorld->SpawnActor() 함수를 사용하고 플레이어 스켈레톤에 새 소켓을 생성함으로써 Throw 애니메이션의 정확한 프레임과 원하는 정확한 위치에서 플레이어 발사체를 생성할 수 있었다.

마지막으로, 플레이어 발사체 던지기 동작에 VFX와 SFX를 추가하고자 Throw 애니메이션 몽타주에서 Play Particle Effect와 Play Sound 노티파이를 추가하는 방법을 배웠다. 이 장에서는 게임에서 VFX와 SFX를 추가할 때 사용할 수 있는 UE5의 다양한 방법을 다뤘다.

이제 플레이어 발사체를 던져 적 캐릭터를 파괴하는 동작을 완료했으니, 게임의 최종 메카닉을 구현할 차례다. 다음 장에서는 플레이어가 수집할 수 있는 수집용 아이템을 생성하고, 플레이어의 움직임을 짧은 시간 동안 향상시키는 파워업을 생성한다.

15

수집 아이템, 강화 아이템, 픽업 아이템

이전 장에서 Throw 애니메이션이 재생되는 동안 애님 노티파이를 사용해 플레이어 발사체를 생성했다. 플레이어 발사체는 플레이어의 주요 공격 게임플레이 메카닉으로서 역할하며, 레벨에 배치된 적을 상대로 사용한다. UE5에서 제공하는 기본 애님 노티파이와 자체적으로 만든 커스텀 Anim_ProjectileNotify 클래스의 조합을 통해 플레이어 발사체 동작은 더 매끄럽고 멋지게 느껴질 수 있었다.

이 장에서 다루는 주제는 다음과 같다.

- UE5에서 언리얼 모션 그래픽UMG, Unreal Motion Graphics UI 디자이너 시스템을 사용해 UI 요소를 생성하고 통합하는 방법

- 이 프로젝트에서 배운 교훈을 사용해 플레이어의 이동 속도와 점프 높이를 높이는 파워업 아이템 만들기

- 수집용 아이템과 파워업 아이템 모두에 대해 C++ 상속을 사용해 하나의 상위 기본 클래스에서 여러 클래스를 파생(확장)시키는 방법. 또한 게임에 세련미를 더하기 위해 수집용 아이템 및 파워업 아이템 모두에 시각적, 청각적 컴포넌트 추가하기

- URotatingMovementComponent를 사용해 매우 최적화되고 직관적인 방법으로 액터에 회전을 추가하는 방법

이 장을 마치고 나면, 수집용 코인 아이템과 수집한 코인의 수를 추적하기 위한 UI, 플레이어의 이동 속도와 점프 높이를 증가시키는 새로운 물약 파워업, 추후 새로운 파워업과 수집용 아이템을 만들 수 있는 기본 클래스를 통해 슈퍼 사이드 스크롤러 게임 프로젝트가 완성된다.

기술적 요구 사항

이 장을 진행하려면 다음과 같은 준비가 필요하다.

- 언리얼 엔진 5 설치

- 비주얼 스튜디오 2019 버전 이상 설치

- 언리얼 엔진 4.27 설치

수집용 아이템에 사용할 URotatingMovementComponent를 살펴보는 것으로 이 장을 시작해보자.

이 장의 프로젝트는 깃허브(https://github.com/PacktPublishing/Elevating-Game-Experiences-with-Unreal-Engine-5-Second-Edition)에서 다운로드할 수 있는 이 책 코드 번들의 Chapter15 폴더에서 찾을 수 있다.

URotatingMovementComponent 이해하기

URotatingMovementComponent는 UE5가 제공하는 무브먼트 컴포넌트 중 하나다. CharacterMovementComponent와 ProjectileMovementComponent는 슈퍼 사이드 스크롤러 게임에서 이미 사용해봤으므로 익숙하다. 그리고 URotatingMovementComponent는 이런

무브먼트 컴포넌트의 종류 중 하나다. 다시 설명하면, 무브먼트 컴포넌트는 컴포넌트가 속한 액터나 캐릭터에서 다양한 움직임을 만들어내는 기능을 한다.

NOTE

이동 속도, 점프 높이와 같은 캐릭터의 이동을 제어하기 위한 파라미터를 제공하는 캐릭터 무브먼트 컴포넌트(CharacterMovementComponent)는 10장, '슈퍼 사이드 스크롤러 게임 만들기'에서 **SuperSide Scroller** 플레이어 캐릭터를 만들 때 이미 다뤘다. 또한 액터에 속도, 중력 등의 힘을 적용해 발사체 기반 움직임 기능을 추가해주는 프로젝타일 무브먼트 컴포넌트(ProjectileMovementComponent)는 14 장, '플레이어 발사체 생성'에서 플레이어 발사체를 만들 때 이미 다뤘다.

RotatingMovementComponent는 이 컴포넌트가 속하는 액터의 회전만 처리하므로 CharacterMovementComponent에 비해 매우 단순하다. RotatingMovementComponent는 정의된 회전 속도^{Rotation Rate}, 피벗 이동^{Pivot Translation} 및 로컬 공간 또는 월드 공간을 기준으로 회전할 수 있는 옵션을 사용해 컴포넌트의 연속 회전을 수행한다. 또한 RotatingMovementComponent는 Tick 이벤트나 블루프린트의 타임라인을 통해 액터의 회전을 처리하는 다른 방법과 비교하면 훨씬 더 효율적이다.

NOTE

무브먼트 컴포넌트에 대한 더 자세한 내용은 웹 사이트(https://docs.unrealengine.com/en-US/Engine/Components/Movement/index.html#rotatingmovementcomponent)에서 확인할 수 있다.

수집용 코인과 파워업 물약을 Z축을 따라 제자리에서 회전시키기 위해 RotatingMovementComponent를 사용할 것이다. 이 회전을 통해 수집용 아이템에 대한 플레이어의 관심을 끌고, 플레이어에게 수집용 아이템이 중요하다는 시각적 신호를 보낸다.

이제 RotatingMovementComponent에 대한 이해를 바탕으로 수집용 코인과 파워업 물약이 상속할 PickableActor_Base 클래스를 생성해보자.

실습 15.01: PickableActor_Base 액터 클래스 생성 및 URotatingMovementComponent 추가하기

이번 실습에서는 PickableActor_Base 액터 클래스를 생성한다. 이 클래스를 수집용 코인과 파워업 물약 클래스가 상속하는 기반 클래스로 사용할 것이다. 또한 이 C++ 기반 클래스로부터 블루프린트 클래스를 생성해 URotatingMovementComponent가 어떻게 동작하는지를 살펴본다. 다음 단계에 따라 이번 실습을 완료해보자.

NOTE

슈퍼 사이드 스크롤러 게임 프로젝트를 진행하는 과정에서 수많은 따라 하기 단계를 수행했다. 따라서 이번에는 제한된 이미지만 제공할 것이며, 새로운 개념을 도입하는 경우에만 관련 이미지를 제공한다.

1. UE5 에디터에서 상단의 **도구**^{Tools} 옵션을 클릭하고 **새 C++ 클래스**^{New C++ Class} 옵션을 클릭한다.

2. **부모 클래스 선택**^{Choose Parent Class} 창에서 **Actor** 옵션을 선택하고, 창 하단의 **다음**^{Next} 버튼을 클릭한다.

3. 이 클래스의 이름을 PickableActor_Base로 지정하고, 경로는 기본 디렉터리로 설정한다. 그런 다음, 창 하단의 **클래스 생성**^{Create Class} 버튼을 선택한다.

4. **클래스 생성** 버튼을 선택하면, UE5가 프로젝트 코드를 다시 컴파일하고 자동으로 비주얼 스튜디오를 열어 PickableActor_Base 클래스의 헤더 파일과 소스 파일을 보여준다.

5. 기본적으로 Actor 클래스는 헤더 파일에 virtual void Tick(float DeltaTime) override; 함수의 선언을 제공한다. PickableActor_Base 클래스의 목적에 따라 Tick 함수를 사용하지 않기 때문에 PickableActor_Base.h 헤더 파일에서 이 함수의 선언을 제거한다.

6. 다음으로, PickableActor_Base.cpp 파일에서도 이 함수를 제거해야 한다. 제거하지 않으면 컴파일 오류가 발생할 것이다. 소스 파일에서 이 함수를 찾아 제거한다.

```
void PickableActor_Base::Tick(float DeltaTime)
{
  Super::Tick(DeltaTime);
}
```

NOTE

Tick() 함수는 매 프레임 호출되므로 Tick() 함수를 사용해 움직임을 업데이트하면 많은 경우에 성능 문제로 이어질 수 있다. Tick() 함수를 사용해 매 프레임 업데이트하는 대신, 특정 간격마다 업데이트하도록 Gameplay Timer 함수를 사용해보자. 웹 사이트(https://docs.unrealengine.com/4.27/en-US/ProgrammingAndScripting/ProgrammingWithCPP/UnrealArchitecture/Timers/)에서 Gameplay Timer에 대한 내용을 확인할 수 있다.

7. 이제 PickableActor_Base 클래스에 필요한 컴포넌트를 추가할 차례다. 플레이어와의 오버랩 콜리전^{overlap collision}을 감지하는 데 사용할 USphereComponent부터 시작해보자. PickableActor_Base.h 헤더 파일의 protected 접근 한정자 아래에 다음 코드를 추가한다.

```
UPROPERTY(VisibleDefaultsOnly, Category = PickableItem)
class USphereComponent* CollisionComp;
```

PlayerProjectile 클래스를 생성했던 14장, '플레이어 발사체 생성' 등 이전 장에서 여러 번 해봤으므로 이제 USphereComponent의 선언은 매우 익숙할 것이다.

8. 이어서 USphereComponent 선언 아래에 다음 코드를 추가해 새 UStaticMeshComponent를 생성한다. 이 컴포넌트는 수집용 코인이나 파워업 물약을 시각적으로 표현하는 데 사용한다.

```
UPROPERTY(VisibleDefaultsOnly, Category = PickableItem)
class UStaticMeshComponent* MeshComp;
```

9. 마지막으로, UStaticMeshComponent 아래에 다음 코드를 추가해 URotatingMovementComponent를 추가한다. 이 컴포넌트는 수집용 코인과 파워업 물약을 단순히 회전시키는 데 사용한다.

```
UPROPERTY(VisibleDefaultsOnly, Category = PickableItem)
class URotatingMovementComponent* RotationComp;
```

10. 이것으로 PickableActor_Base.h 헤더 파일에 필요한 컴포넌트 선언을 완료했다.

이제 PickableActor_Base.cpp 소스 파일로 이동해 필요한 컴포넌트에 대한 #include 구문을 추가해보자. 소스 파일 상단에서 #include "PickableActor_Base.h" 구문 아래에 다음 코드를 추가한다.

```
#include "Components/SphereComponent.h"
#include "Components/StaticMeshComponent.h"
#include "GameFramework/RotatingMovementComponent.h"
```

11. 이제 컴포넌트를 사용하는 데 필요한 include 구문을 추가했으므로 APickableActor_Base::APickableActor_Base() 생성자 함수에서 이 컴포넌트들을 초기화하는 코드를 추가할 수 있다.

```
APickableActor_Base::APickableActor_Base()
{
}
```

12. 먼저 USphereComponent 컴포넌트 변수인 CollisionComp를 초기화한다. APickableActor_Base::APickableActor_Base() 함수에 다음 코드를 추가한다.

```
CollisionComp = CreateDefaultSubobject<USphereComponent>(TEXT
  ("SphereComp"));
```

13. 이어서 USphereComponent의 기본 구 반경^{sphere radius} 값을 30.0f로 초기화한다. 이를 위해 이전 단계에서 추가한 코드 아래에 다음 코드를 추가한다.

```
CollisionComp->InitSphereRadius(30.0f);
```

14. 플레이어 캐릭터는 이 컴포넌트와의 오버랩이 필요하므로 다음 코드를 기본적으로 추가해야 한다. USphereComponent는 Overlap All Dynamic에 대한 콜리전 설정을 제공한다.

```
CollisionComp->BodyInstance.SetCollisionProfileName
  ("OverlapAllDynamic");
```

15. 마지막으로, `CollisionComp USphereComponent`를 이 액터의 루트 컴포넌트로 설정 해야 한다. 다음 코드를 추가해 루트 컴포넌트로 설정한다.

```
RootComponent = CollisionComp;
```

16. 이제 `CollisionComp USphereComponent`의 초기화를 완료했다. `MeshComp UStaticMesh Component`에 대해서도 같은 작업을 진행해보자. 먼저 다음 코드를 추가한 후에 이 코드를 살펴보자.

```
MeshComp = CreateDefaultSubobject<UStaticMeshComponent>(TEXT
  ("MeshComp"));
MeshComp->AttachToComponent(RootComponent,
  FAttachmentTransformRules::KeepWorldTransform);
MeshComp->SetCollisionEnabled(ECollisionEnabled::NoCollision);
```

첫 번째 줄은 `CreateDefaultSubobject()` 템플릿 함수를 사용해 `MeshComp UStaticMe shComponent`를 초기화한다. 이어서 `AttachTo()` 함수를 사용해 `MeshComp`를 루트 컴 포넌트인 `CollisionComp`에 연결한다. 끝으로, `MeshComp UStaticMeshComponent`는 기 본적으로 충돌이 발생하면 안 되기 때문에 이를 위해 `SetCollisionEnabled()` 함수 를 호출하고 `ECollisionEnabled::NoCollision` 열거형 값을 전달한다.

17. 마지막으로, 다음 코드를 추가해 `URotatingMovementComponent RotationComp`를 초 기화할 수 있다.

```
RotationComp =
  CreateDefaultSubobject<URotatingMovementComponent>
  (TEXT("RotationComp"));
```

18. 모든 컴포넌트를 초기화했으면 C++ 코드를 컴파일하고 UE5 에디터로 돌아간다. 컴파일을 성공적으로 완료했으면 `PickableActor_Base`에 대한 블루프린트 클래스 를 생성하는 단계로 넘어가보자.

19. **콘텐츠 드로어**^{Content Drawer}에서 Content 폴더를 마우스 오른쪽 버튼으로 클릭하고 **새 폴더**^{New Folder} 옵션을 선택해 PickableItems라는 이름의 폴더를 생성한다.

20. PickableItems 폴더에서 마우스 오른쪽 버튼을 클릭하고 **블루프린트 클래스**^{Blueprint} Class 옵션을 선택한다. **부모 클래스 선택**^{Pick Parent Class} 창에서 PickableActor_Base 클래스를 검색한 다음, 선택해 새 블루프린트를 생성한다.

21. 이 블루프린트의 이름을 BP_PickableActor_Base로 지정하고, 더블 클릭해 블루프린트를 연다.

22. **컴포넌트**^{Components} 탭에서 **MeshComp 스태틱 메시 컴포넌트**(MeshComp UStaticMeshComponent)를 선택하고 **디테일** 패널에서 Static Mesh 파라미터에 Shape_Cone 스태틱 메시를 할당한다. 다음 스크린샷을 참고하자.

그림 15.1 MeshComp 스태틱 메시 컴포넌트에 할당된 Shape_Cone의 모습

23. 다음으로, **RotatingComp URotatingMovementComponent**를 선택하고 **디테일** 패널의 **Rotating Component** 카테고리에서 **Rotation Rate** 파라미터를 찾는다.

24. **Rotation Rate** 파라미터를 다음과 같이 설정한다.

```
(X=100.000000,Y=100.000000,Z=100.000000)
```

이 값은 각 축을 따라 액터가 초당 얼마나 빠르게 회전할지를 결정한다. 즉, 원뿔 모양의 액터가 초당 100도씩 각 축에 따라 회전한다는 것을 의미한다.

25. BP_PickableActor_Base 블루프린트를 컴파일하고 이 액터를 레벨에 추가한다.

26. 이제 PIE를 사용해 레벨에 배치된 PickableActor_Base 액터를 살펴보면, 회전하는

것을 확인할 수 있다. 다음 스크린샷을 참고하자.

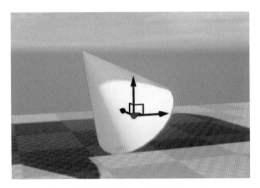

그림 15.2 회전하는 BP_PickableActor_Base

NOTE

깃허브(https://github.com/PacktPublishing/Game-Development-Projects-with-Unreal-Engine/tree/master/Chapter15/Exercise15.01)에서 이번 실습에 대한 애셋 및 코드를 확인할 수 있다.

이것으로 이번 실습을 마친다. PickableActor_Base 클래스에 필요한 기본 컴포넌트를 생성했고, URotatingMovementComponent를 구현하고 사용하는 방법을 배웠다. PickableActor_Base 클래스를 준비하고 URotatingMovementComponent를 블루프린트 액터에서 구현했으면, 오버랩 감지 기능을 추가하고, 수집용 아이템을 파괴하고, 플레이어가 액터를 수집할 때 오디오 이펙트를 생성하는 것으로 클래스를 완성할 수 있다. 다음 활동에서는 PickableActor_Base 클래스에 필요한 나머지 기능을 추가한다.

활동 15.01: PickableActor_Base에서 플레이어 오버랩 감지 및 이펙트 생성하기

이제 PickableActor_Base 클래스에 필요한 모든 컴포넌트를 추가하고, 생성자에서 컴포넌트의 초기화를 완료했다. 그럼 나머지 필요한 기능을 추가해보자. 이 장 후반부에서는 수집용 코인과 파워업 물약에서 이 기능들을 상속할 것이다. 이 부가 기능에는 플레이어 오버랩 감지, 수집용 액터 파괴, 플레이어에게 성공적으로 수집했다는 피드백을 전달하기 위한 오디오 이펙트 생성이 포함된다. 수집용 아이템이 플레이어와 겹칠(오버랩) 때 USoundBase 클래스 객체를 재생하는 기능을 추가하기 위해 다음 단계를 진행하자.

1. PickableActor_Base 클래스에 입력 파라미터로 플레이어의 참조를 받는 새 함수를 생성한다. 이 함수의 이름을 PlayerPickedUp이라고 하자.

2. BeginOverlap()이라는 이름의 새 UFUNCTION을 추가한다. 계속 진행하기 전에 이 함수에 필요한 모든 파라미터를 포함했는지 확인한다. 6장, '콜리전 오브젝트 설정' 의 VictoryBox 클래스에서 이 함수를 사용했던 내용을 참고한다.

3. UPROPERTY()를 설정해 USoundBase 클래스 타입의 변수를 추가하고, 이 변수의 이름을 PickupSound로 지정한다.

4. PickableActor_Base.cpp 소스 파일에서 BeginOverlap()과 PlayerPickedUp() 함수의 정의를 추가한다.

5. 이제 소스 파일 상단에 SuperSideScroller_Player 클래스와 GameplayStatics 클래스에 대한 #include 구문을 추가한다.

6. BeginOverlap() 함수에서 OtherActor 입력 파라미터를 사용해 플레이어의 참조를 생성한다.

7. 플레이어의 참조가 유효한지 확인하고, 값이 유효하면 플레이어의 참조를 전달해 PlayerPickedUp() 함수를 호출한다.

8. PlayerPickedUp() 함수에서 GetWorld() 함수가 반환하는 UWorld* 객체에 대한 변수를 생성한다.

9. UGameplayStatics 라이브러리를 사용해 PickableActor_Base 액터의 위치에서 PickUpSound를 생성한다.

10. 그런 다음, Destroy() 함수를 호출해 액터를 파괴하고 월드에서 제거한다.

11. 마지막으로, APickableActor_Base::APickableActor_Base() 생성자에서 Collision Comp의 OnComponentBeginOverlap 이벤트를 BeginOverlap() 함수와 바인딩한다.

12. 에픽 게임즈 런처 **UE Legacy Samples** 섹션 아래의 **Samples** 탭에서 언리얼 매치 3[Unreal Match 3] 프로젝트를 다운로드하고 설치한다. Match_Combo 사운드 웨이브 애셋을 이 프로젝트에서 슈퍼 사이드 스크롤러 프로젝트로 이주시킨다. 이때 14장, '플레이어 발사체 생성'에서 배웠던 방법을 활용한다.

13. BP_PickableActor_Base 블루프린트의 PickupSound 파라미터에 이 사운드를 적용한다.

14. 블루프린트를 컴파일한다. 아직 레벨에 배치하지 않았다면 BP_PickableActor_Base 액터를 레벨에 추가한다.

15. PIE를 통해 실행한 다음, 오버랩 반응이 발생하도록 플레이어 캐릭터를 BP_PickableActor_Base 액터와 부딪힌다.

예상 결과는 다음과 같다.

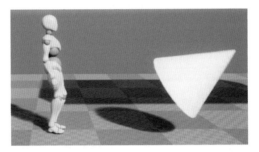

그림 15.3 플레이어는 오버랩을 통해 BP_PickableActor_Base 물체를 수집할 수 있다.

> **NOTE**
>
> 이번 활동에 대한 솔루션은 깃허브(https://github.com/PacktPublishing/Elevating-Game-Experiences-with-Unreal-Engine-5-Second-Edition/tree/main/Activity%20solutions)에서 확인할 수 있다.

이것으로 이번 활동을 마친다. 액터 클래스에 OnBeginOverlap() 함수를 추가하는 방법과 이 함수를 사용해 액터에 대한 로직을 수행하는 방법을 배웠다. PickableActor_Base의 경우 커스텀 사운드를 생성하고 액터를 파괴하는 로직을 추가했다.

이제 PickableActor_Base 클래스가 준비됐으니 이 클래스를 상속하는 수집용 코인과 파워업 물약 클래스를 개발해보자. 수집용 코인 클래스는 앞서 생성한 PickableActor_Base 클래스를 상속한다. 수집용 코인 클래스는 플레이어가 코인을 수집했을 때 필요한 고유 로직을 구현할 수 있도록 PlayerPickedUp()과 같은 핵심 기능을 확장한다. 또한 부모 PickableActor_Base 클래스에서 상속한 기능을 오버라이딩함으로써 현재 코인의 값, 고유한 수집 사운드 등 수집용 코인만의 자체 속성을 가질 수 있도록 설정한다. 다음 실습을 통해 수집용 코인을 함께 생성해보자.

실습 15.02: PickableActor_Collectable 클래스 생성하기

이번 실습에서는 PickableActor_Collectable 클래스를 생성한다. 이 클래스는 '실습 15.01: PickableActor_Base 액터 클래스 생성 및 URotatingMovementComponent 추가하기'에서 생성하고 '활동 15.01: PickableActor_Base에서 플레이어 오버랩 감지 및 이펙트 생성하기'에서 완성한 PickableActor_Base 클래스를 상속한다. 이 클래스는 플레이어가 레벨에서 수집할 수 있는 주요 수집용 코인으로 사용할 것이다. 다음 단계에 따라 이번 실습을 완료해보자.

1. UE5 에디터에서 **도구**^{Tools} 옵션을 클릭하고 **새 C++ 클래스**^{New C++ Class} 옵션을 클릭한다.

2. **부모 클래스 선택**^{Choose Parent Class} 창에서 **PickableActor_Base** 옵션을 검색한 다음, 창 하단의 **다음**^{Next} 버튼을 클릭한다.

3. 이 클래스의 이름을 PickableActor_Collectable로 지정하고 경로는 기본 디렉터리로 둔다. 그런 다음, 창 하단의 **클래스 생성**^{Create Class} 버튼을 선택한다.

4. **클래스 생성** 버튼을 선택하면, UE5가 프로젝트 코드를 다시 컴파일하고 자동으로 비주얼 스튜디오를 열어 PickableActor_Collectable 클래스의 헤더 파일과 소스 파일을 보여준다.

5. 기본적으로, PickableActor_Collectable.h 헤더 파일에는 클래스 선언 안에 함수

나 변수가 선언된 것이 없다. protected 접근 한정자를 추가하고, 그 아래에 Begin
Play() 함수를 추가해야 한다. 다음 코드를 추가한다.

```
protected:
  virtual void BeginPlay() override;
```

BeginPlay() 함수를 오버라이딩하는 이유는 URotatingMovementComponent를 초기화
하기 위해 액터가 필요하고 BeginPlay()를 사용해 액터를 정확하게 회전시키기 때
문이다. 따라서 이 함수의 오버라이딩 선언을 추가하고 소스 파일에 기본 정의를
추가해야 한다. 하지만 먼저 PickableActor_Base 클래스의 다른 중요한 함수를 오
버라이딩해야 한다.

6. protected 접근 한정자 아래에 다음 코드를 추가해 PickableActor_Base 부모 클래
   스로부터 PlayerPickedUp() 함수를 오버라이딩한다.

```
virtual void PlayerPickedUp(class ASuperSideScroller_Player* Player)
  override;
```

이렇게 하면, PlayerPickedUp() 함수의 기능을 사용하면서 이를 오버라이딩하도록
코드를 작성할 수 있다.

7. 마지막으로, 수집용 코인이 가질 값을 저장하는 CollectableValue라는 이름의 정
   수형 UPROPERTY() 변수를 추가한다. 여기서는 기본값으로 1을 설정한다. 이를 위해
   다음 코드를 추가하자.

```
public:
  UPROPERTY(EditAnywhere, Category = Collectable)
  int32 CollectableValue = 1;
```

여기서 기본값이 1이고 블루프린트에서 접근할 수 있는 정수형^{integer} 변수를 생성
했다. EditAnywhere UPROPERTY() 키워드를 사용해 설정하면, 수집용 코인의 값을
변경할 수 있다.

8. 이제 PickableActor_Collectable.cpp 소스 파일로 이동해 오버라이딩한 Player

PickedUp() 함수의 정의를 추가할 수 있다. 다음 코드를 소스 파일에 추가하자.

```
void APickableActor_Collectable::PlayerPickedUp(class
  ASuperSideScroller_Player* Player)
{
}
```

9. 이제 Super 키워드를 사용해 부모 클래스의 PlayerPickedUp() 함수를 호출해야 한다. PlayerPickedUp() 함수에 다음 코드를 추가한다.

```
Super::PlayerPickedUp(Player);
```

Super::PlayerPickedUp(Player)를 사용해 부모 함수를 호출하면 PickableActor_Base 클래스에 생성한 기능이 호출된다. 기억해보면, 부모 클래스의 PlayerPickedUp() 함수는 PickupSound 사운드 객체를 생성하고 액터를 파괴한다.

10. 이어서, 다음 코드를 추가해 소스 파일에 BeginPlay() 함수의 정의를 추가한다.

```
void APickableActor_Collectable::BeginPlay()
{
}
```

11. C++에서 해야 할 마지막 작업은 Super 키워드를 사용해 BeginPlay() 부모 함수를 호출하는 것이다. PickableActor_Collectable 클래스의 BeginPlay() 함수에 다음 코드를 추가한다.

```
Super::BeginPlay();
```

12. C++ 코드를 컴파일하고 에디터로 돌아간다.

NOTE

이번 실습의 애셋과 코드는 웹 사이트(https://packt.live/35fRN3E)에서 확인할 수 있다.

이제 PickableActor_Collectable 클래스 컴파일에 성공했으면, 수집용 코인에 필요한 뼈대가 완성된 것이다. 다음 활동에서는 이 클래스의 블루프린트를 생성하고 수집용 코인 액터를 완성할 것이다.

활동 15.02: PickableActor_Collectable 액터 마무리하기

PickableActor_Collectable 클래스는 필요한 모든 상속된 기능과 자체 고유 속성을 갖췄
다. 이제 이 클래스에서 블루프린트를 생성하고 스태틱 메시를 추가하고 URotatingMove
mentComponent를 업데이트하고, PickUpSound 속성에 사운드를 적용할 차례다. 다음 단계
에 따라 PickableActor_Collectable 액터를 완성해보자.

1. 에픽 게임즈 런처의 **샘플**^{Samples} 탭 아래에 있는 **엔진 기능 샘플**^{Engine Feature Samples} 카
   테고리에서 **콘텐츠 예제**^{Content Examples} 프로젝트를 찾는다.

2. 콘텐츠 예제 프로젝트를 다운로드하고 새 프로젝트에 설치한다.

3. 콘텐츠 예제 프로젝트에서 SM_Pickup_Coin 애셋과 이 애셋이 참조하는 모든 애셋
   을 슈퍼 사이드 스크롤러 프로젝트로 이주시킨다.

4. **콘텐츠 드로어** 창에서 Content/PickableItems 디렉터리에 새 폴더를 생성한 후 이
   름을 Collectable이라고 지정한다.

5. 새로 생성한 Collectable 폴더에서는 '실습 15.02: PickableActor_Collectable 클
   래스 생성하기'에서 생성한 PickableActor_Collectable로부터 새 블루프린트를 생
   성한다. 새 블루프린트의 이름을 BP_Collectable이라고 지정한다.

6. 이 블루프린트에서 MeshComp 컴포넌트의 Static Mesh 파라미터를 앞서 임포트한
   SM_Pickup_Coin 메시로 설정한다.

7. 이어서 PickupSound 파라미터에 Match_Combo 사운드 애셋을 설정한다.

8. 마지막으로, 액터가 Z축으로 초당 90도씩 회전하도록 RotationComp 컴포넌트를
   업데이트한다.

9. 블루프린트를 컴파일하고, BP_Collectable을 레벨에 배치한 다음, PIE를 실행한다.

10. 플레이어 캐릭터를 BP_Collectable 액터에 부딪힌 다음, 결과를 관찰해본다.

예상 결과는 다음과 같다.

그림 15.4 수집용 코인은 회전하며, 플레이어가 충돌을 통해 수집할 수 있다.

NOTE

이번 활동의 솔루션은 깃허브(https://github.com/PacktPublishing/Elevating-Game-Experiences-with-Unreal-Engine-5-Second-Edition/tree/main/Activity%20solutions)에서 확인할 수 있다.

이것으로 이번 활동을 마친다. 필요한 애셋을 UE5 프로젝트로 이주시키는 방법을 배웠고, `URotatingMovementComponent`를 사용하는 방법과 수집용 코인에 알맞게 설정하는 방법을 배웠다. 수집용 코인 액터의 기능을 완성했으니, 획득한 코인의 수를 추적할 수 있는 기능을 플레이어에 추가할 차례다.

먼저 `UE_LOG`를 사용해 코인의 수를 세는 로직을 생성한 다음, 게임의 UI에서 언리얼 모션 그래픽UMG을 사용해 코인 수를 추적하는 기능을 구현할 것이다.

⁂ UE_LOG를 사용해 변수 출력하기

11장, '블렌드 스페이스 1D, 키 바인딩, 스테이트 머신을 활용한 작업'에서 플레이어가 발사체를 던질 때 로그log를 출력하기 위해 `UE_LOG` 함수를 배우고, 이를 활용했다. 이어서 13장, '적 AI 생성 및 추가'에서는 플레이어 발사체가 물체와 충돌할 때 `UE_LOG` 함수를 사용해 로그를 출력했다. `UE_LOG`는 게임플레이 중에 C++ 함수에서 중요한 정보를 에디터의 **출력 로그**^{Output Log} 창에 출력하는 데 사용할 수 있는 강력한 로깅^{logging} 도구다. 지금까지는 일반 텍스트를 **출력 로그** 창에 표시하기 위해 FString만 로그로 출력했고, 이를 통해 원하는 함수가 호출됐는지 확인했다. 이제 플레이어가 수집한 코인 수를 디버깅하기 위해 변수를 로그로 출력하는 방법을 배울 차례다.

> **NOTE**
>
> UE5는 C++에서 사용할 수 있는 유용한 디버그 함수 AddOnScreenDebugMessage도 제공한다. 이 함수에 대한 자세한 정보는 웹 사이트(https://docs.unrealengine.com/en-US/API/Runtime/Engine/Engine/UEngine/AddOnScreenDebugMessage/1/index.html)에서 확인할 수 있다.

TEXT() 매크로를 사용해 FString 구문을 생성할 때는 서로 다른 유형의 변수를 로그로 출력하기 위해 형식 지정자^{format specifier}를 추가할 수 있다. 이 책에서는 정수형 변수에 대한 형식 지정자를 추가하는 방법만 살펴본다.

> **NOTE**
>
> 다른 변수 유형에 대한 형식 지정자를 사용하는 방법은 웹 문서(https://www.ue4community.wiki/Logging#Logging_an_FString)에서 확인할 수 있다.

다음은 FString "Example Text"를 전달할 때 UE_LOG()의 모습이다.

```
UE_LOG(LogTemp, Warning, TEXT("Example Text"));
```

여기에는 로그를 표시하기 위해 로그 카테고리^{Log Category}, 로그 상세 수준^{Log Verbose Level}과 실제 FString인 "Example Text"가 사용된 것을 볼 수 있다. 정수형 변수를 로그로 출력하려면, TEXT() 매크로 안의 FString에 %d를 추가한 다음, 정수형 변수의 이름을 쉼표^(콤마)로 구분해 추가해야 한다. 다음 예제를 참고하자.

```
UE_LOG(LogTemp, Warning, TEXT("My integer variable %d), MyInteger);
```

형식 지정자는 % 기호로 식별하며, 각 변수 유형에는 각각에 해당하는 지정된 문자가 있다. 정수형의 경우, 그 문자에 d를 사용한다. 다음 실습에서는 플레이어가 수집한 코인의 수를 로그로 출력하기 위해 정수형 변수를 기록하는 이 방법을 사용할 것이다.

실습 15.03: 플레이어가 수집한 코인의 수 추적하기

이번 실습에서는 플레이어가 레벨에서 수집한 코인의 수를 추적하는 데 필요한 속성과 함수를 생성한다. 이 장 뒷부분에서 UMG를 사용해 플레이어에게 보여주고자 이 추적 정보를 사용할 것이다. 다음 단계에 따라 이번 실습을 완료할 수 있다.

1. 비주얼 스튜디오에서 SuperSideScroller_Player.h 헤더 파일을 찾아 연다.

2. 다음과 같이 private 접근 한정자 아래에 NumberofCollectables라는 이름의 int 변수를 추가한다.

```
int32 NumberofCollectables;
```

이 변수는 private 속성이며 플레이어가 수집한 코인의 수를 추적한다. 이 정수 값을 반환하는 public 함수를 생성할 것이며, 다른 클래스에서 이 값을 변경하지 못하도록 하기 위해 이 변수를 private으로 선언한다.

3. 이어서 기존의 public 접근 한정자 아래에 GetCurrentNumberOfCollectables()라는 이름의 새 함수를 추가하고 UFUNCTION() 매크로에 BlueprintPure 키워드를 적용한다. int를 반환하도록 함수를 선언하고, 다음 코드를 추가해 이 함수를 인라인 함수로 추가한다.

```
UFUNCTION(BlueprintPure)
int32 GetCurrentNumberofCollectables() { return NumberofCollectables; };
```

이 함수를 블루프린트에 노출시키고, 이후 UMG에서 사용할 수 있도록 UFUNCTION() 과 BlueprintPure 키워드를 사용했다.

4. public 접근 한정자 아래에 새 void 함수 IncrementNumberofCollectables()를 추가한다. Value라는 이름으로 정수형 파라미터 하나를 입력받도록 작성한다.

```
void IncrementNumberofCollectables(int32 Value);
```

이 함수는 플레이어가 수집한 동전의 수를 추적하는 데 사용할 메인 함수다. 또한 이 값이 음수가 아닌지 확인하는 안전장치를 추가할 것이다.

5. IncrementNumberofCollectables() 함수를 선언했으면, SuperSideScroller_Player .cpp 소스 파일에 이 함수의 정의를 추가한다.

6. 다음 코드를 추가해 IncrementNumberofCollectables 함수의 정의를 추가한다.

```
void ASuperSideScroller_Player::IncrementNumberofCollectables(int32
  Value)
{
}
```

7. 여기서는 이 함수에 전달된 정수 값이 0보다 작거나 같은지를 확인한다. 전달된 값 이 0보다 작거나 같은 경우에는 NumberofCollectables 변수를 증가시키지 않는다. 다음 코드를 IncrementNumberofCollectables() 함수에 추가한다.

```
if(Value <= 0)
{
  return;
}
```

이 if() 구문은 입력 파라미터가 0보다 작거나 같으면 함수가 종료된다는 것을 나 타낸다. IncrementNumberofCollectables() 함수는 void를 반환하기 때문에 이런 방 식으로 return 키워드를 사용해 함수를 종료할 수 있다.

IncrementNumberofCollectables() 함수에 전달된 Value 파라미터가 0보다 작거나 같은지 확인하는 코드를 추가했다. 이렇게 전달되는 값의 유효성을 확인하는 것은 좋은 코딩 습관이다. 이를 통해 가능한 모든 결과가 처리되도록 보장할 수 있다. 실 제 개발 환경에서 디자이너나 다른 프로그래머가 IncrementNumberofCollectables() 함수를 사용해 음수 값이나 0을 전달하는 경우가 발생할 수 있다. 함수가 이런 가 능성을 고려하지 않으면, 나중에 개발 단계에서 버그가 발생할 수 있다.

8. 전달되는 값이 0보다 작거나 같은 경우를 처리했으니 이제 else() 구문을 사용해 NumberofCollectables를 증가시키는 함수 로직을 계속해서 작성해보자. 이전 단계의 if() 구문 아래에 다음 코드를 추가한다

```
else
{
  NumberofCollectables += Value;
}
```

9. 이어서, UE_LOG와 변수를 로그로 출력하는 방법에 대해 배운 지식을 활용해 NumberofCollectables를 로그로 출력해보자. NumberofCollectables를 제대로 출력할 수 있도록 else() 구문 뒤에 다음 코드를 추가한다.

```
UE_LOG(LogTemp, Warning, TEXT("Number of Coins: %d"),
    NumberofCollectables);
```

코인의 수를 추적하기 위해 이 UE_LOG()를 사용해 더 강력한 로그를 만들고 있다. 이 코드는 나중에 UI가 동작할 기초가 된다. 본질적으로 이 장의 뒷부분에서 UMG를 사용해 플레이어에게 같은 정보를 보여줄 것이기 때문이다.

UE_LOG()를 추가했으면, PickableActor_Collectable 클래스에서 IncrementNumberof Collectables() 함수를 호출한다.

10. PickableActor_Collectable.cpp 소스 파일에 다음 헤더를 추가한다.

```
#include "SuperSideScroller_Player.h"
```

11. 그런 다음, PlayerPickedUp() 함수 안에서 Super::PlayerPickedUp(Player) 코드 앞에 다음 함수 호출을 추가한다.

```
Player->IncrementNumberofCollectables(CollectableValue);
```

12. 이제 PickableActor_Collectable 클래스에서 플레이어의 IncrementNumberofCollec tables 함수를 호출한다. C++ 코드를 다시 컴파일하고 UE5 에디터로 돌아간다.

13. UE5 에디터에서 **창**^{Window} 메뉴를 클릭하고 **출력 로그**^{Output Log}를 선택해 창을 연다.

14. 이제 레벨에 **BP_Collectable** 액터를 여러 개 배치하고 PIE를 실행한다.

15. 수집용 코인에 부딪혀본다. 코인에 부딪힐 때마다 **출력 로그** 창을 살펴보자. 그러면 **출력 로그** 창에서 획득한 코인의 수를 확인할 수 있을 것이다.

> **NOTE**
>
> 이번 실습의 애셋과 코드는 깃허브(https://github.com/PacktPublishing/Game-Development-Projects-with-Unreal-Engine/tree/master/Chapter15/Exercise15.03)에서 확인할 수 있다.

이것으로 이번 실습을 마친다. 이제 플레이어가 획득한 코인의 수를 추적하는 UI 요소를 개발하는 데 필요한 작업의 절반을 완성했다. 나머지 절반은 UMG 안에서 이번 실습에서 개발한 기능을 사용해 정보를 화면에 표시하는 것이다. 이를 위해서는 UE5의 UMG를 살펴봐야 한다.

⫶ 언리얼 모션 그래픽 UI 소개하기

언리얼 모션 그래픽^{UMG, Unreal Motion Graphics}은 UI를 제작하는 UE5의 주요 도구다. UMG를 사용해 메뉴, 체력 바와 같은 인게임 HUD, 플레이어에게 보여주려는 기타 사용자 인터페이스를 제작한다.

슈퍼 사이드 스크롤러 게임에서는 '실습 15.04: 코인 카운터 UI HUD 요소 생성하기'의 코인 수집 UI를 생성하기 위해 Text 위젯을 사용할 것이다. 다음 절을 통해 Text 위젯을 더 자세히 살펴보자.

⫶ Text 위젯 이해하기

Text 위젯은 제공되는 위젯 중에서 간단한 위젯에 속한다. 사용자에게 텍스트 정보를 보여주고 이 텍스트의 내용만 지정할 수 있기 때문이다. 거의 모든 게임은 플레이어에게 정보를 보여주기 위해 어떤 식으로든 텍스트를 사용한다. 예를 들어, 〈오버워치Overwatch〉는 중요한 매치 데이터를 플레이어에게 보여주기 위해 텍스트 기반 UI를 사용한다. 텍스트를 사용하지 않으면, 대미지의 총량, 전체 게임플레이 시간 등과 같은 주요 통계 데이터를 플레이어에게 전달하는 것이 매우 어렵거나 불가능할 수도 있다.

Text 위젯은 UMG의 **팔레트**Palette 탭에 나타난다. Text 위젯을 캔버스 패널에 추가하면, 기본적으로 Text Block 텍스트를 보여준다. 위젯의 Text 파라미터에 원하는 텍스트를 설정하면 보여주려는 텍스트를 지정할 수 있다. 또한 함수 바인딩function binding을 사용해 내부 또는 외부 변수를 참조할 수 있는 좀 더 강력한 정보를 텍스트로 보여줄 수 있다. 변경될 수 있는 정보를 표시해야 할 때마다 함수 바인딩을 사용해야 한다. 여기에는 플레이어의 점수, 플레이어가 갖고 있는 돈 등을 포함할 수 있으며, 예제의 경우에는 플레이어가 수집한 코인의 수를 나타내는 텍스트를 표시할 때 함수 바인딩을 사용해야 한다.

플레이어가 수집한 코인의 수를 보여주기 위해 Text 위젯의 함수 바인딩 기능을 사용할 것이다. '실습 15.03: 플레이어가 수집한 코인의 수 추적하기'에서 생성한 `GetCurrentNumberofCollectables()` 함수를 사용해 정보를 보여준다.

Text 위젯을 **캔버스** 패널에 추가했다면, 이제 원하는 위치에 이 위젯을 배치할 차례다. 이를 위해 앵커를 활용해보자.

앵커

앵커는 **캔버스** 패널에서 위젯의 원하는 위치를 지정하는 데 사용한다. 이 위치가 지정되면, 앵커는 위젯이 휴대폰, 태블릿, 컴퓨터 등의 다양한 플랫폼 장치를 통해 다양한 화면 크기로 표현될 때 이 위치를 유지하도록 동작한다. 앵커를 사용하지 않으면 위젯의 위치가 서로 다른 화면 해상도에서 일관되지 않게 표현될 수 있으며, 이는 우리가 원하는 결과가 아니다.

> **NOTE**
>
> 앵커에 대한 더 자세한 정보는 웹 문서(https://docs.unrealengine.com/en-US/Engine/UMG/User Guide/Anchors/index.html)에서 확인할 수 있다.

코인 수집 UI와 우리가 사용할 Text 위젯의 목적상 앵커 위치는 화면 왼쪽 상단으로 지정할 것이다. 또한 플레이어가 쉽게 읽을 수 있도록 하고자 이 앵커 위치에서 얼마간 떨어져 배치되도록 위치 오프셋offset도 추가할 것이다. 코인 수집 UI를 생성하기에 앞서, 현재 수집한 코인의 수를 플레이어에게 표시하는 데 사용할 텍스트 서식을 살펴보자.

텍스트 서식

C++에서 사용 가능한 UE_LOG() 매크로와 매우 유사하게, 블루프린트는 텍스트 서식text formatting을 지정함으로써 커스텀 변수를 텍스트에 추가해 표시할 수 있는 비슷한 솔루션을 제공한다. Format Text 함수는 Format이라는 레이블을 가진 텍스트 입력 1개를 받고, Result 텍스트 출력을 반환한다. 그런 다음, 이 텍스트를 정보를 표시하는 데 사용할 수 있다.

그림 15.5 Format Text 함수

UE_LOG()처럼 % 기호를 사용하는 대신, Format Text 함수는 { } 기호를 사용해 문자열에 전달할 수 있는 파라미터를 나타낸다. { } 기호 사이에는 필요한 파라미터(인자)의 이름을 추가할 수 있다. 파라미터의 이름은 무엇이든 지정할 수 있지만, 파라미터가 무엇인지를 대표하는 이름이 좋다. 다음 스크린샷에 표시된 예를 참고하자.

그림 15.6 Format Text 함수에 사용된 Example Int

Format Text 함수는 Byte, Int, Float, Text 또는 EText Gender 변수 유형만 지원한다. 따라서 다른 변수 유형을 이 함수의 파라미터로 전달하려면 지원하는 유형 중 하나로 변환해야 한다.

> **NOTE**
>
> Format Text 함수는 게임에서 여러 언어를 지원할 수 있는 텍스트 지역화(Text Localization)에도 유용하다. C++와 블루프린트에서 텍스트 지역화를 적용하는 방법은 웹 사이트(https://docs.unrealengine.com/en-US/Gameplay/Localization/Formatting/index.html)에서 확인할 수 있다.

플레이어가 수집한 코인의 수를 보여주기 위해 코인 카운터 UI 위젯을 생성하는 다음 실습을 통해 UMG에서 Text 위젯과 Format Text 함수를 함께 사용할 것이다. 또한 앵커를 사용해 Text 위젯의 위치를 화면 왼쪽 상단으로 설정한다.

실습 15.04: 코인 카운터 UI HUD 요소 생성하기

이번 실습에서는 플레이어가 수집한 코인의 수를 보여주고 업데이트하는 UMG UI 애셋을 생성한다. 간단한 Text 위젯을 사용해 화면에 수집한 코인의 수를 보여주고자 '실습 15.02: PickableActor_Collectable 클래스 생성하기'에서 생성했던 인라인 함수 GetCurrentNumberofCollectables()를 사용한다. 다음 단계에 따라 이 과정을 완성해보자.

1. **콘텐츠 드로어**에서 UI라는 이름의 새 폴더를 생성하는 것으로 시작해보자. 콘텐츠 브라우저 위에 있는 Content 폴더에서 마우스 오른쪽 버튼을 클릭하고 **새 폴더**^{New Folder}를 선택한다.

2. /Content/UI 디렉터리에서 마우스 오른쪽 버튼을 클릭하고, **블루프린트 클래스**^{Blueprint Class}를 선택하는 대신 **유저 인터페이스**^{User Interface} 옵션에 마우스를 가져간 다음, 목록에서 **위젯 블루프린트**^{Widget Blueprint} 옵션을 선택한다.

3. 이 위젯 블루프린트의 이름을 BP_UI_CoinCollection으로 지정하고 더블 클릭해 UMG 에디터를 연다.

4. 다음 스크린샷과 같이 **위젯**^{Widget} 패널은 기본적으로 비어 있으며, 왼쪽에서 빈 계층 구조를 확인할 수 있다.

그림 15.7 위젯 패널의 빈 계층 구조

5. **계층 구조**^{Hierarchy} 탭 위에서 **팔레트**^{Palette} 탭을 볼 수 있다. **팔레트** 탭은 UI에서 사용할 수 있는 모든 위젯의 목록을 보여준다. 실습에서는 **Common** 카테고리 아래에 있는 Text 위젯만 사용할 것이다. Text Block 위젯과 Rich Text Block 위젯을 혼동하지 말자.

> **NOTE**
>
> 에픽 게임즈가 제공하는 웹 문서(https://docs.unrealengine.com/en-US/Engine/UMG/UserGuide/WidgetTypeReference/index.html)를 통해 UMG에서 사용할 수 있는 모든 위젯에 대한 자세한 정보를 확인할 수 있다.

6. **캔버스** 패널이 자동으로 생성돼 있지 않다면, **계층 구조** 영역으로 드래그해 추가한다.

7. Text 위젯을 **팔레트** 탭에서 **계층 구조** 탭의 **캔버스** 패널 아래로 드래그해 UI 패널에 추가한다. Text 위젯을 UMG 에디터의 가운데로 직접 드래그해 **캔버스** 패널에 추가할 수도 있다.

   이 위젯의 텍스트를 변경하기에 앞서 플레이어에게 정보를 보여주기에 적합하도록 앵커, 위치, 폰트 크기를 조정한다.

8. Text 위젯을 선택하면, **디테일** 패널에서 이 텍스트를 조절하는 다양한 옵션을 확인할 수 있다. 가장 먼저 해야 할 일은 Text 위젯의 앵커를 **캔버스** 패널의 왼쪽 상단으로 설정하는 것이다. **Anchors** 드롭다운을 클릭하고 왼쪽 상단 앵커 옵션을 선택한다. 다음 스크린샷을 참고하자.

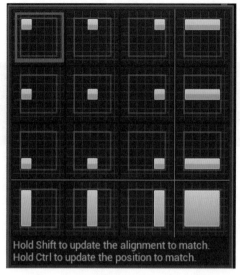

그림 15.8 기본적으로, 화면의 다양한 위치로 위젯의 앵커를 설정할 수 있는 옵션이 제공된다.

앵커를 사용하면 화면 크기에 관계없이 캔버스 안에서 원하는 위치를 유지할 수 있다.

Text 위젯의 앵커 위치를 왼쪽 상단으로 설정했다. 이제 이 텍스트의 가독성을 높일 수 있는 더 좋은 위치로 설정하기 위해 이 앵커로부터의 상대 위치를 설정해야 한다.

9. **디테일** 패널에서 **Anchors** 옵션 아래에 **Position X**와 **Position Y** 파라미터를 찾을 수 있다. 두 파라미터를 모두 `100.0f`로 설정한다.

10. 이어서 **Size To Content** 파라미터를 활성화해 Text 위젯이 입력한 텍스트의 크기를 기반으로 자동으로 크기 조절이 될 수 있도록 설정한다. 다음 스크린샷을 참고한다.

그림 15.9 Size To Content 파라미터를 사용하면 텍스트를 표시할 때 텍스트가 잘리지 않고 전체 영역에 잘 채워져 보인다.

11. 여기서 필요한 마지막 작업은 Text 위젯에 사용할 폰트 크기를 조정하는 일이다. Text 위젯을 선택하고 **디테일** 패널의 **Appearance** 탭 아래에서 **Size** 파라미터를 찾을 수 있다. 이 값을 48로 설정한다.

12. Text 위젯의 최종 모습은 다음과 같다.

그림 15.10 캔버스 패널의 왼쪽 상단으로 앵커가 설정된 Text 위젯

Text 위젯을 원하는 위치에 배치하고 크기를 조정했다. 이제 텍스트에 새 바인딩을 설정해 플레이어가 수집한 코인 수의 값을 자동으로 업데이트하도록 설정해보자.

13. Text 위젯을 선택하고, **디테일** 패널에서 **Content** 카테고리 아래의 **Text** 파라미터를 찾는다. 여기서 **Bind** 옵션을 찾을 수 있을 것이다.

14. **Bind** 옵션을 클릭하고 **바인딩 생성**^{Create Binding}을 선택한다. 그러면 새 함수 바인딩이 자동으로 생성되고 GetText_0이라는 이름이 제공될 것이다. 다음 스크린샷을 참고하자.

그림 15.11 텍스트의 새 바인딩 함수

15. 이 함수의 이름을 Get Number of Collectables로 변경한다.

16. 이 함수에 필요한 작업을 계속하기 전에 SuperSideScroller_Player 타입으로
Player라는 이름의 Object Reference 변수를 생성한다. 이 변수를 **public**으로 만들
고 생성할 때 노출시키기 위해 **Instance Editable**과 **Expose on Spawn** 파라미터를
모두 설정한다. 다음 스크린샷을 참고하자.

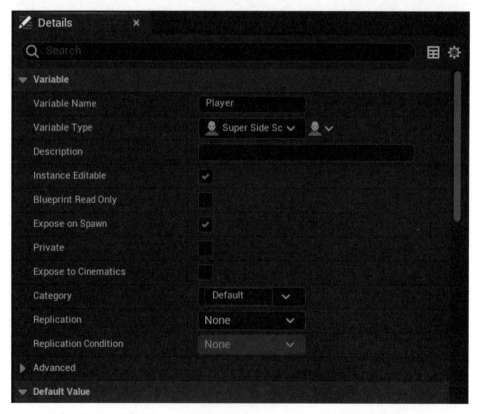

그림 15.12 Player 변수의 Instance Editable과 Expose on Spawn 파라미터를 모두 설정한 모습

Player 변수를 **Public**으로 설정하고 생성할 때 노출되도록 설정하면, 위젯을 생성하고 화면에 추가할 때 이 변수를 할당할 수 있다. 이 작업은 '실습 15.05: 플레이어 화면에 코인 카운터 UI 추가하기'에서 진행할 것이다.

SuperSideScroller_Player에 대한 참조 변수를 준비했으니, Get Number of Collectables 바인딩 함수 로직을 추가해보자.

17. Player 변수의 **Getter**를 Get Number of Collectables 함수에 추가한다.

18. 이 변수에서 드래그하고, 콘텍스트 드롭다운 메뉴에서 Get Current Number of Collectables 함수를 찾는다. 다음 스크린샷을 참고하자.

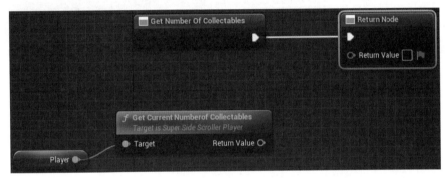

그림 15.13 Get Current Number of Collectables C++ 함수는 실습 15.03에서 생성했다.

19. 그런 다음, Get Number of Collectables 함수의 Return Value 텍스트 파라미터에서 드래그해 빈 공간에서 해제한다. 콘텍스트 드롭다운 메뉴에서 **Format Text** 옵션을 찾아 선택한다. 다음 스크린샷을 참고하자.

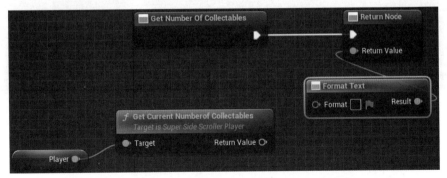

그림 15.14 이제 텍스트의 요구 사항에 맞게 텍스트에 서식을 지정해 생성할 수 있다.

20. Format Text 함수에 다음의 텍스트를 추가한다.

```
Coins: {coins}
```

다음 스크린샷을 참고하자.

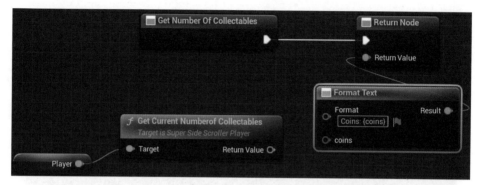

그림 15.15 이제 Format Text 함수에 새 입력 파라미터가 추가돼 원하는 정보를 표시할 수 있다.

{ } 기호를 사용하면 텍스트에 변수를 전달할 수 있는 파라미터를 나타낸다는 것
을 기억하자.

21. 마지막으로, GetCurrentNumberofCollectables() 함수의 Return Value를 Format
Text 함수의 coins 핀에 연결한다(다음 스크린샷 참고).

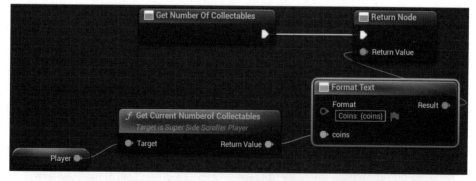

그림 15.16 Text 위젯은 Get Current Numberof Collectables 함수를 기반으로 자동으로 업데이트된다.

22. BP_UI_CoinCollection 위젯 블루프린트를 컴파일하고 저장한다.

NOTE

이번 실습의 애셋과 코드는 웹 사이트(https://packt.live/3eQJjTU)에서 확인할 수 있다.

이것으로 이번 실습을 마친다. 플레이어가 수집한 현재 코인의 수를 보여주기 위해 필요한 UI UMG 위젯을 생성했으며, `GetCurrentNumberofCollectables()` C++ 함수와 Text 위젯의 바인딩 기능을 사용해 수집한 코인의 수를 기반으로 UI가 항상 업데이트되도록 만들었다. 다음 실습에서는 이 UI를 플레이어의 화면에 추가하는 내용을 진행한다. 하지만 먼저 플레이어 화면에 UMG를 추가하고 제거하는 방법을 살펴본다.

UMG 사용자 위젯의 추가와 생성

이제 UMG에 코인 수집 UI를 생성했으니, 플레이어 화면에 UI를 추가하고 제거하는 방법을 배울 차례다. 플레이어 화면에 **코인 수집 UI**를 추가하면 UI가 플레이어에게 표시되고, 플레이어가 코인을 수집할 때 UI를 업데이트할 수 있다.

다음 스크린샷에서 보듯이, 블루프린트에는 `CreateWidget`이라는 이름의 함수가 있다. 클래스가 할당되지 않아서 `Construct NONE`으로 보이는 것이니 혼동하지는 말자.

그림 15.17 CreateWidget 함수는 기본적으로 클래스가 할당되지 않는다.

이 함수를 사용하려면 생성할 사용자 위젯 클래스와 이 UI를 소유할 플레이어 컨트롤러가 필요하다. 그러면 이 함수는 생성된 사용자 위젯을 `Return Value`로 반환한다. 그런 다음, `Add To Viewport` 함수를 사용해 이 반환 값을 플레이어의 뷰포트에 추가할 수 있다.

CreateWidget 함수는 위젯 객체를 생성하기만 하고, 플레이어 화면에 이 위젯을 추가하지는 않는다. 이 위젯을 플레이어 화면에 추가해 보이도록 만드는 일은 Add To Viewport 함수가 담당한다.

그림 15.18 ZOrder 파라미터가 있는 Add To Viewport 함수

뷰포트는 게임 월드의 뷰 위에 그려지는 게임 화면이며, ZOrder라는 이름의 파라미터를 사용한다. 여러 UI 요소가 겹쳐질 때 UI의 깊이^{depth}를 결정하기 위해 ZOrder를 사용한다. 기본적으로 Add To Viewport 함수는 사용자 위젯을 화면에 추가하고 화면 전체를 채운다. Set Desired Size in Viewport 함수를 직접 호출하면 화면을 채울 크기를 설정할 수 있다.

그림 15.19 Size 파라미터는 전달된 사용자 위젯의 원하는 크기를 결정한다.

C++에서도 CreateWidget() 함수를 사용할 수 있다.

```
template<typename WidgetT, typename OwnerT>
WidgetT * CreateWidget
(
```

```
    OwnerT * OwningObject,
    TSubclassOf < UUserWidget > UserWidgetClass,
    FName WidgetName
)
```

CreateWidget() 함수는 UserWidget 클래스를 통해 사용할 수 있다. UserWidget 클래스는 /Engine/Source/Runtime/UMG/Public/Blueprint/UserWidget.h에서 찾을 수 있다.

BP_HUDWidget을 생성하기 위해 CreateWidget() 함수를 사용했던 8장, 'UMG로 사용자 인터페이스 만들기'에서 이 함수를 사용하는 예제를 찾을 수 있다.

```
HUDWidget = CreateWidget<UHUDWidget>(this, BP_HUDWidget);
```

C++에서 CreateWidget() 함수를 사용하는 방법을 다시 떠올리기 위해 8장, 'UMG로 사용자 인터페이스 만들기'와 '실습 8.06: 체력 바 C++ 로직 추가하기'를 참고하길 바란다.

이 함수는 블루프린트의 CreateWidget() 함수와 거의 동일하게 동작한다. C++의 CreateWidget() 함수는 Owing Object 파라미터를 받는데, 이는 블루프린트의 함수에서 Owing Player 파라미터와 매우 비슷하고 생성할 UserWidget 클래스를 전달받는다. 또한 C++ CreateWidget() 함수는 위젯의 이름을 나타내기 위한 FName 파라미터도 받는다.

이제 플레이어 화면에 UI를 추가하는 데 사용할 메서드(함수)를 배웠으니, 배운 지식을 시험해보자. 다음 실습에서는 CreateWidget과 Add To Viewport 블루프린트 함수를 사용해 '실습 15.04: 코인 카운터 UI HUD 요소 생성하기'에서 생성했던 코인 수집 UI를 플레이어 화면에 추가하는 기능을 구현할 것이다.

실습 15.05: 플레이어 화면에 코인 카운터 UI 추가하기

이번 실습에서는 플레이어 화면에 BP_UI_CoinCollection 위젯 블루프린트를 추가하는 플레이어 컨트롤러로 사용할 수 있도록 새 Player Controller 클래스를 생성한다. 또한 새 Game Mode 클래스를 생성해 이 게임 모드를 슈퍼 사이드 스크롤러 프로젝트의 게임 모드로 적용할 것이다. 다음 단계에 따라 이번 실습을 완료하자.

1. UE5 에디터에서 **도구**^{Tools} 메뉴로 이동한 다음, **새 C++ 클래스**^{New C++ Class}를 선택한다.

2. **부모 클래스 선택**^{Choose Parent Class} 다이얼로그 창에서 **Player Controller** 옵션을 찾아 선택한다.

3. 새 Player Controller 클래스의 이름을 SuperSideScroller_Controller로 지정한 다음, **클래스 생성**^{Create Class} 버튼을 클릭한다. 비주얼 스튜디오가 SuperSideScroller_ Controller 클래스의 소스 파일과 헤더 파일을 자동으로 생성하고 열 것이다. 하지만 지금은 UE5 에디터에서 작업을 이어간다.

4. **콘텐츠 드로어** 영역에서 MainCharacter 폴더 아래에 PlayerController라는 이름의 새 폴더를 생성한다.

5. PlayerController 폴더에서 마우스 오른쪽 버튼을 클릭하고 SuperSideScroller_ Controller를 상속하는 새 블루프린트 클래스를 생성한다. 다음 스크린샷을 참고하자.

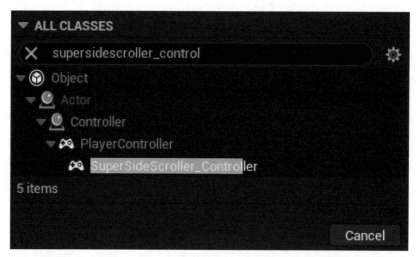

그림 15.20 새 블루프린트를 생성하기 위해 SuperSideScroller_Controller 클래스 찾기

6. 새 블루프린트의 이름을 BP_SuperSideScroller_PC로 지정한 다음, 더블 클릭해 에디터를 연다.

BP_UI_CoinCollection 위젯을 화면에 추가하기 위해 Add To Viewport 함수와 Create Widget 함수를 사용해야 한다. 플레이어 컨트롤러가 플레이어 캐릭터를 소유한 후에 플레이어 화면에 UI를 추가하려고 한다.

7. 블루프린트 그래프에서 마우스 오른쪽 버튼을 클릭하고 **Event On Possess** 옵션을 찾아 그래프에 추가한다. 다음 스크린샷을 참고하자.

그림 15.21 On Possess 이벤트

Event On Possess 이벤트 노드는 Possessed Pawn을 반환한다. 이 폰을 BP_UI_Coin Collection UI 위젯에 전달하는 데 사용할 것이다. 하지만 먼저 SuperSideScroller _Player 클래스로 형 변환을 해야 한다.

8. Event On Possess 노드의 Possessed Pawn 파라미터 출력에서 드래그한다. 그런 다음, SuperSideScroller_Player로 형 변환 노드를 찾는다. 다음 스크린샷을 참고하자.

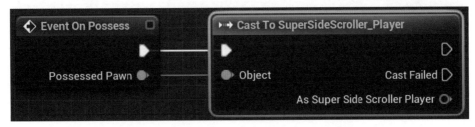

그림 15.22 SuperSideScroller_Player로 형 변환해야 한다.

9. 이제 마우스 오른쪽 버튼을 클릭하고 CreateWidget 함수를 찾아 블루프린트 그래프에 추가한다.

10. 드롭다운 Class 파라미터에 BP_UI_CoinCollection 애셋(실습 15.04: 코인 카운터 UI HUD 요소 생성하기'에서 생성한)을 할당한다. 다음 스크린샷을 참고하자.

그림 15.23 CreateWidget 함수

Class 파라미터를 BP_UI_CoinCollection 클래스로 업데이트하면 CreateWidget 함수가 업데이트돼 생성한 Player를 보여주고, Exposed on Spawn으로 설정한다.

11. 블루프린트 그래프에서 마우스 오른쪽 버튼을 클릭하고 콘텍스트 드롭다운 메뉴에서 Self 참조 변수를 찾아 추가한다. Self 객체 변수를 CreateWidget 함수의 Owing Player 파라미터에 연결한다. 다음 스크린샷을 참고하자.

그림 15.24 Player Controller 타입의 Owing Player 입력 파라미터

Owing Player 파라미터는 이 UI 객체를 보여주고 소유할 Player Controller 타입을 참조한다. 이 UI를 SuperSideScoller_Controller 블루프린트에 추가하기 때문에 Self 참조 변수를 사용해 함수에 전달할 수 있다.

12. 그런 다음, 형 변환 노드에서 반환된 SuperSideScroller_Player 변수를 Create
   Widget 함수의 Player 입력 노드에 전달한다. 이어서 형 변환 노드의 실행 핀을
   CreateWidget 함수의 실행 핀에 연결한다. 다음 스크린샷을 참고하자.

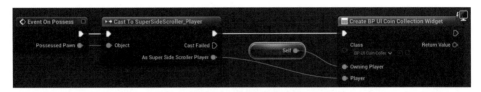

그림 15.25 BP_UI_CoinCollection 위젯 생성하기

NOTE

위 스크린샷을 더 잘 볼 수 있는 전체 해상도 이미지를 깃허브(https://github.com/PacktPublishing/
Game-Development-Projectswith-Unreal-Engine/blob/master/Chapter15/Images/New_25.png)
에서 확인할 수 있다.

13. Return Value 파라미터를 CreateWidget 함수에 연결했으면, Add To Viewport 함수
   를 찾아 그래프에 배치한다.

14. CreateWidget 함수의 Return Value 출력 파라미터를 Add to Viewport 함수의
   Target 입력 파라미터로 연결한다. ZOrder 파라미터는 변경하지 않는다.

15. 마지막으로, 다음 그림과 같이 CreateWidget과 Add to Viewport 함수의 실행 핀을
   연결한다.

그림 15.26 BP_UI_CoinCollection 위젯을 생성한 후 플레이어 뷰포트에 추가할 수 있다.

NOTE

위 스크린샷을 더 잘 볼 수 있는 전체 해상도 이미지를 웹 사이트(https://packt.live/2UwufBd)에서 확
인할 수 있다.

플레이어 컨트롤러가 BP_UI_CoinCollection 위젯을 플레이어 뷰포트에 추가했다. 이제 GameMode 블루프린트를 생성하고 BP_SuperSideScroller_MainCharacter와 BP_SuperSideScroller_PC 클래스를 이 게임 모드에 적용해야 한다.

16. **콘텐츠 드로어** 영역에서 Content 폴더를 마우스 오른쪽 버튼으로 클릭하고 **새 폴더**^{New Folder}를 선택해 폴더를 생성한다. 이 폴더의 이름을 GameMode로 지정한다.

17. 마우스 오른쪽 버튼을 클릭하고 게임 모드 블루프린트의 생성을 위해 **블루프린트 클래스**^{Blueprint Class} 옵션을 선택한다. **부모 클래스 선택**^{Pick Parent Class} 다이얼로그 창의 **All Classes**에서 SuperSideScrollerGameMode를 찾아 선택한다.

18. 이 게임 모드 블루프린트의 이름을 BP_SuperSideScroller_GameMode로 지정한다. 더블 클릭해 애셋을 연다.

    게임 모드 블루프린트는 고유 클래스를 설정할 수 있는 클래스 목록을 제공한다. 지금은 **Player Controller Class**와 **Default Pawn Class**만 살펴보자.

19. **Player Controller Class** 드롭다운을 클릭하고, 앞서 생성했던 BP_SuperSideScroller_PC 블루프린트를 찾아 선택한다.

20. 그런 다음, **Default Pawn Class** 드롭다운을 클릭하고 BP_SuperSideScroller_MainCharacter 블루프린트를 찾아 선택한다.

    커스텀 Player Controller와 Player Character 클래스를 사용하는 커스텀 게임 모드가 준비됐다. 이제 PIE를 사용하거나 프로젝트를 빌드할 때 이 게임 모드를 기본으로 사용하도록 **프로젝트 세팅**^{Project Settings} 창으로 가서 게임 모드를 추가해보자.

21. UE5 에디터에서 화면 상단의 **편집**^{Edit} 옵션으로 이동한다. 이 옵션을 클릭하고 드롭다운 메뉴에서 **프로젝트 세팅** 옵션을 찾는다.

22. **프로젝트 세팅** 창 왼쪽에서 여러 섹션으로 나뉘어 제공되는 카테고리를 확인할 수 있다. **Project** 섹션 아래에서 **맵 & 모드**^{Maps & Modes} 카테고리를 클릭한다.

23. **맵 & 모드**^{Maps & Modes} 섹션에서 프로젝트의 기본 맵과 기본 게임 모드에 관련된 유용한 파라미터를 확인할 수 있다. 이 섹션 상단에는 **Default GameMode** 옵션이 있

다. 드롭다운 메뉴를 클릭하고 앞서 생성했던 **SuperSideScroller_GameMode** 블루프린트를 선택한다.

NOTE

맵 & 모드 섹션을 변경하면 자동으로 DefaultEngine.ini 파일이 편집돼 저장된다. 이 파일은 프로젝트의 Config 폴더에서 찾을 수 있다. Default GameMode는 레벨의 **월드 세팅**(World Settings) 창에서 찾을 수 있는 **GameMode Override** 파라미터의 업데이트를 통해서도 변경할 수 있다.

24. **프로젝트 세팅** 창을 닫고 레벨로 돌아간다. 이어서 PIE를 사용해 코인을 수집한다. 이제 다음 스크린샷과 같이 코인을 수집할 때마다 업데이트되는 BP_UI_CoinCollection 위젯을 관찰해보자.

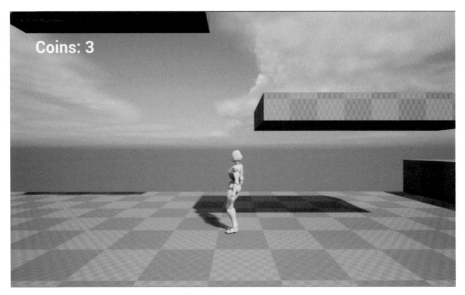

그림 15.27 이제 수집한 코인을 모두 플레이어 UI에서 확인할 수 있다.

NOTE

이번 실습의 애셋과 코드는 깃허브(https://github.com/PacktPublishing/Game-Development-Projects-with-Unreal-Engine/tree/master/Chapter15/Exercise15.05)에서 확인할 수 있다.

이것으로 이번 실습을 마친다. 플레이어가 수집한 현재 코인의 수를 보여주기 위해 필요한 UI UMG 위젯을 생성했다. GetCurrentNumberofCollectables() C++ 함수와 Text 위젯의 바인딩 기능을 사용해 UI는 항상 수집된 코인의 수를 기반으로 그 값을 업데이트해 보여줄 것이다.

지금까지 수집용 코인과 관련된 작업에 집중했다. 이를 통해 플레이어가 코인을 수집하고 수집한 코인을 플레이어의 UI에 추가할 수 있었다. 이제 짧은 시간 동안 플레이어의 이동 속도와 점프 높이를 증가시켜주는 파워업 물약에 중점을 두고 내용을 진행할 것이다. 이 기능을 구현하려면 먼저 타이머를 살펴봐야 한다.

타이머 사용하기

UE5에서 타이머를 사용하면 X초가 지난 후 또는 X초마다 어떤 작업을 실행시킬 수 있다. 슈퍼 사이드 스크롤러 파워업 물약의 경우, 타이머를 사용해 8초 후에 플레이어의 이동 속도와 점프 높이를 기본값으로 되돌릴 수 있다.

> **NOTE**
>
> 블루프린트에서 같은 결과를 수행하는 데 타이머 핸들(timer handle)뿐만 아니라 Delay 노드도 사용할 수 있다. 하지만 C++에서는 타이머가 지연과 로직의 반복 실행을 구현하는 데 가장 좋은 방법이다.

타이머는 UWorld 객체 내에 존재하는 타이머 관리자(Timer Manager 또는 FTimerManager)가 관리한다. FTimerManager 클래스에서 사용할 두 가지 주요 함수는 SetTimer()와 ClearTimer() 함수다.

```
void SetTimer
(
  FTimerHandle & InOutHandle,
  TFunction < void )> && Callback,
  float InRate,
  bool InbLoop,
  float InFirstDelay
)
void ClearTimer(FTimerHandle& InHandle)
```

코드를 보면 알겠지만, 두 함수 모두 FTimerHandle을 파라미터로 받는다. 이 핸들^{handle}은 설정한 타이머를 관리하는 데 사용한다. 이 핸들을 사용해 타이머의 일시 정지, 재시작, 초기화와 타이머 시간 늘리기가 가능하다.

또한 SetTimer() 함수는 이 타이머를 처음 설정할 때 도움을 줄 수 있는 다양한 파라미터도 받는다. 콜백^{callback} 함수는 타이머가 완료된 후에 호출되며, InbLoop 파라미터가 True인 경우 타이머가 중지될 때까지 콜백 함수를 무한정$_{(반복해서)}$ 호출한다. InRate 파라미터는 타이머의 시간이며, InFirstDelay 파라미터는 InRate에 설정된 타이머를 시작하기 전에 타이머를 대기시킬 초기 지연시간이다.

FTimerManager 클래스의 헤더 파일은 /Engine/Source/Runtime/Engine/Public/TimerManager.h에서 찾을 수 있다.

NOTE

> 타이머와 FTimerHandle에 대한 더 자세한 내용은 웹 문서(https://docs.unrealengine.com/4.27/en-US/ProgrammingAndScripting/ProgrammingWithCPP/UnrealArchitecture/Timers/)에서 확인할 수 있다.

다음 실습에서는 SuperSideScroller_Player 클래스에 자체 FTimerHandle을 생성하고, 플레이어에게 파워업 물약 효과가 지속되는 시간을 제어하는 데 이 타이머를 사용한다.

실습 15.06: 플레이어에게 파워업 물약 동작 추가하기

이번 실습에서는 파워업 물약의 로직과 파워업이 플레이어 캐릭터에 영향을 주는 로직을 구현한다. 파워업 효과가 짧은 시간 동안만 지속되도록 하기 위해 타이머와 타이머 핸들을 활용할 것이다. 다음 단계에 따라 이 기능을 구현해보자.

1. 비주얼 스튜디오에서 SuperSideScroller_Player.h 헤더 파일을 찾아 연다.

2. private 접근 한정자 아래에 FTimerHandle 타입의 새 변수를 추가하고 이름을 PowerupHandle이라고 지정한다.

```
FTimerHandle PowerupHandle;
```

이 타이머 핸들은 타이머가 설정된 후 경과된 시간을 추적한다. 이를 통해 파워업 물약 효과의 지속 시간을 제어할 수 있다.

3. 이어서 private 접근 한정자 아래에 bHasPowerupActive라는 이름의 불리언 변수를 추가한다.

```
bool bHasPowerupActive;
```

Sprint()와 StopSprinting() 함수를 업데이트할 때 이 불리언 변수를 사용할 것이다. 이는 파워업 활성화 여부에 따라 플레이어의 전력 질주 이동 속도를 적절하게 업데이트하는 데 활용한다.

4. 다음으로, private 접근 한정자 아래에 IncreaseMovementPowerup()이라는 새 void 함수의 선언을 추가한다.

```
void IncreaseMovementPowerup();
```

이 함수는 플레이어에게 파워업 효과를 활성화하기 위해 파워업 물약 클래스에서 호출할 함수다.

5. 마지막으로, 파워업 효과가 끝났을 때를 처리할 함수를 생성해야 한다. protected 접근 한정자 아래에 EndPowerup()이라는 함수를 생성한다.

```
void EndPowerup();
```

필요한 모든 변수와 함수를 선언했다. 이제 이 함수에 대한 정의를 추가하고 플레이어의 파워업 효과를 구현할 차례다.

6. SuperSideScroller_Player.cpp 소스 파일로 이동한다.

7. 먼저 소스 파일 상단에 #include "TimerManager.h" 헤더 파일을 추가한다. 타이머를 사용하기 위해 이 클래스가 필요하다.

8. 소스 파일에 다음 코드를 추가해 IncreaseMovementPowerup() 함수를 정의한다.

```
void ASuperSideScroller_Player::IncreaseMovementPowerup()
{
}
```

9. 이 함수가 호출되면 먼저 bHasPowerupActive 변수를 true로 설정해야 한다. 다음 코드를 IncreaseMovementPowerup() 함수에 추가한다.

```
bHasPowerupActive = true;
```

10. 다음으로, 플레이어 캐릭터 무브먼트 컴포넌트의 MaxWalkSpeed와 JumpZVelocity 속성을 모두 증가시키기 위한 코드를 추가한다.

```
GetCharacterMovement()->MaxWalkSpeed = 500.0f;
GetCharacterMovement()->JumpZVelocity = 1500.0f
```

여기서 MaxWalkSpeed를 기본값인 300.0f에서 500.0f로 변경했다. 기억해보면, 기본 전력 질주 속도 또한 500.0f였다. 따라서 이번 실습의 뒷부분에서 파워업이 활성화되면 전력 질주의 속도를 증가시키는 작업을 진행한다.

11. 타이머를 사용하려면, UWorld 객체에 대한 참조가 필요하다. 다음 코드를 추가한다.

```
UWorld* World = GetWorld();
if (World)
{
}
```

이 프로젝트에서 이전에 많이 했듯이, GetWorld() 함수를 사용해 UWorld 객체를 얻고 이 참조를 변수에 저장한다.

12. World 객체에 대한 참조를 구하고 유효성을 확인했으면, 파워업 타이머를 설정하기 위해 TimerManager를 안전하게 사용할 수 있다. 이전 단계에서 추가한 if() 구문 안에 다음 코드를 추가한다.

```
World->GetTimerManager().SetTimer(PowerupHandle, this,
    &ASuperSideScroller_Player::EndPowerup, 8.0f, false);
```

여기서 타이머를 설정하기 위해 `TimerManager` 클래스를 사용한다. `SetTimer()` 함수는 `FTimerHandle` 컴포넌트를 파라미터로 받는다. 여기서는 앞서 생성했던 `PowerupHandle` 변수를 전달했다. 다음으로, `this` 키워드를 사용해 플레이어 클래스에 대한 참조를 전달한다. 그런 다음, 타이머가 끝나면 호출할 콜백 함수를 전달해야 한다. 이를 위해 `&ASuperSideScroller_Player::EndPowerup` 함수를 전달한다. `8.0f`는 타이머의 시간을 나타낸다. 원하는 시간으로 조정할 수는 있지만, 지금은 8초가 적당하다. 마지막으로, 타이머를 반복시켜야 할지 여부를 결정하는 파라미터를 전달해야 한다. 여기서는 반복하지 않을 것이므로 `false`를 전달한다.

13. `EndPowerup()` 함수의 정의를 생성한다.

```
void ASuperSideScroller_Player::EndPowerup()
{
}
```

14. `EndPowerup()` 함수가 호출되면 먼저 `bHasPowerupActive` 변수를 `false`로 설정해야 한다. `EndPowerup()` 함수에 다음 코드를 추가한다.

```
bHasPowerupActive = false;
```

15. 다음으로, 캐릭터 무브먼트 컴포넌트의 `MaxWalkSpeed`와 `JumpZVelocity` 파라미터의 값을 기본값으로 다시 설정한다. 다음 코드를 추가하자.

```
GetCharacterMovement()->MaxWalkSpeed = 300.0f;
GetCharacterMovement()->JumpZVelocity = 1000.0f;
```

16. 다시, 타이머를 활용하고 `PowerupHandle`을 초기화하기 위해 `UWorld` 객체의 참조를 구해야 한다. 다음 코드를 추가하자.

```
UWorld* World = GetWorld();
if (World)
```

```
{
}
```

17. 마지막으로, 타이머 핸들 PowerupHandle의 초기화를 위한 다음 코드를 추가할 수 있다.

```
World->GetTimerManager().ClearTimer(PowerupHandle);
```

ClearTimer() 함수를 호출하고 PowerupHandle을 전달함으로써, 이 타이머가 더 이상 유효하지 않고 플레이어에게 영향을 미치지 않도록 설정한다.

지금까지 파워업 효과와 이 효과에 관련된 타이머를 처리하는 함수를 생성했다. 이제 파워업이 활성화되면 플레이어가 이 효과를 적용할 수 있도록 Sprint()와 StopSprinting() 함수를 모두 업데이트해야 한다.

18. Sprint() 함수를 다음과 같이 업데이트한다.

```
void ASuperSideScroller_Player::Sprint()
{
  if (!bIsSprinting)
  {
    bIsSprinting = true;
    if (bHasPowerupActive)
    {
      GetCharacterMovement()->MaxWalkSpeed = 900.0f;
    }
    else
    {
      GetCharacterMovement()->MaxWalkSpeed = 500.0f;
    }
  }
}
```

bHasPowerupActive 값이 true인지 여부에 따라 전력 질주의 속도를 조절하도록 Sprint() 함수를 업데이트했다. 이 변수의 값이 true인 경우, 전력 질주하는 동안 MaxWalkSpeed의 값을 500.0f에서 900.0f로 업데이트하는 것을 볼 수 있다.

```
  if (bHasPowerupActive)
  {
    GetCharacterMovement()->MaxWalkSpeed = 900.0f;
  }
```

bHasPowerupActive 값이 false인 경우, MaxWalkSpeed 값을 이전에 했듯이 500.0f로 증가시킨다.

19. StopSprinting() 함수를 다음과 같이 업데이트한다.

```
void ASuperSideScroller_Player::StopSprinting()
{
  if (bIsSprinting)
  {
    bIsSprinting = false;
    if (bHasPowerupActive)
    {
      GetCharacterMovement()->MaxWalkSpeed = 500.0f;
    }
    else
    {
      GetCharacterMovement()->MaxWalkSpeed = 300.0f;
    }
  }
}
```

bHasPowerupActive 값이 true인지 여부에 따라 속도를 조절하도록 StopSprinting() 함수를 업데이트했다. 이 변수의 값이 true인 경우, MaxWalkSpeed의 값을 300.0f 대신 500.0f로 설정하는 것을 볼 수 있다.

```
  if (bHasPowerupActive)
  {
    GetCharacterMovement()->MaxWalkSpeed = 500.0f;
  }
```

bHasPowerupActive 값이 false이면, MaxWalkSpeed를 이전에 했듯이 300.0f로 설정한다.

20. 마지막으로, C++ 코드를 다시 컴파일한다.

NOTE

이번 실습에 대한 애셋과 코드는 깃허브(https://github.com/PacktPublishing/Game-Development-Projects-with-Unreal-Engine/tree/master/Chapter15/Exercise15.06)에서 확인할 수 있다.

이것으로 이번 실습을 마친다. 플레이어 캐릭터에 파워업 물약 효과를 추가했다. 파워업은 플레이어의 기본 이동 속도와 점프 높이를 모두 증가시킨다. 또한 파워업 효과는 전력 질주의 속도도 증가시킨다. 타이머 핸들을 사용해 파워업 효과의 지속 시간을 제어할 수 있었다.

이제 파워업 액터를 생성해 이 파워업을 게임에 추가할 차례다.

활동 15.03: 파워업 물약 액터 생성하기

이제 SuperSideScroller_Player 클래스에서 파워업 물약의 효과를 처리했으니, 파워업 물약 클래스와 블루프린트를 생성할 차례다. 이번 활동의 목표는 PickableActor_Base 클래스를 상속하는 파워업 클래스 물약을 생성하고, '실습 15.06: 플레이어에게 파워업 물약 동작 추가하기'에서 구현했던 이동 효과를 부여하기 위한 기능을 구현하고, 파워업 물약을 위한 블루프린트 액터를 생성하는 것이다. 다음 단계에 따라 파워업 물약 클래스와 물약 블루프린트 액터를 생성해보자.

1. PickableActor_Base 클래스를 상속하는 새 C++ 클래스를 생성하고, 새 클래스의 이름을 PickableActor_Powerup으로 지정한다.

2. BeginPlay()와 PlayerPickedUp() 함수의 override 함수 선언을 추가한다.

3. BeginPlay() 함수의 정의를 추가한다. BeginPlay() 함수 안에서 부모 클래스 함수를 호출한다.

4. PlayerPickedUp() 함수의 정의를 추가한다. PlayerPickedUp() 함수 안에서 부모 클래스의 PlayerPickedUp() 함수를 호출한다.

5. 플레이어 클래스와 함수를 사용할 수 있도록 SuperSideScroller_Player 클래스에 대한 #include 구문을 추가한다.

6. PlayerPickedUp() 함수 안에서 함수의 Player 입력 파라미터를 사용해 IncreaseMovementPowerup() 함수를 호출한다.

7. 에픽 게임즈 런처 **UE Legacy Samples** 카테고리의 **샘플**Samples 탭에서 Action RPG 프로젝트를 찾는다. 이 프로젝트 템플릿을 사용해 새 프로젝트를 설치한다.

8. Action RPG 프로젝트의 A_Character_Heal_Mana_Cue와 SM_PotionBottle 애셋(이 애셋들이 참조하는 애셋을 포함해)을 슈퍼 사이드 스크롤러 프로젝트로 이주시킨다.

9. **콘텐츠 드로어** 영역에서 PickableItems 디렉터리 안에 Powerup이라는 새 폴더를 생성한다. 이 디렉터리에 PickableActor_Powerup 클래스를 상속하는 새 블루프린트를 생성하고, 애셋의 이름을 BP_Powerup으로 지정한다.

10. BP_Powerup에서 SM_PotionBottle 스태틱 메시를 사용하도록 MeshComp 컴포넌트를 업데이트한다.

11. 이어서 Pickup Sound 파라미터를 A_Character_Heal_Mana_Cue로 설정한다.

12. 마지막으로, 액터가 피치(Pitch) 축으로 초당 60도의 속도로 회전하고 요(Yaw) 축으로 초당 180도의 속도로 회전하도록 RotationComp 컴포넌트를 업데이트한다.

13. 레벨에 BP_Powerup을 추가하고, PIE를 사용해 플레이어가 파워업과 부딪혔을 때의 결과를 관찰한다.

예상 결과는 다음과 같다.

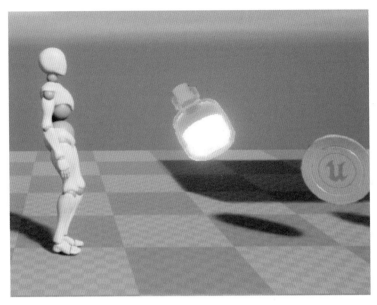

그림 15.28 파워업 물약

NOTE

이번 활동의 솔루션은 깃허브(https://github.com/PacktPublishing/Elevating-Game-Experiences-with-Unreal-Engine-5-Second-Edition/tree/main/Activity%20solutions)에서 확인할 수 있다.

이것으로 이번 활동을 마친다. `PickableActor_Base` 클래스를 상속하고 `PlayerPickedUp()` 함수를 재정의해 커스텀 로직을 추가하는 새 C++ 클래스를 생성하는 과정을 통해 앞서 배운 지식을 시험해볼 수 있었다. 플레이어 클래스에서 `IncreaseMovementPowerup()` 함수를 호출해 액터가 플레이어와 부딪힐 때 이동 속도를 증가시키는 파워업 효과를 추가할 수 있었다. 그런 다음, 커스텀 메시, 머티리얼, 오디오 애셋을 사용해 `PickableActor_Powerup`을 상속하는 블루프린트에 생명을 불어넣을 수 있었다.

지금까지 수집용 코인과 파워업 물약을 생성했다. 이제 프로젝트에 새 게임플레이 기능인 Brick 클래스를 구현해야 한다. 〈슈퍼 마리오 Super Mario〉와 같은 게임에서 벽돌은 플레이어가 찾을 수 있는 숨겨진 코인과 파워업을 포함한다. 또한 이런 벽돌은 레벨에 배치된 높은 곳에 오를 수 있는 방법으로도 사용된다. 슈퍼 사이드 스크롤러 프로젝트에서

Brick 클래스는 플레이어에게 제공하기 위해 숨겨진 수집용 코인을 포함하며, 플레이어 가 접근하기 어려운 위치에 도달하기 위해 벽돌을 밟고 이동할 수 있는 방법을 제공한 다. 따라서 다음 절에서는 숨겨진 코인을 찾기 위해 부술 수 있는 Brick 클래스를 생성 한다.

실습 15.07: Brick 클래스 생성하기

지금까지 수집용 코인와 파워업 물약을 만들었으니, 이제 플레이어가 수집할 숨겨진 코 인을 가진 Brick 클래스를 생성할 차례다. 벽돌brick은 슈퍼 사이드 스크롤러 프로젝트의 마지막 게임플레이 요소다. 이번 실습에서는 슈퍼 사이드 스크롤러 게임 프로젝트에서 플랫폼 이동 메카닉과 플레이어가 찾을 수 있는 수집용 아이템을 보관하는 수단으로 사 용할 Brick 클래스를 생성한다. 다음 단계에 따라 Brick 클래스와 이 클래스의 블루프린 트를 생성해보자.

1. UE5 에디터에서 **도구**Tools 메뉴로 이동한 다음, **새 C++ 클래스**New C++ Class 메뉴를 선 택한다.

2. **부모 클래스 선택**Choose Parent Class 다이얼로그 창에서 Actor 클래스를 찾아 선택한다.

3. 이 클래스의 이름을 SuperSideScroller_Brick으로 지정하고, **클래스 생성**Create Class 버튼을 클릭한다. 비주얼 스튜디오와 언리얼 엔진이 코드를 다시 컴파일하고 이 클래스를 열어줄 것이다.

    기본적으로 SuperSideScroller_Brick 클래스에는 Tick() 함수가 제공된다. 하지만 Brick 클래스는 Tick() 함수가 필요하지 않다. 계속 진행하기 전에 SuperSideScro ller_Brick.h 헤더 파일에서 Tick() 함수의 선언을 제거하고, SuperSideScroller_ Brick.cpp 소스 파일에서 함수의 정의를 제거한다.

4. SuperSideScroller_Brick.h 파일의 private 접근 한정자 아래에 UStaticMeshCompo nent* UPROPERTY()를 선언하는 다음 코드를 추가한다. 이 변수는 게임 월드에서 벽 돌을 시각적으로 보여주는 데 사용한다.

```
UPROPERTY(VisibleDefaultsOnly, Category = Brick)
class UStaticMeshComponent* BrickMesh;
```

5. 이어서 플레이어 캐릭터와의 충돌을 처리할 UBoxComponent UPROPERTY()를 생성해야 한다. private 접근 한정자 아래에 다음 코드를 추가해 이 컴포넌트를 추가한다.

```
UPROPERTY(VisibleDefaultsOnly, Category = Brick)
class UBoxComponent* BrickCollision;
```

6. private 접근 한정자 아래에 OnHit() 함수에 대한 UFUNCTION() 선언을 추가한다. 이 함수는 플레이어와 UBoxComponent 컴포넌트가 충돌할 때 호출된다.

```
UFUNCTION()
void OnHit(UPrimitiveComponent* HitComp, AActor* OtherActor,
   UprimitiveComponent* OtherComp, FVector NormalImpulse,
   const FHitResult& Hit);
```

> NOTE
>
> 이 프로젝트를 위해 13장, '적 AI 생성 및 추가'에서 PlayerProjectile 클래스를 개발할 때 OnHit() 함수를 사용했던 것을 기억해보자. 13장을 참고하면 OnHit() 함수에 대한 자세한 내용을 확인할 수 있다.

7. 다음으로, private 접근 한정자 아래에 bHasCollectable이라는 이름의 새 불리언 변수를 추가한다. UPROPERTY()를 추가하고 EditAnywhere 키워드를 적용한다.

```
UPROPERTY(EditAnywhere)
bool bHasCollectable;
```

이 불리언 변수는 플레이어가 찾을 수집용 코인을 포함하는지 여부를 결정하는 데 사용한다.

8. 이제 이 벽돌이 플레이어를 위해 얼마나 많은 수의 수집용 코인을 포함할 수 있는지를 나타낼 변수가 필요하다. 이를 위해 CollectableValue라는 이름의 정수형 변수를 선언한다. 이 변수를 private 접근 한정자 아래에 UPROPERTY()로 추가하고, EditAnywhere 키워드를 적용해 선언한다. 기본값은 1로 설정한다. 다음 코드를 참

고하자.

```
UPROPERTY(EditAnywhere)
int32 CollectableValue = 1;
```

벽돌은 플레이어가 파괴할 때 멋진 이펙트를 보여주기 위해 고유 사운드와 파티클 시스템을 포함해야 한다. 다음 단계에서 이 속성들을 추가한다.

9. SuperSideScroller_Brick.h 헤더 파일에 새 public 접근 한정자를 추가한다.

10. 다음으로, UPROPERTY()에 EditAnywhere와 BlueprintReadOnly 키워드를 사용해 USoundBase 클래스를 위한 변수를 추가한다. 이 변수의 이름을 다음과 같이 HitSound라고 지정한다.

```
UPROPERTY(EditAnywhere, BlueprintReadOnly, Category = Brick)
class USoundBase* HitSound;
```

11. 그런 다음, UPROPERTY()에 EditAnywhere와 BlueprintReadOnly 키워드를 사용해 UParticleSystem 클래스를 위한 변수를 추가한다. 이 변수를 public 접근 한정자 아래에 선언하고, 변수의 이름을 다음과 같이 Explosion이라고 지정한다.

```
UPROPERTY(EditAnywhere, BlueprintReadOnly, Category = Brick)
class UParticleSystem* Explosion;
```

이로써 Brick 클래스에 필요한 모든 속성을 추가했다. 이제 SuperSideScroller_Brick.cpp 소스 파일로 이동해 컴포넌트의 초기화를 진행하자.

12. StaticMeshComponent와 BoxComponent를 사용하기 위한 #include 디렉터리를 추가하는 것으로 시작해보자. 다음 코드를 소스 파일의 #include 목록에 추가한다.

```
#include "Components/StaticMeshComponent.h"
#include "Components/BoxComponent.h"
```

13. 먼저, 다음 코드를 ASuperSideScroller_Brick::ASuperSideScroller_Brick() 생성자 함수에 추가해 BrickMesh 컴포넌트를 초기화한다.

```
BrickMesh = CreateDefaultSubobject<UStaticMeshComponent>(TEXT
    ("BrickMesh"));
```

14. 이어서 플레이어가 밟고 플랫폼을 이동하는 목적으로 사용할 수 있도록 BrickMesh 컴포넌트에 충돌 설정을 추가해야 한다. 충돌이 기본적으로 발생할 수 있도록 다음 코드를 추가해 충돌을 "BlockAll"로 설정한다.

```
BrickMesh->SetCollisionProfileName("BlockAll");
```

15. 마지막으로, BrickMesh 컴포넌트는 Brick 액터의 루트 컴포넌트 기능을 제공해야 한다. 이를 위해 다음 코드를 추가한다.

```
RootComponent = BrickMesh;
```

16. 이제 생성자 함수에 다음 코드를 추가해 BrickCollision UBoxComponent를 초기화한다.

```
BrickCollision = CreateDefaultSubobject<UBoxComponent>(TEXT
    ("BrickCollision"));
```

17. BrickMesh 컴포넌트와 마찬가지로 BrickCollision 컴포넌트도 OnHit() 콜백 이벤트(이번 실습의 뒷부분에서 이를 위한 설정을 진행한다)를 받기 위해 충돌을 "BlockAll"로 설정해야 한다. 다음 코드를 추가하자.

```
BrickCollision->SetCollisionProfileName("BlockAll");
```

18. 다음으로, BrickCollision 컴포넌트를 BrickMesh 컴포넌트와 연결해야 한다. 이를 위해 다음 코드를 추가한다.

```
BrickCollision->AttachToComponent(RootComponent,
    FAttachmentTransformRules::KeepWorldTransform);
```

19. BrickCollision 컴포넌트의 초기화를 완료하기 전에 OnHit() 함수에 대한 정의를 추가해야 한다. 소스 파일에 다음 정의를 추가한다.

```
void ASuperSideScroller_Brick::OnHit(UPrimitiveComponent* HitComp,
  AActor* OtherActor, UPrimitiveComponent* OtherComp, FVector
  NormalImpulse,
  const FHitResult& Hit)
{
}
```

20. 이제 OnHit() 함수를 정의했으니, OnComponentHit 콜백 함수를 BrickCollision 컴포넌트에 할당할 수 있다. 생성자 함수에 다음 코드를 추가하자.

```
BrickCollision->OnComponentHit.AddDynamic(this, &ASuperSideScroller_
  Brick::OnHit);
```

21. SuperSideScroller_Brick 클래스를 추가한 C++ 코드를 컴파일하고, UE5 에디터로 돌아간다.

22. **콘텐츠 드로어** 영역의 Content 폴더에서 마우스 오른쪽 버튼을 클릭하고 **새 폴더** New Folder 옵션을 선택한다. 이 폴더의 이름을 Brick으로 지정한다.

23. Brick 폴더에서 마우스 오른쪽 버튼을 클릭하고 블루프린트 클래스 옵션을 선택한다. **부모 클래스 선택** Pick Parent Class 다이얼로그 창의 **All Classes** 검색 바에서 SuperSideScroller_Brick 클래스를 찾아 선택한다.

24. 새 블루프린트의 이름을 BP_Brick으로 지정한 다음, 더블 클릭해 애셋을 연다.

25. **컴포넌트** Components 탭에서 BrickMesh 컴포넌트를 선택하고 Static Mesh 파라미터를 Shape_Cube 메시로 설정한다.

26. BrickMesh 컴포넌트를 선택한 상태에서 Element 0 머티리얼 파라미터를 M_Brick_Clay_Beveled로 설정한다. M_Brick_Clay_Beveled는 새 프로젝트를 생성할 때 에픽 게임즈에서 기본으로 제공하는 머티리얼이다. **콘텐츠 드로어** 영역의 StarterContent 디렉터리에서 이 머티리얼을 찾을 수 있다.

마지막으로, 플레이어 캐릭터와 슈퍼 사이드 스크롤러 게임 프로젝트의 플랫폼 이동 메카닉을 모두 만족시킬 수 있도록 BrickMesh 컴포넌트의 스케일을 조정해야 한다.

27. BrickMesh 컴포넌트를 선택한 채로 Scale 파라미터를 다음과 같이 설정한다.

```
(X=0.750000,Y=0.750000,Z=0.750000)
```

이제 BrickMesh 컴포넌트가 원래 크기의 75%로 줄었으므로, Brick 액터를 게임 월드에 배치하고 레벨 안에서 재미를 주는 플랫폼을 만들 때 이를 쉽게 관리할 수 있다.

이번 실습의 마지막 단계는 BrickMesh 컴포넌트의 아래 부분에 약간의 공간만 차지하도록 BrickCollision 컴포넌트의 위치를 업데이트하는 것이다.

28. **컴포넌트** 탭에서 BrickCollision 컴포넌트를 선택하고 컴포넌트의 위치를 다음의 값으로 업데이트한다.

```
(X=0.000000,Y=0.000000,Z=30.000000)
```

BrickCollision 컴포넌트의 위치는 이제 다음 그림과 같이 배치될 것이다.

그림 15.29 이제 BrickCollision 컴포넌트는 BrickMesh 컴포넌트를 아주 살짝 벗어나 배치됐다.

플레이어가 점프 아래에서 점프할 때만 UBoxComponent와 충돌하도록 BrickCollision 컴포넌트의 위치를 조정했다. 이런 식으로 BrickCollision 컴포넌트를 BrickMesh 컴포넌트에서 아주 살짝 벗어나도록 배치하면 플레이어가 다른 방식으로 충돌하는 것을 방지할 수 있다.

NOTE

이번 실습의 애셋과 코드는 깃허브(https://github.com/PacktPublishing/Game-Development-Projects-with-Unreal-Engine/tree/master/Chapter15/Exercise15.07)에서 확인할 수 있다.

이것으로 이번 실습을 마친다. SuperSideScroller_Brick 클래스의 기본 뼈대를 만들고, 게임 월드에서 벽돌을 표현할 수 있도록 블루프린트 액터를 통해 필요한 설정을 완료했다. 큐브 메시와 벽돌 머티리얼을 추가함으로써 시각적으로 멋진 벽돌을 표현할 수 있었다. 다음 실습에서는 벽돌에 남은 C++ 로직을 추가한다. 여기에는 플레이어가 벽돌을 부수고 수집용 아이템을 획득하는 로직이 포함된다.

실습 15.08: Brick 클래스 C++ 로직 추가하기

이전 실습에서 필요한 컴포넌트를 추가하고 BP_Brick 블루프린트 액터를 생성함으로써 SuperSideScroller_Brick 클래스의 기본 뼈대를 만들었다. 이번 실습에서는 '실습 15.07: Brick 클래스 생성하기'의 C++ 코드 위에 Brick 클래스의 로직을 추가한다. 벽돌이 플레이어에게 수집용 코인을 제공하는 로직을 추가해보자. 다음 단계에 따라 이번 실습을 완료할 수 있다.

1. 시작을 위해 플레이어에게 수집용 코인을 추가하는 함수를 생성해야 한다. SuperSideScroller_Brick.h 헤더 파일의 **private** 접근 한정자 아래에 다음 함수 선언을 추가한다.

   ```
   void AddCollectable(class ASuperSideScroller_Player* Player);
   ```

   함수 안에서 SuperSideScroller_Player 클래스의 IncrementNumberofCollectables() 함수를 호출할 수 있도록 이 클래스의 참조를 전달한다.

2. 다음으로, **private** 접근 한정자 아래에 PlayHitSound()라는 이름의 **void** 함수 선언을 추가한다.

   ```
   void PlayHitSound();
   ```

PlayHitSound() 함수는 '실습 15.07: Brick 클래스 생성하기'에서 추가한 HitSound 속성을 사용해 사운드를 재생하는 기능을 담당한다.

3. 마지막으로, private 접근 한정자 아래에 PlayHitExplosion()이라는 이름의 void 함수 선언을 추가한다.

```
void PlayHitExplosion();
```

PlayHitExplosion() 함수는 '실습 15.07: Brick 클래스 생성하기'에서 추가한 Explosion 속성을 사용해 파티클 이펙트를 재생하는 기능을 담당한다.

헤더 파일에서 SuperSideScroller_Brick 클래스에 필요한 나머지 함수의 선언을 완료했으면, 이제 소스 파일에 이 함수들의 정의를 추가해보자.

4. SuperSideScroller_Brick.cpp 소스 파일 상단에서 이 클래스에 이미 추가한 include 구문 아래에 다음 #include 구문을 추가한다.

```
#include "Engine/World.h"
#include "Kismet/GameplayStatics.h"
#include "SuperSideScroller_Player.h"
```

World 클래스와 GameplayStatics 클래스의 include 구문은 벽돌의 HitSound와 Explosion 이펙트를 모두 생성하기 위해 필요하다. SuperSideScroller_Player 클래스의 include 구문은 IncrementNumberofCollectables() 클래스 함수를 호출하기 위해 필요하다.

5. AddCollectable() 함수에 대한 정의부터 시작해보자. 다음 코드를 추가한다.

```
void ASuperSideScroller_Brick::AddCollectable(class ASuperSideScroller_
  Player* Player)
{
}
```

6. 이제 Player 함수 입력 파라미터를 사용해 IncrementNumberofCollectables() 함수를 호출한다.

```
Player->IncrementNumberofCollectables(CollectableValue);
```

7. PlayHitSound() 함수의 경우, UGameplayStatics 클래스에서 SpawnSoundAtLocation 함수를 호출하기 전에 UWorld* 객체에 대한 참조를 구한 후 UWorld 객체와 HitSound 속성이 유효한지 확인해야 한다. 유효성 검사는 이미 많이 진행했으므로 전체 코드를 확인해보자.

```cpp
void ASuperSideScroller_Brick::PlayHitSound()
{
  UWorld* World = GetWorld();
  if (World && HitSound)
  {
    UGameplayStatics::SpawnSoundAtLocation(World, HitSound,
      GetActorLocation());
  }
}
```

8. PlayHitSound()와 마찬가지로 PlayHitExplosion() 함수도 거의 비슷한 방식으로 동작하며, 관련 작업 또한 이 프로젝트에서 이미 많이 진행해왔다. 다음 코드를 추가해 함수 정의를 작성한다.

```cpp
void ASuperSideScroller_Brick::PlayHitExplosion()
{
  UWorld* World = GetWorld();
  if (World && Explosion)
  {
    UGameplayStatics::SpawnEmitterAtLocation(World, Explosion,
      GetActorTransform());
  }
}
```

이제 이 함수들을 정의한 상태에서 OnHit() 함수를 업데이트한다. 플레이어가 BrickCollision 컴포넌트와 충돌하면 HitSound와 Explosion 이펙트를 생성하고 플레이어 컬렉션에 수집용 코인을 추가할 수 있다.

9. 먼저 OnHit() 함수 안에 ASuperSideScroller_Player 타입의 Player라는 새 변수를

생성한다. 함수의 OtherActor 입력 파라미터를 형 변환(Cast)한 결과를 Player 변수에 저장한다.

```
ASuperSideScroller_Player* Player =
  Cast<ASuperSideScroller_Player>(OtherActor);
```

10. 다음으로, Player가 유효하고 bHasCollectable이 True일 때만 로직을 진행시켜야 한다. 다음 if() 구문을 추가한다.

```
if (Player && bHasCollectable)
{
}
```

11. if() 구문의 조건을 만족하면, AddCollectable(), PlayHitSound(), PlayHitExplosion() 함수를 호출해야 한다. 또한 AddCollectable() 함수를 호출할 때 Player 변수를 전달해야 한다.

```
AddCollectable(Player);
PlayHitSound();
PlayHitExplosion();
```

12. 마지막으로, if() 구문 안에서 벽돌을 파괴하는 함수를 호출한다.

```
Destroy();
```

13. OnHit() 함수를 필요한 대로 작성했으면, C++ 코드를 다시 컴파일한다. 하지만 아직 UE5 에디터로 돌아가지는 말자.

14. 벽돌 폭발에 사용할 VFX와 SFX를 위해 에픽 게임즈 런처에서 찾을 수 있는 2개의 개별 프로젝트(블루프린트Blueprints 프로젝트와 콘텐츠 예제Content Examples 프로젝트)에서 애셋을 이주시켜야 한다.

15. 이전 실습에서 배운 지식을 활용해 두 프로젝트를 다운로드하고 엔진 버전 4.24로 프로젝트를 설치한다. 두 프로젝트는 **샘플**Samples 탭의 **UE Legacy Samples**와 **UE Feature Samples** 카테고리에서 찾을 수 있다.

16. 프로젝트가 설치되면, 콘텐츠 예제 프로젝트를 열고 **콘텐츠 드로어** 창에서 P_Pixel_
    Explosion 애셋을 찾는다.

17. 이 애셋에서 마우스 오른쪽 버튼을 클릭하고, **애셋 액션**^{Asset Actions}을 선택한 다음,
    이주^{Migrate}를 선택한다. 이 애셋(그리고 이 애셋에서 참조하는 모든 애셋)을 슈퍼 사이드 스크롤러
    프로젝트에 이주시킨다.

18. 애셋 이주에 성공했으면, 콘텐츠 예제 프로젝트를 닫고 블루프린트 프로젝트를 연다.

19. 블루프린트 프로젝트의 **콘텐츠 브라우저** 창에서 Blueprints_TextPop01 애셋을 찾
    는다.

20. 이 애셋에서 마우스 오른쪽 버튼을 클릭하고, **애셋 액션**을 선택한 다음, **이주**를 선
    택한다. 이 애셋(그리고 이 애셋에서 참조하는 모든 애셋)을 슈퍼 사이드 스크롤러 프로젝트에 이
    주시킨다.

    이 애셋들을 이주시켰으면, 슈퍼 사이드 스크롤러 프로젝트의 언리얼 엔진 5 에디
    터로 돌아간다.

21. **콘텐츠 드로어** 창에서 Brick 폴더로 이동해 BP_Brick 애셋을 더블 클릭해 연다.

22. 액터의 **디테일**^{Details} 패널에서 **Super Side Scroller Brick** 섹션을 찾고 HitSound 파라
    미터를 임포트한 Blueprints_TextPop01 사운드 웨이브로 설정한다.

23. 다음으로, 임포트한 P_Pixel_Explosion 파티클을 Explosion 파라미터에 추가한다.

24. BP_Brick 블루프린트를 다시 컴파일하고 액터 2개를 레벨에 추가한다.

25. 두 액터 중 하나의 bHasCollectable 파라미터를 True로 설정하고, 다른 액터의 파
    라미터는 False로 설정한다. 다음 스크린샷을 참고하자.

그림 15.30 이 벽돌 액터는 수집용 코인을 포함하도록 설정한다.

26. PIE를 사용해, 플레이어가 점프를 통해 캐릭터의 머리로 벽돌의 바닥과 충돌하려고 할 때 두 벽돌 액터 사이의 동작 차이를 관찰해보자. 다음 스크린샷을 참고한다.

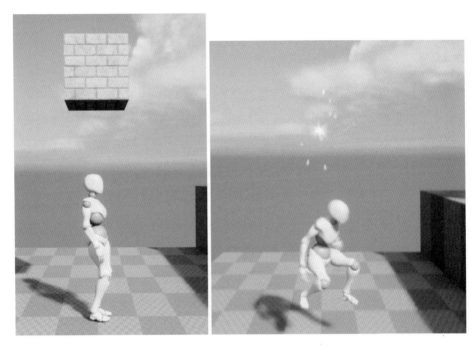

그림 15.31 이제 플레이어가 벽돌과 충돌하면 벽돌이 파괴된다.

bHasCollectable 값이 True이면 SuperSideScroller_Brick은 HitSound를 재생하고 Explosion 파티클 시스템을 생성한다. 또한 플레이어에게 수집용 코인을 추가하고 자신을 파괴한다.

> **NOTE**
>
> 이번 실습의 애셋과 코드는 깃허브(https://github.com/PacktPublishing/Game-Development-Projects-with-Unreal-Engine/tree/master/Chapter15/Exercise15.08)에서 확인할 수 있다.

이것으로 이번 실습을 마친다. 슈퍼 사이드 스크롤러 프로젝트의 게임플레이 메카닉 개발을 완료했으므로, 이제 SuperSideScroller_Brick 클래스를 플랫폼 이동 게임플레이와 게임에 필요한 수집용 동전을 제공하는 메카닉에 모두 사용할 수 있다.

벽돌을 파괴해 숨겨진 동전을 수집하는 데 필요한 게임 로직을 추가하는 것으로 슈퍼 사이드 스크롤러 게임 프로젝트를 위해 소개한 모든 게임플레이 요소를 완성했다.

﹖ 요약

이 장에서는 슈퍼 사이드 스크롤러 게임 프로젝트를 위한 나머지 게임플레이 메카닉을 생성하기 위해 배운 모든 지식을 시험했다. C++와 블루프린트의 조합을 사용해 플레이어가 레벨에서 수집할 수 있는 파워업 물약과 코인을 개발했다. 또한 14장, '플레이어 발사체 생성'에서 배운 지식을 활용해 수집용 아이템에 고유한 오디오 및 비주얼 애셋을 추가함으로써 게임에 세련미를 더할 수 있었다.

UE5의 UMG UI 시스템을 배우고 이를 활용해 플레이어가 수집한 코인의 수를 보여주는 간단하면서 효과적인 UI 피드백 시스템을 만들었다. Text 위젯의 바인딩 기능을 사용해 플레이어가 현재 수집한 코인의 수를 UI로 업데이트했다. 마지막으로는 슈퍼 사이드 스크롤러 프로젝트에서 배운 지식을 사용해 Brick 클래스를 생성하고, 동전을 벽돌에 숨겨 플레이어가 벽돌에 있는 코인을 수집하고 찾을 수 있도록 구성했다.

슈퍼 사이드 스크롤러 프로젝트는 UE5에서 사용할 수 있는 다양한 도구와 개발 사례를 적용하고 확장한 대규모 프로젝트였다. 10장, '슈퍼 사이드 스크롤러 게임 만들기'에서 플레이어 캐릭터의 애니메이션 블루프린트를 개발하는 데 사용할 커스텀 스켈레톤과 애니메이션 애셋을 임포트했다. 11장, '블렌드 스페이스 1D, 키 바인딩, 스테이트 머신을 활용한 작업'에서는 플레이어 캐릭터가 대기, 걷기, 전력 질주 애니메이션을 블렌딩하며 재생할 수 있도록 블렌드 스페이스를 사용했다. 또한 애니메이션 스테이트 머신을 사용해 플레이어 캐릭터의 점프 및 이동 스테이트를 처리했다. 그런 다음, 캐릭터 무브먼트 컴포넌트를 사용해 플레이어의 이동과 점프 높이를 제어하는 방법을 배웠다.

12장, '애니메이션 블렌딩과 몽타주'에서는 Layered Blend per Bone 함수와 Saved Cached Poses를 사용함으로써 애니메이션 블루프린트 내부의 애니메이션 블렌딩에 대한 내용을 많이 배울 수 있었다. 플레이어 캐릭터의 던지기 애니메이션의 상체 애니메이션에 새 애님 슬롯을 추가함으로써 플레이어 이동 애니메이션과 던지기 애니메이션이 부드럽게 블렌딩되도록 구성할 수 있었다. 13장, '적 AI 생성 및 추가'에서는 적의 AI 동작을 개발하기 위해 비헤이비어 트리와 블랙보드라는 강력한 시스템을 사용했다. AI의 정찰 지점을 결정하는 기능을 담당하는 커스텀 태스크도 만들었다.

14장, '플레이어 발사체 생성'에서는 애님 노타파이를 생성하는 방법과 플레이어 캐릭터가 발사체를 던지는 정확한 시점에 발사체를 생성하기 위해 애니메이션 몽타주에서 이 노티파이를 구현하는 방법을 배웠다. 그런 다음, 발사체를 생성하는 방법과 프로젝타일 무브먼트 컴포넌트를 사용해 게임 월드에서 플레이어 발사체를 이동시키는 방법을 배웠다.

마지막으로, 이 장에서는 UMG를 사용해 수집용 코인을 보여주기 위한 UI를 만드는 방법과 플레이어를 위한 파워업 물약을 만들고, 이를 통해 캐릭터 무브먼트 컴포넌트를 조작하는 방법을 배웠다. 끝으로, 플레이어가 찾고 수집할 수 있도록 코인을 숨기는 Brick 클래스를 생성했다.

다음 장에서는 멀티플레이어, 서버-클라이언트 아키텍처와 멀티플레이어 게임을 개발할 때 UE5에서 제공하는 게임플레이 프레임워크 클래스의 기본적인 내용을 배운다. 이렇게 배운 지식은 UE5에서 멀티플레이어 FPS 프로젝트를 확장하는 데 활용할 것이다.

이 요약 내용은 슈퍼 사이드 스크롤러 프로젝트를 통해 배우고 성취한 것의 일부에 불과하다. 계속 진행하기 전에 배운 지식을 테스트하고 프로젝트를 확장할 수 있는 몇 가지 도전 과제를 살펴본 후 적용해보자.

::: 새로운 도전 과제

슈퍼 사이드 스크롤러 프로젝트에 다음 기능을 추가해 이 절에서 배운 지식을 테스트해보자.

1. 플레이어 캐릭터에 적용되는 중력을 낮추는 새로운 파워업 아이템을 추가한다. 커

스팀 메시와 오디오 애셋을 임포트하고, 새로 추가한 파워업에 기존 파워업 물약 아이템과 비교되는 고유한 모양을 적용한다.

2. 플레이어 캐릭터가 10개의 코인을 수집하면, 파워업을 부여하는 기능을 추가한다.

3. 플레이어가 AI와 부딪힐 때 파괴되는 기능을 구현한다. 이때 플레이어를 다시 생성(리스폰)할 수 있는 기능도 포함해 구현한다.

4. 플레이어가 적과 부딪혀도 파괴되지 않는 '무적' 모드를 제공하는 파워업 아이템을 추가한다(이 파워업을 사용해 적과 부딪혔을 때 적을 파괴시키는 기능을 구현할 수도 있다).

5. 슈퍼 사이드 스크롤러에서 개발한 모든 게임플레이 요소를 사용해 흥미로운 새 레벨을 생성한다.

6. 플레이어가 피하기 어려울 만한 정찰 지점을 가진 적을 여럿 배치해 플레이어가 해당 지역을 이동할 때 도전이 될 수 있도록 레벨을 구성한다.

7. 파워업 아이템을 수집하기 어려운 위치에 배치해 플레이어가 캐릭터의 이동 기술을 향상시켜야 획득할 수 있도록 만든다.

8. 플레이어가 피하기 어려운 함정을 만들고, 맵에서 떨어지면 플레이어를 파괴하는 기능을 추가한다.

16

멀티플레이어 기본

이전 장에서는 1D 블렌드 스페이스, 애니메이션 블루프린트, 애니메이션 몽타주 등을 활용해 슈퍼 사이드 스크롤러 게임을 완성했다. 이 장에서는 이 지식들을 바탕으로 언리얼 엔진을 사용해 멀티플레이어 기능을 게임에 추가하는 방법을 배운다.

멀티플레이어 게임은 지난 10년 동안 크게 성장했다. 〈포트나이트Fortnite〉, 〈리그 오브 레전드League of Legends〉, 〈로켓 리그Rocket League〉, 〈오버워치Overwatch〉, 〈카운터 스트라이크: 글로벌 오펜시브Counter Strike: Global Offensive〉와 같은 게임은 게임 커뮤니티에서 많은 인기를 얻었을 뿐만 아니라 엄청난 성공을 거뒀다. 최근에는 거의 모든 게임이 성공을 위해 멀티플레이어 경험을 필요로 한다.

그 이유는 기존 게임플레이에 새로운 가능성을 더하기 때문이다. 예를 들면, 협동 모드(co-op 모드라고도 함)에서 친구들과 함께 게임을 하거나 전 세계의 게이머들을 대상으로 게임을 할 수 있으므로 게임의 수명과 가치를 크게 높일 수 있다.

이 장에서는 다음 주제를 다룬다.

- 멀티플레이어 기본 소개

- 서버 이해하기

- 클라이언트 이해하기

- 프로젝트 패키징

- 접속connection과 오너십ownership 살펴보기

- 롤role(역할) 이해하기

- 변수 리플리케이션variable replication 이해하기

- 2D 블렌드 스페이스 살펴보기

- 본 트랜스폼 변경

이 장을 마칠 무렵에는 서버-클라이언트 아키텍처, 접속, 액터 오너십actor ownership, 롤, 변수 리플리케이션 등의 기본 멀티플레이어 개념을 익힐 수 있을 것이다. 이 개념들을 익히고 나면, 자신만의 멀티플레이어 게임을 만들기 위해 이 개념들을 구현할 수 있을 것이다. 또한 2차원 격자에 배치된 여러 애니메이션 사이를 블렌딩할 수 있는 2D 블렌드 스페이스도 만들 수 있을 것이다. 마지막으로, Transform (Modify) Bone 노드를 사용해 런타임(실행 중)에 스켈레탈 메시 본을 제어하는 방법을 배운다.

기술적 요구 사항

이 장을 진행하려면 다음 내용이 준비돼야 한다.

- 언리얼 엔진 5 설치

- 비주얼 스튜디오 2019 버전 이상 설치

이 장의 프로젝트는 깃허브(https://github.com/PacktPublishing/Elevating-Game-Experiences-with-Unreal-Engine-5-Second-Edition)에서 다운로드할 수 있는 이 책 코드 번들의 Chapter16 폴더에서 찾을 수 있다.

다음 절에서는 멀티플레이어의 기본적인 내용을 살펴본다.

⸬ 멀티플레이어의 기본

게임을 하면서 '멀티플레이어multiplayer'라는 용어를 많이 들어봤겠지만, 이 용어가 게임 개발자에게는 어떤 의미일까? 실제로 멀티플레이어는 서버와 서버에 연결된 클라이언트 사이의 네트워크(인터넷 또는 LAN)를 통해 전송되는 일련의 명령을 의미한다. 이를 통해 플레이어에게 다른 플레이어들과 세계를 공유하는 경험을 제공할 수 있다.

멀티플레이어가 동작하려면, 서버가 클라이언트와 통신할 수 있어야 할 뿐만 아니라 클라이언트도 서버와 통신할 수 있어야 한다. 이는 일반적으로 클라이언트가 게임 세계에 영향을 미치므로 게임을 플레이하는 동안 클라이언트의 의도를 서버에 알릴 수 있는 방법이 필요하기 때문이다.

서버와 클라이언트 사이의 이러한 양방향 통신의 한 예로는 플레이어가 게임 중에 무기를 발사하려고 시도하는 시점을 들 수 있다. 클라이언트와 서버의 상호작용을 보여주는 다음 그림을 살펴보자.

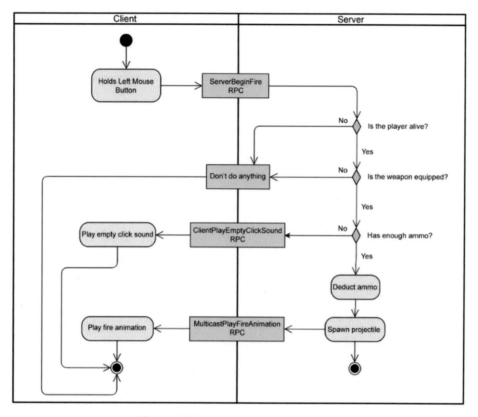

그림 16.1 무기 발사 시 클라이언트-서버의 상호작용

위의 다이어그램을 살펴보자.

1. 플레이어가 마우스 왼쪽 버튼을 누르고 있으면, 클라이언트가 서버에 무기 발사를 원한다는 의사를 전달한다.

2. 서버는 다음 항목을 확인해 플레이어가 무기를 발사할 수 있는지 확인한다.

   - 플레이어가 살아 있는가?

   - 플레이어가 무기를 장착했는가?

   - 플레이어가 충분한 탄약을 갖고 있는가?

3. 모든 검사를 통과하면 서버는 다음을 수행한다.

- 탄약의 수를 감소시키는 로직을 실행한다.

- 모든 클라이언트에 자동으로 전송되는 발사체 액터를 서버에 생성한다.

- 모든 클라이언트의 캐릭터 인스턴스에서 발사 애니메이션을 재생해 클라이언트 간의 동기화를 보장한다. 이는 동일한 월드에서 게임을 즐긴다는 생각을 갖도록 하는 데 도움을 준다(실제로는 그렇지 않더라도).

4. 검사 항목 중 하나라도 실패하면, 서버는 특정 클라이언트에게 수행할 작업을 알려준다.

- **플레이어가 죽은 경우**: 아무것도 하지 않는다.

- **플레이어가 무기를 장착하지 않은 경우**: 아무것도 하지 않는다.

- **플레이어가 충분한 탄약을 갖지 않은 경우**: 탄약이 비었을 때의 사운드를 재생한다.

여러분의 게임에서 멀티플레이어를 지원하고 싶다면, 개발 주기에서 최대한 빨리 멀티플레이어를 지원하도록 구성하는 것이 좋다는 점을 기억하자. 멀티플레이어가 활성화된 상태에서 싱글 플레이어 프로젝트를 실행하면 일부 기능은 제대로 동작할 수 있지만, 대부분의 기능이 제대로 동작하지 않거나 예상대로 동작하지 않을 수 있다.

이는 싱글 플레이어에서 게임을 실행하면 코드가 로컬(사용자 PC)에서 그 즉시 실행되기 때문이다. 반면 게임에 멀티플레이어를 추가하면, 그림 16.1에서 볼 수 있듯이 지연 시간이 있는 네트워크에서 클라이언트와의 통신 권한이 있는 서버 같은 외부 요인이 추가된다.

모든 기능을 제대로 동작시키려면 기존 코드를 다음과 같이 분리해야 한다.

- 서버에서만 동작하는 코드

- 클라이언트에서만 동작하는 코드

- 서버와 클라이언트 모두에서 동작하는 코드

UE5는 게임에 멀티플레이어 기능을 지원하기 위해 서버-클라이언트 아키텍처를 사용해 매우 강력하고 대역폭에 효율적인 내장 네트워크 프레임워크를 제공한다.

다음 그림은 동작 방식을 다이어그램으로 보여준다.

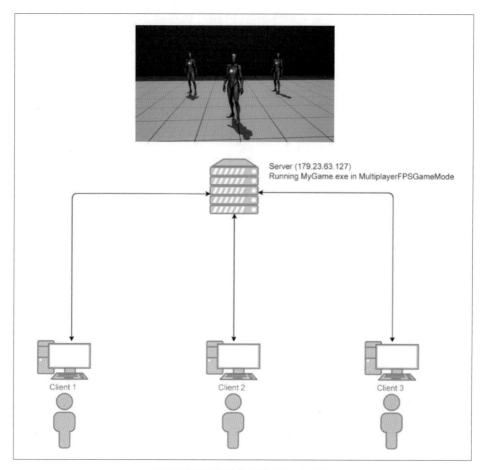

그림 16.2 UE5의 서버-클라이언트 아키텍처

위 그림에서는 UE5에서 동작하는 서버-클라이언트 아키텍처를 확인할 수 있다. 각 플레이어는 양방향 연결two-way connection을 사용해 서버와 통신하는 클라이언트를 제어한다. 서버는 게임 모드(서버에만 존재)를 가진 특정 레벨을 실행하며, 클라이언트가 게임 월드에서 서로를 바라보고 상호작용할 수 있도록 정보의 흐름을 제어한다.

NOTE

멀티플레이어는 매우 고급 주제가 될 수 있다. 따라서 여러 장에 걸쳐 기본 개념을 이해하는 데 도움을 주는 내용을 소개할 것이지만, 심층적인 내용을 다루지는 않는다. 따라서 일부 개념은 설명을 단순화하기 위해 생략될 수 있다.

지금까지 살펴본 내용을 통해 멀티플레이어가 기본적으로 동작하는 개념을 이해했을 것이다. 다음 절에서는 서버가 동작하는 방식과 서버가 담당하는 역할을 살펴본다.

서버 이해하기

서버는 대부분의 작업을 처리하고 중요한 결정을 내리기 때문에 서버-클라이언트 아키텍처에서 가장 중요한 부분을 차지한다.

다음은 서버가 담당하는 주요 작업에 대한 내용이다.

- **공유 월드 인스턴스의 생성 및 관리**: 서버는 특정 레벨 및 게임 모드(18장, '멀티플레이어에서 게임플레이 프레임워크 클래스 사용'에서 다룬다)에서 게임의 자체 인스턴스를 실행하며 연결된 모든 클라이언트 간의 공유되는 월드를 제공한다. 사용하는 레벨은 언제든 변경 가능하며, 가능한 경우에 서버는 자동으로 연결된 모든 클라이언트를 다른 레벨로 가져올 수 있다.

- **클라이언트의 참가 및 퇴장 요청 처리**: 클라이언트가 서버에 연결하려면 권한(authority)을 요청해야 한다. 이를 위해 클라이언트는 직접 IP 연결(다음 절에서 설명함) 또는 스트림(Stream)과 같은 온라인 하위 시스템을 통해 서버에 참가 요청을 보낸다. 참가 요청이 서버에 도달하면 몇 가지 유효성 검사를 통해 요청을 수락할지 거부할지 여부를 결정한다.

  하지만 서버가 게임 참가 요청을 거부하려는 몇 가지 이유로 가장 일반적인 상황은 이미 서버가 수용할 수 있는 최대치의 연결이 발생했고 더 이상의 클라이언트를 수용할 수 없거나 클라이언트가 호환되지 않는 오래된 게임 버전을 사용하는 경우다. 서버가 요청을 수락하면, 연결된 플레이어 컨트롤러가 클라이언트에 할당되고 게임 모드의 PostLogin 함수가 호출된다. 그 시점부터 클라이언트는 게임에 입장해 플레이어가 다른 클라이언트를 보며 서로 상호작용할 수 있는 공유 월드의 일원이 된다. 클라이언트가 어느 시점이든 연결이 끊어지면, 다른 모든 클라이언트에게 알림을 전송하고 게임 모드의 Logout 함수가 호출된다.

- **모든 클라이언트가 알아야 하는 액터의 생성**: 모든 클라이언트에 존재하는 액터를 생성하려면, 생성 작업을 서버에서 진행해야 한다. 이는 모든 클라이언트에게 액터의 인스턴스를 생성하도록 지시할 수 있는 권한을 가진 유일한 대상이 서버이기 때문이다.

  대부분의 액터가 모든 클라이언트에 존재해야 하므로 서버에서 액터를 생성하는 것이 멀티플레이어 게임에서 가장 일반적인 방법이다. 모든 클라이언트가 볼 수 있고 상호작용 가능한 파워업 아이템을 예로 들 수 있다.

- **중요한 게임플레이 로직의 실행**: 게임이 모든 클라이언트에게 공정하도록 만들려면 중요한 게임플레이 로직을 서버에서만 실행해야 한다. 클라이언트가 체력을 낮추는(깎는) 로직의 처리를 담당한다면 플레이어가 어떤 도구를 사용해 메모리에서 현재 체력 값을 100%로 항상 변경할 수 있고, 이 경우 해당 플레이어는 게임에서 절대로 죽지 않을 것이다.

- **변수 리플리케이션 처리**: 리플리케이션^{replication}(복제)이 필요한 변수('변수 리플리케이션 이해하기' 절에서 다룬다)가 있는 경우에 해당 변수의 값은 서버에서만 변경해야 한다. 이렇게 하면 모든 클라이언트의 값이 자동으로 업데이트될 것이다. 여전히 클라이언트에서 값을 변경할 수는 있지만, 부정행위를 방지하고 모든 클라이언트를 동기화하도록 항상 서버의 최신 값으로 대체한다.

- **클라이언트의 RPC 처리**: 서버는 클라이언트에서 보낸 RPC(17장, 'RPC 사용'에서 다룬다)를 처리해야 한다.

이것으로 서버에서 처리하는 일을 배웠다. 이제 UE5에서 서버를 생성하는 두 가지 방법을 살펴보자.

데디케이트 서버

데디케이트 서버^{dedicated server}는 서버 로직만 실행하므로 로컬 플레이어로서 캐릭터를 제어하는 게임이 실행되는 일반적인 창은 볼 수 없다. 즉, 모든 클라이언트는 이 서버에 연결하며, 서버는 클라이언트들과 소통하고 중요한 게임플레이 로직을 실행하는 일만 담당한다. 또한 -log 명령 프롬프트를 사용해 데디케이트 서버를 실행하면, 클라이언트가 연결됐는지 또는 연결이 해제됐는지 등 서버에서 발생하는 이벤트에 대한 관련 정보를 출력해주는 콘솔 창이 나타난다. 개발자로서 여러분은 UE_LOG 매크로를 사용해 자신만의 정보를 기록할 수도 있다.

데디케이트 서버를 사용하는 것은 멀티플레이어 게임용 서버를 제작하는 매우 일반적인 방법이며, 리슨 서버(다음 절에서 설명함)보다 가볍기 때문에 서버 스택에서 호스팅하고 실행 상태로 둘 수 있다. 데디케이트 서버의 또 다른 장점은 네트워크 상태가 모두에게 동일하므로 모든 플레이어에게 좀 더 공평하다는 점이다. 또한 클라이언트에는 권한이 없으므로 해킹의 가능성도 줄일 수 있다.

UE5에서 데디케이트 서버를 시작하려면 다음의 명령 인자를 사용할 수 있다.

- 바로가기나 명령 프롬프트를 통해 다음 명령어를 실행함으로써 에디터 안에서 데디케이트 서버를 실행한다.

```
"<UE5 설치 경로>\Engine\Binaries\Win64\UnrealEditor.exe"
"<UProject 위치>" <맵 이름> -server -game –log
```

실행 예는 다음과 같다.

```
"C:\Program Files\Epic
   Games\UE_5.0\Engine\Binaries\Win64\UnrealEditor.exe"
"D:\TestProject\TestProject.uproject" TestMap -server -game –log
```

- 패키지 프로젝트에는 데디케이트 서버 역할을 담당하도록 특별히 빌드된 프로젝트가 필요하다.

NOTE

웹 사이트(https://docs.unrealengine.com/5.0/en-US/InteractiveExperiences/Networking/HowTo/
DedicatedServers/)에서 패키징된 데디케이트 서버의 설정에 대해 자세히 확인할 수 있다.

리슨 서버

리슨 서버^{listen server}는 서버 역할과 클라이언트 역할을 동시에 수행한다. 따라서 리슨 서버를 사용하면 클라이언트로 게임을 플레이할 수 있는 창이 나타난다. 또한 서버를 실행하는 가장 빠른 방법이라는 장점도 있다. 하지만 리슨 서버는 데디케이트 서버만큼 가볍지 않다. 따라서 동시에 접속할 수 있는 클라이언트의 수가 제한된다.

리슨 서버를 시작하려면 다음의 명령 인자를 사용할 수 있다.

- 바로가기나 명령 프롬프트를 통해 에디터 안에서 데디케이트 서버를 시작한다.

```
"<UE5 설치 폴더>\Engine\Binaries\Win64\UnrealEditor.exe"
"<UProject 위치>" <맵 이름>?Listen -game
```

실행 예는 다음과 같다.

```
"C:\Program Files\Epic
   Games\UE_5.0\Engine\Binaries\Win64\UnrealEditor.exe"
"D:\TestProject\TestProject.uproject" TestMap?Listen -game
```

- 패키징된 개발 빌드는 바로가기나 명령 프롬프트를 통해 리슨 서버를 실행할 수 있다.

```
"<프로젝트 이름>.exe" <맵 이름>?Listen -game
```

실행 예는 다음과 같다.

```
"D:\Packaged\TestProject\TestProject.exe" TestMap?Listen -game
```

지금까지 언리얼 엔진에서 제공하는 서로 다른 두 서버 유형을 살펴봤다. 다음 절에서는 서버와 반대인 클라이언트와 클라이언트의 역할을 살펴본다.

⋙ 클라이언트 이해하기

대부분의 액터에 대한 권한을 서버가 갖기 때문에 클라이언트는 서버-클라이언트 아키텍처에서 가장 단순한 부분이다. 따라서 이 경우 작업은 서버에서 수행되고, 클라이언트는 서버의 명령에 따른다.

다음은 클라이언트가 담당하는 주요 내용이다.

- **서버로부터의 변수 리플리케이션 적용**: 서버는 일반적으로 클라이언트가 알고 있는 모든 액터에 대한 권한을 가진다. 따라서 서버에서 리플리케이션 변수의 값이 변경되면, 클라이언트도 변경된 값을 적용해야 한다.

- **서버의 RPC 처리**: 클라이언트는 서버에서 전송한 RPC^(17장, 'RPC 사용'에서 다룬다)를 처리해야 한다.

- **시뮬레이션 시 움직임 예측**: 클라이언트가 액터를 시뮬레이션할 때^('롤 살펴보기' 절에서 다룬다) 액터의 속도를 기반으로 액터의 위치를 로컬에서 예측해야 한다.

- **클라이언트만 알아야 하는 액터 생성**: 클라이언트에서만 존재하는 액터를 생성할 때는 해당 클라이언트에서 액터를 생성해야 한다.

  액터가 클라이언트에만 존재하는 상황은 거의 없으므로 사용률이 매우 낮은 방법이다. 멀티플레이어 서바이벌 게임에서 볼 수 있는 프리뷰^(미리보기) 액터를 예로 들 수 있다. 여기서 플레이어는 실제로 배치될 때까지 다른 플레이어가 볼 수 없는 반투명 버전의 벽을 제어한다.

클라이언트는 다양한 방식으로 서버에 입장할 수 있다. 다음은 가장 일반적인 방법을 목록으로 보여준다.

- UE5 콘솔(단축키 기본값은 ` 키)을 열고 다음 명령어를 입력한다.

```
Open <Server IP Address>
```

예를 들면 다음과 같다.

```
Open 194.56.23.4
```

- Execute Console Command 블루프린트 노드를 사용한다. 사용 예는 다음과 같다.

그림 16.3 Execute Console Command 노드를 사용해 예제 IP로 서버에 참가하기

- 다음과 같이 APlayerController에서 ConsoleCommand 함수를 사용해 참가하기

```
PlayerController->ConsoleCommand("Open <Server IP Address>");
```

예는 다음과 같다.

```
PlayerController->ConsoleCommand("Open 194.56.23.4");
```

- 바로가기나 명령 프롬프트를 통해 에디터 실행하기

```
"<UE5 설치 폴더>\Engine\Binaries\Win64\UnrealEditor.exe"
"<UProject 위치>" <Server IP Address> -game
```

예는 다음과 같다.

```
"C:\Program Files\Epic Games\UE_5.0\Engine\Binaries\Win64\UE4Editor.exe"
"D:\TestProject\TestProject.uproject" 194.56.23.4 -game
```

- 바로가기나 명령 프롬프트를 통해 패키징된 개발 빌드 사용하기

```
"<프로젝트 이름>.exe" <서버 IP 주소>
```

예는 다음과 같다.

```
"D:\Packaged\TestProject\TestProject.exe" 194.56.23.4
```

다음 예제에서는 UE5가 기본 제공하는 **삼인칭** 템플릿을 멀티플레이어 환경에서 테스트한다.

실습 16.01: 멀티플레이어에서 삼인칭 템플릿 테스트하기

이번 실습에서는 삼인칭^{Third Person} 템플릿 프로젝트를 생성하고 멀티플레이어 환경에서 플레이한다.

다음 단계에 따라 이번 실습을 완료할 수 있다.

1. 블루프린트를 사용해 삼인칭 템플릿 프로젝트를 생성하고 TestMultiplayer라는 이름으로 원하는 위치에 저장한다.

   프로젝트가 생성되면, 에디터가 열릴 것이다. 이제 멀티플레이어에서 프로젝트를 테스트해 어떻게 동작하는지 살펴보자.

2. 에디터에서 **플레이**^{Play} 버튼 오른쪽에 세로로 배치된 점 모양의 버튼을 찾을 수 있다. 이 버튼을 클릭하고 옵션 목록을 확인한다. **멀티플레이어 옵션**^{Multiplayer Options} 섹션에서 사용할 클라이언트의 수와 넷 모드를 지정할 수 있다. 다음 목록을 확인해보자.

   - **Play Standalone**: 싱글 플레이어에서 게임 실행하기

   - **Play As Listen Server**: 리슨 서버로 게임 실행하기

   - **Play As Client**: 데디케이트 서버로 게임 실행하기

3. **넷 모드**^{Net Mode} 옵션을 **Play As Listen Server**로 체크하고, **플레이어 수**^{Number of Players}를 3으로 변경한 다음, **새 에디터 창**^{New Editor Window}(PIE)을 실행한다.

그러면 세 클라이언트를 나타내는 3개의 창이 서로 겹쳐져 표시될 것이다.

그림 16.4 리슨 서버를 사용해 3개의 클라이언트 창 실행하기

그림에서 보듯이, 서버 창이 클라이언트 창보다 크기 때문에 창의 크기를 변경해보자. 키보드에서 ESC 키를 눌러 플레이를 종료한다.

4. **플레이**^{Play} 버튼 옆에 있는 버튼을 다시 클릭하고 마지막 옵션인 **고급 세팅**^{Advanced Settings}을 선택한다.

5. **Game Viewport Settings** 섹션을 찾는다. **새 뷰포트 해상도**^{New Viewport Resolution}를 640x480으로 변경하고 **에디터 개인 설정**^{Editor Preferences} 탭을 닫는다.

NOTE

> 이 옵션은 서버 창의 크기만 변경한다. 클라이언트 창의 크기를 조절하고 싶은 경우에는 **멀티플레이어 뷰포트 크기**(Multiplayer Viewport Size) 옵션의 값을 변경할 수 있다. 같은 메뉴에서 스크롤을 더 아래로 내리면 찾을 수 있다.

6. 게임을 다시 플레이하면 다음과 같은 결과를 확인할 수 있다.

그림 16.5 리슨 서버에서 640x480 해상도를 사용해 3개의 클라이언트 창을 실행한 모습

플레이가 시작되면 창의 타이틀 바에 **Server, Client1, Client2**라고 나오는 것을 볼 수 있다. 서버 창에서도 캐릭터를 제어할 수 있기 때문에 서버와 클라이언트가 같은 창에서 실행되는 리슨 서버를 실행하고 있다는 것을 알 수 있다. 이때 혼동을 피하기 위해 창 제목을 **Server** 대신 **Server + Client 0**으로 해석하는 것이 좋다.

이것으로 이번 실습을 마친다. 이제 1개의 서버와 3개의 클라이언트(클라이언트 0, 클라이언트 1, 클라이언트 2)가 실행되도록 하는 설정을 마쳤다.

> **NOTE**
>
> 동시에 여러 창을 실행하면, 한 번에 하나의 창에만 입력 포커스를 가질 수 있다는 사실을 알 수 있을 것이다. 입력 포커스를 한 창에서 다른 창으로 이동할 때는 **Shift + F1** 키를 눌러 현재 창에서 입력 포커스를 잃도록 한 다음, 입력 포커스를 설정하려는 새 창을 클릭해야 한다.

여러 창들 중 하나에서 게임을 플레이하면 이동 및 점프가 가능하고, 다른 클라이언트에서 그 움직임을 볼 수 있다는 것을 알 수 있다.

모든 움직임이 제대로 동작하는 이유는 캐릭터 클래스에 포함된 캐릭터 무브먼트 컴포넌트가 위치, 회전, 점프 상태(점프하는지 여부를 보여주기 위해 사용)를 자동으로 복제해주기 때문이다. 공격 애니메이션과 같은 특정 동작을 추가할 경우, 클라이언트에게 어떤 키가 눌렸을 때 애니메이션을 로컬에서 재생하도록 하면 다른 클라이언트들에서 보이지 않으므로 이렇게 하면 안 된다. 바로 이런 이유로 서버가 필요하다. 즉, 중재자 역할을 담당하고 한 클라이언트가 키를 누를 때 다른 모든 클라이언트에게 애니메이션을 재생하도록 지시하는 서버가 있어야 한다.

이번 실습에서는 에디터 모드에서 멀티플레이어를 테스트하는 방법을 살펴봤다. 이번에는 패키지 빌드에서 멀티플레이어를 테스트하는 방법을 살펴보자.

프로젝트 패키징하기

프로젝트를 완료하면, 이를 패키징(이전 장에서 다뤘듯이)해 언리얼 엔진 에디터를 사용하지 않는 순수 스탠드얼론standalone 버전으로 만드는 것이 좋다. 패키지 버전은 더 빠르고 더 가볍다.

다음 단계는 '실습 16.01: 멀티플레이어에서 삼인칭 템플릿 테스트하기'의 패키지 버전을 만드는 데 도움을 줄 것이다.

1. Platforms(플레이Play 버튼 오른쪽에 위치) ➤ 창Windows ➤ 패키지 프로젝트Package Project 메뉴로 이동한다.

2. 패키지 빌드를 저장할 폴더를 선택하고 완료될 때까지 기다린다.

3. 패키지가 완료되면, 선택한 폴더로 이동해 Windows 폴더를 연다.

4. TestMultiplayer.exe 파일에서 마우스 오른쪽 버튼을 클릭하고 **바로가기 만들기**Create Shortcut를 선택한다.

5. 새 바로가기의 이름을 **Run Server**로 변경한다.

6. 마우스 오른쪽 버튼을 클릭하고 **속성**^{Properties}을 선택한다.

7. 대상^{target} 항목에 ThirdPersonMap?Listen -server를 추가한다. 이 명령어는 ThirdPersonMap을 사용해 리슨 서버를 생성한다. 대상 항목의 최종 설정 값은 다음과 같다.

```
"<패키지 경로>\Windows\TestMultiplayer.exe"
ThirdPersonMap?Listen -server
```

8. **확인**^{OK}을 클릭하고 바로가기를 실행한다.

9. 윈도우 방화벽^{Windows Firewall} 프롬프트가 나타날 수 있다. 허용한다.

10. 서버를 실행 상태로 두고 패키지 폴더로 다시 돌아가(ALT + TAB을 누르거나 Windows 키를 누르고 태스크바의 다른 창을 선택해서) TestMultiplayer.exe에서 또 다른 바로가기를 생성한다.

11. 이름을 Run Client로 변경한다.

12. 마우스 오른쪽 버튼을 클릭하고 **속성**을 선택한다.

13. 대상 항목에 로컬 서버의 IP인 127.0.0.1을 추가한다. 대상 항목의 최종 설정 값은 다음과 같다.

```
"<패키지 경로>\WindowsNoEditor\TestMultiplayer.exe" 127.0.0.1
```

14. **확인**^{OK}을 클릭하고 바로가기를 실행한다.

이제 리슨 서버에 연결돼 다른 클라이언트의 캐릭터를 볼 수 있다. **Run Client** 바로가기를 클릭할 때마다 서버에 새 클라이언트를 추가하므로 같은 PC에서 여러 클라이언트를 실행할 수 있다.

패키지 빌드에서 테스트를 마쳤으면 **ALT** + **F4**를 눌러 각 창을 종료한다.

지금까지 멀티플레이어에서 패키지 빌드를 테스트하는 방법을 살펴봤다. 이번에는 서버와 클라이언트 사이의 양방향 통신을 가능케 하는 연결과 오너십을 살펴보자.

⫸ 연결과 오너십 살펴보기

언리얼 엔진에서 멀티플레이어를 사용할 때 이해해야 하는 중요한 개념이 바로 연결 connection이다. 클라이언트가 서버에 입장할 때는 연결과 연관된 플레이어 컨트롤러Player Controller를 얻는다.

어떤 액터가 서버와의 유효한 연결을 갖지 못하면, 해당 액터는 변수 리플리케이션('변수 리플리케이션 이해하기' 절에서 다룬다)이나 RPC(17장, 'RPC 사용'에서 다룬다) 등의 리플리케이션 작업을 수행할 수 없다.

플레이어 컨트롤러가 연결을 유지하는 유일한 액터라면, 플레이어 컨트롤러에서만 리플리케이션 작업을 수행할 수 있을까? 아니다. 바로 이 부분에서 AActor에 정의된 GetNetConnection 함수가 제 역할을 한다.

액터에서 리플리케이션 작업(변수 리플리케이션이나 RPC)을 수행할 때 네트워크 프레임워크는 해당 액터에서 GetNetConnection() 함수를 호출해 액터의 연결을 가져온다. 이때 연결이 유효하면 리플리케이션 작업을 수행하고, 유효하지 않으면 아무런 작업도 진행하지 않는다. APawn과 AActor에서 구현한 함수가 가장 일반적인 GetNetConnection() 함수의 구현 버전이다.

일반적으로 캐릭터에 사용하는 APawn 클래스의 GetNetConnection() 함수를 구현하는 방법을 살펴보자.

```
class UNetConnection* APawn::GetNetConnection() const
{
  // 컨트롤러가 있는 경우, 컨트롤러의 네트워크 연결을 사용한다
  if ( Controller )
  {
    return Controller->GetNetConnection();
  }
  return Super::GetNetConnection();
}
```

UE5 소스 코드의 일부인 앞의 코드 구현을 살펴보면, 먼저 폰에 유효한 컨트롤러가 있

느지 확인한다. 이때 컨트롤러가 유효하면, 컨트롤러의 연결을 사용한다. 컨트롤러가 유효하지 않으면, APawn의 부모인 AActor에 있는 GetNetConnection() 함수를 사용한다.

```
UNetConnection* AActor::GetNetConnection() const
{
  return Owner ? Owner->GetNetConnection() : nullptr;
}
```

위의 코드 구현 역시 UE5 소스 코드의 일부며, 액터가 유효한 소유자^{Owner}를 갖고 있는지 확인한다. 액터가 소유자를 갖고 있으면 소유자의 연결을 사용하고, 그렇지 않으면 유효하지 않은 연결을 반환한다. 그렇다면 이 Owner 변수는 무엇일까? 모든 액터는 Owner(SetOwner 함수를 사용해 값을 설정할 수 있다)라는 이름의 변수를 가지며 어떤 액터가 자신을 소유하는지를 보여준다. 따라서 Owner를 부모 액터로 생각할 수 있다.

NOTE

리슨 서버에서 클라이언트가 제어하는 캐릭터의 연결은 항상 유효하지 않다. 이는 해당 클라이언트가 이미 서버의 한 부분이므로 연결을 갖지 않기 때문이다.

GetNetConnection() 함수의 이 구현에서는 소유자의 연결을 사용해 계층 구조처럼 동작한다. 소유자의 계층 구조를 타고 올라가는 과정에서 플레이어 컨트롤러나 컨트롤러가 제어하는 소유자를 찾으면 유효한 연결을 구하고 리플리케이션 작업을 수행할 수 있다. 다음 예제를 살펴보자.

월드 공간에 배치돼 움직이지 않고 그대로 있는 무기 액터를 상상해보자. 이 상황에서 무기는 소유자를 갖지 않는다. 따라서 무기에서 변수 리플리케이션이나 RPC 등의 리플리케이션 작업을 시도하면 아무 일도 발생하지 않는다.

하지만 클라이언트가 무기를 잡고 서버에서 캐릭터의 값으로 SetOwner를 호출하면, 무기는 이제 유효한 연결을 갖게 된다. 무기가 액터이므로 연결을 얻으려면 액터의 소유자의 연결을 반환하는 GetNetConnection() 함수의 AActor 구현을 사용해야 하기 때문이다. 무기 액터의 소유자가 클라이언트의 캐릭터이므로 APawn의 GetNetConnection() 구현을 사용할 것이다. 캐릭터는 유효한 플레이어 컨트롤러를 가지므로 GetNetConnection()

함수는 유효한 연결을 반환한다.

다음 도표는 이 로직을 이해하는 데 도움을 준다.

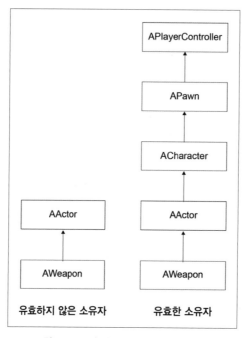

그림 16.6 무기 액터의 연결과 오너십의 예

무기 액터가 유효하지 않은 소유자를 가질 때는 다음의 과정이 발생한다.

- AWeapon은 GetNetConnection() 함수를 오버라이딩하지 않는다. 따라서 연결을 얻기 위해 첫 번째 구현인 AActor::GetNetConnection 함수를 호출한다.

- AActor::GetNetConnection 함수는 소유자의 GetNetConnection 함수를 호출한다. 무기 액터는 소유자가 없기 때문에 이 연결은 유효하지 않다.

무기 액터가 유효한 소유자를 가질 때는 다음의 과정이 발생한다.

- AWeapon은 GetNetConnection() 함수를 오버라이딩하지 않는다. 따라서 연결을 얻기 위해 첫 번째 구현인 AActor::GetNetConnection 함수를 호출한다.

- AActor::GetNetConnection 함수는 소유자의 GetNetConnection 함수를 호출한다. 무기의 소유자는 무기를 잡은 캐릭터이므로 캐릭터에서 GetNetConnection 함수를 호출한다.

- ACharacter는 GetNetConnection() 함수를 오버라이딩하지 않는다. 따라서 연결을 얻기 위해 첫 번째 구현인 APawn::GetNetConnection 함수를 호출한다.

- APawn::GetNetConnection의 구현은 이를 소유하는 플레이어 컨트롤러의 연결을 사용한다. 폰을 소유하는 플레이어 컨트롤러가 유효하기 때문에 이 연결을 무기의 연결로 사용한다.

NOTE

> SetOwner 함수가 의도한 대로 동작하려면 권한(대부분의 경우 서버를 의미하는)을 기반으로 실행해야 한다. 클라이언트에서만 SetOwner 함수를 실행하면 리플리케이션 작업을 수행할 수 없다.

이 절에서는 연결과 오너십을 통해 서버와 클라이언트가 양방향으로 소통(통신)하는 방법을 배웠다. 이어서 액터의 롤 개념을 배운다. 액터의 롤은 코드를 실행하는 액터의 버전을 알려준다.

⫸ 롤 살펴보기

서버에서 액터를 생성하면 서버 버전의 액터가 생성되고, 각 클라이언트에서도 액터가 생성된다. 게임의 서로 다른 인스턴스에서 동일한 액터의 다른 버전이 존재하기 때문에 (서버, 클라이언트 1, 클라이언트 2 등) 어떤 버전의 액터가 어느 것인지를 아는 것이 중요하다. 이를 통해 각 인스턴스에서 어떤 로직을 수행할 수 있는지를 알 수 있다.

이런 상황을 돕기 위해 모든 액터에는 다음의 두 변수가 존재한다.

- **로컬 롤**Local Role: 현재 게임 인스턴스에서 액터가 갖는 롤(역할)이다. 예를 들어 액터가 서버에서 생성되고 현재 게임 인스턴스도 서버라면, 해당 버전의 액터가 권한을 갖기 때문에 더 중요한 게임플레이 로직을 실행할 수 있다. GetLocalRole() 함

수를 호출해 접근할 수 있다.

- **리모트 롤**^{Remote Role}: 리모트 게임 인스턴스에서 액터가 갖는 롤이다. 예를 들어 현재 게임 인스턴스가 서버라면 액터가 클라이언트에 대해 갖는 역할을 반환하며, 반대의 경우도 마찬가지로 동작한다. GetRemoteRole() 함수를 호출해 접근할 수 있다.

GetLocalRole()과 GetRemoteRole() 함수의 반환형은 다음의 값을 가질 수 있는 ENetRole 열거형이다.

- **ROLE_None**: 액터가 롤을 갖지 않으므로 복제되지 않는다.
- **ROLE_SimulatedProxy**: 현재 게임 인스턴스가 액터에 대한 권한이 없고, 플레이어 컨트롤러를 통해 제어되지 않는다. 즉, 액터 속도의 마지막 값을 사용해 움직임을 시뮬레이션(또는 예측)한다는 것을 의미한다.
- **ROLE_AutonomousProxy**: 현재 게임 인스턴스가 액터에 대한 권한이 없지만, 플레이어 컨트롤러를 통해 제어된다. 즉, 액터 속도의 마지막 값을 사용하는 대신에 플레이어의 입력을 기반으로 좀 더 정확한 움직임 정보를 서버에 전송할 수 있다.
- **ROLE_Authority**: 현재 게임 인스턴스가 액터에 대한 완전한 권한을 갖는다. 즉, 액터가 서버에 있으면 이 액터에 대한 변경 사항은 모든 클라이언트가 변수 리플리케이션을 통해 적용해야 하는 값으로 처리된다.

다음 코드 예제를 살펴보자.

```
ENetRole MyLocalRole = GetLocalRole();
ENetRole MyRemoteRole = GetRemoteRole();
FString String;

if(MyLocalRole == ROLE_Authority)
{
  if(MyRemoteRole == ROLE_AutonomousProxy)
  {
```

```
    String = "이 버전의 액터는 권한(Authority)을 가지며,
    클라이언트의 플레이어가 제어한다";
  }
  else if(MyRemoteRole == ROLE_SimulatedProxy)
  {
    String = "이 버전의 액터는 권한(Authority)을 갖지만,
    클라이언트의 플레이어가 제어하지 않는다";
  }
}
else String = "이 버전의 액터는 권한을 갖지 않는다";
GEngine->AddOnScreenDebugMessage(-1, 0.0f, FColor::Red, String);
```

앞의 코드는 로컬 롤과 리모트 롤을 각각 `MyLocalRole`과 `MyRemoteRole`에 저장한다. 그런 다음, 해당 버전의 액터가 권한을 갖는지 또는 클라이언트의 플레이어가 제어하는지 여부에 따라 화면에 다른 메시지를 출력한다.

> **NOTE**
>
> 액터가 ROLE_Authority의 로컬 롤을 가진다고 해서 그 액터가 서버에 있다는 것을 의미하지는 않는다는 사실을 이해하는 것이 중요하다. 액터가 원래 생성된 게임 인스턴스에 있으므로 이에 대한 권한을 갖는 것이다.
>
> 클라이언트가 액터를 생성하면, 서버나 다른 클라이언트가 이를 알지 못하더라도 로컬 롤은 여전히 ROLE_Authority다. 멀티플레이어 게임에서 대부분의 액터는 서버가 생성한다. 그렇기 때문에 권한이 항상 서버를 참조한다고 오해하기 쉽다.

다음 표는 다양한 시나리오에서 액터가 갖는 롤을 이해하는 데 도움을 준다.

	서버		클라이언트	
	로컬 롤	리모트 롤	로컬 롤	리모트 롤
액터가 서버에서 생성됨	ROLE_Authority	ROLE_SimulatedProxy	ROLE_SimulatedProxy	ROLE_Authority
액터가 클라이언트에서 생성됨	존재하지 않음	존재하지 않음	ROLE_Authority	ROLE_SimulatedProxy
플레이어가 소유한 폰이 서버에서 생성됨	ROLE_Authority	ROLE_AutonomousProxy	ROLE_AutonomousProxy	ROLE_Authority
플레이어가 소유한 폰이 클라이언트에서 생성됨	존재하지 않음	존재하지 않음	ROLE_Authority	ROLE_SimulatedProxy

그림 16.7 다양한 시나리오에서 액터가 가질 수 있는 롤

위의 표를 통해 액터가 다양한 시나리오에서 가질 롤을 확인할 수 있다.

각 시나리오를 분석하고 액터가 그 롤을 갖는 이유를 살펴보자.

액터가 서버에서 생성됨

액터가 서버에서 생성되기 때문에 이 액터의 서버 버전은 ROLE_Authority의 로컬 롤과 ROLE_SimulatedProxy의 리모트 롤을 가진다. 이 액터의 클라이언트 버전의 경우, 로컬 롤은 ROLE_SimulatedProxy이며 리모트 롤은 ROLE_Authority이다.

액터가 클라이언트에서 생성됨

액터가 클라이언트에서 생성되기 때문에 이 액터의 클라이언트 버전은 ROLE_Authority의 로컬 롤과 ROLE_SimulatedProxy의 리모트 롤을 가진다. 액터가 서버에서 생성되지 않았기 때문에 이 액터는 생성된 클라이언트에만 존재한다.

플레이어가 소유한 폰이 서버에서 생성됨

폰이 서버에서 생성되기 때문에 이 폰의 서버 버전은 ROLE_Authority의 로컬 롤과 ROLE_AutonomousProxy의 리모트 롤을 가진다. 이 폰의 클라이언트 버전의 경우, 로컬 롤은 ROLE_AutonomousProxy이며 플레이어 컨트롤러가 제어하기 때문에 리모트 롤은 ROLE_Authority이다.

플레이어가 소유한 폰이 클라이언트에서 생성됨

폰이 클라이언트에서 생성되기 때문에 이 폰의 클라이언트 버전은 ROLE_Authority의 로컬 롤과 ROLE_SimulatedProxy의 리모트 롤을 갖는다. 폰이 서버에서 생성되지 않았기 때문에 생성된 클라이언트에만 존재한다.

실습 16.02: 오너십과 롤 구현하기

이번 실습에서는 삼인칭 템플릿을 기반으로 C++ 프로젝트를 생성한다.

- 스태틱 메시 컴포넌트를 루프 컴포넌트로 가지며 틱^{tick}마다 다음 작업을 수행하는 새 액터를 생성한다. 액터의 이름은 OwnershipTestActor로 지정한다.

  - 권한에서 어떤 캐릭터가 특정 반경(OwnershipRadius라는 이름으로 EditAnywhere 속성을 지정함)에서 가장 가까이 있는지를 확인한 다음, 가장 가까운 위치에 있는 캐릭터를 액터의 소유자로 설정한다. 반경 안에 캐릭터가 없을 때는 소유자를 nullptr로 설정한다.

  - 액터의 로컬 롤, 리모트 롤, 소유자, 연결 정보를 표시한다.

- OwnershipRolesCharacter를 편집하고 로컬 롤, 리모트 롤, 소유자 연결을 표시하도록 Tick 함수를 오버라이딩한다.

- OwnershipRoles.h에 ENetRole을 FString 변수로 변환하는 ROLE_TO_STRING 매크로를 추가한다.

다음 단계에 따라 이번 실습을 완료할 수 있다.

1. C++를 사용해 삼인칭 템플릿 프로젝트를 생성하고, 프로젝트 이름을 Ownership Roles로 지정한 다음, 원하는 위치에 저장한다.

2. 프로젝트가 생성되면, 에디터와 비주얼 스튜디오가 열릴 것이다.

3. 에디터를 사용해 Actor 기반의 새 C++ 클래스를 생성하고 이름을 OwnershipTest Actor로 지정한다.

4. 컴파일이 완료되면, 비주얼 스튜디오가 새로 생성된 .h와 .cpp 파일을 열어줄 것이다.

5. 에디터를 닫고 비주얼 스튜디오로 돌아간다.

6. 비주얼 스튜디오에서 OwnershipRole.h 파일을 열고 다음 매크로를 추가한다.

```
#define ROLE_TO_STRING(Value) FindObject<UEnum>(ANY_PACKAGE,
TEXT("ENetRole"), true)->GetNameStringByIndex(static_cast<int32>(Value))
```

이 매크로는 GetLocalRole()과 GetRemoteRole() 함수로부터 구한 ENetRole 열거형을 FString으로 변환한다. 언리얼 엔진의 리플렉션reflection 시스템을 통해 ENetRole 열거형 타입을 찾은 다음, 열거형의 Value 파라미터를 화면에 출력할 수 있도록 FString 변수로 변환하는 방식으로 동작한다.

7. 이제 OwnershipTestActor.h 파일을 열고, 스태틱 메시 컴포넌트 타입의 protected 변수를 선언한 후 OwnershipRadius를 다음 코드와 같이 선언한다.

```
UPROPERTY(VisibleAnywhere, BlueprintReadOnly, Category = "Ownership
Test Actor")
UStaticMeshComponent* Mesh;
UPROPERTY(EditAnywhere, BlueprintReadOnly, Category = "OwnershipTest
Actor")
float OwnershipRadius = 400.0f;
```

앞의 코드를 살펴보면, 스태틱 메시 컴포넌트와 오너십의 반경을 설정할 수 있는 OwnershipRadius 변수를 선언했다.

8. 이어서 BeginPlay의 선언을 지우고 생성자와 Tick 함수 선언을 protected 영역으로 옮긴다.

9. 이제 OwnershipTestActor.cpp 파일을 열고 다음 코드에 나열된 헤더 파일을 추가한다.

```
#include "OwnershipRoles.h"
#include "OwnershipRolesCharacter.h"
#include "Kismet/GameplayStatics.h"
```

앞의 코드를 살펴보면 OwnershipRoles.h, OwnershipRolesCharacter.h, StaticMeshComponent.h를 포함시켰는데, GetAllActorsOfClass 함수를 사용하기 때문이다.

10. 생성자 함수에서 스태틱 메시 컴포넌트를 생성하고, 루트 컴포넌트로 설정한다.

```
Mesh = CreateDefaultSubobject<UStaticMeshComponent>("Mesh");
RootComponent = Mesh;
```

11. 생성자 함수에서 bReplicates를 true로 설정해 언리얼 엔진에 이 액터가 복제돼야 하며 모든 클라이언트에 존재해야 한다고 알린다.

```
bReplicates = true;
```

12. BeginPlay 함수 정의를 지운다.

13. Tick 함수에서 다음 코드와 같이 오너십 반경을 시각화하기 위해 Debug DrawSphere 를 실행한다.

```
DrawDebugSphere(GetWorld(), GetActorLocation(), OwnershipRadius, 32,
FColor::Yellow);
```

14. Tick 함수에서 권한이 있을 때 오너십 반경 안에서 가장 가까운 AOwnershipRolesCh aracter를 구하는 로직을 생성하고, 현재 캐릭터와 값이 다르다면 새로 찾은 캐릭 터를 소유자로 설정한다.

```
if (HasAuthority())
{
  AActor* NextOwner = nullptr;
  float MinDistance = OwnershipRadius;
  TArray<AActor*> Actors;
  UGameplayStatics::GetAllActorsOfClass(this,
    AOwnershipRolesCharacter::StaticClass(), Actors);

  for (AActor* Actor : Actors)
  {
    const float Distance = GetDistanceTo(Actor);

    if (Distance <= MinDistance)
    {
      MinDistance = Distance;
      NextOwner = Actor;
```

```
      }
    }
    if (GetOwner() != NextOwner)
    {
      SetOwner(NextOwner);
    }
  }
```

NOTE

위 코드는 GetAllActorsOfClass를 매 프레임 Tick 함수에서 실행하는 것이 성능에 큰 영향을 미치므로
데모 전용이다. 이상적으로는 이 코드를 한 번만 실행하고(BeginPlay 등에서) 값을 저장해둔 후 Tick에
서 이를 확인해 사용하는 것이 좋다.

15. Tick 함수에서 로컬/리모트 롤, 현재 소유자, 연결 값을 문자열로 변환한다(앞서 생성했
    던 ROLE_TO_STRING 매크로를 사용해서).

```
const FString LocalRoleString = ROLE_TO_STRING(GetLocalRole());
const FString RemoteRoleString = ROLE_TO_STRING(GetRemoteRole());
const FString OwnerString = GetOwner() != nullptr ?
  GetOwner()->GetName() : TEXT("No Owner");
const FString ConnectionString = GetNetConnection() != nullptr ?
  TEXT("Valid Connection") : TEXT("Invalid Connection");
```

16. Tick 함수를 마무리하기 위해 DrawDebugString 함수를 사용해 이전 단계에서 변환
    한 문자열을 화면에 출력한다.

```
const FString Values = FString::Printf(TEXT("LocalRole =
  %s\nRemoteRole = %s\nOwner = %s\nConnection = %s"),
    *LocalRoleString, *RemoteRoleString, *OwnerString,
    *ConnectionString);
DrawDebugString(GetWorld(), GetActorLocation(), Values, nullptr,
  FColor::White, 0.0f, true);
```

NOTE

액터가 권한을 갖는지를 확인하기 위해 GetLocalRole() == ROLE_Authority를 계속해서 사용하는 대
신, AActor에 정의된 HasAuthority() 도움 함수를 사용할 수 있다.

17. 다음으로, OwnershipRolesCharacter.h 파일을 열고 Tick 함수를 protected로 선언한다.

```
virtual void Tick(float DeltaTime) override;
```

18. 이제 OwnershipRolesCharacter.cpp 파일을 열고 다음 코드와 같이 헤더 파일을 추가한다.

```
#include "OwnershipRoles.h"
```

19. Tick 함수를 구현한다.

```
void AOwnershipRolesCharacter::Tick(float DeltaTime)
{
  Super::Tick(DeltaTime);
}
```

20. 로컬/리모트 롤, 현재 소유자, 연결 값을 문자열로 변환한다(앞서 생성했던 ROLE_TO_STRING 매크로를 사용해서).

```
const FString LocalRoleString = ROLE_TO_STRING(GetLocalRole());
const FString RemoteRoleString = ROLE_TO_STRING(GetRemoteRole());
const FString OwnerString = GetOwner() != nullptr ?
  GetOwner()->GetName() : TEXT("No Owner");
const FString ConnectionString = GetNetConnection() != nullptr ?
  TEXT("Valid Connection") : TEXT("Invalid Connection");
```

21. DrawDebugString 함수를 사용해 이전 단계에서 변환한 문자열을 화면에 출력한다.

```
const FString Values = FString::Printf(TEXT("LocalRole =
  %s\nRemoteRole = %s\nOwner = %s\nConnection = %s"),
  *LocalRoleString, *RemoteRoleString, *OwnerString,
  *ConnectionString);
DrawDebugString(GetWorld(), GetActorLocation(), Values, nullptr,
  FColor::White, 0.0f, true);
```

최종적으로 프로젝트를 테스트할 수 있다.

22. 코드를 실행하고 에디터를 완전히 로드할 때까지 기다린다.

23. Content 폴더에서 OwnershipTestActor를 상속하는 OwnershipTestActor_BP라는 이름의 새 블루프린트를 생성한다. 큐브 메시를 사용하도록 Mesh 파라미터를 설정하고, 월드로 드래그해 인스턴스를 배치한다.

24. **멀티플레이어 옵션**^{Multiplayer Options}으로 이동해 **Net Mode**를 **Play As Listen Server**로 설정하고 **Number of Players**를 2로 설정한다.

25. 창 크기를 800x600으로 설정한다.

26. **새 에디터 창**(PIE)을 사용해 플레이한다.

    그러면 다음과 같은 결과를 확인할 수 있다.

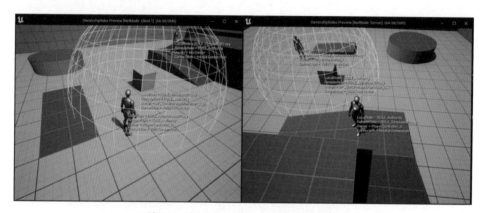

그림 16.8 서버와 클라이언트 1 창에서의 예상 결과

이것으로 이번 실습을 마친다. 이번 실습을 통해 연결과 오너십이 동작하는 방식을 살펴봤는데, 이는 리플리케이션과 관련된 모든 것이 연결 및 오너십과 연관돼 있으므로 반드시 알아둬야 한다.

다음부터는 액터가 리플리케이션 작업을 수행하지 않는 것을 확인하면, 먼저 유효한 연결과 소유자가 있는지 확인해야 한다는 사실을 알 수 있을 것이다.

이제 서버와 클라이언트 창에 표시된 값을 분석해보자.

NOTE

Server Character, Client 1 Character, Ownership Test Actor라는 텍스트는 원본 스크린샷의 일부가
아니라 어떤 캐릭터와 액터인지를 구분하는 데 도움을 주기 위해 추가했다.

서버 창의 출력

다음 그림을 통해 이전 실습을 실행한 서버 창의 출력 스크린샷을 살펴보자.

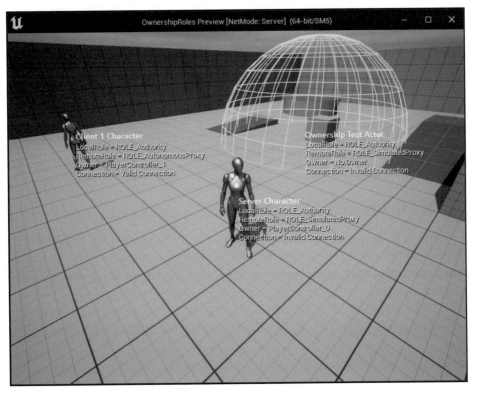

그림 16.9 서버 창

위의 스크린샷에서 **Server Character**, **Client 1 Character**, **Ownership Test** 큐브 액터를
확인할 수 있다.

Server Character의 값부터 분석해보자.

서버 캐릭터

이 캐릭터는 리슨 서버가 제어하는 캐릭터다. 이 캐릭터와 연관된 값은 다음과 같다.

- **LocalRole = ROLE_Authority**: 이 캐릭터는 현재 게임 인스턴스인 서버에서 생성됐다.

- **RemoteRole = ROLE_SimulatedProxy**: 이 캐릭터는 서버에서 생성됐으므로 다른 클라이언트에서 시뮬레이션해야 한다.

- **Owner = PlayerController_0**: 이 캐릭터는 리슨 서버의 클라이언트가 제어한다. 따라서 첫 번째 PlayerController 인스턴스인 PlayerController_0을 사용한다.

- **Connection = Invalid Connection**: 현재 리슨 서버의 클라이언트이므로 연결이 필요 없다.

다음으로는 같은 창에서 **Client 1 Character**를 살펴보자.

클라이언트 1 캐릭터

이 캐릭터는 **클라이언트 1**이 제어하는 캐릭터다. 이 캐릭터와 관련된 값들은 다음과 같다.

- **LocalRole = ROLE_Authority**: 이 캐릭터는 현재 게임 인스턴스인 서버에서 생성됐다.

- **RemoteRole = ROLE_AutonomouosProxy**: 이 캐릭터는 서버에서 생성됐지만, 다른 클라이언트에서 제어한다.

- **Owner = PlayerController_1**: 이 캐릭터는 다른 클라이언트에서 제어하기 때문에 두 번째 PlayerController 인스턴스인 PlayerController_1을 사용한다.

- **Connection = Valid Connection**: 이 캐릭터는 다른 클라이언트가 제어한다. 따라서 서버로의 연결이 필요하다.

다음으로는 같은 창에 있는 OwnershipTest 액터를 살펴보자.

OwnershipTest 액터

이 액터는 특정 반경 안에서 가장 가까운 위치에 있는 캐릭터를 소유자로 설정하는 큐브 액터다. 이 액터와 연관된 값들은 다음과 같다.

- **LocalRole = ROLE_Authority**: 이 액터는 레벨에 배치됐고, 현재 게임 인스턴스인 서버에서 생성됐다.

- **RemoteRole = ROLE_SimulatedProxy**: 이 액터는 서버에서 생성됐지만, 어떤 클라이언트도 이 액터를 제어하지 않는다.

- **Owner 및 Connection**: Owner와 Connection은 가장 가까운 캐릭터를 기반으로 값이 정해진다. 오너십 반경에 아무 캐릭터도 없는 경우에는 No Owner 및 Invalid Connection 값을 갖는다.

이제 클라이언트 1 창에 나타나는 값들을 살펴보자.

클라이언트 1 창의 출력

다음 그림을 통해 이전 실습을 실행한 클라이언트 1 창의 출력 스크린샷을 살펴보자.

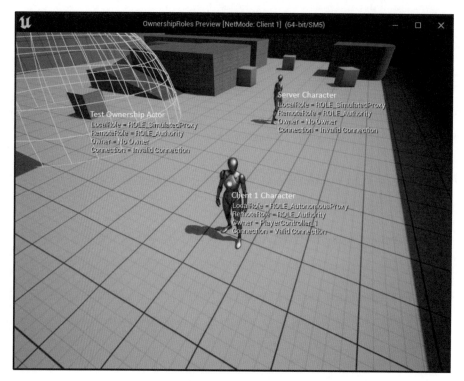

그림 16.10 클라이언트 1 창

클라이언트 1 창의 값은 로컬 롤과 리모트 롤의 값이 서로 뒤바뀐다는 것을 제외하면 서버 창의 값과 완전히 동일하다. 로컬 롤과 리모트 롤은 플레이어가 있는 게임 인스턴스에 상대적이기 때문이다.

또 다른 점은 서버 캐릭터에는 소유자가 없고 연결된 다른 클라이언트에는 유효한 연결이 없다는 점이다. 그 이유는 클라이언트는 플레이어 컨트롤러와 다른 클라이언트의 연결을 저장하지 않고 서버만 저장하기 때문이다. 이 내용은 18장, '멀티플레이어에서 게임플레이 프레임워크 클래스 사용'에서 자세히 다룬다.

이 절에서는 코드를 실행 중인 액터의 버전을 확인하기 위해 롤을 사용하는 방법과 이를 특정 코드를 실행하는 데 활용하는 방법을 살펴봤다. 다음 절에서는 클라이언트의 동기화를 위해 서버에서 사용하는 기술 중 하나인 변수 리플리케이션을 살펴본다.

⫸ 변수 리플리케이션 이해하기

서버가 클라이언트를 동기화하는 방법 중 하나는 변수 리플리케이션을 사용하는 것이다. 리플리케이션은 서버의 변수 리플리케이션 시스템이 초당 특정 횟수(블루프린트에도 노출되는 AActor::NetUpdateFrequency 변수에 액터별로 정의됨)마다 클라이언트에 최신 값으로 업데이트가 필요한 변수가 있는지 확인하는 방식으로 동작한다.

변수가 모든 리플리케이션 조건을 만족하면 서버는 클라이언트가 새로운 값으로 적용하도록 업데이트를 전송한다.

예를 들어, 리플리케이션이 필요한 Health 변수가 있고 클라이언트가 해킹 도구를 사용해 이 변수 값을 10에서 100으로 설정했다고 가정해보자. 이 경우, 리플리케이션 시스템은 서버에 있는 실제 값을 적용해 이 값을 다시 10으로 변경함으로써 해킹을 무효화한다.

변수는 다음의 경우에만 업데이트되도록 클라이언트로 전송된다.

- 변수가 복제되도록 설정된 경우

- 서버에서 값이 변경된 경우

- 클라이언트의 값이 서버와 다른 경우

- 액터의 리플리케이션이 활성화된 경우

- 액터가 관련이 있고 모든 리플리케이션 조건을 만족하는 경우

여기서 고려해야 할 중요한 사항은 변수를 복제해야 하는지 여부를 결정하는 로직이 1초에 AActor::NetUpdateFrequency번만 실행된다는 것이다. 즉, 서버는 서버의 변수 값을 변경한 후 곧바로 클라이언트에 업데이트 요청을 보내지 않는다.

기본값이 5인 Test라는 이름의 정수형 변수를 복제한 경우를 예로 들어보자. Test를 3으로 설정하고 다음 줄에서 이 값을 8로 변경하는 함수를 서버에서 호출하면, 클라이언트에 이후 변경된 값만 업데이트 요청을 보낸다. 이는 NetUpdateFrequency 간격 사이에 두 번의 변경이 발생했으므로 변수 리플리케이션 시스템이 실행될 때의 현재 값은 8이고,

이 값은 클라이언트의 값(여전히 5)과 다르기 때문에 업데이트하도록 요청을 전달하는 것이다. 여기서 8로 설정하는 대신에 5로 다시 설정하면, 변경 사항이 클라이언트에 전달되지 않는다.

다음 절에서는 Replicated와 ReplicatedUsing 지정자를 사용해 변수 리플리케이션을 적용하는 방법과 DOREPLIFETIME, DOREPLIFETIME_CONDITION 매크로도 살펴본다.

복제된 변수

언리얼 엔진에서 UPROPERTY 매크로를 사용할 수 있는 모든 변수는 복제하도록 설정할 수 있고, 이렇게 설정할 때는 2개의 지정자를 사용할 수 있다.

Replicated

변수를 단순히 리플리케이션(복제)만 하고 싶은 경우에는 Replicated 지정자를 사용한다. 다음 예제를 살펴보자.

```
UPROPERTY(Replicated)
float Health = 100.0f;
```

위의 코드에서는 일반적으로 하는 방식으로 Heath라는 이름의 플로트 변수를 선언한다. UPROPERTY(Replicated)를 추가해 언리얼 엔진에 Heath 변수가 복제돼야 한다고 알린다는 점에서 차이가 있다.

ReplicatedUsing

어떤 변수의 리플리케이션을 원하면서 변수가 업데이트될 때마다 어떤 함수를 호출하고 싶다면 ReplicatedUsing=<함수 이름> 지정자를 사용한다.

다음 예제를 살펴보자.

```
UPROPERTY(ReplicatedUsing=OnRep_Health)
float Health = 100.0f;

UFUNCTION()
void OnRep_Health()
{
  UpdateHUD();
}
```

위의 코드에서는 Health라는 이름의 플로트 변수를 선언한다. UPROPERTY(ReplicatedUsing =OnRep_Health)를 추가해 이 리플리케이션(복제)을 처리하고 이 변수를 업데이트할 때마다 OnRep_Health 함수를 호출하라고 언리얼 엔진에 알린다는 점에서 차이가 있다. 위의 코드에서는 HUD를 업데이트하기 위한 함수를 호출한다.

일반적으로 콜백 함수의 이름 구조는 OnRep_<변수 이름>이다.

> **NOTE**
>
> ReplicatingUsing 지정자에서 사용되는 함수는 UFUNCTION()으로 선언해야 한다.

GetLifetimeReplicatedProps

변수를 Replicated로 표시하는 것 외에도 액터의 cpp 파일에서 GetLifetimeReplicated Props 함수를 구현해야 한다. 여기서 주의해야 할 점은 Replicated로 선언된 변수가 1개 이상 있으면 이 함수가 내부적으로 선언되기 때문에 헤더 파일에 선언하면 안 된다는 점이다. 이 함수의 목적은 Replicated 선언된 각 변수를 어떻게 복제해야 하는지를 알려 주는 데 있다. 복제하려는 모든 변수에 DOREPLIFETIME 매크로를 사용해 이를 수행할 수 있다.

DOREPLIFETIME

이 매크로는 Replicated로 선언된 변수(파라미터로 입력되는)가 리플리케이션 조건 없이 모든 클라이언트에 복제된다는 것을 리플리케이션 시스템에 알려준다.

구문은 다음과 같다.

```
DOREPLIFETIME(<클래스 이름>, <Replicated로 선언된 변수 이름>);
```

다음 예제를 살펴보자.

```
void AVariableReplicationActor::GetLifetimeReplicatedProps(TArray<
  FLifetimeProperty>& OutLifetimeProps) const
{
  Super::GetLifetimeReplicatedProps(OutLifetimeProps);
  DOREPLIFETIME(AVariableReplicationActor, Health);
}
```

위의 코드에서는 리플리케이션 시스템에 AVariableReplicationActor 클래스의 Health 변수를 추가 조건 없이 복제하기 위해 DOREPLIFETIME 매크로를 사용한다.

DOREPLIFETIME_CONDITION

이 매크로는 Replicated로 선언된 변수(파라미터로 전달됨)가 조건을 만족했을 때 클라이언트에서만 복제될 것이라고 리플리케이션 시스템에 알려준다.

구문은 다음과 같다.

```
DOREPLIFETIME_CONDITION(<클래스 이름>, <Replicated 변수 이름>, <조건>);
```

조건 파라미터는 다음의 값들 중 하나를 설정할 수 있다.

- **COND_InitialOnly**: 이 변수는 초기 리플리케이션에서 한 번만 복제된다.

- **COND_OwnerOnly**: 이 변수는 액터의 소유자에게만 복제된다.

- **COND_SkipOwner**: 이 변수는 액터의 소유자에게 복제되지 않는다.

- **COND_SimulatedOnly**: 변수가 시뮬레이션 중인 액터에만 복제된다.

- **COND_AutonomousOnly**: 변수가 Autonomous 상태인 액터에만 복제된다.

- **COND_SimulatedOrPhysics**: 변수가 시뮬레이션 중인 액터나 bRepPhysics 값이 true 로 설정된 액터에만 복제된다.

- **COND_InitialOrOwner**: 변수가 초기 리플리케이션이나 액터 소유자에게 한 번만 복 제된다.

- **COND_Custom**: 변수가 SetCustomIsActiveOverride 불리언 조건(AActor::PreReplication 함수 에서 사용됨)이 true인 경우에만 복제된다.

다음 예제를 살펴보자.

```
void AVariableReplicationActor::GetLifetimeReplicatedProps(TArray<
  FLifetimeProperty>& OutLifetimeProps) const
{
  Super::GetLifetimeReplicatedProps(OutLifetimeProps);
  DOREPLIFETIME_CONDITION(AVariableReplicationActor, Health, COND_OwnerOnly);
}
```

앞의 코드에서는 DOREPLIFETIME_CONDITION 매크로를 사용해 리플리케이션 시스템에 AVariableReplicationActor 클래스의 Health 변수가 이 액터의 소유자에게만 복제된다 고 알려준다.

> **NOTE**
>
> 더 다양한 DOREPLIFETIME 매크로를 사용할 수 있지만, 이 책에서는 다루지 않는다. UE5 소스 코드에 서 UnrealNetwork.h 파일을 살펴보면 매크로에 사용 가능한 모든 값을 확인할 수 있다. 깃허브(https: //github.com/EpicGames/UnrealEngine/blob/release/Engine/Source/Runtime/Engine/Public/Net/ UnrealNetwork.h)의 지침을 참고하길 바란다.

지금까지 변수 리플리케이션이 어떻게 동작하는지를 살펴봤다. 이제 Replicated, Repli catedUsing 지정자와 DOREPLIFETIME, DOREPLIFETIME_CONDITION 매크로를 사용하는 실습 을 완료해보자.

실습 16.03: Replicated, ReplicatedUsing, DOREPLIFETIME, DOREPLIFETIME_CONDITION을 사용해 변수 복제하기

이번 실습에서는 삼인칭 템플릿을 기반으로 C++ 프로젝트를 생성하고 다음의 방식으로 복제되는 2개의 변수를 캐릭터에 추가한다.

- 변수 A는 플로트 타입이며, Replicated 지정자와 DOREPLIFETIME 매크로를 사용한다.

- 변수 B는 정수형 타입이며, ReplicatedUsing 지정자와 DOREPLIFETIME_CONDITION 매크로를 사용한다.

- 캐릭터의 Tick 함수는 권한을 가진 경우, A와 B를 매 프레임 1씩 증가시키며 DrawDebugString 함수를 호출해 캐릭터의 위치 값을 보여준다.

다음 단계에 따라 이번 실습을 완료할 수 있다.

1. C++를 사용해 새 삼인칭 템플릿 프로젝트를 생성하고, 프로젝트의 이름을 Variable Replication으로 지정한다. 원하는 경로에 프로젝트를 저장한다.

2. 프로젝트가 생성되면 에디터와 비주얼 스튜디오가 열릴 것이다.

3. 에디터를 닫고 비주얼 스튜디오로 돌아간다.

4. VariableReplicationCharacter.h 파일을 열고, 각각의 리플리케이션 지정자를 사용해 변수 A와 B를 UPROPERTY로 선언한다.

```
UPROPERTY(Replicated)
float A = 100.0f;
UPROPERTY(ReplicatedUsing = OnRepNotify_B)
int32 B;
```

5. Tick 함수를 protected로 선언한다.

```
virtual void Tick(float DeltaTime) override;
```

6. 변수 B를 ReplicatedUsing = OnRepNotify_B로 선언했기 때문에 protected OnRepNotify_B 콜백 함수를 UFUNCTION으로 선언해야 한다.

```
UFUNCTION()
void OnRepNotify_B();
```

7. 이제 VariableReplicationCharacter.cpp 파일을 열고, 앞으로 사용할 DOREPLIFETIME 매크로를 포함하는 UnrealNetwork.h 헤더 파일을 include 구문에 추가한다.

```
#include "Net/UnrealNetwork.h"
```

8. GetLifetimeReplicatedProps 함수를 구현한다.

```
void AVariableReplicationCharacter::GetLifetimeReplicatedProps(TArray<
  FLifetimeProperty>& OutLifetimeProps) const
{
  Super::GetLifetimeReplicatedProps(OutLifetimeProps);
}
```

9. 변수 A를 추가 조건 없이 복제할 변수로 선언한다.

```
DOREPLIFETIME(AVariableReplicationCharacter, A);
```

10. 변수 B를 이 액터의 소유자에게만 복제될 변수로 선언한다.

```
DOREPLIFETIME_CONDITION(AVariableReplicationCharacter, B, COND_
OwnerOnly);
```

11. Tick 함수를 구현한다.

```
void AVariableReplicationCharacter::Tick(float DeltaTime)
{
  Super::Tick(DeltaTime);
}
```

12. 이어서 A와 B에 1을 더하는 권한별 로직을 추가한다.

```
if (HasAuthority())
{
  A++;
  B++;
}
```

이 캐릭터는 서버에서 생성되기 때문에 서버에서만 이 로직이 실행된다.

13. 캐릭터 위치에 A와 B의 값을 표시한다.

```
const FString Values = FString::Printf(TEXT("A = %.2f B = %d"), A, B);
DrawDebugString(GetWorld(), GetActorLocation(), Values, nullptr,
FColor::White, 0.0f, true);
```

14. 변수 B가 새로운 값으로 변경됐다는 메시지를 화면에 표시하는 RepNotify 함수를
변수 B에 대해 구현한다.

```
void AVariableReplicationCharacter::OnRepNotify_B()
{
  const FString String = FString::Printf(TEXT("서버에서 변수 B를 변경했고,
  그 값은 이제 %d 입니다!"), B);
  GEngine->AddOnScreenDebugMessage(-1, 0.0f, FColor::Red, String);
}
```

마지막으로, 프로젝트를 테스트한다.

15. 코드를 실행하고 에디터를 완전히 로드할 때까지 기다린다.

16. 멀티플레이어 옵션으로 이동해 **넷 모드**^{Net Mode}를 **Player As Listen Server**로 설정하
고 **플레이어 수**^{Number of Players}를 2로 설정한다.

17. 창 크기를 800x600으로 설정한다.

18. **새 에디터 창**^(PIE)을 사용해 플레이한다.

이것으로 이번 실습을 마친다. 실습의 예제를 실행하면, 각 클라이언트에서 플레이 가
능하며 캐릭터가 변수 A와 B에 대한 값을 화면에 표시하는 것을 볼 수 있다.

이제 서버와 클라이언트 1 창에 표시되는 값을 분석해보자.

> **NOTE**
>
> 서버와 클라이언트 창의 두 그림에는 Server Character와 Client 1 Character라는 2개의 텍스트 블록이 있지만, 이는 어떤 캐릭터인지를 구분하기 위해 원본 스크린샷에 추가된 것이다.

서버 창의 출력

서버 창에서는 서버가 제어하는 캐릭터인 **Server Character**에 대한 값을 확인할 수 있고, 배경에서 **Client 1 Character**에 대한 값을 볼 수 있다.

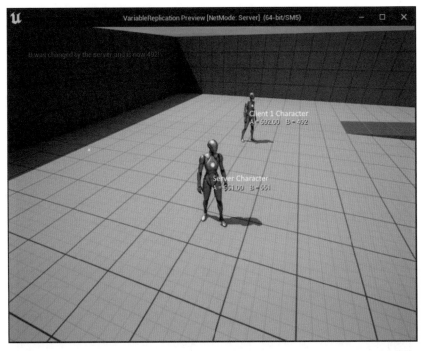

그림 16.11 서버 창

관찰할 수 있는 출력 값은 다음과 같다.

- **Server Character**: A = 651.00 B = 551

- **Client 1 Character**: A = 592.00 B = 492

이 시점에서 **Server Character**의 값은 A에 대해 651이고 B에 대해 551이다. A와 B가 다른 값을 갖는 이유는 A가 100에서 시작하고 B가 0에서 시작하기 때문이다. 따라서 551틱 이후의 A와 B의 값은 651과 551이 정확하다.

Client 1 Character는 **Server Character**와 같은 값을 갖지 않는다. 서버가 생성되고 나서 잠시 후에 클라이언트 1이 생성됐기 때문이다. 따라서 예제의 경우 A++와 B++가 59틱만큼 차이가 발생했다.

다음으로 클라이언트 1 창을 살펴보자.

클라이언트 1 창의 출력

클라이언트 1 창에서는 클라이언트 1이 제어하는 캐릭터인 **Client 1 Character**에 대한 값을 확인할 수 있고, 배경에서 **Server Character**에 대한 값을 볼 수 있다.

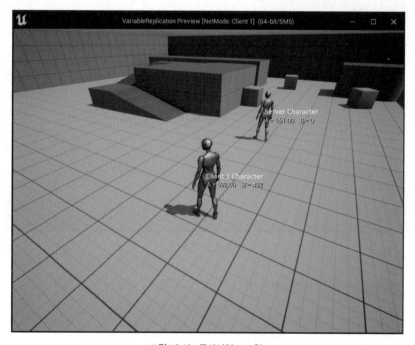

그림 16.12 클라이언트 1 창

관찰할 수 있는 출력 값은 다음과 같다.

- **Server Character**: A = 651.00 B = 0

- **Client 1 Character**: A = 592.00 B = 492

Client 1 Character는 서버로부터 받은 올바른 값을 갖기 때문에 변수 리플리케이션이 의도한 대로 동작한다. **Server Character**를 보면 A가 651로 정확하지만, B는 0인 것을 확인할 수 있다. A는 추가 리플리케이션(복제) 조건을 더하지 않는 DOREPLIFETIME을 사용하기 때문이다. 따라서 변수를 복제하고 서버에서 변수가 변경될 때마다 클라이언트를 최신 상태로 유지한다.

반면 변수 B는 COND_OwnerOnly와 DOREPLIFETIME_CONDITION을 함께 사용하고, 클라이언트 1은 **Server Character**(리슨 서버의 클라이언트는 이에 해당함)를 소유하는 클라이언트가 아니므로 값이 복제되지 않고 기본값인 0을 유지한다.

코드로 돌아가서 변수 B의 조건을 COND_OwnerOnly 대신 COND_SimulatedOnly를 사용하도록 변경하면, 클라이언트 1 창에서 결과가 반전되는 것을 볼 수 있다. B의 값은 **Server Character**에 대해 복제되지만, 자체 캐릭터에 대해서는 복제되지 않는다.

> **NOTE**
>
> RepNotify 메시지가 클라이언트 창 대신 서버 창에 보이는 이유는 에디터에서 플레이할 때 두 창 모두 동일한 프로세스를 공유하므로 화면에 텍스트를 출력하는 것이 정확하지 않기 때문이다. 따라서 정확한 동작을 확인하려면 패키지 버전으로 게임을 실행해야 한다.

2D 블렌드 스페이스

2장, '언리얼 엔진을 활용한 작업'에서 Speed 축의 값을 기반으로 캐릭터의 이동 상태(대기, 걷기, 달리기)를 블렌딩하기 위해 1D 블렌드 스페이스를 사용했다. 이때는 축이 하나만 필요했기 때문에 잘 동작했지만, 캐릭터가 옆으로 이동하는 애니메이션까지 원한다면 1D 블렌드 스페이스만으로는 구현할 수 없다.

이런 상황을 위해 언리얼 엔진은 2D 블렌드 스페이스를 제공한다. 1D 블렌드 스페이스와 거의 동일한 개념인데, 유일한 차이점은 한 축이 더 추가됐다는 것이다. 이를 통해 애니메이션을 수평으로뿐만 아니라 수직으로도 블렌딩할 수 있다.

1D 블렌드 스페이스를 통해 배운 지식을 다음 실습에 적용해보자. 다음 실습에서는 옆으로 움직일 수도 있는 캐릭터의 움직임을 위한 2D 블렌드 스페이스를 생성한다.

실습 16.04: Movement 2D 블렌드 스페이스 생성하기

이번 실습에서는 한 축을 사용하는 블렌드 스페이스 대신 두 축을 사용하는 블렌드 스페이스를 생성할 것이다. 수직축은 Speed이며 0에서 200 사이의 값을 갖는다. 수평축은 Direction이며 속도와 폰의 회전/앞 방향 벡터 사이의 상대적인 각도를 (-180에서 180도까지) 나타낸다.

다음 그림은 이번 실습에서 방향(Direction)을 계산하는 데 도움을 준다.

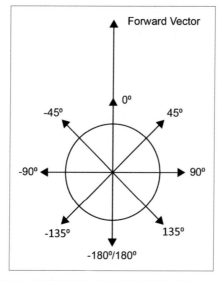

그림 16.13 앞 방향 벡터와 속도 사이의 각도에 따른 Direction 값

앞의 그림에서 방향이 어떻게 계산되는지를 볼 수 있다. 앞 방향 벡터는 캐릭터가 현재 향하는 방향을 나타내며, 숫자는 앞 방향 벡터가 해당 방향을 가리킬 때 속도 벡터와 만

드는 각도를 나타낸다. 캐릭터가 특정 방향을 바라보고 있고, 이때 키를 눌러 캐릭터를 오른쪽으로 이동시키면 속도 벡터가 앞 방향 벡터와 수직이 된다. 이때 각도는 90도가 될 것임을 의미한다. 따라서 이 값이 방향이 된다.

이 로직을 염두에 두고 2D 블렌드 스페이스를 설정하면, 캐릭터의 이동 각도에 따라 올바른 애니메이션을 사용할 수 있다.

다음 단계에 따라 이번 실습을 완료할 수 있다.

1. 블루프린트를 사용해 **삼인칭** 템플릿 프로젝트를 생성하고 이름을 Blendspace2D라고 지정한 다음, 원하는 위치에 저장한다.

2. 프로젝트가 생성되면, 에디터가 열릴 것이다.

3. 이어서 애니메이션을 임포트해야 한다. 에디터에서 Content\Characters\Mannequins\Animations 폴더로 이동한다.

4. **임포트**^{Import} 버튼을 클릭한다.

5. Chapter16\Exercise16.04\Assets 폴더로 이동하고, fbx 파일을 모두 선택한 후 **열기**^{Open} 버튼을 클릭한다.

6. 임포트 다이얼로그에서 SK_Mannequin 스켈레톤을 잘 선택하고, **모두 임포트**^{Import All} 버튼을 클릭한다.

7. Assets 폴더의 모든 파일을 저장한다.

   새 애니메이션을 열어보면, Z축이 상당히 늘어난 것을 확인할 수 있다. 이제 스켈레톤의 리타기팅 설정을 통해 문제를 조정해보자.

8. Content\Characters\Mannequins\Meshes\SK_Mannequin으로 이동한다. 왼쪽에서 본의 목록을 확인할 수 있다.

9. 상단의 검은 상자 오른쪽에 있는 톱니바퀴 아이콘을 클릭하고 **리타기팅 옵션 표시**^{Show Retargeting Options}를 활성화한다.

10. 루트root 본에서 마우스 오른쪽 버튼을 클릭하고 **Recursively Set Translation Retar geting Skeleton**을 선택한다.

11. 마지막으로, root와 pelvis 본의 드롭다운 메뉴에서 **Animation**을 선택한다.

12. SK_Mannequin을 저장하고, 창을 닫는다.

13. 위의 과정을 마쳤으면 **콘텐츠 브라우저**에서 **신규 추가**Add New 버튼을 클릭하고 **Animation ▸ Blend Space**를 선택한다.

14. 이어서 SK_Mannequin 스켈레톤을 선택한다.

15. 블렌드 스페이스의 이름을 BS_Movement로 변경하고, 이를 연다.

16. 수평 **Direction** 축(-180에서 180)을 설정하고, 수직 **Speed** 축(0에서 200)을 설정한다. 두 축 모두에서 **Snap to Grid** 옵션을 활성화한다. 설정을 마치면 다음 그림과 같을 것이다.

그림 16.14 2D 블렌드 스페이스 – 축 설정

17. **Speed** 값이 0이고 **Direction**이 -180, 180인 위치에 **Idle_Rifle_Ironsights** 애니메이션을 드래그한다.

18. **Speed**가 200이고, **Direction**이 0인 위치에 **Walk_Fwd_Rifle_Ironsights** 애니메이션을 드래그한다.

19. **Speed**가 200이고, **Direction**이 -90인 위치에 **Walk_Lt_Rifle_Ironsights** 애니메이션을 드래그한다.

20. **Speed**가 200이고, **Direction**이 90인 위치에 **Walk_Rt_Rifle_Ironsights** 애니메이션을 드래그한다.

21. **Speed**가 200이고, **Direction**이 -180, 180인 위치에 **Walk_Bwd_Rifle_Ironsights** 애니메이션을 드래그한다.

    이것으로 블렌드 스페이스의 설정을 완료했다. 이제 **Ctrl** 키를 누른 상태에서 마우스를 움직이면 미리보기를 할 수 있다.

22. 이제 **애셋 디테일**^{Asset Details} 패널에서 **Weight Speed** 변수 값을 5로 설정해 보간을 빠르게 만든다.

23. 블렌드 스페이스를 저장하고 닫는다.

24. 이제 새 블렌드 스페이스를 사용하도록 애니메이션 블루프린트를 업데이트한다.

25. Content\Characters\Mannequins\Animations로 이동해 삼인칭 템플릿과 함께 설치되는 ABP_Manny 파일을 연다.

26. 다음으로, 이벤트 그래프로 가서 Direction이라는 이름의 새 변수를 생성한다.

27. **Direction** 변수의 값을 **Calculate Direction** 함수의 결과 값으로 설정한다. **Calculate Direction** 함수는 폰의 **속도**^{velocity}와 **회전**^{rotation} 사이의 각도[-180도에서 180도]를 계산한다.

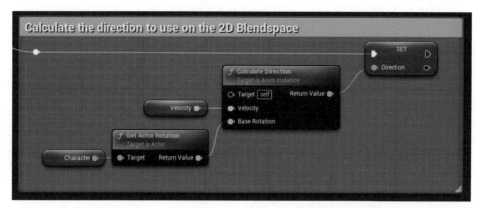

그림 16.15 2D 블렌드 스페이스에서 사용할 Speed와 Direction 계산하기

28. 애님 그래프에서 `Control Rig` 노드를 찾고 **Alpha** 값을 0.0으로 설정해 자동으로 발의 위치를 조정하는 옵션을 비활성화한다.

29. 다음 스크린샷에서 볼 수 있듯이, **Locomotion** 스테이트 머신 안에서 1D 블렌드 스페이스를 사용하고 있는 **Walk/Run** 상태로 이동한다.

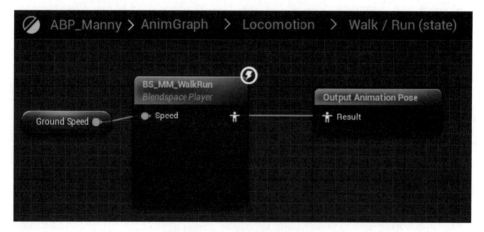

그림 16.16 애님 그래프의Walk/Run 상태

30. 블렌드 스페이스를 BS_Movement로 변경하고 다음과 같이 **Direction** 변수를 연결한다.

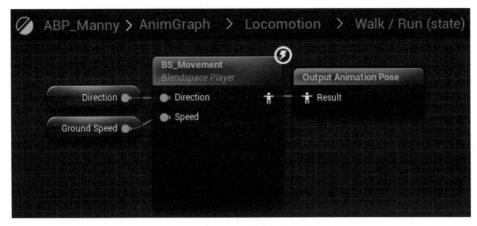

그림 16.17 1D 블렌드 스페이스가 2D 블렌드 스페이스로 변경된 모습

31. **Locomotion** 스테이트 머신 안의 `Idle` 스테이트로 이동하고, `Idle_Rifle_Ironsights`
    애니메이션을 사용하도록 변경한다.

32. 애니메이션 블루프린트를 저장하고 닫는다. 이제 캐릭터를 업데이트해야 한다.

33. Content\ThirdPerson\Blueprints 폴더로 이동해 `BP_ThirdPersonCharacter`를 연다.

34. 캐릭터의 디테일 패널에서 **Use Controller Rotation Yaw**를 **true**로 설정한다. 이 속
    성을 설정하면 캐릭터의 요(Yaw) 회전이 항상 컨트롤 회전의 요 방향을 향한다.

35. 캐릭터 무브먼트 컴포넌트로 이동해 **Max Walk Speed**를 `200`으로 설정한다.

36. **Orient Rotation to Movement**를 `false`로 설정한다. 이렇게 하면, 캐릭터가 이동
    방향으로 회전하는 것을 방지할 수 있다.

37. 메시 컴포넌트를 선택하고 디테일 패널에서 `ABP_Manny` 애니메이션 블루프린트와
    `SKM_Manny_Simple` 스켈레탈 메시를 선택한다.

38. 캐릭터 블루프린트를 저장하고 닫는다.

이제 두 클라이언트로 게임을 플레이하고 캐릭터를 이동시키면, 다음 스크린샷과 같이
앞뒤로 걷기도 하고 옆으로 걷기도 하는 것을 볼 수 있다.

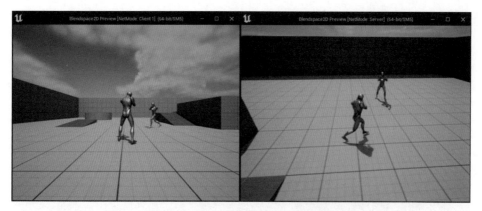

그림 16.18 서버와 클라이언트 1 창의 예상 결과

이것으로 이번 실습을 마친다. 2D 블렌드 스페이스를 생성하는 방법, 2D 블렌드 스페이스가 동작하는 방식, 1D 블렌드 스페이스와 비교해 2D 블렌드 스페이스가 제공하는 이점 등을 이해할 수 있었다.

다음 절에서는 카메라의 피치 회전에 따라 플레이어의 상체를 위아래로 회전할 수 있도록 캐릭터의 본을 변환하는 방법을 살펴본다.

본 변환하기

애님 그래프에서 사용할 수 있는 Transform (Modify) Bone 노드라는 매우 유용한 노드가 있다. 이 노드를 사용하면 런타임에 스켈레톤의 이동, 회전, 스케일을 조정할 수 있다.

애님 그래프의 빈 공간에서 마우스 오른쪽 버튼을 클릭한 후 transform modify를 입력하고 목록에서 노드를 선택하면, Transform (Modify) Bone 노드를 추가할 수 있다. Transform (Modify) Bone 노드를 클릭하면, **디테일** 패널에서 몇 가지 옵션을 확인할 수 있다.

다음은 각 옵션이 행하는 작업을 설명한 것이다.

- **Bone to Modify** 옵션은 변환될 본을 노드에 알려준다.

  이 옵션 약간 아래에는 각 변환 작업(위치^{Translation}, 회전^{Rotation}, 스케일^{Scale})을 나타내는 3개의 섹션이 있다. 각 섹션에서 다음의 작업을 수행할 수 있다.

  - **Translation, Rotation, Scale**: 이 옵션은 노드에 적용하려는 특정 변환 작업의 양을 지정한다. 최종 결과는 선택한 모드[다음 절에서 설명한다]에 따라 달라진다.

    이 값을 설정하는 네 가지 방법이 있다.

- (X=0.0,Y=0.0,Z=0.0)과 같이 상수 값을 설정할 수 있다.

- 함수나 변수에 바인딩할 수 있다. 오른쪽의 바인딩 드롭다운 메뉴를 클릭하고 목록에서 사용 가능한 함수나 변수를 선택할 수 있다.

- 핀에 노출되지 않더라도 함수로부터 설정 가능한 동적 값을 사용할 수 있다.

- 런타임에 변경할 수 있도록 변수를 사용할 수 있다. 이를 활성화하려면, 다음 단계를 수행해야 한다[다음은 회전에 대한 예제지만 이동, 스케일에도 같은 방식이 적용된다].

  I. 상수 값 옆의 드롭다운 메뉴를 클릭하고, **Expose As Pin**이 선택됐는지 확인한다. 그러면 상수 값에 대한 텍스트 박스가 사라진다.

그림 16.19 Expose As Pin 선택하기

  II. Transform (Modify) Bone 노드에 변수를 연결할 수 있는 입력이 추가된 것을 볼 수 있다.

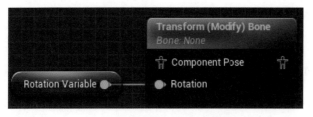

그림 16.20 Transform (Modify) Bone 노드의 입력으로 사용된 변수

III. 모드 설정하기

모드는 노드가 연결한 값으로 어떤 작업을 할 것인지를 알려준다. 다음의 세 가지 옵션 중 하나를 선택할 수 있다.

- **Ignore**: 제공된 값으로 아무것도 하지 않는다.

- **Add to Existing**: 본의 현재 값을 가져와서 제공된 값을 더한다.

- **Replace Existing**: 본의 현재 값을 제공된 값으로 대체한다.

IV. 공간 설정하기

노드가 변환을 적용할 공간^{space}을 정의한다. 다음의 네 가지 옵션 중 하나를 선택할 수 있다.

- **World Space**: 변환이 월드 공간^{world space}에서 처리된다.

- **Component Space**: 변환이 스켈레탈 메시 컴포넌트 공간에서 처리된다.

- **Parent Bone Space**: 변환이 선택한 본의 부모 본의 공간에서 처리된다.

- **Bone Space**: 변환이 선택한 본의 공간에서 처리된다.

V. Alpha

이 옵션을 통해 적용할 변환의 양을 제어할 수 있다. 예를 들어 Alpha 값이 플로트인 경우, 다음과 같은 동작을 한다.

- Alpha 값이 0.0이면 변환이 적용되지 않는다.

- Alpha 값이 0.5이면 변환의 반만 적용된다.

○ Alpha 값이 1.0이면 전체 변환이 적용된다.

다음 실습에서는 Transform (Modify) Bone 노드를 사용해 캐릭터('실습 16.04: Movement 2D 블렌 드 스페이스 생성하기'에서 설정했던 캐릭터)가 카메라의 회전에 따라 위아래로 볼 수 있도록 만든다.

실습 16.05: 위아래로 보는 캐릭터 만들기

이번 실습에서는 '실습 16.04: Movement 2D 블렌드 스페이스 생성하기'의 프로젝트를 사용해 캐릭터가 카메라의 회전에 따라 위아래로 볼 수 있도록 만든다. 이를 위해 Transform (Modify) Bone 노드를 사용해 카메라의 피치 회전을 기반으로 컴포넌트 공간 에서 **spine_03** 본을 회전시킬 것이다.

다음 단계에 따라 이번 실습을 완료할 수 있다.

1. 먼저 '실습 16.04: Movement 2D 블렌드 스페이스 생성하기' 프로젝트를 연다.

2. Content\Characters\Mannequins\Animations로 이동해 ABP_Manny를 연다.

3. 이벤트 그래프로 이동해 **Pitch**라는 이름의 플로트 변수를 생성한다.

4. 시퀀스 노드에 새 핀을 추가하고 다음 그림과 같이 캐릭터의 회전과 **Base Aim Rotation** 사이의 빼기(또는 델타delta)를 통해 구한 **피치**Pitch 값으로 설정하는 노드를 연결한다.

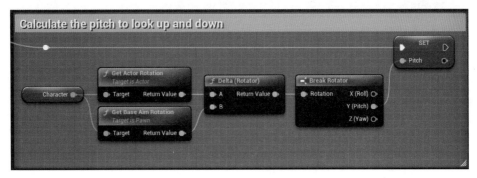

그림 16.21 피치 계산하기

이렇게 하면 회전으로부터 **Pitch** 값을 구할 수 있다. **Pitch** 회전이 지금 우리가 사용하려는 유일한 회전 값이다.

NOTE

Break Rotator 노드를 사용하면, Rotator 변수를 Pitch, Yaw, Roll을 나타내는 3개의 플로트 변수로 분리할 수 있다. Rotator에서 개별 컴포넌트의 값을 사용하거나 전체를 사용하는 대신, 하나 또는 2개의 컴포넌트만 사용하려는 경우에 유용하다.

Break Rotator 노드를 사용하는 대신, Return Value에서 마우스 오른쪽 버튼을 클릭하고 **구조체 핀 분할**Split Struct Pin을 사용할 수 있다. **구조체 핀 분할** 옵션은 Return Value에 아무 노드도 연결되지 않았을 때만 나타난다. Return Value를 분할하면 **Break Rotator** 노드와 같은 추가 노드 없이 Roll, Pitch, Yaw에 대해 연결할 수 있는 개별 항목이 나타난다.

이를 활용하면 다음 그림과 같을 것이다.

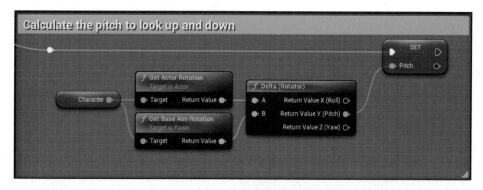

그림 16.22 구조체 핀 분할 옵션을 사용해 위아래로 바라보기 위한 피치 계산하기

다음 그림과 같이 이 로직은 폰의 회전에서 카메라의 회전을 뺀 후 **피치**의 차이를 구한다.

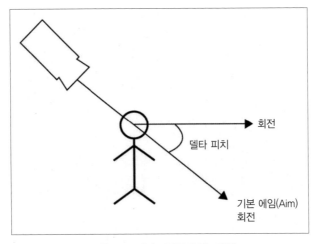

그림 16.23 델타 피치를 구하는 방법

NOTE

선에서 더블 클릭을 하면 경유 노드를 생성할 수 있다. 경유 노드를 활용하면, 다른 노드와 겹치지 않도록 선을 구부리거나 원하는 위치로 배치할 수 있어 더 읽기 쉬운 코드를 구성할 수 있다.

5. 다음으로, 애님 그래프로 이동해 Transform (Modify) Bone 노드를 추가하고 다음 그림과 같이 설정한다.

그림 16.24 Transform (Modify) Bone 노드 설정하기

위의 스크린샷에서 **Bone to Modify**를 spine_03으로 설정했다(회전시키려는 본). 또한 원래 회전을 유지한 상태에서 차이(오프셋)를 더하기 위해 **Rotation Mode**를 **Add to Existing**으로 설정했다. 나머지 옵션은 그대로 두기 위해 드롭다운에서 **Expose As Pin**을 제거한다.

6. Transform (Modify) Bone 노드를 Control Rig 노드에 연결하고, 다음 그림과 같이 Output Pose에 연결한다.

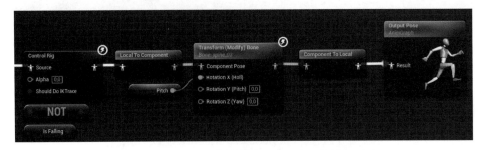

그림 16.25 Output Pose에 연결된 Transform (Modify) Bone 노드

위의 그림은 카메라의 피치를 기반으로 **spine_03** 본을 회전시켜 캐릭터가 위아래로 볼 수 있도록 설정하는 전체 애님 그래프를 보여준다. Control Rig를 Transform (Modify) Bone 노드에 연결하기 위해 로컬에서 컴포넌트 공간으로 변환한다. Transform (Modify) Bone이 실행된 이후에는 Output Pose에 연결하기 위해 다시 로컬 공간으로 변환한다.

NOTE

> Pitch 변수를 Roll에 연결하는 이유는 스켈레톤의 본이 내부적으로 이 방식으로 회전하기 때문이다. 입력 파라미터에서도 **구조체 핀 분할**(Split Struct Pin)을 사용할 수 있으므로 **Make Rotator** 노드를 추가할 필요가 없다.

2개의 클라이언트로 프로젝트를 플레이하고 캐릭터에서 마우스를 위아래로 움직여보면, 다음 스크린샷과 같이 위아래로 회전하는 것을 볼 수 있다.

그림 16.26 카메라의 회전을 기반으로 피치 축으로 회전하는 캐릭터 메시

이것으로 최종 실습을 마친다. 이를 통해 애니메이션 블루프린트에서 Transform (Modify) Bone 노드를 사용해 런타임에서 본을 수정하는 방법을 이해했을 것이다. 이 노드는 다양한 시나리오에서 사용할 수 있으므로 매우 유용할 것이다.

다음 활동에서는 멀티플레이어 FPS 프로젝트에 사용할 캐릭터를 생성해 이 장에서 배운 모든 내용을 테스트해본다.

활동 16.01: 멀티플레이어 FPS 프로젝트에 사용할 캐릭터 생성하기

이번 활동에서는 다음 여러 장에 걸쳐 제작할 멀티플레이어 FPS 프로젝트를 위한 캐릭터를 생성한다. 캐릭터는 여러 메카닉을 갖지만, 이번 활동에서는 걷고 점프하고 위/아래로 쳐다보며 체력Health과 방어력Armor이라는 두 가지 값을 복제하는 캐릭터를 생성한다.

다음 단계에 따라 이번 활동을 완료할 수 있다.

1. 스타터 콘텐츠 없이 MultiplayerFPS라는 이름으로 빈 C++ 프로젝트를 생성한다.

2. Activity16.01\Assets 폴더에서 스켈레탈 메시와 애니메이션을 각각 Content\Player\Mesh와 Content\Player\Animations 폴더에 임포트해 배치한다.

3. Activity16.01\Assets 폴더에서 Content\Player\Sounds 폴더로 사운드를 임포트한다.

- **Jump.wav**: Jump_From_Stand_Ironsights 애니메이션에서 Play Sound 애님 노티파이를 사용해 이 사운드를 재생한다.

- **Footstep.wav**: Play Sound 애님 노티파이를 사용해 걷기 애니메이션에서 발이 바닥에 닿을 때마다 이 사운드를 재생한다.

- **Spawn.wav**: 캐릭터의 SpawnSound 변수에 이 파일을 사용한다.

4. 본의 리타기팅을 통해 스켈레탈 메시를 설정한다. head 본의 자식으로 Camera라는 이름의 소켓을 추가한 다음, 상대 위치를 (X=7.88, Y=4.73, Z=-10.00)으로 설정한다.

5. Content\Player\Animations 위치에 임포트한 이동 애니메이션을 사용하는 2D 블렌드 스페이스를 생성하고 이름을 BS_Movement로 지정한다. **Weight Speed**를 5로 설정한다.

6. 4장, '플레이어 입력 시작'에서 배운 지식을 활용해 입력 액션을 생성한다.

- **IA_Move (Axis 2D)**: W, S, A, D

- **IA_Look (Aixs 2D)**: Mouse X, Mouse Y

- **IA_Jump (Digital)**: 스페이스 바

7. IMC_Player라는 이름의 입력 매핑 콘텍스트에 새 입력 액션을 추가한다.

8. 다음을 수행하는 FPSCharacter라는 이름의 C++ 클래스를 생성한다.

- Character 클래스를 상속한다.

- 카메라 컴포넌트를 추가하고 스켈레탈 메시의 **Camera** 소켓에 연결한 다음, **Pawn Control Rotation**을 **true**로 설정한다.

- 소유자에만 복제되는 **Health**와 **Armor** 변수를 생성한다.

- **Max Health**와 **Max Armor**를 위한 변수를 생성한다.

- Armor Absorption 변수를 생성한다. 이 변수는 방어력이 흡수한 대미지의 퍼

센티지를 나타낸다.

- 카메라 초기화, Tick 비활성화, **Max Walk Speed**를 800으로 설정하고 **Jump Z Velocity**를 600으로 설정하는 생성자 함수를 추가한다.

- 권한이 있는 경우, BeginPlay에서 생성(스폰) 사운드를 재생하고, **Health** 변수를 **Max Health** 변수의 값으로 설정한다.

- 입력 매핑 콘텍스트를 추가하고 입력 액션을 바인딩한다.

- **Health**(체력)에 대한 Add/Remove/Set 함수를 추가한다. 캐릭터가 죽었는지 여부를 반환하는 함수도 필요하다.

- **Armor**(방어력)에 대한 Add/Set/Absorb 함수를 추가한다. 방어력 흡수는 Armor Absorption 변수를 기반으로 방어력을 낮추고, 공식에 따라 대미지 값을 변경한다.

```
Damage = (Damage * (1 - ArmorAbsorption)) - FMath::Min(RemainingArmor, 0);
```

9. Content\Player\Animations 폴더에 애니메이션 블루프린트를 생성하고 ABP_Player로 이름을 지정한 다음, 다음과 같이 스테이트 머신을 설정한다.

- Idle/Run: BS_Movement를 사용하고 Speed와 Direction 변수를 연결한다.

- Jump: 점프 애니메이션을 재생하고, Is Jumping 변수가 true로 설정되면 Idle/Run 스테이트에서 점프 스테이트로 전환한다.

- 또한 Transform (Modify) Bone 노드를 사용해 캐릭터가 카메라의 피치를 기반으로 위아래로 바라보도록 만든다.

10. Content\UI 폴더에 WBP_HUD라는 이름의 UMG 위젯을 생성한다. 이 위젯을 통해 캐릭터의 Health와 Armor를 Health: 100 및 Armor: 100의 포맷으로 보여준다. 15장, '수집 아이템, 강화 아이템, 픽업 아이템'에서 배운 지식을 활용하자.

11. Content\Player 폴더에 FPSCharacter를 상속하는 블루프린트를 생성하고, 이름을 BP_Player로 지정한다.

- 메시 컴포넌트를 다음과 같이 설정한다.

  ○ **Skeletal Mesh**: Content\Player\Mesh\SK_Mannequin

  ○ **Animation Blueprint**: Content\Player\Animations\ABP_Player

  ○ **Location**: (X=0.0, Y=0.0, Z=-88.0)

  ○ **Rotation**: (X=0.0, Y=0.0, Z=-90.0)

  ○ **Move Input Action**: Content\Player\Inputs\IA_Move

  ○ **Look Input Action**: Content\Player\Inputs\IA_Look

  ○ **Jump Input Action**: Content\Player\Inputs\IA_Jump

  ○ BeginPlay 이벤트에서 WBP_HUD의 위젯 인스턴스를 생성하고, 생성한 위젯을 뷰포트에 추가해야 한다.

12. Content\Blueprints 폴더에 MultiplayerFPSGameModeBase를 상속하는 BP_GameMode 블루프린트를 생성하고, DefaultPawn 클래스를 BP_Player로 설정한다.

13. Content\Maps 폴더에 DM-Test라는 이름으로 테스트 맵을 생성하고 **프로젝트 세팅** Project Settings에서 **Default Map**으로 설정한다.

예상 결과는 다음과 같다.

프로젝트의 결과로, 각 클라이언트에서 움직이고 점프하며 위아래로 쳐다볼 수 있는 캐릭터를 갖게 된다. 이런 동작들은 복제되기 때문에 각 클라이언트는 다른 클라이언트의 캐릭터가 행하는 동작을 볼 수 있다.

각 클라이언트에는 체력과 방어력 값을 표시하는 HUD도 있다.

그림 16.27 예상 결과

NOTE

이번 활동의 솔루션은 깃허브(https://github.com/PacktPublishing/Elevating-Game-Experiences-with-Unreal-Engine-5-Second-Edition/tree/main/Activity%20solutions)에서 확인할 수 있다.

이것으로 이번 활동을 마친다. 이를 통해 서버-클라이언트 아키텍처, 변수 리플리케이션, 롤, 2D 블렌드 스페이스, Transform (Modify) Bone 노드가 동작하는 방식을 이해했을 것이다.

요약

이 장에서는 서버-클라이언트 아키텍처가 동작하는 방식, 서버와 클라이언트의 책임, 리슨 서버가 데디케이트 서버보다 빠르지만 가볍지 않은 이유, 오너십과 연결, 롤, 변수 리플리케이션 등과 같은 중요한 멀티플레이어 개념을 살펴봤다.

또한 2축 그리드(격자)를 사용해 여러 애니메이션을 블렌딩할 수 있는 2D 블렌드 스페이스를 사용하는 방법을 살펴보고, 런타임에 스켈레탈 메시의 본을 수정할 수 있는 Transform (Modify) Bone 노드와 같은 애니메이션에 유용한 기법을 배웠다. 이 장을 마무리하기 위해 걷고, 위아래로 살펴보고, 뛸 수 있는 캐릭터가 있는 일인칭 멀티플레이어 프로젝트를 생성했다. 이 프로젝트는 이어지는 몇 장에서 작업할 멀티플레이어 일인칭 슈팅 프로젝트의 기반이 될 것이다.

다음 장에서는 클라이언트와 서버가 서로의 함수를 실행할 수 있는 RPC의 사용 방법을 배운다. 에디터에서 열거형을 사용하는 방법과 양방향 원형 배열 인덱싱을 사용하는 방법도 배운다. 이를 활용하면, 배열을 앞뒤로 순환하고 배열의 크기를 벗어날 경우 처음으로 되돌아가 반복 작업을 수행할 수 있다.

17

RPC 사용

이전 장에서 몇 가기 중요한 멀티플레이어 개념을 배웠다. 여기에는 서버-클라이언트 아키텍처, 연결 및 오너십, 롤, 변수 리플리케이션이 포함된다. 또한 2D 블렌드 스페이스를 만드는 방법과 런타임에 본을 변환할 수 있는 Transform (Modify) Bone 노드를 사용하는 방법을 배웠다. 이 지식들을 활용해 걷고, 점프하고, 주변을 살펴보는 기본적인 일인칭 슈팅 게임 캐릭터를 생성했다.

이 장에서는 RPC^Remote Procedure Call를 살펴본다. RPC는 서버가 클라이언트의 함수를 실행하거나 클라이언트가 서버의 함수를 실행할 수 있는 또 다른 중요한 멀티플레이어 개념이다. 지금까지 서버와 클라이언트 사이의 통신 수단으로서 변수 리플리케이션을 배웠다. 하지만 적절한 통신을 위해서는 이것만으로 충분하지 않다. 서버에서 변수의 값을 업데이트하지 않는 클라이언트의 특정 로직을 실행해야 할 수 있기 때문이다. 클라이언트 또한 서버에 자신의 의도를 전달할 수 있는 방법이 필요하다. 그러면 서버는 클라이언트의 동작[의도]을 검증하고 다른 클라이언트가 해당 동작을 알릴 수 있다. 이를 통해 연결된 모든 클라이언트를 동기화해 멀티플레이어 세계를 보장할 수 있다. 에디터에서 열거형을 사용하는 방법과 양방향 원형 배열 인덱싱도 살펴볼 것이다. 양방향 배열 인덱싱을 사용하면 배열을 양방향으로 순회할 수 있고, 인덱스 범위를 벗어났을 때도 배열을 순회할 수 있다.

이 장에서 다루는 주제는 다음과 같다.

- RPC 이해하기

- 에디터에 열거형 노출시키기

- 배열 인덱싱 사용하기

이 장을 마칠 무렵에는 RPC가 동작하는 방법과 서버와 클라이언트가 서로의 로직을 실행하는 방법을 이해할 수 있다. 또한 에디터에 열거형을 노출시킬 수 있고, 배열의 순환 작업을 위해 양방향 원형 배열 인덱싱을 사용할 수 있을 것이다.

기술적 요구 사항

이 장을 진행하려면 다음과 같은 준비가 필요하다.

- 언리얼 엔진 5 설치

- 비주얼 스튜디오 2019 버전 이상 설치

이 장의 프로젝트는 깃허브(https://github.com/PacktPublishing/Elevating-Game-Experiences-with-Unreal-Engine-5-Second-Edition)에서 다운로드할 수 있는 이 책 코드 번들의 Chapter17 폴더에서 찾을 수 있다.

다음 절에서는 RPC를 살펴본다.

⁝⁚ RPC 이해하기

16장, '멀티플레이어 기본'에서 살펴본 변수 리플리케이션(복제)은 매우 유용한 기능이지만, 원격 게임 인스턴스(클라이언트에서 서버 또는 서버에서 클라이언트)에 있는 커스텀 코드의 실행을 허용한다는 측면에서 제한적이다. 두 가지 이유를 들 수 있다.

- 첫 번째 이유는 변수 리플리케이션은 서버에서 클라이언트로 통신하는 한 형태이기 때문이다. 따라서 클라이언트가 변수 리플리케이션을 사용해 변수 값을 변경하고 서버에 커스텀 로직을 실행하도록 지시할 수 있는 방법이 없다.

- 두 번째 이유는 그 이름에서 알 수 있듯이 변수 리플리케이션은 변수의 값을 통해 이뤄지기 때문이다. 따라서 변수 리플리케이션이 클라이언트에서 서버로의 통신을 허용하더라도 클라이언트의 값을 변경하고 서버에서 RepNotify 기능을 트리거해 커스텀 로직을 실행해야 하는데, 이 방법은 실용적이지 않다.

이 문제를 해결하기 위해 언리얼 엔진은 RPC를 지원한다. RPC는 정의하고 호출할 수 있는 일반 함수처럼 동작한다. 하지만 로컬에서 실행되는 대신, 원격 게임 인스턴스에서 실행된다. 변수와 직접적인 연관이 없는 특정 로직을 원격 게임 인스턴스에서 실행하는 것이다. RPC를 사용 가능하려면, 유효한 연결을 갖고 있으며 리플리케이션을 활성화한 액터에서 RPC를 정의해야 한다.

RPC에는 세 가지 유형이 있으며, 각각 다른 용도로 사용한다.

- 서버 RPC

- 멀티캐스트 RPC

- 클라이언트 RPC

이 세 가지 유형을 자세히 살펴보고, 각각을 언제 사용해야 하는지를 알아보자.

서버 RPC

RPC를 정의한 액터의 함수를 서버에서 실행해야 할 때마다 서버 RPC를 사용한다. 서버 RPC가 필요한 주요 이유는 두 가지다.

- 첫 번째는 보안 때문이다. 멀티플레이어 게임을 만들 때, 특히 경쟁적인 게임을 만들 때는 항상 클라이언트가 속임수를 쓰려 한다고 가정해야 한다. 속임수를 없애는 방법은 클라이언트가 게임플레이에 중요한 함수를 서버에서 실행하도록 만드는 것이다.
- 두 번째 이유는 동기화다. 중요한 게임플레이 로직은 서버에서만 실행된다. 즉, 중요한 변수가 서버에서만 변경되므로 변수가 업데이트될 때마다 클라이언트에 변수를 복제하는 로직을 실행해야 한다.

서버 RPC의 예로 클라이언트의 캐릭터가 무기를 발사하려고 할 때를 들 수 있다. 클라이언트가 속임수를 사용할 가능성은 언제나 있으므로 로컬에서 무기 발사 로직을 실행할 수 없다. 이를 수행하는 올바른 방법은 클라이언트가 서버에 발사 동작을 확인하도록 요청하는 것이다. 클라이언트가 서버 RPC를 호출하면, 서버는 캐릭터에 충분한 탄약이 있고 무기가 장착됐는지 등 발사 동작을 검증한다. 모든 사항을 점검했으면 탄약 변수의 값을 감소시키고, 마지막으로 해당 캐릭터에서 발사 애니메이션을 재생하도록 지시하는 멀티캐스트 RPC를 호출한다.

선언

서버 RPC를 선언할 때는 UFUNCTION 매크로에서 Server 지정자를 사용한다. 다음의 예제를 살펴보자.

```
UFUNCTION(Server, Reliable, WithValidation)
void ServerRPCFunction(int32 IntegerParameter, float FloatParameter, AActor*
ActorParameter);
```

위의 코드를 살펴보면, 이 함수를 서버 RPC로 선언하기 위해 UFUNCTION 매크로에 Server 지정자를 사용했다. 일반 함수와 마찬가지로 서버 RPC에서 파라미터를 사용할 수는 있지만, 몇 가지 주의 사항이 있다. 이 주의 사항과 Reliable 및 WithValidation 지정자의 목적은 이 장 뒷부분에서 설명할 것이다.

실행

서버 RPC를 실행하려면 서버 RPC를 정의한 액터 인스턴스를 가진 클라이언트에서 호출해야 한다. 다음 예제를 살펴보자.

```
void ARPCTest::CallMyOwnServerRPC(int32 IntegerParameter)
{
  ServerMyOwnRPC(IntegerParameter);
}
```

이 코드는 CallMyOwnServerRPC 함수를 구현한다. 이 함수는 정수형 파라미터를 가진 ServerMyOwnRPC 함수를 호출하며 ARPCTest 클래스에 정의돼 있다. 이 함수는 해당 액터 인스턴스의 서버 버전에 있는 ServerMyOwnRPC 함수의 구현을 실행할 것이다.

```
void ARPCTest::CallServerRPCOfAnotherActor(AAnotherActor* OtherActor)
{
  if(OtherActor != nullptr)
  {
    OtherActor->ServerAnotherActorRPC();
  }
}
```

이 코드는 CallServerRPCOfAnotherActor 함수를 구현한다. 이 함수는 OtherActor 인스턴스가 유효할 때 OtherActor에 있는 ServerAnotherActorRPC RPC 함수를 호출하며 AAnotherActor에 정의돼 있다. 이 함수는 OtherActor 인스턴스의 서버 버전에 있는 ServerAnotherActorRPC 함수의 구현을 실행할 것이다.

멀티캐스트 RPC

서버가 RPC를 정의한 액터의 어떤 함수를 모든 클라이언트에서 호출하도록 지시할 때 멀티캐스트 RPC를 사용한다.

클라이언트 캐릭터가 무기를 발사할 때를 예로 들 수 있다. 클라이언트가 서버 RPC의 호출을 통해 무기 발사를 위한 권한을 요청하면, 서버가 이 요청(모든 유효성 검사, 탄약 수 감소 처리, 라인 트레이스 또는 발사체 처리 등)을 처리한다. 무기 발사를 요청한 해당 캐릭터의 인스턴스에서 발사 애니메이션을 재생할 수 있도록 멀티캐스트 RPC를 수행해야 한다.

선언

멀티캐스트 RPC를 선언할 때는 UFUNCTIOIN 매크로에서 NetMulticast 지정자를 사용한다. 다음의 예제를 살펴보자.

```
UFUNCTION(NetMulticast)
void MulticastRPCFunction(int32 IntegerParameter, float FloatParameter,
AActor* ActorParameter);
```

위의 코드를 살펴보면, 이 함수를 멀티캐스트 RPC로 선언하기 위해 UFUNCTION 매크로에 NetMulticast 지정자를 사용했다. 일반 함수와 마찬가지로 멀티캐스트 RPC에서 파라미터를 사용할 수는 있지만, 서버 RPC와 마찬가지로 동일한 주의 사항이 있다. Unreliable 지정자는 이 장 뒷부분에서 설명할 것이다.

실행

멀티캐스트 RPC를 실행하려면 멀티캐스트 RPC를 정의한 액터 인스턴스의 서버에서 호출해야 한다. 다음 예제를 살펴보자.

```
void ARPCTest::CallMyOwnMulticastRPC(int32 IntegerParameter)
{
  MulticastMyOwnRPC(IntegerParameter);
}
```

위 코드는 CallMyOwnMulticastRPC 함수를 구현하며, ARPCTest 클래스에 정의된 Multicast MyOwnRPC 함수를 호출한다(정수형 파라미터를 가진 함수). 그러면 해당 액터 인스턴스의 모든 클라이언트 버전에서 MulticastMyOwnRPC 함수의 구현이 실행될 것이다.

```cpp
void ARPCTest::CallMulticastRPCOfAnotherActor(AAnotherActor* OtherActor)
{
  if(OtherActor != nullptr)
  {
    OtherActor->MulticastAnotherActorRPC();
  }
}
```

위 코드는 CallMulticastRPCOfAnotherActor 함수를 구현하며, OtherActor 인스턴스가 유효할 때 AAnotherActor 클래스에 정의된 MulticastAnotherActorRPC 함수를 호출한다. 그러면 OtherActor 인스턴스의 모든 클라이언트 버전에서 MulticastAnotherActorRPC 함수의 구현이 실행될 것이다.

클라이언트 RPC

RPC를 정의한 액터를 소유한 클라이언트에서서만 함수를 실행하려는 경우에는 클라이언트 RPC를 사용한다. 소유 클라이언트를 설정하려면 서버에서 SetOwner를 호출하고 클라이언트의 플레이어 컨트롤러로 설정해야 한다.

이 예로 캐릭터가 발사체(총알 등)에 맞았을 때 해당 클라이언트에서만 들리는 피격pain 사운드를 재생하는 경우를 들 수 있다. 서버에서 클라이언트 RPC를 호출하면 사운드가 소유 클라이언트에서만 재생되므로 다른 클라이언트에서는 들을 수 없다.

선언

클라이언트 RPC를 선언할 때는 UFUNCTION 매크로에서 Client 지정자를 사용한다. 다음의 예제를 살펴보자.

```
UFUNCTION(Client)
void ClientRPCFunction(int32 IntegerParameter, float FloatParameter, AActor*
ActorParameter);
```

위의 코드를 살펴보면, 이 함수를 클라이언트 RPC로 선언하기 위해 UFUNCTION 매크로에
Client 지정자를 사용했다. 일반 함수와 마찬가지로 클라이언트 RPC에서 파라미터를
사용할 수는 있지만, 서버 RPC 및 멀티캐스트 RPC와 마찬가지로 동일한 주의 사항이
있다. Unreliable 지정자는 이 장 뒷부분에서 설명할 것이다.

실행

클라이언트 RPC를 실행하려면 클라이언트 RPC를 정의한 액터 인스턴스의 서버에서
호출해야 한다. 다음 예제를 살펴보자.

```
void ARPCTest::CallMyOwnClientRPC(int32 IntegerParameter)
{
  ClientMyOwnRPC(IntegerParameter);
}
```

위 코드는 CallMyOwnClientRPC 함수를 구현하며, ARPCTest 클래스에 정의된 ClientMyOwn
RPC RPC 함수를 호출한다(정수형 파라미터를 가짐). 그러면 해당 액터 인스턴스를 소유한 클라이
언트 버전에서 ClientMyOwnRPC 함수의 구현이 실행될 것이다.

```
void ARPCTest::CallClientRPCOfAnotherActor(AAnotherActor* OtherActor)
{
  if(OtherActor != nullptr)
  {
    OtherActor->ClientAnotherActorRPC();
  }
}
```

위 코드는 CallClientRPCOfAnotherActor 함수를 구현하며, OtherActor가 유효할 때
OtherActor의 인스턴스에서 AAnotherActor 클래스에 정의된 ClientAnotherActorRPC RPC
함수를 호출한다. 그러면 OtherActor 인스턴스를 소유한 클라이언트 버전에서

ClientAnotherActorRPC 함수의 구현을 실행할 것이다.

RPC를 사용할 때 주의할 사항

RPC는 매우 유용하지만, RPC를 사용하려면 몇 가지 사항을 주의해야 한다.

구현

RPC의 구현은 일반 함수와 조금 다르다. 평소와 같이 함수를 구현하는 대신, 헤더 파일에 선언하지 않았더라도 RPC 함수의 _Implementation 버전만 구현해야 한다. 다음 예제를 살펴보자.

서버 RPC

```
void ARPCTest::ServerRPCTest_Implementation(int32 IntegerParameter,
  float FloatParameter, AActor* ActorParameter)
{
}
```

위의 코드에서는 3개 파라미터를 사용하는 ServerRPCTest 함수의 _Implementation 버전을 구현한다.

멀티캐스트 RPC

```
void ARPCTest::MulticastRPCTest_Implementation(int32 IntegerParameter,
  float FloatParameter, AActor* ActorParameter)
{
}
```

위의 코드에서는 3개 파라미터를 사용하는 MulticastRPCTest 함수의 _Implementation 버전을 구현한다.

클라이언트 RPC

```
void ARPCTest::ClientRPCTest_Implementation(int32 IntegerParameter,
  float FloatParameter, AActor* ActorParameter)
{
}
```

위의 코드에서는 3개 파라미터를 사용하는 `ClientRPCTest` 함수의 `_Implementation` 버전을 구현한다.

앞의 예제에서 볼 수 있듯이, 구현하는 RPC 유형에 관계없이 일반 함수와 다르게(다음 코드 예제 참고) `_Implementation` 버전의 함수만 구현해야 한다.

```
void ARPCTest::ServerRPCFunction(int32 IntegerParameter, float
  FloatParameter, AActor* ActorParameter)
{
}
```

앞의 코드에서는 `ServerRPCFunction` 함수의 일반적인 구현을 정의하고 있다. RPC를 이와 같이 구현하면 구현이 중복됐다는 오류가 표시된다. 헤더 파일에서 RPC 함수를 선언하면 언리얼 엔진이 내부적으로 일반 함수의 구현을 자동으로 생성하기 때문이다. 이 함수가 호출되면 네트워크를 통해 RPC 요청을 전달하는 로직을 실행하고, 원격 컴퓨터에 도달하면 거기서 `_Implementation` 버전을 호출한다. 동일한 함수에 대해 2개의 구현을 가질 수 없으므로 컴파일 오류가 발생한다. 따라서 이 문제를 해결하려면 RPC의 `_Implementation` 버전만 구현해야 한다.

다음으로 이름 접두어[name prefix]를 살펴보자.

이름 접두어

언리얼 엔진에서는 RPC에 해당 타입을 접두어[prefix]로 지정하는 것이 좋다. 다음 예제를 살펴보자.

- `RPCFunction`을 호출하는 서버 RPC의 이름은 `ServerRPCFunction`으로 지정하는 것이 좋다.

- `RPCFunction`을 호출하는 멀티캐스트 RPC의 이름은 `MulticastRPCFunction`으로 지정하는 것이 좋다.

- `RPCFunction`을 호출하는 클라이언트 RPC의 이름은 `ClientRPCFunction`으로 지정하는 것이 좋다.

반환 값

일반적으로 RPC의 실행은 다른 장치(시스템)에서 비동기로 실행되기 때문에 반환 값[return value]을 가질 수 없다. 따라서 반환 값은 항상 void여야 한다.

오버라이딩

UFUNCTION 매크로로 없이 자식 클래스에서 _Implementation 함수를 선언하고 구현하면 RPC의 구현을 재정의(오버라이딩[overriding])해 부모의 기능을 확장하거나 추가할 수 있다. 다음 예를 살펴보자.

다음 코드는 부모 클래스의 선언이다.

```
UFUNCTION(Server)
void ServerRPCTest(int32 IntegerParameter);
```

앞의 코드는 정수형 파라미터 하나를 사용하는 ServerRPCTest 함수의 부모 클래스 선언을 보여준다.

자식 클래스에서 이 함수를 재정의하려면 다음과 같이 선언해야 한다.

```
virtual void ServerRPCTest_Implementation(int32 IntegerParameter) override;
```

앞의 코드는 자식 클래스의 헤더 파일에서 ServerRPCTest_Implementation 함수의 선언을 재정의한다. 함수의 구현은 다른 재정의와 동일하며 상위 클래스의 기능을 계속 실행하려는 경우에는 Super::ServerRPCTest_Implementation을 호출할 수 있다.

유효한 연결

액터가 RPC를 호출하기 위해서는 유효한 연결을 가져야 한다. 유효한 연결을 갖지 않은 액터에서 RPC의 호출을 시도하면 원격 인스턴스에서 아무 일도 일어나지 않는다. RPC를 호출하려는 액터가 플레이어 컨트롤러인지, (해당되는 경우) 플레이어 컨트롤러가 소유하고 있는지 또는 액터가 유효한 연결을 가졌는지 확인해야 한다.

지원하는 파라미터 타입

RPC를 사용할 때는 다른 함수와 마찬가지로 파라미터를 추가할 수 있다. 이 책을 집필하는 시점에서 대부분의 공용 타입(bool, int32, float, FText, FString, FName, TArray 등)을 지원하지만, 전부를 지원하지는 않는다. TSet과 TMap이 지원되지 않는 대표적인 타입에 속한다. 이들 중에서 더욱 주의를 기울여야 하는 타입은 UObject 클래스 또는 UObject의 하위 클래스, 특히 액터에 대한 포인터다.

액터 파라미터를 갖는 RPC를 생성하면, 해당 액터 또한 원격 게임 인스턴스에 존재해야 한다. 그렇지 않으면 nullptr이 된다. 또 중요하게 고려해야 할 사항은 액터의 각 버전의 인스턴스 이름이 다를 수 있다는 점이다. 즉, 액터 파라미터를 갖는 RPC를 호출하면, RPC를 호출할 때 해당 액터의 인스턴스 이름은 원격 인스턴스에서 RPC를 실행할 때의 인스턴스 이름과 다를 수 있다. 다음은 해당 내용을 이해하는 데 도움을 줄 수 있는 예제다.

그림 17.1 세 클라이언트에서 캐릭터의 이름을 보여주는 모습

앞의 예제는 3개의 클라이언트(그중 하나는 리슨 서버)가 실행 중이며 각 창은 모든 캐릭터 인스턴스의 이름을 보여준다. 클라이언트 1 창은 ThirdPersonCharacter_C_0이라는 이름의 캐릭터 인스턴스를 제어하는 반면, 서버 창에서는 동일한 캐릭터의 이름이 ThirdPersonCharacter_C_1인 것을 볼 수 있다. 즉, 클라이언트 1이 서버 RPC를 호출하고 자신의 ThirdPersonCharacter_C_0을 파라미터로 전달하면, 서버에서 RPC를 실행할 때의 해당 파라미터는 서버 장치에 있는 동일한 캐릭터의 인스턴스 이름인 ThirdPersonCharacter_C_1이 된다.

타깃 머신에서 RPC 실행하기

대상 장치에서 직접 RPC를 호출할 수 있으며, 여전히 실행된다. 다시 말해, 서버에서 서버 RPC를 호출하면 그대로 실행된다. 마찬가지로 클라이언트에서 멀티캐스트/클라이언트 RPC를 호출할 수 있다. 하지만 후자의 경우 RPC를 호출한 클라이언트에서만 로직을 실행한다. 두 경우 모두 로직을 더 빨리 실행하려면 항상 _Implementation 버전을 직접 호출해야 한다.

그 이유는 _Implementation 버전이 실행할 로직만 보유하고 일반적인 RPC 호출이 갖는 네트워크를 통해 RPC 요청을 생성하고 전송하는 오버헤드를 갖지 않기 때문이다.

서버에 대한 권한을 가진 액터의 다음 예제를 살펴보자.

```
void ARPCTest::CallServerRPC(int32 IntegerParameter)
{
  if(HasAuthority())
  {
    ServerRPCFunction_Implementation(IntegerParameter);
  }
  else ServerRPCFunction(IntegerParameter);
}
```

앞의 예제에는 두 가지 다른 방식으로 ServerRPCFunction 함수를 호출하는 CallServerRPC 함수가 있다. 액터가 서버에 이미 있으면, ServerRPCFunction_Implementation을 호출해 앞에서 설명한 오버헤드를 건너뛴다.

액터가 서버에 없으면, ServerRPCFunction을 사용해 일반 RPC 호출을 실행한다. 그러면 네트워크를 통해 RPC 요청을 생성하고 전송하는 데 필요한 오버헤드가 추가된다.

검증

RPC를 정의할 때는 RPC를 호출하기 전에 잘못된 입력이 있는지 확인하기 위한 추가 옵션을 사용할 수 있다. 이는 부정행위(해킹 등)나 다른 이유로 입력이 잘못된 경우, RPC를 처리하지 않도록 하기 위해 사용한다.

검증^{validation}을 사용하려면 UFUNCTION 매크로에 WithValidation 지정자를 추가해야 한다. WithValidation 지정자를 사용하면, RPC를 실행할 수 있는지 여부를 나타내는 불리언을 반환하는 함수의 _Validate 버전을 구현해야만 한다.

다음 예제를 살펴보자.

```
UFUNCTION(Server, Reliable, WithValidation)
void ServerSetHealth(float NewHealth);
```

앞의 코드에서는 Health의 새로운 값에 대해 플로트 파라미터를 사용하는 ServerSetHealth라는 검증된 서버 RPC를 선언한다. 구현은 다음과 같다.

```
bool ARPCTest::ServerSetHealth_Validate(float NewHealth)
{
  return NewHealth >= 0.0f && <= MaxHealth;
}
void ARPCTest::ServerSetHealth_Implementation(float NewHealth)
{
  Health = NewHealth;
}
```

앞의 코드는 체력^{health}의 새로운 값이 0과 체력의 최댓값 사이에 있는지를 확인하는 _Validate 함수를 구현한다. MaxHealth가 100일 때 클라이언트가 ServerSetHealth를 해킹해 200으로 호출하려고 시도하면, RPC가 호출되지 않기 때문에 클라이언트가 특정 범위를 벗어난 값으로 상태를 변경하는 것을 방지한다. _Validate 함수가 true를 반환하면 _Implementation 함수가 평소와 같이 호출되고 Health 값을 NewHealth 값으로 설정한다.

신뢰성

RPC를 선언할 때 UFUNCTION 매크로에서 Reliable 또는 Unreliable 지정자를 사용해야 한다. 각 지정자가 하는 일을 간략히 살펴보자.

- **Reliable**: 원격 장치가 수신을 확인할 때까지 요청을 반복해 RPC가 실행됐는지를 확인하고 싶은 경우에 사용한다. 중요한 게임플레이 로직을 실행하는 것과 같은 매우 중요한 RPC에만 사용해야 한다. 사용 방법은 다음과 같다.

```
UFUNCTION(Server, Reliable)
void ServerReliableRPCFunction(int32 IntegerParameter);
```

- **Unreliable**: 사운드 또는 파티클 이펙트를 실행하는 것과 같이, 불안정한 네트워크 상태로 인해 RPC가 실행되는지 여부를 신경 쓰지 않을 때 사용한다. 실행하는 로직이 매우 중요하지는 않거나 값을 업데이트하기 위해 매우 자주 호출하는 RPC에 사용해야 한다. 자주 호출하는 경우에는 여러 번 호출이 누락되더라도 문제가 되지 않기 때문이다. 사용 방법은 다음과 같다.

```
UFUNCTION(Server, Unreliable)
void ServerUnreliableRPCFunction(int32 IntegerParameter);
```

> NOTE
>
> 웹 사이트(https://docs.unrealengine.com/en-US/Gameplay/Networking/Actors/RPCs/index.html)에서 RPC에 대한 더 자세한 내용을 확인할 수 있다.

다음 실습에서는 RPC의 다양한 구현을 살펴본다.

실습 17.01: RPC 사용하기

이번 실습에서는 삼인칭 템플릿을 사용하는 C++ 프로젝트를 생성하고, 다음 기능을 추가해 확장한다.

- 새 Ammo 정수형 변수를 추가한다. 이 변수는 기본값이 5이고 모든 클라이언트에 복제(리플리케이션)된다.

- 서버가 클라이언트에 발사가 유효하다고 전달할 때 재생할 발사 애님 몽타주^{Fire Anim Montage}를 추가한다.

- 서버가 클라이언트에 탄약이 충분하지 않다고 전달할 때 재생할 **No Ammo Sound**를 추가한다.

- 플레이어가 마우스 왼쪽 버튼을 누를 때마다 클라이언트는 `Reliable`과 `WithValidation`이 적용된 서버 RPC를 호출해 캐릭터의 탄약이 충분한지를 확인한다. 탄약이 충분하다면, `Ammo` 변수에서 1을 빼고 모든 클라이언트에서 발사 애니메이션을 재생하는 `Unreliable` 멀티캐스트 RPC를 호출한다. 탄약이 없으면, `Unreliable` 클라이언트 RPC를 호출해 `No Ammo Sound`를 재생한다. 이 사운드는 해당 캐릭터를 소유한 클라이언트에서만 들을 수 있다.

- 발사 애니메이션을 재생한 후 클라이언트가 발사 버튼을 마구 누르는 것을 방지하기 위해 1.5초 동안 대기하는 발사 타이머를 추가한다.

다음 단계에 따라 이번 실습을 완료할 수 있다.

1. RPC라는 이름으로 C++를 사용해 새 **삼인칭** 템플릿 프로젝트를 생성하고 원하는 위치에 저장한다.

2. 프로젝트가 생성되면 에디터와 비주얼 스튜디오가 열릴 것이다.

3. 에디터를 닫고 비주얼 스튜디오로 이동한다.

4. RPCCharacter.h 파일을 열고, 클라이언트가 발사 동작을 남발하는 것을 방지하기 위해 FireTimer 변수를 `protected`로 선언한다.

```
FTimerHandle FireTimer;
```

5. 5로 시작하는 `Ammo` 변수를 `protected`로 선언한다. 이 변수는 복제된다.

```
UPROPERTY(Replicated)
int32 Ammo = 5;
```

6. 다음으로, 캐릭터가 발사할 때 재생할 애니메이션 몽타주 변수를 `protected`로 선언한다.

```
UPROPERTY(EditDefaultsOnly, Category = "RPC Character")
UAnimMontage* FireAnimMontage;
```

7. 캐릭터가 탄약이 없을 때 재생할 사운드 변수를 protected로 선언한다.

```
UPROPERTY(EditDefaultsOnly, Category = "RPC Character")
USoundBase* NoAmmoSound;
```

8. Tick 함수를 오버라이딩한다.

```
virtual void Tick(float DeltaSeconds) override;
```

9. Reliable 및 WithValidation 지정자를 적용해 발사를 위한 서버 RPC를 선언한다.

```
UFUNCTION(Server, Reliable, WithValidation, Category = "RPC Character")
void ServerFire();
```

10. 모든 클라이언트에서 발사 애니메이션을 재생할 멀티캐스트 RPC를 Unreliable 지정자를 사용해 선언한다.

```
UFUNCTION(NetMulticast, Unreliable, Category = "RPC Character")
void MulticastFire();
```

11. 캐릭터를 소유한 클라이언트에서만 사운드를 재생하는 클라이언트 RPC를 Unreliable 지정자를 적용해 선언한다.

```
UFUNCTION(Client, Unreliable, Category = "RPC Character")
void ClientPlaySound2D(USoundBase* Sound);
```

12. 이제 RPCCharacter.cpp 파일을 열고, PlaySound2D 함수를 위한 GameplayStatics .h와 DOREPLIFETIME_CONDITION 매크로를 사용할 수 있도록 UnrealNetwork.h 헤더를 추가한다.

```
#include "Kismet/GameplayStatics.h"
#include "Net/UnrealNetwork.h"
```

13. 생성자 맨 뒤에서 Tick 함수를 활성화한다.

```
PrimaryActorTick.bCanEverTick = true;
```

14. Ammo 변수를 모든 클라이언트에 복제할 수 있도록 GetLifetimeReplicatedProps 함수를 구현한다.

```
void ARPCCharacter::GetLifetimeReplicatedProps(TArray<FLifetimeProperty>&
  OutLifetimeProps) const
{
  Super::GetLifetimeReplicatedProps(OutLifetimeProps);

  DOREPLIFETIME(ARPCCharacter, Ammo);
}
```

15. 이어서 Ammo 변수의 값을 보여주는 Tick 함수를 구현한다.

```
void ARPCCharacter::Tick(float DeltaSeconds)
{
  Super::Tick(DeltaSeconds);
  const FString AmmoString = FString::Printf(TEXT("Ammo = %d"), Ammo);
  DrawDebugString(GetWorld(), GetActorLocation(),
    AmmoString, nullptr, FColor::White, 0.0f, true);
}
```

16. SetupPlayerInputController 함수 맨 뒤에서 Fire 액션을 ServerFire 함수에 연결_(바인딩)한다.

```
PlayerInputComponent->BindAction("Fire", IE_Pressed, this,
  &ARPCCharacter::ServerFire);
```

17. 발사 서버 RPC 검증 함수를 구현한다.

```
bool ARPCCharacter::ServerFire_Validate()
{
  return true;
}
```

18. 발사 서버 RPC Implementation 함수를 구현한다.

```
void ARPCCharacter::ServerFire_Implementation()
{

}
```

19. 지난 발사 이후에 아직 발사 타이머가 활성화 상태인 경우 함수를 중단하는 로직을 추가한다.

```
if (GetWorldTimerManager().IsTimerActive(FireTimer))
{
  return;
}
```

20. 캐릭터가 탄약을 가졌는지 확인한다. 탄약이 없으면, 캐릭터를 제어하는 클라이언트에서만 NoAmmoSound를 재생하고 함수를 중단한다.

```
if (Ammo == 0)
{
  ClientPlaySound2D(NoAmmoSound);
  return;
}
```

21. 탄약의 수를 감소시키고 FireTimer 변수를 설정해 발사 애니메이션을 재생하는 동안 발사 기능을 남발하는 것을 방지한다.

```
Ammo--;
GetWorldTimerManager().SetTimer(FireTimer, 1.5f, false);
```

22. 모든 클라이언트에서 발사 애니메이션을 재생할 수 있도록 발사 멀티캐스트 RPC를 호출한다.

```
MulticastFire();
```

23. 발사 애니메이션 몽타주를 재생하는 발사 멀티캐스트 RPC를 구현한다.

```
void ARPCCharacter::MulticastFire_Implementation()
{
  if (FireAnimMontage != nullptr)
  {
    PlayAnimMontage(FireAnimMontage);
  }
}
```

24. 2D 사운드를 재생하는 클라이언트 RPC를 구현한다.

```
void ARPCCharacter::ClientPlaySound2D_Implementation(USoundBase* Sound)
{
  UGameplayStatics::PlaySound2D(GetWorld(), Sound);
}
```

이제 에디터에서 프로젝트를 실행할 수 있다.

25. 코드를 컴파일하고 에디터가 완전히 로드될 때까지 기다리자.

26. **프로젝트 세팅**^{Project Settings}으로 이동하고, **엔진**^{Engine}에 이어서 **입력**^{Input}으로 이동한 다음, **Fire** 액션 바인딩을 추가한다.

그림 17.2 새 Fire 액션 바인딩 추가하기

27. **프로젝트 세팅**을 닫는다.

28. **콘텐츠 브라우저**^{Content Browser}에서 Content 폴더로 이동해 Audio라는 이름의 새 폴더를 생성하고 폴더를 연다.

29. **임포트**^{Import} 버튼을 클릭하고 Exercise17.01\Assets 폴더로 이동해 NoAmmo.wav와 Fire.wav를 임포트한다.

30. 두 파일을 저장한다.

31. Content\Characters\Mannequins\Animations 폴더로 이동한다.

32. **임포트** 버튼을 클릭하고, Exercise17.01\Assets 폴더로 이동해 ThirdPersonFire.fbx 파일을 임포트한다. SK_Mannequin 스켈레톤을 사용하도록 설정하고 **임포트**를 클릭한다.

33. 새 애니메이션을 열고 Play Sound 애님 노티파이를 0.3초 위치에 추가하고 Fire 사운드 애셋을 할당한다.

34. **디테일**^{Details} 패널에서 **Enable Root Motion** 옵션을 찾은 다음, **true**로 설정한다. 그러면 애니메이션을 재생할 때 캐릭터가 움직이는 것을 방지할 수 있다.

35. ThirdPersonFire를 저장하고 닫는다.

36. ThirdPersonFire에서 마우스 오른쪽 버튼을 클릭하고 **생성**^{Create} ➤ **애님 몽타주 생성** Create AnimMontage을 선택한다.

37. 그러면 애니메이션 폴더는 다음과 같을 것이다.

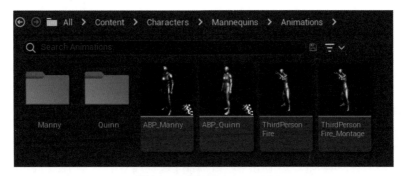

그림 17.3 마네킹의 Animations 폴더

38. ABP_Manny를 열고, 애님 그래프로 이동한다.

39. Control Rig 노드를 찾아 Alpha 값을 0.0으로 설정해 자동으로 발의 위치를 조정하는 기능을 비활성화한다. 설정을 마친 노드의 구성은 다음과 같다.

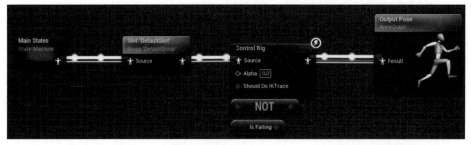

그림 17.4 발 조정 비활성화하기

40. ABP_Manny를 저장한다.

41. Content\Characters\Mannequins\Meshes 폴더에서 SK_Mannequin을 열고 root 와 pelvis 본이 애니메이션을 사용하도록 리타깃^(실습 16.04와 같이)한다. 나머지 본은 Skeleton을 사용해야 한다.

42. SK_Mannequin을 저장하고 닫는다.

43. Content\ThirdPerson\Blueprints로 이동해 BP_ThirdPersonCharacter 블루프린 트를 연다.

44. 클래스 디폴트에서 No Ammo Sound를 NoAmmo 애셋으로 설정하고, Fire Anim Montage 를 ThirdPersonFire_Montage 애셋으로 설정한다.

45. BP_ThirdPersonCharacter 블루프린트를 저장하고 닫는다.

46. **멀티플레이어 옵션**^{Multiplayer Options}으로 가서 **넷 모드**^{Net Mode}를 **Play As Listen Server**로 설정하고 **플레이어 수**^{Number of Players}를 2로 설정한다.

47. 창 크기를 800x600으로 설정하고 **새 에디터 창**^{New Editor Window}(PIE)을 사용해 플레이 한다.

그러면 다음과 같은 결과를 확인할 수 있을 것이다.

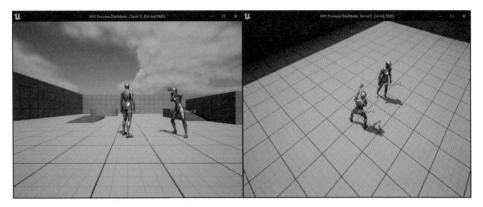

그림 17.5 이번 실습의 결과

이것으로 이번 실습을 마친다. 실습을 실행하면 각 클라이언트에서 플레이를 할 수 있다. 마우스 왼쪽 버튼을 누를 때마다 모든 클라이언트에서 볼 수 있도록 클라이언트의 캐릭터가 발사 애님 몽타주를 재생하고 탄약을 1개 감소시킨다. 탄약 개수가 0일 때 발사를 시도하면, 서버가 멀티캐스트 RPC를 호출하지 않으므로 해당 클라이언트에서 No Ammo Sound가 재생되고 발사 애니메이션을 재생하지 않는다. 발사 버튼(마우스 왼쪽 버튼 클릭)을 빠르게 누르면 발사 애니메이션이 완료된 후에만 새로 발사가 실행되는 것을 볼 수 있다.

이 절에서는 다양한 유형의 RPC를 사용하는 방법과 각 RPC를 사용할 때 주의할 사항을 배웠다. 다음 절에서는 열거형을 살펴보고 열거형을 에디터에 노출하는 방법을 알아본다.

에디터에 열거형 노출시키기

열거형^{enumeration}은 정수형 상수 목록을 갖는 사용자 정의 데이터 타입이다. 열거형의 각 항목은 개발자가 지정해 사람에게 친숙한 이름을 가지므로 코드를 더 쉽게 읽을 수 있다. 예를 들어, 정수 값을 사용해 캐릭터가 갖는 다양한 상태를 나타낼 수 있을 것이다 (0은 대기 상태, 1은 걷기 상태와 같이). 하지만 이 접근 방식의 문제점은 if(State == 0)과 같은 코드를 작성할 때 0이 무엇을 의미하는지 기억하기가 어려워진다는 것이다. 특히, 각 값을 기억하는 데 도움을 주는 문서나 주석이 없는 다양한 상태를 다뤄야 할 때 기억하는 것이 더 어렵다. 이 문제를 해결하려면 열거형을 사용해야 한다. 열거형을 사용하면 if(State == EState::Idle)과 같이 훨씬 더 명확하고 이해하기 쉬운 코드를 작성할 수 있다.

C++에는 기존의 원시 열거형과 C++11에 도입된 새로운 열거형 클래스, 이렇게 두 가지 유형의 열거형이 존재한다. 에디터에서 C++ 열거형을 사용하려는 경우에는 먼저 열거형을 UPROPERTY 변수로 선언하거나 UFUNCTION 함수의 파라미터로 사용하는 일반적인 방법을 떠올릴 것이다.

하지만 이렇게 하면 컴파일 오류가 발생한다. 다음 예제를 살펴보자.

```
enum class ETestEnum : uint8
{
  EnumValue1,
  EnumValue2,
  EnumValue3
};
```

앞의 코드는 세 가지 값인 EnumValue1, EnumValue2, EnumValue3가 있는 ETestEnum이라는 열거형 클래스를 선언한다.

이어서 다음 예제 중 하나를 시도해보자.

```
UPROPERTY(EditDefaultsOnly, BlueprintReadOnly, Category = "Test")
ETestEnum TestEnum;

UFUNCTION(BlueprintCallable, Category = "Test")
void SetTestEnum(ETestEnum NewTestEnum) { TestEnum = NewTestEnum; }
```

앞의 코드는 UPROPERTY 변수와 ETestEnum 열거형을 사용하는 UFUNCTION 함수를 선언한다. 이 코드를 컴파일하면 다음과 같은 컴파일 오류가 발생한다.

```
error : Unrecognized type 'ETestEnum' - type must be a UCLASS, USTRUCT or UENUM
```

NOTE

언리얼 엔진에서는 EWeaponType, EAmmoType과 같이 열거형 이름 앞에 문자 E를 붙이는 것이 좋다.

UPROPERTY나 UFUNCTION 매크로를 사용해 클래스, 구조체, 열거형을 노출시키려면 UCLASS, USTRUCT, UENUM 매크로를 사용해 언리얼 엔진 리플렉션 시스템에 추가해야 하므로 이 오류가 발생하는 것이다.

NOTE

웹 사이트(https://www.unrealengine.com/en-US/blog/unreal-property-system-reflection)에서 언리얼 엔진 리플렉션 시스템에 대한 자세한 정보를 확인할 수 있다.

이 점을 염두에 두고 이전 오류를 수정하기 위해 다음과 같이 작성한다.

```
UENUM()
enum class ETestEnum : uint8
{
  EnumValue1,
  EnumValue2,
  EnumValue3
};
```

다음 절에서는 TEnumAsByte 타입을 살펴본다.

TEnumAsByte

원시 열거형을 사용하는 변수를 엔진에 노출하려면 TEnumAsByte 타입을 사용해야 한다. 원시 열거형(열거형 클래스가 아닌)을 사용해 UPROPERTY 변수를 선언하면 컴파일 오류가 발생한다.

다음 예제를 살펴보자.

```
UENUM()
enum ETestRawEnum
```

```
{
    EnumValue1,
    EnumValue2,
    EnumValue3
};
```

이제 ETestRawEnum을 사용해 UPROPERTY 변수를 선언하면 다음과 같을 것이다.

```
UPROPERTY(EditDefaultsOnly, BlueprintReadOnly, Category = "Test")
ETestRawEnum TestRawEnum;
```

하지만 다음과 같은 컴파일 오류가 발생한다.

```
error : You cannot use the raw enum name as a type for member
variables, instead use TEnumAsByte or a C++11 enum class with an
explicit underlying type.
```

이 오류를 해결하려면 변수의 열거형 타입(여기서는 ETestRawEnum)을 TEnumAsByte<>로 감싸야
한다.

```
UPROPERTY(EditDefaultsOnly, BlueprintReadOnly, Category = "Test")
TEnumAsByte<ETestRawEnum> TestRawEnum;
```

다음 절에서는 UMETA 매크로를 살펴본다.

UMETA

UENUM 매크로를 사용해 언리얼 엔진 리플렉션 시스템에 열거형을 추가하면 열거형의 각
값에 UMETA 매크로를 사용할 수 있다. UPROPERTY나 UFUNCTION 등의 다른 매크로와 마찬가
지로 UMETA 매크로도 해당 값을 처리하는 방법을 언리얼 엔진에 전달하는 지정자로 사
용할 수 있다. 가장 일반적으로 사용하는 UMETA 지정자의 목록은 다음과 같다.

DisplayName

이 지정자를 사용하면 열거형 값이 에디터에 표시될 때 쉽게 읽을 수 있도록 새로운 이름을 정의할 수 있다.

다음 예제를 살펴보자.

```
UENUM()
enum class ETestEnum : uint8
{
  EnumValue1 UMETA(DisplayName = "My First Option"),
  EnumValue2 UMETA(DisplayName = "My Second Option"),
  EnumValue3 UMETA(DisplayName = "My Third Option")
};
```

다음 변수를 선언한다.

```
UPROPERTY(EditDefaultsOnly, BlueprintReadOnly, Category = "Test")
ETestEnum TestEnum;
```

그런 다음, 에디터를 열고 TestEnum 변수를 살펴보면 EnumValue1, EnumValue2, EnumValue3이 각각 My First Option, My Second Option, My Third Option으로 대체된 드롭다운 목록을 확인할 수 있다.

Hidden

이 지정자를 사용하면 드롭다운에서 특정 열거형 값을 숨길 수 있다. 이 지정자는 일반적으로 에디터가 아닌 C++에서만 사용할 수 있는 열거형 값이 있을 때 활용한다.

다음 예제를 살펴보자.

```
UENUM()
enum class ETestEnum : uint8
{
  EnumValue1 UMETA(DisplayName = "My First Option"),
  EnumValue2 UMETA(Hidden),
```

```
    EnumValue3 UMETA(DisplayName = "My Third Option")
};
```

다음 변수를 선언한다.

```
UPROPERTY(EditDefaultsOnly, BlueprintReadOnly, Category = "Test")
ETestEnum TestEnum;
```

그런 다음, 에디터를 열고 TestEnum 변수를 살펴보면 드롭다운이 표시될 것이다. 따라서
드롭다운에 My Second Option 목록이 나타나지 않아 선택할 수 없는 것을 확인할 수 있다.

> **NOTE**
>
> 웹 사이트(https://docs.unrealengine.com/en-US/Programming/UnrealArchitecture/Reference/Me
> tadata/#enummetadataspecifiers)에서 UMETA에 대한 자세한 정보를 확인할 수 있다.

다음 절에서는 UENUM 매크로의 BlueprintType 지정자를 살펴본다.

BlueprintType

이 UENUM 지정자는 열거형을 블루프린트에 노출시킨다. 이는 다음 예제와 같이, 새 변수
를 만들거나 함수의 입력/출력을 만들 때 사용되는 드롭다운에 해당 열거형 항목이 나
타난다는 것을 의미한다.

그림 17.6 ETestEnum 변수 타입을 사용하는 변수 설정

또한 다음 예제와 같이 에디터에서 열거형에 대해 호출할 수 있는 추가 함수가 표시된다.

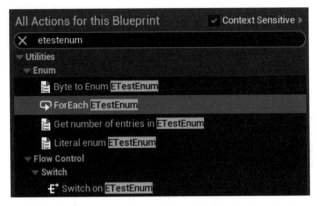

그림 17.7 BlueprintType을 사용할 때 호출 가능한 추가 함수 목록

MAX

열거형을 사용할 때 얼마나 많은 값을 갖고 있는지 알고 싶은 경우가 많다. 이를 위해 언리얼 엔진에서는 주로 맨 마지막에 MAX를 추가한다. 이 값은 에디터에서 자동으로 숨겨진다.

다음 예제를 살펴보자.

```
UENUM()
enum class ETestEnum : uint8
{
  EnumValue1,
  EnumValue2,
  EnumValue3,
  MAX
};
```

그러면, C++에서 다음과 같이 ETestEnum에 몇 개의 값이 있는지 확인할 수 있다.

```
const int32 MaxCount = static_cast<int32>(ETestEnum::MAX);
```

이 코드가 동작하는 이유는 C++의 열거형은 내부적으로 숫자로 저장되기 때문이다(첫 번째 값은 0, 두 번째 값은 1 등). 즉, MAX가 열거형의 마지막 값인 경우에는 항상 열거형의 총개수를 나타낸다. MAX가 올바른 값을 갖도록 하려면 열거형의 내부 번호 순서를 다음과 같이 변경할 수 없다는 점을 염두에 둬야 한다.

```
UENUM()
enum class ETestEnum : uint8
{
  EnumValue1 = 4,
  EnumValue2 = 78,
  EnumValue3 = 100,
  MAX
};
```

이 경우 MAX는 이전 값인 EnumValue3 = 100보다 하나 큰 숫자인 101이 된다.

MAX는 C++에서만 사용해야 하며 에디터에서는 사용하지 말아야 한다. 앞서 설명했듯이 MAX는 블루프린트에서 숨겨지기 때문이다. 블루프린트에서 열거형의 항목 수를 구하려면, 콘텍스트 메뉴에 몇 가지 유용한 함수를 표시하기 위해 UENUM 매크로에서 BlueprintType 지정자를 사용해야 한다. 그런 다음, 콘텍스트 메뉴에서 열거형 이름을 입력하면 열거형에 사용할 수 있는 함수 목록을 확인할 수 있다. **Get Number of entries in ETestEnum** 옵션을 선택하면 열거형의 항목 수를 반환하는 함수가 생성된다.

다음 실습에서는 C++ 열거형을 에디터에서 사용해본다.

실습 17.02: 에디터에서 C++ 열거형 사용하기

이번 실습에서는 삼인칭 템플릿을 사용해 새 **C++** 프로젝트를 생성하고 다음 기능을 추가한다.

- 권총pistol, 샷건shotgun, 로켓 런처rocket launcher라는 세 가지 무기를 포함하는 EWeapon Type 열거형 추가

- 총알^{bullet}, 포탄^{shell}, 로켓^{rocket}이라는 세 가지 탄약 유형을 포함하는 EAmmoType 열거 형 추가

- EWeaponType을 사용해 현재 무기의 유형을 알려주는 Weapon 변수 추가

- 무기 유형별 탄약의 수를 갖는 Ammo라는 이름의 정수형 배열 변수 추가. 10으로 초 기화한다.

- 플레이어가 1, 2, 3 키를 누르면 무기(Weapon)를 각각 권총(Pistol), 샷건(ShotGun), 로켓 런 처(Rocket Launcher)로 설정한다.

- 플레이어가 마우스 왼쪽 버튼을 누르면 현재 무기에서 탄약을 소비한다.

- Tick 함수를 호출할 때마다 캐릭터는 현재 무기 유형, 관련 탄약 유형 및 수를 보 여준다.

다음 단계에 따라 이번 실습을 완료할 수 있다.

1. C++를 사용해 Enumerations라는 이름의 삼인칭 템플릿 프로젝트를 생성하고 원하 는 위치에 저장한다.

   프로젝트 생성이 완료되면, 에디터와 비주얼 스튜디오 솔루션이 열릴 것이다.

2. 에디터를 닫고 비주얼 스튜디오로 이동한다.

3. Enumerations.h 파일을 연다.

4. 열거형을 int32 데이터 타입으로 변환하는 ENUM_TO_INT32 매크로를 생성한다.

```
#define ENUM_TO_INT32(Value) static_cast<int32>(Value)
```

5. enum 데이터 타입의 Display Name을 가져와서 FString 데이터 타입으로 변환하는 ENUM_TO_FSTRING 매크로를 생성한다.

```
#define ENUM_TO_FSTRING(Enum, Value) FindObject<UEnum>(ANY_PACKAGE,
    TEXT(Enum), true)->GetDisplayNameTextByIndex((int32)Value).ToString()
```

6. EWeaponType과 EAmmoType 열거형을 선언한다.

```
UENUM(BlueprintType)
enum class EWeaponType : uint8
{
  Pistol UMETA(Display Name = "Glock 19"),
  Shotgun UMETA(Display Name = "Winchester M1897"),
  RocketLauncher UMETA(Display Name = "RPG"),
  MAX
};

UENUM(BlueprintType)
enum class EAmmoType : uint8
{
  Bullets UMETA(DisplayName = "9mm Bullets"),
  Shells UMETA(Display Name = "12 Gauge Shotgun Shells"),
  Rockets UMETA(Display Name = "RPG Rockets"),
  MAX
};
```

7. EnumerationsCharacter.h 파일을 열어 Enumerations.h 헤더를 포함시킨다.

```
#include "Enumerations.h"
```

8. 선택한 무기의 무기 유형을 저장하는 protected Weapon 변수를 선언한다.

```
UPROPERTY(BlueprintReadOnly, Category = "Enumerations Character")
EWeaponType Weapon;
```

9. 유형별 탄약의 수를 저장하는 protected Ammo 배열을 선언한다.

```
UPROPERTY(EditDefaultsOnly, BlueprintReadOnly, Category = "Enumerations
Character")
TArray<int32> Ammo;
```

10. BeginPlay와 Tick 함수를 protected override로 선언한다.

```
virtual void BeginPlay() override;
virtual void Tick(float DeltaSeconds) override;
```

11. 각 입력 함수를 protected로 선언한다.

```
void Pistol();
void Shotgun();
void RocketLauncher();
void Fire();
```

12. EnumerationsCharacter.cpp 파일을 열고, 다음 코드와 같이 SetupPlayerInput
Controller 함수 끝부분에 입력 액션과 입력 함수를 연결(바인딩)한다.

```
PlayerInputComponent->BindAction("Pistol", IE_Pressed, this,
  &AEnumerationsCharacter::Pistol);
PlayerInputComponent->BindAction("Shotgun", IE_Pressed, this,
  &AEnumerationsCharacter::Shotgun);
PlayerInputComponent->BindAction("Rocket Launcher", IE_Pressed,
  this, &AEnumerationsCharacter::RocketLauncher);
PlayerInputComponent->BindAction("Fire", IE_Pressed, this,
  &AEnumerationsCharacter::Fire);
```

13. 다음으로, BeginPlay 함수의 재정의(오버라이딩)를 구현한다. 부모 로직을 실행할 뿐만
아니라 EAmmoType 열거형의 항목 수로 Ammo 배열의 크기도 초기화한다. 각 배열의
항목도 10으로 초기화한다.

```
void AEnumerationsCharacter::BeginPlay()
{
  Super::BeginPlay();
  constexpr int32 AmmoTypeCount = ENUM_TO_INT32(EAmmoType::MAX);
  Ammo.Init(10, AmmoTypeCount);
}
```

14. Tick 함수의 재정의를 구현한다.

```
void AEnumerationsCharacter::Tick(float DeltaSeconds)
{
  Super::Tick(DeltaSeconds);
}
```

15. Weapon 변수를 int32로 변환하고 Weapon 변수를 FString으로 변환한다.

```
const int32 WeaponIndex = ENUM_TO_INT32(Weapon);
const FString WeaponString = ENUM_TO_FSTRING("EWeaponType", Weapon);
```

16. EAmmoType을 FString으로 변환하고 현재 무기의 탄약 수를 구한다.

```
const FString AmmoTypeString = ENUM_TO_FSTRING("EAmmoType", Weapon);
const int32 AmmoCount = Ammo[WeaponIndex];
```

EAmmoType은 EAmmoType에 해당하는 탄약 유형과 일치하므로 Weapon을 사용해 탄약 유형 문자열을 구한다. 즉, Pistol = 0은 Bullets = 0, Shotgun = 1은 Shells = 1, RocketLauncher = 2는 Rockets = 2를 사용하기 때문에 일대일 대응 관계를 활용할 수 있다.

17. 다음 코드와 같이 캐릭터의 위치에서 현재 무기의 이름과 탄약의 종류, 탄약 수를 표시한다.

```
const FString String = FString::Printf(TEXT("Weapon =
    %s\nAmmo Type = %s\nAmmo Count = %d"), *WeaponString,
    *AmmoTypeString, AmmoCount);
DrawDebugString(GetWorld(), GetActorLocation(), String,
    nullptr, FColor::White, 0.0f, true);
```

18. Weapon 변수를 해당 값으로 설정하는 무기 장착equip 입력 함수를 구현한다.

```
void AEnumerationsCharacter::Pistol()
{
  Weapon = EWeaponType::Pistol;
}
void AEnumerationsCharacter::Shotgun()
{
  Weapon = EWeaponType::Shotgun;
}
void AEnumerationsCharacter::RocketLauncher()
{
  Weapon = EWeaponType::RocketLauncher;
}
```

19. 탄약을 하나 감소시킨 결과 값이 0보다 크거나 같은 경우에는 현재 무기에 해당하는 탄약 수를 가져와서 1을 빼는 발사(Fire) 입력 함수를 구현한다.

```
void AEnumerationsCharacter::Fire()
{
  const int32 WeaponIndex = ENUM_TO_INT32(Weapon);
  const int32 NewRawAmmoCount = Ammo[WeaponIndex] - 1;
  const int32 NewAmmoCount =
  FMath::Max(NewRawAmmoCount, 0);
  Ammo[WeaponIndex] = NewAmmoCount;
}
```

20. 코드를 컴파일하고 에디터를 실행한다.

21. **프로젝트 세팅**Project Settings으로 이동하고, **엔진**Engine에 이어서 **입력**Input으로 이동한 후 새 입력 바인딩을 추가한다.

그림 17.8 Pistol, Shotgun, Rocket Launcher, Fire 바인딩 추가하기

22. **프로젝트 세팅**을 닫는다.

23. **넷 모드**Net Mode에서 **Play Standalone** 옵션을 설정하고, **플레이어 수**Number of Players 옵션을 1로 설정한다. **새 에디터 창**(PIE)에서 플레이하면 다음과 같은 결과를 확인할 수 있을 것이다.

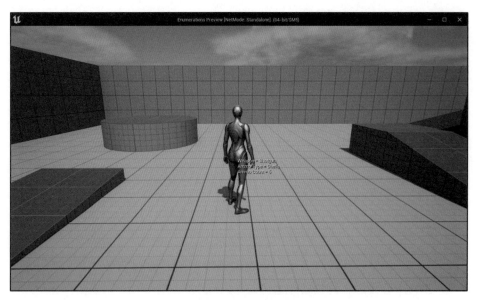

그림 17.9 실습의 최종 결과

이것으로 이번 실습을 마친다. 1, 2, 3 키를 눌러 사용할 무기를 선택할 수 있으며 Tick마다 현재 무기 유형과 탄약 유형, 탄약 수가 표시되는 것을 확인할 수 있다. 또한 마우스 왼쪽 버튼을 누르면, 현재 무기의 탄약 수가 감소하지만 0 이하로 내려가지 않는 것을 볼 수 있다.

이 절에서는 블루프린트에서 열거형을 사용할 수 있도록 열거형을 에디터에 노출시키는 방법을 배웠다. 다음 절에서는 순환 배열 인덱싱을 살펴본다. 이를 활용하면 제한 범위를 넘어서 배열을 순회할 수 있고, 인덱스가 배열의 범위를 넘어가면 처음으로 되돌아가도록 할 수 있다.

순환 배열 인덱싱

배열을 사용해 정보를 저장할 때 양방향 순환 방식으로 배열의 반복 작업을 처리하고 싶을 때가 있다. 슈팅 게임에서 이전 무기 또는 다음 무기로 전환하는 로직이 그 예다. 이전/다음 무기 로직은 여러 가지 무기가 저장된 배열이 있고 특정 방향으로 무기를 순환해야 하는데, 첫 번째 인덱스나 마지막 인덱스에 도달하면 각각 마지막 인덱스와 첫 번째 인덱스로 되돌아가야 한다. 이 로직을 처리하는 일반적인 방법은 다음과 같다.

```cpp
AWeapon * APlayer::GetPreviousWeapon()
{
  if(WeaponIndex - 1 < 0)
  {
    WeaponIndex = Weapons.Num() - 1;
  }
  else
  {
    WeaponIndex--;
  }
  return Weapons[WeaponIndex];
}

AWeapon * APlayer::GetNextWeapon()
{
  if(WeaponIndex + 1 > Weapons.Num() - 1)
  {
    WeaponIndex = 0;
  }
  else
  {
    WeaponIndex++;
  }
  return Weapons[WeaponIndex];
}
```

앞의 코드에서는 무기 인덱스가 무기 배열을 벗어나면 WeaponIndex를 조정한다. 여기에는 두 가지 경우가 발생할 수 있다. 첫 번째는 플레이어가 인벤토리의 마지막 무기를 장착하고 있는데 다음 무기를 요청하는 경우다. 이때는 첫 번째 무기로 되돌아가야 한다.

두 번째는 플레이어가 인벤토리의 첫 번째 무기를 장착하고 있는데 이전 무기를 요청하는 경우다. 이때는 마지막 무기로 가야 한다.

예제 코드가 동작하기는 하지만, 이런 작은 문제를 해결하기 위해 너무 많은 코드를 작성했다. 이 코드를 개선해보자. 하나의 함수로 이 두 가지 경우를 자동으로 고려할 수 있는 수학 연산이 있다. 이를 나머지 연산^{modulo}(C++에서는 % 연산자로 표시)이라고 하며, 두 수 사이의 나머지를 구한다.

그렇다면 양방향으로 배열 인덱스를 순환시키기 위해 나머지 연산을 어떻게 사용할 수 있을까? 나머지 연산을 사용해 이전 예제를 다시 작성해보자.

```cpp
AWeapon * APlayer::GetNewWeapon(int32 Direction)
{
  const int32 WeaponCount = Weapons.Num();
  const int32 NewRawIndex = WeaponIndex + Direction;
  const in32 NewWrappedIndex = NewRawIndex % WeaponCount;

  WeaponIndex = (NewWrappedIndex + WeaponCount) % WeaponCount;

  return Weapons[WeaponIndex];
}
```

이 코드는 새 버전이며, 바로 이해하기에는 다소 어렵게 느껴질 수 있을 것이다. 하지만 더 기능적이고 간결하다. 변수를 사용해 각 연산의 중간값을 저장하지 않는다면, 한두 줄의 코드로 전체 함수를 만들 수 있을 것이다.

앞의 코드를 하나씩 살펴보자.

- **const int WeaponCount = Weapons.Num()**: 배열의 크기를 알아야 인덱스를 다시 0으로 순환할지 여부를 결정할 수 있다. 다시 말해, WeaponCount = 4일 경우 배열은 0, 1, 2, 3의 인덱스 값을 갖기 때문에 인덱스 4는 다시 0으로 돌아가야 하는 인덱스라는 것을 알려준다.

- **const int32 NewRawIndex = WeaponIndex + Direction**: 배열 크기^(제한)에 고정되지 않은 새로운 원시 인덱스다. Direction 변수는 배열을 탐색하려는 오프셋으로 사용되며 이전 인덱스를 원할 때는 -1이고 다음 인덱스를 원할 때는 1이다.

- **const in32 NewWrappedIndex = NewRawIndex % WeaponCount**: 나머지 연산의 속성으로 인해 NewWrappedIndex가 0에서 WeaponCount - 1 사이에 있도록 하며, 필요한 경우에 순환을 보장해준다. 따라서 NewRawIndex가 4인 경우 NewWrappedIndex는 0이

된다. 4 나누기 4의 나머지는 없기 때문이다.

Direction이 항상 1인 경우, ClampedNewIndex는 우리가 필요로 하는 기능에 충분하다. 하지만 문제는 나머지 연산이 음수 값에서는 잘 동작하지 않는다는 것이다. 이 문제는 WeaponIndex가 0이고 Direction이 -1일 때 발생할 수 있으며, 이때 NewIndex는 -1이 된다. 이 문제를 해결하려면 몇 가지 계산을 추가로 진행해야 한다.

- **WeaponIndex = (NewWrappedIndex + WeaponCount) % WeaponCount**: 이 코드는 NewWrappedIndex에 WeaponCount를 더해 NewWrappedIndex를 양수로 만들고, 다시 나머지 연산을 진행해 올바른 인덱스를 얻음으로써 문제를 해결한다.

- **return Weapons[WeaponIndex]**: 계산된 WeaponIndex 인덱스 위치의 무기를 반환한다.

이 코드가 어떻게 동작하는지를 실제 예제를 통해 계산해보자.

Weapons 배열이 다음과 같이 설정된다고 가정한다.

- [0] Knife (검)

- [1] Pistol (권총)

- [2] Shotgun (샷건)

- [3] Rocket Launcher (로켓 런처)

WeaponCount = Weapons.Num()이므로, 이 값은 4가 된다.

WeaponIndex = 3이고 Direction = 1이라고 가정해보자.

그러면 아래와 같이 계산될 것이다.

- NewRawIndex = WeaponIndex + Direction은 3 + 1 = 4이다.

- NewWrappedIndex = NewRawIndex % WeaponCount는 4 % 4 = 0이다.

- WeaponIndex = (NewWrappedIndex + WeaponCount) % WeaponCount는 (0 + 4) % 4 = 0이다.

이 예제에서는 무기 인덱스 값을 3(로켓 런처)으로 시작하고, 다음 무기(Direction이 1이므로)가 필요한 상황이다. 계산을 수행하면 WeaponIndex는 0(검)이 된다. 4개의 무기를 갖고 있으며, 거꾸로 순환해 0으로 되돌아갔기 때문에 우리가 원하는 동작이라고 할 수 있다. 이 경우 NewRawIndex가 양수이므로 추가 계산을 수행하지 않고 바로 NewWrappedIndex를 사용할 수 있었다.

다른 값을 사용해 디버깅해보자.

WeaponIndex = 0이고 Direction = -1이라고 가정해보자. 그러면 다음과 같이 계산될 것이다.

- NewRawIndex = WeaponIndex + Direction = 0 + -1 = -1

- NewWrappedIndex = NewRawIndex % WeaponCount = -1 % 4 = -1

- WeaponIndex = (NewWrappedIndex + WeaponCount) % WeaponCount = (-1 + 4) % 4 = 3

이 예제에서는 무기 인덱스 값을 0(검)으로 시작하고, 이전 무기(Direction이 -1이므로)가 필요한 상황이다. 계산을 수행하면 WeaponIndex는 3(로켓 런처)이 된다. 4개의 무기를 갖고 있으며, 거꾸로 순환해 마지막 인덱스로 되돌아갔기 때문에 우리가 원하는 동작이라고 할 수 있다. 이번 예제에서는 NewRawIndex가 음수이므로 NewWrappedIndex를 바로 사용할 수 없고, 정확한 값을 얻기 위해 추가 계산이 필요하다.

다음 실습에서는 배운 지식을 활용해 무기 열거형을 양방향으로 순환하는 기능을 구현한다.

실습 17.03: 양방향 순환 배열 인덱싱을 활용한 열거형 순환

이번 실습에서는 '실습 17.02: 에디터에서 C++ 열거형 사용하기'의 프로젝트를 사용하고 무기 순환을 위해 2개의 새로운 입력 액션 매핑을 추가한다. 따라서 마우스 휠을 위로 스크롤하면 이전 무기 타입으로 이동하고, 마우스 휠을 아래로 스크롤하면 다음 무기 타입으로 이동할 것이다.

다음 단계에 따라 이번 실습을 완료할 수 있다.

1. 먼저 '실습 17.02: 에디터에서 C++ 열거형 사용하기'의 프로젝트를 비주얼 스튜디오에서 연다.

   이어서, Enumerations.h를 업데이트하고 양방향 배열 순환을 매우 편리한 방식으로 처리하는 매크로를 추가할 것이다.

2. Enumerations.h 파일을 열고 `GET_CIRCULAR_ARRAY_INDEX` 매크로를 추가한 후 앞에서 이미 다뤘던 나머지 연산 공식을 적용한다.

   ```
   #define GET_WRAPPED_ARRAY_INDEX(Index, Count) (Index % Count + Count) %
   Count
   ```

3. EnumerationsCharacter.h를 열고 무기 순환을 위한 새 입력 함수를 선언한다.

   ```
   void PreviousWeapon();
   void NextWeapon();
   ```

4. 다음 코드를 참고해 `CycleWeapons` 함수를 선언한다.

   ```
   void CycleWeapons(int32 Direction);
   ```

5. EnumerationsCharacter.cpp를 열고 `SetupPlayerInputController` 함수에 새로 추가한 입력 액션과 입력 처리 함수를 바인딩한다.

   ```
   PlayerInputComponent->BindAction("Previous Weapon", IE_Pressed,
     this, &AEnumerationsCharacter::PreviousWeapon);
   PlayerInputComponent->BindAction("Next Weapon", IE_Pressed,
     this, &AEnumerationsCharacter::NextWeapon);
   ```

6. 이제 다음 코드와 같이 새 입력 함수를 구현한다.

```
void AEnumerationsCharacter::PreviousWeapon()
{
  CycleWeapons(-1);
}
void AEnumerationsCharacter::NextWeapon()
{
  CycleWeapons(1);
}
```

앞의 코드에서는 Previous Weapon 및 Next Weapon 액션 매핑을 처리하는 함수를 정의한다. 두 함수 모두 CycleWeapon 함수를 사용하며 PreviousWeapon 입력 액션에 대해서는 Direction을 -1로 사용하고, NextWeapon에 대해서는 Direction을 1로 사용한다.

7. CycleWeapons 함수를 구현한다. CycleWeapons 함수는 현재 무기 인덱스를 기반으로 Direction 파라미터를 사용해 양방향 순환을 처리한다.

```
void AEnumerationsCharacter::CycleWeapons(int32 Direction)
{
  const int32 WeaponIndex = ENUM_TO_INT32(Weapon);
  const int32 AmmoCount = Ammo.Num();
  const int32 NextRawWeaponIndex = WeaponIndex + Direction;
  const int32 NextWeaponIndex =
  GET_WRAPPED_ARRAY_INDEX(NextRawWeaponIndex, AmmoCount);

  Weapon = static_cast<EWeaponType>(NextWeaponIndex);
}
```

8. 코드를 컴파일하고 에디터를 실행한다.

9. **프로젝트 세팅**Project Settings으로 가서 **엔진**Engine으로 이동한 다음, **입력**Input으로 이동한다. 여기서 새 액션 바인딩을 추가한다.

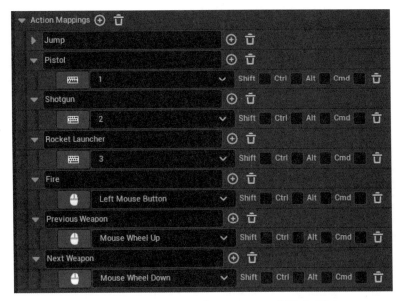

그림 17.10 Previous Weapon 및 Next Weapon 바인딩 추가하기

10. **프로젝트 세팅**을 닫는다.

11. **넷 모드**^{Net Mode}를 **Play Standalone**으로 설정하고, **플레이어 수**^{Number of Players}를 1로 설정한다. **새 에디터 창**^(PIE)을 클릭해 실행하면 다음과 같은 결과를 확인할 수 있다.

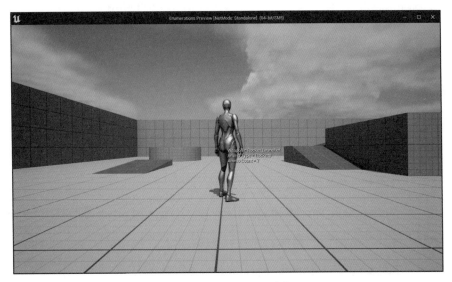

그림 17.11 실습의 최종 결과

이것으로 이번 실습을 마친다. 마우스 휠을 사용해 무기를 순환할 수 있다. 로켓 런처를 선택하고, 다음 무기를 가져오기 위해 마우스 휠을 아래로 스크롤하면 권총으로 되돌아간다. 권총을 선택하고 이전 무기를 가져오기 위해 마우스 휠을 위로 스크롤하면 로켓 런처로 되돌아간다.

다음 활동에서는 16장, '멀티플레이어 기본'에서 시작한 멀티플레이어 FPS 프로젝트에 무기와 탄약을 추가할 것이다.

활동 17.01: 멀티플레이어 FPS 게임에 무기와 탄약 추가하기

이번 활동에서는 이전 장의 활동에서 시작한 멀티플레이어 FPS 프로젝트에 무기와 탄약의 개념을 추가한다. 이번 활동을 완료하려면 이 장에서 다룬 다양한 유형의 RPC를 사용해야 한다.

다음 단계에 따라 이번 활동을 완료할 수 있다.

1. '활동 16.01: 멀티플레이어 FPS 프로젝트에 사용할 캐릭터 생성하기'에서 만든 MultiplayerFPS 프로젝트를 연다.

2. Upper Body라는 이름으로 새 애님 몽타주(AnimMontage)를 생성한다.

3. Activity17.01\Assets 폴더에서 Content\Player\Animations 폴더로 애니메이션(Pistol_Fire.fbx, MachineGun_Fire.fbx, Railgun_Fire.fbx)을 임포트한다.

4. Pistol_Fire, MachineGun_Fire, Railgun_Fire를 위한 애님 몽타주를 생성하고 다음과 같이 구성한다.

   - **Pistol_Fire_Montage**: Blend In 시간을 0.01, Blend Out 시간을 0.1로 설정하고 Upper Body 슬롯을 사용하도록 설정한다.

   - **MachineGun_Fire_Montage**: Blend In 시간을 0.01, Blend Out 시간을 0.1로 설정하고 Upper Body 슬롯을 사용하도록 설정한다.

   - **Railgun_Fire_Montage**: Upper Body 슬롯을 사용하도록 설정한다.

5. Activity17.01\Assets 폴더에서 Content\Weapons 폴더로 SK_Weapon.fbx(새 머티리얼이 생성되도록 머티리얼 임포트 옵션을 설정), NoAmmo.wav, WeaponChange.wav, Hit.wav를 임포트한다.

6. Activity17.01\Assets 폴더에서 Content\Weapons\Pistol 폴더로 Pistol_Fire_Sound.wav를 임포트하고, Pistol_Fire 애니메이션의 Play Sound에 사용한다.

7. M_FPGun에서 MI_Pistol이라는 이름으로 단순 초록색을 띠는 머티리얼 인스턴스를 생성한 다음, Content\Weapons\Pistol에 배치한다.

8. Activity17.01\Assets 폴더에서 Content\Weapons\MachineGun 폴더로 MachineGun_Fire_Sound.wav를 임포트하고, MachineGun_Fire 애니메이션의 Play Sound에 사용한다.

9. M_FPGun에서 MI_MachineGun이라는 이름으로 단순 빨간색을 띠는 머티리얼 인스턴스를 생성한 다음, Content\Weapons\MachineGun에 배치한다.

10. Activity17.01\Assets 폴더에서 Content\Weapons\Railgun 폴더로 Railgun_Fire_Sound.wav를 임포트하고, Railgun_Fire 애니메이션의 Play Sound에 사용한다.

11. M_FPGun에서 MI_Railgun이라는 이름으로 단순 흰색을 띠는 머티리얼 인스턴스를 생성한 다음, Content\Weapons\Railgun에 배치한다.

12. SK_Mannequin_Skeleton을 편집하고 hand_r에서 GripPoint라는 이름의 소켓을 생성한 후 상대 위치Relative Location를 (X=-10.403845, Y=6.0, Z=-3.124871)로, 상대 회전Relative Rotation을 (X=0.0, Y=0.0, Z=90.0)으로 설정한다.

13. 4장, '플레이어 입력 시작'에서 배운 내용을 바탕으로 Content\Player\Inputs에 다음 입력 액션을 추가한다.

   - IA_Fire (Digital): 마우스 왼쪽 버튼

   - IA_Pistol (Digital): 1

   - IA_MachineGun (Digital): 2

- **IA_Railgun (Digital)**: 3

- **IA_PreviousWeapon (Digital)**: 마우스 휠 위

- **IA_NextWeapon (Digital)**: 마우스 휠 아래

14. IMC_Player에 새 입력 액션을 추가한다.

15. MultiplayerFPS.h에서 열거형을 int32와 GET_WRAPPED_ARRAY_INDEX(Index, Count)로 형 변환하는 ENUM_TO_INT32(Enum) 매크로를 생성한다. GET_WRAPPED_ARRAY_INDEX(Index, Count)는 양방향 순환 인덱싱을 사용해 인덱스가 배열 범위를 벗어나지 않도록 보장해준다.

16. EnumTypes.h라는 이름의 헤더 파일을 생성하고 다음의 열거형을 추가한다.

- **EWeaponType**: Pistol, MachineGun, Railgun, MAX

- **EWeaponFireMode**: Single, Automatic

- **EAmmoType**: PistolBullets, MachineGunBullets, Slugs, MAX

17. Actor를 상속하는 Weapon C++ 클래스를 생성한다. Mesh라는 이름으로 스켈레탈 메시 컴포넌트를 추가하고 루트 컴포넌트로 설정한다.

   이름, 무기 종류, 탄약 종류, 사격 모드, 히트스캔[hitscan]의 거리, 히트스캔이 명중했을 때 주는 대미지의 양, 발사 속도, 발사할 때 사용할 애니메이션 몽타주, 탄약이 없을 때 재생할 사운드를 변수로 선언한다. 함수의 측면에서는 플레이어가 발사할 수 있는지 여부를 확인하고 발사를 시작하는 함수를 추가한다(자동 발사 모드 때문에 발사를 멈출 수 있어야 한다). 발사가 가능하다면 모든 클라이언트에서 발사 애니메이션을 재생하고, 카메라의 위치와 방향에서 설정된 길이로 라인 트레이스를 발사해 적중하는 액터에 대미지를 전달한다. 탄약이 없으면 캐릭터를 소유한 클라이언트에서 사운드를 재생한다.

18. Fire, Pistol, Machine Gun, Railgun, Previous Weapon, Next Weapon 입력 액션을 지원하도록 FPSCharacter를 편집한다. 각 유형의 탄약의 양, 현재 장착한 무기, 모든

무기 클래스와 생성된 인스턴스, 다른 플레이어를 명중시켰을 때 재생할 사운드, 무기를 변경할 때 재생할 사운드를 저장할 수 있도록 변수를 선언한다. 함수의 측면에서는 무기를 장착/순환(변경)/추가할 수 있고, 탄약을 관리(추가, 제거, 획득)하고, 캐릭터가 대미지를 입었을 때 이를 처리하고, 모든 클라이언트에서 애님 몽타주를 재생하고, 캐릭터를 소유한 클라이언트에서 사운드를 재생할 수 있어야 한다.

19. Content\Weapons\Pistol에 AWeapon을 상속하는 BP_Pistol 블루프린트를 생성하고 다음과 같이 구성한다.

- **Skeletal Mesh**: Content\Weapons\SK_Weapon

- **Material**: Content\Weapons\Pistol\MI_Pistol

- **Name**: Pistol Mk I

- **Weapon Type**: Pistol

- **Ammo Type**: Pistol Bullets

- **Fire Mode**: Automatic

- **Hit Scan Range**: 9999.9, **Hit Scan Damage**: 5.0, **Fire Rate**: 0.5

- **Fire Anim Montage**: Content\Player\Animations\Pistol_Fire_Montage

- **NoAmmoSound**: Content\Weapons\NoAmmo

20. Content\Weapons\MachineGun 위치에 AWeapon을 상속하는 BP_MachineGun 블루프린트를 생성하고 다음과 같이 구성한다.

- **Skeletal Mesh**: Content\Weapons\SK_Weapon

- **Material**: Content\Weapons\MachineGun\MI_MachineGun

- **Name**: Machine Gun Mk I

- **Weapon Type**: Machine Gun

- **Ammo Type**: Machine Gun Bullets

- **Fire Mode**: Automatic

- **Hit Scan Range**: 9999.9, **Hit Scan Damage**: 5.0, **Fire Rate**: 0.1

- **Fire Anim Montage**: Content\Player\Animations\MachineGun_Fire_Montage

- **NoAmmoSound**: Content\Weapons\NoAmmo

21. Content\Weapons\Railgun 위치에 AWeapon을 상속하는 BP_Railgun 블루프린트를 생성하고 다음과 같이 구성한다.

- **Skeletal Mesh**: Content\Weapons\SK_Weapon

- **Material**: Content\Weapons\Railgun\MI_Railgun

- **Name**: Railgun Mk I

- **Weapon Type**: Railgun

- **Ammo Type**: Slugs

- **Fire Mode**: Single

- **Hit Scan Range**: 9999.9, **Hit Scan Damage**: 100.0, **Fire Rate**: 1.5

- **Fire Anim Montage**: Content\Player\Animations\Railgun_Fire_Montage

- **NoAmmoSound**: Content\Weapons\NoAmmo

22. BP_Player를 다음과 같이 구성한다.

- **Weapon Classes**(Index 0: BP_Pistol, Index 1: BP_MachineGun, Index 2: BP_Railgun)

- **Hit Sound**: Content\Weapons\Hit

- **Weapon Change Sound**: Content\Weapons\WeaponChange

- **Fire Input Action**: Content\Player\Inputs\IA_Fire

- **Pistol Input Action**: Content\Player\Inputs\IA_Pistol

- **Machine Gun Input Action**: Content\Player\Inputs\IA_MachineGun

- **Railgun Input Action**: Content\Player\Inputs\IA_Railgun

- **Previous Weapon Input Action**: Content\Player\Inputs\IA_Previous

- **Next Weapon Input Action**: Content\Player\Inputs\IA_NextWeapon

23. 메시 컴포넌트가 Visibility 채널을 블록[block]하도록 설정해 무기의 히트스캔에 의해 맞을 수 있도록 설정한다.

24. ABP_Player에서 Layered Blend Per Bone 노드를 사용하도록 편집한다. 상체 애니메이션에서 Upper Body 슬롯을 사용하도록 spine_01 본에서 Mesh Space Rotation Blend 옵션을 활성화한다.

25. WBP_HUD를 편집해 화면 중앙에 흰색점 모양의 조준점[crosshair]을 표시하고 현재 무기와 탄약 수를 Health와 Ammo에 표시한다.

예상 결과는 다음과 같다.

이번 활동을 완료하면, 각 클라이언트가 탄약이 있는 무기를 갖고 다른 플레이어를 공격해 대미지를 입힐 수 있는 프로젝트를 결과로 얻을 수 있다. 또한 1, 2, 3 키를 사용해 무기를 선택하고, 마우스 휠을 위/아래로 스크롤하면 이전 무기와 다음 무기로 전환할 수 있다.

그림 17.12 이번 활동의 예상 결과 모습

NOTE

이번 활동의 솔루션은 깃허브(https://github.com/PacktPublishing/Elevating-Game-Experiences-with-Unreal-Engine-5-Second-Edition/tree/main/Activity%20solutions)에서 확인할 수 있다.

이번 활동을 통해 RPC, 열거형과 양방향 순환 인덱싱이 동작하는 방식을 잘 이해할 수 있을 것이다.

⁙ 요약

이 장에서는 RPC를 사용해 서버와 클라이언트가 서로 다른 곳에 위치한 로직을 실행할 수 있는 방법을 배웠다. 또한 UENUM 매크로를 사용해 언리얼 엔진에서 열거형이 동작하는 방식을 살펴보고, 양방향 순환 인덱싱을 사용하는 방법을 다뤘다. 양방향 순환 인덱싱은 인덱스가 배열 범위를 초과할 때 배열을 양방향으로 참조해 배열을 문제없이 사용하는 데 도움을 준다.

이 장의 활동을 진행하면서, 서로를 향해 무기를 발사하고 무기를 전환하는 기본 플레이가 가능한 게임을 개발하는 방법을 배웠다.

다음 장에서는 멀티플레이어에서 가장 일반적인 게임플레이 프레임워크 클래스의 인스턴스가 위치하는 곳에 대해 배우고 아직 다루지 않은 플레이어 스테이트와 게임 스테이트 클래스를 알아본다. 또한 멀티플레이어 대전(매치)에서 사용되는 게임 모드의 몇몇 새로운 개념과 유용한 범용 내장 기능도 살펴본다.

18

멀티플레이어에서 게임플레이 프레임워크 클래스 사용

이전 장에서 서버와 클라이언트가 서로 다른 위치에 있는 원격 함수를 실행할 수 있는 RPC를 다뤘다. 또한 열거형과 양방향 순환 인덱싱도 다뤘다. 이를 통해 배열을 양방향으로 순회할 수 있고 배열의 범위가 벗어나더라도 반복 작업을 수행할 수 있었다.

이 장에서는 가장 일반적인 게임플레이 프레임워크 클래스를 살펴보고 멀티플레이어 환경에서 각 인스턴스가 있는 위치를 살펴본다. 이를 이해하는 것은 매우 중요하다. 이 내용을 통해 특정 게임 인스턴스에서 접근할 수 있는 인스턴스를 알 수 있다. 예를 들어, 클라이언트가 게임의 규칙을 수정할 수 없도록 서버에서만 게임 모드 인스턴스에 접근할 수 있어야 한다.

이 장에서는 게임 스테이트와 플레이어 스테이트 클래스도 다룬다. 이름에서 알 수 있듯이, 이 클래스들은 게임의 상태와 게임을 플레이하는 각 플레이어에 대한 정보를 저장한다. 마지막으로, 이 장의 끝부분에서 게임 모드의 몇 가지 새로운 개념과 몇몇 유용한 기능을 다룰 것이다.

이 장에서 다루는 내용은 다음과 같다.

- 멀티플레이어에서 게임플레이 프레임워크 클래스 접근하기

- 게임 모드, 플레이어 스테이트, 게임 스테이트 사용하기

이 장을 마치면, 멀티플레이어에서 가장 중요한 게임플레이 프레임워크 클래스가 어디에 위치하는지 알게 되고 모든 클라이언트가 접근 가능한 정보를 저장하는 게임 스테이트와 플레이어 스테이트의 사용 방법을 이해할 수 있다. 또한 게임 모드 클래스와 몇몇 유용한 내장 기능을 최대한 활용하는 방법도 알 수 있을 것이다.

기술적 요구 사항

이 장을 진행하려면 다음과 같은 준비가 필요하다.

- 언리얼 엔진 5 설치

- 비주얼 스튜디오 2019 버전 이상 설치

이 장의 프로젝트는 깃허브(https://github.com/PacktPublishing/Elevating-Game-Experiences-with-Unreal-Engine-5-Second-Edition)에서 다운로드할 수 있는 이 책 코드 번들의 Chapter18 폴더에서 찾을 수 있다.

다음 절에서는 멀티플레이어에서 게임플레이 프레임워크 인스턴스에 접근하는 방법을 배운다.

멀티플레이어에서 게임플레이 프레임워크 클래스 접근하기

언리얼 엔진에는 게임 규칙을 정의하는 방법(게임 모드), 캐릭터를 제어하는 방법(플레이어 컨트롤러 및 폰/캐릭터 클래스) 등 대부분의 게임에서 필요한 일반적인 기능을 제공하는 클래스 세트(게임플레이 프레임워크)가 포함돼 있다. 게임플레이 프레임워크 클래스의 인스턴스가 멀티플레이어 환경에서 생성되면 해당 인스턴스가 서버에 존재하는지, 클라이언트에 존재하는지,

소유 클라이언트에 존재하는지를 알아야 한다. 게임플레이 프레임워크 클래스의 인스턴스는 항상 다음 범주 중에서 하나에 속하게 된다.

- **서버에만 존재**: 인스턴스가 서버에만 존재한다.

- **서버와 클라이언트에 존재**: 인스턴스가 서버와 클라이언트에 존재한다.

- **서버와 소유 클라이언트에 존재**: 인스턴스가 서버와 소유 클라이언트에 존재한다.

- **소유 클라이언트에만 존재**: 인스턴스가 소유 클라이언트에만 존재한다.

게임플레이 프레임워크에서 각 카테고리(범주)와 가장 일반적인 클래스가 속하는 위치를 보여주는 다음 다이어그램을 살펴보자.

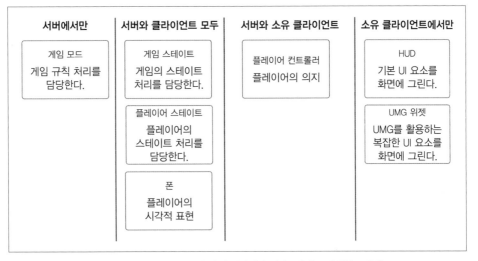

그림 18.1 카테고리로 분류한 가장 일반적인 게임플레이 프레임워크 클래스

앞의 다이어그램에서 설명하는 각 클래스를 좀 더 자세히 살펴보자.

- **게임 모드**(서버만 접근 가능): 게임 모드(Game Mode) 클래스는 게임의 규칙을 정의하며 게임 모드의 인스턴스는 서버에서만 접근이 가능하다. 클라이언트에서 게임 모드에 접근하려고 시도하면, 게임 모드의 인스턴스는 항상 유효하지 않은 값을 갖는다. 이는 클라이언트가 게임 규칙을 변경하는 것을 방지하기 위해서다.

- **게임 스테이트**(서버와 클라이언트에서 접근 가능): 게임 스테이트(Game State) 클래스는 게임의 상태를 저장하며 게임 스테이트의 인스턴스는 서버와 클라이언트 모두에서 접근할 수 있다. 게임 스테이트는 나중에 자세히 살펴볼 예정이다.

- **플레이어 스테이트**(서버와 클라이언트에서 접근 가능): 플레이어 스테이트(Player State) 클래스는 플레이어의 상태를 저장하며 플레이어 스테이트의 인스턴스는 서버와 클라이언트 모두에서 접근할 수 있다. 플레이어 스테이트는 이후 자세히 살펴본다.

- **폰**(서버와 클라이언트에서 접근 가능): 폰(Pawn) 클래스는 플레이어를 시각적으로 표현하며 폰의 인스턴스는 서버와 클라이언트에서 접근할 수 있다.

- **플레이어 컨트롤러**(서버와 소유 클라이언트에서 접근 가능): 플레이어 컨트롤러(Player Controller) 클래스는 현재 소유한(빙의한) 폰과 관련된 플레이어의 의도를 보여주며, 플레이어 컨트롤러의 인스턴스는 서버와 이를 소유한 클라이언트에서 접근할 수 있다. 보안상의 이유로 클라이언트는 다른 클라이언트의 플레이어 컨트롤러에 접근할 수 없기 때문에 서버를 통해 다른 클라이언트와 통신해야 한다. 클라이언트가 0(자신의 플레이어 컨트롤러를 반환하는 인덱스 값)이 아닌 다른 인덱스로 UGameplayStatics::GetPlayerController 함수를 호출하면 반환되는 인스턴스는 항상 유효하지 않다. 즉, 서버만 모든 플레이어 컨트롤러에 접근할 수 있으며, AController::IsLocalController 함수를 호출해 소유 클라이언트에 플레이어 컨트롤러 인스턴스가 존재하는지 여부를 확인할 수 있다.

- **HUD**(소유 클라이언트에서만 접근 가능): HUD 클래스는 기본 모양과 텍스트를 화면에 그리기 위한 즉시 모드immediate mode로 사용된다. UI를 위해 사용하므로 HUD의 인스턴스는 이를 소유하는 클라이언트에서만 사용할 수 있다. 이는 서버와 다른 클라이언트는 해당 정보를 알 필요가 없기 때문이다.

- **UMG 위젯**(소유 클라이언트에서만 접근 가능): UMG 위젯 클래스는 복잡한 UI를 화면에 보여주기 위해 사용한다. UI를 위해 사용하므로 UMG의 인스턴스는 이를 소유하는 클라이언트에서만 사용할 수 있다. 이는 서버와 다른 클라이언트는 해당 정보를 알 필요가 없기 때문이다.

이 개념들을 이해하는 데 도움이 되도록 〈도타 2^{Dota 2}〉를 예로 들어보자.

- 게임 모드는 게임의 여러 단계(영웅 선택을 위한 사전 게임, 실제 게임, 승자를 위한 게임 이후 과정)가 있고 상대 진영의 고대 요새를 파괴하는 것이 최종 목표라고 정의한다. 게임 모드는 게임플레이에 매우 중요한 클래스이므로 클라이언트에서 접근할 수 없다.

- 게임 스테이트는 경과 시간, 낮/밤 여부, 각 팀의 점수 등을 저장한다. 따라서 서버와 클라이언트 모두에서 접근할 수 있어야 한다.

- 플레이어 스테이트는 플레이어의 이름, 선택한 영웅, 킬^{kill}/데스^{death}/어시스트^{assist} 비율을 저장한다. 따라서 서버와 클라이언트 모두에서 접근할 수 있어야 한다.

- 폰은 플레이어가 제어하는 영웅, 짐꾼, 일루전^{illusion} 등이 될 수 있다. 따라서 서버와 클라이언트에서 접근할 수 있어야 한다.

- 플레이어 컨트롤러는 입력 정보를 폰으로 중계(전달)하기 때문에 서버와 소유 클라이언트에서만 접근할 수 있다.

- UI 클래스(HUD와 User 위젯)는 소유 클라이언트의 모든 정보를 보여주므로 소유 클라이언트에서 접근할 수 있어야 한다.

다음 실습에서는 가장 일반적인 게임플레이 프레임워크 클래스의 인스턴스 값을 표시해볼 것이다.

실습 18.01: 게임플레이 프레임워크 인스턴스 값 표시하기

이번 실습에서는 **삼인칭** 템플릿을 사용해 새 C++ 프로젝트를 생성하고 다음의 기능을 추가한다.

- 소유 클라이언트에서 플레이어 컨트롤러는 메뉴 이름을 화면에 보여주는 간단한 UMG를 생성하고, 이를 뷰포트에 추가한다.

- Tick 함수에서 캐릭터는 소유 인스턴스(폰)의 값과 함께 게임 모드, 게임 스테이트,

플레이어 스테이트, 플레이어 컨트롤러, HUD의 유효한 인스턴스가 있는지 여부를 보여준다.

다음 단계에 따라 이번 실습을 완료할 수 있다.

1. C++를 사용해 삼인칭 템플릿 프로젝트를 생성하고 GFInstances('게임플레이 프레임워크 인스턴스'라는 뜻으로)로 이름을 지정한다. 원하는 위치에 프로젝트를 저장한다. 프로젝트가 생성되면 에디터와 비주얼 스튜디오 솔루션이 열린다.

2. 에디터에서 PlayerController를 상속하는 GFInstancePlayerController라는 이름의 새 C++ 클래스를 생성한다. 컴파일이 완료될 때까지 기다렸다가 에디터를 닫고 비주얼 스튜디오로 돌아간다.

3. GFInstancesCharacter.h 파일을 열고 protected Tick 함수의 재정의를 선언한다.

```
virtual void Tick(float DeltaSeconds) override;
```

4. GFInstancesCharacter.cpp 파일을 열고 Tick 함수를 구현한다.

```
void AGFInstancesCharacter::Tick(float DeltaSeconds)
{
  Super::Tick(DeltaSeconds);
}
```

5. 게임 모드, 게임 스테이트, 플레이어 컨트롤러, HUD의 인스턴스를 구한다.

```
const AGameModeBase* GameMode = GetWorld()->GetAuthGameMode();
const AGameStateBase* GameState = GetWorld()->GetGameState();
const APlayerController* PlayerController = Cast<APlayerController>(Get
  Controller());
const AHUD* HUD = PlayerController != nullptr ? PlayerController-
  >GetHUD() : nullptr;
```

앞의 코드에서 게임 모드, 게임 스테이트, 플레이어 컨트롤러, HUD의 인스턴스를 별도의 변수에 저장했다. 이를 통해 각 값들이 유효한지 확인할 수 있다.

6. 각 게임플레이 프레임워크 클래스에 대한 문자열을 생성한다.

```
const FString GameModeString = GameMode != nullptr ? TEXT("Valid") :
  TEXT("Invalid");
const FString GameStateString = GameState != nullptr ? TEXT("Valid") :
  TEXT("Invalid");
const FString PlayerStateString = GetPlayerState() != nullptr ?
  TEXT("Valid") : TEXT("Invalid");
const FString PawnString = GetName();
const FString PlayerControllerString = PlayerController !=
  nullptr ? TEXT("Valid") : TEXT("Invalid");
const FString HUDString = HUD != nullptr ? TEXT("Valid") :
  TEXT("Invalid");
```

여기서 폰의 이름을 저장하고 다른 게임플레이 프레임워크 인스턴스가 유효한지 여부를 저장하기 위한 문자열을 생성했다.

7. 각 문자열을 화면에 표시한다.

```
const FString String = FString::Printf(TEXT("Game Mode = %s\nGame
  State = %s\nPlayerState = %s\nPawn = %s\nPlayer Controller =
  %s\nHUD = %s"), *GameModeString, *GameStateString,
  *PlayerStateString, *PawnString, *PlayerControllerString,
  *HUDString);
DrawDebugString(GetWorld(), GetActorLocation(), String, nullptr,
  FColor::White, 0.0f, true);
```

이 코드에서는 폰의 이름과 다른 게임플레이 프레임워크 인스턴스가 유효한지 여부를 나타내는 문자열을 출력한다.

8. AGFInstancesPlayerController 클래스로 넘어가기에 앞서, UUserWidget 클래스를 사용하려면 언리얼 엔진에 UMG 기능을 사용하겠다고 알려야 한다. 이를 위해 GFInstances.Build.cs 파일을 열고 PublicDependencyModuleNames 문자열 배열에 UMG를 다음과 같이 추가해야 한다.

```
PublicDependencyModuleNames.AddRange(new string[] { "Core",
   "CoreUObject", "Engine", "InputCore", "HeadMountedDisplay",
   "UMG" })
```

컴파일을 시도해보고 새 모듈을 추가하는 과정에서 오류가 발생하면, 프로젝트를
정리하고 다시 컴파일을 시도해보자. 그래도 작동하지 않는다면 IDE를 재시작한다.

9. GFInstancesPlayerController.h 파일을 열고 protected로 UMG 위젯을 생성하
기 위한 변수를 추가한다.

```
UPROPERTY(EditDefaultsOnly, BlueprintReadOnly, Category = "GF
   Instance Player Controller")
TSubclassOf<UUserWidget> MenuClass;

UPROPERTY()
UUserWidget* Menu;
```

10. BeginPlay 함수를 protected와 override 키워드를 추가해 선언한다.

```
virtual void BeginPlay() override;
```

11. GFInstancesPlayerController.cpp 파일을 열고 UserWidget.h를 포함시킨다.

```
#include "Blueprint/UserWidget.h"
```

12. BeginPlay 함수를 구현한다.

```
void AGFInstancePlayerController::BeginPlay()
{
   Super::BeginPlay();
}
```

13. 로컬 컨트롤러이거나 MenuClass가 유효하면 위젯을 생성하고 뷰포트에 추가한다.

```
if (IsLocalController() && MenuClass != nullptr)
{
   Menu = CreateWidget<UUserWidget>(this, MenuClass);
   if (Menu != nullptr)
```

```
    {
        Menu->AddToViewport(0);
    }
}
```

14. 컴파일하고 코드를 실행한다.

15. **콘텐츠 브라우저**^{Content Browser}에서 Content 폴더로 이동한 다음, UI라는 이름의 새 폴더를 생성하고 연다.

16. WBP_Menu라는 이름으로 새 위젯 블루프린트를 생성하고 연다.

17. **계층 구조**^{Hierarchy} 패널에 캔버스 패널^{Canvas Panel}을 추가한다.

18. 캔버스 패널에 Name이라는 이름의 **텍스트 블록**^{Text Block}을 추가하고 변수로 설정한다.

19. **Name**의 **Size To Content** 옵션을 true로 설정한다.

20. **그래프**^{Graph} 섹션으로 이동해 이벤트 그래프에서 Event Construct를 다음과 같이 구현한다.

그림 18.2 WBP_Menu 인스턴스의 이름을 보여주는 Event Construct

21. WBP_Menu를 저장하고 닫는다.

22. Content 폴더로 가서 GFInstancesPlayerController를 상속하는 BP_PlayerController라는 이름의 블루프린트를 생성한다.

23. BP_PlayerController를 열고 Menu Class를 WBP_Menu로 설정한다.

24. BP_PlayerController를 저장하고 닫는다.

25. GFInstancesGameMode를 상속하는 BP_GameMode라는 이름의 블루프린트를 생성한다.

26. BP_GameMode를 열고 **Player Controller Class**를 BP_PlayerController로 설정한다.

27. BP_GameMode를 저장하고 닫는다.

28. **월드 세팅**^{World Settings}으로 이동해 **GameMode Override**를 **None**으로 설정하고 맵을 저장한다.

29. **프로젝트 세팅**으로 이동한 후 왼쪽 패널에서 **프로젝트**^{Project} 카테고리에 있는 **맵 & 모드**^{Map & Modes}를 선택한다.

30. **Default GameMode**를 BP_GameMode로 설정한다.

31. **프로젝트 세팅**을 닫는다.

이제 프로젝트를 테스트할 수 있다.

32. **멀티플레이어 옵션**^{Multiplayer Options}으로 가서 **넷 모드**^{Net Mode}를 **Play As Listen Server**로 설정하고, **플레이어 수**^{Number of Players}를 2로 설정한다.

33. 창 크기를 **800x600**으로 설정하고, **새 에디터 창**^(PIE)에서 플레이한다.

그러면 다음과 같은 결과를 확인할 수 있다.

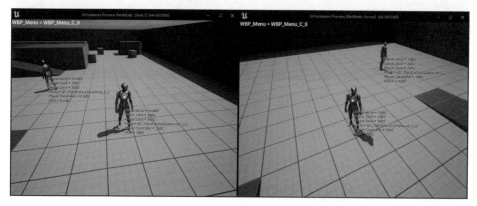

그림 18.3 서버와 클라이언트 1 창의 예상 결과

이것으로 이번 실습을 마친다. 각 캐릭터는 이름, 게임 모드, 게임 스테이트, 플레이어 스테이트, 플레이어 컨트롤러, HUD의 인스턴스가 유효한지 여부를 보여주는 것을 확인할 수 있다. 또한 화면 왼쪽 상단에서 WBP_Menu UMG 위젯의 인스턴스 이름을 보여준다.

이제 서버와 클라이언트 1 창에서 보여주는 값을 분석해보자.

NOTE

> 서버와 클라이언트 1 창에 대한 두 그림은 Server Character와 Client 1 Character라는 2개의 텍스트 블록을 가진다. 이 텍스트 블록은 캐릭터 구분을 돕기 위해 원본 스크린샷에서 추가된 것이다.

서버 창 출력

이전 실습에서 실행한 서버 창의 출력을 살펴보자.

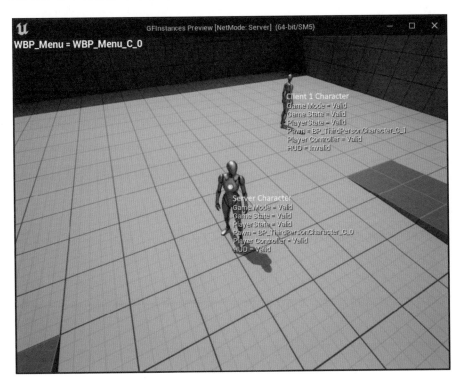

그림 18.4 서버 창

스크린샷에서 **Server Character**와 **Client 1 Character**에 대한 값을 확인할 수 있다. WBP_ Menu UMG 위젯 인스턴스는 **Server Character**의 플레이어 컨트롤러에 대해서만 생성된다. 이는 이 창에서 실제로 캐릭터를 제어하는 유일한 플레이어 컨트롤러이기 때문이다. 서버 캐릭터^{Server Character}에 대한 값을 분석해보자.

서버 캐릭터

이 캐릭터는 리슨 서버(게임도 할 수 있는 클라이언트가 통합된 서버)가 제어하는 캐릭터다. 이 캐릭터에서 보여주는 값은 다음과 같다.

- **Game Mode = Valid** 게임 모드 인스턴스는 서버에만 존재하는데, 이 경우에 해당하기 때문이다.

- **Game State = Valid** 게임 스테이트 인스턴스는 서버와 클라이언트에서 존재하는데, 이 경우에 해당하기 때문이다.

- **Player State = Valid** 플레이어 스테이트 인스턴스는 서버와 클라이언트에서 존재하는데, 이 경우에 해당하기 때문이다.

- **Pawn = BP_ThirdPersonCharacter_C_0** 폰 인스턴스는 서버와 클라이언트에서 존재하는데, 이 경우에 해당하기 때문이다.

- **Player Controller = Valid** 플레이어 컨트롤러 인스턴스는 서버와 소유 클라이언트에서 존재하는데, 이 경우에 해당하기 때문이다.

- **HUD = Valid** HUD 인스턴스는 소유 클라이언트에만 존재하는데, 이 경우에 해당하기 때문이다.

다음으로는 같은 창에서 클라이언트 1 캐릭터^{Client 1 Character}를 살펴보자.

클라이언트 1 캐릭터

이 캐릭터는 클라이언트 1이 제어하는 캐릭터다. 이 캐릭터에서 보여주는 값은 다음과
같다.

- **Game Mode = Valid** 게임 모드 인스턴스는 서버에만 존재하는데, 이 경우에 해당
  하기 때문이다.

- **Game State = Valid** 게임 스테이트 인스턴스는 서버와 클라이언트에 존재하는데,
  이 경우에 해당하기 때문이다.

- **Player State = Valid** 플레이어 스테이트 인스턴스는 서버와 클라이언트에 존재하
  는데, 이 경우에 해당하기 때문이다.

- **Pawn = BP_ThirdPersonCharacter_C_1** 폰 인스턴스는 클라이언트와 서버에서
  존재하는데, 이 경우에 해당하기 때문이다.

- **Player Controller = Valid** 플레이어 컨트롤러 인스턴스는 소유 클라이언트와 서버
  에 존재하는데, 이 경우에 해당하기 때문이다.

- **HUD = Invalid** HUD 인스턴스는 소유 클라이언트에만 존재하는데, 이 경우에 해
  당되지 않기 때문이다.

클라이언트 1 창

이전 실습에서 실행한 클라이언트 1 창의 출력을 살펴보자.

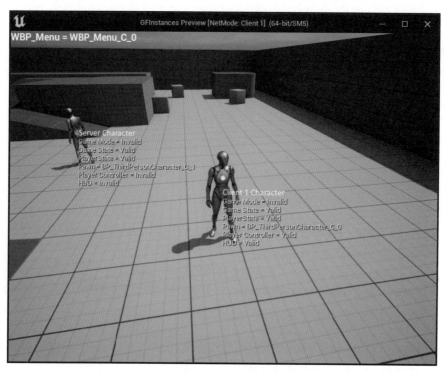

그림 18.5 클라이언트 1 창

스크린샷에서 **Client 1 Character**와 **Server Character**에 대한 값을 확인할 수 있다. 왼쪽 상단에서 WBP_Menu UMG 위젯을 볼 수 있다. UMG 위젯 인스턴스는 **Client 1 Character**의 플레이어 컨트롤러에 대해서만 생성된다. 이는 이 창에서 실제로 캐릭터를 제어하는 유일한 플레이어 컨트롤러이기 때문이다.

클라이언트 1 캐릭터^{Client 1 Character}에 대한 값을 분석해보자.

클라이언트 1 캐릭터

이 캐릭터는 클라이언트 1이 제어하는 캐릭터다. 이 캐릭터에서 보여주는 값은 다음과 같다.

- **Game Mode = Invalid** 게임 모드 인스턴스는 서버에서만 존재하는데, 이 경우에 해당되지 않기 때문이다.

- **Game State = Valid** 게임 스테이트 인스턴스는 서버와 클라이언트에서 존재하는데, 이 경우에 해당하기 때문이다.

- **Player State = Valid** 플레이어 스테이트 인스턴스는 서버와 클라이언트에서 존재하는데, 이 경우에 해당하기 때문이다.

- **Pawn = BP_ThirdPersonCharacter_C_0** 폰 인스턴스는 서버와 클라이언트에서 존재하는데, 이 경우에 해당하기 때문이다.

- **Player Controller = Valid** 플레이어 컨트롤러 인스턴스는 서버와 소유 클라이언트에서 존재하는데, 이 경우에 해당하기 때문이다.

- **HUD = Valid** HUD 인스턴스는 소유 클라이언트에 존재하는데, 이 경우에 해당하기 때문이다.

다음으로는 같은 창에서 서버 캐릭터를 살펴보자.

서버 캐릭터

이 캐릭터는 리슨 서버가 제어하는 캐릭터다. 이 캐릭터에서 보여주는 값은 다음과 같다.

- **Game Mode = Invalid** 게임 모드 인스턴스는 서버에서만 존재하는데, 이 경우에 해당되지 않기 때문이다.

- **Game State = Valid** 게임 스테이트 인스턴스는 서버와 클라이언트에서 존재하는데, 이 경우에 해당하기 때문이다.

- **Player State = Valid** 플레이어 스테이트 인스턴스는 서버와 클라이언트에서 존재하는데, 이 경우에 해당하기 때문이다.

- **Pawn = BP_ThirdPersonCharacter_C_1** 폰 인스턴스는 서버와 클라이언트에서 존재하는데, 이 경우에 해당하기 때문이다.

- **Player Controller = Invalid** 플레이어 컨트롤러 인스턴스는 서버와 소유 클라이언트에서 존재하는데, 이 경우에 해당되지 않기 때문이다.

- **HUD = Invalid** HUD 인스턴스는 소유 클라이언트에 존재하는데, 이 경우에 해당
  되지 않기 때문이다.

이것으로 이번 실습을 마친다. 이를 통해 게임플레이 프레임워크 클래스의 각 인스턴스
가 존재하는 위치와 존재하지 않는 위치에 대해 잘 이해할 수 있을 것이다. 다음으로는
플레이어 스테이트, 게임 스테이트 클래스, 게임 모드 클래스와 유용한 몇 가지 내장 기
능을 살펴본다.

게임 모드, 플레이어 스테이트, 게임 스테이트 사용하기

지금까지 게임 모드, 플레이어 컨트롤러, 폰을 포함해 게임플레이 프레임워크에서 중요
한 대부분의 클래스를 다뤘다. 이 절에서는 플레이어 스테이트, 게임 스테이트와 게임
모드의 몇 가지 유용한 개념 및 내장 기능을 살펴볼 것이다.

게임 모드

이미 게임 모드^{game mode}를 알아보고 게임 모드가 어떻게 동작하는지를 살펴봤다. 하지
만 살펴보지 않은 몇 가지 개념이 남아 있다.

생성자

기본 클래스^{default class} 값을 설정하기 위해 다음과 같이 생성자^{constructor}를 사용할 수 있다.

```
ATestGameMode::ATestGameMode()
{
  DefaultPawnClass = AMyCharacter::StaticClass();
  PlayerControllerClass = AMyPlayerController::StaticClass();
  PlayerStateClass = AMyPlayerState::StaticClass();
  GameStateClass = AMyGameState::StaticClass();
}
```

앞의 코드를 사용하면, 이 게임 모드를 사용할 경우 폰, 플레이어 컨트롤러, 플레이어 스테이트, 게임 스테이트를 생성할 때 사용할 클래스를 지정할 수 있다.

게임 모드 인스턴스 구하기

게임 모드 인스턴스에 접근할 때는 다음 코드를 사용해 GetWorld 함수에서 구해야 한다.

```
AGameModeBase* GameMode = GetWorld()->GetAuthGameMode();
```

앞의 코드를 사용하면 현재 게임 모드 인스턴스를 얻을 수 있다. 하지만 보안상의 이유로 인해 클라이언트에서는 게임 모드가 유효하지 않기 때문에 서버에서만 호출해야 한다.

매치 스테이트

지금까지 게임플레이 프레임워크에서 가장 기본적인 게임 모드 클래스인 AGameModeBase 클래스만 사용해왔다. 물론 특정 유형의 게임에는 충분하지만 더 많은 기능이 필요한 경우가 있다. 한 예로 모든 플레이어가 준비됐다고 표시한 경우에만 게임이 시작되는 로비 시스템을 사용하려는 경우를 들 수 있다. 이 예제는 AGameModeBase 클래스로는 불가능하다. 따라서 이런 경우에는 AGameMode 클래스를 대신 사용하는 것이 좋다. 이 클래스는 AGameModeBase 클래스의 자식 클래스로, 매치 스테이트match state에 대한 지원을 추가한다. 매치 스테이트는 주어진 시간에 다음 상태 중 한 스테이트만 존재할 수 있는 스테이트 머신을 사용하는 방식으로 동작한다.

- EnteringMap: 월드가 아직 로드 중이고 액터들의 Tick이 실행되지 않는 시작 스테이트다. 월드의 로드를 완료하면 WatingToStart 스테이트로 전환한다.

- WaitingToStart: 월드 로드를 완료하고 액터들이 Tick을 실행하지만, 게임이 아직 시작되지 않아 플레이어를 위한 폰이 아직 생성되지 않았을 때 이 스테이트가 설정된다. 스테이트 머신이 이 스테이트로 진입하면, HandleMatchIsWaitingToStart 함수를 호출한다. ReadyToStartMatch 함수가 true를 반환하거나 코드 어딘가에서 StartMatch 함수가 호출되면, 스테이트 머신은 InProgress 스테이트로 전환한다.

- **InProgress**: 이 스테이트에서 실제 게임이 일어난다. 스테이트 머신이 이 스테이트로 진입하면 플레이어를 위한 폰을 생성하고, 월드에 있는 모든 액터에서 BeginPlay 함수를 호출하고, HandleMatchHasStarted 함수를 호출한다. ReadyToEndMatch 함수가 true를 반환하거나 코드 어딘가에서 EndMatch 함수가 호출되면, 스테이트 머신은 WaitingPostMatch 스테이트로 전환한다.

- **WaitingPostMatch**: 매치(경기)가 끝나면 이 스테이트가 설정된다. 스테이트 머신이 이 스테이트에 진입하면, HandleMatchHasEnded 함수를 호출한다. 이 스테이트에서 액터는 여전히 Tick을 실행하지만 새 플레이어는 입장할 수 없다. 월드를 언로딩(해제)하기 시작하면 스테이트 머신은 LeavingMap 스테이트로 전환한다.

- **LeavingMap**: 이 스테이트는 월드를 언로딩하는 동안 설정된다. 스테이트 머신이 이 스테이트에 진입하면 HandleLeavingMap 함수를 호출한다. 새 레벨을 로드하기 시작하면 스테이트 머신은 EnteringMap 스테이트로 전환한다.

- **Aborted**: 이 스테이트는 AbortMatch 함수의 호출을 통해서만 설정할 수 있는 실패 스테이트다. AbortMatch 함수는 매치를 시작하지 못하게 하는 문제가 발생했다는 사실을 표시하는 데 사용한다.

이 개념들을 이해하는 데 도움이 되도록 〈도타 2〉를 다시 예로 들어보자.

- **EnteringMap**: 맵을 로드할 때 스테이트 머신은 이 스테이트가 된다.

- **WaitingToStart**: 맵이 로드되고 플레이어가 영웅을 선택하면 스테이트 머신은 이 스테이트가 된다. ReadyToStartMatch 함수는 모든 플레이어가 영웅을 선택했는지 확인한다. 모든 플레이어가 영웅을 선택하면 매치를 시작할 수 있다.

- **InProgress**: 게임이 실제로 진행 중일 때 스테이트 머신은 이 스테이트가 된다. 플레이어는 영웅을 컨트롤하며 파밍farming하고 다른 플레이어와 싸울 수 있다. ReadyToEndMatch 함수는 고대 요새 중 하나가 파괴됐는지 여부를 확인하고자 고대 요새의 체력을 지속적으로 확인한다. 고대 요새가 파괴되면 매치가 종료된다.

- **WaitingPostMatch**: 게임이 종료되고 파괴된 요새와 승리 팀의 이름을 보여주는 메시지를 볼 수 있을 때 스테이트 머신은 이 스테이트가 된다.

- **LeavingMap**: 맵을 언로딩할 때 스테이트 머신은 이 스테이트가 된다.

- **Aborted**: 플레이어 중 하나가 초기 스테이지에서 연결에 실패해 전체 매치가 취소되면 스테이트 머신은 이 스테이트가 된다.

플레이어 부활하기

플레이어가 죽고 다시 부활^{(리스폰}^{respawn)}하려는 경우에는 일반적으로 두 가지 옵션이 있다. 첫 번째 옵션은 동일한 폰 인스턴스를 재사용하고 직접^(수동으로) 상태를 기본값으로 재설정한 후 재생성 위치로 순간 이동시키는 것이다. 두 번째 옵션은 폰을 파괴하고 이미 상태가 재설정된 새로운 폰을 생성하는 것이다. 두 번째 옵션을 선호하는 경우, `AGameModeBase::RestartPlayer` 함수를 사용하면 특정 플레이어 컨트롤러에 대한 새로운 폰 인스턴스를 생성하는 로직을 처리하고 플레이어 스타트^{player start} 위치에 배치할 수 있다.

여기서 고려해야 할 중요한 사항은 플레이어 컨트롤러에 아직 폰이 없는 경우에만 함수가 새로운 폰 인스턴스를 생성하므로 `RestartPlayer`를 호출하기 전에 컨트롤하는 폰을 파괴해야 한다는 점이다.

다음 예제를 살펴보자.

```
void ATestGameMode::OnDeath(APlayerController* VictimController)
{
  if(VictimController == nullptr)
  {
    return;
  }
  APawn* Pawn = VictimController->GetPawn();
  if(Pawn != nullptr)
  {
    Pawn->Destroy();
  }
  RestartPlayer(VictimController);
}
```

앞의 코드에는 죽은 플레이어의 플레이어 컨트롤러를 가져와 제어하는 폰을 파괴하고 RestartPlayer 함수를 호출해 플레이어 스타트 위치에 새 인스턴스를 생성하는 OnDeath 함수를 작성했다. 기본적으로, 사용되는 플레이어 스타트 액터는 항상 처음 생성된 플레이어와 같다. 함수에서 플레이어 스타트 액터를 무작위로 선택하고 싶으면 다음과 같이 AGameModeBase::ShouldSpawnAtStartSpot 함수를 재정의하고 강제로 false를 반환해야 한다.

```
bool ATestGameMode::ShouldSpawnAtStartSpot(AController* Player)
{
  return false;
}
```

앞의 코드는 게임 모드가 항상 같은 플레이어 스타트 액터를 사용하는 대신에 플레이어 스타트 액터를 랜덤으로 사용하도록 설정한다.

NOTE

> 게임 모드에 대한 더 자세한 정보는 웹 사이트(https://docs.unrealengine.com/en-US/Gameplay/Framework/GameMode/#gamemodes와 https://docs.unrealengine.com/en-US/API/Runtime/Engine/GameFramework/AGameMode/index.html)에서 확인할 수 있다.

플레이어 스테이트

플레이어 스테이트player state 클래스는 다른 클라이언트들이 알아야 할 특정 플레이어에 대한 정보(현재 점수, 킬/데스, 획득한 코인 등)를 저장한다. 다른 클라이언트는 해당 플레이어의 플레이어 컨트롤러에 접근할 수 없기 때문이다. 가장 많이 사용되는 내장 함수는 GetPlayerName(), GetScore(), GetPingInMilliseconds()이며 각각 플레이어의 이름, 점수, 핑ping에 대한 정보를 제공한다.

〈콜 오브 듀티Call Of Duty〉와 같은 멀티플레이어 슈팅 게임의 스코어보드scoreboard 항목은 플레이어 스테이트를 사용하는 좋은 예라고 할 수 있다. 모든 클라이언트는 특정 플레이어의 이름, 킬/데스/어시스트, 핑을 알아야 하기 때문이다. 플레이어 스테이트 인스턴스는 다양한 방법으로 접근할 수 있다. 가장 일반적인 방법을 살펴보자.

AController∷PlayerState

이 변수는 컨트롤러와 연결된 플레이어 스테이트가 있으며 서버와 소유 클라이언트만 접근할 수 있다. 다음 예제는 이 변수를 사용하는 방법을 보여준다.

```
APlayerState* PlayerState = Controller->PlayerState;
```

AController∷GetPlayerState( )

이 함수는 컨트롤러와 연결된 플레이어 스테이트를 반환하며 서버와 소유 클라이언트만 접근할 수 있다. 또한 이 함수에는 템플릿 버전도 있어 사용자 정의 플레이어 스테이트로 변환할 수도 있다. 다음 예제는 이 함수의 기본 버전과 템플릿 버전을 사용하는 방법을 보여준다.

```
// 기본 버전
APlayerState* PlayerState = Controller->GetPlayerState();

// 템플릿 버전
ATestPlayerState* MyPlayerState = Controller->GetPlayerState
  <ATestPlayerState>();
```

APawn∷GetPlayerState( )

이 함수는 폰을 소유하는 컨트롤러와 연결된 플레이어 스테이트를 반환하며 서버와 클라이언트에서 접근할 수 있다. 이 함수에는 템플릿 버전도 있어 사용자 정의 플레이어 스테이트 클래스로 변환할 수 있다. 다음 예제는 이 함수의 기본 버전과 템플릿 버전을 사용하는 방법을 보여준다.

```
// 기본 버전
APlayerState* PlayerState = Pawn->GetPlayerState();
```

```
// 템플릿 버전
ATestPlayerState* MyPlayerState = Pawn->GetPlayerState<ATestPlayerState>();
```

AGameState::PlayerArray

게임 스테이트(다음 절에서 다룬다) 안에서 이 변수는 각 플레이어의 플레이어 스테이트 인스턴
스를 저장하며 서버와 클라이언트에서 접근할 수 있다. 다음 예제는 이 변수를 사용하
는 방법을 보여준다.

```
TArray<APlayerState*> PlayerStates = GameState->PlayerArray;
```

이 개념을 잘 이해할 수 있도록 〈도타 2〉를 다시 예로 들어보자. 플레이어 스테이트는
최소한 다음과 같은 변수를 가진다.

- **Name**: 플레이어의 이름

- **Hero**: 선택한 영웅

- **Health**: 영웅의 체력

- **Mana**: 영웅의 마나mana

- **Stats**: 영웅의 스탯stat

- **Level**: 영웅이 현재 있는 레벨

- **Kill/Death/Assist**: 플레이어의 킬/데스/어시스트 비율

NOTE

> 플레이어 스테이트에 대한 더 자세한 정보는 웹 사이트(https://docs.unrealengine.com/en-US/API/
> Runtime/Engine/GameFramework/APlayerState/index)에서 확인할 수 있다.

게임 스테이트

게임 스테이트^{game state} 클래스는 다른 클라이언트들이 알아야 할 게임에 대한 정보_{(매치의}
_{경과 시간, 게임을 승리하기 위해 필요한 점수 등)}를 저장한다. 다른 클라이언트는 게임 모드에 접근할 수
없기 때문이다. 접속한 모든 클라이언트의 플레이어 스테이트 배열인 PlayerArray 변수
를 가장 많이 사용하며, 〈콜 오브 듀티〉와 같은 멀티플레이어 슈팅 게임의 스코어보드는
게임 스테이트를 사용하는 방법에 대한 좋은 예라고 할 수 있다. 모든 클라이언트는 게
임을 승리하는 데 필요한 킬/데스/어시스트 수를 확인하고, 접속한 모든 플레이어의 핑
을 알아야 하기 때문이다.

게임 스테이트 인스턴스는 다양한 방법으로 접근할 수 있다. 이 방법들을 살펴보자.

UWorld::GetGameState()

이 함수는 월드와 관련된 게임 스테이트를 반환하며 서버와 클라이언트에서 접근할 수
있다. 이 함수는 또한 템플릿 버전을 제공하기 때문에 사용자 정의 게임 스테이트 클래
스로 형 변환할 수 있다. 다음 예제는 이 함수의 기본 버전과 템플릿 버전을 사용하는 방
법을 보여준다.

```
// 기본 버전
AGameStateBase* GameState = GetWorld()->GetGameState();

// 템플릿 버전
AMyGameState* MyGameState = GetWorld()->GetGameState<AMyGameState>();
```

AGameModeBase::GameState

이 변수는 게임 모드와 관련된 게임 스테이트를 가지며 서버에서만 접근할 수 있다. 다
음 예제는 이 변수를 사용하는 방법을 보여준다.

```
AGameStateBase* GameState = GameMode->GameState;
```

AGameModeBase::GetGameState( )

이 함수는 게임 모드와 관련된 게임 스테이트를 반환하며 서버에서만 접근 가능하다. 또한 이 함수는 템플릿 버전을 제공하기 때문에 사용자 정의 게임 스테이트 클래스로 형 변환할 수 있다. 다음 예제는 이 함수의 기본 버전과 템플릿 버전을 사용하는 방법을 보여준다.

```
// 기본 버전
AGameStateBase* GameState = GameMode->GetGameState();

// 템플릿 버전
AMyGameState* MyGameState = GameMode->GetGameState<AMyGameState>();
```

개념을 더욱 명확히 이해할 수 있도록 〈도타 2〉를 다시 예로 들어보자. 게임 스테이트는 다음의 변수를 저장할 것이다.

- **Elapsed Time**: 매치가 지속된 시간

- **Radiant Kills**: Radiant 팀이 죽인 Dire 영웅의 수

- **Dire Kills**: Dire 팀이 죽인 Radiant 영웅의 수

- **Day/Night Timer**: 낮인지 밤인지를 구분하기 위해 사용

NOTE

> 게임 스테이트에 대한 더 자세한 정보는 웹 사이트(https://docs.unrealengine.com/en-US/Runtime/Engine/GameFramework/AGameState/index.html)에서 확인할 수 있다.

유용한 내장 기능들

UE5에는 유용한 기능들이 다양하게 내장돼 있다. 게임을 개발할 때 유용한 몇 가지 기능과 컴포넌트를 살펴보자.

void AActor::EndPlay(const EEndPlayReason::Type EndPlayReason)

이 함수는 BeginPlay 함수와 반대로 액터가 플레이를 중단하면 실행된다. EndPlayReason 파라미터를 통해 액터가 플레이를 중단한 이유를 얻을 수 있다[액터가 파괴됐는지, PIE를 중단했는지 등]. 액터가 플레이를 중단했다는 사실을 화면에 출력해주는 다음 예제를 살펴보자.

```
void ATestActor::EndPlay(const EEndPlayReason::Type EndPlayReason)
{
  Super::EndPlay(EndPlayReason);
  const FString String = FString::Printf(TEXT("액터 %s가 플레이를 중단함"),
    *GetName());
  GEngine->AddOnScreenDebugMessage(-1, 2.0f, FColor::Red, String);
}
```

void ACharacter::Landed(const FHitResult& Hit)

이 함수는 플레이어가 공중에 떴다가 바닥(표면)에 착지할 때 호출된다. 플레이어가 바닥에 착지할 때 사운드를 재생하는 다음 예제를 살펴보자.

```
void ATestCharacter::Landed(const FHitResult& Hit)
{
  Super::Landed(Hit);
  UGameplayStatics::PlaySound2D(GetWorld(), LandSound);
}
```

bool UWorld::ServerTravel(const FString& FURL, bool bAbsolute, bool bShouldSkipGameNotify)

이 함수는 서버가 새 맵을 로드하고 연결된 모든 클라이언트를 로드한 맵으로 데려오는 기능을 한다. 이 함수는 UGameplayStatics::OpenLevel 함수와 같이 맵을 로드하는 다른 방법을 사용하는 것과는 다르다. UGameplayStatics::OpenLevel 함수는 맵을 로드하고 클라이언트를 데려오지 않으며 클라이언트의 연결을 끊는다.

현재 맵의 이름을 가져와서 ServerTravel 함수를 사용해 맵을 다시 로드하고 연결된 클라이언트를 데려오는 다음 예제를 살펴보자.

```
void ATestGameModeBase::RestartMap()
{
  const FString URL = GetWorld()->GetName();
  GetWorld()->ServerTravel(URL, false, false);
}
```

void TArray::Sort(const PREDICATE_CLASS& Predicate)

TArray 자료구조는 Sort 함수를 제공한다. A를 B 앞에 정렬해야 하는지 여부를 반환하는 람다Jambda 함수를 사용해 배열 값을 정렬할 수 있다. 가장 작은 값에서 가장 높은 값 순서로 정렬하는 다음 예제를 살펴보자.

```
void ATestActor::SortValues()
{
  TArray<int32> SortTest;

  SortTest.Add(43);
  SortTest.Add(1);
  SortTest.Add(23);
  SortTest.Add(8);

  SortTest.Sort([](const int32& A, const int32& B) { return A < B; });
}
```

앞의 코드는 값이 [43, 1, 23, 8]인 SortTest 배열을 가장 작은 값에서 가장 높은 값 순서인 [1, 8, 23, 43]으로 정렬한다.

void AActor::FellOutOfWorld(const UDamageType& DmgType)

언리얼 엔진에는 **Kill Z**라는 개념이 있다. **Kill Z**는 Z가 특정 값(월드 세팅World Settings 패널에서 설정)으로 설정된 평면으로, 액터가 이 Z 값 아래로 내려가면 FellOutOfWorld 함수를 호출하며, 기본적으로 액터를 파괴한다. 액터가 월드 아래로 떨어졌다는 사실을 화면에 출력하는 다음 예제를 살펴보자.

```
void AFPSCharacter::FellOutOfWorld(const UDamageType& DmgType)
{
  Super::FellOutOfWorld(DmgType);
  const FString String = FString::Printf(TEXT("액터 %s가 월드 아래로 떨어짐"),
    *GetName());
  GEngine->AddOnScreenDebugMessage(-1, 2.0f, FColor::Red, String);
}
```

URotatingMovementComponent

이 컴포넌트는 이 컴포넌트를 소유한 액터를 시간에 따라 특정 속도로 회전시킨다. 각
축의 특정 속도는 RotationRate 변수를 통해 지정할 수 있다. 이 컴포넌트를 사용하려면
다음 헤더를 포함시켜야 한다.

```
#include "GameFramework/RotatingMovementComponent.h"
```

컴포넌트 변수도 선언해야 한다.

```
UPROPERTY(VisibleAnywhere, BlueprintReadOnly, Category = "Test Actor")
URotatingMovementComponent* RotatingMovement;
```

마지막으로, 액터 생성자에서 컴포넌트를 다음과 같이 초기화한다.

```
RotatingMovement = CreateDefaultSubobject
  <URotatingMovementComponent>("Rotating Movement");
RotatingMovement->RotationRate = FRotator(0.0, 90.0f, 0);
```

앞의 코드에서 RotationRate는 요(Yaw) 축에서 초당 90도의 속도로 회전하도록 설정한다.

실습 18.02: 간단한 멀티플레이어 아이템 줍기 게임 만들기

이번 실습에서는 삼인칭 템플릿을 사용하는 새 C++ 프로젝트를 생성하고 다음 기능을
추가한다.

- 소유 클라이언트에서 플레이어 컨트롤러는 UMG 위젯을 생성하고 이를 뷰포트에 추가한다. UMG 위젯은 각 플레이어의 점수를 최고 점수에서 최저 점수로 정렬하고 수집한 아이템의 수를 보여준다.

- 아이템을 수집한 플레이어에게 10점을 주는 간단한 수집용 아이템 액터 클래스를 만든다. 이 아이템은 요 축으로 초당 90도로 회전한다.

- **Kill Z**를 -500으로 설정하고 플레이어가 월드에서 떨어질 때마다 10점을 빼며, 플레이어를 리스폰(재생성)한다.

- 수집할 수 있는 아이템이 더 이상 없으면 게임을 종료한다. 게임이 끝나면 모든 캐릭터를 파괴하며, 5초 후 서버는 같은 맵을 다시 로드하고 연결된 모든 클라이언트를 데려오기 위해 ServerTravel 함수를 호출한다.

다음 단계에 따라 이번 실습을 완료할 수 있다.

1. Pickups라는 이름으로 C++를 사용하는 새 삼인칭 프로젝트를 생성하고 원하는 위치에 저장한다.

2. 프로젝트 생성이 완료되면, 에디터와 비주얼 스튜디오 솔루션이 열릴 것이다.

   이제 사용할 새 C++ 클래스를 생성해보자.

3. Actor를 상속하는 Pickup 클래스를 생성한다.

4. GameState를 상속하는 PickupsGameState 클래스를 생성한다.

5. PlayerState를 상속하는 PickupsPlayerState 클래스를 생성한다.

6. PlayerController를 상속하는 PickupsPlayerController 클래스를 생성한다.

7. 에디터를 닫고 비주얼 스튜디오를 연다.

이어서 PickupsGameState 클래스에 대한 작업을 진행해보자.

1. PickupsGameState.h 파일을 열고 protected로 PickupRemaining이라는 이름의 정수형 변수를 선언한다. 리플리케이션이 적용되도록 Replicated 지정자를 UPROPERTY에 추가한다. 이 변수는 모든 클라이언트에게 레벨에 남아 있는 수집용 아이템의 수를 알려준다.

```
UPROPERTY(Replicated, BlueprintReadOnly)
int32 PickupsRemaining;
```

2. protected로 BeginPlay 함수의 재정의(오버라이딩)를 선언한다.

```
virtual void BeginPlay() override;
```

3. protected로 GetPlayerStatesOrderedByScore 함수를 선언한다.

```
UFUNCTION(BlueprintCallable)
TArray<APlayerState*> GetPlayerStatesOrderedByScore() const;
```

4. public RemovePickup 함수를 구현한다. 이 함수는 PickupsRemaining 변수 값을 감소시킨다.

```
void RemovePickup() { PickupsRemaining--; }
```

5. 남아 있는 아이템이 있는지 확인하는 public HasPickups 함수를 구현한다.

```
bool HasPickups() const { return PickupsRemaining > 0; }
```

6. PickupsGameState.cpp 파일을 열고 Pickup.h, GameplayStatics.h, Unreal Network.h, PlayerState.h를 포함시킨다.

```
#include "Pickup.h"
#include "Kismet/GameplayStatics.h"
#include "Net/UnrealNetwork.h"
#include "GameFramework/PlayerState.h"
```

7. GetLifetimeReplicatedProps 함수를 구현하고 PickupRemaining 변수가 모든 클라

이언트에 복제(리플리케이션)될 수 있도록 처리한다.

```
void APickupsGameState::GetLifetimeReplicatedProps(TArray<
  FLifetimeProperty >& OutLifetimeProps) const
{
  Super::GetLifetimeReplicatedProps(OutLifetimeProps);
  DOREPLIFETIME(APickupsGameState, PickupsRemaining);
}
```

8. BeginPlay 재정의 함수를 구현하고 월드에 있는 모든 아이템을 가져와 PickupsRemaining 값을 설정한다.

```
void APickupsGameState::BeginPlay()
{
  Super::BeginPlay();
  TArray<AActor*> Pickups;
  UGameplayStatics::GetAllActorsOfClass(this, APickup::StaticClass(),
    Pickups);
  PickupsRemaining = Pickups.Num();
}
```

9. GetPlayerStatesOrderedByScore 함수를 구현한다. 이 함수는 PlayerArray 변수를 복제해 가장 높은 점수를 받은 플레이어가 먼저 표시되도록 정렬한다.

```
TArray<APlayerState*>
APickupsGameState::GetPlayerStatesOrderedByScore() const
{
  TArray<APlayerState*> PlayerStates(PlayerArray);
  PlayerStates.Sort([](const APlayerState& A, const APlayerState&
    B) { return A.Score > B.Score; });
  return PlayerStates;
}
```

다음으로, PickupsPlayerState 클래스를 작업해보자.

1. PickupsPlayerState.h 파일을 열고 플레이어가 수집한 아이템의 양을 나타내는 정수형 변수 Pickups를 선언한다.

```
UPROPERTY(Replicated, BlueprintReadOnly)
int32 Pickups;
```

2. Pickups 변수에 아이템을 하나 추가하는 public AddPickup 함수를 구현한다.

```
void AddPickup() { Pickups++; }
```

3. PickupsPlayerState.cpp 파일을 열고 UnrealNetwork.h 헤더를 포함시킨다.

```
#include "Net/UnrealNetwork.h"
```

4. Pickups 변수를 모든 클라이언트에 복제하도록 GetLifetimeReplicatedProps 함수를 구현한다.

```
void APickupsPlayerState::GetLifetimeReplicatedProps(TArray<
  FLifetimeProperty >& OutLifetimeProps) const
{
  Super::GetLifetimeReplicatedProps(OutLifetimeProps);
  DOREPLIFETIME(APickupsPlayerState, Pickups);
}
```

이어서 PickupsPlayerController 클래스를 작업해보자.

5. PickupsPlayerController.h 파일을 열고 protected ScoreboardMenuClass 변수를 선언한다. 이 변수를 통해 스코어보드에 사용할 UMG 위젯을 설정한다.

```
UPROPERTY(EditDefaultsOnly, BlueprintReadOnly, Category = "Pickup
Player Controller")
TSubclassOf<class UUserWidget> ScoreboardMenuClass;
```

6. protected ScoreboardMenu 변수를 선언한다. 이 변수는 BeginPlay 함수에서 생성한 스코어보드 UMG 위젯 인스턴스를 저장한다.

```
UPROPERTY()
class UUserWidget* ScoreboardMenu;
```

7. protected로 BeginPlay 재정의 함수를 선언한다.

```
virtual void BeginPlay() override;
```

8. PickupsPlayerController.cpp 파일을 열고 UserWidget.h 헤더를 포함시킨다.

```
#include "Blueprint/UserWidget.h"
```

9. BeginPlay 재정의 함수를 구현한다. 소유 클라이언트의 경우 스코어보드 UMG 위 젯을 생성하고, 생성한 UMG를 뷰포트에 추가한다.

```
void ApickupsPlayerController::BeginPlay()
{
  Super::BeginPlay();
  if (IsLocalController() && ScoreboardMenuClass != nullptr)
  {
    ScoreboardMenu = CreateWidget<UUserWidget>(this,
    ScoreboardMenuClass);
    if (ScoreboardMenu != nullptr)
    {
      ScoreboardMenu->AddToViewport(0);
    }
  }
}
```

이제 PickupsGameMode 클래스를 작업해보자.

1. PickupsGameMode.h 파일을 열고 GameModeBase.h의 include 구문을 Game Mode.h로 대체한다.

```
#include "GameFramework/GameMode.h"
```

2. AGameModeBase 대신 AGameMode를 상속하도록 선언한다.

```
class APickupsGameMode : public AGameMode
```

3. protected로 게임 스테이트 변수 MyGameState를 선언한다. 이 변수는 APickupsGame State 클래스에 대한 인스턴스를 저장한다.

```
UPROPERTY()
class APickupsGameState* MyGameState;
```

4. 생성자를 protected 위치로 이동시키고, public 영역을 제거한다.

5. BeginPlay 함수를 protected override로 선언한다.

```
virtual void BeginPlay() override;
```

6. ShouldSpawnAtStartSpot 함수를 protected override로 선언한다.

```
virtual bool ShouldSpawnAtStartSpot(AController* Player) override;
```

7. 게임 모드의 매치 스테이트 함수들을 protected override로 선언한다.

```
virtual void HandleMatchHasStarted() override;
virtual void HandleMatchHasEnded() override;
virtual bool ReadyToStartMatch_Implementation() override;
virtual bool ReadyToEndMatch_Implementation() override;
```

8. protected로 RestartMap 함수를 선언한다.

```
void RestartMap() const;
```

9. PickupsGameMode.cpp 파일을 열고 GameplayStatics.h, PickupGameState. h를 포함시킨다.

```
#include "Kismet/GameplayStatics.h"
#include "PickupsGameState.h"
```

10. APickupGameState 인스턴스를 저장하는 BeginPlay 재정의 함수를 구현한다.

```
void APickupsGameMode::BeginPlay()
{
```

```
  Super::BeginPlay();
  MyGameState = GetGameState<APickupsGameState>();
}
```

11. ShouldSpawnAtStartSpot 재정의 함수를 구현한다. 이 함수의 구현을 통해 플레이어가 리스폰될 때 항상 같은 플레이어 스타트 액터를 사용하는 것이 아니라 랜덤 플레이어 스타트를 사용하도록 만든다.

```
bool APickupsGameMode::ShouldSpawnAtStartSpot(AController* Player)
{
  return false;
}
```

12. HandleMatchHasStarted 재정의 함수를 구현한다. 이 함수는 화면 출력을 통해 플레이어에게 게임이 시작됐다는 것을 알린다.

```
void APickupsGameMode::HandleMatchHasStarted()
{
  Super::HandleMatchHasStarted();
  GEngine->AddOnScreenDebugMessage(-1, 2.0f, FColor::Green, "게임 시작!");
}
```

13. HandleMatchHasEnded 재정의 함수를 구현한다. 이 함수는 화면 출력을 통해 플레이어에게 게임이 종료됐다는 것을 알리고, 모든 캐릭터를 파괴(삭제)한다. 그리고 맵을 다시 시작할 수 있도록 타이머를 예약한다.

```
void APickupsGameMode::HandleMatchHasEnded()
{
  Super::HandleMatchHasEnded();
  GEngine->AddOnScreenDebugMessage(-1, 2.0f, FColor::Red, "게임 종료!");
  TArray<AActor*> Characters;
  UGameplayStatics::GetAllActorsOfClass(this,
    APickupsCharacter::StaticClass(), Characters);
  for (AActor* Character : Characters)
  {
    Character->Destroy();
  }
  FTimerHandle TimerHandle;
```

```
    GetWorldTimerManager().SetTimer(TimerHandle, this,
      &APickupsGameMode::RestartMap, 5.0f);
}
```

14. 매치가 바로 시작될 수 있다는 것을 알려주는 `ReadyToStartMatch_Implementation` 재정의 함수를 구현한다.

```
bool APickupsGameMode::ReadyToStartMatch_Implementation()
{
  return true;
}
```

15. `ReadyToEndMatch_Implementation` 재정의 함수를 구현한다. 이 함수는 게임 스테이트에 더 이상 남은 아이템이 없을 때 매치가 종료됨을 알린다.

```
bool APickupsGameMode::ReadyToEndMatch_Implementation()
{
  return MyGameState != nullptr && !MyGameState->HasPickups();
}
```

16. `RestartMap` 함수를 구현한다. 이 함수는 `ServerTravel`을 사용해 서버가 같은 레벨을 로드하고 모든 클라이언트를 로드한 레벨로 데려온다.

```
void APickupsGameMode::RestartMap() const
{
  GetWorld()->ServerTravel(GetWorld()->GetName(), false, false);
}
```

이제 `PickupsCharacter` 클래스를 편집해보자.

1. `PickupsCharacter.h` 파일을 열고 플레이어가 떨어질 때와 착지할 때 사용할 사운드 변수를 `protected`로 선언한다.

```
UPROPERTY(EditDefaultsOnly, BlueprintReadOnly, Category = "Pickups
  Character")
USoundBase* FallSound;
```

```
UPROPERTY(EditDefaultsOnly, BlueprintReadOnly, Category = "Pickups
  Character")
USoundBase* LandSound;
```

2. protected로 재정의 함수들을 선언한다.

```
virtual void EndPlay(const EEndPlayReason::Type EndPlayReason) override;
virtual void Landed(const FHitResult& Hit) override;
virtual void FellOutOfWorld(const UDamageType& DmgType) override;
```

3. 플레이어 스테이트에 점수와 아이템을 추가하는 데 사용할 public 함수들을 선언
한다.

```
void AddScore(const float Score) const;
void AddPickup() const;
```

4. 소유 클라이언트에서 사운드를 재생하는 public 클라이언트 RPC 함수를 선언한다.

```
UFUNCTION(Client, Unreliable)
void ClientPlaySound2D(USoundBase* Sound);
```

5. PickupsCharacter.cpp 파일을 열고 PickupsPlayerState.h, GameMode.h,
PlayerState.h, GameplayStatics.h를 포함시킨다.

```
#include "PickupsPlayerState.h"
#include "GameFramework/GameMode.h"
#include "GameFramework/PlayerState.h"
#include "Kismet/GameplayStatics.h"
```

6. EndPlay 재정의 함수를 구현한다. 이 함수는 캐릭터가 파괴될 때 FallSound를 재생
한다.

```
void APickupsCharacter::EndPlay(const EEndPlayReason::Type EndPlayReason)
{
  Super::EndPlay(EndPlayReason);
  if (EndPlayReason == EEndPlayReason::Destroyed)
  {
```

```
        UGameplayStatics::PlaySound2D(GetWorld(), FallSound);
    }
}
```

7. LandSound를 재생하는 Landed 재정의 함수를 구현한다.

```
void APickupsCharacter::Landed(const FHitResult& Hit)
{
    Super::Landed(Hit);
    UGameplayStatics::PlaySound2D(GetWorld(), LandSound);
}
```

8. FellOutOfWorld 재정의 함수를 구현한다. 이 함수는 컨트롤러를 저장하고, 점수에서 10점을 차감하고, 캐릭터를 파괴시킨다. 그리고 이전 컨트롤러를 사용해 플레이어를 재시작하도록 게임 모드에 전달한다.

```
void APickupsCharacter::FellOutOfWorld(const UDamageType& DmgType)
{
    AController* TempController = Controller;
    AddScore(-10);
    Destroy();
    AGameMode* GameMode = GetWorld()->GetAuthGameMode<AGameMode>();
    if (GameMode != nullptr)
    {
        GameMode->RestartPlayer(TempController);
    }
}
```

9. 플레이어 스테이트의 Score 변수에 점수를 추가하는 AddScore 함수를 구현한다.

```
void APickupsCharacter::AddScore(const float Score) const
{
    APlayerState* MyPlayerState = GetPlayerState();
    if (MyPlayerState != nullptr)
    {
        const float CurrentScore = MyPlayerState->GetScore();
        MyPlayerState->SetScore(CurrentScore + Score);
    }
}
```

10. AddPickup 함수를 구현한다. 이 함수는 커스텀 플레이어 스테이트의 Pickup 변수에 아이템을 추가한다.

```
void APickupsCharacter::AddPickup() const
{
  APickupsPlayerState* MyPlayerState =
    GetPlayerState<APickupsPlayerState>();
  if (MyPlayerState != nullptr)
  {
    MyPlayerState->AddPickup();
  }
}
```

11. 소유 클라이언트에 사운드를 재생하는 ClientPlaySound2D_Implementation 함수를 구현한다.

```
void APickupsCharacter::ClientPlaySound2D_Implementation(USoundBase*
Sound)
{
  UGameplayStatics::PlaySound2D(GetWorld(), Sound);
}
```

다음으로, Pickup 클래스를 작업해보자.

1. Pickup.h 파일을 열고 기존 함수를 모두 제거한다. public 영역도 삭제한다.

2. protected로 Mesh라는 이름의 스태틱 메시 컴포넌트를 선언한다.

```
UPROPERTY(VisibleAnywhere, BlueprintReadOnly, Category = "Pickup")
UStaticMeshComponent* Mesh;
```

3. RotatingMovement라는 이름으로 protected RotatingMovement 컴포넌트를 선언한다.

```
UPROPERTY(VisibleAnywhere, BlueprintReadOnly, Category = "Pickup")
class URotatingMovementComponent* RotatingMovement;
```

4. protected PickupSound 변수를 선언한다.

```
UPROPERTY(EditDefaultsOnly, BlueprintReadOnly, Category = "Pickup")
USoundBase* PickupSound;
```

5. protected로 생성자와 BeginPlay 재정의 함수를 선언한다.

```
APickup();
virtual void BeginPlay() override;
```

6. protected로 OnBeginOverlap 함수를 선언한다.

```
UFUNCTION()
void OnBeginOverlap(UPrimitiveComponent* OverlappedComp, AActor*
  OtherActor, UPrimitiveComponent* OtherComp, int32
  OtherBodyIndex, bool bFromSweep, const FHitResult& Hit);
```

7. Pickup.cpp 파일을 열고 Pickup.h 헤더 뒤에 PickupsCharacter.h, PickupsGa
meState.h, RotatingMovementComponent.h를 포함시킨다.

```
#include "PickupsCharacter.h"
#include "PickupsGameState.h"
#include "GameFramework/RotatingMovementComponent.h"
```

8. 생성자에서 다른 모든 물체와 오버랩으로 충돌할 수 있도록 Mesh 컴포넌트를 초기
화하고, 루트 컴포넌트로 만든다.

```
Mesh = CreateDefaultSubobject<UStaticMeshComponent>("Mesh");
Mesh->SetCollisionProfileName("OverlapAll");
RootComponent = Mesh;
```

9. 생성자에서 RotatingMovement 컴포넌트를 초기화하고, 요 축으로 초당 90도 회전
하도록 설정한다.

```
RotatingMovement = CreateDefaultSubobject
  <URotatingMovementComponent>("Rotating Movement");
RotatingMovement->RotationRate = FRotator(0.0, 90.0f, 0);
```

10. 리플리케이션을 활성화하고, Tick을 비활성화해 생성자 작성을 마무리한다.

```
bReplicates = true;
PrimaryActorTick.bCanEverTick = false;
```

11. BeginPlay 함수 끝부분에서 Mesh의 Begin Overlap 이벤트와 OnBeginOverlap 함수를
    연결한다.

```
Mesh->OnComponentBeginOverlap.AddDynamic(this,
&APickup::OnBeginOverlap);
```

12. Tick 함수의 정의를 제거한다.

13. OnBeginOverlap 함수를 구현한다. 이 함수는 캐릭터가 유효하고 권한이 있는지를
    확인하며, 게임 스테이트에서 수집용 아이템(픽업pickup)을 제거한다. 또한 소유 클라
    이언트에서 픽업 사운드를 재생하고, 캐릭터에 10점과 픽업을 추가한다. 모든 작
    업을 완료했으면 수집용 아이템 자체를 파괴(제거)한다.

```
void APickup::OnBeginOverlap(UPrimitiveComponent* OverlappedComp,
  AActor* OtherActor, UPrimitiveComponent* OtherComp, int32
  OtherBodyIndex, bool bFromSweep, const FHitResult& Hit)
{
  APickupsCharacter* Character = Cast<APickupsCharacter>(OtherActor);
  if (Character == nullptr || !HasAuthority())
  {
    return;
  }
  APickupsGameState* GameState =
    Cast<APickupsGameState>(GetWorld()->GetGameState());
  if (GameState != nullptr)
  {
    GameState->RemovePickup();
  }
  Character->ClientPlaySound2D(PickupSound);
  Character->AddScore(10);
  Character->AddPickup();
  Destroy();
}
```

14. Pickups.Build.cs 파일을 열어 다음과 같이 PublicDependencyModuleNames에 UMG

모듈을 추가한다.

```
PublicDependencyModuleNames.AddRange(new string[] { "Core",
    "CoreUObject", "Engine", "InputCore", "HeadMountedDisplay",
    "UMG" });
```

컴파일을 시도해보고, 오류가 발생하면 프로젝트를 정리한 후 다시 컴파일한다.
그래도 컴파일이 되지 않으면, IDE를 재실행해보자.

15. 코드를 컴파일하고 실행한 다음, 에디터가 로드될 때까지 기다린다.

에디터가 로드되면, 여러 애셋을 임포트하고 앞에서 생성한 C++ 클래스를 상속하는 블
루프린트를 생성한다.

먼저 사운드 파일을 임포트해보자.

1. **콘텐츠 브라우저**에서 Content\Sound 폴더를 생성한 뒤 이동한다.

2. Exercise18.02\Assets 폴더에서 Pickup.wav, Footstep.wav, Jump.wav, Land.
   wav, Fall.wav를 임포트한다.

3. 새 파일을 저장한다.

   이어서 캐릭터 애니메이션에 Play Sound 애님 노티파이를 추가해보자.

4. Content\Characters\Mannequins\Animations\Manny에 위치한 MM_Jump 애니
   메이션을 열고 프레임 0 위치에 Play Sound 애님 노티파이를 추가한 후 Jump 사운
   드를 설정한다.

5. MM_Jump를 저장하고 닫는다.

6. Content\Characters\Mannequins\Animations\Quinn에 있는 MF_Run_Fwd 애니
   메이션을 열고 0.24, 0.56, 0,82, 1.12, 1.38, 1.70초에 FootStep 사운드를 사용해
   Play Sound 애님 노티파이를 추가한다.

7. MF_Run_Fwd를 저장하고 닫는다.

8. Content\Characters\Mannequins\Animations\Quinn에 있는 `MF_Walk_Fwd` 애니메이션을 열고 `0.33`, `0.72`, `1.23`, `1.70`초에 `FootStep` 사운드를 사용해 `Play Sound` 애님 노티파이를 추가한다.

9. `MF_Walk_Fwd`를 저장하고 닫는다.

이제 캐릭터 블루프린트에 사운드를 설정해보자.

1. Content\ThirdPersonCPP\Blueprints에 있는 `BP_ThirdPersonCharacter` 블루프린트를 열고, `Fall` 사운드에 `Fall Sound`를 설정한 후 `Land` 사운드에 `Land Sound`를 설정한다.

2. `BP_ThirdPersonCharacter`를 저장하고 닫는다.

   이제 Pickup을 위한 블루프린트를 생성해보자.

3. Content\Blueprints 폴더를 생성하고 연다.

4. `BP_Pickup`의 이름으로 `Pickup` 클래스를 상속하는 새 블루프린트를 생성하고, 생성한 블루프린트를 연다.

5. 스태틱 메시 컴포넌트를 다음과 같이 구성한다.

   - **Scale**: (X=0.5, Y=0.5, Z=0.5)

   - **Static Mesh**: Engine\BasicShapes\Cube

   - **Material**: Engine\EngineMaterials\CubeMaterial

NOTE

> 엔진 콘텐츠가 보이도록 설정하려면, 스태틱 메시의 드롭다운을 클릭하고 필터 박스 옆에 있는 톱니 아이콘을 클릭한 후 **엔진 콘텐츠 표시**(Show Engine Content) 옵션이 **true**로 설정돼 있는지 확인한다.

6. `Pickup Sound` 변수에 `Pickup` 사운드를 설정한다.

7. `BP_Pickup`을 저장하고 닫는다.

이어서 다음 단계에 따라 스코어보드 UMG 위젯을 생성해보자.

1. Content\UI 폴더를 생성하고 이동한다.

2. WBP_Scoreboard_Header라는 이름의 새 위젯 블루프린트를 생성한다.

   - **계층 구조**^{Hierarchy} 패널에 캔버스 패널^{Canvas Panel}을 추가한다.

   - 캔버스 패널에 **Name**이라는 이름으로 텍스트 블록을 추가한다. **변수 여부** ^{Is Variable} 옵션을 true로 설정하고, **Size To Content** 옵션을 true로 설정한다. **Text** 항목에 Player Name을 입력하고 **Color and Opacity**를 초록색으로 설정한다.

   - 캔버스 패널에 **Score**라는 이름으로 텍스트 블록을 추가한다. **변수 여부** 옵션을 true로 설정하고, **Position X = 500, Alignment = 1.0, 0.0**으로 설정한 후 **Size To Content** 옵션을 true로 설정한다. **Text** 항목에 Score라고 입력하고, **Color and Opacity**를 초록색으로 설정한다.

   - 캔버스 패널에 **Pickups**라는 이름으로 텍스트 블록을 추가한다. **변수 여부** 옵션을 true로 설정하고, **Position X = 650, Alignment = 1.0, 0.0**으로 설정한 후 **Size To Content** 옵션을 true로 설정한다. **Text** 항목에 Pickups라고 입력하고, **Color and Opacity**를 초록색으로 설정한다.

3. WBP_Scoreboard_Header를 저장하고 닫는다.

4. Content\UI로 돌아가서 WBP_Scoreboard_Header를 복제하고, 이름을 WBP_Scoreboard_Entry로 변경한 후 연다.

5. 모든 텍스트 블록의 색상을 초록색에서 흰색으로 변경한다.

6. **그래프**^{Graph} 섹션으로 이동해 다음과 같이 Player State 변수를 생성한다.

그림 18.6 Player State 변수 생성하기

7. **디자이너**^{Designer} 섹션으로 돌아와 Name이라는 이름의 텍스트 블록을 생성하고 **Text** 항목에 PlayerName이라고 설정한 다음, 드롭다운에서 GetPlayerName 함수에 바인 딩한다.

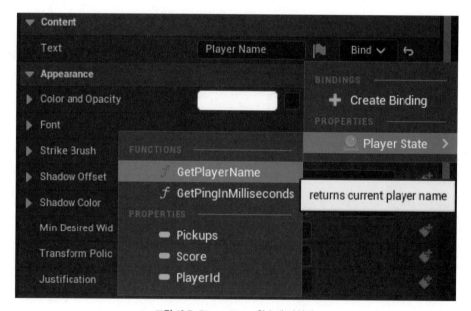

그림 18.7 Player Name 함수에 바인딩

8. Score라는 이름의 텍스트 블록을 생성하고 **Text** 항목에 Score라고 설정한 다음, 드롭다운에서 Score 변수에 바인딩한다.

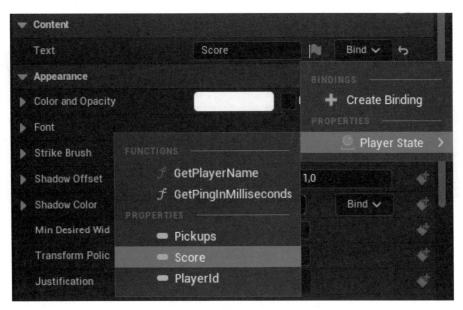

그림 18.8 Score 변수에 바인딩

9. Pickups라는 이름의 텍스트 블록을 생성하고 **Text** 항목에 Pickups라고 설정한 다음, 드롭다운에서 Pickups 변수에 바인딩한다.

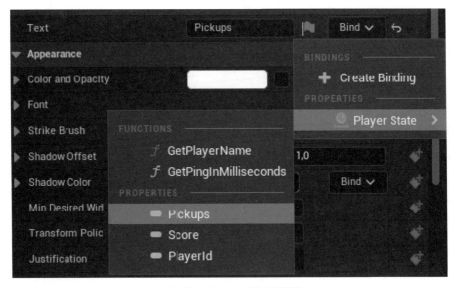

그림 18.9 Pickups 변수에 바인딩

10. 다음의 작업을 수행하는 Get Typeface라는 이름의 순수 함수를 생성한다.

그림 18.10 항목을 볼드체로 표기할지 일반 서체로 표기할지 결정

앞의 코드에서는 Select 노드를 사용하는데, Return Value에서 드래그해 빈 공간
에서 해제하고 Select를 입력해 생성할 수 있다. 검색된 목록에서 Select 노드를
선택한다. Get Typeface 함수에서는 Select 노드를 통해 사용할 폰트의 이름을 선
택한다. 플레이어 스테이트의 폰이 위젯을 소유한 폰과 같으면 볼드체(Bold)를 반환
하고, 같지 않으면 일반 서체(Regular)를 반환한다. 플레이어가 자신의 엔트리를 알
수 있도록 플레이어 스테이트 항목을 굵게 표시하기 위해 이 작업을 진행한다.

11. Event Construct를 다음과 같이 구현한다.

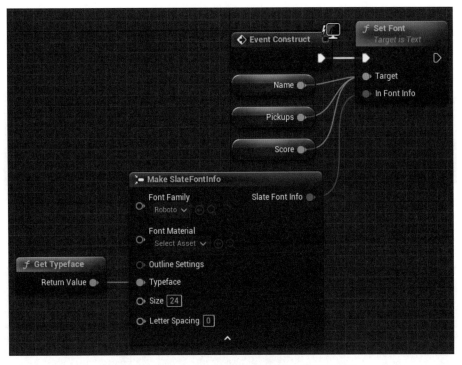

그림 18.11 이름, 스코어, 아이템 수를 설정하는 이벤트 그래프

앞의 코드에서는 Name, Score, Pickups의 폰트를 볼드체로 설정해 현재 클라이언트의 플레이어와 관련된 스코어보드 항목을 강조 표시하도록 했다. 나머지 플레이어는 일반 서체를 사용한다. **Roboto** 폰트를 찾지 못한 경우에는 드롭다운 옵션에서 **엔진 콘텐츠 표시**^{Show Engine Content} 옵션을 활성화해 찾는다.

12. WBP_Scoreboard_Entry를 저장하고 닫는다.

13. WBP_Scoreboard를 열고 **계층 구조**^{Hierarchy} 패널에 캔버스 패널^{Canvas Panel}을 추가한다.

14. **그래프** 섹션으로 이동해 Pickups Game State 타입의 Game State 변수를 생성한다.

15. **디자이너** 섹션으로 돌아와 캔버스 패널에 Scoreboard라는 이름의 Vertical Box를 추가하고 **Size To Content** 옵션을 true로 설정한다.

16. **Scoreboard**에 PickupsRemaining이라는 이름으로 텍스트 블록을 추가하고 Text 항목에 100 Pickups(s) Remaining이라고 입력한다.

17. **Scoreboard**에 `PlayerStates`라는 이름의 Vertical Box를 추가하고 **변수 여부** Is Variable 옵션을 true로 설정한 후 **Top Padding**을 50으로 설정한다. 그러면 편집 화면에서 아래 그림과 같은 모습을 확인할 수 있을 것이다.

그림 18.12 WBP_Scoreboard 위젯 계층 구조

18. PickupsRemaining 텍스트 블록의 Text 값을 위해 다음 함수를 바인딩한다.

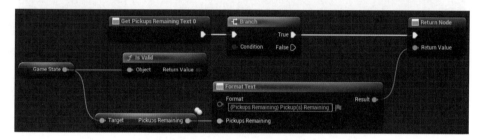

그림 18.13 월드에 남은 아이템의 수를 표시하기

19. 이벤트 그래프로 이동하고, `Add Scoreboard Header`라는 이름의 새 이벤트를 추가한다. 이 이벤트는 다음 스크린샷과 같이 `WBP_Scoreboard_Header` 인스턴스를 `Player States`에 추가한다.

그림 18.14 Scoreboard Header 이벤트 추가

20. `Add Scoreboard Entries`라는 이름의 새 이벤트를 추가한다. 이 이벤트는 점수순으로 정렬된 모든 플레이어 스테이트를 순회하고, `WBP_Scoreboard_Entry` 인스턴스를

플레이어 스테이트에 추가한다. 다음 스크린샷에서 이를 참고할 수 있다.

그림 18.15 Scoreboard Entry 이벤트 추가

21. Update Scoreboard라는 이름의 새 이벤트를 추가한다. 이 이벤트는 플레이어 스테이트의 위젯을 제거하고, Add Scoreboard Header와 Add Scoreboard Entries를 호출한다. 다음 스크린샷을 참고하자.

그림 18.16 Update Scoreboard 이벤트

22. Event Construct를 다음과 같이 구현한다.

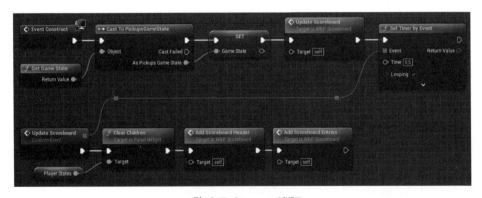

그림 18.17 Construct 이벤트

앞의 코드에서는 게임 스테이트 인스턴스를 구해 스코어보드를 업데이트하고, 0.5초마다 스코어보드를 자동으로 업데이트하도록 타이머를 설정한다.

23. WBP_Scoreboard를 저장하고 닫는다.

이제 플레이어 컨트롤러의 블루프린트를 생성해보자.

1. Content\Blueprints로 가서 BP_PlayerController라는 이름으로 PickupsPlayerController 클래스를 상속하는 새 블루프린트를 생성한다.

2. 새 블루프린트를 열고 Scoreboard Menu를 WBP_Scoreboard로 설정한다.

3. BP_PlayerController를 저장하고 닫는다.

   다음으로는 게임 모드를 위한 블루프린트를 생성하자.

4. BP_GameMode라는 이름으로 PickupsGameMode 클래스를 상속하는 새 블루프린트를 생성하고, 다음과 같이 변수의 값을 변경한다.

   - **Game State Class**: PickupsGameState

   - **Player Controller Class**: BP_PlayerController

   - **Player State Class**: PickupsPlayerState

5. BP_GameMode를 저장하고 닫는다.

6. 이제 새 게임 모드를 사용하도록 **프로젝트 세팅**Project Settings을 구성해보자.

7. **프로젝트 세팅**으로 이동한다. 왼쪽 패널의 **프로젝트**Project 카테고리에서 **맵 & 모드**Map & Modes를 선택한다.

8. **Default GameMode**를 BP_GameMode로 설정한다.

9. **프로젝트 세팅**을 닫는다.

이제 메인 레벨을 변경해보자. 다음 단계에 따라 진행한다.

1. Content\ThirdPerson\Maps에 있는 ThirdPersonMap이 열려 있는지 확인한다.

2. 플랫폼 역할을 할 큐브 액터를 추가하고, 플레이어가 플랫폼으로 점프하며 플레이하다가 떨어질 수도 있도록 플랫폼 사이에 공간을 만들어 배치한다.

3. 맵의 여러 위치에 플레이어 스타트 액터를 배치한다.

4. 최소 50개의 BP_Pickup 인스턴스를 추가하고 맵 전체에 퍼뜨려 배치한다.

5. 다음은 맵을 구성하는 가능한 예를 보여준다.

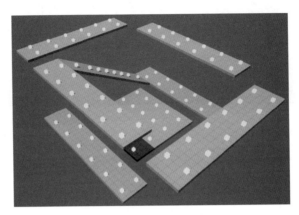

그림 18.18 맵 구성의 예

6. **월드 세팅**World Settings으로 가서 **GameMove Override**를 **None**으로 설정하고 모두 저장한다.

7. **멀티플레이어 옵션**Multiplayer Options에서 **넷 모드**Net Mode를 **Play As Listen Server**로 설정하고 **플레이어 수**Number of Players를 2로 설정한다.

8. 창 크기를 **800x600**으로 설정하고, **새 에디터 창**(PIE)을 사용해 플레이한다.

   그러면 다음과 같은 실행 결과를 확인할 수 있다.

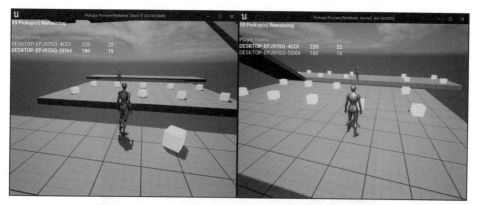

그림 18.19 리슨 서버와 클라이언트 1이 월드에서 아이템을 수집하는 모습

이것으로 실습을 마친다. 완료한 프로젝트를 실행하면 각 클라이언트에서 플레이 가능하다. 캐릭터가 아이템을 수집할 수 있고, 아이템과 겹치면 10점을 얻는 것을 볼 수 있다. 캐릭터가 레벨에서 떨어지면, 임의의 플레이어 스타트에서 리스폰되고 10점이 차감된다.

모든 아이템을 수집하면 5초 후 게임이 종료된다. 그런 다음, 같은 레벨을 다시 로드하고 모든 클라이언트를 로드한 레벨로 데려오기 위해 ServerTravel을 수행한다. 또한 UI가 레벨에 남아 있는 아이템의 수를 보여주는 것을 확인할 수 있고, 각 플레이어의 이름, 점수, 플레이어가 획득한 아이템에 대한 스코어보드도 확인할 수 있다.

다음 활동에서는 스코어보드, 킬 제한, 죽음, 리스폰의 개념과 함께 멀티플레이어 FPS 게임에서 무기, 탄약, 방어력, 체력 아이템을 사용할 수 있는 능력을 캐릭터에 추가한다.

활동 18.01: 멀티플레이어 FPS 게임에 죽음, 리스폰, 스코어보드, 킬 제한, 아이템 추가하기

이번 활동에서는 죽음 및 리스폰의 개념과 멀티플레이어 FPS 게임에서 아이템을 사용할 수 있는 능력을 캐릭터에 추가한다. 또한 스코어보드를 확인하는 방법과 게임의 최종 목표인 킬 제한을 추가한다.

다음 단계에 따라 이번 활동을 완료할 수 있다.

1. '활동 17.01: 멀티플레이어 FPS 게임에 무기와 탄약 추가하기'에서 생성한 MultiplayerFPS 프로젝트를 연다. 코드를 컴파일하고 에디터를 실행한다.

2. GameState 클래스를 상속하는 C++ 클래스 FPSGameState를 생성한다. 이 클래스에 킬 제한 변수와 킬 수로 정렬된 플레이어 스테이트를 반환하는 함수를 추가한다.

3. PlayerState를 상속하는 C++ 클래스 FPSPlayerState를 생성하고, 플레이어의 킬과 데스의 수를 저장한다.

4. UserWidget을 상속하는 C++ 클래스 PlayerMenu를 생성한다. 그런 다음, 스코어보드의 **가시성**^{Visibility} 토글, 스코어보드의 가시성 설정, 플레이어가 죽으면 노티파이를 발생시키는 BlueprintImplementableEvent 함수들을 추가한다.

5. APlayerController를 상속하는 C++ 클래스 FPSPlayerController를 생성한다. 이 클래스에서는 소유 클라이언트에서 PlayerMenu UMG 위젯 인스턴스를 생성한다.

6. Actor 클래스를 상속하는 C++ 클래스 Pickup을 생성하고, 요 축으로 초당 90도 회전하는 스태틱 메시를 추가하고, 플레이어와 오버랩으로 충돌했을 때 플레이어가 수집할 수 있는 기능을 추가한다. 플레이어가 이 액터를 수집하면 Pickup 사운드를 재생하고, 가시성과 콜리전을 비활성화한다. 일정 시간이 지난 후에 가시성과 콜리전을 다시 활성화한다.

7. Pickup 클래스를 상속하는 C++ 클래스 AmmoPickup을 생성한다. 이 클래스는 플레이어에게 일정 수의 탄약을 추가한다.

8. Pickup 클래스를 상속하는 C++ 클래스 ArmorPickup을 생성한다. 이 클래스는 플레이어에게 일정량의 방어력을 추가한다.

9. Pickup 클래스를 상속하는 C++ 클래스 HealthPickup을 생성한다. 이 클래스는 플레이어에게 일정량의 체력을 추가한다.

10. Pickup 클래스를 상속하는 C++ 클래스 WeaponPickup을 생성한다. 이 클래스는 플레이어에게 특정 무기 타입을 추가한다. 플레이어가 이미 이 무기를 가졌으면 일정량의 탄약을 추가한다.

11. FPSCharacter 클래스가 다음의 기능을 갖도록 편집한다.

- 캐릭터가 대미지를 입으면, 죽었는지 확인한다. 캐릭터가 죽으면 이 캐릭터를 죽인 다른 캐릭터에 킬Kill을 등록하고, 플레이어를 리스폰한다. 캐릭터가 죽지 않으면, 소유 클라이언트에서 Pain 사운드를 재생한다.

- 캐릭터가 죽으면 EndPlay 함수를 실행한다. 이 함수는 캐릭터가 소유한 무기 인스턴스를 모두 파괴(삭제)해야 한다.

- 캐릭터가 월드에서 떨어지면, 플레이어의 데스(죽음)를 등록하고 리스폰한다.

- 플레이어가 **Tab** 키를 누르면, 스코어보드 메뉴의 **가시성**Visibility을 토글한다.

12. MultiplayerFPSGameModeBase 클래스가 다음의 기능을 갖도록 편집한다.

- GameModeBase 대신 GameMode를 사용하도록 변경한다.

- 게임에서 승리하기 위해 필요한 킬 수를 저장한다.

- 우리가 생성한 플레이어 컨트롤러, 플레이어 스테이트, 게임 스테이트 클래스를 사용한다.

- 매치가 바로 시작되고, 필요한 킬 수를 충족한 플레이어가 있으면 매치를 종료하도록 매치 스테이트 함수를 구현한다.

- 매치가 종료되면, 5초 후에 같은 레벨을 로드하고 ServerTravel 함수를 실행한다.

- 플레이어가 죽으면(다른 플레이어에 의해 죽으면) 킬과 데스를 각각의 플레이어 스테이트에 추가한다. 또한 임의의 플레이어 스타트에서 플레이어를 리스폰한다.

13. Activity18.01\Assets 폴더에서 Content\Pickups\Ammo 폴더로 AmmoPickup.wav를 임포트한다.

14. AmmoPickup을 상속하는 BP_PistolBullets_Pickup 블루프린트를 생성하고 Content\Pickups\Ammo 폴더에 배치한다. 이어서 다음과 같이 값을 구성한다.

- **Scale**: (X=0.5, Y=0.5, Z=0.5)

- **Static Mesh**: Engine\BasicShapes\Cube

- **Material**: Content\Weapon\Pistol\MI_Pistol

- **Ammo Type**: Pistol Bullets

- **Ammo Amount**: 25

- **Pickup Sound**: Content\Pickup\Ammo\AmmoPickup

15. AmmoPickup을 상속하는 BP_MachineGunBullets_Pickup 블루프린트를 생성하고 Content\Pickups\Ammo 폴더에 배치한다. 이어서 다음과 같이 값을 구성한다.

- **Scale**: (X=0.5, Y=0.5, Z=0.5)

- **Static Mesh**: Engine\BasicShapes\Cube

- **Material**: Content\Weapon\MachineGun\MI_MachineGun

- **Ammo Type**: Machine Gun Bullets

- **Ammo Amount**: 50

- **Pickup Sound**: Content\Pickup\Ammo\AmmoPickup

16. AmmoPickup을 상속하는 BP_Slugs_Pickup 블루프린트를 생성하고 Content\Pickups\Ammo 폴더에 배치한다. 이어서 다음과 같이 값을 구성한다.

- **Scale**: (X=0.5, Y=0.5, Z=0.5)

- **Static Mesh**: Engine\BasicShapes\Cube

- **Material**: Content\Weapon\Railgun\MI_Railgun

- **Ammo Type**: Slugs

- **Ammo Amount**: 5

- **Pickup Sound**: Content\Pickup\Ammo\AmmoPickup

17. Activity18.01\Assets 폴더에서 Content\Pickups\Armor 폴더로 AmorPickup. wav 파일을 임포트한다.

18. Content\Pickups\Armor 폴더에 `M_Armor` 머티리얼을 생성하고 기본 색상(BaseColor)은 파란색으로, 메탈릭(Metallic)은 1로 설정한다.

19. `ArmorPickup`을 상속하는 `BP_Armor_Pickup` 블루프린트를 생성하고 Content\Pickups\Armor 위치에 배치한다. 이어서 다음과 같이 값을 구성한다.

    - **Scale**: (X=1.0, Y=1.5, Z=1.0)

    - **Static Mesh**: Engine\BasicShapes\Cube

    - **Material**: Content\Pickup\Armor\M_Armor

    - **Armor Amount**: 50

    - **Pickup Sound**: Content\Pickup\Armor\ArmorPickup

20. Activity18.01\Assets 폴더에서 Content\Pickups\Health 폴더로 HealthPickup.wav 파일을 임포트한다.

21. Content\Pickups\Health 폴더에 `M_Health` 머티리얼을 생성하고 기본 색상(BaseColor)은 초록색으로, 메탈릭(Metallic)/러프니스(Roughness)는 0.5로 설정한다.

22. `HealthPickup`을 상속하는 `BP_Health_Pickup` 블루프린트를 생성하고 Content\Pickups\Health 위치에 배치한다. 이어서 다음과 같이 값을 구성한다.

    - **Static Mesh**: Engine\BasicShapes\Sphere

    - **Material**: Content\Pickup\Health\M_Health

    - **Health Amount**: 50

    - **Pickup Sound**: Content\Pickup\Health\HealthPickup

23. Activity18.01\Assets 폴더에서 Content\Pickups\Weapon 폴더로 WeaponPickup.wav 파일을 임포트한다.

24. WeaponPickup을 상속하는 BP_Pistol_Pickup 블루프린트를 생성하고 Content\Pickups\Weapon 위치에 배치한다. 이어서 다음과 같이 값을 구성한다.

- **Static Mesh**: Content\Pickup\Weapon\SM_Weapon

- **Material**: Content\Weapon\Pistol\MI_Pistol

- **Weapon Type**: Pistol

- **Ammo Amount**: 25

- **Pickup Sound**: Content\Pickup\Weapon\WeaponPickup

25. WeaponPickup을 상속하는 BP_MachineGun_Pickup 블루프린트를 생성하고 Content\Pickups\Weapon 위치에 배치한다. 이어서 다음과 같이 값을 구성한다.

- **Static Mesh**: Content\Pickup\Weapon\SM_Weapon

- **Material**: Content\Weapon\MachineGun\MI_MachineGun

- **Weapon Type**: Machine Gun

- **Ammo Amount**: 50

- **Pickup Sound**: Content\Pickup\Weapon\WeaponPickup

26. WeaponPickup을 상속하는 BP_Railgun_Pickup 블루프린트를 생성하고 Content\Pickups\Weapon 위치에 배치한다. 이어서 다음과 같이 값을 구성한다.

- **Static Mesh**: Content\Pickup\Weapon\SM_Weapon

- **Material**: Content\Weapon\Railgun\MI_Railgun

- **Weapon Type**: Railgun

- **Ammo Amount**: 5

- **Pickup Sound**: Content\Pickup\Weapon\WeaponPickup

27. Activity18.01\Assets 폴더에서 Content\Player\Sounds 폴더로 Land.wav 파일을 임포트한다.

28. BP_Player에서 Pain과 Land 사운드를 사용하도록 편집한다. 그리고 BeginPlay 이벤트에서 WBP_HUD 인스턴스를 생성해 뷰포트에 추가하는 내용과 관련된 모든 노드를 제거한다.

29. WBP_Scoreboard_Entry라는 이름의 UMG 위젯을 생성하고 Content\UI 폴더에 배치한다. 이 UMG 위젯은 이름, 킬, 데스와 FPSPlayerState의 핑을 보여준다.

30. WBP_Scoreboard_Header라는 이름으로 새 UMG 위젯을 생성한다. 이 UMG 위젯은 이름, 킬, 데스, 핑의 헤더를 보여준다.

31. WBP_Scoreboard라는 이름의 UMG 위젯을 생성한다. 게임 스테이트에서 구한 킬 제한을 보여주고, 첫 번째 항목으로 WBP_Scoreboard_Header를 가진 Vertical Box를 추가한다. 그런 다음, 게임 스테이트 인스턴스에서 각 FPSPlayerState에 대한 WBP_Scoreboard_Entry를 추가한다. Vertical Box는 타이머를 통해 자식을 지우고 다시 추가해 0.5초마다 업데이트한다.

32. Visibility가 Hidden으로 설정된 상태에서 시작하는 Killed라는 이름의 새 텍스트 블록을 추가해 WBP_HUD를 편집한다. 플레이어가 다른 플레이어를 죽이면, 텍스트 블록을 보이게 설정하고, 죽은 플레이어의 이름을 보여주며, 1초 후에 다시 감춘다.

33. PlayerMenu를 상속하는 새 블루프린트 WBP_PlayerMenu를 생성하고 Content\UI에 배치한다. 첫 번째 인덱스(Index 0)에 WBP_HUD 인스턴스가 있고 두 번째 인덱스(Index 1)에 WBP_Scoreboard 인스턴스가 있는 위젯 전환기Widget Switcher를 사용한다. C++에서 BlueprintImplementableEvent로 설정된 Toggle Scoreboard, Set Scoreboard Visibility, Notify Kill 이벤트를 블루프린트의 이벤트 그래프에서 재정의한다. Toggle Scoreboard 이벤트는 위젯 전환기의 활성 인덱스를 0과 1 사이에서 토글(전환)하고, Set Scoreboard Visibility 이벤트는 위젯 전환기의 활성 인덱스를 0 또는 1로 설정한다. Notify Kill 이벤트는 WBP_HUD 인스턴스에 텍스트를 설정하고 1초 뒤에 텍스트를 숨긴다.

34. FPSPlayerController를 상속하는 블루프린트 BP_PlayerController를 생성하고 Content 폴더에 배치한다. 그리고 PlayerMenuClass 변수를 WBP_PlayerMenu로 설정

한다.

35. BP_GameMode를 편집해 **Player Controller Class**에서 BP_PlayerController를 사용하도록 설정한다.

36. IA_Scoreboard 입력 액션을 생성하고 **Tab** 키를 사용해 스코어보드를 토글할 수 있도록 IMC_Player를 업데이트한다.

37. DM-Test 레벨을 편집해 3개 이상의 플레이어 스타트 액터를 다른 위치에 배치한다. 그런 다음, 모든 아이템을 다양하게 생성해 여러 곳에 배치한다.

38. **월드 세팅**에서 **Kill Z**를 -500으로 설정한다.

예상 결과는 다음과 같다.

그림 18.20 이번 활동의 예상 결과 모습

이번 활동을 마치면, 각 캐릭터가 세 가지 다른 유형의 무기를 전환할 수 있는 프로젝트가 완성된다. 캐릭터가 다른 캐릭터를 죽이면, 킬과 데스가 각각 등록되며, 임의의 플레이어 스타트에서 죽은 플레이어가 리스폰된다. 스코어보드는 각 플레이어의 이름, 킬수, 데스 수와 각 플레이어의 핑을 보여준다. 캐릭터는 레벨에서 추락할 수 있으며, 이경우 데스만 집계되고 임의의 플레이어 스타트에서 리스폰된다. 캐릭터는 탄약, 방어력, 체력, 무기 등 다양한 아이템을 수집할 수 있다. 킬 제한에 도달하면 게임이 종료되고, 스코어보드를 보면서 5초 후에 ServerTravel을 통해 같은 레벨이 다시 로드된다.

NOTE

이번 활동의 솔루션은 깃허브(https://github.com/PacktPublishing/Elevating-Game-Experiences-with-Unreal-Engine-5-Second-Edition/tree/main/Activity%20solutions)에서 확인할 수 있다.

⠿ 요약

이 장을 통해 게임플레이 프레임워크 클래스의 인스턴스가 어떤 게임 인스턴스에는 존재하지만 어떤 게임 인스턴스에는 존재하지 않는다는 것을 배웠다. 또한 게임 스테이트와 플레이어 스테이트 클래스의 목적을 알아보고, 게임 모드에 대한 새로운 개념과 유용한 내장 기능들도 살펴봤다.

이 장의 마지막 부분에서는 기본적이지만 기능을 충실히 지원하며 이를 기반으로 더 발전시킬 수 있는 멀티플레이어 슈팅 게임을 만들었다. 따라서 새로운 무기, 탄약 유형, 발사 모드, 아이템 등을 추가해 더 완벽하고 재미있는 게임을 만들 수 있을 것이다.

이 책을 완독했다면, 이제 UE5를 사용해 여러분만의 게임을 실현하는 데 필요한 지식을 갖췄을 것이다. 이 책은 간단한 주제와 고급 주제를 망라하는 다양한 내용을 다뤘으며, 여러 템플릿을 사용해 프로젝트를 만드는 방법과 블루프린트를 사용해 액터 및 컴포넌트를 만드는 방법을 배우는 것에서 시작했다. 그런 다음, 필요한 애셋을 직접 임포트하고 애니메이션 블루프린트와 블렌드 스페이스를 설정하고 게임 모드와 캐릭터를 제작했으며, 입력을 정의하고 이를 처리해 완전하게 동작하는 삼인칭 템플릿을 처음부터 만드는 방법을 살펴봤다.

이어서 첫 번째 프로젝트를 진행했다. 게임 피직스와 콜리전, 프로젝타일 무브먼트 컴포넌트, 액터 컴포넌트, 인터페이스, 블루프린트 함수 라이브러리, UMG, 사운드, 파티클 이펙트를 사용하는 간단한 스텔스 게임 프로젝트를 진행했다. 다음으로 AI, 애님 몽타주, 디스트럭터블 메시를 사용해 간단한 횡스크롤 게임을 만드는 방법을 배웠다. 마지막으로는 서버-클라이언트 아키텍처, 변수 리플리케이션, RPC를 사용해 일인칭 멀티플레이어 슈팅 게임을 만드는 방법을 배우고 플레이어 스테이트, 게임 스테이트, 게임 모드 클래스가 동작하는 방법도 알아봤다.

지금까지 언리얼 엔진의 다양한 기능을 활용하는 여러 프로젝트를 진행함으로써 UE5가 동작하는 방식을 명확히 이해할 수 있었을 것이다. 이 책은 여기서 끝나지만, UE5를 활용한 여러분의 게임 개발 세계를 향한 여정은 이제 시작일 뿐이다.

| 찾아보기 |

ㄱ

검증 793
게임 모드 089
게임 모드 클래스 107
게임 스테이트 853
결합도 288
관람자 폰 클래스 112
구조체 핀 분할 074
권한 739
그래프 083, 315
기본값 065
기즈모 050

ㄴ

나머지 연산 818
나이아가라 628
내 블루프린트 060
내비게이션 메시 529, 535
내비 메시 볼륨 536
넷 모드 728
느슨한 결합 288

ㄷ

데디케이트 서버 723

데코레이터 544, 545, 549
동기화 749
디버깅 089
디자이너 315
디테일 042, 060, 083

ㄹ

라인 트레이스 196, 203
레거시 입력 시스템 165
레벨 041, 111
레벨 뷰포트 059
레벨 블루프린트 111
로컬 롤 735
리모트 롤 736
리슨 서버 723, 724
리타기팅 옵션 표시 105
리플리케이션 732

ㅁ

매치 스테이트 847
머티리얼 078, 519
머티리얼 인스턴스 519
멀티 라인 트레이스 223
멀티캐스트 RPC 786
멀티플레이어 715

멀티플레이어 옵션 727
메시 078
무시 222
물리 엔진 196

| ㅂ |

변수 리플리케이션 722, 749
변수 유형 065
변수 이름 065
변수 핀 062
본 404
본 웨이팅 404
부모 클래스 변경 060
뷰포트 041, 047, 083
블랙보드 529
블렌드 스페이스 122
블록 222
블루프린트 040, 055
블루프린트 네이티브 이벤트 288
블루프린트 애셋 055
블루프린트 클래스 055
블루프린트 함수 라이브러리 288
비주얼 스크립팅 언어 055
비주얼 스튜디오 솔루션 094
비헤이비어 트리 529
빙의 111

| ㅅ |

사용자 인터페이스 313, 316
사운드 이펙트 360
서버 717

서버 RPC 784
서버-클라이언트 아키텍처 721
서비스 544, 545, 550
셰이더 094
순환 배열 인덱싱 816
스내핑 기능 052
스윕 트레이스 196, 217
스케일 049
스케일 도구 051
스켈레탈 메시 컴포넌트 078, 080
스켈레톤 387, 404
스켈레톤 트리 104
스태틱 메시 컴포넌트 080
스테이트 머신 090, 110, 121
신뢰성 794
실행 핀 062

| ㅇ |

아웃라이너 041
애니메이션 블루프린트 090, 118, 387
애니메이션 시퀀스 416
애님 그래프 119
애님 노티파이 593
애님 노티파이 스테이트 593
애셋 임포트 101
액션 입력 매핑 142
액터 049
액터 컴포넌트 059
앵커 313, 323, 672
앵커 메달 323
앵커 프리셋 324
양방향 순환 배열 인덱싱 820

언리얼 모션 그래픽 315, 671
언리얼 엔진 에디터 041
에픽 게임즈 런처 089
연결 732
열거형 803
오버랩 222
오브젝트 채널 240
월드 공간 570
월드 세팅 116
위젯 블루프린트 315
위치 049
유한 상태 기계 531
이동 도구 049
이벤트 그래프 060, 119
인스턴스 152
인터페이스 288
입력 069
입력 액션 163
입력 콘텍스트 163

ㅈ

재생 속도 136
중단점 096

ㅊ

최종 포즈 120
축 매핑 142
출력 069

ㅋ

카메라 컴포넌트 078
캐스케이드 628
캡슐 컴포넌트 078
컨트롤러 111
컴파일 064
컴포넌트 059, 060
컴포짓 545
콘텐츠 드로어 043
콘텐츠 브라우저 043
콜리전 194, 196
콜리전 프리셋 246
쿼리 239
클라이언트 717
클라이언트 RPC 787
클래스 상속 142

ㅌ

타이머 259
타이머 관리자 690
탈출 112
태스크 544, 545, 549
텍스처 079
텍스트 속성 321
텍스트 블록 321
툴바 042, 060, 084
트랜스폼 049
트랜슬레이션 리타기팅 재귀적 설정 106
트랜지션 룰 122
트레이스 채널 196, 228

ㅍ

파티클 시스템 627
파티클 이펙트 360
팔레트 083
페르소나 에디터 404
폰 클래스 111
프레임 속도 071
프로그레스 바 314
프로젝트 세팅 039
플러그인 094
플레이 버튼 047
플레이어 수 728
플레이어 스테이트 850
플레이어 입력 163
플레이어 컨트롤러 클래스 112
피지컬 머티리얼 254
피직스 239
핀 062

ㅎ

향상된 입력 시스템 165
헤드업 디스플레이 403
회전 049
회전 도구 050

A

Action Input Mapping 142
Actor 049
ActorBeginOverlap 060
AddActorWorldOffset 함수 074
AI 컨트롤러 529

anchor 323
Anchor Medallion 323
Animation Blueprint 090, 118
Anim Notify 593
Anim Notify State 593
Anim Slot Manager 500
Axis Mapping 142

B

BaseColor 084
BeginPlay 060
Block 222
Blueprint 055
Blueprint Initialize Animation 이벤트 119
BlueprintType 808
Blueprint Update Animation 이벤트 119
bone 404
bone weighting 404
breakpoint 096

C

C++ 040
Canvas Panel 318
Cascade 628
Character 클래스 141
collision 194
Compile 064
Components 060
Composite 545
Config 폴더 095
connection 732

Construction Script 060
Content Drawer 043
Context Browser 043
coupling 288

D

decorator 549
Decorator 545
dedicated server 723
Default Pawn Class 108
DefaultPawn 클래스 112
Default Value 065
Delta Seconds 072
Designer 315
Details 042
DisplayName 807
DOREPLIFETIME 751
DOREPLIFETIME_CONDITION 752

E

Engine 프로젝트 094
enumeration 803
Event Graph 060
Event Receive Execute AI 553
Execute pin 062

F

Finish Execute 함수 554
Finite State Machine 531
Format Text 함수 673

G

Game Mode 089
GameModeBase 110
Game Session Class 108
game state 853
Game State Class 108
Game 프로젝트 095
GetLifetimeReplicatedProps 751
Getter 282
Getter와 Setter 노드 066
Gizmo 050
Graph 315

H

Heads-Up Display 403
Hidden 807
HUD 403
HUD Class 108

I

Ignore 222
Input Action 163
Input Context 163
Inputs 069

L

Layered blend per bone 노드 505
Level Viewport 059
Line Trace 196
listen server 724

Local Role 735
Location 049
loose coupling 288

M

MAX 809
Metallic 084
modulo 818
Multi Line Trace 223
Multiplayer Options 727
My Blueprint 060

N

Navigation Mesh 529, 535
Net Mode 728
Niagara 628
Number of Players 728

O

Object Channel 240
Outliner 041
Outputs 069
Overlap 222

P

Persona Editor 404
physical material 254
physics 239
physics engine 196

pin 062
Play As Listen Server 728
Player Controller Class 108
player state 850
Player State Class 108
play rate 136
Plugins 폴더 095
possessed 111
progress bar 314
Project Settings 039

Q

query 239

R

RecastNavMesh 538
Reliable 794
Remote Role 736
Reparent Blueprint 060
Replicated 750
ReplicatedUsing 750
Rotation 049
Roughness 084
RPC 732, 783

S

Save Cached Pose 노드 502
Scale 049
Selector 545
Sequence 545

service 550
Service 545
Show Retargeting Options 105
Simple Parallel 545
Skeletal Mesh Component 080
skeleton 404
Skeleton Tree 104
Sound Attenuation 애셋 368
Source 폴더 095
Spectator Class 109
Specular 084
Split Struct Pin 074
State Machine 090
Static Mesh Component 080
Sweep Trace 196, 217

T

task 549
Task 545
Text Block 321
Text 위젯 671
Tick 060
Timer Manager 690
Toolbar 042
Trace Channel 196
Transform 049
Transform (Modify) Bone 노드 766

U

UI 313
UMETA 806

UMG 313, 315, 671
unpossess 112
Unreal Motion Graphics 315, 671
Unreliable 794
URotatingMovementComponent 652
User Interface 313, 316

V

Variable Name 065
Variable pin 062
Variable Type 065
Viewport 041, 047

W

WithValidation 794
World Settings 116
world space 570

프로젝트 기반으로 배우는 언리얼 엔진 5 게임 개발 2/e

언리얼 엔진 5와 C++를 활용한 게임 아이디어 실현

2판 발행 | 2023년 9월 27일

옮긴이 | 장 세 운
지은이 | 곤살로 마르케스 · 데빈 쉐리 · 데이비드 페레이라 · 하마드 포지

펴낸이 | 권 성 준
편집장 | 황 영 주
편   집 | 김 진 아
          임 지 원
디자인 | 윤 서 빈

에이콘출판주식회사
서울특별시 양천구 국회대로 287 (목동)
전화 02-2653-7600, 팩스 02-2653-0433
www.acornpub.co.kr / editor@acornpub.co.kr

한국어판 ⓒ 에이콘출판주식회사, 2023, Printed in Korea.
ISBN 979-11-6175-787-2
http://www.acornpub.co.kr/book/game-development-ue5

책값은 뒤표지에 있습니다.